LEOPOLDO LUGONES

Otras obras del autor:

Política exterior argentina
Historia de la doctrina Drago

ALBERTO A. CONIL PAZ

LEOPOLDO LUGONES

LIBRERIA HUEMUL
Buenos Aires

Tapa: Francisco A. Ferrer

Edición revisada por el autor

Impreso en la Argentina

Printed in Argentine

ÍNDICE

SEGUNDA PARTE

TERCERA PARTE

A mi hijo Ezequiel, con todo amor,
que ya lo leía y comentaba conmigo.

Toda Nación digna de un destino superior, defínese por un gran poeta: es decir, un anunciador de ese mismo porvenir.

L. Lugones, "Significación de Goethe", *La Vida Literaria*, marzo 1932

ADVERTENCIA

Todo comenzó hace ya tiempo en las aulas del Colegio Nacional de Buenos Aires, cuando Raimundo Lida, de imborrable memoria, me encomendó dictar un cursillo sobre Leopoldo Lugones a los compañeros de cuarto año. Para ello me cedió la cátedra con solemne rigor. Sin embargo, creo recordar que el interés en Lugones reconoce orígenes aun más remotos: mi padre —su contemporáneo— lo admiraba y, director de una juvenil revista literaria en la Córdoba natal, supo publicarle alguno de los poemas iniciales.

De los versos pasé a las ideas políticas, que me parecieron compendiar estilos que aún languidecen. Asimismo me llamó la atención el desdén que provocaba su nombre, siempre unido a los cambios ideológicos y a los motivos del suicidio. Sólo después advertí que tras ese desapego se ocultaba un exceso de arrepentimiento, cuando no un vago temor. Hubo muchas horas de búsqueda y de trabajo. A veces, al aventurarme impertinente en su intimidad, reclamando razón a sus actos, llegué a sospechar que Lugones urdía algo para impedirlo. Tal era el cúmulo de imprevistos y obstáculos que estorbaban el camino.

Unas pocas palabras acerca del método de este libro. He preferido seguir cronológicamente la vida y evolución de las ideas lugonianas. Para las últimas, me ha parecido preferible extrapolarlas del texto biográfico; así una suerte de ensayos independientes, respetuosos de la época de su aparición o desarrollo temporal, pretenden interrelacionar trabajos y días del poeta, lo que imagino —no sin cierta ingenuidad— benéfico para el lector.

Hay quienes merecen especial reconocimiento. Discutiendo matices, departimos horas de tedio con Carlos Laurora; juntos revisamos el manuscrito, perteneciéndole la parte gráfica. Las

11

señoras Florencia Moine de González Conde, María Rosa Amadeo, Marta Drisaldi de Fernández y Blanca Fábregas, con inaudita paciencia rescataron, de bibliotecas, libros y folletos. El hoy doctor Julio Bottino tampoco debe ser olvidado: refractario al agobio, fotocopió interminables listas de artículos, dispersos quizá con el oculto designio de no ser jamás hallados. Elsa Castro de Dios, por último, soportó la afligente prosa mecanografiando el original.

Entre tantos méritos ajenos, debo admitir que los errores me pertenecen, pero descuento que servirán para futuras enmiendas, fundamentadas, incluso, con el aporte de documentos que por desdicha no pude conocer. Aliento esa firme esperanza: las críticas serán el único servicio que presten estas páginas.

A. C. P.

PREFACIO

A Lugones le tocó enfrentar los grandes conflictos del siglo. Con su bagaje decimonónico asistió, atónito, al terrible parto: la guerra europea de 1914-1918; cambios revolucionarios en el campo de la física que alteraron la cuestión cognoscitiva; una política caracterizada por el repentino y estentóreo ingreso de las masas, repicando, luego de las épicas jornadas del octubre ruso, combativas y atrayentes ideas; embates estéticos que agitaban viejos cimientos; ruina de las esperanzas por un progreso indefinido, y, por último, la gran tentación de la jerarquía.

Tales, en definitiva, los problemas del intelectual de entreguerras, prototipo de quien puede conjeturarse que no logró escapar a la común flaqueza de presumirlos infrecuentes y gravísimos. Quizá su inocultable falta de seguridad fuese la de alguien que procuró ordenar de manera contemplativa y racional el mundo circundante, al que de improviso veía variar. O, si se prefiere, que las coordenadas en uso no eran las correctas, pues lo exterior se antojaba convulso, agresivo, pleno de duros interrogantes. Si bien cargada de pedantescas connotaciones, la idea de crisis puede asistirnos para aclarar esa particular y desagradable sensación. Porque existe una constante de nítida evidencia: luego de tiempos apacibles, toda fractura trae enormes perplejidades y el ajuste se hace lento y penoso.

Como el de toda una pléyade de intelectuales y artistas, el mayor esfuerzo de Lugones fue digerir el impacto de la revolución bolchevique, junto a postulados de una nueva estética que a veces confundíase con aquélla. Cierto, pero en lo que a la Argentina se refiere el ascenso al poder del vernáculo partido radical también contribuyó a fatídicos pronósticos. Buena parte de este libro tratará de explicar sus desvelos para entender los inéditos fenómenos que se le presentaron. Intentará, además,

13

comentar y analizar distintos aportes que ofreció a suerte de válidas panaceas.

Mal puede reprochársele haber resuelto de manera jerárquica los enigmas que le proponía la época, cuando aún hoy es lugar común solucionarlos como él lo intentara décadas atrás. El tiempo ha terminado por cubrirlo todo de tierra y de lava y, sin embargo, en nuestro país, aquello tan viejo sigue siendo peligrosamente nuevo. A modo introductorio, y para mejor interpretarlo, piénsese que había concluido su formación intelectual bajo el postrer idealismo filosófico de la anterior centuria y que abrevó en el platonismo, en el estoicismo y hasta en lo esotérico, pero sobre todo en un kantismo subyacente, visible más por el tinte que rodeara su primitivo ámbito cultural que por devoto lector.

A lo largo de la primera etapa de su pensamiento se vislumbra una línea continua: la indisimulada reacción contra el positivismo, credo del burgués filisteo. Así lo vemos ecuménico, nacionalista, y hasta principista, amante de la paz, antimilitar. En política fue un idealista y creía en el progreso. Además, amaba entrañablemente la libertad a la que consideraba amenazada por todos los flancos, sin omitir el torvo y duro manotazo del capital. No en balde practicó un socialismo protector, apasionado de justicia. La negativa y el desdén respecto de esta última por quienes "olían a tocino" ("los devotos del Dios Millón") lo exasperaba, convenciéndolo de la santidad de la causa. Aparte de infaltables motivos estéticos, como el de asistir al desvalido, las razones de ese precoz y nada científico marxismo deben buscarse en el imperio de una justicia y libertad plenarias.

A esto deben agregarse lecturas de Nietzsche y Darwin, que eran la gran moda del Buenos Aires finisecular (Adolfo Dickmann ha descripto un pintoresco cenáculo, donde recitábanse y admirábanse a los contagiosos pensadores). Pero esas lecturas muy pronto quedaron relegadas, pues la teosofía y la eticidad obsesiva hibernaron las pegajosas influencias, convirtiéndolas en un fenómeno errático, que sólo años más tarde resurgirían nítidas e imbatibles, inaugurando la segunda etapa de su itinerario poético y filosófico. Comienza así un período que signa el ingreso —esta vez, consciente y deliberado— en las nieblas germánicas, incitación que le vino de *La Revista de Occidente* y, de modo especial, de las entonces no tan socorridas divulgaciones de Ortega y Gasset. Uno de sus grandes éxitos consistió en anunciar, en la aldeana Buenos Aires, el vuelco revolucionario operado no sólo en el campo de la física, sino también en la teoría del conocimiento, a partir de la exactitud con que la práctica confirmaba los alardes teóricos de Einstein, así como el principio de indeterminación causal, que casi coetáneamente, proclamara Werner Karl Heisenberg. A partir de allí, se acentúa su gusto por la lectura de *La Revista de Occidente*, tenaz noticiero de avances culturales. Es cuando se embeleca con Oswald Spengler, "el mono de Nietzsche", según le place repetir a Thomas Mann. Por supuesto que *La decadencia de Occidente* y *La Rebelión de las masas* (su modesta e hispánica versión) le proveyeron argumentos y novedosas perspectivas para un inalterable historicismo, además de coherentes explicaciones al fenómeno de la época: una sociedad estólida, ficticia, aburrida, capaz de producir vastas cantidades de abalorios para ejércitos de locales consumidores, pero inhábil —¡y hasta qué punto!— de generar actitudes novedosas, o la chispa creativa, atributos intransferibles de las grandes individualidades. Su hijo nos proporciona un testimonio categórico: jamás escribió a máquina; prefería el lapicero con plumín metálico. El maquinismo deshumanizante lo aterraba. Por ello la óptica burguesa, el positivismo y luego su consecuencia, la sociedad industrial masificada y masiva, fueron grandes enemigos para quien creía en el espíritu y en mínima materia para sustentarlo.

Hemos rozado el tema del cambio ideológico de Lugones. Curiosamente este es asunto harto conocido, mucho más, incluso, que su obra. Es posible que el primer y anónimo crítico que le enrostrara tales vaivenes lograra un acierto estético superior al concienzudo esfuerzo del mismo Lugones en elaborar su vida. Pero a pesar del estruendo, la cuestión carece de relieve; su única importancia es la que le conferimos. En rigor tampoco se entiende bien por qué constituye acto desdoroso mutar de ideas, como si alguien pudiera ostentar después de unas cuantas experiencias (afortunadas o no afortunadas) idéntica fidelidad hacia primitivas actitudes. El reproche posee celos póstumos, alentados por quienes un día lo vieron alejarse de una capilla intelectual y política hasta entonces compartida. Por otra parte

15

todo no es más que un argumento compensatorio que recuerda demasiado a ciertos tangos recriminantes, pues ya se sabe que la poesía común alberga tremendos influjos morales.

Vivimos épocas de tan maníaca desmitificación que hasta las empresas iniciadas en nombre de ideales se tornan sospechosas, pues la tendencia colectiva consiste en adjudicarles otras intenciones, que prejuzga auténticas y profundas. Para ello se parte del arbitrario principio de que los hombres jamás resultan inmunes al propio interés y de que, en consecuencia, sólo raramente corren tras un bien abstracto. En el caso de Lugones tales críticas han sido muy serias, al punto que él mismo se encargó de explicar sus mudanzas, con argumentos sinceros y muy bien expuestos, como los expresados en la nota preliminar a la segunda edición de la *Historia de Sarmiento*.

Siempre fue un devoto perseguidor de verdades, acorde con el definitivo tributo de un intelectual. Ciertamente, todo lo sacrificó en aras de la verdad, hasta la propia imagen, que vio cubierta con ludibrio gacetillero en los desvalidos años de una vejez sin gratificaciones. Nadie es inalterable en materia de ideas. Se conocen (y se han disculpado) demasiados ejemplos de quienes un buen día hicieron arder las naves de sus antiguas creencias. Empero, puede reprochársenos que la absolución lisa y llana es demasiado benigna, tratándose de ideas políticas, pues esos drásticos cambios dejan a veces traslucir un inmediato acceso a fáciles comodidades. La objeción no parece feliz, porque Lugones jamás cosechó otra cosa que sinsabores y disgustos con sus desplantes, lo cual habla de una extrema franqueza de propósitos. La utilidad, simplemente, fue nula, ya que los antiguos cofrades lo odiaron y persiguieron sin cuartel, en tanto que los amigos de la mesa tendida desconfiaron del converso, a quien trataron con un medio tono próximo al desdén. Su error, su inexcusable error, fue pasar de las filas de la izquierda a las de la derecha jerárquica; acaso un tránsito inverso hubiese variado el juicio sobre su obra y también sobre su vida.

Típica actitud: era uno de esos intelectuales obsesionados por descubrir valores permanentes, en tiempos en los que la civilización parecía destinada a sucumbir bajo el mortífero peso del conformismo y las masas. El siglo xIX, en cuyo transcurso adquirió y forjó sus instrumentos verbales y literarios, fue el siglo del triunfo industrial. Es sabido que para los artistas del período aquel triunfo debió significar un tremendo disloque. Ya no era posible trabajar con el patrocinio —y el correlativo respeto— de elegantes y complacientes mecenas; habíanse convertido en meros súbditos del comercio literario, una mercancía más. Y si esto generó particulares reacciones en sociedades líderes, con auténticos mercados consumidores, piénsese lo que pudo acontecer en países con incipientes e ignaras demandas. Algunos artistas, muy pocos, en gesto de completo extrañamiento se apartaron en bohemias, excesivamente proclives a la fácil imitación. Otros, la mayoría, debieron ponerse a las órdenes del régimen político en paulatina pero segura domesticación, enajenando una ya escasa independencia. Los más sinceros adoptaron posiciones radicalizadas, prefiriendo —a la manera de un Banchs— sólo la estima (o el desprecio) de sus pares.

Pero para los espíritus conviviales esto último debió ser dolorosísimo. El artista necesita de una audiencia y no todos saben amputar las propias posibilidades. Así, en vez de salirse del sistema, hubo quienes emprendieron la tarea de cambiarlo. El viejo y debatido problema entre artista (o intelectual) y sociedad, se redujo al rescate de la misma sociedad, ya que tan portentosos agentes eran únicos intérpretes o jueces de sus deficiencias e imposibilidades.

A pesar de reparos en contrario (perdonables coqueterías) y de ocasionales aventuras en el campo de la praxis, Lugones fue uno de ellos. Convencido de que sus compatriotas estaban materializados en extremo, decidió trocarles, a fuerza de escritos e ideas, talegas por espíritu. De allí nace esa espiritualización que deseaba para los argentinos (solo escribía para ellos) o el papel de paladín que habíase asignado. Su vida, puede entonces afirmarse, estuvo dedicada al cumplimiento de tan bella como impracticable meta.

No obstante le caben a Lugones responsabilidades. Una, la más grave, haber sentado en la Argentina las bases para un firme antidemocratismo. Si la democracia —ideas, instituciones y prácticas— constituye una creación colectiva, nuestro poeta ha sido su más grande perturbador. Puede sostenerse, en consecuencia, que todas y cada una de las tesis justificativas de los regímenes autoritarios de este siglo fueron enunciadas a lo largo de su incansable prédica.

17

La reluctancia era continua y decidida; con anterioridad al viraje de 1923, había ostentado idénticas prevenciones, si bien consideraba al régimen electoral un avance respecto de sistemas oprobiosos, como el de las monarquías absolutas de origen divino. Pero esas reservas distaban de agotar su fobia. No se olvide que durante ese inicial período, la democracia era uno de los activos agentes del denostado dogma de obediencia: así lo prueban innúmeros artículos periodísticos y hasta algún párrafo libresco.

Como virtualmente todos los miembros de la elite europea de fines y principio de siglo, fue cualquier cosa, salvo demócrata. No se diferenciaba de la mayor parte de los espíritus de su tiempo. Existen —aparte motivos ideológicos, o si se prefiere de carácter filosófico— razones de estricta índole personal que explican su credo antidemocrático. Hasta su muerte adhirió con fervor a la falange roquista, que alentaba en política ideas de simple evolucionismo. El término no nos pertenece, pues es de época y rotulaba a quienes no postulaban el efectivo sufragio, adversarios de los finalmente vencedores merced al talento de Hipólito Yrigoyen y a las recetas electorales de Sáenz Peña.

Aquella corriente —aún activa y poderosa en la Argentina— no admite una sociedad generadora de propias reglas de conducta; por el contrario, hállase persuadida de que a través de indisimulado autoritarismo, un grupo iluminado era el único capaz de guiarla. Las decisiones deben tomarlas unos pocos, aptos además para elevar el buen gusto de las multitudes. Allí radicaba, "in nuce", la vertiente autoritaria que aflora rítmicamente en la historia nacional. De esta afirmación puede también extraerse otras consecuencias: el pertinaz escepticismo para liderar un movimiento de masas, incapacidad para promover convocatorias populares. Por eso sus seguidores, ante el desborde electoral de los radicales, cayeron en la trampa del militarismo, o iniciaron desembozados idilios con el fascismo jerárquico.

Pues bien, tales ingredientes están en Lugones, pero con salvedad decisoria: la no sumisión a la derecha económica. Siempre estuvo apartado de los barones del dinero. Lo prueba no sólo una austera existencia (jamás fue dueño de un metro de tierra) sino también la lectura de su obra, en especial *La grande*

Argentina y *El Estado equitativo*, en los que desarrolla sus ideas: nacionalismo económico y economía basada en principios autárquicos, programa suficientemente irreal y desleído como para desalentar a los intereses preponderantes.

La distinción parece conveniente. Era antidemocrático por convicción estética y por autoestima. No ignoraba —no podía ignorar— su renombre de intelectual, de gran artista y, por ello, exigió un lugar en la sociedad, máxime cuando se reservaba la penosa tarea de transformarla mediante una suerte de sindicatura ética. Puede arriesgarse otra conjetura: la escala de valores que consideraba permanente y adecuada, predeterminaba sus preferencias políticas, pues en su caso existió una necesaria relación entre política y ética. Ahí residen, además, las profundas razones de la ruptura con el socialismo, de un socialismo ideado y creado según las disciplinadas maneras de Juan B. Justo.

Quedan sus ilusiones por el Ejército. Primero, hay que ubicarlo en su tiempo. Principalmente, la convocatoria militar obedeció a la seguridad que alentaba su organización jerárquica. Luego, el ejemplo de otros países: las derechas latinoamericanas, que la practican desde tiempo inmemorial; su empleo en Europa para sofocar avances del maximalismo ruso, con el enorme prestigio que en nuestro medio esto pudo significar. Tampoco debe apartarse del cuadro la magnética figura del poeta-soldado, Gabrielle D'Annunzio, en la mítica asonada de Fiume. Por último, la torpeza electoral de los adversarios del radicalismo, quienes no soportaban una perpetua imposibilidad para derrotarlo en comicios. Y de esto, Lugones habíase percatado con lucidez absoluta.

Más tarde vinieron ejemplos históricos, rara erudición y adecuada retórica de quien domina el oficio, circunstancias que se prolongaron durante años y que merecieron alcanzar el paroxismo en 1930. Sin embargo, aquel entusiasmo fue decreciendo con lentitud, hasta evaporarse. Nota de ingenuidad conmovedora: Lugones supo rescatar, durante aquel interludio marcial, su antiguo título de Capitán de Guardias Nacionales, obtenido en la Córdoba de sus mocedades. Hasta ese punto cortejó a los militares. Sólo en las postrimerías comprendió que no lo consideraban uno de ellos, pretensión absurda con instituciones cerradas, que sólo aspiran a constituirse en el fin excluyente, que son ellas mismas. Es más, desconfiaban de su insobornable talento. Por cierto, no era el tipo civil que se permiten reclutar.

Denostaba a la democracia, pero con enorme simplificación incluía en su desprecio al Liberalismo, como si ambos conceptos fueran idénticos. Eran variaciones terminológicas, sin embargo. A veces deslizaba como reparos contra esas mismas ideas argumentos opuestos al racionalismo, tema que hacía furor entre los intelectuales de la época. Pero, no hay que confundirse: en su obra no existe una sola línea —aún durante el período jerárquico— que niegue la esencia de la libertad, posición harto contradictoria con su proclamado derecho a estentóreos cambios.

Jamás propició un autoritarismo al modo de los que más tarde se conocieron, lo cual lo exime de complicidad con la férrea opresión que significaron el fascismo y el nazismo. No erigió sus ideales como exclusivos y excluyentes del de los demás y nunca postuló el uso de la fuerza para ello. Por el contrario, hay en Lugones una búsqueda sin tregua de libertad. No acepta ataduras y todas las formas del poder se le hacen sospechosas, desde la obsesión por lo material hasta la autoridad ejercida sobre inertes súbditos. Todo esto debía desaparecer en aras de una libertad plenaria.

Empero, durante la segunda y ulterior etapa ideológica —cuando asume su condición de intelectual de entreguerras— la idea de la libertad sufre variaciones que no alteran su significado, ni implican mengua. A la inversa, de los antiguos grandes temas fue el único que consiguió sobrepasar, casi indemne, la dura prueba de la revisión. Lugones le introduce un límite: no permitirse facilidades para el fin propuesto, sino sortear de modo obligado los obstáculos que se puedan presentar, como aquellos otros que el propio agente haya logrado crear, provenientes, la mayor parte de las veces, de su sentido ético.

A esto llamábalo honor, el que junto a la Doctrina del Perfecto Amor o Cortesía y a su concepto del Paladín, significaban flor de civilización, pues con los tres supuestos se lograba el triunfo del ideal sobre los instintos. El honor para Lugones era, pues, enemigo de la facilidad: el Perfecto Amor, derrota para la oscura fuerza del amor carnal; y el Paladín, la bella y por eso eterna lucha contra los poderosos en defensa de los débiles. Mayor será el triunfo del artista (o del intelectual) cuanto más dificultades logre vencer; sublime el amor, que se aparta del objeto amado para idealizarlo, y perfecto el héroe, si la disparidad de fuerzas resulta abismal entre las suyas y las de quienes enfrenta.

Repasemos sus elogios: ha sido el primero en nuestro idioma, al que hiciera estallar en el *Lunario sentimental* y en *La guerra gaucha*. Sin embargo, luego de esa literatura experimental, eludió con presteza la trampa de transformarse en escritor de escritores y se adentró en ejercicios que acrecentaban valores de comunicación social. Otro de sus magníficos rasgos: haber comandado, junto a Rubén Darío, la revuelta modernista que significó liberarnos de la petulancia lingüística española. Gracias a su genio libertador —jamás suficientemente reconocido— hoy escribimos y hablamos de acuerdo a nuestras posibilidades, manumitidos de la dialectal tiranía.

Consecuencia de aquel sacudimiento, la búsqueda de una identidad para la Argentina fue otro de sus magníficos logros. Comienza con la recreación del poema de Hernández, al que recoge del arroyo para otorgarle el respeto que hoy lo rodea. Gracias a *El payador*, el *Martín Fierro* es un monumento literario, justificativo, por sí solo, de nuestra existencia como entidad nacional. Aquel hallazgo reiteraríalo con *Odas seculares*, *El libro de los paisajes* y los *Poemas solariegos*, tríptico que componen *Las Geórgicas argentinas*, y que junto a otras grandes obras del género épico —*Facundo* y el ya citado *Martín Fierro*— subrayan nuestra unidad de nación a través del ejercicio sensible del idioma. Todo confluía —y Lugones lo advirtió— para que con el empleo exclusivo de signos argentinos, y por ello inteligibles a todo el mundo, el país comenzara a existir espiritualmente como tal.

La prédica docente fue titánica. Todos sus escritos persiguen un digno fin. Vivir la vida como arte, el bien como último objetivo, descompuesto a su vez en valiosos elementos: justicia, verdad y belleza, fórmula platónica que empeñóse en trasegar a las mentes de sus compatriotas. Combatió para ello hasta el delirio, como lo prueba la tenaz campaña helenizante, convencido de que ese debía ser el apropiado modelo nacional. Obra, vida y muerte, estuvieron impregnadas de notorias influencias estoicas, cuyos valores éticos y estéticos pretendía para todos, cual rasgo común e identificatorio.

Nunca estuvo del lado de los poderosos. Si creyó en la

jerarquía y colaboró en el alzamiento setembrino del 30, sus propósitos eran diferentes a los del sector económico y militar que reconquistó el poder en aquella oportunidad. Rápidas y ácidas disonancias con los flamantes dueños de la situación, una oposición institucionalizada, ignorancia y desprecio del régimen, prueban hondas divergencias de métodos y fines. En verdad, detestaba las imposiciones; era un feroz individualista. No transigía con la ley de hierro de la autoridad, ya fuera ésta política o económica; de ahí su liberalismo, su anarquismo o su socialismo. Mucho menos aceptaba la dictadura del número: lo prueba un perenne estado de rebelión contra la democracia, reconocida variante del Dogma de Obediencia. Acaso, una de las claves interpretativas de Lugones sea la exaltación dionisíaca del yo.

El análisis de su obra es difícil, pues no fue hombre que buscara el éxito, ese arduo catálogo de vanidades; distinta era su medida de las cosas. Manuel Gálvez se ha solazado de su "ineditez perfecta". A veces, da la sensación de que escribe para su propio placer. Otras, la mayoría, lo hace didascálicamente, pues adviértese que se erige en mentor intelectual de los argentinos. Por eso el invariable fervor por Sarmiento, con quien gustaba identificarse.

Pulsó todas las cuerdas, no sin dispersión, ora ostentando superficialidad, ora barroquismos jactanciosos. La obsesiva búsqueda de un común y áureo hilo comprensivo de sus inquietudes torna azaroso, cuando no imposible, abarcar tanta complejidad. Será por eso que a Lugones se lo teme más de lo que se lo conoce o admira. Difícil, versátil, contradictorio, hasta laberíntico, tal la impresión que produce. De allí que acceder a su vida y obra se antoja faena agotadora. Cuando se piensa en el desdén de la crítica, en la ausencia de calor popular para su figura, ronda, irreprimible, la idea del fracaso. Con ella creemos haber arribado a puerto, pero el sonoro juicio, lamentablemente, concluye por parecernos fugaz. Entonces, aun con riesgo de reiterar el célebre epíteto, quizá convenga admitir que Leopoldo Lugones ha sido un fracaso, un estupendo fracaso.

PRIMERA PARTE

CAPÍTULO I

1874-1896

*"¿Mi vida? Mi vida no tiene interés. No ha habi-
do jamás en ella aventuras que puedan sorprender y regocijar a la gente. No es periodística"* [1].

Villa María del Río Seco, según la hoy apenas conocida geografía de Ríos y Achával, fue fundada por el gobernador de
Córdoba, Sobremonte, en el año 1797. Mísera aldehuela, ubicada al lado del viejo camino del Norte, llamóse primero Quilloar-
mina, que en lengua indígena significa, justamente, "río o arroyo
seco". Fue reducción, parroquia y más tarde asiento de un
fuerte —"que era de pirca y tapial"— [2] previsor de malones y
del que Lugones conociera el foso, "vivo aún", en sus travesuras
infantiles [3]. La región está cruzada por sierras, con bosques que
las cubren en parte y entre sus quebradas corren numerosos
arroyos cuyas aguas fertilizan pequeños valles. En otros lugares, por el contrario, preséntanse ásperas y desnudas de toda
vegetación, salvo un pasto seco y duro. Hay campos aptos para
la labranza y la ganadería, de las que viven sus pobladores.

Hacia mil ochocientos setenta la población contaba apenas
quinientos habitantes y como todavía acontece, la circundaba y
penetraba el campo. Las calles, sin nombres, son encantado-

---

[1] JIMÉNEZ RUEDA, Julio, "Leopoldo Lugones", *La Nota*, mayo 6 de
1921.

[2] LUGONES, Leopoldo, *Romances del Río Seco*, Sociedad de Bibliófilos,
Buenos Aires, 1938, p. 85.

[3] LUGONES, Leopoldo, *La personalidad del general Roca*, "Conferencia
dada en el Prince George's Hall, el 31 de mayo de 1926, por el Capitán
de Gs. Ns. don Leopoldo Lugones", Guillermo Kraft, Buenos Aires, 1926,
p. 26.

ramente viejas. Pocas casas, a las que el silencio otorga dignidad, se apeñuscan al pie del cerro del Romero, "el cerrito mangrullero" de los *Romances del Río Seco*, prosaicamente llamado, hoy, de la Cruz. La plaza es amplia, como su iglesia parroquial. A pocas cuadras aparece la casa, no muy grande, construida por don Froilán Montenegro hace más de un siglo [4], y en la que se instalaron Santiago Lugones y Custodia Argüello. Esta, si bien originaria de la ciudad de Córdoba, residía en Río Seco con su madre y hermanos. Uno de ellos, Exequiel, fue el primer Jefe Político del Departamento riosecano, y otro, Teodomiro, Juez de Alzada. Por cierto, estos hidalgüelos rurales gozaban de poder y prestigio en la comarca [5]. Don Santiago, que era santiagueño, hubo de emigrar a Buenos Aires debido a la persecución del clan de los Taboada. Allí fue empleado de la administración local. De regreso, se detuvo en Río Seco donde conoció a Custodia, cuatro años mayor [6], con la que casó el dos de mayo de 1873. Apenas incorporado a la familia, los Argüello extendieron su benéfica protección al nuevo miembro, a quien dotaron de un interinato de maestro, añadiéndole, luego, un cargo de preceptor.

Descendían los Lugones de antiguos colonizadores del noroeste, provenientes del que trajo Pizarro al Perú, declarante almagrista en el juicio que le hiciera La Gasca, en las desavenencias entre Pizarro y Almagro. Apaciguadas las rencillas, debió acompañar a Francisco de Aguirre y bien pudo ser uno de los fundadores de Santiago del Estero [7]. Reforzada por la prosapia materna, "antigua en doscientos años por estas tierras" [8], el poeta siempre se enorgulleció de su linaje de criollo viejo, al que realzó, retóricamente, en su conocida "Dedicatoria a los antepasados".

El sábado 13 de febrero de 1874 —"mi madre me contó que la noche de mi nacimiento, el trueno sonaba sobre los dolores

[4] VERGARA DE BIETTI, Noemí, "Estampas del Río Seco", *Davar*, julio-setiembre de 1963, pp. 78-79.

[5] BISCHOFF, Efraín U., "Los años iniciales de Leopoldo Lugones (1874-1896)", *Boletín de la Academia Nacional de la Historia*, vol. XLIX, Buenos Aires, 1976, p. 98.

[6] MARTÍNEZ ESTRADA, Ezequiel, *Leopoldo Lugones, retrato sin retocar*, Emecé, Buenos Aires, 1968, p. 127.

[7] NEGRI, Tomás Alba, *El linaje de los Lugones*, Casa Pardo, Buenos Aires, 1974, p. 7.

[8] JIMÉNEZ RUEDA, "Leopoldo Lugones", *La Nota*, mayo 6 de 1921.

de su vientre" [9]— nació Leopoldo Antonio, a quien sólo bautizaron nueve meses y medio después, como reza, cual vecinal reproche, el acta levantada en la ocasión por el presbítero Ernesto Henestrosa. Sus padrinos fueron Exequiel y Teresa Argüello, y será esta última, su tía, quien le impondrá, como exótica ocurrencia, el nombre de Leopoldo. En su cuento "El Puñal", además de relatar el episodio, Lugones ha de extraer insólitas derivaciones de aquella elección [10].

Sobre el padre existe una bella página de Santiago, su tercer hijo, quien así lo describe: "Tenía muy buen carácter: alegre, franco, leal, generoso, optimista, valiente, algo orgulloso. Se encolerizaba fácilmente; pero con igual celeridad se serenaba. No conocía el encono y menos el odio. Actuó siempre en política, en el Partido Nacional, desde Avellaneda hasta el segundo gobierno de Roca [...] nunca quiso tener empleo público, hasta su vejez, en que fuera empleado de la Defensa Agrícola, obligado por la pobreza. No bromeaba de palabra; pero le gustaban las travesuras. En religión era un perfecto incrédulo; no le interesaban ni el pro ni el contra; para él todo eran tonterías y supersticiones de beatas y frailes. Muy sociable, muy cordial, se daba con todo el mundo y siempre estaba conversando y discutiendo. Como se exaltaba con facilidad y no se andaba con chicas para plantar una fresca a cualquiera, más de una vez estuvo expuesto a graves incidentes que no pasaron a mayores gracias a la prudencia de los otros" [11].

Lugones ha recordado, también, "al buen padre jovial", cuya:

"...sonora
palabra de cariño y complacencia
como el pan bien asado era sabrosa" [12].

y lo ha retratado con fondo pastoral, en las *Odas seculares*, dando escolta a los suyos, a caballo, con el más chiquillo montado por delante, pidiéndole galope y manteniendo, pese a sus reclamos, el andar de la bestia:

[9] LUGONES, Leopoldo, "Para un álbum", *Revista de Buenos Aires*, julio 12 de 1896, pp. 7-8.
[10] LUGONES, Leopoldo, *Cuentos fatales*, Babel, Buenos Aires, 1924, p. 72.
[11] NEGRI, *El linaje de los Lugones*, pp. 26-27.
[12] LUGONES, Leopoldo, *Odas seculares*, Arnoldo Moen, Buenos Aires, 1910, p. 108.

"Paralelo a la senda, donde toda
la familia marchaba de regreso
al mismo paso y en la misma forma" [13].

Siempre según el fiel testimonio del hijo, la madre "era bonita, de una belleza serena [...] comprensiva, aunque reservada". En cierta ocasión —atestigua— "llegué muy afligido hasta ella; estaba casi a oscuras en su habitación; me senté en una sillita a sus pies; permanecimos en silencio, pero me sentí consolado" [14]. En su obra, no siempre generosa de notas intimistas, aparece, sin embargo, la figura materna embellecida "con sus pacíficas trenzas de señora" [15], "tocando la guitarra y cantando, bañada de fresca luz montañesa, los versos románticos de La Sultana y El Hado" [16], o bien, desconsolada por las ovejas recién paridas bajo las lluvias heladas:

"...que caminan solas
en incesante marcha por los campos" [17].

Permitía la madre, luego de las nevadas, que los chicos fueran por las lomas "a buscar pajaritos envarados", trayéndolos a la casa para confortarlos y más tarde, dejarlos ir, poniéndoles antes un poncho de papel, en el que escribían una carta a Europa:

"para que de allá manden una ñaña
que llegará en la primavera próxima" [18].

La ñaña era la esperada hermana mujer, en un hogar en el cual todos eran hijos varones: Leopoldo, Santiago, Ramón y Carlos.

A mediados de 1877, probablemente al variar la situación política en Santiago del Estero, la familia íntegra marchó hacia su capital donde se instalaron. Durante el gobierno de Pedro Gallo, don Santiago fue elegido diputado de la legislatura pro-

---

[13] Odas seculares, p. 109.
[14] DOMÍNGUEZ, María Alicia, "El centenario de Lugones", La Nación, junio 9 de 1974.
[15] Odas seculares, p. 106.
[16] LUGONES, Leopoldo, El payador, Otero y Cía., Buenos Aires, 1916, p. 82.
[17] Odas seculares, p. 78.
[18] Odas seculares, p. 59.

vincial [19]. La estada, sin embargo, resultó breve, ya que al promediar 1880 se trasladaron a Ojo de Agua, localidad próxima al límite con Córdoba, situada apenas a unas siete leguas de la natal Río Seco. Antes de abandonar Santiago del Estero, Lugones experimentó su primera impresión de infancia, que fue —como él mismo lo reconociera— de índole militar: la salida de los soldados santiagueños, llevados a combatir la rebelión del ochenta. Pudo conocer, así, los últimos soldados de nuestras guerras civiles [20].

En aquel modestísimo paraje, a los siete años, Lugones concurrió a una escuela fiscal [21], típicamente de campaña, con un solo grado y un solo maestro [22], a la que asistió acompañado por su hermano Santiago [23]. Su decoración era la habitual: un amplio salón de puertas siempre abiertas a la calle, mesas y banquetas de algarrobo colocadas a lo largo de las paredes. Las clases comenzaban al alba y debían salir de noche para recibir de don Miguel Novillo "las primeras letras de tiempo" [24], impartidas, con recia disciplina, bajo el discutido pero eficaz principio de que con sangre la letra entra. La fiesta maya celebrábase a la antigua manera. El mismo lo ha relatado: "Los chicos cantábamos el 25, allá en el remoto lugarejo de la sierra, donde esperábamos formados en la plaza, desde el amanecer, la salida del sol de Mayo, vibrantes de religiosa expectación, y tiritando de frío, hasta envidiar a los chingolos, arrebujados en el poncho del pajonal" [25].

Una modesta biblioteca popular existía en la escuela, confiada, también, a los cuidados del maestro, quien tenía por costumbre abrirla los domingos, dejándola sin vigilancia alguna. Años después, recordaría los beneficios de aquel saqueo, que tanto influyeron en su despertar de intelectual. Así, siempre según su confesión, hubo de apoderarse de un volumen titulado

[19] NEGRI, El linaje de los Lugones, p. 26.
[20] "La disertación de D. Leopoldo Lugones en el teatro Opera", La Nación, mayo 8 de 1928.
[21] LUGONES (h.), Leopoldo, Mi padre, Centurión, Buenos Aires, 1949, p. 40.
[22] La actual escuela Torres, de Ojo de Agua (Santiago del Estero).
[23] CAPDEVILA, Arturo, Lugones, Aguilar, Buenos Aires, 1974, p. 41.
[24] LUGONES, Leopoldo, Roca, Coni, Buenos Aires, 1938, p. 81.
[25] "La disertación de Don Leopoldo Lugones en el teatro Opera", La Nación, mayo 8 de 1928.

La metamorfosis de los insectos, resumen, en español, de la voluminosa obra de Emile Blanchard y, sobre todo, de los primeros *Recuerdos entomológicos*, de Jean Henry Fabre. Aquellas páginas, leídas bajo "el encanto de la lectura libre, en el fondo de un establo [...] o en pleno campo, acostado sobre los altos pastos que el viento agitaba como las páginas de un libro, me impulsaron a la observación de la naturaleza y determinaron, en gran parte, mis preferencias intelectuales"[26].

Pero el afán multiplicador que provocó aquella biblioteca, cuyo desorden era obra de civilización, no se redujo a las consabidas incursiones del inquieto principiante. Su padre también removía los volúmenes en los descabalados estantes. De noche, leíale al niño *La Jerusalém libertada*, y, según las confesiones del atónito escucha: "recuerdo que me conmovió hondamente la leyenda de la selva encantada, con sus árboles sangrantes y sus láminas de pavoroso dibujo. Así conocí la poesía..."[27].

Sin embargo, aquel sencillo medio permitíase también ciertas delectaciones. La portentosa fantasía de *Las mil y una noches* no le fue desconocida, si bien adaptada a una fonética rústica:

"Porque ya sabíamos algo de Aladino
Y de Simbad el Marino;
Aunque para nuestra fábula campesina
uno era el Niño Ladino
Y el otro se llamaba Sinibaldo Medina"[28].

Una interesante página autobiográfica descubre su aproximación a otro monumento literario de hondísima repercusión en su obra. En la región de Sumampa, en la que se encuentra Ojo de Agua, existía, allá por la adolescencia de Lugones, "un mozo llamado Serapio Suárez, que se ganaba la vida recitando el *Martín Fierro* en los ranchos y en las aldeas. Vivía feliz y no tenía otro oficio [...] Recuerdo haberme pasado las horas oyen-

26 "Trois faits d'histoire naturelle", *Revue Sud-Americaine*, pp. 360-361.

27 LUGONES, Leopoldo, *Historia de Sarmiento*, Otero y Cía., Buenos Aires, 1911, p. 164; e "Itinerario de ida y vuelta", *La Nación*, junio 28 de 1931.

28 LUGONES, Leopoldo, *Poemas solariegos*, Babel, Buenos Aires, 1928, p. 116.

do con admiración devota a aquel intuitivo comunicador de belleza" [29].

Aparte de estas módicas incursiones intelectuales, que su precocidad aprovechaba al máximo, pocas eran las alternativas que la vida en Ojo de Agua podía brindarle, cosa que él mismo se ha encargado de relatar: la presencia del hombre-orquesta, que Capdevila reputa "decisiva para su arte" [30], el pozo que se secó, el colla, o aquel infaltable circo sacudiendo la apatía pueblerina:

> "Cuando vi por primera vez
> La función del circo en la villa
> Comprendí ante su maravilla
> Mi lamentable pequeñez" [31].

Pero resultaría incompleta la reseña de este período formativo de su personalidad si no se mencionara su vida campesina, pues en verdad, Lugones se crió en el campo. Sus tíos Juan de Dios y Diógenes Argüello eran propietarios de una hacienda rural, equidistante de Ojo de Agua y Río Seco, la que luego vendieron a don Santiago, en 1888, cuando la familia ya residía en Córdoba [32]:

> "En Taco-Yaco, esa estancia
> Que de mis mayores fue" [33].

En las estribaciones de las sierras de Sumampa, Lugones púsose en contacto con la naturaleza y con sus fuerzas elementales, las que retuvo sin filtros emotivos o elaboraciones culteranas, desnudas, a la vez, de todo prejuicio. Esta etapa poseerá importancia decisiva en la composición de su carácter y sensibilidad. Paradojalmente, quien con el tiempo se convertiría en intelectual puro, partidario de ideales cosmopolitas y universales, se formó en un medio aldeano, ajeno a cualquier edulcoración y refinamiento. Por eso, en su obra, acecha una potencia agresiva y tensa, propia de aquellos hábitos rudos y obvios, y una manifiesta obsesión por aprehender la estremecedora ar-

[29] LUGONES, El payador, p. 80.
[30] CAPDEVILA, Lugones, p. 45.
[31] LUGONES, Poemas solariegos, p. 137.
[32] BISCHOFF, "Los años iniciales de Lugones", p. 99.
[33] LUGONES, Romances del Río Seco, p. 160.

monía de la naturaleza, que conocía tan bien. En sus trabajos crepusculares retornaría, nostálgicamente, a este período, recurrencia que se advierte sobre todo en los *Poemas solariegos*, y en menor medida en los *Romances de Río Seco*. Como una "infancia violenta" reivindicará a la suya [34]:

"Allá mismo, hace ya tanto y tanto...
Cazábamos los chicos a honda, flecha y piedra" [35].

Niñez, sin duda, "avara de mimos, rudamente viril, como que todos los juegos libres solían rematar en choque de pandillas guerreras" [36]. No podían faltar tampoco los inevitables escarceos eróticos de la infancia, expuestos por su protagonista, con espontánea belleza:

"Hasta su beso esquivo a las morochas,
Que se duplica luego, argumentando
Porque fue en la mejilla, y no la boca,
Tras de la casa donde tales deudas
Con urgente estrechez el labio cobra" [37].

Conmovedora resulta también su anécdota, deshaciendo las rondas de las chicas orgullosas —y probablemente emperifolladas— que no querían jugar con él, a pesar de sus veinte centavos dominicales [38].

Pero en Lugones anidaba además el don de la palabra, de la palabra que dibuja con precisión el pensamiento y que debió manifestarse en sus trabajos y exposiciones escolares, asombrando a sus padres y a cuantos lo conocieron en la niñez iletrada. José León Pagano, que frecuentó a don Santiago, ha relatado los dichos paternos acerca de "ese verdadero estado de gracia". La madre lo arrullaba, cantando arias de la tierra, tarareando tonadas típicas de la región, pero atendiendo únicamente a la melodía de cielitos y vidalas, y el niño poeta, tras escuchar la

[34] LUGONES, Leopoldo, *Las carreras de la Ilíada*, Jockey Club de Buenos Aires, Conferencias del año 1921, Imprenta del Jockey Club, Buenos Aires, 1924, p. 76; incluida en *Nuevos Estudios Helénicos*, Babel, Buenos Aires, 1928.
[35] LUGONES, *Poemas solariegos*, p. 16.
[36] LUGONES, "Itinerario de ida y vuelta", *La Nación*, junio 28 de 1931.
[37] LUGONES, *Odas seculares*, pp. 54-55.
[38] DOMÍNGUEZ, "El centenario de Lugones".

melodía "ponía letra al cantar de la madre, y animaba con verso la voz emanada de la más pura y honda fibra cordial" [39].

Muchas anécdotas lo muestran versificando. Una de ellas, trepado al mostrador de la tienda de don Domingo Dolores, declamando versos sentenciosos y picarescos, para luego recibir, concluido el recital, alfeñiques y alfajores [40]. Otras, rivalizando en contrapunto con el cura Henestrosa o el comisario Roldán o, también, por la tarde, sentado a orillas del vado del Río Seco "donde la tierra arrugada parece esperar", leyéndole versos a las muchachas [41].

Era sin duda muy inteligente. Así debió entenderlo su padre. Por eso decidió enviarlo a la Córdoba de los teólogos y de los inquietos doctores liberales, a casa de su tía abuela materna, doña Rosa Bulacio, para que continuara y perfeccionara los estudios [42]. Tenía nueve años [43]. Las legendarias mensajerías, con postillón y tropilla, lo alcanzan hasta Frías, donde toma el flamante ferrocarril, tropezando en el polvoriento camino con una insospechada presencia: azules cartelones de caracteres blancos sostienen que el diario La Nación es el más leído en la República [44].

No bien llegado a Córdoba lo sorprende un espectáculo conmovedor. Se trata de los funerales de fray Mamerto Esquiú, a los que concurre escoltado por su piadosa abuela. En Río Seco, Lugones pudo conocerlo en una de sus tantas misiones episcopales. Habíase hospedado en aquella ocasión en la casa solariega "y no habiendo entonces más chico en la familia y siendo muy afectuoso él con las criaturas —recordará— solía tenerme en sus rodillas, durante el siempre breve solaz de la conversación" [45]. Circunstancia curiosa, aún en épocas de deli-

---

[39] PAGANO, José León, "Leopoldo Lugones, poeta civil", *Anales de la Academia Argentina de Letras*, XXIII, 1958, p. 634.

[40] CARRIZO, César, "Un amigo de Leopoldo Lugones. Recuerdo de Ojo de Agua", *La Nación*, febrero 16 de 1941.

[41] Testimonio de Florinda Ferreira de Bustamante, *La Nación*, febrero 21 de 1944, p. 7; Leopoldo Lugones, *El payador*.

[42] LUGONES (h.), *Mi padre*, pp. 42-44; LAFITTE, Enrique G., *A Leopoldo Lugones*, Porte Hnos., Buenos Aires, 1938, p. 24.

[43] CAPDEVILA, *Lugones*, p. 56.

[44] "La disertación de Don Leopoldo Lugones en el teatro Opera", *La Nación*, mayo 8 de 1928.

[45] LUGONES, Leopoldo, "El Padre Esquiú", *La Nación*, enero 1º de 1937.

rante anticlericalismo [46] evocará conmovido la figura del beatífico obispo "que en sus audiencias diarias recibía primero a los pobres, y se iba por las aldeas más miserables, perdonando los pecados de los labriegos greñudos, a quienes pasaba la mano por la cabeza, como si fueran niños" [47].

Don Ignacio Garzón y su hermano Tobías —el gramático— lo acogieron en la tradicional Escuela Graduada Garzón, donde cursaban los hijos de progenie cordobesa sus cuatro años de estudios preparatorios. Allí completó los suyos, resultando, según propia confesión, "un buen alumno" primario [48]. En 1887, concluido ya el ciclo, ingresa al vetusto Monserrat, convertido gracias a los desvelos de Avellaneda en flamante Colegio Nacional. Pero allí, ciertamente, no fue un alumno modelo. De su falta de esmero, él mismo dio las razones en un simpático arranque de sinceridad: "por rebeldía natural y aburrimiento insoportable, ante aquel fárrago de asignaturas sin vinculación ni encanto" [49]. Sin duda relacionándola con sus desventuras escolares, ha de intentar años después una vindicación de la "rabona". En su defensa sostendrá que puede resultar más provechosa que una clase aburrida, recordando por propia experiencia "haber adquirido más de un conocimiento útil en semejantes excursiones" [50].

Como siempre ocurre con toda inteligencia vivaz, aunque turbulenta, sus calificaciones fueron dispares. Sobresalimos siempre en aquello que nos interesa, y Lugones no podía ser una excepción al principio. Si bien el resto de las comprobaciones sólo reflejan mediocridad, Idioma Nacional e Historia fueron las asignaturas en las que obtuvo las notas más brillantes [51]. Paralela a la breve experiencia en el viejo instituto, asoma ya la figura de Javier Lazcano Colodrero, su profesor de Literatura, quien tanto lo quiso y distinguió.

Rabonero y haragán, de pésima conducta, al llegar al tercer

---

[46] "Fragmento", *Almanaque Peuser*, año XII, 1899, pp. 61-62.

[47] LUGONES, Leopoldo, "Los funerales de un santo", *La Nación*, octubre 6 de 1912.

[48] "Itinerario de ida y vuelta", *La Nación*, junio 28 de 1931.

[49] *Ibid.*

[50] LUGONES, Leopoldo, *Didáctica*, Otero y Cía., Buenos Aires, 1910, p. 20.

[51] NÚÑEZ, Jorge A., *Leopoldo Lugones*, Universidad Nacional de Córdoba, 1956, p. 8.

año —que rindió incompleto— cansóse del colegio y el colegio se cansó de él. Su permanente fastidio por cualquier disciplina, su descreimiento ante la afirmación magistral, son claras pruebas de su disconformidad juvenil y del individualismo que ostentó a lo largo de toda su vida. Al aproximarse los exámenes finales, consiguió desasirse del odiado yugo mediante un artificio cruel. Lafitte, sirviéndose del insospechable testimonio de su hermano Santiago, y de su cuñado, el distinguido médico Juan Bautista González, lo ha reconstruido con fidelidad. De la mañana a la noche pretexta sentirse enfermo, quejándose de fuertes dolores en su espalda. Se acuesta para levantarse a hurtadillas y luego de apoderarse de un pichón del palomar casero, lo sacrifica, vertiendo su sangre en el piso, junto a la cama, no sin antes salivar la espantable mancha repetidamente. Todo está preparado para el sorpresivo hallazgo y el maternal desconsuelo. La corta sesión de un consejo familiar resuelve que el nocturno depredador abandone los estudios. ¡Al fin la libertad! ¡Adiós al colegio! ¡Adiós al lóbrego encierro!

A pesar del exitoso ardid, no dejará de inquietarlo la carencia de una instrucción sistemática como la universitaria [52]. Compensatoriamente rescatará la condición de autodidacta sosteniendo —con no indisimulado orgullo— la tesis, verdadera, de que todos nuestros grandes hombres lo fueron [53]. Es más, pensaba que el objeto de la escuela consistía en conseguir y fomentar tales ejemplos [54].

¿Lugones autodidacto? Sin duda lo fue. Tuvo la suerte de no cursar estudios regulares, lo que le permitió desarrollar, sin traba alguna, su inteligencia natural. Pudo así formarse sin mutilaciones, ni contagios. Toda su vida estuvo dedicada al estudio, guiado por su excluyente interés e intuiciones a veces geniales. Aquella libérrima curiosidad esclarecióse en la adolescencia con un descubrimiento esencial. Fue la obligada pregunta del porqué de las cosas, la atormentada duda metódica, la predisposición mental de colocar las ideas fuera de su contexto ordinario, para observarlas, así, desde perspectivas inéditas.

El afán inquisitivo se acrecienta, luego del breve paso por

---

[52] LUGONES, Leopoldo, *Prometeo*, A. Moen, Buenos Aires, 1910, pp. 8-9.
[53] LUGONES, Leopoldo, "La République Argentine et l'influence française", *Mercure de France*, setiembre 15 de 1906, p. 195.
[54] LUGONES, *Didáctica*, p. 167.

las aulas del Monserrat. Lee, afanosamente, cuanto volumen cae en sus manos, y si la fatal reiteración de las dudas reclama prontas respuestas, concurre a la biblioteca de la Universidad "donde devora doctísimos libros"[55]. Perfecciona, asimismo, el conocimiento de las lenguas extranjeras, sobre todo el francés y el italiano, lo que le permite estudiar en forma directa las obras maestras[56]. Ya en plena madurez, ha de confesar al poeta Francisco López Merino "que cuando jovencito, leía solamente libros extranjeros; entre varios amigos nos arreglábamos para traducirlos"[57]. Devoción obligada si se piensa en la indigente literatura española de la época, la que, además, debíale recordar demasiado las estrecheces pacatas de su ciudad.

A la desazón de fastidiosas cátedras, oponía "la lectura desperdigada, pero interesante por su mucha variedad"[58]. Hasta acomete los rudimentos del latín, "por causal fineza de un ingeniero alemán"[59]. De los argentinos lee a Almafuerte —por quien guardó durante toda su vida grandísima consideración—, a Castellanos, cuyo "Borracho" recita a voz en cuello y a Andrade, de notable influencia en su primera producción, cuyos iluminados endecasílabos del *Prometeo* gustábale decir con fiero acento, exclamando siempre como escolio retórico: "Qué bueno le salió esto al entrerriano"[60]. Ha de ser Andrade quien le descubrirá "al padre Hugo", su perdurable amor. Frecuenta también a D'Annunzio, a Poe, a Chocano, a Silva, a todo el decadentismo finisecular, aun al de peor gusto[61] y en particular a los escritores gálicos, pues —son sus propias palabras— "a Francia la he considerado desde mi infancia, aquella segunda patria, que según el verso célebre, todo hombre posee después de la suya"[62]. Es que le encantaba alardear acerca de su de-

[55] CAPDEVILA, *Lugones*, p. 99.
[56] "El Sr. Leopoldo Lugones", *Tribuna*, setiembre 7 de 1906.
[57] "Lugones habla del ambiente literario argentino", *Nueva Era*, setiembre 29 de 1922 y en *Repertorio Americano*, 1923, p. 103.
[58] LUGONES, "Itinerario de ida y vuelta", *La Nación*, junio 28 de 1931.
[59] *Ibid.*
[60] CAPDEVILA, *Lugones*, p. 132.
[61] PICÓN SALAS, M., "Para una interpretación de Leopoldo Lugones. Modernismo y argentinismo", *La Nación*, setiembre 1º de 1946; GHIANO, Juan Carlos, *Análisis de "La Guerra Gaucha"*, Centro Editor de América Latina, Buenos Aires, 1967, pp. 8-9.
[62] LUGONES, "La République Argentine et l'influence française", *Mercure de France*, setiembre 15 de 1906, p. 195.

pendencia: "Mi cultura es, fundamentalmente francesa primero, e inglesa después" [63].

Siguiendo el viejo consejo, abría su inteligencia a todas las ideas, trataba de comprender todos los hechos y buscaba el conocimiento a través de todos los sentidos. Amuebla su cerebro, pero al mismo tiempo, afianza su personalidad. "Nunca me arrepentiré de haber pecado en belleza. El tiempo que perdí contemplando nubes, soñando quimeras, padeciendo amores —le asegurará en 1920 a Joaquín Castellanos— haraganeando en tantos rosales, no sin espinas ¡ay de mí!, como un abejorro pendenciero, volvería a perderlo sin remordimiento" [64].

El conocimiento científico tampoco podía resultarle extraño. Sus inclinaciones al estudio de la naturaleza recibieron una orientación decisiva, gracias al misérrimo Museo Politécnico, gobernado, en aquella época, por el clérigo Jerónimo Lavagna: "persona útil, instruida y solitaria, algo extravagante también, hasta parecer por sí misma un bicho de museo" [65]. El buen director íbase a la siesta, vistiendo su raída sotana, a buscar fósiles por las entonces incultas barrancas de la nueva Córdoba y allá lo conoció Lugones, junto a Enrique Cáceres —su mejor amigo— ambos de rabona perpetua. Fueron sus ayudantes ocasionales en las científicas, aunque modestas tareas de aquella institución sin recursos. Capturaban insectos, coleccionaban mariposas y las clasificaban ellos mismos, junto con las primeras plantas de un herbario que iniciaron en papel de estraza [66]. A Lugones todo le interesaba, de modo que con la ayuda de un amigo aplicado "comenzó por el álgebra y llegó a la aritmética por la geometría" [67]. Tales inquietudes, entomológicas y matemáticas —sin duda sinceras— lo acompañaron toda su vida. En

63 JIMÉNEZ RUEDA, Julio, "Leopoldo Lugones", *La Nota*, mayo 6 de 1921. Respecto de su exaltada francofilia, véase de Lugones: "En homenaje a la memoria de Rubén Darío", *Mi beligerancia*, Otero y Cía., Buenos Aires, 1917, p. 143; "La Liga de las Naciones y el Tratado de Versailles", *La Nación*, diciembre 12 de 1920; "Las razones de Francia", *La Nación*, junio 4 de 1922, e "Imperialismo", *La Nación*, julio 6 de 1922.
64 "Poesía obliga. De Leopoldo Lugones a Joaquín Castellanos", *La Nación*, setiembre 18 de 1923.
65 LUGONES, Leopoldo, "El Museo de Córdoba", *La Nación*, julio 15 de 1913.
66 *Ibid.*
67 LUGONES, "Itinerario de ida y vuelta", *La Nación*, junio 28 de 1931.

La *Revue Sudamericaine* reseñó algunas experiencias en dichos campos, las que por incomprensión y envidia fueron tratadas soezmente por Blanco Fombona.

Pronto, aquel despliegue científico debió ser compartido con una vieja conocida, la poesía. Cuando se tiene genio, debe escribirse pronto, confiando al público ideas y sentimientos. Acababa de cumplir quince años y ya aparecía cierta mañana de 1889, en el diario juarizta *El Interior,* bajo el candoroso título de "Meditación", una poesía suya [68]. Aquella manía de hacer versos nunca la había abandonado totalmente. Lugones, en sus mocedades, practicó por los suburbios de Córdoba el antiguo y ya por esa época decaído oficio de los payadores [69]. En verdad, se inició en la literatura con las instintivas coplas del género y, curiosamente, al final de su vida, en los *Romances de Río Seco* hubo de reiterar aquel estilo cuyo tono dominaba.

Desconocemos los detalles de su formación intelectual. Por otra parte, poco es lo que él mismo ha relatado, en tanto que sus ocasionales biógrafos no profundizan el tema. Fue un autodidacto, pero sus inquietudes no pudieron ser las únicas que lo orientaran. Debió tener maestros, o al menos guías, de carne y hueso. Por ejemplo, sabemos que uno de ellos fue Javier Lazcano Colodrero, quien desde el Colegio Nacional lo distinguió brindándole consejos o indicaciones en materia de gustos literarios, valiosos, de por sí, más que todo un curso. Como antes ocurrió con Joaquín V. González, prologó el libro inicial del joven poeta, *Primera lira,* cuya publicación frustróse por penurias de editores. El prólogo sin embargo apareció, en *La Prensa,* en 1894, y en él, Lazcano Colodrero rastrea, con singular agudeza, la personalidad de Lugones. Su benéfica influencia se advierte de inmediato, pues González, que también fue su condiscípulo en el Monserrat, era justamente secretario de redacción de aquel diario y, además integraba, con el generoso maestro, la logia masónica *Piedad y Unión* de Córdoba. Lugones, en su interludio cordobés, frecuentó la casa de la calle Zanni, hasta poco antes de viajar a Buenos Aires [70].

[68] Lafitte, *A Leopoldo Lugones,* p. 35.
[69] Capdevila, *Lugones,* p. 99; Lugones (h.), *Mi padre,* pp. 75-76; "Itinerario de ida y vuelta", *La Nación,* junio 28 de 1931; "El Sr. Leopoldo Lugones", *Tribuna,* setiembre 7 de 1906.
[70] Lazcano Colodrero, Godofredo, *Retablillo de Córdoba,* Biffignandi, Córdoba, 1974, p. 116.

Capdevila [71], uno de los pocos que trata el asunto, habla de las visitas de Lugones al cenáculo de la librería *La Argentina*, de don Agustín Roca. Allí concurrían don Tobías Garzón y Juan Mateo Olmos, autor este último de un *Compendio de la Historia de Córdoba* y promotor de la publicación de la primera poesía lugoniana en *El Interior*. Ello le valió, más tarde, con motivo de la aparición de otro poema "Un canto más" (editado esta vez en *La Libertad*) ser destinatario de una considerada dedicatoria, "a mi querido maestro". Párrafo aparte merece otro de los mentores, don Carlos Romagosa, que al publicar una antología de la poesía continental, incluyó varios de sus trabajos. Admirado por la juventud liberal de Córdoba, Romagosa debió ejercer gran influencia sobre Lugones. Baste recordar su carta a de Vedia, redactada con un profuso conocimiento de quien llamara "ese genio en flor", misiva plena, a su vez, de no pocas profecías, realizadas casi todas.

La ácida nota del 90 repercutió, irreparablemente, en la familia Lugones. Esta habíase establecido en Córdoba, después de la llegada de Leopoldo, en una casa de la calle Santa Rosa, junto al borde de la Cañada [72], al lado de la que vivía doña Rosa Bulacio. Desatada la crisis y ante el apremio de súbitas deudas, don Santiago debió liquidar su patrimonio y así, de una posición cómoda, el hogar paterno conoció apuros y privaciones [73]. El joven primogénito, que ya no asistía al colegio, se vio obligado a trabajar con sus dieciséis años recién cumplidos. Y, reacción típica de la edad, concilió la indigencia con una preocupación extravagante: comprar a los troperos la moneda nacional que traían con moneda provincial, deduciéndoles un premio, que adicionaban luego al operar a la inversa. Era, en realidad, un cambista sin patente [74].

Pasada la crisis, colaboró en los periódicos locales, escribiendo sobre literatura, a diez pesos la pieza [75] y tomó al ingresar a la Sociedad Teosófica Internacional —alrededor de

---

71 CAPDEVILA, *Lugones*, p. 79.
72 CAPDEVILA, *Lugones*, p. 58; LAZCANO COLODRERO, *Retablillo de Córdoba*, p. 35; LUGONES (h.), *Mi padre*, p. 83.
73 CAPDEVILA, *Lugones*, pp. 92-93; LUGONES (h.), *Mi padre*, p. 83; BISCHOFF, "Los años iniciales de Leopoldo Lugones", p. 104.
74 "El Sr. Leopoldo Lugones", *Tribuna*, setiembre 7 de 1903.
75 *Ibid.*

1891— una de las decisiones trascendentales de su vida [76]. De ahí en más se convertirá en devoto seguidor de las creencias teosofistas, que luego determinarán la proyección de su pensamiento. Por otra parte, es época de importantes resoluciones. Amigo de Juan B. González y de Nicolás González Luján —único de la familia que agrega el apellido materno— conoce a Juanita, hermana de ambos. Una circunstancia eventual favorece la iniciación del romance. La familia González se muda a la calle Santa Rosa, en la misma cuadra donde viven los Lugones y la amistad con los hermanos, acrecentada con la forzosa cercanía, favorece el galanteo y más tarde la formal relación de novios.

Lugones, incansable, estudia, publica y lee en actos sociales sus poemas [77] y ya algunas generosas columnas comienzan a ocuparse del joven escritor, vaticinándole destinos venturosos. Enclaustrado en la casa paterna, fumando incansablemente cigarrillos *El Comercio* —según relata su hijo— concibe "Los Mundos", un largo poema cosmogónico [78]. En la obra se advierten inquietudes científicas, elevadas tonalidades panteístas y un lejano eco teosófico. Concluido —o mejor dicho reelaborado [79]— ha de leerlo en memorable velada "lírico-literario-musical" del teatro Rivera Indarte, a beneficio del Instituto de Ciencias Naturales, recién fundado en el convento de San Francisco. El poema fue recibido triunfalmente. *La Libertad*, días después, lo publicó íntegramente y sus intencionadas estrofas debieron caer como miel sobre hojuelas a los alemanes de Sarmiento y a no pocos grados 33 de la masonería local [80].

El éxito alimenta al éxito. Acompañado por su futuro cuñado González Luján y su hermano Santiago, funda a mediados de 1893 un periódico literario, de orientación decididamente liberal, *El Pensamiento Libre*, que, como era de esperar, pues para eso lo editaban, de inmediato "captó la enemistad del clero cordobés" [81]. Dada sus manifiestas intenciones, el apoyo debía venirles de la masonería y de las sociedades italianas del tipo

[76] LUGONES (h.), Leopoldo, *Las primeras letras de Leopoldo Lugones*, Centurión, Buenos Aires, 1963, p. 179.
[77] BISCHOFF, "Los años iniciales de Leopoldo Lugones", p. 104.
[78] LUGONES (h.), *Las primeras letras*, p. 178.
[79] BISCHOFF, "Los años iniciales de Leopoldo Lugones", pp. 104-105.
[80] CAPDEVILA, *Lugones*, p. 91.
[81] "El Sr. Leopoldo Lugones", *Tribuna*, setiembre 7 de 1903.

garibaldino [82]. La hoja llenaba impostergable necesidad, ya que —según Lugones— "soportábamos una clerecía prepotente" [83]. La opinión católica no soslayaría las audacias de los precoces libertarios, que los masones recibieron, una vez más, con orgullosa complacencia; por el contrario, registró implacable tan rebeldes primicias.

Por sus múltiples derivaciones conviene volver sobre la posición económica y social de los Lugones, que en carta a de Vedia, Romagosa caracteriza "como pobre pero distinguida" [84]. Sin duda, el auge previo a 1890 proporcionó cierta holgura a la familia, como lo demuestra la adquisición por parte del padre de un campo en Pozo de Simbol y de la estancia El Palomar, departamento santiagueño de Sumampa, ambas en 1877 y, finalmente, al otro año, la de Taco-Ralo [85]. Sin embargo, la crisis pronto esfumó aquel patrimonio, resultando estériles los esfuerzos de don Santiago para reconstruirlo, quien, en 1892 ya aparece ocupando el oscuro cargo de comisario, al que renunciará al año siguiente [86].

Leopoldo, en plena adolescencia, debe enfrentar el derrumbe que se refleja, de inmediato, en la retracción a todo acontecimiento social y político. También, sin tardanza, advertirá que sus allegados —y él mismo— no integran esa "sociedad" hermética y poderosa. Es sólo un marginado, pese a la antigüedad de su linaje. La casa paterna, ubicada en los arrabales de Córdoba, se yergue como inocultable ejemplo de ello. No resulta difícil, conjeturar, en el juvenil Lugones, una actitud altiva, cercana al agravio por una oligarquía que ordenaba sus rangos anteponiendo el éxito económico a los fastos genealógicos:

"Entonces comprendí (*Santa Miseria*) — el misterioso amor de los pequeños"; "i odié la dicha de las nobles sedas, — i las prosapias con raíz de hierro" [87].

[82] CAPDEVILA, *Lugones*, p. 76.

[83] LUGONES, "Itinerario de ida y vuelta", *La Nación*, junio 28 de 1931.

[84] *Nosotros*, año III, t. VII, 1938, p. 15; MARTÍNEZ ESTRADA, *Leopoldo Lugones*, p. 127.

[85] BISCHOFF, "Los años iniciales de Leopoldo Lugones", p. 104.

[86] *Ibid.*, p. 106.

[87] LUGONES, Leopoldo, "Metempsicosis", *Las montañas del oro*, Imprenta Jorge A. Kern, Buenos Aires, 1898, p. 65.

Sólo el esplendor de su inteligencia podía garantizarle un lugar bajo el sol en aquel mundo injusto. Este fue su gran descubrimiento. No se pondría al servicio de los poderosos —como muy bien pudo hacerlo— a precio de mansedumbre bovina. Por el contrario, preferirá la destrucción de aquellos valores que se le antojaban inicuos. Acaso, tal análisis no pasa de una tentadora simplificación y la verdad sea otra. Lo cierto es que a lo largo de su vida pretendió persuadir, primero a Córdoba y luego a Buenos Aires, de que era un genio. Y esto en la Argentina —como se sabe— es un error difícilmente perdonable.

La posición ideológica perfílase día a día. Bischoff, agudamente anota que su fogosidad juvenil agrede cuanto tiene de dogmático [88]. ¿No será esta, tal vez, una característica que siempre conservará? Aquellos ataques eran el modesto prefacio de otros muchos que vendrían con el tiempo, coherentes con su rechazo de toda imposición así como con su pertinaz individualismo. El "dogma de obediencia" —uno de sus futuros grandes temas— encuéntrase ya prefigurado en los embates adolescentes de Córdoba. Por ejemplo, desaparecido *El Pensamiento Libre*, peregrinará hacia las páginas de *La Libertad* y a las del flamante *La Patria*, para emprenderla contra la inteligencia católica. Los contendores serán la ultramontana *Aurora*, de los Vélez, el presbítero Eleodoro Fierro —defensor del credo, que llegará hasta acusarlo criminalmente— [89], y en especial, José Méndez Novellas —bajo, católico y contrahecho— columnista de *Los Principios*, quien para mayor sarcasmo firma los artículos como Gil Guerra y, periódicamente, no omite recordarlo en su sección "Dimes y Diretes" [90]. Como en los viejos cuentos, sus enemigos se multiplican. Decapitado uno, aparece otro y cuando logra aniquilarlos, cualquiera de ellos toma alguna de las cabezas cercenadas para reiniciar nueva y feroz lucha.

Traduce con dificultad a Marx [91], y se atiborra también de un socialismo libresco y contestatario, al modo de Richepin, Lau-

---

[88] BISCHOFF, "Los años iniciales de Leopoldo Lugones", p. 107.

[89] *Ibid.*, pp. 107-108.

[90] Sobre José Menéndez Novellas véase BISCHOFF, Efraín U., "El buen humor en el antiguo periodismo cordobés", *Todo es Historia*, Nº 53, setiembre de 1971, pp. 52-53.

[91] ESPINOSA, Enrique, "Confesión del amigo que vuelve", *Nosotros*, año III, t. VII, 1938, p. 316.

rent Tailhade o Émile Zola. Halla en aquel ideario —atenuada versión del marxismo— una posibilidad de triunfo, la única al alcance de su mano, pues, como intelectual enfrentado con su ambiente, necesitaba una doctrina de lucha y el socialismo le ofrecía los medios para cambiarlo todo. Su fe ostentaba divisas excitantes: el pueblo contra sus explotadores y la Revolución, divisas que le permitían soñar que todo es posible, incluso poéticamente. En aquella Córdoba, más agraria que industrial, la prédica debía tentarlo por su modernismo, pero sobre todo, por corresponderse a la perfección con la tendencia didáctica de su temperamento. En realidad, siempre le encantó indicar a los hombres cómo debían ser, más que señalar cómo en verdad eran. Sin duda, el tono profético convenía a sus fuertes inclinaciones eticistas.

Impulsa, en 1985, nada menos que la fundación de un Centro Socialista Obrero Internacional, del cual, sin duda, es su doctrinario. Lo acompañan Nicasio González Luján, Cuya Rossi, César Nicoletto, Pablo Linossi, Enrique Salami, Rafael de Paul, Pío Pietranessi, Santiago M. Lugones, Nicolás Quaranta y su otro cuñado, Juan B. Gónzález [92]. Un mes después, el Centro solicita luego de aprobar su reglamento interno, la incorporación al Partido [93]. Ya el año anterior, el 3 de julio, en la calle Santa Rosa —su propia casa—, Lugones había propiciado la instalación de un Club Socialista, antecedente de la ahora burocrática creación, entablando, con tal motivo, vivísima polémica en la prensa cordobesa [94]. A fin de justificar su nuevo credo proclama, no sin razón: "pertenezco al gremio obrero, ya que no cuento con otros medios de vida de los que pueden darme mis brazos y mi cabeza" [95]. Gustábale alardear de su condición de proletario. En otra ocasión hablará del "honor de ser Obrero" [96].

Su situación económica era desesperada. Con su amigo Romero, parte a San Francisco, región agrícola que se dividen

[92] *La Vanguardia*, Nº 37, setiembre 14 de 1895, p. 3, col. 1; ODDONE, Jacinto, *La historia del socialismo argentino*, Talleres Gráficos La Vanguardia, Buenos Aires, 1934, t. I, p. 206.
[93] *La Vanguardia*, octubre 5 de 1895, p. 3, col. 4.
[94] *La Vanguardia*, setiembre 21 de 1895; LUGONES, Leopoldo, "A la dirección de *La Vanguardia*", en *Las primeras letras*, p. 49; BISCHOFF, "Los años iniciales de Leopoldo Lugones", p. 108.
[95] BISCHOFF, "Los años iniciales de Leopoldo Lugones", p. 108.
[96] LUGONES, Leopoldo, "La huelga", *El Tiempo*, agosto 22 de 1896.

Córdoba y Santa Fe, poblada de empeñosos colonos, la mayoría inmigrantes piamonteses [97]. Intentan dedicarse al negocio cerealero. Al descender del tren Lugones coloca en el ojal el único billete de cinco centavos, como si se tratase de una flor. Gesto entre bromista y desafiante que no oculta su carácter exorcisivo y de simultánea convocatoria a una huidiza fortuna [98]. Obligados por los ajustes y ventas de cereales, que intermediaban y cuyo centro era:

> "...la estación, que también hace la Bolsa,
> donde jugando el cocktail a los dados
> los viajantes del Rosario compran" [99].

recorrían las chacras con algún beneficio económico, pero "con el estómago derrotado por los invariables salpicones con hinojo y las fatales nueces de postre" [100]. Consagrado como intelectual, no olvida sus épocas de mercader, y afirma, con indudable experiencia en ambas profesiones, que escribir un libro es más difícil que traficar con cereales [101]. A modo de singular explicación por la repentina ausencia publica en un diario cordobés esta singular noticia: "Quiso un día la suerte confinarme en esta colonia, entre coles y lechugas, trigos y linos; desde entonces dí de mano a todas mis tareas intelectuales" [102].

Pero esto no es enteramente cierto, pues si en la estancia familiar extrajo baquía acerca de la vida en las sierras, si la diaria contemplación de la naturaleza excitó su conciencia artística, el paso por las colonias haríale conocer la ruda lucha del labriego inmigrante, enmarcada en horizontal belleza. En las *Odas seculares* son vivamente perceptibles los dos paisajes, resultado de un directo conocimiento. Ejemplo de dicha experiencia es el episodio del ruso Elías, puesto de relieve en el

---

[97] "El Sr. Leopoldo Lugones", *Tribuna*, setiembre 7 de 1903; LUGONES (h.), *Mi padre*, p. 83-84.

[98] *Atlántida*, diciembre 19 de 1918.

[99] LUGONES, *Odas seculares*, p. 51.

[100] LUGONES, Leopoldo, *Las fuerzas extrañas*, Arnoldo Moen, Buenos Aires, 1906, p. 49.

[101] LUGONES, Leopoldo, *La funesta Helena*, Babel, Buenos Aires, 1923, p. 26.

[102] *La Patria*, mayo 1º de 1895, citado por BISCHOFF, en "Los años iniciales de Leopoldo Lugones", p. 108.

poema y reiterado, luego, en la primera conferencia del Coliseo. En esa oportunidad, tras de exhibir su afecto para con el israelita, ubica el encuentro en la zona misma de San Francisco. Sin embargo, no concluyen allí las interesantes aventuras de los amigos. Debieron transformarse en ayudantes de procurador [103], curialesca pero accesible tarea, para quienes, como ellos, poseían estudios y verborragia. Puede que así se halle explicación a este prosaísmo, citado más de una vez:

> "Reclamamos la enmienda pertinente
> Del código rural cuya reforma,
> En la nobleza del derecho agrícola
> Y en la equidad pecuaria tiene normas" [104].

Lugones, a causa de su insólita profesión, debió conocer —por aplicarlo— las deficiencias de aquel cuerpo legal. Tal fue su éxito, que llegó a ofrecérsele una judicatura de paz, distinción prontamente rehusada [105]. Al disiparse el encanto de las inéditas emociones o, más probablemente, al haber atesorado lo previsto, retornará cual buen indiano a Córdoba. Este, y no otro, parece el verdadero objetivo del voluntario destierro.

Lugones no pretendía asumir el papel de un poeta provinciano, algo inconformista pero respetuoso, al fin, del mundo oficial. En su actitud de permanente desafío no había intentado, jamás, esa suerte de coquetería que consiste en perpetrar algunas audacias ideológicas, meras disonancias formales, sin pretensión de alterar el orden de las cosas. Por el contrario, había ido demasiado lejos, al extremo de que sus ataques a la clerecía eran verdaderos espumarajos de rabia, estilo nada habitual para la catoliquísima y apacible Córdoba. Aquella prédica afanosa sólo consiguió sumarle enemigos, hasta que la participación como fundador de un centro socialista acabó por despertar, además, la desconfianza de sus mismos protectores. Pero, si dos décadas antes, la tesis de Cárcano sobre los hijos ilegítimos desencadenó un cataclismo en el ámbito cordobés, ¿qué no provocaría el "evangelio" revolucionario difundido por Lugones?

---

[103] "El Sr. Leopoldo Lugones", *Tribuna*, setiembre 7 de 1903.
[104] LUGONES, *Odas seculares*, p. 94.
[105] "El Sr. Leopoldo Lugones", *Tribuna*, setiembre 7 de 1903.

En forma inexorable, pues, un hostil cerco de silencio ciérrase a su alrededor. Así lo certifica la imposibilidad de editar, en Córdoba, su *Primera lira*, cuyo generoso prólogo debió aparecer, como fugaz consuelo, en *La Prensa* de Buenos Aires. Además, el repentino e insólito viaje a San Francisco —bárbara comarca para un intelectual refinado— indica, con elocuencia, la perentoria necesidad de proporcionarse capital en breve tiempo.

Sobrevive, en esos días, gracias a las traducciones que le encarga *La Revista de Córdoba* y a las menguadas entregas para diarios locales, más acostumbrados, estos últimos, a soportar el eco furibundo de incesantes polémicas, que a recibir notas y trabajos originales del joven y discutido escritor. Por otra parte, la esperanza de obtener alguna canongía burocrática se torna incierta, ya que sus dos anteriores experiencias habían concluido de manera abrupta: el cargo en la Municipalidad, a fines de 1893, al negarse a firmar un telegrama de adhesión al presidente Luis Sáenz Peña [106]; igual ocurrió un año más tarde con un puesto de dibujante en el Departamento de Topografía [107]. Es que tantos desplantes, prodigados sin el apoyo de una fortuna familiar, o, al menos, de simpatías oficiales o sociales, condenaba al temerario a una lenta pero ineludible domesticación. Por ello, tiempo después, Lugones recordará aquella aseveración de Alberdi, según la cual únicamente los ricos pueden ser libres.

Continúa, entretanto, su romance con Juanita, quien, para mayor desgracia, cuenta su misma edad (ventiún años) circunstancia que las mujeres de la época juzgaban decisiva para una resolución matrimonial. Sólo le queda, en consecuencia, transformarse en emigrante dentro de su propia patria. Buenos Aires le ofrece varias ventajas: pluralidad ideológica, opulencia suficiente para publicar sus obras y una cierta garantía de tentador anonimato. Vende, entonces, los muebles de su dormitorio [108] y con veintiséis pesos [109] se embarca en el "Central Córdoba" en febrero de 1896.

[106] *Ibid.*
[107] BISCHOFF, "Los años iniciales de Leopoldo Lugones", p. 106.
[108] CAPDEVILA, *Lugones*, p. 103.
[109] "El Sr. Leopoldo Lugones", *Tribuna*, setiembre 7 de 1903; ROLDÁN, Amado J., "Guido Spano y Lugones", *Boletín de la Academia Argentina de Letras*, vol. XXIX, 1964, p. 462.

El mismo ha descripto su estado anímico al iniciar ésta, su primera gran aventura, señalando que partió "en la más desesperante de las miserias, dispuesto al hambre, al vagabundeo, a todo menos a la abdicación; flaco el cuerpo y repleta el alma de versos, de entusiasmos y de odio" [110]. Atrás quedaban familia y novia, esperándole. También quedaba Córdoba, "ignorante y bachillera; cazurra y fatua; rezadora y egoísta, beata en fin" [111].

[110] LUGONES, Leopoldo, "José Miró", *El Tiempo*, diciembre 10 de 1896.
[111] LUGONES, *Sarmiento*, p. 236.

Capítulo II

1896-1900

"Queremos que desaparezca el orden social que es nuestra cárcel".

El Tiempo, junio 11, 1896 [1]

Lugones, por fin en Buenos Aires, con su inédito libro de versos y una meta ambiciosa: deslumbrar a la "Atenas del Plata", tarea en la que todo provinciano suele ser irreductible. En tanto, la ciudad lo recibe con la indiferencia habitual y con albergue tan mezquino como sus escasas reservas. Debe hospedarse en un precario hotelito del pintoresco pasaje San Lorenzo, a metros de la calle Bolívar, pleno San Telmo. Instalado, la gran preocupación es conseguir trabajo. A pesar de las recomendaciones de Romagosa, no consigue ubicarse como redactor de *Tribuna*, el diario de los Vedia. Pero la sorpresiva generosidad de Carlos Vega Belgrano —director de *El Tiempo*— resuelve, en parte, su afligente problema: colaborará en el vespertino con cuatro artículos mensuales, recibiendo treinta pesos por entrega, retribución exigüe aunque conveniente en aquellos momentos de iniciación [2].

Escribe a Juanita, dándole noticias de sus modestos progresos. Y si el dinero es insuficiente, su *Primera lira* y otras nuevas poesías consiguen interesar a ciertos hombres del Ateneo. Esta institución, artística y literaria, fundada en 1892, tiene su sede en Florida y Viamonte, edificio del Bon Marché. Allí se reúne la intelectualidad porteña para librar incruenta batalla entre pasatistas —que gimen en vocativo— y profetas del nuevo orden literario, cuyo capitán es Rubén Darío. Lugones, en Córdoba, había dado pruebas de rebeldía literaria y política, de modo que es muy bien recibido por los modernistas revolucionarios [3].

---

1 LUGONES, Leopoldo, *La Montaña*, Nº 3, mayo 1º de 1897.
2 GHIRALDO, Alberto, *El archivo de Rubén Darío*, Losada, Buenos Aires, 1943, pp. 277-278.
3 Sobre el Ateneo véase LOPRETE, Carlos Alberto, *La literatura modernista en la Argentina*, Poseidón, Buenos Aires, 1955, pp. 50-55.

Su presentación en el Ateneo fue estruendosa. José León Pagano —testigo presencial— así lo recuerda: "Lugones miró al público al través de sus lentes. Vibraba como la llama de una hoguera. Luego su voz, firme y fuerte, resonó en el ámbito, adueñándose del auditorio, entre sorprendido y desconcertado"[4]. Leyó "La marcha de las banderas" —la roja y la negra—, "Metempsicosis", "Dormida", "Profesión de fe". Cuando terminó dè leer, los más decididos lo rodearon. Rubén Darío, generoso como siempre, sólo atinaba a repetir "¡Admirable!, ¡Admirable!"[5]. El entusiasmo de Darío era genuino, pues luego dedicará un extenso y fino artículo al nuevo fenómeno, asegurando que se trata de "un revolucionario y un revolucionario completamente consciente. El sabe por qué sigue los pabellones nuevos. Con Jaimes Freyre y José Asunción Silva es, entre los modernos de la lengua española, de los primeros que han iniciado la innovación métrica a la manera de los modernos ingleses, franceses y alemanes"[6].

Días después, *La Vanguardia* comenta la incorporación al mundo literario de un nuevo poeta socialista. Según la crónica, sus poesías cantan a la ciencia y a la igualdad, fulminan al Dios Millón, desprecian al clero y confían en el final triunfo del pueblo. Pero, no obstante los ditirambos, el órgano partidario echa de menos alguna alusión más directa a los desgarramientos y a la lucha que caracterizan a la sociedad actual[7].

Pese a las lúcidas reservas del periódico, el socialismo de Lugones es perfectamente serio. Por ello no olvida conectarse con las autoridades del partido, vinculándose, también, con los jóvenes intelectuales. Enrique Dickmann nos ha dejado testimonio de reuniones en su cuartito de practicante de la Cruz Roja, a las que asistían el recién llegado, Ingenieros, Bravo y Payró[8]. El primero de mayo le proporciona el pretexto para darse a conocer y para el que, sin duda, se ha preparado con

---

[4] "Leopoldo Lugones, poeta civil", *Boletín de la Academia Argentina de Letras*, vol. XXIII, 1958, pp. 636-637; BARRERA, Ernesto Mario, "El viejo Ateneo", *La Nación*, abril 24 de 1923.

[5] *Ibid.*

[6] DARÍO, Rubén, "Un poeta socialista", *El Tiempo*, mayo 12 de 1896.

[7] *La Vanguardia*, marzo 7 de 1896.

[8] DICKMANN, Enrique, "Vida y muerte de Leopoldo Lugones", *Columna*, Nº 11, marzo de 1938.

esmero. Por la noche, luego de un asado en la quinta de los Corrales, celébrase un acto en el Centro Socialista Alemán —Vorwaerts— calle Rincón 1141 [9]. En la lista de oradores figura Leopoldo Lugones, quien deslumbra al auditorio por su fogosidad y vigor. Al presentarse en la tribuna, es recibido por atronadora salva de aplausos, pues el público ya había advertido que él daría la nota culminante de la fiesta. Mario Bravo recuerda que los repetidos "¡muy bien!" no le dejaban terminar los párrafos de su discurso [10]. La arenga fue revolucionaria en extremo: "Yo quiero revolver una vez más —dijo— la llaga clavada en la clase obrera por la infamia de los siglos... de la misma manera que para despertar a un dormido en peligro, se lo sacude por los cabellos". La burguesía no podía estar ausente de su arrasadora furia: "nos muda el rostro desde lo alto de sus carruajes, en que pasa sudando por los poros el tocino de su engorde robado". Y no faltaron las claras alusiones, pacifistas y antimilitaristas, ante las belicosas desavenencias con Chile: "Nuestros hombres tienen también que ir a defender la llamada integridad nacional, representada por los cientos de leguas de un Anchorena, un Irigoyen y un Uriburu, o para ocasionar cosecha de gloria a los bandidos del salacot emplumado y charreteras en los hombros" [11].

No concluye allí su homenaje al festejo proletario. *La Vanguardia* publica una poesía en la que reincide monotemáticamente en el vocablo característico de todo un período:

"Odia pueblo! La faz se hermosea
Cuando hay fiebres de odio en el pecho.
. . . .
El odio arde en mi bárbara estrofa,
el odio es el torvo pudor de los siervos" [12].

Muestra adicional de ese imperativo recurrente lo constituye este pasaje de singular fuerza expresiva: "Eso es lo que

[9] *La Vanguardia*, mayo 1º de 1896, p. 6, col. 2.
[10] "Leopoldo Lugones en el movimiento socialista", *Nosotros*, año III, t. VII, p. 34.
[11] *La Vanguardia*, mayo 9 de 1896.
[12] "Implacable", *La Vanguardia*, mayo 1º de 1896.

estamos haciendo. Enseñándole el odio, afilándole las zarpas, regenerándolo para la venganza. Que lo sepa la demás canalla. Eso estamos enseñándole. ¡Eso!" [13]

Los primeros días de Lugones en Buenos Aires son de febril actividad partidaria, la que parece su preocupación principal. Días más tarde, el 18 de mayo, se reúne en casa de Roberto J. Payró —Sarmiento 1044— un grupo de adherentes con el propósito de organizar un centro de estudios e investigaciones socialistas. Entre los promotores de esta especie de Sociedad Fabiana —inspirada en su congénere inglesa— contábanse Juan B. Justo, Lugones, Payró, Carlos Malagarriga, José Ingenieros, Enrique Dickmann, Juan A. Lebrón, Andrés Patroni y Antonio Piñero [14]. Mediante compras y donaciones se formó un pequeño caudal bibliográfico y se dictaron algunas conferencias. Constituida la comisión, Payró fue secretario y Lugones bibliotecario. La cuota mensual —cinco pesos— resultó tan elevada que la hizo languidecer, hasta disolverse, en setiembre de 1897 [15].

A los cuatro meses de su llegada —28 y 29 de junio de 1896— se produce un importante acontecimiento: el Congreso de los delegados del Partido Socialista; encargado de su organización [16], Lugones representa al Centro Socialista de Córdoba [17]. Pronto se perfilan dos grupos en la asamblea: uno, "serio y diminuto", sigue a Justo; otro, el de los intransigentes, capitaneado por Lugones, Ingenieros y Patroni, "aturdió y triunfó con sus aplausos y gritos". La controversia radicó en un artículo de la carta orgánica, facilitando la alianza con los partidos burgueses, artículo que Justo propiciaba y al que los radicalizados se oponían. Triunfaron estos últimos, consagrando

[13] "Perturbaciones en la Rosa de los Vientos", *El Tiempo*, setiembre 28 de 1896.

[14] *La Nación*, mayo 15 de 1896, p. 6, col. 3; *La Vanguardia*, mayo 23 de 1896, p. 3, col. 4.

[15] GIMÉNEZ, Angel M., *Páginas de la historia del movimiento social en la República Argentina*, Imprenta de La Vanguardia, Buenos Aires, 1927, pp. 62-63, y DICKMANN, Enrique, *Recuerdos de un militante socialista*, Editorial La Vanguardia, Buenos Aires, 1949, pp. 95-96.

[16] JUSTO, Juan B., *La realización del socialismo*, Editorial La Vanguardia, Buenos Aires, 1947, p. 261.

[17] ODDONE, Jacinto, *Historia del socialismo argentino*, Talleres Gráficos La Vanguardia, Buenos Aires, 1934, t. I, p. 263, y *La Vanguardia*, julio 4 de 1896, p. 1.

el carácter sectario de la flamante agrupación [18]. Si el socialismo de Lugones fue —como se afirma— una suerte de enfermedad infantil, debe aceptarse que alcanzó, además, inusitada violencia.

La gran huelga ferroviaria de los talleres de Sola, que duró 120 días, propagándose a Tolosa y recibiendo la adhesión de las obreras alpargateras, lo muestra como un eficaz e impetuoso activista. Exigíase una jornada de ocho horas —se trabajaban entonces diez— sin rebaja de salarios. La empresa resistió el reclamo. Diariamente, miles de obreros reuníanse en la calle Australia 1131, sede del Centro Socialista Revolucionario de Barracas al Norte, el mismo al que concurría Lugones con asiduidad. Eran tiempos heroicos, en los que el entusiasmo lo resolvía todo. Lugones fue allí una voz familiar, acompañando a Justo, Ingenieros, Payró y Francisco Cúneo [19]. Mucho después, el ya sosegado agitador recordaría la admirable resistencia con irónica nostalgia, al expresar que "en el último mes aquellos hombres vivieron alimentándose de discursos. Era lo único que había en abundancia" [20].

No se limitó a la cotidiana presencia en el combativo Centro y a prodigar encendidas tiradas en favor de aquel movimiento, uno de los primeros y más importantes acaecidos en el país. Desde el periódico dio, asimismo, testimonio de firme adhesión a sus "compañeros actualmente en huelga". Celebró, gozoso, el advenimiento amenazador de aquella fuerza, hasta entonces desconocida: "Se trata del proletariado que aparece en escena con su pliego de condiciones en las manos. Es una clase que se organiza con urgencia inaudita. Es, en una palabra, la tremenda y sombría Cuestión del Pan" [21].

Por la época del paro ferroviario, es tal su pobreza que virtualmente no puede salir, salvo a su trabajo, por la absoluta falta de dinero, "cosa que no me asombra, porque, desde hace veinte y dos años, tenerlo constituye para mí la excepción" [22]. Todavía depende de sus entregas a *El Tiempo*, a las que ahora

[18] *La Vanguardia*, julio 4 de 1896, p. 1, col. 4.
[19] DICKMANN, *Recuerdos de un militante socialista*, pp. 95-96.
[20] LUGONES, Leopoldo, "Nuestro socialismo", en *Las primeras letras de Leopoldo Lugones*, Centurión, Buenos Aires, 1965.
[21] LUGONES, Leopoldo, "La Huelga", *El Tiempo*, agosto 22 de 1896.
[22] "Leopoldo Lugones a Rubén Darío", Buenos Aires, julio 8 de 1896, en GHIRALDO, *Archivo de Rubén Darío*, p. 279.

añade la sección "Cahier Mariposa", comentario semanal, que firma con el seudónimo de Lápiz Rojo, en la *Revista de Buenos Aires*. La vida sigue siendo "hermosa y dura".

Su fuerte individualismo pronto exasperaría las relaciones con el Partido Socialista. Con el arribo del príncipe de Saboya a Buenos Aires, publica un insólito "Saludo", mero juego retórico que le permite atacar, con singular fiereza, al espíritu burgués, verdadero destinatario de sus lacerantes dardos. Pero también es una manifestación más de su espíritu selectivo: "Tengo respeto de los príncipes. De los príncipes y de las grandes almas. Napoleón y Washington, Torquemada y Garibaldi [...] Reyes indignos y ciudadanos indignos, todo son lo mismo. La infamia es un nivel. La gloria es un nivel" [23]. La denuncia de monarquismo no se demoró. Su autor —que no firma— es Domingo Rosso, obrero y eximio traductor de Carducci, quien acusó a Lugones de "socialismo acrobático" [24], requiriendo su expulsión del partido. El inculpado solicitó, de inmediato, un pronunciamiento del comité ejecutivo acerca del debatido artículo. Desde las mismas columnas en las que se lo había atacado, responde, en forma airada, admitiendo: "tal vez dije mal, tal vez incurrí en un error", para concluir que "si se me demuestra razonablemente que he cometido falta, lo lamentaré sinceramente y confesaré mi error sin la menor incomodidad" [25]. Por supuesto, no es expulsado del socialismo, ni tampoco se desvincula de él, como se comprobará más adelante. Sin embargo, el episodio es significativo, pues exhibe los síntomas de futuros desencuentros entre su individualismo —"la libertad de pensamiento", a que alude en su réplica— y la indispensable uniformidad reclamada por cualquier partido político.

En este período, la obra literaria de Lugones es simétrica a su planteo revolucionario. Ostenta la unión de la vanguardia artística con la vanguardia política. A diferencia de la mayor parte de los integrantes de su generación, no repudia sólo a la hipocresía burguesa, al filisteo, enemigo del artista. Pretende, además, destruir el orden económico y social basado en la pro-

[23] *El Tiempo*, julio 8 de 1896.
[24] *La Vanguardia*, julio 27 de 1896.
[25] "A la dirección de *La Vanguardia*", *La Vanguardia*, agosto 1º de 1896.

piedad privada, y emancipar, a la vez, el idioma de las rígidas leyes académicas impuestas desde la península. Revélase, en suma, contra la pretenciosa quimera de que el Nuevo Mundo continúe hablando y escribiendo como ordena España, pues "solamente para el idioma, que es la más noble función humana, no había existido emancipación"[26]. Lugones fue un claro ejemplo del intelectual comprometido, que imaginó compatible su tarea política con la de escritor profesional. Por ello, si algo caracteriza a esta etapa juvenil, es el intento de sobrellevar esa doble carga. Signo característico, el tono exaltado de su prédica abunda en apóstrofes. En el estilo poético, se advierten aún fuertes reminiscencias románticas y una persistente sujeción a la influencia de Almafuerte. Otro tanto ocurre con la prosa. Casi todos los artículos que entrega a *El Tiempo* se refieren a temas sociales, tratados de manera admiratoria, o con sarcasmos ocasionalmente excesivos. Son raras, en cambio, las páginas sin referencias políticas.

Queda por cumplir algo que lo obsede: su promesa de matrimonio a Juanita. A pesar de que en el paisaje cotidiano predominan las privaciones, viaja a Córdoba para casarse con Vanna —cariñoso aféresis de Giovanna— el 13 de diciembre, hecho que concretó, para ostentar su ateísmo, prescindiendo de la ceremonia religiosa. Pero, a pesar de tales exhibiciones, no quiere sustraerse al Registro Civil, formalidad que también se obstinan en eludir los intelectuales europeos a la moda. Agotados los estrictos plácemes, la pareja parte a Buenos Aires instalándose en el modesto hotelito de la calle San Lorenzo.

El "Saludo" al príncipe de Saboya y las críticas subsiguientes sólo consiguieron llevar a Lugones hacia posiciones aun más extremas. No se olvide que junto a Ingenieros ya había dirigido —con éxito— un grupo radicalizado en ocasión del primer Congreso Partidario. Resulta fácil conjeturar que ambos pretendieron concretar los ideales socialistas a través de la Revolución y no por las moderadas aspiraciones de sus conductores. La polémica fincaba, sin duda, en la posibilidad de aplicar métodos políticos diferentes. Más adelante Ingenieros explicaría tales divergencias en *La Montaña*: "Los socialistas que

---

[26] LUGONES, Leopoldo, "Discurso en homenaje a Rubén Darío", en *Antología de la prosa*, Centurión, Buenos Aires, 1949, p. 326.

aspiramos a realizar la Revolución, somos indisolublemente revolucionarios. Esta aspiración es la que nos distingue de los socialistoides [...] En conclusión, para ser socialista es indispensable ser revolucionario. Ser o no ser. Socialista y Revolucionario son dos cualidades inseparables"...[27] No es arriesgado afirmar que, dentro del socialismo, la irrupción de *La Montaña* representó una suerte de discordia metodológica.

La idea era publicar un periódico que, además de difundir las orientaciones de un socialismo científico e incursionar en divagaciones estéticas, propulsara el extremismo revolucionario. Participaron, o bien prometieron apoyo intelectual o económico, Carlos Malagarriga, Rubén Darío, Macedonio Fernández, Julio Molina y Vedia, Arturo Isnardi, Nicanor de Sarmiento, Meyer González, Carlos Alfredo Becú, Alfredo Lorenzo Palacios, José Pardo y Enrique Dickmann[28]. *La Montaña*, "Periódico socialista revolucionario", fechó sus ediciones a partir de la rebelión de la Comuna y de acuerdo con el calendario revolucionario francés, graciosamente adaptado al hemisferio sur. Las opiniones de Justo, imputando al proyecto un romanticismo fuera de lugar, constituyen clara prueba de las desavenencias[29]. El violento tono del nuevo periódico no reconoce antecedentes en el país y en nada se asemeja, por cierto, a la reprimida línea editorial de *La Vanguardia*. Reprodúcense las traducciones de renombrados autores y, también, poemas y piezas literarias: sonetos de Verlaine Santos Chocano, Jean Richepin, Darío o Adolphe Retté. En cuanto al antiestético burgués —cabal expresión de grosería, ignorancia y sensualidad— era la obligada víctima.

Agresivos e irrespetuosos, se solazaban con la burla y el sarcasmo, atreviéndose a estampar aquello que muchos pensaban, pero nadie osaba decir. Lugones se había reservado una sección fija en la que canalizaba su iracundia: "Los políticos del país". El epígrafe ("A la lanterne") no garantizaba precisamente condescendencia. En la entrega inicial, el blanco es nada menos que Carlos Pellegrini, "la más perfecta personificación burguesa". La "gran muñeca" le ofrece pie para redactar "al vitriolo y al picrato de potasio": "Pellegrini, que desea la presidencia

---

[27] "Socialismo y revolución", *La Montaña*, Nº 7, julio 1º de 1897.
[28] *La Montaña*, Nº 8, julio 15 de 1897, p. 7, col. 2.
[29] Cúneo, Dardo, *Lugones*, Jorge Alvarez, Buenos Aires, 1968, p. 84.

con anhelo inaudito, la teme al mismo tiempo, como un adolescente en celo ante los muslos abiertos de una prostituta. Duda de su virilidad aun en plena erección, fenómeno que sólo experimentan los inferiores de corazón y cabeza. ¿En dónde están pues sus energías? Qué resta del imperioso autoritario cuando tiene asegurada la pensión política que le pagan para que no estorbe, en forma de senadurías y ministerios; la pensión con que mantiene los alcahuetes de apellido ilustre que le negocian las queridas en Polonia, los caballos finos y las bancas formidables en las ruletas del Progreso y del Jockey Club" [30].

Ingenieros, por su parte, que no se andaba con chiquitas, dispone otra sección: "Los reptiles burgueses" y, en el segundo número ya la emprende contra los peregrinos a Luján. El siguiente párrafo exhibe los matices y sutilezas que solía emplear: "Trenes lujosos parten de una estación opulenta al compás de músicas profanas hacia la villa del santuario, después que las niñas en celo han estrechado con ardores de juventud no satisfecha las manos de sus novios, que suben en coches distintos y allí, a través de los bolsillos horadados, sacian con mano convulsiva los apetitos de la bestia humana, despertados por las provocaciones de las novias peregrinantes" [31].

Todo esto escribíase en 1897 y, según los redactores, la pía indignación munícipe no tardó en hacerse sentir. El Intendente, Francisco Alcobendas, habría pasado, o estaría por pasar, los ejemplares aparecidos a la justicia correccional, requiriendo la aplicación de una multa. No esperaban otra cosa los responsables y por cierto que aprovecharon el escándalo. Adelantándose a la incierta penalidad —jamás fue impuesta— lanzaron una suscripción para obtener su importe. Esto les permitió cualquier agravio. Atreviéronse a publicar, incluso, una correspondencia denunciando confusos negociados municipales referidos al tráfico de la prostitución. El alboroto crecía para satisfacción del dúo intrigante. De parabienes, el poeta contribuyó con su antológico "Soneto ditirámbico que alaba las excelencias de la castidad":

[30] "Los políticos del país", *La Montaña*, Nº 1, abril 1º de 1897, p. 5, col. 3.

[31] "Los que van al Santuario", *La Montaña*, Nº 2, abril 15 de 1897, p. 5, col. 1.

"Y arde en celos tan puros el señor Intendente,
que olvidando sus nobles verrugas, buenamente,
en el prepucio de Hércules agota su loción" [32].

Pero Alcobendas, en realidad, nada hizo. Ni aplicó sanción
alguna ni clausuró el periódico. Todo parece un invento de
Lugones e Ingenieros, quienes se divertían atribuyendo al plácido funcionario represiones dignas de la Ocrana. Cualquiera
fuere la realidad, lo cierto es que la colecta no impidió el
inexorable colapso financiero que concluiría con la existencia
de tan belicosa hoja.

Mucho se ha hablado del anarquismo de *La Montaña*. Sin
embargo, Lugones no lo fue, al igual que Ingenieros. Quizá
la retórica —individualista— podía asemejarlos, pero en ningún
momento abandonaron el socialismo [33]. En el primer número,
ambos puntualizaron su doctrina aclarando que propiciaban
socializar los medios de producción. Por otra parte, consideraban al Estado un fenómeno resultante del carácter privado de
aquellos medios y soñaban con individuos libres de restricciones económicas, políticas o morales, es decir, sin más límite
que la libertad ajena [34]. Según parece, estos temas estaban reservados a Ingenieros, siendo él quien precisó las diferencias
con los anarquistas, las que residirían, únicamente, en el tipo de
acción escogido, pues el anhelo final era idéntico. No obstante,
el problema del Estado los separaba. Siempre según Ingenieros,
el Estado había sido creado para garantizar la propiedad privada individual y era un simple efecto de ella. A su vez, los
ácratas sostenían que la propiedad era consecuencia del Estado,
siendo necesario suprimirlo para lograr la eliminación de aquélla. En el fondo —concluía— no se trata más que de una diferencia dialéctica para arribar a un mismo término [35].

Lugones no abandona el activismo. La nimia reforma constitucional de 1897 lo encuentra propugnando la inclusión de
ideas que le parecen acordes con el progreso material e inte-

[32] *La Montaña*, Nº 6, junio 15 de 1897, p. 4, col. 2.
[33] YUNQUE, Alvaro, *La literatura social en la Argentina*, Claridad, Buenos Aires, 1941, p. 242.
[34] "Somos socialistas", *La Montaña*, abril 1º de 1897, Nº 1, p. 1, col. 1.
[35] "Anarquismo y socialismo", *La Montaña*, julio 15 de 1897, p. 5,
col. 6.

lectual del país. Así, para apoyar el petitorio presentado al Congreso, interviene en el acto que convoca el socialismo, compartiendo la tribuna con su compañero de *La Montaña*, Malagarriga y también con Justo. La clausura está a cargo de Lugones, interrumpido —de acuerdo con la crónica— por continuos gritos de "¡Menos frailes y más escuelas!" [36]. Reclama, de la futura Constituyente, la separación de la Iglesia y el Estado, la jornada de ocho horas y la nacionalización automática de los obreros extranjeros [37].

Juanita está embarazada y Lugones busca el refugio de una casa independiente. A mediados de año, múdanse al departamento de Balcarce 275, algo así como un conventillo, aunque digno y confortable. El traslado tiene significación. Será el primero de una vasta travesía, curiosa y acaso laberíntica, de este nuevo y urbano Odiseo. Sus hábitos no han variado con el matrimonio. Inmune a las perversiones de la bohemia, su brega es trabajosa, pues gusta saborear el austero placer de una existencia ordenada. El 8 de octubre de 1897, nace el hijo que tanto querrá y por quien sufrirá mucho. Su regocijo es inocultable. Así se lo impone a Darío, en epístola versificada, cuyo deliberado prosaísmo le otorga un raro tono de intimidad familiar:

"Mas es ya tiempo, de que hable la voz del cariño,
Pues deseas, sin duda, saber nuevas del niño.
No se si será hermoso, pues para mí es sublime.
. . . .
Mama como un cachorro de león y ya araña;
Pero es afable y tiene como una luz extraña
En los ojos. Demuestra no precisar escudo,
Queriendo como quiere, que lo dejen desnudo.
Hace pis... pero no turba mi alegría.
Apolo en el regazo de Lucina lo hacía [38].

El 22 de noviembre de 1897 aparecen *Las montañas del oro*, editadas en las prensas de Jorge A. Kern, gracias al me-

[36] *La Vanguardia*, octubre 2 de 1897, p. 2, col. 1.
[37] ODDONE, *Historia del socialismo*, t. II, p. 263; DICKMANN, *Recuerdos de un militante socialista*, pp. 115-116.
[38] "A Rubén Darío", *Athenas*, enero 8 de 1903, año I, Nº 1, p. 5.

cenazgo de Luis Berisso —director de *La Quincena*— y de Carlos Vega Belgrano. En prueba de gratitud, Lugones les dedicará su primer libro, novedoso, diferente en todo a las ediciones contemporáneas, no sólo por el contenido, sino por su aspecto exterior, formato y composición tipográfica [39].

Por fin Lugones ha conseguido publicar una obra, pretensión frustrada en Córdoba con *Primera lira*. Triunfo inicial en su carrera de escritor, *Las montañas del oro* le permitirán ingresar, con sobrados títulos, a la República de las letras argentinas. Los críticos de la época —y los actuales también— toleran su valor no sin antes descubrirle, con erudito afán, influencias multitudinarias: Hugo, Leconte de Lisle, Nietzsche, Michelet, Whitman, Verlaine, enumeración que recuerda demasiado a la suma de la cultura occidental. Es que en la Argentina el hallazgo de posibles inspiradores opera, invariablemente, como eficaz analgésico.

Si algo distingue a *Las montañas del oro* es el exceso, el impulso épico, los tonos trágicos. Todo guarda relación con la fantasía apocalíptica, propia del idealismo revolucionario de un Lugones juvenil. Hay en ellas mucho de poesía militante. Sin embargo, 1897 marca una fractura en su elaboración poética. Es la puerta que clausura un período e inicia otro, igualmente definido. De ahora en adelante intentará un mayor refinamiento y el preciosismo verbal ha de ser tan nítido como la musicalidad deliberada. Sin pretender consagrar una sumisión entre política y estética, se advierten diferencias entre *Las montañas del oro* y *Los crepúsculos del jardín* o *Lunario sentimental*. Precisamente, estas variaciones poéticas coinciden con posiciones políticas disímiles.

Pero sigamos los pasos de nuestro activista. Siempre en Barracas al Norte, su teatro de operaciones, se rebela contra el requerimiento de una pronta ciudadanía para los obreros extranjeros. Incansable, pronuncia junto a Ingenieros una conferencia en la que propone la agitación como el mejor medio de lucha [40]. También con Malagarriga e Ingenieros, consiguen una nueva sede para el Centro Socialista Obrero [41] y es tanta

[39] LERMON, Miguel, *Contribución a la bibliografía de Leopoldo Lugones*, Academia Argentina de Letras, Buenos Aires. 1961, pp. 525-526.
[40] *La Montaña*, junio 1º de 1897, p. 8, col. 3.
[41] *La Montaña*, setiembre de 1897, p. 8, col. 2.

la actividad partidaria, que confiesa a Darío su falta de tiempo para visitarlo, ya que: "Inmediatamente después de salir de la imprenta, debo ir a Barracas y permaneceré con los obreros no sé hasta qué hora de la noche" [42]. Con motivo de la huelga de los mecánicos ingleses, el Partido Socialista convoca una asamblea de adhesión en la Plaza San Martín. El concurso es importante ya que asisten más de seis mil personas [43]. Lugones, "el poeta socialista", como lo recuerda la crónica de *La Vanguardia*, "estuvo enérgico e inspirado como siempre". "La huelga de los obreros ingleses —dijo— es una declaración de guerra, inspirada en un odio santo y generoso, pues solamente guerra y odio pueden existir cuando el estómago tiene hambre, la inteligencia está ciega y el corazón destrozado por la miseria. Los socialistas queremos —continuó— una lucha de ideales, una lucha elevada y humana, pero que la burguesía ignorante y estúpida, incapaz de adaptarse a la evolución histórica, lleva a un terreno brutal. Criticó luego al Congreso Argentino, que al aprobar el último presupuesto, gravó todos los artículos de primera necesidad con impuestos más elevados que para los artículos consumidos por la burguesía". Luego de proclamar su adhesión a la libertad de Cuba, la emprendió contra la burguesía y contra su odio hacia todo lo bello y todo lo ideal y, como síntesis de su peculiar concepción del socialismo, invitó a integrar sus filas a "todos los que amen la libertad, la ciencia, el arte y la justicia" [44].

En su discurso se ha referido al conflicto de Cuba. La situación de la isla y la guerra hispano-yanqui produjeron efectos traumáticos en los intelectuales latinoamericanos. La victoria de los Estados Unidos, el derrumbe español y el consecuente espectáculo de su decadencia, favorecieron una formidable reacción contra "los bárbaros del norte", al punto que los orígenes del antiyanquismo argentino pueden rastrearse en aquella derrota. En cambio, a Lugones, Cuba lo vuelve antiespañol. Piensa que para los sudamericanos, independencia significa América sin España y que, al consumarla los Estados Unidos, los argentinos debíamos estar más cerca de éstos que de la declinante antece-

---

[42] GHIRALDO, *El archivo de Rubén Darío*, p. 280.
[43] LUGONES, "Nuestro socialismo", en *Las primeras letras*, p. 158.
[44] *La Vanguardia*, enero 1º de 1898, p. 1, col. 3.

sora [45]. Consecuente, proclama su predilección entre ambos beligerantes de manera estupenda: "Los que estábamos del otro lado, queríamos más la moneda sana que el maravedí tomado de cardenillo" [46]. Pocos días antes del fácil triunfo en la bahía de Santiago, momento decisivo de la guerra, su seguridad ha de llevarlo a pronunciarse en favor de los Estados Unidos, ese "Robinson que lee su Biblia con el hacha en la cabecera" [47]. Profesó siempre exultante admiración por el país del norte, al que propuso como modelo, reservando, en cambio, hacia España y lo español inocultable desdén. Es más, llegará a definir lo argentino, simplemente, como antiespañol.

Lugones había explorado la teosofía en Córdoba. Ya en Buenos Aires, su amistad con Darío e Ingenieros —neófitos también— y sobre todo las conversaciones con Alejandro Piñeiro Sorondo [48], lo acercan de manera definitiva a la esotérica ciencia. A mediados de setiembre de 1898 concurre al local de la Rama Luz, Las Heras 3011, para afrontar la ceremonia de iniciación, ritual que le toca compartir con Alfredo Lorenzo Palacios [49]. Seducíanle la universal fraternidad teosófica, la religiosidad de sus principios, apropiados para un fuerte temperamento religioso como el suyo y la posibilidad de comprender las misteriosas leyes de la naturaleza. La teosofía, en Lugones como en un Yeats, fue el instrumento que le posibilitó acceder a una segunda realidad, superior en riqueza a la tangible y cotidiana, que parecía resumir el origen del universo, así como el sustrato esencial del hombre [50]. A esa visión esotérica corresponde, exactamente la visión poética, pues ambas parten de impresiones primordiales para descubrir y revelar el sentido de las cosas. Por ello, apenas iniciado, clamará en sus artículos de *Philadelphia* —órgano oficial de la Rama Luz— contra el miserable papel reservado a la ciencia por el positivismo, reivindicando para la imaginación —la más científica de las facultades,

[45] "La doctrina de Sarmiento", *Repertorio Americano*, noviembre 1º de 1929, p. 261.

[46] LUGONES, Leopoldo, "Rubén Darío", *Buenos Aires*, enero 15 de 1899, p. 1.

[47] *Tribuna*, julio 4 de 1898.

[48] DARÍO, Rubén, *Autobiografía*, Emecé, Buenos Aires, 1965, p. 127.

[49] CAPDEVILA, *Lugones*, p. 172.

[50] AZCUY, Eduardo A., "Accesos a la visión unitaria del cosmos", *La Nación*, julio 9 de 1978, p. 1.

según Baudelaire— el mérito de constituir el único medio capaz de aprehender la realidad total. *Las fuerzas extrañas*, por ejemplo, serían el producto de este singular sistema de pensamiento, resultándoles por demás irrelevante algunas influencias, como las del infaltable Poe. La obra de Lugones adeuda tanto a la hermética arca de la teosofía, que sin ella cualquier interpretación o crítica tórnase insustancial. Un ejemplo: sus conocimientos teosofistas le permitieron volver los ojos hacia la venerada antigüedad, uno de sus grandes temas, fuente, además, de continua inspiración.

Por entonces reanuda el periplo urbano mudándose a la calle Hornos 1094, en pleno Barracas. Esta nueva traslación es el punto más excéntrico del confuso dédalo dibujado por sus múltiples domicilios. La casa, más amplia que la anterior, posee cierta individualidad, aunque todo parece confluir hacia un fin práctico: estar cerca del Centro Obrero. Lugones nos relata su activismo en aquel mísero barrio: "La verdad que se trabajaba como nunca ha vuelto a hacerse [. . .] dábamos conferencias dominicales en plaza Herrera, ganando el kiosko desde la una a los misioneros metodistas, con sus Biblias y sus caras de levadura. El obrero Cúneo, que se ha hecho un orador excelente, empezaba entonces; y un grupo de eslavos, a quienes se llamaba familiarmente 'los moscovitas', dio por su parte un tinte de iluminismo nihilista de exaltación general. Naturalmente las discusiones se mantenían siempre a alta temperatura, y ante el menor propósito de alianza con el burgués odiado, volaban los platos de lentejas, los mercaderes del templo y demás adminículos de polémica brava" [51].

Si bien Lugones había sido protegido por los masones de Córdoba, no se conocen antecedentes de su iniciación en la hermandad local. Radicado en Buenos Aires, lo hará el 11 de febrero de 1899, en la "Logia Libertad-Rivadavia Nº 51", de la que también participaban Ingenieros, Piñeyro Sorondo, Palacios y Darío [52]. Los ideales de la masonería y su espiritualidad, facilitáronle un campo de ilimitada acción, mayor, sin duda, que las estrecheces de la actividad partidaria, compulsiva y sofocan-

[51] "Nuestro Socialismo", en *Las primeras letras*, p. 158.
[52] LAPPAS, Alcibíades, *La masonería argentina a través de sus hombres*, Buenos Aires, 1958.

te. La solidaridad del cuerpo brindaba, además, la indispensable protección a su carrera intelectual.

Los días y los trabajos continuaban. Pese a la recomendación de Romagosa a de Vedia, Lugones no ingresó inmediatamente en *Tribuna*. Sus tareas como redactor parecen haber comenzado en marzo de 1898. *Tribuna* era el órgano periodístico del roquismo y allí —según relato de Joaquín de Vedia— "de anteojos, pálido, de pelo y bigotes negros, sencillamente vestido", fue presentado al general, quien "con acento de penetrante sinceridad, con gesto de verdadera complacencia, tendió la mano al ya famoso escritor, tribuno y poeta, conocido, sobre todo, por sus resonantes arengas revolucionarias y sus colaboraciones en los periódicos rebeldes". Roca fue efusivo y sobrio; reservado, en cambio, Lugones. Después —siempre de acuerdo con el cronista— "repitiendo sus demostraciones de placer por haberlo encontrado tan inesperadamente, el general púsose a las órdenes de su nuevo amigo y prosiguió su marcha"[53]. La amistad de Roca fue cosa importante, pues lo puso en condiciones de afrontar la vida en Buenos Aires, al otorgarle cierta independencia.

A pesar de los ataques al presidente Uriburu en *La Montaña* —lo que demuestra la falsedad de la persecución a sus redactores— Lugones fue nombrado, el 26 de junio de 1898, auxiliar en la Dirección General de Correos y Telégrafos. En realidad sólo suplantó a su pariente Benigno G. Lugones, real beneficiario del cargo, rectificándose el nombramiento el 7 de mayo en su favor[54]. No parece descartable la influencia de Roca, electo ya presidente al momento de la designación[55]. Su nuevo empleo reforzó el siempre magro presupuesto, permitiéndole estrechar amistad con Darío y Piñeyro Sorondo, ambos burócratas de aquella oficina. Aprovechaban los amigos largos momentos de ocio para discurrir sobre asuntos teosóficos y otras filosofías, regocijándose, en las tórridas horas del verano, con refrigerantes y riquísimas horchatas[56]. Gregorio Ugarte re-

---

[53] DE VEDIA, Joaquín, *Como los vi yo*, M. Gleizer, Buenos Aires, 1954, pp. 60-61.
[54] Correos y Telégrafos, *Expediente 1.701, D.O. 938, legajo 68.230.*
[55] *Registro Nacional*, 1898, t. 1, p. 485, decreto del 8 de marzo de 1898.
[56] DARÍO, *Autobiografía*, p. 125.

cuerda que Lugones redactaba y pulía en el Correo libros y artículos, o bien, que al momento del café ritual, "sus conceptos, anatemas y fulminaciones de la conciencia, hacían el efecto de un gigante descuartizando peñascos para lanzarlos desde la cumbre sobre una muchedumbre tenebrosa" [57].

Lo de *La Montaña* fue algo más que un indicio. Lugones no estaba conforme con la conducción del Partido, a la que consideraba débil y acomodaticia. Reprochábale aburguesamiento y actitudes reformistas. Pero lo que más le irritaba era su inclinación a satisfacer sólo necesidades y goces físicos, pues ponía, a su juicio, un acento excesivo sobre lo material. Como no consiguió modificar la estructura interna, procuró alentar la fundación de un movimiento revolucionario [58], para lo cual aprovechó una divergencia en el seno del flamante Partido Socialista. Desde el Congreso Constituyente, el método, propiciado por Justo, de elegir los candidatos por el voto de afiliados con derechos políticos, es decir los nativos o nacionalizados, había sido violentamente controvertido por los delegados del Centro Socialista Revolucionario de Barracas al Norte [59]. Esta "impolítica nacionalización de los extranjeros", actuó como real detonante. El grupo de la discordia fue, otra vez, el belicoso Centro de Barracas, integrado, en su mayor parte, por obreros españoles que reivindicaban una idea difusa y extraña del internacionalismo. Para ellos, naturalizarse era renunciar a esa calidad, que consideraban base del socialismo. Es que el sentimiento patriótico también infería, como el propio Lugones debió reconocerlo más tarde, pues "contra él puede gritarse cuanto quiera, pero nunca deja indiferente" [60].

"Marxistas intransigentes" [61], así se titulaban Lugones, Ricardo Cardalda, conocido como "el jorobado" (lo era), de gran predicamento en el Centro, Cúneo, Enrique Leonardi, Vicente

[57] "La obra intelectual de Lugones", *Nosotros*, N° 116, año XII, diciembre de 1938, pp. 531-532.

[58] DICKMANN, Enrique, "Vida y muerte de Leopoldo Lugones", *La Vanguardia*, marzo 20 de 1938 y en *Columna*, N° 11, marzo de 1938.

[59] WEINSTEIN, Donald F., *Juan B. Justo y su época*, Ediciones de la Fundación Juan B. Justo, Buenos Aires, 1978, pp. 37 y 42.

[60] LUGONES, Leopoldo, "Nuestro socialismo", en *Las primeras letras*, p. 158, col. 2 y 3.

[61] DICKMANN, *Recuerdos de un militante socialista*, p. 199.

Rosaenz y Angel Balzanetti [62]. Se opusieron ferozmente a toda tendencia nacionalista dentro del partido, que en realidad encubría una verdadera discriminación y, en agosto de 1898, lanzaron un insólito manifiesto a los "Proletarios de todos los países", iniciado con atribulada denuncia: "Víctimas de una mimiserable mistificación y contemplando nuestros sacrificios de varios años en manos impuras, os comunicamos nuestra desgracia con gran dolor y vergüenza" [63].

Los hábitos revolucionarios de Lugones no se aquietaron con la comensalía del Correo. Dickmann nos ha narrado sus esfuerzos para formar la nueva agrupación. En esquela que transcribe, lo invita a su casa, asegurándole que "perderá un poco de tiempo y oirá una cosa que reputo interesante". Allí, en presencia de varias personas —continúa— intentó convencerlo de la necesidad de una inédita fuerza revolucionaria, atrayéndolo a sus filas [64]. La escisión del Centro Socialista de Barracas arrastró a otros seis centros, que realizaron un Congreso entre el 18 y 19 de noviembre de 1899, fundando la Federación Socialista Obrera Colectivista, fiel traductora de los puntos de ruptura. La intensa actividad de los díscolos no impidió que la Federación marchitárase, víctima de escasas posibilidades. Un año después —junio de 1900— aprovechando el Tercer Congreso y tras un discreto viaje a Canosa, retornaron al Partido, preservando, así, su unidad [65]. Lugones, sin embargo, no lo hizo. A partir de entonces quedó fuera, sin retornar jamás [66]. Premonitoriamente, como en un postrer adiós, publica su última colaboración en *La Vanguardia*, ruidoso ataque contra el milenario reinado de la Iglesia, en la que adelanta argumentos que luego servirán de apoyo al futuro dogma de obediencia [67].

Ha concluido, con un fallido intento, la clásica aventura de los ideales juveniles. Lugones no soportaba ya el positivismo socialista, organizado, esta vez, bajo la dura mano de Juan

---

[62] LUGONES, "Nuestro socialismo", en *Las primeras letras*, p. 158, col. 3.
[63] DICKMANN, *Recuerdos de un militante socialista*, pp. 198-199.
[64] DICKMANN, "Vida y muerte de Leopoldo Lugones", en *La Vanguardia*, marzo 20 de 1938.
[65] WEINSTEIN, *Juan B. Justo y su época*, p. 69.
[66] LUGONES, "Nuestro socialismo", en *Las primeras letras*, p. 158, col. 3.
[67] LUGONES, Leopoldo, "Sursum", *La Vanguardia*, mayo 1º de 1900.

B. Justo. Necesitaba libertad para perfeccionar su cultura, para pensar independientemente. Esta separación no es sino búsqueda de la libertad exigida para el desenvolvimiento y perfeccionamiento de su expansivo carácter. Observador sutil, advirtió, también, que el movimiento —desvinculado del resto del país— se había reducido a una agrupación local, a un fenómeno estrictamente capitalino, circunscripto al papel de eterno desafiante y al que todos —incluso sus partidarios— asignaban escasas posibilidades de triunfo.

CAPÍTULO III

1900-1904

*"...volvíamos de Puerto Lápice, a donde había-
mos ido en clásica aventura..."*

Con su familia a cuestas Lugones debió añorar los beneficios
del celibato en la vida de un intelectual. El modesto cargo del Correo subvenía los gastos más apremiantes y, "pane lucrando", publicó cuentos en *Caras y Caretas, Instantáneas Argentinas, La Quincena, Iris, Arlequín* y *Siglo XX*, con lo que reforzó el magro presupuesto. Sin embargo, las nuevas amistades eran generosas. As-
cendido a jefe del Archivo [1], pasa, casi de inmediato, a dirigir la
Revista de Correos [2]. No se detiene allí su carrera. Es promovido
seguidamente, a la categoría 5ª [3], asumiendo, dos meses después,
la jefatura de la Oficina de Inspección y Control [4].

Pero esta rápida cabalgata oficinesca no puede atenuar las
intensas e ininterrumpidas lecturas, una incesante búsqueda de
fórmulas literarias, el pulimento obsesivo de nuevos poemas, que
publica sin pausa. Es la época de su poesía delicuescente.
Orientado hacia inéditas direcciones —generalmente de inspiración francesa— da a conocer, dispersos en revistas y diarios,
los admirables sonetos de "Los Doce Goces", salmodiados por
toda una generación y los inigualables "León Cautivo", "New
Mown Hay" y "El Solterón".

Los progresos, literarios y también burocráticos, se ven co-
rrespondidos por similares mejoras en la masonería. Quizá resulte lícito imaginar que todo esto constituya un conglomerado de
causas y efectos recíprocos. A mediados de 1900, alcanza la
ansiada maestría en la Logia Libertad-Rivadavia Nº 51, de la

[1] Resolución del 25 de octubre de 1899.
[2] Resolución del 27 de octubre de 1899.
[3] Resolución del 2 de febrero de 1900.
[4] Resolución del 10 de octubre de 1900.

que forman parte influyentes personalidades. Acaso probable corolario, Osvaldo Magnasco, que ocupa la cartera de Instrucción Pública, lo convoca para integrar los elencos con que aspira a reformar la enseñanza. El 16 de octubre es designado, por decreto del presidente Roca, Visitador General de Enseñanza, en reemplazo de Pablo Pizzurno [5]. Sin embargo, sólo asume el nuevo cargo un mes después [6]. En la ocasión, recibe un simpático homenaje, obsequiándosele el reloj que lo acompañará toda su vida, una de cuyas tapas interiores exhibe este afectuoso recordatorio: "A Leopoldo Lugones, sus amigos del Correo y Telégrafo Nacional, noviembre de 1900" [7].

Como causa de la designación se ha insinuado a la benévola mano de Roca, aunque, en realidad, fueron decisivos algunos artículos (escritos por el mismo Lugones durante su etapa socialista), propicios a la reforma educacional encabezada por el joven ministro [8]. La tendencia utilitaria y práctica de la enseñanza se intensificó durante el segundo gobierno de Roca con los proyectos de Magnasco. Sosteníase la necesidad de dictar un plan que respondiera a las exigencias reales del país. Para ello dividían la educación en dos ciclos: uno, primario, de seis años y otro, secundario, subdividido en dos. El primero o general, con cuatro años, ampliaba y perfeccionaba el primario. El segundo o especial, de tres años —preparatorio para la universidad— orientaba, a su vez, hacia fines particulares y vocacionales [9]. Pero las reformas iban aun más lejos: se trataba de variar el rumbo mismo de la instrucción pública.

Para conocer la naturaleza y alcance de la entonces llamada "enseñanza integral", objeto de la nueva política y de la que Lugones —como se verá más adelante— fue decidido partidario, nada mejor que seguir sus rotundas afirmaciones en esa materia. El vago principio de la "cultura general", propio del

[5] *La Nación*, noviembre 7 de 1900.

[6] Resolución aceptando su renuncia del 12 de noviembre de 1900.

[7] Provincia de Buenos Aires, Poder Judicial, Juzgado en lo Criminal y Correccional Nº 1 del Departamento Capital del Dr. Rafael Chaneton, causa 31.021, "Lugones, Leopoldo, s/suicidio", año 1938, f. 1 y vta.

[8] LUGONES, *La reforma educacional (Un ministro y doce académicos)*, Buenos Aires, 1903, p. 2.

[9] SOLARI, Manuel Horacio, *Historia de la educación argentina*, Paidós, Buenos Aires, 1978, pp. 200-201.

liceo francés, adoptado por el gobierno en cumplimiento de sus cargas constitucionales, había informado, hasta el arribo de Magnasco, la base de los planes de estudios. Predominaba, en éstos, la enseñanza literaria, concretándose, sin excepción, al desarrollo intelectual y teórico de los ciudadanos. En reemplazo, el reformador "sencillamente ponía en práctica las ideas de Alberdi, quien había destacado la incompatibilidad entre las instituciones nacionales y la enseñanza de índole monárquica, vale decir, dogmática y metafísica, legado final de la colonia". Para Lugones "el liceo de tipo francés había sido una capitulación con ésta; de modo que llevar a efecto ideas de aquel pensador equivalía, sencillamente, a establecer la integridad de las instituciones democráticas" [10].

No son frecuentes las coincidencias entre Lugones y Alberdi. Esta es una de ellas, por lo que conviene repasar las ideas del tucumano en materia de enseñanza. Alberdi planteó, sobre todo en *Las Bases*, una particular y avanzada política educacional. Pretendía el aprendizaje de la ciencia, artes aplicadas y conocimientos que brindaran una utilidad inmediata. En lugar de teólogos y filósofos —pregonaba— necesitamos ingenieros, naturalistas, hombres de comercio e industria. Sin embargo, lo que más atraía a Lugones de esta reforma era la estrecha relación entre instrucción e instituciones políticas, ya que de esa manera "la enseñanza dejaba de tener por único objeto la cultura general, para verse colaboradora en la vida política del estado" [11]. Era necesario —recurriendo a sus tajantes palabras— "preparar al futuro ciudadano para la república federal, de tipo sajón en que vivimos" [12]. La enseñanza, pues, estaba obligada a formar tantos miembros elegibles, como electores de la república.

Según Lugones, aceptado el modelo sajón para la organización política, era necesario completarlo con un tipo de enseñanza de igual origen, "cuya base y punto de partida están, precisamente, en la educación práctica" [13]. En este punto la

[10] LUGONES, *Didáctica*, Otero y Cía., Buenos Aires, 1910, p. 156.
[11] *Ibíd.*, p. 153.
[12] *Ibíd.*
[13] LUGONES, "Discurso en el Congreso Científico Latino-Americano", sesión del 25 de marzo de 1901, en *La reforma educacional*, p. 104; en idéntico sentido, MAGNASCO, Osvaldo, en *Congreso Nacional, Diario de Sesiones de Diputados*, 1900, t. 1, p. 1.214.

ecuación era límpida. Porque en todo su fervor por la reforma, resonaban los ecos de la fulmínea victoria yanqui a expensas de la decadente España, que había tenido, entre tantos efectos, la virtud de alentar críticas incisivas a la formación cultural latina, avivando especiales consideraciones respecto de su similar sajona, pues buscábase explicación al significativo suceso. El propio Lugones no omitió subrayar la elocuencia casi brutal de los acontecimientos internacionales —clarísima alusión a la reciente guerra por Cuba— para fundamentar la primacía de la enseñanza sajona [14].

Inspirada en tal modelo, la reforma debía tender hacia la capacitación del hombre para una vida completa [15], pues no se buscaba un desarrollo exageradamente intelectual, artificioso de por sí y opuesto a la existencia misma. Muy por el contrario, pretendíase colmar todas las necesidades, tanto materiales como sentimentales. Pero no se vea en esta tendencia un excluyente utilitarismo. Lugones se encargó de puntualizarlo: "cultiva, ante todo, el espíritu, pues ya queda dicho que este es su objeto primordial" [16], persiguiendo "el recreo desinteresado del espíritu con el desarrollo de las facultades estéticas".

A pesar de estos escrúpulos, no deja de ser curiosa la participación del espiritualista convencido en una reforma inspirada en criterios de practicidad, acaso restrictivos de la cultura, sobre todo en lo que ésta tiene de artística. Por aquel entonces, hablábase —refiriéndose a la educación integral— de "enseñanza cartaginesa" [17], de "la barbarización del país" [18], para destacar, así, su pretendida obsesión utilitaria. Lugones, que tomó muy en cuenta el reproche, sostuvo que la contradicción, en ese punto, era sólo aparente. Según él, había en aquella crítica "una idea perversa que también en estética ha causado mucho daño". "Me refiero —arguyó— a la creencia de que sólo es desinteresado lo que no sirve, traducido en dinero constante y sonante" [19]. De

14 LUGONES, "Discurso en el Congreso Científico", en *La reforma educacional*, pp. 102-103.
15 LUGONES, *Didáctica*, p. 155.
16 *Ibid.*
17 *Ibid.*, p. 157.
18 MAGNASCO, Osvaldo, *Congreso Nacional, Diario de Sesiones de Diputados*, 1900, t. 1, p. 1.228.
19 LUGONES, *Didáctica*, p. 158.

acuerdo con tal premisa, los estudios debían subordinarse a la fanática tarea de acumular riquezas. Sin embargo, esto no favorecía necesariamente el aprendizaje de cosas útiles. A la inversa, el criterio mercantilista atentaba contra la bondad misma de lo conveniente y provechoso, descartando como inútil aquello incapaz de garantizar la ganga inmediata.

Coherente con su ideario estético (y también ético), Lugones exigía una enseñanza desinteresada, que se orientase hacia aquello que sirviera a la vida, prescindiendo de si sus resultados traduciríanse, o no, en plata u oro. Resumía así su posición: "Cuanto sea un recreo del espíritu, una exaltación de las facultades nobles por la belleza o por el bien, debe ser enseñado y es útil. Todas las emociones que ello produce son estados superiores de la vitalidad; y como lo único esencialmente útil es la vida, no el dinero que apenas simboliza una parte de sus actividades, puede haber cosas útiles, aunque sin precio, y cosas inútiles o nocivas, aunque lo tengan. El precio es un regulador comercial; pero en la vida no es todo comercio" [20]. Repárese en la absoluta vigencia de la ética vital —sólo es bueno aquello que conviene a la vida— de la que Lugones fuera cumplido adepto. Igual subordinación exigía desde el punto de vista estético: "Yo no creo [...] en el arte por el arte, fórmula modernísima, no obstante ser su filiación bizantina, creo en el arte por la vida, basándome en la tradición de la Antigüedad venerable" [21]. Como puede observarse, desde ambos ángulos, conciliaba su doctrina filosófica con la esencia de la enseñanza integral, propuesta por el renovador gobierno de Roca y a la que habíase adherido fervorosamente. Es más, para Lugones la integridad de los estudios se correspondía, prolijamente, con la integridad del espíritu, al que lesionábase con el desarrollo exclusivo de una de sus facultades. La misma vida de Lugones es prueba irrefutable de ello. Todo le preocupaba; todo lo ensayó. Hasta la educación física —recuérdense las prácticas de esgrima— no dejó de interesarle. Además, y como definición categórica de su simpatía, se encargó de recordar que "el integralismo docente es ya una idea platónica" [22].

[20] LUGONES, *Didáctica*, p. 159.
[21] LUGONES, "Discurso en el Congreso Científico", en *La reforma educacional*, p. 112.
[22] LUGONES, *Didáctica*, p. 164.

71

Lugones defendió con ardor las ideas de Magnasco. Es más, se comprometió públicamente. Con motivo del Congreso Científico Latino-Americano, celebrado en Montevideo, a comienzos de 1901 [23], pronunció un extenso discurso en el que exhibió su decidido entusiasmo por los principios de la integralidad en la enseñanza. Junto a Pizzurno, propone y obtiene de aquella asamblea, una recomendación que reconoce a la escuela primaria la función esencial de desarrollar las aptitudes del individuo y subvenir a sus necesidades más urgentes. La moción reserva al ciclo secundario una misión de complemento, teniendo en él igual importancia las disciplinas científicas que las prácticas [24]. El carácter ampliatorio y dependiente de los estudios secundarios respecto de los primarios era uno de los dogmas de la educación integral, huyéndose así del puro teorismo.

Con motivo de su estada en la capital oriental, fue invitado por jóvenes intelectuales uruguayos a recitar sus sonetos, conocidos y admirados por unos pocos. Llegó, incluso, a grabarlos en cilindros de cera y fueron escuchados en infinidad de ocasiones, hasta por el mismo Julio Herrera y Reissig. Rufino Blanco Fombona lo acusó de plagio en ocasión de reproducirlos en *Los crepúsculos del jardín*, en 1905. Ante el ataque, Lugones se limitó a guardar altivo silencio, fiel a su consigna de que jamás se deben explicaciones ante la infamia [25].

Vuelto a Buenos Aires, emprendió una serie de visitas al interior del país para divulgar las nuevas ideas, insistiendo entre la diferente instrucción pública de la Argentina y los Estados Unidos. En cierta ocasión llegó hasta insinuar algún castigo ante posibles obstruccionismos o falta de colaboración. Habló de "una vara con miel en un extremo y acerada en el otro" [26], lo

[23] Decretos de julio 21 de 1900 y marzo 16 de 1901, en *Registro Nacional*, 1900, t. 2, y 1901, t. 1, p. 637, en los que se acepta la invitación al Congreso y se designa a la comitiva.

[24] *La Nación*, marzo 26 de 1901.

[25] "L. Lugones a Asdrúbal E. Delgado", Buenos Aires, octubre 2 de 1914, en PEREIRA RODRÍGUEZ, José, "El caso Lugones-Herrera y Reissig", en *Nosotros*, mayo-julio de 1938, pp. 252-253.

[26] *La Nación*, mayo 5 de 1901.

que provocó airadas reacciones [27], en especial de su antigua amiga *La Vanguardia*. Esta le reprochó "haberse convertido en humilde satélite del ministro", "que anda por ahí pregonando los desgraciadísimos planes de enseñanza", para concluir exclamando, con sádico regusto por el hallazgo: "¡Qué poderoso factor de evolución individual es el queso!" [28].

Inevitable consecuencia de sus responsabilidades para con la masonería, fue el encargado de pronunciar un discurso en el funeral cívico, organizado bajo los auspicios de los Poderes de la Orden, en homenaje a Emilio Zola, quien luego de su belicosa actitud durante el proceso a Dreyfus habíase transformado en claro símbolo político. Sin duda, el autor de *L'Assomoir* no podía ser un arquetipo para Lugones. "Su estética me parece inferior" confesará sin remilgos. Otro tanto hará con el credo filosófico del ilustre muerto al repudiar su positivismo [29]. Algo, sin embargo, los unía; era el odio al Polifemo burgués, que excluye el heroísmo y desprecia al genio, como también el tema de los humildes, de los oprimidos "que tienen razón hasta en sus desvaríos" [30] y que reaparece en la Conferencia como un eco de sus anteriores campañas periodísticas. Abundan los ataques contra la iglesia y el ejército, formulados con su característico estilo panfletario. Alude, así, a "ese cleriganso de la reacción o aquella sota de espadas que sueña con imponer al mundo entero, como si fuera un rebaño de su marca, el trasquilón infamante del cuartel" [31]. Esto último constituía una inequívoca referencia al general Pablo Ricchieri, que acababa de imponer el servicio militar universal al que estaban obligados todos los jóvenes.

Sin embargo, una atenta lectura de la Conferencia permite observar, ya despojado del ritual socialista, el prenuncio de la gran prédica lugoniana, es decir, el enaltecimiento de la libertad plenaria y la correlativa crítica al dogma de obediencia —su pérfido violador— integrado por el icono y la milicia. Adentrémonos en su enfoque: "Este tributo permanente —y digamos también significativamente— cívico, es protesta viva, contra la fuer-

[27] *La Nación*, mayo 7 de 1901.
[28] *La Vanguardia*, mayo 11 de 1901, p. 1, col. 2.
[29] LUGONES, Leopoldo, *Emilio Zola*, Ateneo, Buenos Aires, 1920, p. 27.
[30] *Ibid.*, p. 7.
[31] *Ibid*, p. 8.

za bruta del militarismo y la fuerza ciega de la fe. Nuestro ideal de modernos es ante todo racional y pacífico, y cada uno de los actos que ratificamos, acelera, el derrumbe de esas columnas del improperio"[32].

En la evolución de sus ideas políticas, la conferencia sobre Zola marca un momento de transición. Por inercia continúa con algunos tópicos del socialismo, pero los reelabora y ordena de manera diferente, transformándolos en el núcleo de su nuevo programa: el aniquilamiento de "una organización basada en la fuerza bruta y en un culto de muerte y de miedo"[33]. A partir de entonces, Lugones inaugura un personalísimo combate contra los centros vitales de la coacción y la regulación, contra un cuerpo que se le antojaba de inconcebible poder: el ejército y el clero (más adelante incluiría a la burocracia política). Visto desde tal óptica, el homenaje a Zola adquiere inusitada coherencia. No constituye un solitario alarde, ni un mero ejercicio retórico, vanidosamente barroco, elaborado con intención de deslumbrar, como cierta crítica de ostentosa superficialidad ha pretendido ver. Por el contrario, superadas las urgencias partidarias, es la primera manifestación pública de su flamante ideal político. Para apreciar esta nueva actitud, baste transcribir la invocación final del discurso: "Y juremos, por último, no descansar en la lucha hasta libertarnos de esas prestigiosas barbaries que son cepos furtivos en la ruta de la verdad. Ejércitos barreando el porvenir, cleros encarcelando la conciencia, no pueden ya con el ideal [...] Con el ideal que siendo luz él mismo, brilla en la propia lámpara del templo cerrado, y se filtra por entre las bayonetas, como a través de un bosque para el cual llegó el otoño"[34].

A todo esto crece el renombre de Lugones. Lo prueba la encuesta organizada por *El Gladiador* para elegir a las personalidades más destacadas del momento. Al final del concurso, su nombre figura como el del "mejor literato argentino", aventajando a Bartolomé Mitre, Joaquín V. González, Belisario Roldán, Miguel Cané y Eduardo Wilde[35]. Aunque *El Gladiador* declaró haber recibido más de cuarenta mil cartas, cifra pre-

---

32 LUGONES, *Emilio Zola*, p. 6.
33 *Ibid.*, pp. 21-22.
34 *Ibid.*, p. 28.
35 *El gladiador*, t. I, marzo de 1903.

suntuosa sin duda, no es menos cierto que Lugones era uno de sus colaboradores y parece atinado imaginar que su elección obedeció al designio de promocionarlo —ya en aquella época se abusaba del artilugio—. Su popularidad, si bien harto entusiasta, residía en las redacciones de los periódicos y en las capillas literarias; allí se lo conocía y admiraba.

Mientras tanto, la reacción bachillera, que pretendía entronizar "el régimen absoluto del Colegio Nacional" [36] en desmedro de los institutos de enseñanza práctica, finalmente prevaleció al rechazar el Congreso el pertinente proyecto [37]. Es más, logró remover de su cargo al inquietante ministro, quien, según el gráfico decir de Lugones, sufrió "muerte de Aquiles en un transpatio de Beocia" [38]. No faltaba razón a la afortunada imagen. Los cerriles opositores, encubriendo propósitos obstruccionistas, acusaron a Magnasco de una supuesta irregularidad: haber encargado y pagado a la Penitenciaría la construcción de unos muebles para uso particular. Con ese motivo consiguieron interpelarlo [39], exponiéndolo al debate de domésticos episodios en pleno recinto parlamentario. Magnasco, que se sabía condenado, respondió a las incriminaciones sin privarse de algún ademán soberbio. Enfrentado con el propio Mitre —creador del régimen de los Colegios Nacionales— aprovechó el jubileo celebrado en su honor, para deslizar palabras irónicas respecto del patricio. Su "Divus Bartholus" le fue fatal [40]. El ministro molestaba ya al presidente, de modo que su ritual renuncia fue aceptada días después [41].

Alejado Magnasco, al infausto contragolpe de un azar político, Lugones continuó siendo ejecutor entusiasta de sus ideas educacionales, pues el programa renovador del ex ministro mantúvose vigente y los reemplazantes —Juan E. Serú y Joaquín V. González— no innovaron en esa materia. Sin embargo, Ramón J. Fernández, designado para el cargo, introdujo modificaciones

---

[36] MAGNASCO, Osvaldo, *Congreso Nacional. Diario de Sesiones de Diputados*, 1900, t. 1, p. 1.237.

[37] *Diario de Sesiones de Diputados*, 1901, t. 1, p. 1.387.

[38] LUGONES, *La reforma educacional*, p. 2.

[39] *Congreso Nacional. Diario de Sesiones de Diputados*, 1900, t. 1, p. 221.

[40] *Ibid.*, p. 227.

[41] *Registro Nacional*, 1901, t. 1, p. 545.

de importancia en los planes, que, en los hechos, significaban un radical enfrentamiento con los principios de "la educación integral". A juicio de Lugones sobrevino una reacción insufrible. Y así lo expresó: "El desastre de la enseñanza fue tal, la reacción 'clásica' tan ridícula en su pedantería, la falta de concepto tan absoluto, que se impuso como tratamiento urgente el correctivo del ridículo. No era posible discutir sobre la enseñanza con un ministerio analfabeto o emprender una refutación metódica de aquel desbarajuste orgánico. Tanto hubiera valido elogiar a un bizco las ventajas de la rectitud" [42].

Pero antes de acometer lo que más tarde sería "el correctivo del ridículo", Lugones prefirió alejarse abruptamente de su cargo. No lo hizo solo. Renunciaron el Inspector General de Enseñanza, Pablo Pizzurno, y sus otros dos colegas, Godofredo Daireaux y Gerardo Victorín. En realidad, la tirantez de aquel grupo de funcionarios con el titular de la cartera era ya pública. Disentían prácticamente sobre todos los temas pedagógicos y el menor incidente iba a servir de excusa para liquidar situación tan molesta, lo que finalmente ocurrió. Una diferencia de pareceres con Enrique de Vedia, rector del Colegio Nacional de Buenos Aires, fue la chispa. Elevada la cuestión al ministro, éste se inclinó, ostensiblemente, a favor del rector [43]. Luego de una infructuosa tentativa del subsecretario del ministerio, Enrique Barros, quien pretendió disuadirlos de sus exigencias para continuar en funciones; dimitieron sin mayor dilación [44]. Es que con sus reclamos habían ido muy lejos. Pretendían la derogación de los decretos del 1, 7, 18 y 30 de enero de 1903, que justamente consagraban los nuevos planes. Los inspectores, en realidad, buscaban la ruptura que les posibilitara un ataque frontal contra lo que consideraban impropio, sin guarecerse, para ello, en la irresponsabilidad del subalterno. Confiaban, sobre todo, en su capacidad crítica.

En la renuncia, Lugones anticipó su futura actitud: "deseando combatir con entera libertad de acción una reforma a la

---

[42] LUGONES, *La reforma educacional*, p. 158.

[43] JORDÁN, Juan Manuel, "Leopoldo Lugones, visitador e inspector general de enseñanza secundaria y normal", *Nosotros*, año III, vol. VII, mayo-julio de 1938, p. 287.

[44] "La renuncia de los inspectores", *El Diario*, marzo 2 de 1903.

que no puedo concurrir como funcionario, pues la reputo perjudicial, presento la renuncia a mi puesto"[45]. Es destacable la franqueza que despliega en el episodio, ya que, en apasionada defensa de sus concepciones, llega hasta a sacrificar una cómoda posición.

La reforma educacional constituye un clásico ejemplo de corregir por el ridículo. Lamentablemente, las circunstancias obligaron a Lugones a escribir un folleto polémico, allá donde pudo realizar una obra didáctica. Libro extraño, inhallable, menospreciado en toda bibliografía o estudio por los escasos comentarios que recoge, pues, para éstos, no pasa de un alarde más en las múltiples extravagancias intelectuales que se le atribuyen al autor. Carece de pie de imprenta. Lugones, obviamente, no pudo haber financiado la publicación. Cabe, entonces, la pregunta: ¿quién lo hizo? Posee todas las características del ataque de una capilla política a otra y, tratándose de problemas de enseñanza, no resulta exagerado imaginar una lucha entre masones. La reforma educacional, que reúne la serie de artículos aparecidos en El País, es un acabado modelo de literatura panfletaria. Entre los rasgos menos difundidos de Lugones conviene rescatar esta proclividad a la filigrana del epíteto. Poseía también el don de la palabra justa para injuriar y una aguda sensibilidad para advertir el ridículo. Ello, unido a su fuerte temperamento y al oficio literario, produjo esa suerte de poesía del agravio —tan fascinante como su gemela— de la que hace gala en La reforma educacional, otorgándole peculiarísimo valor. Es este libro un ataque al plan de Fernández, basado en conocimientos generales y adverso, en todo, a la orientación práctica de Magnasco. Así, la defensa del latín por el ministro y sus consejeros sirvió a Lugones de seguro pie para un sarcasmo erudito: la obra está plagada de oportunos latinazgos. Páginas apasionadas lo muestran colérico y, por lo tanto, íntimo y auténtico. Su prosa, con la agresividad que le aporta el fastidio, adquiere rara asepsia y es desmesuradamente directa, lo que recuerda al mejor Sarmiento.

Aquel grupo de inspectores renunciantes no estaba dispuesto a dejar así las cosas. Aparte de las feroces embestidas de Lugones, poco tiempo después, Pizzurno llevaría a la So-

[45] LUGONES, La reforma educacional, p. 1.

ciedad Científica Argentina sus críticas a los planes y programas implantados. Pero Coronado, en una conferencia leída en el mismo recinto, saldrá en defensa de la gestión ministerial, destacando las bondades del sistema. Prueba de la animosidad de Lugones es su inmediato requerimiento a la entidad patrocinante de pronunciar también una conferencia sobre idéntico tema [46]. Se propuso "criticar los planes del ministro y analizar la obra malsana de las oligarquías políticas" [47]. Al día siguiente, Lugones ocupó la tribuna. Luego de enérgicas palabras de protesta contra las ideas de Coronado, alegó que la juventud del país, cualquiera fuere su condición, tenía derecho a aspirar a todos los puestos públicos del Estado, con el único requisito de su capacidad [48]. Sostuvo que en el plan de estudios, recientemente impuesto, subyacía el deliberado propósito de formar una casta privilegiada y, que, por eso, a tal obra debía calificársela de antidemocrática. Censuró severamente la idea de poner obstáculos al ingreso de jóvenes pobres a las universidades y, reverdeciendo viejas consignas, proclamó, con su clásico énfasis que: "La oligarquía social y económica opone vallas a la masa cada vez más apta, pretendiendo quitar al pueblo la única esperanza de redimirse y de llegar a la efectividad de su soberanía, haciendo que la universidad sólo sea accesible al hijo del rico" [49]. Ello explica su afirmación, enunciada en *La reforma educacional*, generalmente inadvertida, de que la reforma de Magnasco era parte "de sus principios socialistas" [50].

Sin duda, la pasión de Lugones por la enseñanza es harto llamativa, aunque también explicable. No es, por ejemplo, el mero afán del burócrata conservador de su cargo. Enfocado de esa manera resultaría sólo simplificación tentadora. Hay algo más profundo, y también más oscuro, en aquella actitud. Educar, para Lugones —como para Sarmiento— fue un modo de dirigir, quizás el más elevado de entender a la política. Así como toda organización educativa es, a la postre, una organización política, toda actividad política encierra, en sí misma, una acti-

[46] *La Nación*, noviembre 20 de 1903.
[47] *La Nación*, noviembre 26 de 1903.
[48] *La Prensa*, noviembre 27 de 1903.
[49] *La Nación*, noviembre 27 de 1903, y en igual sentido *La reforma educacional*, pp. 62-63.
[50] LUGONES, *La reforma educacional*, p. 2.

tud altamente docente. Tal correspondencia se advierte en todo el quehacer de Lugones, incrementado, un año después, al designársmelo Inspector General de Enseñanza. Las páginas de *Didáctica*, por ejemplo, que recogen ambas actuaciones, lo prueban acabadamente, pues aparte de los detalles técnicos, campea, en ellas, la tensión propia del político, preocupado por la vertiente instrumental y el logro de los fines perseguidos. Esta experiencia, por lo demás breve, en la política práctica —"dos años de silencio sacrificados por el hombre de letras"[51]— será sólo una fugaz oportunidad para su vocación. Entonces, reducido a su misión de intelectual, entenderá que ésta debe ser también docente. Y, con una insistencia a veces conmovedora, buscará enseñar, transmitir a su gente aquello que consideraba formas superiores de vida, resumidas en conceptos de Verdad y Belleza.

Apartado por propias convicciones de la función pública, retornará, de inmediato, a lo que siempre consideró su auténtica profesión: el periodismo. Escribe en *El País* hasta que, en junio de 1903, la bienhechora mano de Joaquín V. González se extiende para encargarle una monografía histórico-descriptiva, por supuesto remunerada, de las ruinas de Misiones y el estudio arqueológico y geográfico de la región[52]. El mismo decreto que le encomendaba tan original memoria, autorizábalo a contratar los servicios de un fotógrafo —"sólo existen copias fotográficas parciales", lamentaban sus considerandos— como también al personal de servicio indispensable. Para la primera tarea requirió a Horacio Quiroga y como auxiliar a su hermano menor Ramón[53]. La comitiva partió de la capital misionera el 12 de julio de 1903[54], con el agregado de un capataz, un gendarme y tres o cuatro peones. A lomo de mula y de caballo atravesaron el sur de la provincia, las costas del Alto Paraná, las riberas del Uruguay, en la frontera misma del Brasil. Pasaron luego al Paraguay, visitando Villa de la Encarnación, Trinidad y el Pueblo de Jesús[55].

[51] LUGONES, *La reforma educacional*, p. 2.
[52] *Boletín Oficial*, junio 5 de 1903, p. 1, col. 1.
[53] LUGONES (h.), *Mi padre*, p. 106.
[54] "Territorios nacionales", *La Nación*, julio 13 de 1903.
[55] LUGONES (h.), *Mi padre*, pp. 106-107.

Dos meses después, a mediados de setiembre, retornaba a Buenos Aires, donde, nuevamente, González acudiría en su ayuda. En efecto, lo había designado auxiliar, en una categoría escalafonaria baja, para atender la línea entre General Acha y Santa Rosa de Toay [56]. Como es de suponer, Lugones no se hizo cargo jamás de aquel empleo, pues, pocos días más tarde, se lo trasladó a las dependencias centrales de la Oficina de Inspección y Control [57]. Todo parece indicar que aquel fue un momento económicamente difícil en la vida de este intelectual, empecinado, tanto en no renunciar a su auténtica vocación, como en mantener la integridad pequeñoburguesa de su familia. Sólo así se explica la subtropical aventura de *El imperio jesuítico* y esos sutiles deslizamientos en la burocracia oficial.

Pero, pese al encargo, *El imperio jesuítico* no resultó una obra adocenada. Comenzó siendo informe descriptivo, para concluir ensayo histórico. No fue, sin embargo, el libro de un historiador, pues su autor jamás imaginó posar de tal, profesionalmente hablando [58], si bien dicha carencia concluyó por parcializar la visión del experimento jesuita. El tema era tentador por sus posibilidades polémicas: piénsese en la Iglesia Católica, la conquista de América, España, en fin. Lugones, al igual que Sarmiento, ante idéntica oportunidad, si por fortuna tócale andar sus dedos por alguna llaga, ha de apretarla, maliciosamente, para que duela más. Pero a pesar de algunos sadismos ocasionales —"el mondadientes simulador de meriendas" [59]— *El imperio jesuítico* no será empresa de denigración, ya que el sujeto preocupará siempre menos que sus posibilidades retóricas. Ahí radica el visible empeño del autor, abundando los larguísimos párrafos, de auténtica taracea literaria, en los que Lugones exhibe un estilo sobrecargado de insólitos efectos. Baste recobrar como antológicos, la narración de la decadencia española, transformado en picaresca por aquello de "vivir sin trabajar, aun

[56] *Boletín Oficial*, julio 13 de 1903, p. 1, col. 3.

[57] Resolución del Ministerio de Justicia e Instrucción Pública del 1º de agosto de 1903. *Informe del Archivo General, Nº 25.782, en expediente 1.701, D.P. 1938, legajo 68.230.*

[58] LUGONES, Leopoldo, *El imperio jesuítico*, segunda edición, Moen, Buenos Aires, 1907, prólogo.

[59] LUGONES, *El imperio jesuítico*, Compañía Sudamericana de Billetes de Banco, Buenos Aires, 1904, p. 34.

a costa de la miseria"[60], el divertido catálogo de los más selectos tipos de ladrones[61], el retrato del conquistador asimilado al paladín[62] y, por último, la pintura del paisaje misionero, naturalmente similar en su exhuberancia, con la prosa que lo describe.

No son, tampoco, las páginas de un hispanizante. Si bien su actitud es crítica ante la España absolutista y teocrática, utiliza argumentos comunes entre los intelectuales progresistas de fin de siglo, no aportando, en consecuencia, ideas nada originales, lo cual demuestra una absorbente preocupación estilística. Es refractario, también, a la Compañía de Jesús, cuya desaparición considera beneficiosa para la revolución sudamericana, de la cual hubiera sido un obstáculo, de haber persistido[63]. Le escandaliza "su socialismo de Estado, más despótico que un imperio oriental, que permitía la igualdad, pero la igualdad de la miseria"[64], atentatorio contra las fuerzas ingénitas del individuo. Porque el norte político de Lugones permanecerá inalterable: allí donde se niegue al individualismo, estará él para exaltarlo. No podía aceptar aquella organización de colmena. Por eso, el fracaso del fugaz imperio, que atravesó todas las crisis hasta su extinción, debióse al absurdo intento de "concretar la teocracia, en admirable rebelión contra el progreso de los tiempos y de las ideas[65]. Doble crimen para Lugones, quien pensaba —no sin razón— que cualquier teocracia resulta siempre la acérrima enemiga de toda individualidad[66].

Aparece en su epílogo, delineado con precisión, el concepto de la libertad plenaria —que tanto le preocupaba por esa época— al incluir a toda ley como acto de opresión, futura componente, con Iglesia y Ejército, del dogma de obediencia[67]. También es sugestiva la invocación palingenésica, propia del iniciado, con que cierra el libro: "Eterno no hay nada, como no sea la incesante conversión de las cosas y de los seres, hacia estados coinci-

[60] LUGONES, *El imperio jesuítico*, p. 75.
[61] *Ibid.*, p. 74.
[62] *Ibid.*, p. 167.
[63] *Ibid.*, pp. 318-319.
[64] *Ibd.*, p. 302.
[65] *Ibid.*, p. 268.
[66] *Ibid.*, p. 299.
[67] *Ibid.*, p. 317.

dentes por ventura con el ideal de la dicha humana, en unión de la cual se desarrollan determinados por un acuerdo superior [68].

Eran épocas de renovación presidencial. El Partido Autonomista, a consecuencia del proyecto unificatorio de la deuda pública, sufrió grave cisma. Cuando Roca, sitiado popularmente, lo retiró del Congreso, Pellegrini, que lo había apoyado con ardor en el Senado, se exasperó y calificó a la actitud de "cobardía cívica" [69]. De allí en más, transformaráse en opositor enconado y fragmentará él hasta entonces indiviso partido: los pellegrinistas, que lo siguieron, y los roquistas, que continuaron junto a su jefe. La situación de Roca, en vísperas electorales, no fue cómoda, ciertamente. Por eso, y para resolver el problema de la sucesión, debió apelar, ante las urgencias de los pellegrinistas, a una Convención de Notables de la que surgió como candidato presidencial, luego de forcejeos y concesiones, Manuel Quintana, que no pasaba de ser un tibio roquista.

González, que ocupaba el cargo clave de ministro del Interior, impulsó decididamente la elección del recién ungido candidato, para lo que convocó "a los hombres de Roca", entre los cuales se contaba Lugones, según el testimonio de este último [70]. Y así lo vemos integrar, junto a Emilio Noceti, Belisario Roldán y Mariano Demaría, el Comité Ejecutivo de la juventud quintanista.

Pronto se iba a tornar imperioso aquel reclamo. A principios de noviembre de 1903, Roque Sáenz Peña inició, en el teatro Victoria, una implacable campaña contra el presidente y el sucesor: "Yo enfoco al general Roca como un vestigio del pasado, como el caudillo anacrónico que sobrevive a su tiempo y a la evolución política y social de la República; por eso no lo encaro como estadista; le niego ese carácter y esa investidura" [71]. La asistencia fue selecta y las duras críticas ganaron insospechada repercusión, por lo que urgía rebatirlas. Al día siguiente se anunció que, en igual recinto y sólo cuarenta y ocho horas después, "el reputado literato Leopoldo Lugones" pronunciaría

[68] LUGONES, *El imperio jesuítico*, p. 324.
[69] "Pellegrini a Floro Costa", en PELLEGRINI, Carlos, *Obras Completas*, Coni, Buenos Aires, 1941, p. 348.
[70] LUGONES, *La personalidad del general Roca*, p. 34.
[71] *La Prensa*, noviembre 2 de 1903, p. 5, col. 3.

una conferencia respondiendo al violento contradictor, en defensa de la situación reinante y de su porvenir. Resulta claro que, de todo el elenco roquista, sólo Lugones estaba en condiciones de afrontar tamaña responsabilidad.

Llegado, por fin, el día, sigamos el agudo relato de un cronista: "El teatro presentaba un hermoso golpe de vista; y si no tenía el aspecto de la conferencia anterior, celebrada en el mismo recinto, estaba, sin embargo, lleno también; pero el público era heterogéneo y así lo demostró la contradicción en que incurrió a menudo con sus gritos y aplausos"[72]. Lugones, leyendo, dio comienzo al discurso. Su tarea consistió en demostrar que Roca no fue un caudillo —de acuerdo al epíteto de Sáenz Peña— sino lo contrario, pues persiguió la destrucción del personalismo en el gobierno, lo que provocaba la admiración del orador, partidario fervoroso de implantar la democracia a la norteamericana. La tesis central residiría en que, aun con sus defectos, la política del Acuerdo, propiciada por Roca, resultaba un notorio avance hacia efectivas prácticas democráticas, así como una apreciable mejora de los hábitos políticos, teniendo en cuenta que las candidaturas presidenciales se resolvían en reuniones privadas, en las antesalas del gobierno o simplemente por acción directa del presidente[73].

De inmediato recobra el tema de Sarmiento —(¡cuántas coincidencias!)—, el mal contra el bien, la barbarie contra la civilización, el caudillismo y el gobierno personalista contra la democracia. Todo ello configura "la lucha, la eterna lucha de las pasiones con los principios, que está en el fondo de todo hombre, como de toda sociedad"[74]. Son los elementos antitéticos de la realidad argentina, "combate de las dos tendencias que dividían su espíritu... la progresiva, basada en el principio del gobierno impersonal; la regresiva, fundada en el caudillaje"[75]. Lugones no podía eludir las complacencias del roquismo con las prácticas personalistas. Para justificarlas, ensaya un argumento empírico. Si ello ocurrió, fue porque era indispensable sentar, de modo inconmovible, el principio de autoridad. Era necesario

[72] *La Prensa*, noviembre 7 de 1903.
[73] CÁRCANO, Miguel Angel, *Sáenz Peña. La revolución de los comicios*, Buenos Aires 1963, pp. 117-118.
[74] LUGONES, *Conferencia política*, pp. 4-5.
[75] *Ibid.*, p. 10.

reconocer a quienes lo encarnaban, es decir a los caudillos. Las complacencias con el caudillaje arrancaron de ese hecho. Siempre, según el orador, para salvar la integridad de la nación y robustecer el principio de autoridad, debió relegarse, temporalmente, el ideal constitucional, pues "constitución y gobierno son posteriores a la existencia de la nación y de la autoridad" [76].

Quizá lo más importante de la conferencia resida en su esbozo del caudillo, del político paternal. Aquí se advierte al racionalista, inmune al predominio del sentimiento, a esa sumisión con el jefe, concebida como una complicidad. "Tal manera de entender la amistad, excelente para los sujetos particulares, no puede ser jamás la del gobernante, que con ella erigiría en sistema de gobierno los compadrazgos detestados. Esto es lo que constituye el personalismo que todos estamos interesados en destruir" [77]. Esta torva corriente de la política argentina pronto afloraría, adueñándose de todas las llaves de la sociedad. Tan temprana y categórica oposición, por parte de Lugones, prenuncia su invariable desdén ante el prolongado populismo que le tocaría enfrentar. Ofrece, además, una clave cierta de su futura evolución ideológica.

¿Pero, quiénes eran esos caudillos que pretendían el predominio del sentimiento, o de su conveniencia, sobre el interés de la colectividad? Para Lugones, no otros que los disidentes de la Asamblea de Notables —Convención Electoral de la Nación, tal su nombre oficial— [78] y a quienes, por ello, reserva despiadada burla. El pretexto es ingenioso. Los identifica con los carneros de la célebre aventura de don Quijote [79], transformados en quimérico ejército, gracias a los magines del esforzado manchego. Esto le permitirá aludir, sin nombrarlo, al principal de ellos, a Pellegrini —la gran muñeca— como "Pentapolín, el del arremangado brazo", a Sáenz Peña, destinatario de la réplica, como Micocolembo, famoso por su devoción y sus desdichas y, lo que constituye un hallazgo, a Bernardo de Irigoyen con el nombre de "Espartafilardo", conocido "por su ancianidad y sus esperanzas, siempre agostadas" [80].

[76] LUGONES, *Conferencia política*, pp. 6-7.
[77] *Ibid.*, p. 15.
[78] *La Nación*, octubre 14 de 1903, p. 6, col. 3.
[79] Parte I, capítulo XVIII.
[80] LUGONES, *Conferencia política*, p. 20.

La conferencia del Victoria marca, para muchos, no sólo la desvinculación definitiva con el socialismo, y la simultánea adhesión a Roca, sino el primer cambio ideológico de Lugones, la inicial fluctuación de lo que muchos considerarán ininterrumpida serie. Sin embargo, ha de ser la izquierda quien más se ensañará con Lugones, a raíz de la ruptura de 1903. El subrayado es conveniente, pues las argumentaciones de que se vale no pasan de una mera reiteración de las ya sostenidas por sus integrantes, a la vez testigos de aquel mismo suceso. Por ejemplo, Enrique Dickmann, desde *La Vanguardia*[81], se ocupó del transvasamiento lugoniano, en un artículo que condensa y anticipa la remanida crítica del sector. Comenzó acusándolo de ser "una maravilla de circo", de haber logrado "un tremendo brinco de saltimbanqui", para lanzar, acto seguido, la imputación famosa apoyándose en la ineludible transacción bíblica: "Ha vendido su primogenitura por un plato de lentejas". Y remata con otra fatídica admonición, destinada esta vez a su vida y obra: "Cuando se empieza con claudicaciones intermitentes, se concluye con la claudicación vergonzosa y total". Por supuesto, tales razonamientos, aunque harto elaborados, integrarán la futura e inveterada crítica de cuanto monago de la secta aborde esta primera salida de Lugones. Le reprocharán haberse "suicidado", "aniquilado su alma"[82], guiarse por "conveniencia, más que por convicción"[83], "refugiarse en el tranquilo puerto de la aceptación y la alabanza"[84], "renunciar a ser el maestro de una Argentina mejor"[85], transformándose, según el agravio que deleitó a toda una generación, en "poeta presupuestífero", una suerte de alquilón, conformista y acomodado con la burguesía u oligarquía, según convenga, ahíto, en fin, de prebendas y honores.

Sin embargo, haber osado abandonar las huestes de la izquierda parece constituir el gran estigma, de modo que su talento —(sobre esto hay acuerdo)— se hubiere perdido para la facción. No importan las razones, puramente ideológicas, que

81 "Conciencias vendidas", noviembre 14 de 1903, p. 2, col. 5.
82 Justo, *La realización del socialismo*, p. 32.
83 *Ibíd.*, p. 45.
84 Lamarque, Nidia, "Negación de Leopoldo Lugones", *Nosotros*, año III, t. VII, mayo-julio de 1938, p. 82.
85 Roca, Deodoro, *El difícil tiempo nuevo*, Lautaro, Buenos Aires, 1956, p. 323.

aquel abandono pudo tener. Y eso que Lugones, en cuanta ocasión que se presentó, casi soporíficamente, encargóse de divulgarlas. Pero, en este debate, las únicas que cuentan son las de sus críticos, en tanto que las reales causas del alejamiento suenan a cosa deleznable. Ninguno de ellos, curiosamente, se ha detenido a analizarlas. Por el contrario, en mérito a gozosa ucronía (la historia que pudo ser es siempre más divertida que la que fue) se le exige permanecer fiel acólito de un socialismo reformista, a la Bernstein, como lo pretendía Justo; o bien, en la Argentina de 1903, asumir posiciones extremas, reclamando para sí el papel de un precoz Trotsky o de un Lenin antedatado.

En el propio discurso, Lugones ensayó justificar su retorno de Puerto Lápice, "a donde habíamos ido en clásica aventura", retorno que le había demostrado "que si la realización de la democracia era inevitable antecedente de cosas mejores, entonces la pugna no ha de entablarse con el lobo burgués, sino con el endriago del caudillaje" [86]. Pero es probable, también, que la defección obedeciera a su decepcionante papel de soldado de ideales impracticables, o por la comprensible fatiga de una violencia declamatoria, comprobadamente estéril. El caso de Lugones, en la emergencia, no es otro que el de quienes, obedeciendo a causas íntimas, modifican sus actitudes sin renunciar, por ello, a un altivo sentido de justicia. La pregunta es, si en demanda de la absoluta razón y la equidad, debe estarse, forzosamente, contra el poder constituido, y no a su favor.

Dicho en otras palabras, si lo que interesan son los medios o los fines. El mismo elevado desinterés e idéntico ideal de justicia pueden darse en uno u otro extremo. Sólo si la claudicación alcanza a las intenciones, caben el desprecio y el maltrato. Uno de sus biógrafos da ciertamente en el blanco al resumir esta justiciera variación: "Cuando Lugones atacaba las bases de la sociedad actual, combatía la impudicia, el deshonesto afán de lucro, la inmovilidad ambiente, y esto lo hacía en nombre de una moral propia, personal, superior. Más tarde cambió el rumbo de sus ideas, entró en la sociedad a la que combatía, pero el aspecto íntimo de su espíritu continuó siendo el

[86] Lugones, *Conferencia política*, p. 18.

mismo: el combate prosiguió, la lucha contra los vicios fue la misma, idéntica la batalla"[87].

Pocos años más tarde, Lugones afirmará que "el arte de los desfallecimientos sublimes no es, ciertamente, el de la política", para sostener, acto seguido, que lo dominante entre nosotros, a diferencia de lo que ocurre en Francia, es la política de los hechos, tan digna de consideración como la de los principios. Luego de abandonar el socialismo dogmático, su adscripción a Roca obedeció a la simple circunstancia de que aquél la practicaba y la había erigido en principio rector de su gobierno. Paradójicamente, el sistema lo apasionaba por ilógico y contradictorio. Asimilábalo a la vida en la que se inspiraba, y, por eso, mucho más humano que el jacobinismo de los principios, con su frialdad absoluta, tan semejante a la crueldad[88]. Quizá resulten aclaratorias estas palabras de Roca a Lugones, y que éste transmitiera, referentes a tal política de los hechos: "Es una necedad querer gobernar los acontecimientos. En política nunca se sabe lo que va a suceder. Yo he gobernado con los acontecimientos, y creo que en esto consiste la habilidad"[89]. Como se ve, es una fórmula diametralmente opuesta al principismo y eso de acomodarse a los hechos, recuerda, en mucho, a los postulados estoicos, así como a la idea del destino, de los cuales Lugones fue devoto seguidor. No se sabe, con certeza, la fecha en que comenzó a estudiarlos, pero no sería aventurado conjeturar que ello ocurrió poco antes de su ruptura con el socialismo.

Que su incorporación al roquismo no significó un giro coperniquiano en su ideología, lo demuestra al colaborar como redactor en la Ley Nacional del Trabajo. Igual persistencia había ya exhibido en su desinteresada campaña educacional, inspirada, según propia confesión, en "sus principios socialistas"[90].

Gracias a la gestión de González, el gobierno de Roca, que había reprimido con severidad huelgas sediciosas, resolvió en-

[87] MAS Y PI, Juan, *Leopoldo Lugones y su obra*, Renacimiento, Buenos Aires, 1911, pp. 47-51.

[88] LUGONES, *La République Argentine*, p. 192.

[89] LUGONES, "Roca: un rasgo autobiográfico", *Fray Mocho*, octubre 22 de 1915.

[90] LUGONES, *La reforma educacional*, p. 2.

viar al Congreso, a principios de 1904, un proyecto de Código Nacional del Trabajo. En su redacción intervinieron Lugones, Pedro Storni, J. Bialet Massé, Enrique del Valle Iberlucea, Augusto Bunge y Manuel Ugarte [91]. Según la parcializada visión de Estanislao Zeballos, el comité redactor estaba constituido por "cerebros dirigentes y propagandistas ardorosos de las reivindicaciones socialistas europeas que exaltaban y lanzaban a los obreros a la violencia" [92]. Lugones, concretamente, se encargó del estudio de las condiciones laborales de mujeres y niños en fábricas y talleres y, también, de un estudio legal de la situación [93]. El mensaje de la ley aludía, como fundamento de las reformas propiciadas, "a la situación afligente de estas dos categorías de obreros, a quienes las leyes de la vida obligan a ejecutar trabajos iguales, en condición, al hombre mayor" [94]. Nada autorizaba, de acuerdo al proyecto, "a colocar a la mujer y al niño en el mismo nivel que el trabajador adulto", por lo que, en su parte dispositiva, regulaba para ellos un horario diferencial.

La preocupación por la desvergonzada explotación de los niños, veníale a Lugones de antiguo. Lo prueban los artículos aparecidos en *El Tiempo* [95] y la campaña que después iniciaría desde *La Nación* [96]. Por eso, el Código reguló con minuciosidad el trabajo de los niños en profesiones ambulantes, teatros, circos y otros espectáculos, "en los que el público de Buenos Aires, ha presenciado a veces verdaderos horrores, no ya en lo que al abuso de la fuerza y exposición al peligro material se refiere, sino al aspecto moral de la cuestión" [97].

[91] Acerca de integrantes y remuneraciones véase *La Nación*, octubre 14 y 15 de 1904.

[92] ZEBALLOS, Estanislao Severo, *Cuestiones de legislación del trabajo*, Imprenta Schenone, Buenos Aires, 1909, p. 21.

[93] *Congreso Nacional. Diario de Sesiones de Diputados*, 1904, t. 2, p. 44; *Diario de Sesiones de Senadores*, 1904, p. 557, y LUGONES, *La personalidad del general Roca*, p. 35.

[94] *Congreso Nacional. Diario de Sesiones de Diputados*, 1904, t. 1, p. 84.

[95] "Homuncio" y "Las limosnas de la ley", de diciembre 8 de 1896 y junio 9 de 1897, respectivamente.

[96] LUGONES (h.), *Las primeras letras*, p. 179.

[97] *Congreso Nacional. Diario de Sesiones de Diputados*, 1904, t. 3, p. 84.

En una de sus intervenciones, Alfredo L. Palacios no omitió puntualizar, con franco orgullo, la dependencia ideológica del proyecto así como la de sus redactores, "jóvenes educados en las doctrinas del socialismo"[98]. Las afirmaciones del flamante diputado eran exactas. A pesar del abierto rechazo de Justo a la sanción del Código[99], la mayoría de sus inspiradores ocupaban cargos importantes en la burocracia partidaria: Ugarte, delegado del partido en el Comité Internacional de Bruselas; del Valle Iberlucea, integrante del Consejo Nacional; Augusto Bunge, quien además, era director de *La Vanguardia*[100].

Por entonces, la amistad con Joaquín V. González se tornó estrechísima. Fundábase en una afinidad selectiva: respeto mutuo por el talento, idéntica ideología y común hermandad masónica. Aunque no debe descartarse, en aquella relación, el beneficio adicional que tal tipo de acompañamiento les reportaba a los dos camaradas. Luego de participar fugazmente en la intervención federal a San Luis, que encabezó Francisco Beazley[101], en la que actuó como Secretario, Lugones —acaso por sugerencia del riojano, ministro interino de Instrucción Pública— obtuvo el nombramiento de Inspector General de Enseñanza Secundaria y Normal. La elección poseía doble importancia, pues, además de vindicar al irritado burócrata, partidario fervoroso de la reforma, importaba, en los hechos, una nueva posibilidad política. Es más, esto significó el punto máximo de su carrera pública. Plausible retribución por su esforzada actividad en la campaña electoral de Quintana, no fue necesario aguardar que asumiera el flamante mandatario: un mes antes, el propio Roca lo designaría[102]. Lugones regresó precipitadamente a Buenos Aires para hacerse cargo de las nuevas funciones, no sin antes renunciar al modesto empleo del Correo[103].

González fue confirmado por Quintana en el cargo de ministro de Educación iniciándose, así, lo que Lugones dio en

[98] *Congreso Nacional. Diario de Sesiones de Diputados*, mayo 1904.
[99] WEINSTEIN, *Juan B. Justo*, p. 76.
[100] INGEGNIERI, José, *La législation du travail dans la République Argentine*. Edouard Cornely et Cie.. París, 1907, pp. 160-161.
[101] Decreto del 21 de junio de 1904, *Registro Oficial*, 1904, t. 2, p. 335.
[102] Decreto del 15 de setiembre de 1904, en *Boletín Oficial* del 29 de agosto de 1904.
[103] Resolución del 17 de setiembre, Correos y Telégrafos, *Archivo General*, Nº 25.782, expediente 1.701, D.P. 1938.

llamar "la segunda reforma" [104], complemento de la propulsada años atrás por el infortunado Magnasco. Esta vez, González y Lugones lograrían implantar, si bien con variantes, aquel tipo de enseñanza. Aprovechando la experiencia del primer fracaso le otorgaron una base que no había obtenido la primera tentativa [105]. Quizá por eso, recibido apenas de su cartera el nuevo ministro —en realidad al día siguiente— Lugones le propuso correlacionar los estudios primarios con los secundarios, dado que éstos eran mero complemento de aquéllos [106]. Otra iniciativa, también perentoria, fue la de imprimir a los estudios secundarios y normales un carácter regional, hasta donde ello fuera compatible, tratando de vincular la enseñanza a las peculiaridades de cada comarca [107].

Pero su objetivo era imponer una enseñanza decididamente integralista y racional. Aparte de los beneficios para el educando, la consideraba presupuesto indispensable de una sociedad libre, y por ello civilizada, como también para el normal desarrollo del espíritu democrático. Aunque reiterativo, conviene recordar, una vez más, que uno de los grandes temas lugonianos fue el de la educación, tanto la estatal como la individual —esta última a cargo de los intelectuales—, ambos instrumentos decisivos para la formación del alma nacional.

En la Argentina, la enseñanza debía basarse en principios integrales. Para Lugones esta era una lógica y saludable reacción frente a la escuela intelectualista, destructora de la compleja síntesis individual, al tender sólo al desarrollo de la inteligencia. Con aquellos principios, buscaba, por el contrario, la formación del hombre completo, desenvolviendo, en lo posible, todas sus cualidades y potencias. Esto lo vinculaba a la pedagogía de los griegos, para quienes "los mismos principios de estética, de moral, de raciocinio, regían la formación completa del ciudadano, como trabajador y como soldado, como filósofo y como artista" [108]. Y así, helenista convencido, tan ilustre antecedente era una comprobación más de su eficacia y la necesidad de implantarla para "formar la raza superior y la sociedad feliz,

[104] Lugones, *Didáctica*, p. 158.
[105] *Ibid.*, p. 161.
[106] *Ibid* y "Apéndice", pp. 125-128.
[107] *Ibid.*
[108] *Ibid.*, p. 321.

en cuya reconstitución aspira a colaborar nuestro integralismo docente" [109]. De ahí derivará la importancia de los ejercicios físicos en los nuevos programas, la aparición de los trabajos manuales, la enseñanza del tiro al blanco con fusil de guerra, el dibujo, la música, con los que se intentaba restaurar el equilibrio perdido por un intelectualismo excluyente; en otros términos, una cuestión lamentablemente aún no entendida en nuestros días.

La más revolucionaria de las actuaciones de Lugones fue la convocatoria oficial de un congreso docente que discutiera las bases del plan de estudios secundarios y normales. Se trataba de acordar un tema decisivo: la preeminencia de algún orden de materias en el plan general, determinante para el encauzamiento de la enseñanza. Resulta por demás claro el valor político de esa medida, dadas las consecuencias que podían lograrse con una forma específica de orientación. El congreso tuvo lugar en Buenos Aires, del 10 al 14 de febrero, si bien retardado por la asonada radical de 1905. Abrió las deliberaciones el ministro González, quien, en largo discurso, anticipó la posición oficial respecto de los planes: "el método científico será siempre el más eficaz, ya que él ha renovado las fuentes de la historia y de la crítica, y porque es el único capaz de libertarnos de los viejos dogmas y de las antiguas supersticiones atávicas" [110].

Sin embargo, iniciadas las deliberaciones, una minoría propuso a las matemáticas como base para la educación media y normal. Sintomáticamente los representantes de las escuelas religiosas se adhirieron, pues, al no poder imponer a las humanidades — la filosofía, "scientia scientiorum"— como era su deseo, el clericalismo capituló, si bien proponiendo a las matemáticas. El planteo no dejaba de ser coherente, pues según Lugones, creían encontrar en ellas una fuente de dogmatismo, que estaban interesados en mantener. El tema, a la vez que importante y siempre actual [111], resulta clave para el conocimiento del pen-

109 *Ibid.*
110 *Memoria del Ministerio de Justicia e Instrucción Pública*, Talleres Gráficos de la Penitenciaría Nacional, Buenos Aires, 1906, t. II, p. 60.
111 No hace mucho se desató un debate sobre las matemáticas moderna (revolucionaria) y tradicional (conservadora). Véase *La Nación*, noviembre 27 de 1978, p. 12, y diciembre 20 de 1978.

samiento de Lugones, así como para toda la elaborada doctrina del dogma de obediencia, que en ese momento alcanza su sazón. No cabe duda de que sin su experiencia docente —vale decir política— es muy probable que jamás hubiera accedido a una concepción doctrinariamente acabada de la libertad plenaria, y tampoco perfilado a su correlativo y denostado adversario.

En las matemáticas, lo que hay de dogmático es su pedagogía, pródiga en definiciones autoritarias. En este sistema, no se discuten las afirmaciones que la inspiran y la tarea consiste en el desarrollo lógico de aquella verdad [112]. Se estaría frente a la verdad revelada, concebida desde fuera de la razón individual, el *credo quia absurdum*, de Tertuliano, que Lugones en su campaña libertaria no cesará de recordar. La escuela, inspirada en tales principios, se transformaría en fuente de ciega obediencia, al imponer aquel sistema sus postulados mediante la fuerza, si bien mental, lo cual constituye un abuso despótico, inadmisible para el hombre libre [113]. Por eso, las matemáticas son antagónicas y excluyentes del método de las ciencias naturales. Lugones se apresura a darnos un ejemplo: "La suma de los tres ángulos de un triángulo es igual a dos ángulos rectos, afirma el euclidismo. Ello responde a una concepción determinada del espacio. Pero, viene otra y construye una geometría sobre la base de que la suma en cuestión es menor, y otro, hace la suposición recíproca. Aunque se afirme corrientemente que las matemáticas dan certidumbre absoluta, ello no es así. Lo que dan son conclusiones absolutamente exactas, aunque puedan no ser verdaderas" [114].

La libertad de pensar —la libertad, en fin— sólo será inducida mediante un plan de estudios basado en las ciencias naturales o, dicho en otras palabras, por el método experimental que las caracteriza, ya que nada le es más extraño que la coacción. Encontrar la verdad, demostrarla por el propio esfuerzo, es el sentido de aquel método y, a la postre, la operación más grata al espíritu. Lograrla, en consecuencia, es una conquista y una gratificación; recibirla impuesta, como lo pretenden los

[112] LUGONES, *Didáctica*, p. 263.
[113] LUGONES, "Quelques propos de géometrie élémentaire", *Revue Sud-Americaine*, Nº 4, 1914, pp. 31-32.
[114] LUGONES, *Didáctica*, p. 263.

autoritarios y los clericales, en cambio, una penosa y humillante sumisión [115]. Por eso, "las ciencias naturales educan sobre bases inquebrantables de experimentación, de raciocinio positivo, de verdad demostrada" [116]. ¡La duda!, de ahí la esencia del método científico y el atributo del hombre libre, como su acto de humildad siempre superior —para Lugones— al acatamiento del dogma, que, por el contrario, "es sólo la humildad del esclavo: *magister dixit*, lo dijo el maestro y basta" [117].

Escuela racionalista será aquella en la que predomine el método positivo, propio de las ciencias naturales, excluyente, "per se", del milagro y del dogma. Para mejor explicación, reproduzcamos las palabras de Lugones: "La verdad en toda ley, científica y moral, será una mera proposición, mientras la prueba no la transforme en un imperativo racional: que es decir, en una satisfacción susceptible todavía de ser ratificada [...] La verdad de la escuela democrática tiene que ser, pues, la verdad demostrada que, por lo mismo, no es absoluta jamás" [118]. De acuerdo con ello, las ciencias naturales, cuya experimentación y conclusiones son las que han causado la revolución filosófica y política, deben figurar como fundamento de la escuela moderna. "Son, pues, las más conformes al período democrático-industrial que atraviesa la civilización" [119], repetirá con lejano eco marxista. El método científico proporciona a todos los ciudadanos el mismo incontestable fundamento para raciocinar, o sea para formar con sus propios medios un sistema de pensar y proceder. No por la fuerza coactiva del dogma o de la autoridad, sino por aquel sistema de pensamiento que consiste en una serie de proposiciones cuya aceptación corresponde a cada espíritu, "siempre que le resulten racionalmente aceptables, es decir, por medio de la demostración y la experiencia. Por eso, la libertad humana es el principio, el método y el objeto de la enseñanza" [120]. Para Lugones, quien obedece a la fuerza será un servil; en cambio, aquel que obedezca a su razón ha de ser

115 LUGONES, *Didáctica*, pp. 97-98.
116 "Leopoldo Lugones", *El Diario Español*, marzo 8 de 1906.
117 LUGONES, *Didáctica*, p. 166.
118 "Universidad social", *La Nación*, abril 21 de 1916.
119 LUGONES, *Didáctica*, p. 163.
120 LUGONES, Leopoldo, "Defensa de la escuela laica", *La Nación*, agosto 6 de 1912.

un hombre libre [121], lo que encaja perfectamente con su feroz individualismo, adelantando una explicación a sus futuras mudanzas ideológicas, siempre tan criticadas. Ese fue su caso. Al aceptar como propio el sistema del conocimiento científico se asemejó a un organismo en formación que, para vivir, estaba condenado a cambiar inexorablemente. Esta es la razón por la cual su vida, repleta de mutaciones, resulta éticamente valiosa, pues enseña que la corrección de errores puede ser tan valiosa como el no cometerlos, y que tentar lo desconocido e incierto es preferible, siempre, al culto de lo viejo y garantizado. Por lo menos, así, se vive en permanente lucha consigo mismo, sin paz, pero no en la sebosa aquiescencia de los dogmas calmos y consentidos.

Por fin, la conferencia pedagógica se realizó con gran éxito. Luego de la defensa apasionada de las matemáticas como fundamento para el plan de estudios —el caso de Eduardo Laferrere, Luis Victoria— [122], la asamblea, en oposición, escogió a las ciencias físicas, a las que, desde entonces, debieron adaptarse los programas educativos de la Argentina [123].

Incursionará, también, en el debatido tema de la libertad de enseñanza. A su propuesta, reglamentóse, por primera vez, el control de la enseñanza primaria [124] y aquella intervención del gobierno produjo una enorme algarada clerical. En su defensa, Lugones arguyó que todo cuanto en ella se establece, relativo a la dotación escolar y condiciones del profesorado, "es mucho menos de lo que el Estado exige a sus propios institutos" [125]. La crítica de la secta tuvo causa de sano jolgorio al publicarse en el suplemento de La Nación, su "Himno a la luna" [126], y las audacias del poeta sirvieron para denigrar al funcionario. El Pueblo, órgano del catolicismo local, fue portavoz de la campaña. A veces, la broma consistía en transcribir varios de los versos del revolucionario poema, que el pendolista hallaba con-

---

[121] Lugones, Didáctica, p. 305.
[122] "La conferencia pedagógica", La Nación, 14 y 15 de febrero de 1905, y La Prensa, noviembre 25 de 1905.
[123] Memoria del Ministerio de Justicia e Instrucción Pública, Talleres Gráficos de la Penitenciaría Nacional, Buenos Aires, 1906, t. II, p. 41.
[124] Decreto del 3 de noviembre de 1904, Boletín Oficial, noviembre 5 de 1904.
[125] Lugones, Didáctica, p. 204.
[126] La Nación, marzo 29 de 1904.

trarios al "sentido común", o necesarios "para la diversión del lector" [127]. Otras veces, siempre sobre idéntico tema, se remeda la original construcción y rimas [128] cuando no se lo ataca, versificadamente, sirviéndose de su polémico "Himno" [129].

La seguridad del Inspector General los irritaba aun más. *El Pueblo* tenía sus oficinas en la calle Santa Fe y como Lugones, obligadamente, pasaba por el lugar, se detenía frente a las pizarras, donde colocaban las páginas del periódico; imperturbable leía su propio vituperio, ante la vista de los redactores [130]. Por su función, recibía diariamente a un buen número de sacerdotes, quienes generalmente solían excederse con alegatos, permaneciendo horas en las oficinas. Eduardo Holmberg, testigo presencial, encaróse con Lugones por su paciencia, ante lo cual éste optó por cansagrarla como una de las mejores armas, rescatando la exclusividad eclesiástica, como prueba indubitable de su eficacia [131].

Visto así, el paso de Lugones por la Inspección General de Enseñanza debió de ejercer decisiva influencia en su pensamiento. No fue un simple abrevadero donde satisfacer urgencias económicas, sino algo más: su primera y postrer experiencia política, entendiendo a esta última en un sentido superior. Gracias a sus desvelos por un método acertado de pensamiento le fue posible prefigurar, como verdadera tiranía del espíritu a cualquier imposición dogmática, a las que, desde entonces, atacará fóbicamente. Pero sus preocupaciones educativas lo ayudaron, también, a delinear otro de sus paradigmas políticos. Bastaríale, para ello, con extender a todos los aspectos de la conducta, incluso los políticos, la reconocida aptitud del hombre para arribar por sí mismo a la verdad. Y, de ahora en adelante, sus libros y artículos reiterarán además del dogma de obediencia —negativo y despótico— la fórmula ideal del autogobierno, estrella polar de su exacerbado individualismo.

[127] "Inspeccionemos al Inspector General, o sea el cantor de la luna. En defensa o apología de los sublimes versos de Lugones", *El Pueblo*, noviembre de 1904.
[128] "Defendiendo al cantor de la luna. Al inmortal Lugones", *El Pueblo*, noviembre de 1904.
[129] "La luna y su cantor", *El Pueblo*, noviembre de 1904.
[130] "Leopoldo Lugones en anécdotas", *Atlántida*, diciembre 19 de 1918.
[131] *Ibid.*

CAPÍTULO IV

1904-1911

"y toda la inmensidad tiene por centro el punto oscuro de la última isla" [1].

En 1904 Lugones vivía en un departamento, de estilo francés, de la calle Perú 1626, al que había arrimado el flamante servicio telefónico recién instalado en Buenos Aires. Gálvez, que precisamente no lo quería, lo describe así: "Cuando lo conocí [...] producía la impresión de una personalidad poderosa. Los ademanes, no distinguidos, eran viriles; la palabra siempre rotunda, sonora, vibrante, enérgica y a veces exageradamente áspera; el incesante agitar del pie y el roerse las uñas con exasperación, signos de una nerviosidad contenida; los movimientos bruscos y los estallidos verbales; todo en él revelaba una fuerza extraordinaria, tanto física como nerviosa o mental. Parecía estar pronto a saltar como fiera sobre quien lo provocase. No se descubría en él ternura ni dulzura, ni el menor sentimentalismo, pero sabía halagar con bellas palabras. De quien lo había herido de algún modo decía cosas atroces. No le gustaba que lo elogiasen verbalmente, ni toleraba la menor adulación. Era muy viril. Era todo un hombre. En los artistas hay algo, por poco que sea, de femenino: en él, nada de eso. Y era un gran criollo, como ya casi no quedan. Amaba al país violentamente y conocía a fondo nuestras cosas. Tenía algo de 'bárbaro', no en mal sentido, y de primitivo y aun de gaucho. Era también muy provinciano, hasta el punto de que en cuarenta años de Buenos Aires no perdió del todo el dejo de su tonada nativa. Atraía enormemente. Casi diría que fascinaba [...] Declaro no haber conocido

1 LUGONES, Leopoldo, *Lunario sentimental*, Moen, Buenos Aires, 1906, p. 138.

en toda mi vida otro hombre que me diera tanta sensación de fuerza y talento"[2].

Poco después, aquel nómade urbano pasaría de los confines sureños de la ciudad hacia el barrio norte, al mudarse —él, doctorado en "el arte de la mudanza"— a los altos de Santa Fe 2139, casi esquina Junín. En verdad, cosa bastante común en los Lugones, era ésta la segunda ocasión que habitaban la misma casa, pues ya había estado allí el año anterior y desde sus balcones, junto a Polo, vieron pasar coches de punto cargados de vigilantes, fusil en mano, encolumnados hacia Palermo, a tomar posiciones contra los insurgentes radicales de la revolución de 1905[3].

Siempre según el autor de Nacha Regules, Lugones acostumbraba organizar tertulias todos los sábados en su casa; Gálvez tocó, alguna vez, tangos en el piano, "que no estaban de moda y comenzaban a despertar curiosidad". No obstante, confiesa: "Aquel tipo de reuniones no me gustaba mucho, porque las frecuentaba un señor Oviedo, que no decía una palabra en serio y que en tres o cuatro ocasiones me hizo objeto de sus burlas de titeador profesional". Parece que Lugones festejaba ruidosamente las gracias de Oviedo[4].

Viaja, en julio de 1905, a Corrientes, donde es recibido con todo honor. Horacio Quiroga, que lo acompaña, informa: "Anduvimos doce días con Lugones en danza continua"[5]. El Centro Intelectual de la ciudad lo invita a pronunciar una conferencia en el Club del Progreso. Aprovecha la ocasional tribuna para refutar los consabidos reproches por su abandono del socialismo y el ingreso a las filas del partido roquista. La disertación es, en realidad, un canto más al individualismo y al método y filosofía de la ciencia, único justificativo —según sus palabras— de tantas variaciones. Un espíritu avisado, como el suyo, no podía dejar de prefigurar los riesgos de un ambiente adicto a la media verdad, refinada forma de la perfidia, en cuanto intentara el ejercicio público de la franqueza. Por eso, contem-

[2] GÁLVEZ, Manuel, Amigos y maestros de mi juventud, Guillermo Kraft, Buenos Aires, 1944, p. 244.
[3] LUGONES (h.), Mi padre, p. 124.
[4] GÁLVEZ, Amigos y maestros, p. 223; LUGONES (h.), Mi padre, p. 204.
[5] Cartas inéditas de Horacio Quiroga, Instituto Nacional de Investigaciones, Montevideo, 1959, t. II, p. 102.

pla a esta última "como virtud antisocial y tiránica, que el pueblo aborrece"[6]. Se equivocaba Lugones, sin embargo, al parcializar la patológica resistencia de los argentinos ante cualquier actitud veraz y sincera. Pronto iba a advertir que la hipocresía era decisivo componente del ser nacional, y que sus desafiantes ademanes sufrirían enconado castigo por todos los sectores y estamentos. Veamos cómo explica las razones de sus cambios: "Volvía yo de una larga exploración mental, empolvado de historia y empinado de filosofía. Había buscado en las religiones, en la ciencia, en el arte mismo, una palabra definitiva, un criterio de razón absoluta con que detener la instabilidad eterna de mi horizonte. Y las ideas, las cosas, todos los elementos de mi experiencia me gritaban a porfía la palabra torturadora del judío maldito: ¡Anda!"[7].

Aunque de manera retórica, no hace sino insistir en las bondades de la metodología científica como sistema cognoscitivo idóneo para arribar a la verdad, la que junto a la belleza le parece la meta de todo intelectual. Quien practique aquel procedimiento —y ése era su caso— no hallará paz fuera del disenso, porque un conocimiento verdadero obliga permanentemente a negar y criticar hipótesis, incluso las de aspecto definitivo. Algo parece cierto y es que la adopción, en Lugones, del método científico fue determinante, como que lo empujó al infatigable desarrollo de sus pensamientos, a una suerte de horror ante la seguridad intelectual[8]. Además, la reforma de cualquier postulado, ante la prueba de falsedad, ha de arrastrarlo a sucesivas reformas en desesperada búsqueda de ideas lógicamente conectadas entre sí. La devoción por las proposiciones científicas lo llevará, asimismo, de esa voluntad sistematizadora a otra de las características relevantes de su obra: explicar los hechos en términos de leyes o principios y abusar también del vaticinio.

Por eso glosará en la conferencia su predilección por el orden científico, al expresar: "No había tregua; era necesario marchar, marchar eternamente en un cambio de perspectivas. Sólo la ignorancia es inmóvil, y sólo la esfinge de las arenas

6 LUGONES, *Conferencia (Corrientes, julio de 1905)*, J. Maggiolo, Buenos Aires, 1906, p. 7.
7 *Ibid.*
8 LUGONES, Leopoldo, *Historia de Sarmiento*, Otero y Cía., Buenos Aires, 1911, p. 164.

tiene por los siglos de los siglos, la mirada fija en el mismo punto del firmamento [...]" [9], para, acto seguido, aludir al inevitable y folklórico castigo: "Pero yo no podía ya ignorar, puesto que había comenzado a aprender. Entonces, como un pájaro en muda, los otros del enjambre me desconocieron [...] Tenían razón por su parte, pues el anhelo de estabilidad no acepta sino las proposiciones infalibles: me desconocieron y me condenaron" [10].

Fiel seguidor de la filosofía científica, descontaba que todo saber es problemático, que el conocimiento es erróneo —si bien perfectible— y que una acabada estructura formal aun puede reagruparse de manera más coherente y racional. Para ello, Lugones comprendía que era necesario dejar de lado toda soberbia. Al explicar la causa de sus cambios dice: "Lo que yo había cometido, era, sin embargo, un acto de humildad. Reconociéndome ignorante, quise aprender y cuando aprendí, rectifiqué con el conocimiento adquirido mis criterios anteriores; seguí aprendiendo, probablemente para rectificar mañana" [11]. ¡Qué consciente era Lugones de sus mutaciones! Pero también lo era de las dificultades de la empresa y de los enemigos que, por su osadía, iban a enfrentarlo. Oigámoslo advertir: "No aprendáis nada, absolutamente nada, si aspiráis a la estabilidad; pues aprender es cambiar constantemente de posición respecto a las ideas, respecto de vosotros mismos, respecto de la vida. Esto constituye, quizá, la parte más dolorosa del sacrificio al que os invito" [12]. Y esa fue, también, la suerte que se reservaba con su valiente elección.

Fue el año 1905 de actividad intensísima para Lugones. No sólo por su desempeño en la Inspección General, donde "trabajó hasta el suicidio" [13], sino por su infatigable labor literaria. Fue el año de *Los crepúsculos del jardín*, verdadero florilegio de poemas aparecidos en diarios y revistas —argentinas y uruguayas— a partir de 1897. Sin embargo, al momento de su edición, Lugones incursionaba por otras vías estilísticas, de las que dieron adecuada idea "El himno a la luna" y "Los burritos", publicadas en esa época, además de aquellas otras que compon-

9 LUGONES, *Conferencia*, p. 7.
10 *Ibid.*
11 *Ibid.*
12 *Ibid.*, pp. 7-8.
13 JORDÁN, "Leopoldo Lugones Inspector General", *Nosotros*, p. 287.

drían el futuro *Lunario sentimental*. En cambio, en el pequeño volumen hace gala de un estilo primoroso —a pesar de no ser ya el suyo—, prolijo en sonoridades y ritmos, en el que predomina una vaguedad sugerente de la musicalidad propia de todo lector [14]. A diferencia de *Las montañas del oro*, no se advierten implicaciones sociales; por el contrario, una natural tendencia aristocratizante lo lleva a trabajar, como orfebre, asuntos refinados cuando no decadentes. Es que a Lugones, sin duda, gustábale escribir para unos pocos. El "Prefacio", por ejemplo, es claro anuncio de pose antiburguesa, reiterada expresión del tema que lo obsede por ese período: el contrapunto entre la importancia de la poesía y la riqueza, de la que rebosa el país:

"Lector, este ramillete
que mi candor te destina,
con permiso de tu usina
y perdón de tu bufete" [15].

Prueba de la compleja actitud de Lugones ante el amor, *Los crepúsculos del jardín* constituyen un muestrario de literatura erótica. Algunas de sus composiciones, tales como "Venus Victa", "El éxtasis", "Oceánida", "Delectación morosa" —en verdad, antológicas—, son acabado modelo del amor sexual, expresado a través de un lirismo felizmente logrado. Cabe anotar este dato curioso: aquellas poesías oponen al nítido perfil femenino, el del hombre en actitud de iniciador, de educador y son representativas, quizá, del estado anímico de su autor.

Fue también el año de *La guerra gaucha*. Aunque trabajaba sus originales desde tiempo atrás, sometiéndolos a correcciones y enmiendas, parece que el plan mismo de la obra sufrió profundos cambios. Basta comparar el texto final de uno de los episodios, "Estreno", con el publicado en *La Biblioteca*, de Paul Groussac, en 1898, para advertir que si el texto definitivo ganó en concisión, en cambio, perdía espontaneidad y llaneza. Lugones, que inicialmente había intentado abordar sólo una serie de relatos de corte épico, prefirió más tarde utilizar la prosa

[14] Lugones, "La reacción del frac verde", *La Nación*, febrero 25 de 1912.
[15] Lugones, *Los crepúsculos del jardín*, Arnoldo Moen, Buenos Aires, 1905, p. 5.

cómo atrevido experimento de renovación idiomática y transformarlo, así, en el destino principal de la obra.

Sin duda, *La guerra gaucha* es otro gran intento de Lugones para enriquecer nuestra habla, esta vez mediante el artificio neológico y del uso de arcaísmos elaborados —o rescatados— con el interés y la paciencia del lexicólogo. Se ha sostenido que Lugones pretendió con *La guerra gaucha* —según sus amigos, a ninguno de sus trabajos le atribuyó tanta importancia— [16], crear un lenguaje especial, fuera de los socorridos cauces de un español tutelado por la Academia [17]. En efecto, separada de su ideal modernista y de la especial función que Lugones atribuía al idioma y al escritor, *La guerra gaucha* resultará incomprensible, tornándose en un libro abstruso, no sólo para la masa, sino también para hombres medianamente ilustrados. En tal sentido, las torpezas de un Gálvez son claro ejemplo de esa ofuscación [18]. Al pensar en la trascendencia de ensayos semejantes, como el caso de *Ulises* de James Joyce en la literatura inglesa, se advertirá el mezquino lugar reservado a esta tentativa en el ámbito hispanoamericano.

La guerra gaucha es consecuencia directa del modernismo, aquel movimiento libertador encabezado laboriosamente por Lugones. El medio escogido fue la palabra, no la poesía. Lugones, como argentino, no quería seguir hablando y escribiendo tal cual ordenaba España, ya que "solamente para el idioma, que es la más noble función humana —arguyó alguna vez— no había existido emancipación" [19]. Para el intento, coherentemente, recurrió a Quevedo, a su juicio "el más grande estilista español" [20], innovador —como él— del lenguaje, cuya grandeza fue también verbal. Así procuró renovar el estilo, recreando para ello la riqueza sintáctica del ilustre autor marginado por un castellano empobrecido con la reiteración. Jorge Luis Borges —otro copista del autor de *El buscón*— ha remarcado que "para gustar de Quevedo hay que ser hombre de letras y que, inver-

---

[16] ECHAGÜE, Juan Pablo, "Sobre 'La guerra gaucha'", *La Nación*, noviembre 27 de 1905.

[17] GHIANO, *Análisis de "La guerra gaucha"*, p. 18.

[18] GÁLVEZ, *Amigos y maestros*, p. 209.

[19] LUGONES, "Discurso en homenaje a Rubén Darío", en *Antología de la prosa*, p. 326.

[20] LUGONES, *El imperio jesuítico*, p. 59.

samente, a nadie que tenga vocación literaria puede no gustarle" [21]. Por eso, *La guerra gaucha* está dirigida a los escritores, a muy pocos de ellos, únicos capaces de comprender y gustar su intento. Lugones jamás pensó que fuera un libro popular y las inextricables páginas prueban, por otra parte, su carácter iniciático.

Retornemos al proyecto de renovar el idioma, su valor esencial, expuesto no sólo en la concepción sintáctica, sino en los aditamentos sugerentes que el autor otorga a los vocablos. En *La guerra gaucha* es común que, además de las funciones propias, verbos y sustantivos adjetiven y describan. Igual ocurre con las voces, arcaicas, argentinas y americanas, y con los infinitos neologismos, exactos y justos, al servicio de imágenes perfiladas hasta lo sensorial. Capítulo aparte merece el uso del diminutivo. Juan Carlos Ghiano apunta, sagazmente, que Lugones quiso mostrarse señor del idioma, como cualquiera de los grandes hablistas españoles, presentes y pasados [22]. Aquel designio no dejaba de ostentar enorme utilidad, como el trigo y la carne que el país producía, porque, para él, la palabra era un distintivo de superioridad entre los seres y poseer un idioma bien organizado era cosa harto importante, signo de la más alta civilización [23].

La necesaria hispanofobia lugoniana se expresa tanto en la forma como en el tema elegido, lo cual no es casualidad, pues, se sabe, el azar es extraño en la obra del artista. Si los gauchos —que Lugones conocía tan bien— pelearon por el dominio de su tierra y para liberarse de la sujeción goda, otro tanto debía hacer el escritor con su lengua la que quiso libre de ataduras y dictados.

Curioso destino el de este libro, tan oscuro e inaccesible. Mucho después lo premiarían el éxito y la popularidad, coincidentes con el apogeo nacionalista (lo certifican las once ediciones posteriores a 1946) y la difusión cinematográfica, basada en aspectos fragmentarios y epidérmicos del texto. Es cierto que *La guerra gaucha*, al renovar el ambiente de las cosas criollas, recordó que en lo nacional yacía una fuerza relegada.

---

[21] Borges, Jorge Luis, *Otras inquisiciones*, Sur, Buenos Aires, 1952, p. 47.
[22] Ghiano, *Análisis de "La guerra gaucha"*, p. 46.
[23] Lugones, *Discurso en homenaje a Rubén Darío*, p. 327.

Abrió el camino que una larga nómina de escritores transitaría, enriqueciendo estéticamente el color local, aunque luego un culto al gauchaje de utilería iba a degradar el género. Sobre el nacionalismo de *La guerra gaucha* —citado con interés partidario— conviene recordar que si bien Lugones había renovado al internacionalismo inicial, lo enriqueció con un patriotismo basado en el máximum de libertad y justicia, lejos de un nacionalismo que buscara el predominio del país a costa de aquellos dos valores que se le antojaban constitutivos del concepto de patria. Ni remotamente participaba de un patriotismo irracional, suerte de militarismo con otro nombre y que, a su juicio, retrotraería a los peores excesos del derecho divino [24]. Tales las ideas de Lugones acerca de la patria al editar *La guerra gaucha*.

Lugones atravesaba un momento de excepcional seguridad intelectual y económica. Afectivamente ocurríale otro tanto. Sus relaciones con Vanna continuaban estables y Polito —tenía siete años— sumaba a su infantil docilidad un halagador acatamiento a la docencia paterna. Como culminación de aquel sereno horizonte, vióse gratificado con un viaje a Europa. Tan feliz suceso se debió, otra vez, a la benevolencia del ministro González, empeñado en facilitarle un progresivo ascenso en los honores del roquismo. Teniendo en cuenta su cargo de Inspector General de Enseñanza, el pretexto fue una misión oficial de estudio.

Se trataba de conocer, en su lugar, todas las normas docentes y técnicas relativas al "slöyd" [25], suerte de trabajos de carpintería, ebanistería, modelado y tonelería, difundidísimo en las escuelas suecas. El "slöyd" considera a los trabajos manuales como un instrumento de cultura general y responde al principio de educar por la acción [26].

Antes de partir, entrevistado por *El Diario Español*, aludió al sentido de su viaje: "Trátase de ver como es posible ir mejorando las instituciones docentes, que preparan a la nación el porvenir intelectual; de adquirir medios para efectuarlo; de apreciar, con sentido crítico, las instituciones ajenas" [27]. Sus viejos

[24] LUGONES, *Didáctica*, pp. X y 381-382; *Sarmiento*, segunda edición, p. 178.
[25] CAPDEVILA, *Lugones*, p. 209, y LUGONES (h.), *Mi padre*, p. 133.
[26] VALLS, Vicente, *Metodología de las actividades manuales*, Losada Buenos Aires, 1959, pp. 94-96.
[27] *El Diario Español*, marzo 8 de 1906.

conocidos, los socialistas —que no lo olvidaban— se ocuparon también del homenaje, que en ocasión de la partida le obsequiaron los nuevos amigos. Ensañáronse con su brindis, gentil retribución al ofrecimiento, para el que reclamaron "le pusiera música cualquier compositor de zarzuelas". La injuria concluía con ésta frase, reveladora de un apenas disimulado despecho: "El brindis fue coreado entusiastamente por una comparsa de oradores civiles, a quienes encabezaba el diputado roquista de Vedia, ilustre padrino del nene" [28].

Si bien su ulterior destino sería la Escandinavia, embarcóse, con su familia, en marzo de 1906, en el *Cap Frío*, transatlántico de la Hamburgo-Sudamericana [29], rumbo al puerto de Boulogne sur Mer. Se trasladaron, de inmediato, a París, donde se alojaron en el *Hotel de Calais*, ubicado en la rue des Capucines 6, a pocos metros de la columna de la Place Vendôme, fundida con los cañones capturados en Austerlitz. El establecimiento era moderno, de primera categoría y anunciaba ostentosamente "Bains et eau chaude dans toutes les chambres". Lo primero, una vez instalado, fue abalanzarse sobre los museos, impulsado por el desmedido afán de conocerlo todo, típico en Lugones, sumado al placer de servir como solícito guía a Juanita y al hijo bienamado. Muestra de ese trabajo cultural constante y fundamento de una erudición siempre tomada a la ligera por los críticos, fue su inmediata concurrencia a la especializada exposición de miniaturas en la Biblioteca Nacional —"la más completa que a mi entender haya memoria" [30]— donde lucían los famosos maestros del género.

¡Qué alegría la de Lugones! Podía, ahora, conversar sin urgencias con el entrañable Darío y, además, cumplir juntos con el debido homenaje al:

"...padre Hugo:
porque de sus enormes viñas extraigo el jugo
con que restauro, a veces, mis vigores exhaustos" [31].

[28] "Literatura alcohólica. Lugones satisfecho", *Le Vanguardia*, marzo 9 de 1906, p. 1, col. 4.

[29] LUGONES (h.), *Mi padre*, p. 133.

[30] LUGONES, Leopoldo, "Conversando sobre miniaturas y la obra de Aarón Bilis", *La Nación*, setiembre 13 de 1925.

[31] LUGONES, "A Rubén Darío", *Athenas*, enero 8 de 1903, año I, Nº 1, p. 6.

Ambos concurrieron en emocionada peregrinación a su casa, verdadero museo de la vida y obra del escritor, habilitado allá, en la impar Place des Vosges [32]. En otra oportunidad, reclamará el amable comercio con el amigo, y de esa forma sobrellevar el domingo, "día de queda", pues "su abominable populachería lo hace ingozable" [33]. Siempre por el cómodo sistema de la "carte pneumatique", lo invita también el día de su cumpleaños —13 de junio— "para beber juntos una copa de champagne". "No diga que no", le suplica, pues el convite ha de ser una despedida ya que, al día siguiente, partirá, con toda la familia, "para el polo" [34].

No era un exceso retórico. En ese viaje hay un oscuro designio que el extravagante encargo oficial parece confirmar. Lugones debía arribar a un remoto lugar del septentrión y la única manera de acercarlo fue enviándolo a estudiar cierto aspecto de la enseñanza, pero en esos parajes. Esto explica la elección del "slöyd" y su consecuente arribo a Suecia. Allí estaba a corta distancia de ese algo, que era justamente lo buscado. Capdevila, que frecuentó mucho a Lugones, tiene a ese periplo ártico "por misteriosísimo" [35]. En realidad, que un argentino, por talentoso y original que fuera, viaje a esas comarcas, en vez de distraerse en los remanidos —y por otra parte indispensables— circuitos turísticos, es harto llamativo. Máxime, cuando de esa experiencia no quedarán rastros en su obra. El relato de la circunnavegación emprendida parece demostrarlo: de París, luego de pasar por Amberes, Copenhague y Hamburgo, llega a Estocolmo [36]. Allí, en breves días, agota todo lo atinente al pretextado trabajo manual en los Nääs Slöylarare Seminarium y, en vez de retornar a las confortables ciudades del continente, se traslada hacia el norte, en frágil vaporcito, a Lulea, a mil kilómetros de la capital sueca. ¿Por qué Lugones ha de llegar hasta esas latitudes? De Lulea, esta vez por tren, cruzando toda la península escan-

[32] "L. Lugones a Rubén Darío", *Archivo Rubén Darío*, Seminario, Documento 77, Ministerio de Educación Nacional, España, abril 9 de 1906.
[33] "L. Lugones a Rubén Darío", *Archivo Rubén Darío*, Seminario, Documento 65, Ministerio de Educación Nacional, España, abril 7 de 1906.
[34] "L. Lugones a Rubén Darío", *Archivo Rubén Darío*, Seminario, Documento 81, Ministerio de Educación Nacional, España, junio 12 de 1906.
[35] CAPDEVILA, *Lugones*, p. 215.
[36] LUGONES (h.), *Mi padre*, pp. 144-145.

dinava, marcha hacia Narvik, previo trasbordo en la estación de Gallivara.

Aquí el relato se complica y ahonda. Del pequeño puerto recién fundado, a bordo de los barcos de la Bergen-Nordenfjeld, que hacen el servicio, busca en una de las empinadas islas Lofoten —la Östvaagö— el miserable villorio noruego de Svolvaer, donde no hay más que renos y focas. Sin embargo, entre el promontorio de Laffotode y la isla Mosken, hierve el torbellino de Maelström, inmortalizado por Egard Allan Poe y Longfellow. Se alojan en el Hotel Lofoten, al precio de dos coronas por persona. Lugones no deja de visitar el atelier —ya era museo— del pintor Gunnar Berg, que residió largos años en las islas. Tuvo oportunidad de presenciar también el arribo de los lapones, que vendían cueros y rústicos utensilios y que a Juanita le parecían "indios blancos"[37]. ¿Curiosidad turística? ¿Interés educacional? Algo más íntimo debió justificar tamaño esfuerzo. Su hijo ha relatado las dificultades idiomáticas de la travesía, no sin antes subrayar, con orgullo, que fue "la primera familia de estas tierras que pisó las del archipiélago del Océano Artico"[38].

Poco sabemos de las razones del sigiloso itinerario. Caben, pues, mínimas conjeturas. Capdevila, que ha señalado las férvidas inclinaciones esotéricas de Lugones, se preguntó los motivos de tan sorprendente presencia: "¿De qué se despoja allí su espíritu o de qué se apodera? Esta es, me parece, la cuestión"[39]. En realidad, con su inquietud deja entrever algún rastro. Lugones creía firmemente en los postulados teosóficos, que tienen la reencarnación por uno de sus principios inconmovibles. No sería, pues, aventurado imaginar que viajara al "infierno boreal de la Escandinavia", "al suplicio del mármol", de los panoramas helados, convencido de que alguna vez había estado allí. Tampoco puede desecharse que ese peregrinaje a "la última Tule", tuviera por fin una ceremonia iniciática, "despertar al hombre celeste dormido en el hombre terrestre", o sea la equivalencia a un nuevo nacimiento[40]. Y es probable que eso haya tenido que ver con el sol. Cerca de Svolvaer, está el Blaafind, un

[37] CAPDEVILA, *Lugones*, p. 216.
[38] LUGONES (h.), *Mi padre*, p. 147.
[39] CAPDEVILA, *Lugones*, pp. 215-216.
[40] LUGONES, *Prometeo*, p. 99.

pequeño cerro del que se divisa, en magnífica vista, el sol de medianoche, en "días de oro suave, que no tienen fin ni comienzo"[41], y que, justamente, coincidieron con la época de la visita. Luego, el descenso desde Laponia —el viejo país de Labmé— rumbo al sur donde "muere como un tigre el sol eterno"[42], hasta por fin arribar a Francia. Allí los Lugones se hartarán de panecillos de harina blanca, fastidiados del pan de centeno que comen los hombres del frío[43].

Días después de embarcarse Lugones rumbo a Europa —el 13 de marzo— moría Quintana sucediéndole José Figueroa Alcorta. El 15 se produjo la reorganización total del gabinete, reemplazándose, en la cartera de instrucción pública, a Joaquín V. González por Federico Pinedo. Se iniciaba un proceso de profundas consecuencias en la política nacional; tratábase de la prolija liquidación de la estructura pacientemente erigida por Roca. El nuevo presidente se transformaría en un enconado perseguidor de los roquistas en el gobierno. Para Lugones el acontecimiento tendría inmediatas consecuencias: la desaparición de su amigo y protector González y los inmediatos ataques por parte de los nuevos dueños de la situación. Recién arribado a París, Lugones recibió de Juan Manuel Jordán, su colaborador en la Inspección General, una carta que lo puso al corriente del furor con que lo agredían los elementos pellegrinistas, flamantes aliados de Figueroa Alcorta. No le perdonaban aquello de "Pentapolín, el del arremangado brazo". Pero había algo más sórdido. *El País*, diario de Pellegrini, había iniciado una campaña de desprestigio en su contra. Lo acusaba de no haber dado cumplimiento a las normas reguladoras de toda licitación, relativas a cierta compra de pupitres[44]. En realidad, el ministro González el año anterior había autorizado al Inspector General la compra directa de 3.000 pupitres, de procedencia norteamericana, con destino a los establecimientos recientemente creados por el Congreso. Dada la urgencia en adquirirlos, se había recurrido a dicho procedimiento y no al más lento de la licitación, reconociéndose una prima compensatoria por la pre-

[41] LUGONES, *Lunario sentimental*, p. 137.
[42] *Ibid.*, p. 138.
[43] LUGONES (h.), *Mi padre*, p. 150.
[44] "La cuestión de los pupitres. Detalles olvidados", *El País*, abril 24 de 1906, y "Pupitres para escuelas", *El País*, mayo 28 de 1906.

mura en la entrega. El gobierno —siempre bajo la presidencia de Figueroa Alcorta— luego de reexaminar el asunto, obtuvo, en nueva negociación, una rebaja de los importadores, aprobando la compra[45]. Pero, lo cierto es que la entrega acabó por formalizarse ya muy avanzado el año lectivo[46].

Su indignación fue enorme: amenazó con acusar criminalmente, a su regreso, a los detractores y pedir la instrucción de un sumario. En arranque de comprensible arrogancia, escribe al siempre fiel Jordán: "Vea lo que haya y arregle sobre la base que doy satisfacciones a ojos cerrados, aún teniendo la conciencia de no haber delinquido"[47]. Pero realmente inquieto, aprovecha la estadía de Roca, a quien visita, exponiéndole su problema y solicitando consejo. Otro tanto hace con Ernesto Bosch, ministro argentino en Francia, recién llegado de Buenos Aires y portador de las últimas noticias[48].

Pero no todos eran momentos de abatimiento. Alguna vez, acompañado por su hijo, encontró a Roca cerca del Arco de la Estrella. Iba a mostrarle a Polo, entre la gloriosa lista de guerreros que conserva grabada el monumento en su parte interior, el nombre del general Miranda, único americano de aquella homérica nomenclatura. Al saberlo, el ilustre interlocutor quiso, también, recibir la inesperada lección: "fortuna singular —reflexionaría Lugones más tarde— al ser aquello lo único que podía yo enseñarle a Roca"[49].

Los dos concurrían también a ver maniobrar a la policía parisina, dirigida por el célebre Lepine, cuando menudeaban las concentraciones obreras en la Place de la République. En otra ocasión, junto con Darío visitará, en Cours la Reine, el famoso salón de los independientes, para reírse de los inéditos pintores cubistas, "esa trapería desastrada, que aun para far-

[45] *Boletín Oficial*, Nº 3.771, mayo 29 de 1906.

[46] Art. 3º del decreto del 28 de mayo de 1906, en *Boletín Oficial* ya citado.

[47] CAPDEVILA, *Lugones*, pp. 213-215.

[48] "L. Lugones a Rubén Darío", *Archivo Rubén Darío*, Seminario Documento 101, Ministerio de Educación Nacional, España, octubre 11 de 1906.

[49] LUGONES, "Roca. Un rasgo autobiográfico", *Fray Mocho*, octubre 22 de 1915.

sa de bohemias era excesiva" [50]. También demuestra a Manuel Gálvez [51] la superioridad de nuestras modistillas respecto de las infaltables "midinettes" —sueño de todo literatoide y tenorio argentino en París— las que se bañarían, por término medio, dos veces al año, según un informe oficial preparado por el gobierno francés y citado, en la ocasión, por el argentinísimo Lugones. No se olvide que debió documentarse para colaborar en el Código de Trabajo; de allí su conocimiento sobre las obreras francesas, "que aparecen muy peripuestas y apetitosas para los galanes, que ignoran la deplorable actitud" [52].

Tiene tiempo para visitar Rouen, la ciudad de Francia más rica en monumentos medievales [53]. Le interesa todo: la catedral magnífica, de estilo gótico florido; la iglesia de Saint-Maelou, con su pórtico de cinco arcadas; la calle del Gran Reloj y por último, el lugar en que los ingleses quemaron a la desdichada Juana, cerca de la Place du Vieux-Marché, donde hoy está edificado el Théâtre Français. Lugones recorre los sitios y calles con frenético interés, hasta llegar a la casa de Corneille, en la calle de su nombre, y al Museo de la Secq de Tournelles, en la antigua iglesia de San Lorenzo. Vueltos a París, Vanna tiene prontas las hojas para un poema que Darío ha prometido dedicarle y que será aquel —en realidad, larga pieza autobiográfica— que comienza así:

"Madame Lugones, j'ai commencé ces vers,
en ecoutant la voix d'un carillon d'Anvers.
Así empecé, en francés, pensando en Rodenbach..." [54]

A fines de noviembre de 1906, se embarca en el *Cap Ortegal*, rumbo a Buenos Aires. Apenas llegado se apresura a conocer los detalles que rodearon al desagradable episodio de la

[50] LUGONES, Leopoldo, "El triunfo de la antiestética", *La Nación*, noviembre 28 de 1911.

[51] GÁLVEZ, *Maestros y amigos de la juventud*, p. 197.

[52] LUGONES, Leopoldo, "Comparaciones instructivas", *La Nación*, octubre 15 de 1911.

[53] "L. Lugones a Rubén Darío", *Archivo de Rubén Darío*, Seminario, Documento 113, Ministerio de Educación Nacional, España, octubre 6 de 1906.

[54] DARÍO, Rubén, "Epístola a la señora de Leopoldo Lugones" *Los Lunes*, Madrid, 1907, y *Repertorio Americano*, mayo 20 de 1921.

compra de los pupitres [55]. Lugones conservaba una vieja amistad con Figueroa Alcorta, comprovinciano y alumno, como él, del Monserrat. Ambos habían participado en la campaña electoral de Quintana llegando incluso a hablar juntos en varios actos. Ese conocimiento le permite solicitarle una audiencia en la que "se trata de orillar la cuestión". Según Jordán —confidente de Lugones en todo este problema— quedó convenido en la entrevista que se lo designaría, interinamente, Rector del Colegio Nacional de La Plata, si bien con retención de su cargo de Inspector General. De esa manera, aunque de hecho se lo alejaba al asignársele otras funciones, no dejaba el empleo por el cual había sido duramente atacado. El propio gobierno concluía así el enojoso suceso.

"Una tarde —continúa relatando Jordán— entró Lugones de rondón en mi oficina y me dice: '¡Vea lo que me ha hecho este...!' (Aquí una palabra brava)". Por decreto del Poder Ejecutivo, se lo nombró Rector y profesor, "en efectividad" del Colegio Nacional de La Plata, confirmándose como Inspector General a Santiago H. Fitz Simón, quien lo cubría desde la ausencia de Lugones [56]. Lo tomó como una afrenta y se encolerizó enormemente. "Déme un papel" le pidió a Jordán y escribió: "A S. E. el Señor Presidente. No habiendo V. E. cumplido la promesa verbal que formalmente me hiciera, al ofrecerme el Rectorado del Colegio Nacional, le presento mi renuncia indeclinable". De tal forma, epiloga un importante momento de la vida de Lugones. Habíase dedicado, con inusual vehemencia, a la obra de concretar un plan de estudios integral, convencido de la importancia de la educación en la identidad cultural y ética de su pueblo. Pocas veces exhibió tanto entusiasmo como en este fugaz paso por la función pública, su única experiencia política práctica, y será tanta la preferencia por el tema, que tres años después, con *Didáctica* —y no sin cierto regusto— desplegará sus conocimientos con el fin de exhibir la idoneidad para el cargo [57]. Martínez Estrada descubre, sutilmente que la muerte de Roca "marca su caída por un acan-

55 JORDÁN, "Leopoldo Lugones, visitador e inspector general", *Nosotros*, año III, vol. VII, mayo-julio de 1938, pp. 296-297.

56 *Boletín Oficial*, Nº 3.955, enero 14 de 1907, p. 200.

57 LUGONES, *Didáctica*, p. XI.

tilado. Más de veinte años tarda en destrozarse"... "sobreviviéndose en pleno vigor de su inteligencia"[58]. El juicio es exacto, salvo que debe anticiparse la fecha. Lo fatal para Lugones no fue la muerte física de Roca, sino el derrumbe de su preeminencia política y la forzosa deserción de la brigada que aquél comandaba. El episodio del alejamiento —mejor dicho, la expulsión del servicio público— es mera consecuencia de ese proceso convulsivo, y hay mucho de trágico en esta caída.

Lugones tomó la jugada del amigo de manera atroz. Conocido el nuevo empleo y el alejamiento como Inspector General, escribió de inmediato al ministro Pinedo: "Tanto al señor presidente como a V. E. había manifestado, de palabra y por escrito, que no aceptaría la dirección del Colegio Nacional, sino en comisión, y con el objeto de organizarlo en la nueva forma que va a dársele. Conocido el decreto por el cual, no obstante mi expresa negativa, se me nombra rector en propiedad, reitero simplemente mi declaración que no aceptaré dicho empleo, pero comprendiendo que esta maniobra tiene por objeto mi separación del puesto de Inspector General, habiéndosela preferido a la exoneración lisa y llana aconsejada por mí mismo desde el primer momento, pido a V. E., en uso de mi derecho, se sirva darme las razones que haya tenido para producir esa separación"[59]. La respuesta de sus enconados enemigos llegó al día siguiente. Se le aceptó la renuncia, sosteniéndose, como fundamento de la nueva medida, que bastaban los términos de la nota arriba transcripta, para justificar su traslado[60]. Inmediata réplica de Lugones, decidido a no callar: "Los términos de mi renuncia justificando mi nombramiento de Rector... Es más de lo que podía pedirse a la interesante prosa oficial"[61].

El oficialismo de Lugones, su "calculado" pase a las filas de la oligarquía duró poco[62]. Curioso caso el de este "mito burgués", maltratado y desconocido por astutos captores. ¿Cuál fue

[58] MARTÍNEZ ESTRADA, Ezequiel, *Leopoldo Lugones, retrato sin retocar*, Emecé, Buenos Aires, 1968, p. 121.

[59] LUGONES, Leopoldo, "Sobre un nombramiento", *El Diario*, enero 14 de 1907, p. 4, col. 4.

[60] *Boletín Oficial*, Nº 3.958, enero 17 de 1907, p. 266.

[61] LUGONES, Leopoldo, "Prosa oficial", *El Diario*, enero 16 de 1907, p. 4, col. 3.

[62] Ejemplo de crítica artera, véase NAVARRO GERASSI, Marysa, *Los nacionalistas*, Jorge Alvarez, Buenos Aires, 1968, p. 37.

la reacción del ex socialista, desdeñado por sus nuevos amos? Pasarse a la oposición, pero sin retomar antiguos temas y críticas, lo cual exhibe la sinceridad del primer desencanto. Se hizo opositor terrible de Figueroa Alcorta. Ingresó a *El Diario*, propiedad del entonces senador Manuel Láinez, ocupando el cargo de vicedirector [63]. Desde sus páginas bombardea a editorial cotidiano al presidente y a sus amigos, cual nuevo Polifemo enfurecido. Puso, otra vez, de relieve sus condiciones de escritor panfletario, realmente temible por sus dicterios y sarcasmos, los que prodigará. No vacila en calificar al nuevo elenco "como gobierno de la imbecilidad y la traición" [64]. Cuando se excluyó a Luis María Drago de la Comisión de Relaciones Exteriores de la Cámara de Diputados, pese a su brillante desempeño en la Conferencia de La Haya, se organizó un banquete en desagravio del notorio roquista, el que se celebró pese a los denodados esfuerzos del gobierno. Lugones fue el orador principal y, por cierto, no dejó pasar la oportunidad: "Era natural que el gobierno de la deslealtad fuera también el de la injusticia, para quien había representado el ideal de equidad como fórmula argentina en el parlamento de las naciones". Agrega a modo de triunfal requisitoria: "Qué vamos a responder si hemos acatado a la ignominia, si hemos desmerecido la casta, si hemos consentido en fundir con el bronce de nuestras estatutas, esquilas rebañegas y pingües marmitas, si somos los bastardos de Mayo, aptos para que nos gobiernen de lance, los substitutos clásicos de todas las decadencias" [65].

Utilizará el escarnio ¡y cómo! Juan Antonio Bibiloni, flamante ministro de instrucción pública, fue fácil presa. Parece que el ilustre jurista, al comenzar su gestión, tuvo actitudes furibundas o, por lo menos, posó de ellas. Lugones le dirigió un formidable cañonazo: ridiculizó sus ademanes posteriores, al parecer más tranquilos y desanimados. Para eso lo llamó, en un artículo, "tigre de andar", algo así como esos animales embalsamados de talabartería que los niños cabalgan. Conviene transcribir algunos párrafos: "El ministro de instrucción pública está resultando de una ejemplar mansedumbre. Aquellas tigra-

[63] García Calderón, Ventura, *Leopoldo Lugones*, Ginebra, 1947, p. 67.
[64] Lugones, *Piedras liminares*, Moen, Buenos Aires, 1910, p. 233.
[65] Lugones, Leopoldo, "Discurso en homenaje a Luis María Drago", *La Nación*, junio 4 de 1908.

das del empiezo, van convirtiéndose en estéril endecha sobre la grandeza y decadencia de la instrucción pública, sin un solo acto que pruebe el empuje de esa muñeca [...] Así, aquellos aspavientos iracundos de la primera tarde; aquel revolver los ojos con aire de convertir —Cristo nos guarde— el género humano en pepitoria; aquel resoplar por esas narices toda la indignación del país contra las ignominias a flor de tierra; medir el ministerio a paso trágico, entre un gemebundo desconcierto de empleados que no daban dos reales por el inciso; todo esto, y lo demás que se omite, va a trascordarse, ante la expectativa nacional, en una pacífica divagación sobre artículos del Código Civil [...] Los ministros van hechos al ministerio, no se hacen nunca ministros en él. Lo que se hacen, es eso que la jerga del comité conoce con el título de estas líneas. Un tigre tremendo que luego, no más, se resulta orejeable por derecha e izquierda. Un tigre de andar"[66]. Estanislao Zeballos, canciller de Figueroa Alcorta y uno de los más decididos antirroquistas, fue también fácil blanco para el escarnio. En la sección "Canasto político", de El Diario, hay brevísimos medallones que le pertenecen. Uno recuerda su actuación en el litigio de las Misiones orientales, no muy afortunada; en otro —verdadera joya de la diatriba— Zeballos aparece encargado por el gobierno de obtener un sello o medalla representando a la República "en bellísima figura". El artista encargado de la búsqueda desespera por lograrla, hasta que, por fin, se da por vencido. Zeballos entonces se desnuda y levantando el pie izquierdo junto con su mano derecha, le dice: 'Aquí tiene Ud. el ideal buscado' "[67].

Ausente Lugones y en plena estada europea —mayo de 1906— aparecieron Las fuerzas extrañas. Varios de sus relatos, como "Un fenómeno inexplicable" y "El milagro de San Wilfredo", los había publicado antes de comenzar el siglo en Philadelphia, órgano oficial de la Sociedad Teosófica, de la que fue Secretario General. También "Psychon", "La metamúsica" y "Viola Acherontia", que son verdaderos ensayos científicos, los es-

[66] LUGONES, "Un tigre de andar", El Diario, julio 23 de 1907, p. 4, col. 4.

[67] LUGONES, Leopoldo, "Canasto político", El Diario, agosto 10 de 1907.

114

cribió entre 1898 y 1899. Se visualizan, así, las vertientes que componen la estructura de la nueva obra: ciencia y teosofía.

La originalidad de Lugones consiste en haber tratado a la ciencia literariamente, en haberla propuesto como tema, de modo parecido al que intentaba —en los mismos años— H. G. Wells, otro maestro del género. Quien pule las palabras puede emprender el análisis de las experiencias físicas y coordinar la inteligencia de la realidad, sistemática y conceptualmente. El artista no necesita mucho para ello; le bastará un conocimiento sumario —cuando no superficial— de la ciencia, una perspectiva de los grandes descubrimientos y una ligera predisposición para el pensamiento filosófico, todo lo cual, como se advierte, no es demasiado. Tal es el caso de Lugones, quien viose influenciado, desde el comienzo de su vocación intelectual, por el método científico y, de allí en más, interesadísimo en todos los problemas suscitados por la ciencia.

Hombre de imaginación, vislumbró las posibilidades literarias que le ofrecía trasladarse del mundo inmediato a un conjunto de entidades abstractas e hipotéticas, para nuevamente retornar al primero. Le bastó adicionar a esta novedosa técnica una sugestiva anécdota para componer relatos. Ese ir y venir de la ciencia a la literatura integra la organización interna de *Las fuerzas extrañas*, otorgándole un peculiar encanto y logrando, además, un aire indefinido y misterioso. Verdadero precursor, aprovechó la afinidad entre las elaboradas y también intangibles fórmulas verbales, con sus similares de la ciencia. Lugones sostuvo siempre, como antipositivista que era, que a esta última disciplina, limitada por aquella escuela, había que dinamizarla por medio de la imaginación, la más científica de las cualidades, según Baudelaire. Eso fue lo que hizo en *Las fuerzas extrañas*. Tanto, que partiendo de algunos descubrimientos contemporáneos, adicionándoles algo de fantasía, se acercó a las aplicaciones prácticas divulgadas más tarde. Pudo entonces, en la segunda edición, afirmar con insinuante orgullo: "[...] algunas de las ocurrencias de este libro, editado veinte años ha [...] son corrientes ahora en el campo de la ciencia", pretendiendo, por eso, la disculpa del lector ante la inevitable pérdida de interés [68].

[68] Lugones, *Las fuerzas extrañas*, Gleizer, Buenos Aires, 1926, p. 5.

Pese a su decisiva inclinación teosófica, Lugones no escribió mucho sobre el credo. Una de las pocas ocasiones en las que se explayó acerca de la esotérica doctrina —por lo menos abiertamente— fue en su "Ensayo sobre una Cosmogonía, en diez lecciones", con el que concluye *Las fuerzas extrañas*, resumen de sus ideas sobre el origen y desarrollo del mundo y del hombre. Los conceptos allí expuestos son mera recreación —con adimentos científicos modernos— de principios enunciados por la amada Helena Petrovna Blavasky en su *Secret Doctrine*, aparecida en 1888. La lectura del ensayo —como la de su inmediato antecedente— no es fácil y requiere un vasto esfuerzo para su comprensión. El fragmento pretende exhibir a la naturaleza, no como una concurrencia fortuita de átomos, sino como la suma de fuerzas inteligentes y de esa manera señalar al hombre su correcta ubicación en el Universo. Lugones, en auxilio de su propuesta, rescatará, de la degradación en la que habían caído, a las arcaicas verdades, fundamento de todas las religiones. Todo ello prefigura el grito triunfal que inspirará año después a *Prometeo*: "Atenas del Plata, oye bien esta palabra antigua". En la difusión teosófica hay un interesante esfuerzo para explicar el oculto rostro de la naturaleza por medio de anticipos y novísimas doctrinas, con lo cual el tema del libro ciérrase en círculo.

Cuando los Lugones regresan de Europa, se instalan en la calle Billinghurst 1894, de la que se mudarán —siempre por iniciativa de Juanita— al poco tiempo. Se trasladarán, esta vez, a Ecuador 1375. Se trata de un "petit hotel", cuyos dos pisos ocupan totalmente. La minuciosa crónica de Félix Lima permite reconstruir el mobiliario y decoración que complacían a los Lugones, o mejor dicho, a las exóticas preferencias de Madame Lugones: "La sala. Bastante a lo Mushuhito. Europa está representada por un juego de sillas, sofá y sillones, corte Luis XIV y unos grabados antiquísimos. Paneaux poblados de crisantemos, gheisas y de pajarracos del país del sol, lámparas, yagatanes de márfil cincelados a mano, flores y jarrones de porcelana y de bronce, almohadones, bibelots de Satsuma, vitrinas de Nagasaki, un dragón de Shakaline [...] Una nota discordante: la alfombra made in Corea. El comedor. Contiguo a la sala. De ésta lo separa una mampara. Juego del Renacimiento. Reloj de pie con pito y todo. De nuevo al Japón. Platos, tazas, fuentes, floreros, gongs, soperas, etc. Allí se repite el peligro amarillo. Si no fuera por el juego Renacimiento y los cubiertos que son de fabricación francesa, uno creería hallarse en un comedor descripto por Pierre Loti. Al fondo, otra lámpara. Más allá, un patio que por lo diminuto también parece japonés [...] El escritorio de Lugones es lo más Pacífico Otero que puede darse. Una mesa sencilla, un silloncejo, tres bibliotecas nada lujosas con cortinas, varias caricaturas del dueño de casa en las paredes. Piso rigurosamente encerado" [69]. Además, fijo en una pared, estaba un cuadrito cuya figura reproducía la del *Gilles* de Watteau. Ello produjo una graciosa confusión a una lavandera española —llamada Estrella Bella— quien afirmaba que el retrato era el de su patrona disfrazada con ropas de hombre. El equívoco, años después relatado a Darío, le permitió reiterar la divertida identificación de Vanna con la famosa tela, en su balada "En loor del *Gilles* de Watteau" [70].

Según el mismo cronista, Lugones es hombre de trabajo al que dedica todo el día cuando no parte de la noche. Gran madrugador inicia la jornada con una lección de esgrima, luego un baño, ligerísima toillete y a la calle. De 8 a 12, en sus ocupaciones periodísticas. Infaltable, vuelve a casa para almorzar. ¿Cuáles son sus platos predilectos?: "adora las empanadas caldosas, los locros, las carbonadas con choclos de Calamuchita, la humita y el 'navarín' de cordero a la cordobesa, sin que todo esto sea obstáculo para que haga los debidos honores al faisán trufado". Por la tarde estudia, resume y escribe. En los días de tenidas parlamentarias, concurre al Congreso y también frecuenta la Casa Rosada, aunque a "los presidenciales —agrega, agudamente, el relato— los toma para el patronato verbal, diciéndoles cosas imposibles, capaces de producir crisis nerviosas [...] [71]. Obstinadamente hogareño rara vez se queda a comer en el centro. Después de cenar, de nuevo al torreón o casamata de su escritorio, previa la indicación paterna de '¡Polo, a la cama!' Lugones no la gasta en parrandas" [72].

Antes de embarcarse para Europa con misterioso propósito, Lugones anunció la preparación de "un libro de poemas entera-

[69] LIMA, Félix, *Con los nueve (Algunas crónicas policiales)*, Rota y Cía., Buenos Aires, 1908, pp. 2-3.
[70] LUGONES (h.), *Mi padre*, p. 246.
[71] LIMA, *Con los nueve*, p. 3.
[72] *Ibid.*, p. 4.

mente dedicado a la luna, que escribiría durante el viaje"[73]. Sin embargo, la más importante de sus obras aparecerá tres años después. *Lunario sentimental* es un formidable intento de derivación idiomática hacia nuevos y audaces moldes —otro fue *La guerra gaucha*— enriquecido con la caracterización rítmica y la plétora de rimas. El movimiento modernista, emancipador del pringue hispano, alcanzó con aquellas dos obras su cumbre libertadora, verdadera exasperación de una autonomía creativa, adelantada ya en los trabajos de Darío. El manejo del idioma en la Argentina —y en la comunidad hispanoparlante— fue distinto a partir de aquel Ayacucho literario, pues no se conocen ataques más despiadados "contra la quimera anticientífica y antinatural de seguir el nuevo mundo hablando como España"[74]. De ahí en más, "el falso purismo de la Academia, la belleza formulada en recetas de curandero, la parálisis retórica, la indigencia de la rima, el verso blanco y la licencia poética", morirían, pero, esta vez, de muerte deliberada. Puede aventurarse también que en la independencia verbal e imaginativa se percibe la intención de Lugones de arribar a un habla particular, algo en lo que nuestra generación ultraísta reincidiría con la similar búsqueda del "idioma de los argentinos".

Con estudiado sigilo denuncia en el prólogo del *Lunario sentimental* intenciones más modestas, pero igualmente triunfales. Así se encarga de subrayarlo: "El idioma es un bien social y hasta el elemento más sólido de las nacionalidades"[75]; le preocupa, por ello, su empobrecimiento, producto de la reiteración, "que degenera en expresiones adverbiales o frases hechas para caer en el lugar común", por lo que "la tarea consiste en hallar imágenes nuevas y hermosas". Los encargados "son los poetas, obra tan honorable, por lo menos, como la de refinar ganados o administrar la renta pública" —no podía faltar un estiletazo al filisteo burgués.

Había algo que Lugones intentaba eludir: era la abundancia declamatoria, quizás en inconsciente adhesión a las particularidades nativas y cercano, así, a esa entonación argentina del

---

[73] *El Diario Español*, marzo 8 de 1906.
[74] Lugones, "Discurso en homenaje a Rubén Darío", en *Antología de la prosa*, pp. 326-327.
[75] Lugones, *Lunario sentimental*, p. 6.

118

castellano, urgida, años más tarde, por Borges. Lugones arriba, tras larga búsqueda, a un estilo irónico, a veces sarcástico, con resabios prosaístas, pero, sobre todo, dibujado con elaborada y artificiosa simplicidad. Ha abandonado las otras fórmulas, de las que dan cuenta *Las montañas del oro* y *Los crepúsculos del jardín*. No ha de reincidir más en aquellos cánones y, en cambio, muchas de las composiciones del *Lunario sentimental* habrán de reiterarse a lo largo de su obra, incluso la postrera.

Ninguno de sus trabajos poéticos encierra un esfuerzo didáctico semejante, palpable en un prólogo explicativo, ausente en el resto de su producción. Quiere enseñarlo todo: las nuevas rimas, que "llegan a más de seiscientas"; la abundancia de imágenes y metáforas, exhibiendo generosamente su fábrica; la utilización de palabras poco transitadas cuando no insólitas; y, en especial, la desmitificación de los grandes temas, omnímodos regidores de la poesía "altisonante y organillera" [76] de la época. Ese afán iconoclasta —y por ende creador— caracteriza al *Lunario sentimental* y lo transforma en una de las obras fundamentales de la lengua. Sin duda el papel que Lugones había asumido era el de renovador del idioma y portavoz de un nuevo espíritu. Aunque toda su obra lo confirma, en este libro se advierten, con nitidez, excluyentes propósitos de purificación verbal y una deliberada audacia que abre insospechados cauces. Mediante el inédito uso de las palabras, por un proceso de selección, o del nuevo orden de su estructura, transforma al castellano en un instrumento capaz de comunicar con plenitud tanto la realidad externa como las inefables experiencias privadas. Facilitó, así, rescatar una porción del indecible silencio, cumpliendo con la tarea que Aldous Huxley reserva a todo escritor.

¿Por qué la luna? ¿Por ser el tema romántico más utilizado? Es posible. Empero, otras razones influyeron en su elección. El más lúcido y erudito de sus críticos —Tomás Alva Negri— aduce que la raíz del mito lugoniano por la luna debe buscarse "en su entusiasta adhesión a la Sociedad Teosófica de la Blavasky" [77], cuyo credo guardaba extraña reverencia por la estirpe lunar. Aquella doctrina sostiene que la tierra fue habitada por hijos

---

[76] El término pertenece a BERENGUER CARISOMO, Arturo, *Las corrientes estéticas en la literatura argentina*, Huemul, Buenos Aires, 1978, p. 197.
[77] NEGRI, "Lugones y la luna", *La Nación*, enero 13 de 1963.

transmigrados del satélite, los que, por venir de un cuerpo inferior como era éste, no podían ser inmortales [78]. Tales espíritus aportaron la percepción mental que ordenó el confuso arreglo. Los lunares "poseen el don del sentimiento: lo que pone en función a las facultades intelectuales, la luz que ellos devuelven reflejada en palabras o colores, para que sea accesible al ser relativo" [79]. Pero todo ello no bastaba. Requeríase aun la conciencia y la memoria para individualizarse y causar el propio destino. Entonces aparecen los espíritus solares, superiores, que venían en ayuda de sus hermanos, es decir en actitud redentora. Por ello, los lunares son entidades de la fatalidad [80]: apasionados, egoístas, lúbricos, vengativos y propensos al culto del sexo [81].

El profundo sentido metafísico con que Lugones aborda el tema de la luna se advierte a lo largo del libro, pues concede al astro una actitud agente y positiva. Deja de ser un elemento escenográfico para transformarse en protagonista: las cosas suceden —generalmente con designio determinado— porque así lo quiere la luna. La elección no era fortuita como se ve, pues una de las características de la creación lugoniana es la de moverse en círculos concéntricos, herméticos y siempre coherentes, aunque "escondidos, las más de las veces, en la mueca de la rima" [82].

La oposición del roquismo a Figueroa Alcorta, cuyo blanco era precipitar su renuncia, fue diluyéndose lentamente. El cierre súbito del Congreso y el decreto prorrogando el presupuesto disminuyeron sus posibilidades y las del ocasional aliado, Marcelino Ugarte. El presidente, docilizada la Cámara de Diputados y luego de intervenir aquellas provincias renuentes, convocó, para sucederle, al más tenaz enemigo de Roca, quién resumía las mejores garantías acreditadas a lo largo de su vieja lucha contra el acuerdismo. Roque Sáenz Peña —a la sazón ministro en Italia— era ya por aquel 1909 el indiscutible triunfador de

[78] LUGONES, *Prometeo*, p. 92; "Ensayo de cosmogonía", en *Las fuerzas extrañas*, pp. 270-272.
[79] LUGONES, Leopoldo, "Nuestras ideas estéticas", *Philadelphia*, año IV, t. V, Nº 6 y 7, noviembre 7 y diciembre 7, 1901, p. 151.
[80] LUGONES, *Prometeo*, p. 96.
[81] *Ibid.*, pp. 100 y 103.
[82] NEGRI, "Lugones y la luna", *La Nación*, enero 13 de 1963.

las elecciones programadas para abril del otro año, pues sólo oponíansele los "cívicos" de Mitre.

Incondicional de Roca, y ante la falta de mayores expectativas, Lugones persistía con un antagonismo cada vez más agrio y cruel. Se ha mudado, luego de permanecer más de dos años en una misma casa —verdadera hazaña para Juanita— a los pisos nuevos de Santa Fe 1206, esquina Libertad. Allí recibirá las frecuentes visitas de Roca [83], con quien planeará los últimos ataques a la gestión presidencial y al flamante candidato, como ocurrió con el libelo en que intervino Mariano de Vedia. Política aparte, fue aquel año de apoteosis wagneriana. Junto con Amador Lucero, Lugones había propiciado la representación completa de la Tetralogía, "magnífica jornada de pasión y heroísmo", cuyo éxito los amigos celebraron como propio [84]. Eran vísperas del Centenario y todo confluía para alentar el entusiasmo. Eso fue lo que le ocurrió al presenciar la simbólica forja de Notung por Sigfrido: "cuando el hijo del bosque entonó el canto de la espada —atestigua emocionado— sentí despertarse en mi ser la violenta juventud de la patria del tiempo heroico".

Los seguidores de Roca, en clásica maniobra oportunista, se acercaron a los radicales, adversarios, como ellos, del gobierno. El viejo elenco languidecía y sus posibilidades de retornar al poder eran menores, por lo que se resignaba con agruparse en cerrada oposición. El 3 de abril de 1910, triunfó Sáenz Peña, en elecciones finalmente canónicas, pues Udaondo, a último momento, retiró su candidatura. El nuevo presidente, que retornaba de Europa, arribó a Buenos Aires rodeado de policías y rumores de una revolución inminente, planeada y dirigida por Yrigoyen. Lugones, que no era ajeno a la alianza táctica de su facción, según relata su hijo participó en intrigas con militares conspiradores. Incluso, llegó a recibir en su flamante domicilio de Güemes 2965 —nuevamente se había mudado— la visita del caudillo radical [85]. Aquel recinto, confrontaría —por primera, aunque no por última vez— a dos personalidades tan disímiles como vigorosas: el conductor multitudinario y un intelec-

[83] Lugones (h.), *Mi padre*, p. 220.
[84] Lugones, Leopoldo, "Cuatro noches con los dioses", *La Nación*, agosto 2 de 1911.
[85] Lugones (h.), *Mi padre*, p. 165.

tual individualista. Siempre de acuerdo con la misma filial fuente y con el perverso deseo de desorientar (o intranquilizar) al general Rufino Ortega, comandante militar de la Capital, aconsejó al jefe del regimiento 4 de infantería, coronel Fermín Barrera Pizarro, una respuesta monotemática: "El ejército no delibera", para cuando se le requiriera su adhesión al oficialismo amenazado. La actividad política de Lugones era intensísima [86]. Cierta vez, llegó a su casa en la amable y afín clandestinidad de un carro repartidor de periódicos, cauta maniobra ante ocultos polizontes que podían detenerlo [87].

Una satisfactoria prosperidad material, ligada al prestigio cabalístico del número, alentó, durante el Centenario, cierta exaltación. Con indisimulada fatuidad pensábase que la patria había tocado puerto. Tan cumplido panorama se integró con las reformas electorales del nuevo presidente Sáenz Peña quien, deseoso tanto de concluir con prácticas perniciosas, como impedir el retorno de su enemigo, impulsó la ley que iba a despejar el camino del radicalismo al poder. Gestábase, empero, en esa anunciación democrática, un populismo pertinaz contra el que Lugones se obstinaría en impar combate a lo largo de su vida.

Lugones pretendió, también, participar en la algarada del Centenario. Para ello publicó (¿qué otra cosa podía ofrecer?) cuatro trabajos de los cuales, dos son realmente destacados: *Prometeo* y *Odas seculares*. Los otros, *Didáctica* y *Piedras liminares* parecen algo menores. *Prometeo* es, sin duda, un libro importante. Constituye el intento más serio, a partir de *Las Bases*, de estructurar un nuevo programa nacional. Pero, a diferencia de la obra de Alberdi, Lugones propicia el aniquilamiento del materialismo imperante, verdadera epopeya del filisteo burgués, cuya pedestre visión del mundo habíase enseñoreado en ideología oficial. Lo que pregona, sin segundas intenciones, es una espiritualidad desinteresadamente sincera y que no encubre —como cierta crítica de nuestros días— un materialismo tan feroz como el que se pretende suplantar. Era época de renacimiento espiritualista, de manera especial en América, luego de la fulmínea victoria yanqui a expensas de la claudicante y latina España, aunque a Lugones no le preocupaba, como a Rodó, la

---

[86] Lugones (h.), *Mi padre*, p. 167.
[87] *Ibid.*, p. 165.

preeminencia anglosajona; por el contrario, exhibía (sin ocultarlo) una franca y profunda admiración por aquel ámbito cultural y político.

En esa prédica puede advertirse el ataque al materialismo capitalista, aspecto muchas veces no valorado por los críticos marxistas, y posición también coherente si se piensa en su pasado ideológico, con el cual, hasta el momento, no existía una fractura total. En desmedro de los valores burgueses de su tiempo, Lugones exalta la sociedad y el Estado griegos. Igual que en su utópico socialismo y durante su breve paso por el gobierno de Roca, persisten los ataques contra el arraigado enemigo, si bien con nuevos dicterios y fórmulas de reemplazo. Esta campaña —helenista y anticristiana— no es otra cosa que una renovada carga contra el espíritu burgués, que siempre le horrorizó. Ahora se apoya en principios teosóficos y así lo declara en las páginas de *Prometeo*. Las enseñanzas de la Blavasky —sobre todo las "Estancias de Dzyian" que aquélla tornara inteligibles para las mentes occidentales— así como el *Timeo* de Platón, han de constituir seguras fuentes de inspiración. Parte Lugones de la siguiente tesis: la mitología helénica no es alegórica ni enfermedad del lenguaje; tampoco superstición ni zoolatría; menos aún personificación de conceptos [88]: es, por el contrario, verdad perfectamente averiguada, conquista pura de la razón. De aquí extrae las orientaciones que pretende que adopte su pueblo. Como auténtico fabricante de ideas, busca, en el vasto reservorio del mundo clásico, desentrañar las raíces mismas de la civilización, es decir, la continuidad de las ideas fundamentales. Estas han de ser, políticamente, la concordia, la justicia y la libertad plenaria; en ética, una conducta racional reducida a vivir de acuerdo con la naturaleza y que, sin propiciar nada que pudiera violentarla, se adapte al orden racional existente, respetando, por eso, "la ley universal de justicia". La vida debía ser vivida, además, en belleza y verdad, lo cual encierra una completa pedagogía y forma superior de existencia. Capdevila, que no era ajeno a esas ideas, al analizar *Prometeo*, afirma que "eso era religión, eso era moral" [89], interpretando fielmente el profundo sentimiento religioso de Lugones, para quien la vida,

[88] LUGONES, *Prometeo*, p. 17.
[89] CAPDEVILA. *Lugones*, p. 231.

a partir de las enseñanzas paganas, adquiere un sentido y deja de ser arcano indescifrable.

Toda esta campaña de renovación espiritual basábase en despiadados ataques anticristianos, pues Lugones sabía, como Nietzsche, que la religión es un formidable instrumento de gobierno. Gracias a sus estudios de filosofía religiosa, consideraba al cristianismo malsana, desviación de aquellos postulados racionales que conformaron los pilares de la antigüedad y que, de una manera u otra, habíanse reiterado en diversos pueblos, proporcionándoles modos adecuados de vida[90]. Parte considerable del libro está consagrada a demostrar el carácter coactivo del cristianismo, inspirado, la más de las veces, en creencias irracionales[91]. Y aquí Lugones señala su principal inconveniente, del que deriva otra de sus graves limitaciones, la implacable persecución de credos opuestos, verdadera constante de la Iglesia a lo largo de su hegemonía, muy distinta de la concordia y respeto propios de la antigüedad[92]. El cristianismo pudo entrar en el paganismo —afirmará Lugones, a modo de conclusión— pero no el paganismo en el cristianismo[93]. Brillantes son las páginas que describen las persecuciones a los gentiles, como aquellas otras que prueban la pacífica coexistencia del primitivo cristianismo en el mundo pagano. Con esa imposición dogmática, el cristianismo —deduce Lugones a modo de síntesis— ha conformado una civilización basada en la fuerza, negatoria de la libertad y de la razón. Contra esos males, levantará la palabra antigua de la razón, justicia y libertad que, esperaba, serían asumidos en plenitud por su país. Espiritualidad en lugar de crudo materialismo; libertad y tolerancia en lugar de dogmática compulsión, tal el norte ideológico sugerido en *Prometeo*, numen solar, abnegado civilizador, que dio a los hombres la memoria de que carecían y el raciocinio y la conciencia que les faltaban. Como puede advertirse, el título resume la intención del discurso y, si se permite, a todo Lugones.

Odas seculares y *Prometeo* están vinculadas más de lo que puede suponerse. *Prometeo* ofrece al país "el fundamento racional de una pedagogía, de una política, de una estética, de

---

90 LUGONES, *Prometeo*, p. 71.
91 *Ibíd.*, p. 90.
92 *Ibíd.*, pp. 58-62.
93 *Ibíd.*, p. 387.

una moral" [94], elevando la justicia y la libertad a la categoría de elementos integrantes de la patria; a su vez, las *Odas seculares* son transcripción poética de aquellos postulados. La dependencia recíproca surge, incluso, en las resonancias antiguas. La patria es de "linaje solar" [95], con lo que ello significa de benéfico en la teogonía rescatada por los principios teosofistas del autor [96].

Igual que su antecedente, las *Odas seculares* marcan en Lugones un hito singular con relación a su concepto de patria, el "corcel azul de la eterna aventura", como gustaba definirla. Remozando viejas ideas internacionalistas —que no había abandonado— y gracias a su conocimiento de la antigüedad, particularmente griega, perfiló ésta, que no es sino otra oferta ecuménica: patria es donde se hace justicia y reinan la concordia y la libertad; por eso, según la flamante postura, los hombres la han constituido [97]. Ser portadora de tales principios, para todos los sufrientes y perseguidos de la tierra, era lo que reclamaba de la Argentina. Y eso ha de ser lo que musicalizará en *Odas seculares*. No pretenda verse en esta obra exclusivismo alguno, como cierta crítica sectaria lo ha forzado con indisimulado cálculo. Por el contrario, fiel seguidor de los estoicos, Lugones pretendía que la novísima organización, desinteresada y altruista, fuera accesible a cualquiera. Él mismo se encargó de aclararlo:

"Que para nuestro espíritu, de todo justo hermano
dar amistad inmensa sea el Género Humano" [98].

Hospitalidad para las víctimas del mundo entero —"los hombres de buena voluntad"—, tal lo que ofrece la nueva tierra:

"Brinda a los oprimidos tu regazo" [99]

y así, al dar a todos los tristes consuelos:

---

[94] LUGONES, *Prometeo*, p. 14.
[95] LUGONES, *Odas seculares*, Moen, Buenos Aires, 1910, p. 12.
[96] LUGONES, *Prometeo*, pp. 11 y 99-104.
[97] *Ibid.*, p. 403.
[98] LUGONES, *Odas seculares*, p. 151.
[99] *Ibid.*, p. 10.

"...sea tu aderezo de diamantes
el tesoro de lágrimas que ahorras" [100].

Pero si la patria está cantando al extranjero "una alegre amistad
del alma argentina" [101], nada ha de ser posible sin la posesión
de la justicia, pues la civilización desaparece cuando ésta falta [102]. Tal lo que Lugones requiere para la suya, pues así podrá
ostentar en su divisa:

"Como amable paloma, la idea
de ser grata a los hombres de paz" [103].

El ruso Elías que "guarda su sábado y sus raras ceremonias" [104], el
sirio buhonero, con el canto gutural de "cosa linda y barata que
pregona" [105], el gringo Petra, doña Rosa, Peppina y los chicos, que:

"Cuando recién venidos, era toda
la familia un ganado de labranza" [106].

Gandini, el boticario de Rafaela:

"Que se casó con aquella negra gorda
que tuvo de mucama..." [107].

El alegre vasco matinal "con su jamelgo y con su boina" [108], y el
mayordomo inglés, que asaz gallardamente se acrioló:

"Y dicen que festeja a la entenada
del patrón, con reserva pudorosa" [109].

Con ellos, junto al nativo comisario González, el veterinario, el
agrónomo, el dependiente de la tienda, los viajantes, los peones
y capataces, el padre y la madre de Lugones, los hermanos más
pequeños, invocados todos, con pío encanto en el poema,

---

[100] Lugones, *Odas seculares*, p. 10.
[101] *Ibid.*, p. 21.
[102] Lugones, *Prometeo*, p. 403. En *Historia de Sarmiento* repetirá este
concepto, p. 119.
[103] Lugones, *Odas seculares*, p. 116.
[104] *Ibid.*, p. 44.
[105] *Ibid.*, p. 45.
[106] *Ibid.*, p. 46.
[107] *Ibid.*, p. 52.
[108] *Ibid.*, p. 85.
[109] *Ibid.*, p. 62.

"La dulce patria nueva galardona
la clientela de razas dirimidas" [110].

Martínez Estrada [111] ha pretendido ver en *Odas seculares* el país inmigrante de la paz y la prosperidad, lemas de Roca que Lugones compartía ardorosamente. Son, sin embargo, algo más que un colorido folleto de propaganda. Cuando Lugones se anima a describir ese gran fresco, en él honra por igual a hombres, montes o aguas y "personas mejores y más bellas" [112], lo intenta, pero ordenándolo de acuerdo a una ideología particular, cuya separación del contexto parece conveniente. El concepto de patria lo identifica no sólo con la concordia y la justicia, esa "gran amistad" como quería Michelet, sino también con la libertad, aventadora de imposiciones, cosa que le preocupa destacar. Por eso, el repudiado dogma de obediencia, principal componente de sus campañas políticas, se nos prefigura en el verso famoso, a través de sus tres fuentes generadoras, vale decir, las instituciones limitativas:

"En un vasto esplendor de justicia
sin iglesia, sin sable y sin ley" [113].

Fórmula reiterada en éstos, referidos a los héroes:

"Quieren que realicemos con dicha más segura
sin espada, ni leyes, la libertad futura" [114].

No descuidando su inquebrantable fe en la libertad, acentuando el desprecio ante cualquier coacción, la "Oda a los ganados y las mieses" es, también, un conmovedor canto al trabajo. *Labor omnia vincit* bien pudo ser su lema, muy virgiliano por otra parte. Hay en ella una refinada simplicidad para tratar a las cosas en las exteriorización sensible, lo que resalta su nobleza. En constante búsqueda de la diversidad, por un horror a la monotonía, de nuevo el idioma es diferente. Esta vez acentuará la lengua que habla y entiende cualquier habitante de nuestros

110 LUGONES, *Odas seculares*, p. 45.
111 MARTÍNEZ ESTRADA, Ezequiel, *Leopoldo Lugones, retrato sin retocar*, p. 75.
112 LUGONES, *Odas seculares*, p. 13.
113 *Ibid.*, p. 117.
114 *Ibid.*, p. 151.

campos. El mayor efecto lo obtiene cuando eleva las palabras cotidianas hasta la pura gloria verbal. De ahí el aire clásico de la Oda, consecuencia deliberada que proviene de utilizar términos humildes en versos notables. Casi con pudor canta Lugones a la naturaleza y gracias a ese realismo vergonzoso, casi siempre demorado, consigue resaltar la belleza de los hechos y cosas cotidianas de manera casi imperceptible, con lo que duplica el encanto. Al cantar lo que produce la tierra al precio del trabajo, consigue que lo bello se aureole, aún más, por el esfuerzo del hombre. No se trata del "fatigoso catálogo", al que alude despectivamente Borges [115]; existe demasiada emoción en los versos para merecer tal epíteto.

La elección de Virgilio como modelo no fue casual. Son muchos los matices comunes para desecharlos. Lugones, igual que Virgilio, fue hijo de campesinos. Ambos nacieron y crecieron en el campo, entre colinas y potreros, rodeados de bosques y arroyos. El primero, en una comarca donde se observaban viejas costumbres, muy lejos del cosmopolita espíritu porteño. Idéntico origen ofrece Virgilio, en plena Etruria, apartado de Roma. Al latino, como a Lugones, el amor por los campos y los paisajes no lo abandonaría jamás. Siempre en búsqueda de símbolos afines, un postrer análisis podría sugerir que el más poderoso motivo de inspiración en cualquier hombre —su inaccesible secreto— lo constituyen los recuerdos infantiles. Por eso, todo escritor no puede eludir al niño que alguna vez hubo en él y, tarde o temprano, nos revela sus imágenes iniciales. Tanto la "Oda a los ganados y las mieses" como las "Geórgicas" —poemas de labriegos y pastores— son autobiográficas y por ello recogen, emocionadamente, la profunda intimidad infantil y adolescente. Lugones lo consigue gracias a una portentosa capacidad de observación, cercana, en mucho, a la de un verdadero naturalista, como su amado Fabre, por ejemplo. Y si bien es cierto que tuvo a su disposición el antecedente virgiliano, cabe preguntar si pudo intentar semejante tarea de recreación. sin un acabado conocimiento de la naturaleza y de las tareas rurales. Lugones pensaba que lo épico, constitutivo del espíritu nacional, habíase ya agotado con las obras de Sarmiento (especialmente *Facundo*) y el *Martín Fierro*, quedando sólo la

[115] BORGES, Jorge Luis, *Leopoldo Lugones*, Troquel, Buenos Aires, 1955, p. 36.

naturaleza para inspirar futuras Geórgicas, complementarias de aquella tarea [116]. Y esto fue lo que intentó con *Odas seculares*.

a la severa represión legislativa —que en esa época dióse en llamar legislación de Defensa Social (en realidad, ley 7029, conocida como de "residencia". Trataba la expulsión de los extranjeros, si bien en su capítulo II, prohibía y penaba severamente la propagación de ideas anarquistas)— dictada por un Congreso aterrorizado por los atentados y a la que combatió por considerarla violatoria de las libertades políticas. "Sentí como si me dieran una manotada de hielo sobre el corazón y juré no descansar hasta no concluir con aquella iniquidad", recordará años más tarde [117]. Como se advierte, su docilidad con la burguesía era más que relativa. Simpática —y eficaz— fue también su actitud ante la campaña iniciada por algunos órganos de opinión contra el funcionamiento de escuelas israelitas en la provincia de Entre Ríos. Siempre desde *El Diario*, apoyó a las autoridades del Consejo Nacional de Educación, permisivas en el asunto, exhibiendo franca simpatía por la comunidad hebrea, adhesión que permaneció inalterable a lo largo de su vida ante cualquier ademán discriminatorio [118].

A causa del centenario de Sarmiento, José María Ramos Mejía —presidente del Consejo Nacional de Educación— le encargó que escribiera una obra biográfica, labor acogida con entusiasmo por Lugones, pese al exiguo plazo que se le otorgaba: sólo cuatro meses [119]. "Material [...] redacción y edición, subordináronse así a dicha premura. El impresor iba llevándose las carillas, una por una, a veces [...]", declararía años más tarde, como elegante disculpa ante posibles imperfecciones. Cuesta, sin embargo, imaginar una escritura apresurada y sobre todo la indispensable documentación en tan angustioso término, sin un profundo conocimiento del personaje. Es que Lugones sentía por Sarmiento increíble afinidad y no resulta trabajoso percibir, a lo largo de su vida, indisimulada identificación con el sanjuanino. Ya con motivo de inaugurarse en Palermo el monumento, obra de Rodin, había publicado en *El Tiempo* un extenso trabajo sobre el autor de *Facundo* y al

---

[116] LUGONES, *Historia de Sarmiento*, pp. 146-147.

[117] LUGONES, Leopoldo, "Discurso en homenaje a Alfredo Leoncio Palacios". *La Nación*, julio 22 de 1915.

[118] LUGONES, Leopoldo, "Los falsos problemas", *Vida Nuestra*, año II, Nº 2, 1918, p. 25.

[119] LUGONES, *Historia de Sarmiento*, "Nota a la segunda edición".

acercarse las festividades sarmientinas hallábase formando parte de la Comisión Nacional de Homenaje.

Mas y Pi, siempre agudo en sus observaciones, opina de la *Historia de Sarmiento* que "cambiando un poco las circunstancias, poniendo en presente algo de lo que está en tiempo pasado y en futuro algo de lo que está en indicativo, ¿por qué no aplicar a Lugones algunos de los conceptos por él tejidos en honor de Sarmiento? [120]. Tal identidad se debe a que Lugones, y también Sarmiento, concebían a la educación y en grado aun más alto a su propio oficio de intelectuales, como el único sistema de corrección, de enmienda, de salubridad pública. En ambas actitudes hay algo de paternidad sublimada, esa "hipertrofia filantrópica" de que habla Martínez Estrada [121], análoga al instinto de conservación, aquel por el cual, cuidando de la especie todo individuo, presérvase a sí mismo. De allí que el análisis de su propia vida como una vocación jamás soslayada permitió a Lugones adentrarse en la persona y en el carácter de Sarmiento. Lo prueba esta página admirable: "Había asumido la responsabilidad del país, considerándose un perpetuo representante suyo, con esa fogosidad absorbente de los grandes amores. Por eso se encolerizaba con sus deficiencias y sus retardos, aplicándole hasta hacerle sangre la vara desnuda de la verdad. Nadie ha dicho cosas peores de los argentinos; entre otras cosas, la que para él era suprema injuria: 'argentino, es el anagrama de ignorante'. Pero también nadie ha hecho tanto por ellos. Vivió acarreando menesteres de civilizador, en el olvido más absoluto de su conveniencia propia" [122]. Esa abnegación, ese sacrificio sin recompensas, fueron un dechado para Lugones. Tales arquetipos permanecerán en su obra y por ello ha de cantar a los mejores. Son ahora Prometeo y Sarmiento; con los años vendrán más héroes y más paladines.

Alguna vez, González Arrili [123] reparó que Lugones asemejábase a esos carpinteros que aprovechan hasta las virutas sobrantes de las grandes obras, presentándolas nuevamente. En la *Historia de Sarmiento* se nota demasiado a *Prometeo* y ambas, con *Odas seculares* y *El payador*, componen un verdadero

---

[120] *Leopoldo Lugones y su obra*, pp. 224-225.
[121] *Sarmiento*, Sudamericana, Buenos Aires, 1969, p. 14.
[122] LUGONES, *Historia de Sarmiento*, pp. 55-56.
[123] *El Hogar*, marzo 9 de 1938.

ciclo, símbolo del pensamiento e ideologías lugonianas, prenuncio también de sus futuros razonamientos helenizantes. Sarmiento se asemeja a *Prometeo* en lo del sacrificio redentor; hay también similitudes en aquello de adornar al numen con atributos griegos. Por ejemplo, Sarmiento lucirá decisivas facetas estoicas [124] y sabrá esperar "una buena muerte corporal", a la manera pagana, contento de la vida, por haberla empleado en todos los casos de la mejor manera posible, "lo cual constituye —según Lugones— el fundamento de la perfección" [125]. Además, como los poemas homéricos para la nacionalidad griega, sus obras *Facundo* y *Recuerdos de provincia* promueven, junto con *Martín Fierro*, nuestra entidad espiritual de nación a través del ejercicio sensible del idioma. Gracias a Sarmiento (y a Hernández luego) por el empleo exclusivo de símbolos argentinos, pero al mismo tiempo con validez universal y por ello inteligibles a todo el mundo, el país había comenzado a existir espiritualmente [126].

La franca continuidad con *Prometeo* aparece también en las ideas acerca de la patria. La *Historia* de Sarmiento insiste en la identificación con las de libertad y justicia [127]. Avanza, sin embargo, aún más en aquella equivalencia y sostiene el rechazo de una patria militarista, reducida al mero concepto territorial [128]. La doctrina atribuida al héroe resume la suya: lo decisivo es el espíritu y patria y civilización no son sino ideas, las que, como en *Prometeo*, se le antojan más necesarias que nunca [129]. Precisamente esta representación idealista de la patria —"la ideología liberal del libro" [130]— ha de ser rectificada en la década de los veinte, consecuencia de su tenaz búsqueda de la verdad, incluso en desmedro de los reverenciados lugares comunes y de agradar aun a costa de mentir.

Volviendo a la identificación con Sarmiento, Lugones lo retrata en su *Historia* como minero, maestro o gobernante, pero "siempre dichoso, con su satisfecha honradez de trabajador" [131]. Esta sobria jactancia en la alegre humildad del buen obrero que

---

[124] LUGONES, *Historia de Sarmiento*, p. 53.
[125] *Ibid.*, pp. 54-55.
[126] *Ibid.*, pp. 146-147.
[127] *Ibid.*, pp. 115, 119 y 129-130.
[128] *Ibid.*, pp. 172-173, 201 y 227-228.
[129] *Ibid.*, p. 199.
[130] *Ibid.*, "Nota a la segunda edición".
[131] *Ibid.*, p. 55.

cumple con su tarea, habrá de rescatarla infatigablemente para sí. Antes de escribir sobre Sarmiento, un joven amigo y admirador le requirió datos de su vida y obras, pues pensaba dedicarle una biografía. Lugones se apresuró a responderle, en carta que exhibe su característico pudor y que asume aquel elevado concepto: "El conjunto de mis actos hasta hoy forman una vida vulgarmente laboriosa, en la cual fuera excesivo ver ninguna singularidad", para luego agregar esta sentencia tan extraña a la fatua ética nacional: "el único mérito consiste para cada uno en ejecutar su tarea lo mejor posible" [132]. En Lugones anidó siempre algo más que el hombre de letras. No fue sólo un pulidor de palabras. De su personalidad brotaba un profundo amor por la acción, amor que se remozaría con la vitalista reacción europea de entreguerra. Por eso ha de ser Sarmiento —"fenómeno estupendo y colosal" [133]— y no D'Annunzio, quien lo inspire en sus campañas cívicas. Pensaba en Sarmiento y en sí mismo cuando redactó su *Historia* —rica, por esto, en analogías extensivas a su autor— pero también cuando exigía para su país un destino más alto que una recurrente aparición del espíritu colonial. Por algo uno de los pocos cuadros que acompañó a su trashumante hogar fue el de don Domingo [134].

Alejado Figueroa Alcorta y con un roquismo en fuga, la agresividad de Lugones en *El Diario* no se justificaba. El mismo periódico había variado la línea opositora, acercándose su director —Manuel Láinez— al flamante presidente. Por eso, superar aquella etapa, necesaria si bien concluida, parecía fatal. A mediados de 1911, se incorporó a *La Nación*, órgano en el cual ya había colaborado esporádicamente y que había integrado su pariente Benigno G. Lugones, quien, sin duda, mucho tuvo que ver con el ingreso.

---

[132] URQUIZA, J. J. "Evocación de una amistad: Leopoldo Lugones y García Velloso", *La Nación*, mayo 13 de 1962.

[133] LUGONES, *Historia de Sarmiento*, 2ª edición, p. 233.

[134] Testimonio de Jorge Max Rohde al autor.

Capítulo V

1911-1914

> *"En los dulces tiempos de mi París de belleza"* [1].

Cuando Lugones intenta radicarse en Europa a mediados de 1911, tiene 37 años y con su obra, su palabra y también con sus gestos, ya ha inquietado al módico ambiente de Buenos Aires. Encabezó con Darío un movimiento libertador —el modernismo—, movimiento "apremiado por obtener una independencia intelectual inexistente bajo la asfixiante retórica española, la cual era forzoso conquistar bajo pena de sucumbir víctimas de la idiotez" [2]. Lugones sin duda había enriquecido "ese bien social que es el idioma, el elemento más sólido de belleza en las letras castellanas" [3]. Pero la gratitud de su gente resultó por lo demás avara. Consiguió, es verdad, despertar simpatías y una cierta estima, si bien este reconocimiento no pasó de un cargo de Inspector General de Enseñanza, el que después de azaroso trámite debió abandonar. Se lo favoreció, también, con dos obras de encargo: *El imperio jesuítico* y la *Historia de Sarmiento* y, sólo después de su retiro de la cosa pública, tras incursionar con ira en *El Diario* de Láinez, logró ingresar al abrigado puerto de *La Nación*.

El intelectual puro, consciente de su completa herramienta de artista y de su poder de comunicación verbal, necesitaba acelerar su carrera. Lugones jamás debió haber sufrido más que en las vísperas de aquella determinación. Buenos Aires, lo sabía, le quedaba chica y Europa era una escala inevitable.

---

[1] *La torre de Casandra*, Atlántida, Buenos Aires, 1919, p. 156.

[2] LUGONES, Leopoldo, "La France et l'Argentine", *Mercure de France*, setiembre 9 de 1906, p. 191.

[3] LUGONES, *Lunario sentimental*, p. 6.

Predestinado a conquistar una perspectiva más amplia de la cual nutrirse para así cumplir con su servicio, esa búsqueda marca uno de los instantes decisivos de su vocación. Hasta allí ha ido ascendiendo en forma sostenida, sin hiatos y menos aún regresiones. Afincarse en un medio más exigente que el nativo era el desafío que Lugones aceptaba y cuyo desenlace tendría influencia definitiva sobre su vida y su obra. Además, la caída de Roca le cerraba todo tipo de posibilidades. Ante el ofrecimiento de una corresponsalía en el exterior —máxima aspiración para un periodista— Lugones titubeó. Fueron momentos de duda, pues a pesar de todo, la idea de abandonar el país no lo entusiasmaba. Sin embargo, la influencia de Juanita, ella sí vehemente partidaria del viaje a Europa, resultó a la postre inapelable [4].

Tanto para el viaje como para la instalación, el dinero proviene de las sumas abonadas por su *Historia de Sarmiento* [5]. Además, su tranquilidad estaba asegurada por los buenos emolumentos que recibiría como corresponsal y representante de *La Nación* en París y Londres, reforzados con las colaboraciones para *Sarmiento*, periódico importante de su época. Si bien las "Notas Sociales" de *La Nación* [6] llaman al viaje "gira de estudios de don Leopoldo Lugones", su intención de radicarse parece clara, pues vendió hasta el último mueble de la casita de la calle Güemes 2965 y embarcó también sus libros con destino europeo. Obligado a renovar la documentación en la Policía, asienta, junto a los datos de rigor, como profesión la de periodista, título al que invariablemente recurrirá, como definitorio de su modo de vivir [7].

Por fin, el 17 de febrero de 1911, parten rumbo a El Havre y luego a París, Lugones, Juanita González y su hijo Polo: "la cáscara, la clara y la yema", como gustábale denominar durante los años felices a los integrantes de su familia. Apenas llegados a París se alojan en el Hotel Lutetia, Boulevard Raspail 43, hotel de primer orden, si bien no de lujo, ubicado en la "rive

[4] Testimonio de Jorge Max Rohde al autor.
[5] CAPDEVILA, *Lugones*, p. 235.
[6] *La Nación*, febrero 8 de 1911.
[7] Ministerio del Interior, Policía Federal, "Prontuario de Leopoldo Lugones", archivado como A-33.

gauche", barrio de Montparnasse [8]. Lugones arriba a Francia en un momento particular: la Argentina está de moda. Los ecos del Centenario, los escritos de ilustres viajeros: Anatole France, Clemenceau, Jules Huret y la solidez de nuestro peso refirman la imagen de un país económicamente fuerte. En el primer artículo que envía a *La Nación*, titulado, justamente "A la Moda" [9], se refiere con aprensión a este fenómeno: "Es poco agradable para la seriedad de un país, eso de hallarse a la moda". Pero, sobre todo, le subleva el fulgurante éxito del tango, inusitado concurso en aquel repentino aprecio: "Cualquiera entiende el perjuicio moral que comporta el adjetivo argentino pegado a esa innoble y bastarda danza, con la cual canta sus folías de licencia la canalla mestiza de nuestro suburbio descaracterizado".

A un ritmo de casi dos por semana envía sus colaboraciones, las que lo muestran preocupado por atrapar al lector. En "Dogos y Gerifaldes" [10], por ejemplo, reseña la conferencia de una distinguida duquesa sobre cetrería, aclarando, para explicar el tema escogido, que "las damas argentinas que se preparan a hacer su París, pueden encontrar quizás en estos párrafos, alguna información útil". Trabaja mucho, es cierto, pero apenas llegado convoca a su entrañable amigo. La búsqueda de Rubén Darío —¿con quién conversaba Lugones en Buenos Aires?— será una verdadera obsesión durante su intervalo europeo. Le escribe: "Querido compañero, lo esperamos mañana a almorzar a las 12, ¿vendrá? Alimentos americanos, y el grande afecto de siempre" [11]. No sólo admiraba al nicaragüense, sino que uníanlos gestas conjuntas, ideas afines y hasta la comunión con la esotérica teosofía que ambos practicaron. Los reclamos serán incesantes y no siempre hallarán respuesta a causa de las profundas depresiones y comas alcohólicos de Darío. Conmueve su insistente afecto: "Mañana vamos a oír *Los maestros cantores* y, como estaba convenido, se lo avisamos, para que venga al

[8] "Leopoldo Lugones a Rubén Darío", mayo 26 de 1911, *Seminario Archivo Rubén Darío*, documento 723.

[9] LUGONES, Leopoldo, *La Nación*, abril 8 de 1911.

[10] LUGONES, Leopoldo, *La Nación*, abril 20 de 1911.

[11] "Leopoldo Lugones a Rubén Darío", París, febrero 26 de 1911, *Seminario Archivo Rubén Darío*, documento 715.

hotel, a las siete menos cuarto en punto y podamos comer con tranquilidad antes de ir. Extrañamos mucho su ausencia" [12].

El torturante afán de Lugones por absorber conocimientos ocupaba parte considerable de su tiempo. Aunque explorados en su anterior viaje de 1906, frecuenta museos y bibliotecas: "el Louvre, museo que conozco bastante bien", confesará en una de sus colaboraciones [13]. Vivirá en París, y, como en Buenos Aires, estudiará y trabajará sin descanso. En algunos de sus raros momentos autobiográficos relata con galanura "su peregrinación gótica" a Reims: "Llegábamos justamente a la hora de llegar, que es la hora de la tarde. La catedral se alzaba en la gloria del sol poniente y hacia ella volvían ya las palomas". Pero el placer estético deja, de inmediato, lugar a otra pasión, el estudio: "Al pie de la muralla notábase mucha escultura caída o bajada de cornisas y edículos, en espera de restauración y que mucho me sirvió para estudiar la zoología y la botánica decorativas de los artistas medioevales" [14].

A mediados de mayo se inaugura un busto de Verlaine entre los castaños del Luxemburgo, primer reconocimiento oficial al "jefe de la cruzada". Lugones está exultante. Escribe —por supuesto a Darío, a quien le reserva una entrada para "la ceremonia Verlaine", la comida a "los amigos de Verlaine" y "la conferencia del Odeón". En su corresponsalía no deja de recordar, con apenas disimulado orgullo, su participación en las huestes revolucionarias: "Y en este triunfo, dichosamente confundidos con la multitud que nos ignora, a los que allá, tan lejos, reñimos nuestra batalla sincrónica por la estética libre, por el verso libre, por el arte espiritualizado" [15].

Si caben dudas sobre la adscripción de Lugones a la teosofía y al hermetismo, valga este episodio. Recién venido recurre a los oficios de Darío, pues procura entrevistar lo antes posible a Gerard Encausse, el reputado doctor Papus (no confundirlo

[12] "Leopoldo Lugones a Rubén Darío", París, abril 6 de 1911, *Seminario Archivo Rubén Darío*, documento 722.

[13] LUGONES, Leopoldo, "El triunfo de la antiestética", *La Nación*, diciembre 5 de 1911.

[14] LUGONES, Leopoldo, "La catedral muerta", *La Nación*, setiembre 16 de 1921.

[15] LUGONES, Leopoldo, "El monumento a Verlaine", *La Nación*, junio 21 de 1911.

con el también famoso ayunador), médico y discípulo de Jean Martín Charcot en la Salpêtrière, un erudito de la cosa esotérica, empeñado en su propagación y en aportar significados estéticos y artísticos a la literatura de igual origen. Con prontitud Darío le solicitó una audiencia para "el intelectual más fuerte del continente latinoamericano, al mismo tiempo dado a los estudios del ocultismo"[16]. En la oportunidad, los dos amigos presenciaron experiencias notables y días más tarde, Lugones —siempre interesado— asistió, en el Palace des Sociétés Savants, a una conferencia con el atrayente tema de "Ocultismo y Renacimiento", organizada por la Escuela Superior de Ciencias Herméticas, dirigida por Encausse. De ahí en más sería asiduo oyente de los Cursos Esotéricos dictados con alto nivel académico por aquella institución.

Repentinamente, bajo un verano tórrido con temperaturas inusuales y con cortes del agua corriente, Polo cae enfermo de fiebre tifoidea. Su dolencia no es fatal, pero exige cuidados extremos por el peligro de complicaciones. Lugones había trabado amistad con Arturo Ameghino —primo del sabio— médico residente en París por entonces, y asistente a los cursos de Neurología y Psiquiatría que dictan Déjerine, Dupré y otros. El se encarga de atender al pequeño, quien, para desconsuelo de sus padres, debe soportar las alternativas de la afección encerrado en un cuarto del Hotel Lutetia[17]. Su amistad con el distinguido neurólogo se acrecentará a partir de la curación. Ha de ser, también, su médico en los años postreros y Lugones le dedicará uno de sus *Romances del Río Seco*. A su diagnóstico ha de recurrir cuando, para probar el realismo del poema de Hernández, precise en *El payador*, la dolencia del viejo Vizcacha.

Continúa la vida cotidiana. Puntualmente envía sus colaboraciones a *La Nación* y a *Sarmiento* y en ellas ya apunta el gusto por el análisis de las relaciones internacionales, que conservó hasta su muerte. La atención de su familia —permanente inquietud— lo ocupa también. Inscribe a Polo en el Lycée Montaigne; pero dejemos al propio Lugones relatar la escena: "El

16 GHIRALDO, A., *El archivo de Rubén Darío*, Losada, Buenos Aires, 1943, p. 480.
17 LUGONES (h.), *Mi padre*, p. 225.

137

provisor, distinguida persona en cuya solapa destácase justiciera la cinta de la Legión de Honor, tomaba los datos del caso: ¿ciudad natal?: Buenos Aires. A la cual añadió, por su cuenta, entre paréntesis: Brasil. Y esto cuando nuestro país hállase, como es sabido 'a la moda en Francia' " [18]. Luego de asegurarse los estudios de su adorado Polito en un colegio oficial, parte con él y con Juanita a las playas de Trouville Sur Mer, cuya costanera no es sino el *boulevard d'été* de París, según las Baedecker de aquella época. Éstos, sus gustos de gran señor, son uno de los rasgos furtivos de la personalidad de Lugones, siempre atemperados por la medianía de los ingresos o bien exasperados por las urgencias de Juanita. Los Lugones se aposentan en el Trouville Palace y desde allí parte la repetida comunicación a Darío, con bastante miga esta vez por la sutil denuncia al incomprensible exotismo latinoamericano: "Como vinimos por muy pocos días, no le dejé aviso de nuestra morada; pero los días van tan buenos y la playa hace tanto bien a Juanita y a Polo, que hemos decidido quedarnos un tiempo más. [...] No hay para qué decir que le extrañamos mucho y deseamos noticias suyas, aunque como es natural y dice Harúm al Raschid, nada hay comparable al rostro del amigo delicioso. Supongo a París cada vez más atroz con los calores y esta idea me retiene. Aquí está delicioso y poco mundano, aunque siempre quedan bañistas generosas del desnudo marítimo. Hay también unas colombianas o cosa más o menos caribe, que gastan sombreros y tapados clamorosos en nombre de *South América*. Se vive en paz y la brisa es deliciosa" [19].

Después del interludio retorna a París y se aloja en el hotel Regina, sobre la place Rivoli, cerca del Louvre y del Jardín de las Tullerías. Pero al poco tiempo decide tomar casa estable. Luego de larga búsqueda (pues Juanita es quien decide dictatorialmente en este aspecto) elige un piso en la rue Jacques Offenbach 1, esquina General Aube, barrio de Passy, a media cuadra de la avenue Mozart; se trata de una casa de departamentos típica del gusto —o de las posibilidades— de los Lugo-

[18] LUGONES, Leopoldo, "La educación de oro", *La Nación*, octubre 31 de 1912.

[19] "Leopoldo Lugones a Rubén Darío", Trouville sur Mer, setiembre 11 de 1911, *Seminario Archivo Rubén Darío*, documento 724.

nes: ni lujosa ni de apariencia modesta; moderna, con servicios sanitarios individuales, tal la exigencia pregonada por el escritor en cuanto a "la primera belleza": el aseo. El barrio hoy día es elegante y si lo imaginamos sesenta años atrás, debió ser parejamente nuevo.

Allí los convites abundan. A Rogelio Yrurtia, luego de avisarle la llegada de dos sirvientas españolas "que están a su disposición", lo invita a una velada musical: "si quiere venir usted por acá, iremos juntos. Habrá Haydn, Haendel, Beethoven, Wagner etc.; tenemos además muchos deseos de verlos" [20]. Desde luego no olvida al entrañable Darío a quien intenta atraer con fantásticos proyectos gastronómicos: "Haga el favor de decir en dos palabras cómo se prepara el guajalote. Ya está aquí esperándole; también 'cangrejo japonés'" [21]. Entretanto puede anotar en el remitente impreso de "la carte pneumatique", no sin cierto orgullo de extranjero afincado: "L. Lugones. Rue Jacques Offenbach 1". Esa vez Darío no concurre, pero, en cambio, ha de hacerlo en otra oportunidad y Polo retratará a su padre y al difícil huésped en célebre fotografía: ambos sentados a la mesa, luego de almorzar. Por aquella época ha compuesto su "mensaje a Rubén Darío":

"Maestro Darío, yo tengo un encargo
De la primavera que llegó anteayer.
. . . .
Dice que no es justo lo que haces con ella,
Si habiéndote dado tesoro sin par,
Su beso en las flores y su alma en la estrella,
La olvidas y ahora no quieres cantar" [22].

Es una fina recriminación por el silencio del poeta, quien retribuirá con la "Canción Carnavalesca" dedicada galantemente a Mme. Leopoldo Lugones [23].

[20] "Leopoldo Lugones a Rogelio Yrurtia", París, mayo 8 de 1912 y junio 7 de 1912, *Museo Yrurtia*, gentileza de Lía Correa Morales de Yrurtia.
[21] "Leopoldo Lugones a Rubén Darío", París, 1911, *Seminario Archivo Rubén Darío*, documento 729.
[22] LUGONES, Leopoldo, "Mensaje a Rubén Darío", *Las horas doradas*, Babel, Buenos Aires, 1922, pp. 91-92.
[23] DARÍO, Rubén, "Pequeño poema de Carnaval", *Mundial*, marzo de 1912.

La antítesis de libertad y obediencia lo obsedía por aquellos años, oposición que Lugones elaboró lentamente, acaso probable resabio de su paso por la docencia, su sola pero intensa experiencia pública. La búsqueda de la verdad, único objetivo de todo método científico, propiciado desde su cargo como fundamento de los planes de enseñanza y de su propia vida intelectual, lo llevó, siguiendo los preceptos de Charles A. Laissant, a detestar cualquier imposición dogmática, siempre, por ello, violatoria de la libertad y la razón. Cuando Lugones arriba a Europa lleva perfilado el concepto del "dogma de obediencia", el execrable oponente de su exaltada concepción liberal. Pero en aquel momento solo había avanzado tímidamente hacia la admisión de la cultura como concepto historiológico autónomo y lejos estaba de advertir las esencias últimas de una cultura o civilización occidental.

Fue la guerra balcánica de 1912 la que le facilitó aquella búsqueda. En realidad, la concepción de culturas o civilizaciones antagónicas había surgido como consecuencia de la derrota rusa a manos japonesas, en 1905. El peligro amarillo con su latente agresión y su impresionante potencial humano y económico, impulsó la búsqueda de una disparidad. Europa, al ver cuestionada su primacía, se replegó sobre sí misma para merecer una esencia particular y distinta que, con prontitud, algunos intuyeron en un destino e historia compartidas. La victoriosa campaña de los pequeños países —entre ellos la bienamada Grecia— contra el imperio otomano (en los hechos revancha de la victoria nipona) permitió a Lugones elaborar el concepto de un espíritu occidental disímil y adverso a las condiciones culturales del Oriente.

No resulta aventurado afirmar que, en el páramo intelectual argentino como en el área hispanoamericana, Lugones fue, quizá, el único pensador que planteó tales disquisiciones. También era inédita la búsqueda de un preciso contenido para la noción de cultura occidental. En plena contienda balcánica hizo su aproximación al tema: la esencia de Occidente era la libertad y la justicia, heredadas de Grecia y Roma, y, por tanto, desconocidas por Oriente. No cejará de considerar peyorativamente como extraño al desarrollo del espíritu occidental a todo régimen autoritario, incluso al propio cristianismo, de idéntico carácter por la imposición de sus creencias.

El espectáculo de una Europa triunfante y el asiático expulsado del continente lo hace estallar de alegría. La lucha de los pequeños países simboliza "la lucha entre la libertad y la obediencia", "entre la dignidad humana y el miedo animal". Ese gran fresco la permitirá vislumbrar la historia como la descripción misma de aquel vasto combate. Además, el propio escenario de los sucesos coincidía con su creciente campaña helenística. Fue el ámbito donde griegos y romanos lucharon contra las hordas asiáticas, introductoras durante siglos de los abominables principios absolutistas. Así se explica su laudatoria cronología de los búlgaros —descendientes de Aquiles por ser epirotas también— y de los servios, consecuentes antagonistas del bárbaro. El renacimiento de Grecia lo conmueve y ese sentimiento reconoce su vinculación trascendental con los contendientes de la incesante lucha. La expulsión de Oriente prenuncia, además, la derrota de la obediencia ciega y la sumisión, pero, sobre todo, presagia el término de siglos de infección asiática y también el renacimiento del mundo pagano, inspirado en el principio absoluto de la libertad.

Refractario por convicción al uso de la fuerza, piensa sin embargo que ésta puede ser benéfica y que la revuelta de 1912 ha de ser el preámbulo obligado "de esa gran guerra que un día u otro derribará los poderes inicuos, levantando sobre sus ruinas, como inevitable coronamiento, la República Social" [24]. Pero esto significa adentrarse en un concepto más elaborado de su pensamiento político: dentro mismo de Occidente pugnan fuerzas representativas de aquellos dos principios liminares y contradictorios: libertad y obediencia, cuyo choque provocará un gran cataclismo como el de 1914, analizados puntualmente por Lugones hacia el prólogo de las hostilidades.

Obrero tenaz, prepara un trabajo sobre el *Martín Fierro*, "ausente de la patria, lo cual había exaltado, como suele ocurrir, mi amor hacia ella" [25], y que servirá de base a sus célebres conferencias en el Odeón, luego recogidas en *El payador*. El contacto con un ambiente culturalmente sofisticado no lo distrae y, en plena estada europea, prepara el más nacional de

---

[24] LUGONES, Leopoldo, "El panorama histórico de la guerra", *La Nación*, diciembre 9 de 1912.
[25] LUGONES, *El payador*, p. 6,

todos sus libros. Realiza, asimismo, estudios sobre los aportes científicos de Florentino Ameghino, mero pretexto para resaltar el valor del individuo como fuerza creadora. Sanín Cano anota la erudición de Lugones sobre el tema: "Visitamos juntos los museos de historia natural, el jardín zoológico, la colección paleontológica del Colegio de Cirujanos y otras instituciones de investigación. Recuerdo que frente a la coraza y al esqueleto del glyptodonte (un armadillo del terciario, grande como una dante grande), observó que al esqueleto le habían adjudicado la cola de otra familia"[26].

En París concluye de pulir los poemas de *El libro fiel* que publica en 1912 en las prensas de H. Piazza, rue Bonaparte 19. Aquel volumen marca una clara ruptura en la línea poética lugoniana. Abandona los chisporroteos verbales, las metáforas deslumbrantes y la búsqueda de formas novedosas para ingresar, luego de haber absorbido a los líricos italianos, Leopardi, Alfieri y Páscoli, en una zona íntima de remansada espiritualidad, decididamente elegíaca. El pretexto del libro es el amor conyugal; así luce su razonada dedicatoria. Sin embargo, algún crítico de la más alta autoridad lo ha exhibido como un claro exponente de la crisis por la que atravesaba Lugones y que una correspondencia, citada hace poco, pareciera confirmar[27]. Martínez Estrada, en efecto, profundo conocedor de la obra y del hombre, así lo ha sostenido. *El libro fiel*, según su opinión, es el desesperado asimiento a algo que se ha ido del alma, el doloroso adiós a un ideal que sólo Lugones concebía y que no era compartido[28]. Aquella opinión parece tanto más certera, si se advierte cómo esta época refleja un cambio en su concepto del amor. Consecuentemente y a raíz de sus lecturas del Dante, ha comenzado a elaborar la platónica doctrina del *Perfecto Amor*.

La petulancia de "los argentinos en Europa" chocaba con el decoro natural de Lugones. La estolidez, favorecida por una moneda fuerte, debió resultarle insufrible. En sus notas resalta la molestia, exhibida también como una advertencia a los futuros viajeros, por "la explotación y el ridículo casi inherentes a la

[26] "Lugones ha muerto", *Nosotros*, año III, t. VII, 1938, p. 341.
[27] DOMÍNGUEZ, María Alicia, "Leopoldo Lugones", en *Homenaje a Leopoldo Lugones*, Academia Argentina de Letras, Buenos Aires, 1975, p. 55.
[28] MARTÍNEZ ESTRADA, *Leopoldo Lugones. Retrato sin retocar*, pp. 112-113.

enunciación de la nacionalidad". Le horrorizaba el arrastre de las erres, ingenuo expediente para aparentar un buen francés, así como el afectado andar de las mujeres argentinas con movimientos propios de maniquíes, a las que remedaban seguras de impresionar con lo que suponían suprema elegancia [29]. Tampoco soportaba los hábitos nocturnos de los compatriotas, iniciados a media noche, "tomando por hito las aspas del Moulin Rouge para rematar a las siete de la mañana ahítos de explotación desvergonzada, de lubricidad grosera, de tango y de champagne caro y mediocre" [30]. Fino perceptor de lo ridículo, lo erizaban las obsesivas muletillas ponderativas de las señoras: "precioso, mono, bonito y hermoso" [31]. Y qué decir de la moda de alquilar un automóvil, sustituto del ferrocarril como transporte turístico. "Nadie es distinguido —escribía fastidiado— si viaja en tren. Un argentino sin automóvil es, para los otros argentinos, la cosa más semejante a un pobre diablo". Lugones sabía tener razón, aún en los detalles frívolos, con argumentos incluso aplicables a los actuales cultores del automóvil como transporte de turismo: "Hasta la mitad del viaje, las víctimas conservan cierta ilusión. Después ya no piensan con angustia, sino en la dicha de volver, de agotar aquello, con la neurastenia idiotizante de los kilómetros, aburridos de correr como locos, sin ver nada, en realidad, a través de aquel proyectil con ventanas..." Imposible dejar de citar el epíteto final, referido al tema, síntesis de la reluctancia lugoniana: "La fortuna sin inteligencia no es sino una forma de miseria" [32]. Sin embargo, es lícito pensar también que la inteligencia sin fortuna se asemeja a cierta forma de la adversidad.

Durante el verano Lugones decidió pasar una breve temporada en la isla de Jersey [33]. Después de trasbordar en Granville, la familia arribó en vapor a St. Helier, hospedándose en el hotel inglés Yatch Club. Polo y Vanna, que disfrutaban de los baños de mar, frecuentaron las playas cercanas de George-

---

[29] LUGONES, Leopoldo, "El jardín venenoso", *La Nación*, noviembre 2 de 1913.

[30] *Ibid.*

[31] LUGONES, Leopoldo, "Víctimas rodantes", *Sarmiento*, marzo 3 de 1911.

[32] *Ibid.*

[33] LUGONES (h.), *Mi padre*, p. 248.

town y Cheapside. Visitaron también las cuevas de Plémont, el
castillo medieval de Mont Orgueil y se divirtieron enormemente en los típicos carros normandos que servían de transporte.
Sin embargo, la "isla sonora" tenía para Lugones un encanto
aun mayor. Apenas alejada del bullicio de Queen Street descubrió "Marine Terrace", con su insólita forma de cubo blanquea-
do, que habitara Víctor Hugo parte de su largo destierro. No
obstante, conmovióse todavía más un luminoso domingo, al em-
barcar solo en frágil barquichuelo rumbo a la vecina Guernsey.
Luego de hora y media de travesía avistó St. Peter Port, con su
pequeña iglesia y las casitas apretujadas, que bajan en declive
sobre torcidas calles hacia la bahía azul, punzada por mástiles
pescadores. Dominando el panorama, desde la escarpada costa,
cercana a los extraños contornos de la isla de Sark, se alzaba
"Hauteville House", con sus tres pisos de postigos verdes y el
mirador desde el que Hugo se consolaba contemplando el delgado perfil de Francia, "las orillas que nos llaman". Con qué
emoción recorrió Lugones sus estancias, para detenerse, al fin,
en el gabinete de trabajo del viejo formidable. Sin duda fue
aquella peregrinación el solitario homenaje a un amor permanente.

Todo suceso cultural en París, Lugones lo aprovecha. Concurre al Salón de Otoño del Grand Palais, donde se exhiben las
muestras de la nueva pintura y también del cubismo. Realmente impresionado, escribe cuatro notas que titula "El triunfo
de la antiestética", enunciativas de muchas de las críticas rei-
teradas, quince años más tarde, contra los dogmas de la nueva
generación —"los martinfierristas"— aunque esa última vez con
justificada fatiga ante el rebrote aldeano. Lugones, en aquella
correspondencia, denuncia algunas de las más evidentes falencias del arte pictórico contemporáneo. Dejémosle decir: "Otra
característica del procedimiento en cuestión es la ausencia del
dibujo. Los que algo valen como dibujantes, lo desdeñan no
bien se ponen a pintar, porque, en efecto, la limitación del dibujo daría más resalte a la impotencia de la pintura". Una entrega posterior da en el blanco respecto de otras de las notorias
imperfecciones. Con frase estupenda resume: "El color es el
infierno de los que no han nacido para su gloria" y, a continuación, adelanta esta aguda y mordaz crítica de permanente vigencia: "Porque eso sí. Tanto como falta de pintura, abunda

la literatura". Es cierto por otra parte; "para aquellas escuelas la teoría es lo primero y, además, lo esencial. La pintura viene después". En otra oportunidad en que vuelve sobre el tema, afirmará con énfasis: "En vez de darnos la teoría de la pintura, se nos ofrece la pintura de la teoría"[34].

En setiembre de 1912, Lugones y su familia se trasladan a Londres, instalándose en una residencia ubicada en Holland Park 81-82. Debió ser aquélla —hoy hotel— una mansión en la que se alquilarían cuartos amueblados o bien pequeños departamentos. Está ubicada en un típico barrio inglés muy arbolado, con aceras espaciosas bordeadas con rejas y cuyas casas idénticas se hallan adornadas por marquesinas de cristal. Ocupan manzanas próximas al subterráneo de la Central Line. La estación conserva las mismas características de la época de Lugones y todavía un vetusto ascensor conduce a los pasajeros desde el andén a la salida.

Londres era una ciudad muy de la predilección de Lugones, quien gozaba, sin duda, de su imperial munificencia. Por aquellos años fumaba mucho y se aficionó a los cigarrillos turcos. La obligación de escribir sus notas para *La Nación* y *Sarmiento* le tomaba la mayor parte del tiempo. Sin embargo asistió, entre una espesa multitud, a los funerales del general Booth, fundador del Ejército de Salvación y con ese motivo recuerda las exequias de otro santo, "el suave y piadoso" Fray Mamerto Esquiú, también por él presenciadas, allá, en "la casi medioeval Córdoba" de su infancia[35]. Días después concurre al Agricultural Hall, exposición agrícola-ganadera, donde comprobará —luego de relacionarla con sus similares de Buenos Aires, Rosario y Córdoba— que "en este asunto, poco o nada necesitamos aprender, habiendo alcanzado una perfección digna de los más difundidos parangones"[36]. No es mera volatinería intelectual. Lo relacionado con la tierra nunca le fue extraño a Lugones. Aparte de la infantil experiencia en la estancia paterna de Taco

[34] LUGONES, "El triunfo de la antiestética", *La Nación*, diciembre 5 de 1911.

[35] LUGONES, Leopoldo, "Los funerales de un santo", *La Nación*, octubre 6 de 1912.

[36] LUGONES, Leopoldo, "En el Agricultural Hall", *La Nación*, noviembre 17 de 1912.

Ralo, recuérdense sus actividades en el negocio cerealero, recorriendo la zona de San Francisco, cuyo escenario y labores reflejó prolijamente en su "Oda a los ganados y a las mieses".

No obstante, a poco de encontrarse en Londres, debe retornar a Buenos Aires. Tal decisión parece obedecer a múltiples causas. A Darío le dice "haber recibido una orden"[37]; a Rogelio Yrurtia se le ofrece, en cambio, otra explicación: "asuntos que no puedo arreglar motivan este imprevisto viaje"[38]. A la vez, ha realizado gestiones ante Jorge Mitre, anunciándole su regreso y sus deseos de establecerse definitivamente en la Argentina y de seguir colaborando en *La Nación*[39]. Su hijo, por otra parte, alude a la necesidad de resolver algunos asuntos, pues pensaba instalarse por muchos años en Europa[40]. Cualquiera fuese la verdad, no resulta difícil conjeturar que el proyecto de lanzar una publicación en París tornaba indispensable su retorno a Buenos Aires y que la empresa se le antojase incierta. En medio de tratativas y decisiones, Lugones sufre, además, una honda depresión. A García Monge le confiesa: "Cada día que pasa, me siento más pequeño, más miserable, tan lleno de defectos y de cobardías, que doy lástima. Si no creyera que mi trabajo puede ser útil a mis semejantes, dejaría de escribir". En aquella misma carta ha estampado también esta frase inquietante: "La vida es una preciosa fiera que no permite la menor distracción"[41]. El 6 de febrero de 1913, siempre con su familia, se embarca en el *Blücher*, de la compañía alemana, rumbo a la patria[42].

Cuando arriba a Buenos Aires se aloja en el Garden Hotel e inicia, de inmediato, gestiones destinadas a lograr apoyo para su proyecto de editar una revista en París. Le preocupan varios aspectos de su intento: obtener avisadores, algún subsidio y asegurarse —mediante contactos personales— ciertas colaboracio-

[37] GHIRALDO, *El archivo de Rubén Darío*, p. 281.
[38] "Leopoldo Lugones a Rogelio Yrurtia", Londres, noviembre 16 de 1912, *Museo Yrurtia*, gentileza de doña Lía Correa Morales de Yrurtia.
[39] URQUIZA, J. J., *Testimonios de la vida teatral*, Ministerio de Educación, Buenos Aires, 1973, p. 17.
[40] LUGONES (h.), *Mi padre*, p. 227.
[41] "Leopoldo Lugones a García Monge", Londres, diciembre 28 de 1912, *Repertorio Americano*, marzo 19 de 1938, p. 170.
[42] "Leopoldo Lugones a Rogelio Yrurtia", Londres, noviembre 29 de 1912, *Museo Yrurtia*, gentileza de doña Lía Correa Morales de Yrurtia.

nes. Afortunadamente, pocos días después todos los problemas se solucionan, siendo confirmado incluso como corresponsal de *La Nación*.

Lugones descuenta un alejamiento prolongado, por ello decide despedirse de sus padres. Con esa intención viaja el 15 de marzo a Córdoba, pues allí vive doña Custodia junto a sus hermanos Ramón y Carlos. Luego, acompañado por Juanita y Polo, se traslada a Santiago del Estero donde reside el padre y su hermano Santiago. Cumplidos los deberes filiales, se apronta a embarcarse rumbo a Europa cuando inesperadamente el empresario del Teatro Odeón, da Rosa, le ofrece la oportunidad de dictar un ciclo de conferencias. Lugones elige por tema una primicia: sus trabajos sobre *Martín Fierro* concluidos en París. En realidad había pensado editarlos allí, como *El libro fiel* y de esa manera asegurar su labor intelectual con la legislación francesa, mucho más protectora que su similar argentina. Sin embargo, andando el tiempo, una especie de sortilegio impidió que aquellas páginas sobre tema tan local aparecieran en Europa. Con razón, y no sin estupor, le informó de estas peripecias a su amigo Adolfo Sierra: "Y vea el destino: resulta que *Fierro* se publicará en su tierra. El viejo gaucho no ha querido saber nada con los gringos" [43]. Tan oscuro designio acabó por cumplirse. Años más tarde, en homenaje al Centenario de la Independencia aparecería bajo el título de *El payador*.

El éxito de las lecturas, que se extendieron desde el ocho al veinticuatro de mayo, fue clamoroso. Hasta el presidente Sáenz Peña asistió a alguna de ellas y Roca también, a la primera: "Señoras; señor general Roca; señores" [44], tal la introducción de aquella conferencia y prueba de su inalterable adhesión al estadista. Según la crónica, fue tanto el entusiasmo del público que se observó en los finales de las exposiciones "la inusual actitud de manifestar el deseo de continuar escuchando al orador, cuya presencia en el escenario reclamó por largo rato" [45]. Por su parte, la crítica recibió alborozada la reivindicación del libro

[43] LERMON, Miguel, *Bibliografía de Leopoldo Lugones*, Maru, Buenos Aires, 1968, p. 77.
[44] "La conferencia de Lugones", *La Nación*, mayo 9 de 1913.
[45] "Las tardes del Odeón", *La Nación*, mayo 11 de 1913.

de Hernández, ya propuesta por Leguizamón y Ernesto Quesada.

Sólo quien pueda imaginar la condición infraliteraria en que se encontraba el *Martín Fierro*, reservado en su época al consumo de iletrados, apreciará el gesto audaz de Lugones al elevarlo a la categoría de epopeya nacional, pues si toda obra de arte necesita para su perfección de la crítica como un complemento inexorable, el caso del *Martín Fierro* y Lugones parece confirmarlo. A partir de las lecturas del Odeón el poema de Hernández y el enfoque lugoniano constituyen una identidad perfecta e inseparable, que es la que hoy consideramos y respetamos. Gracias a esa añadidura —el término correcto sería recreación— el *Martín Fierro* abandonó las tinieblas para ser exaltado como un paradigma de clásica diafaneidad, objeto de reverencia por estudiosos y lectores. Lugones tuvo siempre cabal conciencia del valor de su hallazgo. Prueba de ello fue el derroche de epítetos ante la estrepitosa omisión de Eleuterio Tiscornia [46] y, también, la afectada modestia que exhibió al conmemorar el centenario del nacimiento de Hernández [47].

La gloria del poema exteriorizaba para Lugones —y he ahí la tesis última de sus conferencias y de *El Payador*— un signo inequívoco de vitalidad para aquella nación predestinada que hubiera conseguido engendrar un poema semejante. De tal aptitud deducía la capacidad argentina para una existencia preeminente entre los pueblos de la tierra. Además, la búsqueda del género épico ostentaba razones autónomas dentro de la construcción lugoniana. Aquel tipo de poesía era expresión de la vida heroica de las razas y el relato de las luchas que éstas sostienen por la justicia y la libertad. Así, los dos valores insustituibles aparecen esta vez distintivos del poema y del héroe que los encarna, por eso, "espectáculo superior de energía y belleza".

Sus amigos e incondicionales le ofrecieron una calurosa despedida el 28 de julio, en el Café de París. Nombres ilustres auspiciaron el homenaje: Julio A. Roca, Luis M. Drago, Jorge Mitre, José L. Murature, Pablo Richieri, José María y Joaquín

[46] LUGONES, Leopoldo, "Crónica literaria", *La Nación*, diciembre 22 de 1925.

[47] LUGONES, Leopoldo, "La gloria de Martín Fierro", *La Nación*, octubre 27 de 1935.

Ramos Mexía, Joaquín V. González, Mariano de Vedia, Alfredo L. Palacios, Lisandro de la Torre, Juan A. García, Osvaldo Magnasco, Angel Gallardo, Vicente Gallo, Joaquín de Vedia, Enrique del Valle Iberlucea, Luis Agote, Alberto Gerchunoff, Arturo Giménez Pastor. Con su perseverante ojeriza relata Gálvez la provocación de Monteavaro luego del banquete: "¿Se puede saber, señor Lugones, cuál será su opinión política la semana que viene?"[48]. A ésta se unió el ataque del diputado Nicolás Repetto, en el Congreso de la Nación: "Lugones ha restablecido sus relaciones con el erario público por medio de un proyecto de revista que cuenta con apoyo en todos los ministerios"[49]. Las agresiones, aunque harto modestas en la ocasión, exhiben el ansia de exterminio que inspiraba Lugones por su imperdonable virtud de ser diferente. Tan insólita persecución —verdadera constante argentina en presencia de cualquier manifestación principal— se exacerbará con los años, transformándose para el poeta en un sufrimiento continuo. Aquel hostigamiento, atenuado entonces por la promesa de futuros triunfos, resultará insufrible en la soledad de los años finales.

El 31 de julio, de nuevo con Juanita y Polo, se embarca en el *Cap Vilano*, transatlántico alemán. Los acompaña hasta Montevideo don Santiago Lugones, quien pretendió estar junto a su hijo todo el tiempo posible. De aquel viaje, por suerte, quedan recuerdos y episodios rescatados por Capdevila, viajero, como él, aunque con otro destino. El autor de *Melpómene* revive las trampas de Lugones en los juegos de salón, sus acres comentarios sobre literatura española. Pero, sobre todo, impresiona la escena en la tercera clase, con la desvalida italiana y su chiquillo sometidos al arbitrio de un marinero, al que Lugones aparta con ademán fiero para acariciar al pequeño, mientras exclama con profunda voz sacerdotal: "Espero en Dios que has de arrojar un día bombas de dinamita"[50]. Aparece, así, un Lugones humano, despojado del hierático gesto en escayola que el agravio del elogio le proveyó, agravio en suma tan corrosivo como la ruin crítica o el silencio intencionado.

[48] GÁLVEZ, *Amigos y maestros de mi juventud*, p. 198.
[49] *Cámara de Diputados. Diario de Sesiones de Diputados*, 1913, t. III, p. 331, col. 1ª.
[50] CAPDEVILA, *Lugones*, pp. 257-258.

Lugones arriba a París en agosto, "emigrante de un país de inmigración". Esta vez Juanita alquila un moderno departamento, el cuarto piso, de Square Raynouard 4, en el elegante barrio de Passy. La casa supera a la anterior de la rue Offenbach. Ubicada sobre una pequeña barranca, a pocos pasos del Trocadero y de la residencia —hoy Museo— de Balzac, desde sus ventanas se divisaba la mole de la Torre Eiffel y más abajo el fluir del Sena, pues la edificación de la acera opuesta fue posterior. Concluyendo con los menesteres domésticos inscribe a Polo en el Lyceé Janson de Sailly, especializado en hijos de extranjeros y de familias acomodadas. Ahora sí puede dedicarse a ejecutar el ambicioso plan de publicar su revista. El nombre reservado para ella es el de *Revue Sud-Americaine* y está destinada, como el título lo indica, a la América Latina y a "mostrar y benficiar a nuestro país por el reflejo directo de su capacidad y sus tendencias morales"[51]. La idea había surgido en Europa, antes del regreso de Lugones. Henry Javray, secretario de redacción, relatará con motivo del suicidio del poeta los pormenores de su nacimiento: "En 1913 Jules Huret me anunció que había dado con un tipo formidable; un verdadero genio, afirmaba. Ha leído todo, lo sabe todo; es, simultáneamente, poeta, músico, matemático, filósofo, historiador, versado en todas las ciencias; en una palabra: una enciclopedia viviente llegada de la Argentina y que se llama Leopoldo Lugones. Combinó una entrevista que tuvo lugar en casa de D. Enrique Larreta, ministro argentino en Francia y autor de un libro de mucho éxito en París, *La gloria de don Ramiro*, traducido por Rémy de Gourmont y que el *Mercure de France* había publicado. Allí se me puso al corriente del proyecto de editar en francés una revista destinada a la América del Sur, cuya dirección asumiría Lugones junto con Jules Huret. Se me ofreció ejercer la secretaría. La financiación estaba a cargo de dos comerciantes argentinos que tenían un negocio de exportación en París (Sahores y Ojeda) y que se contaban entre los admiradores del joven prodigio. Pusimos manos a la obra. Se nos reservó una habitación en el local de los administradores, avenida de la Opera 32. Se pretendía la más bella revista literaria, la mejor presentada, la mejor impresa sobre el mejor papel. Huret con-

[51] *La Nación*, julio 23 de 1913.

vocó a no sé cuántos comerciantes, impresores, proveedores de toda especie y cuyas exigencias, como las de Lugones, los desconcertaban. Mientras Jules Huret trabajaba en esos detalles materiales, Lugones se preocupaba en la elección de las colaboraciones"[52].

Particularmente notable resultó el primer número. Apareció en enero de 1914, con un artículo de Clemenceau sobre la democracia en América, seguido de otro de Paul Adam —"El oro negro"— quien, con su peculiar estilo, describía la recolección del caucho en el Amazonas, región que acababa de visitar. Cunningham Graham evocaba en inolvidable relato al verdadero tango argentino, en tanto que Guglielmo Ferrero discurría acerca del puritanismo romano y la condición de la mujer. Lugones desvirtuó en aquella oportunidad la acusación de recibir subvenciones, deslizada por Repetto. Rotundamente afirmó el carácter no oficial de la revista. No lo era, sin duda. El apoyo habíase concretado con suscripciones encargadas por algunos ministerios, en especial el de Relaciones Exteriores, a la sazón dirigido por su amigo Luis Murature, también periodista de *La Nación* y por avisos del Banco Nación y del Hipotecario. A esto se reducía "la vinculación con el erario" aludida inmoderadamente por el diputado socialista.

Su nueva labor era absorbente, pues no sólo redactaba artículos para todas las entregas —sin desatender su corresponsalía— sino que, además, entrevistaba a los posibles colaboradores, o bien se comunicaba con ellos requiriéndoles notas prometidas, ocupándose también de la enojosa distribución. Prueba de esto es su carta a Alfonso Reyes, residente por entonces en París, pidiéndole la dirección de librerías en México y de periódicos a los cuales enviarle ejemplares, a cambio de noticias sobre el primer número y la nómina de mexicanos interesados en recibir la revista[53].

El 30 de enero de 1914, Enrique Larreta le ofrece un almuerzo en su honor y para celebrar la aparición de la *Revue Sud-Americaine*. A los postres, y a modo de brindis, Lugones

---

[52] JAVRAY, Henry, "Leopoldo Lugones et la France", *Nouvelles Litteraires*, agosto 20 de 1938, p. 3.
[53] "L. Lugones a Alfonso Reyes", París, diciembre 20 de 1913, *Homenaje a Leopoldo Lugones*, Academia Argentina de Letras, Buenos Aires, 1975, p 106.

lee una balada compuesta en francés, en la que luego de las
naturales cortesías para Francia y su anfitrión, irónicamente se
refiere al "color local", solicitado con puerilidad por los europeos y al que desprecia por fácil recurso nativo:

....

"Oh! j'entende ici le moqueur
et ses Ameriques pour rire,
Le tango, le singe claqueur,
La creöle au teint de poncire,
Le cocotiers, quelque vampire
Sous une chaleur du démon.
S'il mérite bien cet empire
C'est la France que nous aimons.

Prince, entre le seuls que j'admire,
Depuis, le temps de Salomon.
Car de l'art ils portent la myrrhe:
A la gloire de don Ramiro,
A la France que nous aimons" [54].

Los números de la revista se suceden. Colaboran nombres
ilustres: Camille Pelletan, Pierre Baudin, los poetas Paul Fort
y Emile Verhaeren, también Pierre Mille, Salomón Reinach,
Emile Borel, Lucien Descaves, Armand Gautier, André Spire,
los argentinos Alfredo Cascella, Enrique Banchs y Luis María
Drago, los españoles Rafael de Altamira, Adolfo Posada, Ramón
del Valle Inclán y el mexicano Carlos Pereira. En cada entrega, un artículo de Lugones. En la primera, un alegato en
favor del panamericanismo "que sin los Estados Unidos sería
una insensatez"; en la segunda, el análisis de una supuesta
crisis económica argentina con copiosas cifras y estadísticas;
en la tercera, la importancia de la clasificación botánica para
el estudio de las plantas no conocidas aún en América (este
artículo provocó la respuesta furibunda de Blanco Fombona);
en la cuarta, una disertación sobre las matemáticas como sostén
de una enseñanza racional; en la quinta estudia las danzas rurales argentinas, tema que luego aparecerá como capítulo en
El payador; en la sexta, dedicado a J. H. Fabre, "el más ve-

---

[54] *Revue Sud-Americaine*, N° 2, 1914, pp. 319-320.

nerable viejo de Francia", relata tres hechos de historia natural observados por él en Córdoba y, en la última, esboza un ensayo sobre los mamíferos fósiles, también capítulo de su futuro *Elogio de Ameghino*.

Pero no olvida a Darío. Por el contrario, continúa invitándolo a la vez que lo recrimina —dulcemente— por su desapego: "Hace un siglo que no nos vemos, cosa inconveniente e injusta, ¿quiere Ud., ahora que el tiempo está ya lindo, acompañarnos a comer a las 8? Tendremos gente, pero poca, cómoda y deliciosa ¡onzalam!" [55]. Pero el poeta languidece con su alcohol. En otra oportunidad será Lugones quien concurrirá a la rue Saint Michel 133, requerido por el camarada en uno de sus dolorosos trances: "Tengo que ir a reprenderlo, como a un niño. Por eso me llama. ¡Pobre Darío! Se nos está muriendo", exclamará al ocasional interlocutor [56].

Lugones intimó con Jorge Newbery en Europa a mediados de 1913. Su primo, el coronel Arturo M. Lugones, agregado militar en Francia y uno de los fundadores del Aero Club Argentino, los presentó. Lugones había ya advertido la fantástica empresa de conquistar el aire, llamándola "la doma del Potro aéreo". Le fascinaba la elegante aceptación del peligro, propia de los aeronautas; su coraje le atraía también, pues otorgaba a sus hazañas la impresión de una estupenda facilidad. Además, los osados pilotos encajaban dentro del concepto lugoniano del héroe, el que, para el poeta, constituía el éxito supremo de la civilización. Así, fue familiar su presencia en las demostraciones de Newbery en los campos de Chelons y Villaconblay, realizadas junto a los famosos Garrós, Lagagneux y Morane. En más de una ocasión aprovechando la serenidad de la mañana ascendió a las frágiles máquinas, junto a "esos modernos paladines del aire que renuevan el linaje de Perseo" [57].

A mediados de junio de 1914, con motivo de la revista naval en Spithead, visita a Londres por breve lapso. Luego de escuchar una ópera en hebreo popular —"bastante bien representada"— por consejo de un amigo concurre a una exposición

[55] "L. Lugones a Rubén Darío", *Seminario Archivo Rubén Darío*, Ministerio de Educación Nacional, España, s/f., documento 732.

[56] CAPDEVILA, *Lugones*, p. 267.

[57] *Jorge Newbery (1875-1914), el fundador*, Instituto Argentino de Historia Aeronáutica Jorge Newbery, Buenos Aires, 1976, pp. 27-29.

de pintura en Whitechapel, barrio judío cercano a la London Tower. Reina allí simpática modestia: la instalación es pobre, como los marcos, el catálogo a un precio irrisorio y, por último, la abundancia de alcancías para el óbolo libre de quien desea ayudar a los humildes artistas. En su crónica "La buena pintura" [58], demora el relato emocionado en la Sección Judía y cuando describe la parte escultórica, facilita la siguiente información: "Entre los escultores, generalmente insignificantes o deformados por la seudofumistería cubista, no se destaca, sino una obra, 'La soñadora', de Jacob Epstein". Avizorar el mérito de uno de los escultores más importantes del siglo, cuando su carrera apenas se insinuaba, prueba, sin discusión, el profundo sentido crítico y la sagacidad artística de Lugones.

Uno de sus grandes aciertos, siempre enfatizado por los biógrafos, fue predecir el estallido de la Primera Guerra Mundial. Lugones mismo se encargó de subrayar doblemente su hallazgo en el prólogo de *Mi beligerancia* y con la inclusión de varios artículos reveladores del fatídico suceso, redactados durante su período europeo. Por supuesto que ello no se debió a la casualidad. El escritor, "situado en una de esas cimas de la civilización", es decir, en el medio cultural apropiado, pudo seguir con la información necesaria la guerra de 1912, incuestionable antecedente de la primera conflagración mundial. Observó —y denunció— en ocasión del conflicto balcánico, el juego preventivo de las alianzas europeas que dos años más tarde chocarían con furia inusitada. Además reveló, en la política internacional europea, el aprecio exclusivo por las conquistas materiales y un natural desapego por todo valor ético. Ante aquella exacerbación de la fuerza (la "power politics", la "Macht politik", así identificadas décadas después) pudo denunciar ante una situación sin duda explosiva que "la doctrina oficial de Europa es la violencia, el despojo y la opresión" [59].

Destaquemos como sostén del vaticinio su entusiasmo en aquella época por la idea final del progreso humano. Su concepción del hombre como un *pedentium progrediente*, quien con su razón tiraba del pesado carro de la historia, lo había

---

[58] LUGONES, Leopoldo, "La buena pintura", *La Nación*, agosto 28 de 1914.

[59] LUGONES, "La moral de los fuertes", *Sarmiento*, noviembre 25 de 1912.

llevado a proclamar, allá por el Centenario, "el advenimiento de la Edad Social" [60]. La ilusión de una sociedad inexorablemente feliz, término venturoso para la humanidad, no le era extraña y le alentaba a predecir el fracaso de una civilización innoble que debía concluir en un cataclismo redentor.

Creía entonces con firmeza que "el sentido de la vida era un combate por la libertad" [61] y que como intelectual su deber era abogar por su triunfo. "Esta es la obra emancipadora a la que me dedico desde hace 15 años y que empezó con mi primer libro de versos" [62], le confesará a García Monge. No dudaba ni de la ruina de un mundo de compulsión y violencia, ni de la inevitable victoria de la libertad. En sus artículos para *La Nación* y *Sarmiento*, monotemáticamente denunciará durante todo su interludio europeo el combate de "la civilización de la fuerza" contra "la civilización de la libertad". La primera, con la razón subordinada por la coerción, con reglas de conducta impuestas por gobiernos y, a causa de ello, naturalmente despóticos, "tanto el parlamento inglés, como la duma moscovita", auxiliados por el militarismo, el cristianismo o la propia democracia, según el caso, pues por monarca o mayoría, la obediencia era siempre impuesta. La segunda reclamaba, en cambio, la vigencia de la libertad entendida de manera positiva, como autodirección o autorrealización individual, regida por la sana razón.

Lugones estaba adscripto a un liberalismo integral, afirmativo del valor absoluto de la personalidad humana. Reconocía como antecedentes al estoicismo, a los filósofos de los siglos XVII y XVIII, a la declaración de los derechos humanos de los Estados Unidos, a la Revolución Francesa y a la de los países sudamericanos. La clave de bóveda de su pensamiento político durante ese período hallábase en la facultad válida de la razón para descubrir los valores y verdades eternas. O, si se prefiere, en la existencia misma de dichos valores y verdades. No se olvide que la infección del positivismo en el pensamiento liberal había llevado a negar la existencia de estas últimas, a causa de su desprecio por la especulación metafísica. Contra

---

[60] LUGONES, *Piedras liminares*, Moen, Buenos Aires, 1910, p. 60.
[61] LUGONES, *El payador*, p. 19.
[62] "L. Lugones a García Monge", *Nosotros*, año III, t. VII, 1938, p. 352.

esta última tendencia, contra el procaz (o cínico) asentimiento ante toda compulsión, contra la fuerza que yace en cualquier ley despojada de valores superiores (todo ello incompatible con su intransigente idealismo) dirigía Lugones intensa prédica.

El esquema divulgado por Lugones era el choque entre su famoso "dogma de obediencia", de origen asiático, con el principio de la libertad plenaria, doblemente pagano por su linaje griego y romano. Ambos le parecían los contendientes de un torneo varias veces secular y cuyo epílogo proclamaba con tono profético: "El sistema toca a su fin. La Europa oficial va inexorablemente a la guerra, que será su liquidación en la miseria y en la sangre. El gran conflicto se prepara más amenazador que nunca y los pueblos asolados pagarán con ríos de sangre, quizá con el exterminio de comarcas enteras, el rescate de su milenaria opresión" [63]. El cambio se le antojaba fatal. La guerra, en consecuencia, no era sino el preludio significativo, pero necesario, "de la inmensa cosa que viene" [64]. Dejemos al mismísimo Lugones relatar aquella, su incesante campaña periodística: "Durante ese tiempo habíalo anunciado en *La Nación* en mis cartas de Londres, con insistencia tal que llegó a parecer una obsesión quimérica, motivando hasta la suspensión de correspondencias, como una, titulada: 'La hora se acerca', que arribó acá quince días antes, tan sólo. Porque entre la seguridad de aquellos estadistas y mi impresión de corresponsal, la preferencia no parecía dudosa" [65].

Las oficinas de la *Revue Sud-Americaine* eran una suerte de cenáculo. Allí se daban cita los notables de la colonia argentina, junto a los latinoamericanos y españoles y, por supuesto, el tema obligado eran los preparativos bélicos. Muchos de los concurrentes habían visitado Alemania y volvían con noticias alarmantes. Uno de los administradores de la revista viajó a ese país, para visitar a los industriales con los cuales estaba vinculado comercialmente. A los ocho días regresó, convencido de que la guerra era inminente y podría estallar de un día para el otro, lo que de inmediato informó a Lugones. En tanto, sus compatriotas lo presionaban para que retornase a la Argentina,

---

[63] *Mi beligerancia*, Otero y Cía., Buenos Aires, 1917, pp. 3-14.
[64] LUGONES, "Las Euménides", *La Nación*, febrero 11 de 1914.
[65] LUGONES, "Frente a los bárbaros", *La Nación*, diciembre 20 de 1922.

a lo cual se mostraba poco inclinado [66]. A pesar de los malos augurios, los Lugones viajaron a Londres por unos días y allí los sorprendió el asesinato del archiduque Francisco Fernando y el ultimátum de Austria a Servia. Ante la gravedad de los acontecimientos retornaron de prisa a París, donde aún los aguardaba un disgusto. Los administradores —Sahores y Ojeda— habían suspendido la publicación de la *Revue*. En realidad, desde meses atrás las cosas no andaban bien. Más tarde, Lugones confesaría que "una administración pésima, a la cual no pude controlar con tiempo, había arruinado mi empresa que tanto pudo ser y servía" [67]. Es posible que la buena fe de Lugones haya sido explotada por los especuladores franceses y latinoamericanos [68], pero todo parece indicar que la invencible dificultad residió en meras cuestiones administrativas, especialmente la relación comercial con distribuidores y libreros, remisos en abonar sus deudas [69].

Francia decretó la movilización general el 29 de julio, lo que comportaba en los hechos la guerra. Sin embargo Lugones pese a la reducción de sus ingresos por el cierre de la *Revue*, intentó permanecer en París ofreciendo sus servicios al gobierno. Su amigo Javray habló con Philippe Berthelot —subsecretario de relaciones exteriores—, funcionario que en ausencia del ministro dirigía la cancillería. Berthelot aconsejó a Javray la partida como la mejor solución: "Le informé de su respuesta a Lugones —refiere el testigo— quien, triste, inició los preparativos del viaje" [70]. Y así, solo esta vez con Juanita, pues su hijo había regresado varios meses antes, emprendió crepuscular retorno. Primero, "...la salida, que ya era fuga en los últimos trenes regulares, la rauda marcha del expreso a cien kilómetros por la campiña labrantía". Luego Londres, el último navío, el *Highland Glen* y "...el mar desierto como si ya la barbarie triunfante empezara a aislarnos [...] Hasta que una noche vimos al-

[66] JAVRAY, *ob cit.*

[67] "L. Lugones a García Monge", Buenos Aires, diciembre de 1914, *Repertorio Americano*, marzo 19 de 1938, p. 71.

[68] SENÍN CANO, Baldomero, "Lugones ha muerto", *Nosotros*, 1938, año III, t. VII, p. 341.

[69] "L. Lugones a García Monge", diciembre de 1914, *Repertorio Americano*, marzo 19 de 1938, p. 71.

[70] JAVRAY, *ob. cit.*

zarse de la sombra austral el deseado asterisco [...] mientras caía al norte la septenaria constelación polar, deshecha en lágrimas sobre la desventurada Europa" [71].

Lugones, el 21 de agosto de 1914, arribó a Buenos Aires.

[71] *Mi beligerancia*, pp. 130-131.

Capítulo VI

PRIMERAS ILUSIONES

Siempre se tiene una filosofía, así sea inconscientemente. Siempre se alienta, en el fondo de nuestra psiquis, una metafísica. Por eso, nada mejor que iluminar los principios de aquel cuyo pensamiento pretenda estudiarse. En Lugones la tarea se ve facilitada, pues gustábale considerarse filósofo. Tampoco sufrió de penuria cultural como para no advertir sus deudas en tal punto y, en más de una ocasión, confesó su apego a corrientes o doctrinas determinadas. Todo, entonces, favorece el análisis de sus ideas y además permite explicar (o entender) la cuestión de sus debatidos meandros ideológicos.

Cuando Lugones inició su formación cultural —si bien autodidacta— reinaba omnímodo el positivismo y no cabe duda de que en su mocedad participó, aunque de modo inorgánico, de los postulados de Comte. En aquella Córdoba, sujeta por una clerecía despótica no podía ser de otra manera. Siguiendo sus propias palabras: "Eran tiempos de gran certidumbre lógica. El positivismo creía haber eliminado la trascendencia y ofrecía a la inteligencia triunfante el supremo hallazgo de una religión sin Dios"[1]. Esa temprana postura pudo verse favorecida tanto a causa del breve paso por las aulas del Colegio Montserrat, como por una precoz aptitud científica alentada por el director del Museo de Ciencias de Córdoba, anécdota remarcada en cierto boceto autobiográfico[2]. En aquel aprendizaje mucho contribuyeron los famosos sabios alemanes —"los gringos masones"— que trajo Sarmiento a la Universidad de Córdoba (los hermanos Doering, Harperath, Bodemberder, Kurtz), representantes de la

[1] LUGONES, "Itinerario de ida y vuelta", *La Nación*, junio 28 de 1931.
[2] LUGONES, "Museo de Córdoba", *La Nación*, julio 15 de 1913.

ciencia libre y a quienes Lugones acercárase, según Capdevila, su prolijo biógrafo. Como prueba de su antigua devoción, Comte, máximo pontífice del credo, ocupará un lugar destacado en el cuadro que para las ciencias reservará en su "Himno a las Torres" de *Las montañas del oro*: "hombres sabios, que hacen libros como quien siembra una selva, para tener maderos con que arbolar naves futuras".

Las convicciones políticas, sociales y hasta económicas de todo hombre, se ha sostenido, constituyen la expresión de tendencias profundamente arraigadas en la personalidad. Aunque no exhaustivas y privadas de documentación, las escasas obras sobre la niñez y adolescencia de Lugones permiten reparar en algunas facetas que habrían de conformar la base de su carácter. Siguiendo aquella idea, por ejemplo, se nos prenuncia como un rebelde hogareño, secundado por el padre —"el siempre querido viejo"— en su temprano ateísmo, que no era sino ingenua demanda de creencias al menos distintas. Pero no se limitará sólo a desobedecer los rígidos preceptos de la ciudad ultramontana. Ha de responder, ante las tempranas imposiciones educativas, con el abandono de sus estudios al promediar el tercer año del bachillerato. Y estallará también con inquietudes políticas al fundar el Centro Socialista, quizá consecuencia de la crisis familiar de 1890. Queda así delineado en el período formativo de su individualidad un síndrome ansioso e iconoclasta de cambio, "un espíritu de rebelión manifiesta"[3], en el cual el positivismo materialista no pudo ser más que un primer fundamento para el anticlericalismo y los devaneos revolucionarios. Como resultado conservará, durante toda la vida, un carácter independiente así como una natural repugnancia a cualquier imposición.

Pero, ¿cuál era el ideario del juvenil Lugones? Dejémosle a él mismo describirlo: "Creía, pues, en el progreso infinito; en la capacidad nativa de todo hombre para gobernarse y gobernar, sin más condición de haber nacido; en el consiguiente derecho a todo sin necesidad de haber hecho nada, y en la no menos conclusión de que iniquidad y jerarquía son sinónimas. La perfecta igualdad es, pues, la expresión de la justicia perfecta. Y como la desigualdad fundamental [...] consiste en la dife-

3 LUGONES, "Itinerario de ida y vuelta", *La Nación*, junio 28 de 1931.

rencia de recursos, la justicia no reinará mientras existan ricos y pobres [...] La última moda en la materia era el socialismo con su fórmula sintética: sustitución de la propiedad privada por la colectiva. ¿Y qué adolescente, también, no estará, si puede, a la última moda?" [4].

Quedaría incompleto el cuadro si no se subrayase, como una reiteración de aquella rebeldía, el obcecado rechazo al universo tangible. Lugones emprende, en efecto, una incesante búsqueda de otro tipo de realidad, a la que accede luego de evadirse o ascender hacia un mundo aéreo y suspendido que considera tan verosímil como el que se le ofrece ante los ojos. Al joven Lugones debió molestarle hasta la irritación el despotismo de lo material, de lo mensurable, que chocaba con una fantasía pródiga. Ello explica también su permanente amor por lo abstracto: poesía, matemáticas, metafísica, física teórica. Un hombre, en suma, a quien fascinaba aventurarse sobre superficies con trampas ocultas. Cualquier paso en falso podía expulsarlo del mundo familiar, precipitándolo en abismos que atemorizaban y, a la vez, atraían. "El misterio es la sombra de Dios", exclamará en alguna oportunidad [5]. El misterio, he ahí una de sus pasiones.

Su ingreso en el movimiento teosófico, en 1891, marca la ruptura definitiva con su evanescente materialismo juvenil, "el estrecho despotismo positivista", como años más tarde él mismo se encargaría de denominarlo [6]. El omnímodo reinado de Comte y Spencer languidecía y la juventud argentina comenzaba a alejarse de sus concretos postulados para buscar, en las fuentes del espíritu, nuevos horizontes de verdad. Aquella rebelión no ha sido aún suficientemente destacada. Muchos se enrolaron en sus filas y resulta interesante subrayar las varias apoyaturas a las que acudieron para oponerse al dogma imperante, la teosofía entre ellas, y justo parece destacar también que Lugones no fue un adherente solitario. Baste recordar como adeptos de la flamante forma espiritual a Rubén Darío, Alfredo L. Palacios, Ricardo Rojas, Alfredo López Prieto, Andrés Terzaga y Rodolfo

---

4 *Ibid.*
5 LUGONES, "Conversación matemática", *La Nación*, agosto 11 de 1935.
6 LUGONES, "Discurso. Cena de camaradería", *Primer Congreso de Ingeniería. Homenaje de los ingenieros al primer Centenario (1816-9 de julio de 1916)*, Buenos Aires, 1917, p. 402.

161

Moreno. El propio Emilio Becher, que más tarde derivaría hacia el catolicismo, era otro de los iniciados.

Dentro del panorama filosófico mundial, si bien ya se insinuaban nuevas corrientes refractarias al positivismo, como las propiciadas por Hartmann, Wilhelm Wundt, Ravaisson, Renouvier, no habían sido difundidas en nuestro medio ni hallado recepción entusiasta. Las críticas a las bases mismas del cientificismo positivista no se conocían tampoco. Esto explica, de alguna manera, el fulgurante éxito de las doctrinas propagadas por Helena Petrovna, Hahn Blavasky y por el coronel Henry Steele Olcott. Se trataba de un primitivo y familiar proceso mítico. Una revelación primordial redactada por personajes fabulosos, oculta durante siglos, redescubierta y comunicada solamente a un grupo de iniciados. Mircea Eliade —de quien es esta reflexión— afirma que, entonces, el redescubrimiento de la revelación primitiva, inaccesible aún para los profanos, es anunciada para atraer la atención de aquellos que buscan la verdad y la salvación [7]. Como lo señala Capdevila —también profeso de la secta— "la teosofía en Lugones fue algo muy serio... ¡Cómo serán sus apetencias de saber y de misterio que hasta dos veces leyó obras, por momentos inextricables, de H. P. Blavasky! Leyó y anotó la *Isis sin velo* y con mayor entusiasmo aún, *La doctrina secreta...*" [8]. Quizá, desde un plano estrictamente científico, aquella reacción antipositivista consistió en sólo cambiar de etiqueta, en entregarse a fáciles seudo filosofías disimuladas por remedos idealistas o místicos [9]. Pero un análisis semejante escapa al objeto de este trabajo. Lo cierto es que si algo distingue a todo este movimiento es la impetuosa y a veces desorganizada tentativa de ampliar el horizonte comprensivo, de conocer otros niveles de lo real por vías naturales, pero distintas de las que ofrece la experiencia sensomotriz [10].

Al repudiar los abiertos y claros parques del positivismo, Lugones pronto hubo de descubrir el laberinto de corredores y

[7] ELIADE, Mircea, "Orígenes y propósitos de la alquimia", *La Nación*, abril 29 de 1979.

[8] CAPDEVILA, *Lugones*, p. 179.

[9] ALBERINI, Coriolano, "La idea del progreso en la filosofía argentina", en *Problemas de la historia de las ideas filosóficas en la Argentina*, La Plata, 1966, p. 88.

[10] Cfr. AZCUY, Eduardo A., "Accesos a la visión unitaria del cosmos", *La Nación*, abril 8 de 1979.

cavernas propio de las especulaciones neoplatónicas. Parece indudable que Lugones no sólo se relaciona con la teosofía sino que tuvo contactos con las ciencias y artes ocultas de la Edad Media y también con las que florecieron en los siglos XVIII y XIX. No puede resultar, pues, extraño su encuentro con esa ciencia que invariablemente acompaña al espiritualismo occidental como una vívida y peligrosa corriente subterránea que de tanto en tanto irrumpe en la superficie. Además los simbolistas, ante quienes el precoz poeta pronto inclinaríase en materia de moda literaria, repudiaban el positivismo de sabios y filósofos al uso, repletos de ciencia y entusiastas en expulsar del espíritu humano toda ansia de misterio. Los simbolistas, profundamente idealistas, creían advertir en los seres como en las cosas, llamadas, signos, señales, que denunciaban otra realidad menos chata y vulgar. En otras palabras, pretendían restaurar el misterio en la vida cotidiana. La conocida relación entre simbolistas y algunas corrientes del ocultismo como las decididas inclinaciones esotéricas de Lugones, no constituyen simple coincidencia. Su reacción antipositivista lo hacía sentirse por demás cómodo en el irreal o idealizado universo de los artistas franceses [11].

---

[11] PEYRE, Henry, ¿Qu'est-ce que le simbolisme?, Presse Universitaire de France, París, 1974, pp. 163-164 y 202; MERCIER, Alain, Les sources ésoteriques et ocultes de la poésie symboliste, Nizet, París, 1969, pp. 122 y ss.; ORTIZ, Alicia, "Esoterismo en la poesía simbolista francesa", La Prensa, mayo 9 de 1982.

CAPÍTULO VII

DE LA TEOSOFÍA

Acantonado en la teosofía explicará su novel idealismo. Desde el órgano oficial de la asociación *Philadelphia*, ha de presentar a su antiguo credo como un error inexcusable: "Los que habiendo sido materialistas, hemos vuelto a Dios; llega un momento que es preciso creer sin que uno sepa explicarse la razón de ello", exclama en una suerte de confesión pública. Con su conocido y demoledor énfasis no deja de invocar como justificativo "la plena reacción espiritualista", que luego explica en esta proclama, preciso resumen de la flamante postura: "El mundo está sediento de afirmaciones. Todo el inmenso caudal de conocimientos no basta. Lo real sofoca, sin duda porque todo cuanto tenemos por real no es sino el espejismo ilusorio de una realidad que no se ve. La imaginación recobra presurosa el terreno perdido. En arte, el naturalismo fracasa; prefiérese la creación a la copia, el símbolo a la descripción; en filosofía triunfa el idealismo sobre el determinismo; en religión, la Mística destrona a las vaguedades filantrópicas del humanitarismo; en política, la igualdad del sufragio universal, el sonado imperio de la mediocracia, cede el campo a la concepción jerárquica de una sociedad dirigida por el saber y la inteligencia. Asistimos a la más franca derrota del eclecticismo que no es sino una forma adecuada de la cobardía moral; queremos religión, queremos que se nos afirme el Absoluto"[1].

Lugones era consciente de su original actitud. También descontaba las molestias del idealismo en épocas de cruda materialidad. Sabía muy bien que su prédica sería controvertida,

[1] LUGONES, "Acción de teosofía", *Philadelphia*, Nº VI, año I, diciembre 7 de 1898, p. 169.

dada la innegable potestad del cientificismo positivista, cuyo método intentaba ser la última y la única palabra en toda investigación. Pero, pese a los obstáculos que seguramente adivinó, no pudo sustraerse a lo que consideraba imperativo: restablecer la clásica armonía, el equilibrio primigenio, entre ciencia y pensamiento filosófico. El culto al espíritu era, sin duda una desventaja, "dado que la ciencia, a pesar de su desdén por la metafísica, no vacila en invadir los dominios de ésta, para descargar su inapelable anatema sobre todo lo que no sea materialismo categórico y rotundo"[2]. Como se desprende de este párrafo, gracias a la teosofía —que le garantizaba un acceso total al universo y al hombre— podía atacar, por insuficiente, la versión fragmentaria e incompleta de la Verdad proporcionada por la ciencia y su método. No es que dudase de este último, ni mucho menos que descreyera de los avances del pensamiento científico, pues seguía apasionadamente sus progresos. Pero pretendía algo más, la comprensión ilimitada de problemas y fines, tarea sólo posible por medio de la disciplina a la que habíase adherido con el habitual fervor.

En síntesis, Lugones campeón del idealismo en 1898, prenuncia un hecho decisivo: la ciencia desligada de la filosofía. "El papel de la filosofía —enfatiza— es el de comentador y nada más; ya no anuncia, ya no descubre nuevas vías a la experimentación." Tal, justamente, fue lo que Coriolano Alberini, una de nuestras más sólidas cabezas filosóficas, recomendó en oportunidad de la visita de Albert Einstein a Buenos Aires, como verdadera tarea a realizar, la necesidad de estudios metafísicos, el parto de ideas creadas bajo la plena luz de la conciencia crítica como óptimo apoyo a la física experimental[3]. Lo cierto es que el idealismo de Lugones le hizo entrever el mezquino papel reservado a la ciencia por su desapego a la filosofía o, mejor dicho, por su escepticismo metafísico. Esta idea aparece de continuo perfilada en su pensamiento durante este período inicial. Así, al comentar *Las multitudes argentinas* de José Ramos Mejía, uno de los clásicos del positivismo argentino, volverá sobre el tema: "El positivismo, en su horror a la metafísica, ha

---

[2] LUGONES, "Nuestro método científico", *Philadelphia*, Nº II, año III, pp. 60-61.

[3] "Inauguración de los cursos de la Facultad de Filosofía", *Revista de la Facultad de Filosofía y Letras*, Sec. II, t. II, año 1925, pp. 94 y ss.

convertido a la filosofía que, por definición, precede a la ciencia, puesto que es el amor a la ciencia, en una modesta clasificación de hechos. La filosofía prestaba, entre otros servicios, el de explicar los hechos que no habían sido demostrados; hoy se limita a clasificarlos" [4].

No se reducía sólo a criticar la ausencia de una metafísica, vanguardia indispensable de toda ciencia; su horror, o mejor dicho su rebeldía ante el positivismo vigente lo impulsaba a denostar a una ciencia "absolutamente intelectual", que había "proscripto al sentimiento y a su facultad correlativa, la imaginación" [5].

Sobre todo intentaba restaurar el equilibrio entre ciencia y especulación suprasensible, equilibrio que los estrechos cánones comtianos habían destruido, alentando —en cambio— una fatua acumulación de conocimientos. Estos, vacíos de finalidad, reducíanse a un módico catálogo de hechos comprobados, cosa que para el pensamiento cientificista no estaba mal. El error consistía en que filósofos y eticistas concluyeron por pensar lo mismo. Por eso, Lugones llegó hasta afirmar que "la verdad estaba en el misterio antiguo (pleno de variaciones metafísicas y fantasía) y no en la sistemática superficialidad de nuestra ciencia" [6].

El auge indiscutido del materialismo no le impidió, tampoco, denunciar el triste papel reservado a la metafísica, esa "Cenicientilla del positivismo" como placíase en ironizar [7]. Su decidida espiritualidad lo impulsaba a restaurar la importancia de aquella disciplina, incluso para los estudios científicos. Estaba convencido de que el renacimiento idealista llevaría de modo inexorable a la ciencia a constatar "que los únicos principios indiscutidos son los metafísicos, y se convencerá de que las únicas concepciones indiscutidas y universales de la realidad, son las concepciones metafísicas" [8]. Ubicándolo en su medio y tiempo,

4 LUGONES, "Las multitudes argentinas", en *Las primeras letras de Leopoldo Lugones*, p. 132.
5 LUGONES, *Conferencia de Leopoldo Lugones (Corrientes)*, p. 13.
6 LUGONES, *Prometeo*, p. 7.
7 *Ibid.*, p. 81.
8 LUGONES, "Nuestro método científico", *Philadelphia*, Nº II, año III, p. 57.

anticipar tamaño giro era, además de un alarde, una de las acostumbradas posturas demoledoras de su carácter.

Interesante momento de Lugones. Merced a la teosofía formula interrogantes y adelanta soluciones a las que sólo se aventuraban, por aquella época, los pensadores más avanzados y en los centros auténticos del saber. Por ejemplo, es curioso que siempre enrolado en un espiritualismo crítico, analizase las bases mismas de la ciencia: espacio, materia y tiempo: "estados de conciencia, puesto que son pensamiento": así intenta definirlos [9]. Desde luego, no pretendemos que Lugones prenunciara con sus escarceos filosóficos la relatividad, hecho fundamental en la historia del conocimiento y sobre la que, contemporáneamente, discurría Einstein en su oficina de patentes de Berna. Lo que interesa destacar es que merced a su antipositivismo y a su concepción filosófica total, ya había urgado a través de ejercicios metafísicos, idénticos conceptos que las vanguardias filosóficas y científicas de su época.

Pero se hace necesario volver sobre su amada teosofía. Escaso fue sin embargo, lo que escribió sobre ella, ya que, sólo de vez en cuando, abordó públicamente el tema. Así, en cierto escrito juvenil y de manera incidental, se atrevió a definir a la teosofía como "el conocimiento integral del universo" [10]. En los trabajos para la Sociedad Teosófica, de la que fue su secretario, ha de rescatar la posesión de la verdad como núcleo de aquella creencia. El camino a recorrer —escribió— no es fácil: "antes es menester conocerse *a sí mismo*, para conocer después *en sí misma* la verdad...", resumiendo más adelante la raíz de la doctrina: "es sabio no únicamente el que conoce hechos, éste será si se quiere un erudito. Para ser sabio, es preciso saber las leyes del universo, sentir la belleza y practicar la moral; conocer en una palabra el conjunto y proceder en consecuencia. Esto significa la posesión de la verdad. La doctrina teosófica —concluye rotundamente Lugones— está expresada en el párrafo anterior" [11].

No todo habría de ser pesquisa de la verdad, pues ésta de nada vale si no se la acompaña con simétrica búsqueda del bien.

[9] *Ob. cit.*, p. 219.
[10] LUGONES, "Las multitudes argentinas", en *Las primeras letras de Leopoldo Lugones*, p. 132.
[11] LUGONES, "Acción de teosofía", *Philadelphia*, Nº VI, año I, p. 169.

Aparte de resabios platónicos en la identidad de aquellos altos conceptos —su verdadera alfa y omega—, no se olvide que lo ético será siempre profunda preocupación de Lugones, temperamento religioso hasta el extremo. El texto, sin duda clave, que continúa, ha de prefigurar aquélla, su moral tallada con rígidos procederes voluntariamente reservados, "ascética soledad, desaforado afán de conocimientos, búsqueda implacable de la verdad —aun a costa de cambios ideológicos—, desdén por lo terrenal, invariable afán estético: "[...] el objeto de nuestra filosofía [...] era y no podía ser otro, que la adquisición de una ética superior [...] en tener al bien por resultante de los conocimientos adquiridos" [12].

Las inclinaciones religiosas de Lugones merecen un párrafo aparte. La acción teosofista en la que hallábase empeñado y también la búsqueda de un conocimiento integral del universo, lo aproximan a una concepción deísta. Es más, el restablecimiento afanosamente pretendido de la metafísica, como las incursiones en el campo de la filosofía de la ciencia refirmaron en su espíritu la presencia de una religión natural y lo llevaron a desdeñar cualquier fórmula revelada. Pudo escribir a raíz de sus preocupaciones científicas: "La ciencia oficial aspira a la síntesis y sus diversos ramos tienden a fundirse, determinándose por una sola vez. Cuando la ley encuentre esta ley, afirmará a Dios [...] y Dios surgirá, como un concepto imperativo, por la expresión de la ley misma" [13]. Aquel famoso lamento: "Dios a la vista", formulado en los años treinta por los intelectuales europeos, ya emerge aquí. No interesa rescatar prioridad alguna y sí, en cambio, subrayar la profesión religiosa de la cita. Lugones nunca fue ateo; era profundamente anticristiano, lo cual no es lo mismo.

Resultado previsible, su espiritualidad debía llevarlo a considerar el pensamiento como una forma de energía. Era también una coincidencia, no necesariamente casual, con los principios ocultistas, pues según esta tendencia desde las más antiguas tradiciones, al pensamiento se lo considera una de las fuerzas poderosas y efectivas. Para Lugones el pensamiento era realmente

---

12 Lugones, "Nuestro método científico", *Philadelphia*, Nº II, año III, p. 59.
13 Lugones, "Acción de teosofía", *Phialdelphia*, Nº VI, año I, p. 169.

el ser absoluto: "Todas las manifestaciones de la vida son formas del pensamiento, puesto que son la energía en su eterno doble trabajo de integrarse y desintegrarse" [14]. Con indudables ecos platónicos ha de refirmar su valor, al que considera una individualidad, llegando incluso a sostener que "cuando leemos un pensamiento, no necesitamos recordar a su autor, ni tampoco resulta necesario para entenderlo. Una vez creado, el pensamiento es una individualidad con vida propia". Tal deificación de la idea se corona con este importante concepto: "el pensamiento es la energía absoluta, o sea éter infinito e incondicionado donde no hay magnitud ni tiempo" [15]. Busca así conciliar por medio de la doctrina teosófica, su espiritualismo con la inmortalidad del alma, esta última "aceptable —según Lugones— sin conflicto para la ciencia y la razón". Tiene a todos los fenómenos por naturales sin derivarlos, obligatoriamente, de la materia, y lejos de sometérselos a ésta (positivismo) o adherirse a un dios ex-nihilo (cristianismo) lo considera determinados por una existencia anterior [16].

La vida resulta, así, "la eterna conversión de las cosas en otras distintas". Todas las cosas que son dejarán de ser y vienen de otras que ya han dejado de ser. Tal periodicidad es la ley primordial: "El día y la noche, el trabajo y el reposo, la vigilia y el sueño, son polos de la manifestación de la vida. Toda fuerza será inercia, y toda inercia será fuerza" [17]. En suma, desde este ángulo determinado por la identidad de los antagónicos, "la muerte, lejos de ser un fin determinante, es un episodio de la vida inmortal" [18].

De esta ley de la periodicidad deriva otra, racional y necesaria, la de reencarnación o palingenesia, postulado espiritualista básico: "Si de la nada, nada sale, crear es sólo transformar" [19], ya que "después de reingresar en la energía absoluta, el universo vuelve a ser materia, y tanto los mundos como

---

[14] LUGONES, *Las fuerzas extrañas*, pp. 256-258.

[15] *Ibid.*, p. 263.

[16] *Ibid.*, p. 264.

[17] *Ibid.*, pp. 206-207.

[18] LUGONES, "El dogma de la obediencia. Discurso preliminar", *Revista de la Facultad de Derecho*, Buenos Aires, t. VI, julio-setiembre 1927, Nº 20, pp 623-624.

[19] LUGONES, *Las fuerzas extrañas*, p. 260.

los hombres hacen lo propio en ciclos equivalentes a la duración de sus vidas". Para su doctrina, una sola es la ley de la vida, "lo mismo se trate de un insecto que de una estrella" [20]. La verdadera vida, por lo tanto, sólo podría ser gozada en contacto con la vida eterna. De acuerdo con esta idea, Lugones pensaba que sus días eran sólo segundos de luz en las largas noches de la eternidad. Pez volador que surgía de la profundidad del mar para hundirse en el cristal, luego de un corto vuelo, si bien iluminado su plateado cuerpo por el sol.

No parece aventurado conjeturar que Lugones se adhirió a esta antiquísima creencia como resultado de su iniciación teosofista. No lo es menos asegurar que la reencarnación fue compartida, tanto por los escritores griegos y latinos del último período, como por los del arcaico. Se manifiesta en el orfismo que la combina con una elaborada teoría sobre el origen del hombre, semejante en parte a la del pecado original. Esta doctrina aparece también en los misterios eleusinos y no se olvide, como prueba de sus creencias al respecto, la confesión lugoniana del asumido voto délfico [21].

Fue su amado Platón una de las fuentes más serias donde Lugones abrevó las ideas de la palingenesia, quien, luego de recibirla de los órficos y pitagóricos, la reelaboró en *La república*, el *Fedón*, *Fedro*, *Menón* y *Las leyes*. Según Platón el alma es inmortal y su número fijo y determinado, sobreviniendo regularmente la reencarnación. Por ello la tarea del filósofo consiste —sostiene el alabado maestro— en purificar y liberar el divino elemento preexistente en el alma, para retornarlo a su propia morada, que es la compañía de los dioses. Tal, por ejemplo, acontece en la famosa cabalgata del *Fedro*.

Aristóteles no ha de aceptar la teoría. Tampoco los epicúreos. Sin embargo, y a través del platonismo, se advertirán influencias de metemsomatosis en Philo y, sobre todo, en la Cábala, esta última de gran interés para la teosofía. Pese al triunfo de la Iglesia y al permanente repudio por parte de los teólogos ortodoxos, la palingenesia reaparecerá en sectas aisladas, como las de los gnósticos y maniqueos. Ya en plena Edad Media fue recibida por numerosas sectas, los cátaros y albigenses,

---

20 LUGONES, *Las fuerzas extrañas*, p. 274.
21 LUGONES, "El dolor de Grecia", *La Nación*, noviembre 26 de 1922.

entre ellas. Repárese que Lugones profesó franca simpatía por estos últimos, dedicándoles más de un párrafo.

Sostiene la reencarnación que el cuerpo se destruye con la muerte, pero lo que se da en llamar "cuerpo astral" subsiste y se traslada a otra residencia transitoria y así sucesivamente. Son los hechos de las vidas pretéritas y los de la vida presente los que condicionan el carácter de las venideras. Dicho en otras palabras, si vemos a nuestros semejantes padecer innúmeras desgracias que se nos antojan inmerecidas, o sufrir defectos físicos congénitos, las adversidades deben atribuirse a pecados y errores cometidos en vidas anteriores. No obstante, el sufrimiento sirve de expiación y vuélvese a nacer bajo el amparo de circunstancias más felices y prósperas. Esta suerte de fatalidad hereditaria constituía una de las convicciones básicas de la civilización pagana en la que Lugones creía firmemente. Lo afirmó en muchas oportunidades y, con especial énfasis, durante los años veinte. En la poesía "El Dragón" sintetiza su credo:

"El bien y el mal que llevas desde tu nacimiento,
son frutos de una vida que antes de ti fue ajena.
...Si en tu ser se acumulan los años en millones,
pues la vida que vives fue sin cesar vivida
por los que antes vivieron, ¿cómo en tu corta vida,
podrás torcer el curso de las generaciones?" [22].

Y así, el desasosegado Lugones penetra en estas ideas como en desconocidos corredores, que son viejas galerías de una mina abandonada, si bien aún transitables. Encuentra allí antiguas herramientas cuyas formas sorprenden y que dan testimonio de una especial inteligencia y de una especial intención.

Continuemos espigando las creencias palingenésicas de Lugones, relatadas por él mismo. Sorprendido por páginas del sabio Ameghino acerca de la inmortalidad, asevera que los filósofos que más hondo penetraron aquel misterio fueron los vedantinos de la India, pues "consideran que las mónadas son inmortales y que pasan íntegras a través de todos los estados

22 LUGONES, "El dragón", *La Nación*. Sobre una interpretación esotérica de esta poesía, véase: CANAL FEIJÓO, Bernardo, "El dragón de Lugones", *La Nación*, julio 20 de 1981.

de la materia durante el ciclo de la evolución universal" [23]. En otra oportunidad confiesa, sin rodeos, su convencimiento en la reencarnación: "Soy como nací. Mi bien y mi mal son consecuencias de la vida acumulada durante millones de años por millares de individuos propagados hasta mí sin solución de continuidad. ¿Cómo poder hacerlo, ignorando las causas de mi propia vida? ¿Acaso me consultaron para nacer? ¿Acaso me otorgué las condiciones con que he nacido?" [24]. A su vez la posibilidad de redención por medio de una existencia superior no deja de ser señalada por el propio Lugones. Afanoso de sinceramiento público, recuerda al lector que de acuerdo con la "Doctrina Secreta" (término que utilizará harto frecuentemente y título, además, de cierto libro de la Blavasky): "una de las dichas que alcanza el adepto con la iniciación y el agotamiento de la experiencia a través de sus vidas terrenales es la de no volver a encarnar, o sea caer en materia" [25].

Estas ideas se combinan asimismo con una singularísima —y también antigua, griega y romana— concepción del destino. Con acostumbrada maestría gráfica ha de rotularla el "secreto explicable": "Nada sabemos ni podremos jamás saber de los móviles que determinan cada fenómeno y cada conducta. Todo lo que ocurre estaba preparándose para la eternidad y es el resultado de la evolución del cosmos" [26]. Para Lugones, como para los filósofos estoicos, destino y universo (cosmos, phisys, logos, naturaleza) son sinónimos, una misma cosa. El destino es el propio universo considerado como causa de cada una de las partes; es el todo decidiendo a las partes que lo integran. También estaba convencido de que el universo se reducía a una explicación racional, por el mero hecho de poseer una estructura organizada [27]. Además, todo individuo, en la esencia de su propia substancia, formaba parte de la naturaleza en el sentido cósmico y al ser el hombre parte del mundo, tanto los sucesos estelares como las acciones humanas no acontecían en ór-

---

[23] LUGONES, *Elogio de Ameghino*, Otero y Cía., Buenos Aires, 1915, pp. 123-124.

[24] LUGONES, "De la fatalidad", *La Nación*, octubre 24 de 1926.

[25] LUGONES, "El collar de zafiros", *La Nación*, marzo 28 de 1926.

[26] LUGONES, "Las Euménides", *La Nación*, febrero 11 de 1914.

[27] LUGONES, *Elogio de Ameghino*, p. 50.

denes diferentes, sino que estaban sujetas a una causa agente común: el destino [28].

Pretende sintetizarlo así: "El destino es el universo en función, determinándose por sí mismo, puesto que es lo que contiene todo, y determinando todas y cada una de sus partes, con su misma función total [...] Todo cuanto ocurre debe, pues, ocurrir desde la eternidad, tanto el mayor fenómeno cósmico como la mínima actividad del insecto, son resultados de la evolución universal, incontrastable, ineluctable e irreversible" [29]. La ya citada poesía "El Dragón" resume bellamente la fatal ley, a la que ni los dioses podían eludir:

"Tu destino es la ignota dirección de ese flujo,
que no tiene principio ni fin en tu existencia.
En vano es que tortures tu mente y tu conciencia,
buscando en ti la causa que al bien y al mal te indujo".

Esa idea del destino, mero calco de la naturaleza estoica, ha de tener decidida importancia en el pensamiento de Lugones: se reflejará nada menos que en su concepción ética [30]. Si el hombre admite las implicancias de su inmersión en el cosmos y se somete a sus inexorables leyes, obrará cabalmente en cuanto adecue la conducta a los dictados de ese ordenamiento superior e inevitable. O, si se prefiere, la conformidad con una naturaleza prescriptiva denotará un valor positivo, y la contradicción, una idea opuesta, es decir, negativa.

[28] LONG, Anthony, *La filosofía helenística*, Biblioteca de Occidente, Madrid, 1975, p. 112.
[29] LUGONES, "De la fatalidad", *La Nación*, octubre 24 de 1926.
[30] LUGONES, *La personalidad del general Roca*, p. 28.

Capítulo VIII

DEUDA PLATÓNICA

Consecuentemente con su idealismo y también a raíz de sus prácticas teosóficas, Lugones fue un seguidor de Platón. No se frecuenta impunemente a un espíritu de esa talla. Si en sus escritos de *Philadelphia* se insinúa con bastante claridad la influencia del maestro, sólo ha de confesarla —sin reticencias— en oportunidad de aparecer *Prometeo*. Además, y no por conocida, puede prescindirse de aquella pública dependencia: "No habiendo encontrado en la filosofía moderna pensamiento más alto que el de Platón, por ejemplo, he decidido quedarme con Platón" [1]. De ahí en más, de manera casi sistemática, como siguiendo una suerte de lógica interior de idéntico origen, enfrentará —sin respeto alguno por el positivismo de los siglos XIX y XX— al mundo y al destino del hombre, utilizando una compleja estructura de símbolos y conceptos arcaicos.

Lugones hizo suya la esencia metafísica de Platón, participando de su idealismo, pues estaba convencido de que la realidad tenía por fondo fuerzas espirituales, potencias ideales. Por ello, la vida es espíritu y el espíritu vida, sin diferencia alguna [2]. El mundo de las ideas constituye, además, la verdadera realidad y al igual que Platón ha de aceptar con dicho mundo la intuición original del alma, anterior a toda experiencia. Lugones —puede afirmarse enfáticamente— creía en la inmortalidad del alma pero, y esto también debe destacarse, si creyó en ello no fue por la esperanza de recompensas celestiales y sí en cambio por "fe en un creador sin nombre", todo lo cual

---

[1] Lugones, *Prometeo*, p. 6. En igual sentido: *Didáctica*, p. 163.
[2] Lugones, "El ambiente estético", *La Nación*, febrero 7 de 1912.

habíalo recibido de su amado maestro. Como deísta creía pues en la existencia de un órgano espiritual —el alma— independiente de los sentidos, suprasensible, perenne e indestructible. Conectábase así con la idea órfica y pitagórica de la inmortalidad del alma, de su preexistencia y asimismo de las reencarnaciones sucesivas. Partiendo de esta creencia queda también resuelto el problema del conocimiento, el que se reduce a una simple reminiscencia: la célebre *Ananesis*, o sea el descubrimiento de un saber que ya está en nosotros. Esto ha de advertirse con nitidez en su teoría estética, según la cual el artista no hace sino despertar los arquetipos de belleza ínsitos en todo individuo.

El vínculo entre platonismo y teosofía hállase en que el primero es la formulación filosófica de los misterios [3]. Por eso Lugones, naciente neófito, accedió a la vasta obra del autor del *Timeo* y de manera especial a los preceptos éticos expuestos en sus tratados, verdaderas exposiciones morales [4]. Pero hay algo más, de la ética platónica Lugones pasa sin solución de continuidad a los principios del estoicismo, uno de los pilares de su futura propaganda helenística. Para Lugones la ética de aquel filósofo y la doctrina de la Stoa eran una misma cosa, cabiéndoles como única diferencia "la existente entre un código de moral práctica y la especulación filosófica de esa misma moral, generalizada hasta lo absoluto" [5].

Sin duda la dependencia de Lugones respecto de Platón es aun más intensa en el plano ético, primero, por adoptar, casi hasta la prolijidad, sus postulados en tal sentido; segundo, porque justamente lo ético, al discurrir acerca de todo lo concerniente a la conducta, ha de ser una de las más serenas preocupaciones lugonianas, a las que dedicará intensísima campaña intelectual. La vida de Lugones, y toda su obra transcurren abrumadas, sobrecargadas de eticidad, peculiarísima condición de su carácter que no reservaba para sí solo el camino del bien y la belleza; por el contrario, esforzábase en indicárselo a los demás. Esta obsesión eticista es una de las claves para entender la totalidad de su obra.

3 LUGONES, *Prometeo*, pp. 340-341.
4 *Ibid.*, p. 333.
5 *Ibid.*, pp. 341-342.

Todo ello se advierte en la idea del bien, que para Lugones como para su inspirador adquiere relevancia suprema. Es más, considera que el objeto de la filosofía —de *su* filosofía— si bien con fuerte sabor teosófico, consiste en facilitar el acceso a una ética superior y, por sobre todo, en hacer buenos a los hombres[6]. Se autoproclamará apasionado de la enseñanza platónica[7], proponiéndose definir aquel altísimo objetivo que integra y resume la célebre tríada del bien con la verdad y la belleza a la que, como con razón apunta Tomás Alva Negri, se mantuvo fiel durante toda su vida[8]. Si para el idealista griego el bien es el fundamento del ser, la razón divina, la *magiston mathema*, el fin supremo del saber, igualmente para Lugones ha de ser el único camino posible para llegar a la verdad y a la belleza: "Si eres el más bueno, serás el más sabio y el que más belleza poseerá"[9]. Así ha de razonar como seguidor del venerado filósofo.

Como a lo largo de su obra define qué entiende por bien, conviene transcribir sus palabras, claro exponente de sus pensamientos: "Conceptúo bueno todo aquello que propende al desarrollo normal y al progreso de la vida; resultándome malo, por igual motivo, todo cuanto contraría o suprime dicha función, fuera de sus tendencias naturales. Cuáles sean éstas, enséñalo la misma vida con su progreso, con una doble concurrente aspiración a perpetuarse y a dilatar la inteligencia, definidas en términos de inmortalidad y libertad. Las dos condiciones fundamentales del éxito vital así lo ratifican. Reproducirse es continuarse en otro ser por medio de un germen sintético en el cual perdura el ser reproducido, con la integridad que revela la herencia cuando conserva ciertos detalles mínimos; y adaptarse es comprender las direcciones generales de la vida, para subsistir, procediendo de acuerdo con ellas. La conformidad racional que descubramos entre nuestro ser con las leyes de la vida, será nuestra verdad. La dicha inherente a toda expansión

---

[6] LUGONES, Leopoldo, "Objeto de nuestra filosofía", *Philadelphia,* año II, Nº XII, pp. 798-799.

[7] LUGONES, *Elogio de Ameghino,* p. 140.

[8] LUGONES, "Objeto de nuestra filosofía", *Philadelphia,* año II, Nº XII, p. 799.

[9] LUGONES, *Elogio de Ameghino,* pp. 141-143. En igual sentido, *Las industrias de Atenas,* Atlántida, Buenos Aires, 1919, p. 28; *Didáctica,* p. 309.

saña de vitalidad será nuestra belleza. Y la síntesis arquetípica resultará, así, definida por estas palabras: Vida. Lo verdadero, lo bueno y lo bello constituyen, pues, nuestra triple noción de la prosperidad vital" [10].

Bien, Verdad y Belleza fueron principios ordenadores de su vasta obra y de su constante prédica didáctica. Aquellos tres valores humanos —ideales griegos, pero ante todo platónicos— constituían según el autor de *La república*, básicamente uno [11]. Así lo creyó y lo dijo: "Cualquiera de ellos poseído enteramente daría también la concepción de los otros dos. Y así a la posesión de la suma verdad correspondería fatalmente la de la suma bondad y de la suma belleza" [12]. La satisfacción por el descubrimiento de la verdad o por el cumplimiento de una buena acción producirá de modo inexorable "un estado feliz de plenitud vital, un momento en el cual se vuelve sensible la dicha de vivir", o sea "una emoción de belleza" [13]. Es más, para Lugones la famosa tríada estaba formada por aspectos de la realidad, lo cual exhibe hasta qué punto era capaz de adherirse a la metafísica platónica. La correlación entre aquellos supremos valores era de tal evidencia que Lugones —por ejemplo— fundamentaba la belleza de los poemas homéricos en el delicado equilibrio de las conductas de sus héroes. Ellos, justamente por ser buenos y verdaderos, impregnan de belleza los épicos cantos [14]. Y así, aún en los años últimos ha de insistir en esa plena identificación. Valga, como ejemplo, su postrer reconocimiento en el *Roca*: "Estética y ética son una y la misma cosa" [15].

Cabe dentro del platonismo lugoniano aportar un distingo más. Es sabido que la ética de Platón posee dos vertientes; una, por la cual el fin supremo del hombre trasciende respecto del mundo sensible; otra, que es en el mismo mundo sensible

[10] Acerca del error de considerarlos en forma independiente, véase *Prometeo*, pp. 329-330.

[11] LUGONES, "Objeto de nuestra filosofía", *Philadelphia*, año II, Nº XII, pp. 796-797.

[12] LUGONES, "El imperio del mamarracho", *Sarmiento*, mayo 13 de 1912.

[13] NEGRI, "Leopoldo Lugones", *Américas*, vol. 25, Nº 6-7, junio-julio de 1973, p. 28.

[14] LUGONES, *Roca*, Coni, Buenos Aires, 1938, p. 65.

[15] LUGONES, "El imperio del mamarracho"; "Neo-clasicismo", *La Nación*, julio 9 de 1912; "La buena pintura", *La Nación*, julio 25 de 1914.

donde debe realizarse aquel fin. Según prevalezca una u otra modalidad, surgirá un ideal de vida con predominio ascético —cuando no místico— o, por el contrario, resultará comprensiva o predominantemente humana. Siempre desde el punto de vista ético, Negri, fino estudioso del tema, ha observado con razón que Lugones oscila entre el estoicismo y el epicureísmo, colocándose a veces en posiciones contradictorias. No parece aventurado imaginar que tales vacilaciones respondiesen a íntimas características de la ética platónica, cuya influencia le fue decisiva, como se ha tratado de demostrar. Desde esa óptica apréciase su compleja personalidad: el pensador frío y escéptico, que incluso se deja arrastrar por cierto larvado misticismo, coexiste —en su biografía y en su obra— con un ser altamente accesible a la alegría de los sentidos y, en particular, propagandista de la vida.

Del principio de la inmortalidad del alma extraía Lugones esta conclusión: la obra de arte despierta el arquetipo de la cosa, emoción o idea representada, trayendo a la memoria los prototipos de belleza que subyacen dormidos en nuestro ser. Por ello causa la impresión de que la cosa, emoción o idea ya estaba en uno, es decir suscita la impresión de que uno ya la conocía [16]. Siempre en el mismo orden de ideas conclúyese que, de no preexistir el principio de belleza en todos nosotros, la comunicación entre **artista y** espectador resultaría imposible pues, en realidad, aquel se expresa *por* nosotros y *en* nosotros [17]. Hasta aquí Platón, para quien dichos prototipos constituyen el resultado de una repetición milenaria de emociones simpáticas. Para Lugones —y en este punto percíbese, lejano, el eco palingenésico de un Fourier y, más aún, de Pierre Leroux— se han conservado y trasmitido a través de innúmeras generaciones. Eso explica que el artista no haga otra cosa que despertar y fecundar los gérmenes prototípicos del espectador. Realízase así un acto parecido al sexual, entre el agente activo que fertiliza al pasivo, haciéndole revivir estados preexistentes de belleza [18]. Esta tesis, esbozada en los

[16] LUGONES, "El poeta y la poesía", *La Nación*, enero 30 de 1927; "Poesía obliga. Leopoldo Lugones a Joaquín J. Castellanos", *La Nación*, agosto 18 de 1923.

[17] LUGONES, "El triunfo de la antiestética", *La Nación*, noviembre 11 de 1911.

[18] LUGONES, *Conferencia*, p. 15.

años juveniles, fue luego sostenida en más de una oportunidad y él mismo se encargó de ubicar el primer pronunciamiento alrededor de 1897 [19]. Tan persistente apego demuestra su creencia "en la selección sexual, en la oscura fuente de la fecundidad y del amor", como origen del arte.

En el ámbito puramente político queda por último reseñar la influencia de Platón, quien sin duda fue un aristócrata, que argumentaba contra la democracia griega y a quien placíale exhibirse como conservador rígido, defensor apasionado de la autoridad. Estos rasgos eran claramente conocidos por Lugones. Tal conocimiento, por otra parte, explica que en la etapa de su evolución hacia fórmulas antidemocráticas y restrictivas de la libertad, rescatara tan ilustre antecedente. Involuntariamente, en carta a Joaquín García Monge desliza esta confesión: "Los reaccionarios actuales procedemos filosóficamente de Platón" [20].

[19] "Leopoldo Lugones a J. García Monge", abril 22 de 1926, *Repertorio Americano*, San José de Costa Rica, 1926, t. XII, Nº 22, p. 338.
[20] *Ibid.*

Capítulo IX

EL ARISTÓCRATA

*"La pezuña del cerdo burgués
es lo que me horroriza."* [1]

Espiritualista y teósofo, decididamente platónico, sensible, admirador de formas ideales y detractor de la realidad, debía embestir fatalmente a la Buenos Aires de su época. Tan delicado acopio junto con aquel irrefrenable impulso juvenil hallaría fácil crítica en la ciudad fenicia. Por otra parte, su "deliciosa pobreza", como con altivez gustábale referir [2], determinaba que su tiempo fuese "devorado como una ración de fierro, por la brega de la vida hermosa y dura" [3]. Hermosa, porque indiferente con su magro horizonte, se regocijaba de descubrimiento en hallazgo, acudiendo con fervor al encuentro de ideas y temas desconocidos, sin rehuir el natural desasosiego provocado por toda cita inicial. Lector incansable, Lugones jamás debió haber estudiado como lo hizo en el pequeño departamento de la calle Alsina, junto a su joven esposa y al hijo recién nacido. Vida dura, por cierto, en la que hasta existió algún momento en el que debió faltar a su trabajo por carecer de dinero. Tiempos de confusa y heterodoxa producción, en los que descarna su poesía y castra a su pensamiento de interferencias emocionales. Aunque, *pane lucrando,* muchas de sus entregas periodísticas denoten efectiva complicidad con el gusto público, no bien aborda la literatura se solaza elevando cercas de espinas entre la masa y la exteriorización de sus sueños. Oprimido por una

[1] Lugones, *El Tiempo,* junio 11 de 1896.
[2] "Lugones a Isaac R. Pearson", febrero 28 de 1900, en Pearson, Isaac R., *El triunfo del siglo,* Imprenta La Revista, Buenos Aires, 1899, apéndice: "Inicios", p. 27.
[3] Lugones, *Prometeo,* p. 7.

ética harto estricta quedábale, como último refugio, sentirse un aristócrata del espíritu.

No soportaba a su época, cuyo pueril materialismo y sensual apego al bienestar obtenido lo irritaban tanto como su ignorancia, medianía y falta de coraje. "El siglo XIX, esta centuria anticaballeresca, antirreligiosa, antiestética", sentencia con desprecio y acritud [4]. Años después, en ocasión del funeral cívico por la muerte de Emile Zola, volverá a expresarse en términos igualmente desdeñosos: "Sociedad fatalmente destinada al vicio, porque sus placeres son monopolio de la impotencia, fuente de perversión; plutocracia cuyo apetito de fortuna, asequible a cualquier pirata, excluye el heroísmo y desprecia el genio, reduciendo los dominadores a una gavilla de rentistas esféricos y mozalbetes de unto, egoístas como todos los satisfechos, insolentes como todos los advenedizos de la estirpe o de la virtud" [5]. Es de clara evidencia su rechazo por la Argentina y los argentinos del Centenario: "Qué pequeños y mezquinos son los modernos reyes del Agio, la familia del Millón". Redondea sus improperios con esta crítica estetizante: "Y cuán lejos está maese Burgués de tocar con sus labios aquella soberbia copa en que Cleopatra bebía perlas disueltas en el sutil vinagre de Trebizonda" [6]. Espíritu excesivo, había algo que no les disculpaba a los satisfechos habitantes del puerto: su falta de intensidad. Por eso sentíase como intelectual y revolucionario no sólo diferente, sino mejor. Y lo proclamaba con todas sus letras: "Somos, a pesar de la pica, del hacha, del barro que debemos amasar, de los centavos que debemos amontonar, lógica y exclusivamente aristócratas" [7].

Algunos episodios de entonces exhiben una posición rabiosamente aristocrática. Así, con el pretexto de la llegada del sable de San Martín que los descendientes de Rosas donaron al Estado, arremete contra el espíritu burgués y su descarado espíritu de lucro, exaltando, en oposición, lo heroico y el peligro. Aquel artículo prenuncia, es cierto, en algo a "La hora

[4] LUGONES, "El voto de la Atlántida", El Tiempo, abril 12 de 1897.
[5] LUGONES, Emilio Zola, p. 21.
[6] LUGONES, "Vultur versus Vulpux", El Tiempo, octubre 13 de 1896.
[7] LUGONES, "Risa Amarga, por el barón de Arriba", El Tiempo, octubre 24 de 1898.

de la espada", como anota Marcelo Sánchez Sorondo [8]; pero, en realidad, su único valor reside en constituir otra inequívoca muestra del carácter aristocrático de Lugones y de su concepto del héroe, constantes emocionales que se manifiestan a lo largo de toda su obra. Tal la verdadera esencia de la pieza, máxime cuando en ella hace gala desenfadadamente de penuria patriótica "[...] el mísero concepto de las patrias. Por eso yo no tengo ninguna [...]" La presencia del sable le permite esbozar un parangón entre épocas pretéritas y la que le toca enfrentar, "crucificada ante el caballete de una pizarra de Bolsa". No ahorra epítetos —algunos realmente notables— para caracterizar el presente materialista e impío: "Cabe preguntar qué vale más, si aquellos años de guerra abierta, cruel pero varonil, y los presentes de asfixia moral, de lepra sorda, de cobardías y sensualismos de camastro. Es el de decidirse entre la hemorragia y el flujo secreto. Y hay que confesar que si hemos conseguido un confortable tejido adiposo, nos hemos empequeñecido el corazón. La ganzúa ha vencido al puñal. Ya nadie quiere mandar, sin embargo todos quieren hartarse" [9].

Otro episodio que ilustra el entusiasmo selectivo de Lugones lo constituye su singular saludo a Luis de Saboya —huésped porteño— que le acarreará un pedido de expulsión del Partido Socialista, aventado luego de laboriosas consultas a los más distinguidos intelectuales de la secta. Es obvio que Lugones utilizó como excusa el homenajear formalmente al príncipe para descargar su temible artillería verbal contra el propicio blanco de la burguesía. "Si V.A. va a la Opera, observará inmediatamente docenas de gordos probiscianos sudando bajo el frac, costelados de brillantes (el brillante es el atavismo del abalorio) y sentirá a través de muchos guantes blancos el tufo de bacalao seco y cueros salados [...]" "Yo no encuentro obstáculo en mi socialismo, señor, para besar vuestra noble mano. La pezuña del cerdo burgués es lo que me horroriza" [10]. A la publicación de esta implacable andanada, siguió una réplica casi ritual: fue acusado anónimamente en *La Vanguardia*, órgano del Partido Socialista, de "reconocer la aristocracia de la

8 "Una página admirable", *Azul y Blanco*, junio 12 de 1967.
9 "El sable", *El Tiempo*, marzo 4 de 1897.
10 "Saludo a S. A. Luis de Saboya", *El Tiempo*, junio 11 de 1896.

sangre". Ello le suministró un nuevo pretexto para desplegar aun más sarcasmos, dirigidos esta vez contra sus correligionarios: "[...] parece perjudicial hablar de socialismo con un poco de estilo, con un poco de gramática", porque —asumiendo con altivez el papel distintivo que sentía como propio— reitera no reconocer ninguna aristocracia, "excepto la intelectual que existe y existirá mientras haya diferencias cerebrales entre los hombres" [11].

Convencido de que imperaba la medianía y de que sus cómplices eran los burgueses, odiaba a éstos, sobre todo por razones estéticas. Cierta página resume admirablemente su encono por la mesocracia y en la que asimismo no oculta un natural resentimiento por el desdén ante sus méritos e inteligencia: "Os aseguro que detesto la república, el senado, el tribunal, el código, el cuartel, la canongía, el champagne sportivo, el chocolate abacial, la bula pontificia que reconoce la república, el mallete francmasón que ya no sabe sino repicar baterías sobre las mesas donde se traga en honor a San Juan de Escocia, el sermón oficial, la homilía alquilada del 25 de mayo, el matrimonio civil, la caridad de la kermese, la lotería, el gendarme, el diario y además todas esas horribles cosas que se llaman libertades modernas y que a pesar de haber sido amadas por Hugo, son sencillamente detestables, porque en el fondo son burguesas, ultraburguesas, archiburguesas" [12].

Su exacto sentido de superioridad, su exaltación estetizante y un feroz individualismo lo distinguían cada vez más, por lo cual aferrábase a valores que pudieran constituir una expresión más elevada de la vida. "Vivir es diferenciarse —proclamará años más tarde— al paso que la uniformidad resulta sinónimo de vileza y de extinción." Conocedor de las propias cualidades, aborrecía a quienes ocupaban posiciones prevalentes por herencia o por el triunfo del dinero e ignoraban la superioridad de la inteligencia. En alguna oportunidad le escribirá a Darío esta confesión, no por apasionada menos comprensible: "Ya ve usted, si son idiotas: odian el socialismo, y la otra noche lo aplau-

[11] "A la dirección de *La Vanguardia*", *Américas*, agosto 1º de 1896, p. 2.

[12] LUGONES, "Risa Amarga, por el barón de Arriba", *El Tiempo*, octubre 24 de 1898.

184

dieron en el Politeama [...] Hubiera podido ver a la canalla enguantada pidiendo más. Nunca he sentido mayor desprecio por semejantes imbéciles. Ese pobre Cristo, al menos se dejaba abofetear por humildad; éstos gozaban con las bofetadas. Francamente: no sé como he podido nacer en el seno de semejante canalla" [13]. Siempre sintióse un aristócrata en la cabal acepción del término. Por ello era coherente cuando proclamaba el arribo "de la concentración jerárquica de una sociedad dirigida por el saber y la inteligencia" [14]. El considerarse un arconte, al modo platónico, no podía serle desagradable y toda su vida fue consecuente con esa esperanza. Infatigable, urgió la creación de una aristocracia del intelecto pues creía firmemente que el espíritu de aventura y de riesgo habíase perdido y que al individuo —en particular a él mismo— se lo estaba domando [15].

[13] "L. Lugones a Rubén Darío", julio 9 de 1896, en GHIRALDO, Alberto, *El archivo de Rubén Darío*, Losada, Buenos Aires, 1943, p. 279.
[14] LUGONES, "Acción de teosofía", *Philadelphia*, Nº VI, año I, p. 169.
[15] LUGONES, "La nueva retórica", *La Nación*, agosto 26 de 1928.

CAPÍTULO X

UN PROGRAMA ESPIRITUALISTA

Se ha sostenido que los argentinos continuamos pensando como lo quiso Alberdi, tan vasta y perdurable es la influencia del autor de las *Bases*. Alberdi aventuró que luego de las guerras que aseguraron la independencia —fin esencialísimo entonces— debía perpetrarse una nueva etapa: la del engrandecimiento material. "Los fines políticos eran los grandes fines de aquel tiempo; hoy deben preocuparnos especialmente los económicos", sostuvo en uno de los versículos de aquella biblia[1]. En virtud de tal exhortación, el mostrador del comerciante debía reemplazar al mellado sable de la independencia. Pero, dejemos al propio Alberdi enfatizar el tema: "Ha pasado la época de los héroes; entramos en la época del buen sentido"[2].

Gracias a su inspiración nuestra Carta Magna se apartó del modelo norteamericano, elevando el logro de la prosperidad —y quien dice prosperidad dice progreso o desarrollo— a la categoría de fin estatal prevalente. Dicho en otras palabras, las "bases oficiales para el crecimiento y la expansión económica integral" consagráronse como empresa primera del gobierno argentino[3]. Baste recordar la facultad acordada al Congreso por el artículo 67, inciso 11, de neta inspiración alberdiana, reservando al Estado un papel de activo agente de la transformación económica y que resume, en sí, una suerte de doctrina nacional de permanente vigencia.

[1] ALBERDI, Juan Bautista, *Bases y puntos de partida para la organización nacional*, El Ateneo, Madrid, 1913, p. 92.
[2] *Ibid.*, p. 76.
[3] OYHANARTE, Julio, *Poder político y cambio estructural en la Argentina*, Paidós, Buenos Aires, 1969, pp. 16 y 34.

No es del caso incursionar en la vetusta polémica de si Alberdi era materialista o no, lo cierto es que alrededor de 1880 irrumpe en el país una nueva ideología: el positivismo y, a partir de ella, Alberdi —"ese positivista peripatético" lo llamó Lugones en alguna ocasión—[4] comienza a ser interpretado de manera harto pragmática. En principio esta tendencia, crecientemente decisiva, se limitó a acentuar las vertientes utilitaristas de su pensamiento. Ocurrió, además, que los índices más elocuentes de nuestro progreso económico coincidieron con el auge de los postulados de Comte. Aun con riesgo de formular causalidades equívocas, puede inferirse que hacia el término del siglo pasado y los inicios de éste, los fenómenos ideológicos fueron vigorosamente influidos —o al menos perturbados— por los notorios logros materiales alcanzados en ese tiempo. Como natural desenlace, el positivismo, que era una doctrina, devino en credo práctico que se ajustaba —junto a cierta subalternización de Alberdi— a las necesidades de una oligarquía encumbrada y a las apetencias de una difusa clase media en ascenso. Así, conminada por el violento progresismo del país, concluyó siendo una ideología resultante más que una ideología dirigente[5].

Sin embargo, a partir de 1900, empiézanse a vislumbrar en Buenos Aires signos contrarios a la suficiencia de la cultura positivista y al estilo, excesivamente pragmático, de la ideología oficial. Con la cercanía del Centenario la flamante modalidad increméntase aun más y, ya en pleno festejo, Lugones adhiere a la secular conmemoración editando *Prometeo*. Libro para pocos, sólo se vende en casa del autor y por directa instancia del interesado[6]. Por otra parte su precio de siete pesos lo aleja de la curiosidad pública, ya que sus destinatarios son sin duda los iniciados en los misterios antiguos, los hermanos teósofos. Es ésta la primera expresión doctrinaria de su conocida campaña para difundir los ideales helénicos o, utilizando sus propios términos, su "neo-helenismo"[7]. Hasta entonces su amor por lo

<hr>

[4] LUGONES, Leopoldo, "Divagación filosófica", *La Nación*, junio 26 de 1921.

[5] ALBERINI, Coriolano, "La filosofía alemana en la Argentina", en *Problemas de la historia de las ideas filosóficas en la Argentina*, La Plata, p. 64.

[6] CAPDEVILA, *Lugones*, p. 230.

[7] LUGONES, "Escuela de los héroes", *La Nación*, agosto 26 de 1922.

griego no había pasado de ciertos alejandrinos decorativos, característicos de la temática simbolista, y de una conferencia, pronunciada en 1908 en el Círculo Militar, sobre "El ejército de la Ilíada". Allí deslizó su preocupación ante el envilecimiento intelectual de la Argentina, corolario de insaciable sed de riquezas, razón por la cual había "emprendido la propaganda de lecturas desinteresadas y nobles que mejorasen el espíritu". Y de esas lecturas recomendaba preferentemente las griegas porque eran fundamento de la civilización a la que pertenecíamos, constituyendo herencia del estado social más feliz que hayan conocido los hombres blancos [8]. "Familiarizarse con ellas es mejorarse, porque ellas hacen comprender la razón y la belleza de la vida", fue la premisa clave de la disertación.

Un año antes, en 1907, había comenzado el directo aprendizaje no sólo del griego y de sus grandes poemas épicos, sino de todo lo relativo al helenismo [9]. El inventario de su biblioteca —es decir, acopio renovado mil veces— asombra incluso hoy por la abundancia de trabajos especializados. El interés de Lugones por la "cosa griega" admite varias fuentes. Su profundo espiritualismo habíalo llevado a lecturas apasionadas de Platón, en tanto que su idealismo lo empujaba hacia lo misterioso y esotérico. Además, la iniciación teosófica le proporcionó una concepción completa del mundo y del hombre mismo, creencia racionalista y humana con fuertes resabios paganos. Por último, el impulso que diera Nietzsche a la restauración helénica tampoco pudo resultarle indiferente.

Prometeo, obra densa y compleja, es en realidad el reverso de las *Bases*, pues en sus páginas despliégase un modelo distinto para el país. A la prosperidad material enaltecida por Alberdi, el escritor opone la primacía de los valores espirituales, abriendo su exposición con frontal ataque a la ideología materialista, agravada por el positivismo y el utilitarismo generosamente derramados sobre la Argentina. En el párrafo siguiente, cuando Lugones altera los términos de la ecuación alberdiana, no hace sino exhibir con nitidez la orientación que anima a su mensaje: "La

[8] LUGONES, *El ejército de la Ilíada*, Otero y Cía., Buenos Aires, 1915, p. 16.
[9] Cfr. nota de Leopoldo Lugones al artículo que sobre él escribió Ventura García Calderón, en *Leopoldo Lugones*, Ginebra, 1947, p. 19.

verdad es que tenemos muy descuidado al espíritu. Confundimos la grandeza nacional con el dinero, que es uno de sus agentes. Hemos puesto nuestra honra en el comercio, olvidando que, por nuestra propia naturaleza, el comercio puede llegar a traficar con nuestra honra". La tesis aparece, dibujada casi, al concluir: "Urge, sobre todas las cosas, la espiritualización del país" [10].

Algunas de las frases de *Prometeo* rebaten prolijamente las razones de Alberdi. No cabe duda de que Lugones, al redactar muchos de sus significativos párrafos tuvo muy en cuenta ciertas directivas de las *Bases*. Por ejemplo, aquella larga tirada que margina la gloria y el esfuerzo militar de las guerras por la libertad. A esto, Lugones responderá invirtiendo otra vez el orden de la argumentación. De tal manera el valor menospreciado volverá a ocupar el lugar relevante y viceversa: "Sin un centavo en sus arcas, inculto, casi despoblado, el país conmovió la América hace un siglo con un acto exclusivamente moral: El Grito de Mayo. Su bandera flameó por todo el continente entre la aclamación de los pueblos. Tuvimos ejércitos y pasamos los Andes. Fundamos repúblicas. Hicimos el milagro de conmover un continente y de transformar en diez años una historia de diez siglos. Planteamos una nueva civilización y creamos una nueva justicia. Preguntémonos cuándo fue más grande el país para la América y para el mundo. Si entonces, con su miseria generosa, o ahora con sus cientos de millones de oro y su población sextuplicada. El hecho es absoluto: entonces valíamos mucho más" [11].

Le repugna la pretensión de considerar a la vida un mero fenómeno natural, reduciéndola a una simple adaptación al medio, tal como sostenían —por ejemplo— los positivistas spencerianos. En franca polémica afirma que si el bruto vive para vivir, el hombre lo hace para alcanzar o creyendo alcanzar algo mejor que la vida misma [12]. *Homo aestheticus*, a Lugones le fascinaba la idea de considerar la vida como un arte. Siguiendo cánones griegos propone una "vida en belleza" que, con la estética por solo vehículo, logre el bien —o sea la moral— a través

[10] LUGONES, *Prometeo*, p. 5.
[11] *Ibid.*, p. 427.
[12] *Ibid.*, p. 4.

de la verdad, o sea su enseñanza [13]. Resumiendo su tesis: hacer de la vida una obra de arte es, en el hombre, el objeto supremo. Es que Lugones distingue dos grupos decisivos y opuestos dentro de la raza blanca. Uno que conforma su conducta sobre el criterio de belleza y otro que se rige por el criterio de verdad. El primero —al que podría pertenecer la Argentina— lo componen los pueblos greco-latinos; en cuanto al segundo, ubicable entre los germanos, singulariza a los "bárbaros", sustentadores de rígidos dogmas mentales. La acción irradiante consiste para los primeros en la influencia espiritual y, para los segundos, en la conquista material. Y si el antagonismo entre ambas concepciones torna a emerger con inusitada contemporaneidad, de igual modo Lugones permanecerá fiel a su predilección [14].

Según dijimos, Lugones propuso inicialmente en su *Prometeo* "un ejemplo y una esperanza". Así, su patria —"Atenas del Plata", la llama remedando a la generación romántica— podía "tener por fausta lección un modelo griego". Y si Alberdi en las *Bases* optó por el esquema pragmático de Europa y los Estados Unidos, Lugones traerá en su apoyo las conquistas de la cultura grecorromana. Su propaganda helenística persiguió la adscripción espiritual de nuestro país a la tutela de la Grecia clásica, por encontrarla próxima a nuestras tendencias y aspiraciones [15].

Aquella prédica para que los argentinos readquiriesen métodos de vida que otorgaron gloria y grandeza a Grecia, fue denodada e incesante. Puede afirmarse que jamás claudicó ni se dio tregua en esa misión. En *El payador* advierte los dones sobresalientes del *Martín Fierro*, calificando de superior al pueblo capaz de engendrar tal poema. Halla, además, en la estructura íntima de la obra elementos griegos reveladores de su excelencia. Así como las múltiples versiones y comentarios homéricos buscaban divulgar virtudes éticas y estéticas de aquellas creaciones —virtudes inextricablemente unidas— la prédica lu-

---

[13] LUGONES, *Prometeo*, p. 363.
[14] LUGONES, Leopoldo, "Hablemos de estética", en *Quinta Conferencia de Trabajadores, organizada por la Liga Patriótica Argentina*, Biblioteca de la Liga Patriótica Argentina, A. Baiocco. Buenos Aires, 1924, p. 360.
[15] LUGONES, "Conferencia en la Facultad de Medicina", del 11 de noviembre de 1920, reproducida en *La Nación*, noviembre 12 de 1920 y recogida en *Nuevos estudios helénicos*, Babel, Buenos Aires, 1928, p. 181.

goniana comprende también la difusión filosófica y moral del estoicismo, adaptado al moderno racionalismo y a una reinterpretación de la mitología. De todo ello ofrece irrefutable evidencia el ya citado *Prometeo*.

Empero, esto del espiritualismo guarda ciertas similitudes con lo sostenido por Rodó en *Ariel*, ocurriendo otro tanto frente al regreso helénico preconizado por el inefable *philosophe* uruguayo. Como se sabe, aquel libro se escribió bajo la impresión causada por la victoria de los Estados Unidos sobre España, a causa de la rebelión cubana en 1899. La tesis de Rodó expresaba que los pobladores del sur del Río Grande poseían cualidades espirituales que los elevaban más allá del éxito puramente material del país del Norte. Parece aconsejable, pues, ante la insistencia de Lugones dejar bien en claro que su campaña obedece a otras motivaciones o, si se prefiere, que es distinta de las ideas de Rodó. En efecto, a despecho de tentadoras semejanzas formales, es preciso destacar que Lugones fue partidario de los Estados Unidos durante la guerra de Cuba [16]. Además, no desconfiaba de esa nación, ni la detestaba; por el contrario, siempre se contó entre los pocos intelectuales argentinos que le mantuvieron viva simpatía. Actitud coherente sin duda, ya que la prédica espiritualista de Rodó y de Darío ("la América latina, que reza a Jesucristo y aún habla español") o la de un Vasconcelos con su "raza cósmica" prenunciaban de manera asaz ingenua una férrea oposición hacia los Estados Unidos, que hoy nutre y pigmenta el arsenal ideológico —cuando no logístico— del marxismo, del que Lugones fuera tenaz adversario y censor.

La moral del interés y el culto al dinero, he ahí las grandes acechanzas para Lugones [17]. Hasta la integridad de la nación peligra con el triunfo de ambos males. Del contexto materialista contemporáneo extrae muchas de las notas desesperantes que cierta literatura frecuentará más tarde. "Vivimos sin saber para qué —puntualiza— limitados a la sed insaciable del deleite físico [...] agobiados de tarea, enloquecidos por adquirir bienes cuyo disfrute es imposible o angustioso" [18]. A esto conduce el des-

[16] CAPDEVILA, *Lugones*, p. 83.
[17] LUGONES, *Prometeo*, pp. 418 y 421.
[18] *Ibid.*, pp. 400-401.

precio por el espíritu, porque todo depende, en definitiva, del progreso de aquél. Por eso, ante una civilización enferma de materialismo, sometida a una filosofía cuyo desiderátum se limita a probar el parentesco del hombre con la bestia, la única solución consiste en "crear síntesis espirituales".

Pero el generoso donativo de un dechado helénico como programa nacional entraña un doble beneficio, pues Lugones no se limitaba a propiciar la transformación de nuestros villorios pampeanos en idílicas aldeas griegas. Perseguía, en primer término, implantar (o acaso reimplantar) cánones estéticos en las relaciones cotidianas de los argentinos. Tal el sentido de su exhortación "vivir en belleza", ya que ella debe regirlo todo. Realza en segundo intento al héroe, pues pretende convertirlo en "motor principal y ejemplo para el hombre común" [19]. Lugones sueña en erigirlo como arquetipo argentino. Todo ello, en definitiva, no constituye otra cosa que la exaltación del espíritu, postergada —según él— tras obsesiva búsqueda de riquezas y ascenso social. Por último (y esto se advierte en su trabajo sobre *Martín Fierro*) intenta rescatar el perdido vínculo con la civilización grecolatina, aspirando a restaurar un origen histórico y cultural definido y prestigioso, en vez del vacío que pesaba sobre la Argentina positivista [20].

La vinculación con civilizaciones estéticas como el paganismo, que proponían por ideales el desinterés de la belleza y el heroísmo, le parecían altamente convenientes para países de formación económica, tal nuestro caso, al que contraponía los europeos, de formación histórica [21]. Acertaba al subrayar aquel origen para la Argentina, consecuencia de una excesiva materialidad y del afán de lucro que la caracterizaba.

En la ofrenda de Lugones resuena el eco platónico de un Estado fiel calco de la divina forma o de la idea del Estado, por lo menos en lo atinente a una más justa organización de la República. Puede también arriesgarse que en *Prometeo*, así como en toda la posterior exhortación helenizante, no disimula su papel de filósofo al estilo de Platón, amante de la verdad

---

19 LUGONES, "El héroe homérico", *La Nación*, diciembre 11 de 1927.
20 LUGONES, *Estudios helénicos (La funesta Helena)*, Babel, Buenos Aires, 1923, p. 22.
21 LUGONES, "El héroe homérico", *La Nación*, diciembre 11 de 1927.

y la belleza y por eso *fundator* posible de la ciudad virtuosa. Ha vislumbrado el original y luego de pasear sus ojos desde el modelo al cuadro y del cuadro al modelo, señala el rumbo básico que desea para la Argentina con la certeza del primer legislador. Si bien no integra por entonces movimiento partidario alguno, y la época lo sorprende en la capilla intelectual adicta al roquismo, sus reflexiones se caracterizan por un contenido decididamente político aunque entremezcladas con cierta actitud docente. Este es uno de los rasgos singulares de Lugones. No se trata del intelectual mezquino con sus conocimientos ni ajeno a la cosa pública. Su prédica fue más que nada política, pese a los devaneos en cuanta disciplina pueda imaginarse y en los que, por otra parte, una observador no muy sagaz hallará idéntica preocupación.

Capítulo XI

EL DIOS DE LA OBEDIENCIA

Si bien el Renacimiento ya había logrado despertar un nuevo y universal interés por los valores del mundo antiguo —tarea a la que sumáronse luego los intelectuales y artistas del siglo XVIII— hoy parece claro que Federico Nietzsche fue el concluyente vehículo impulsor de las bondades de la cultura helénica. Estas inéditas teorías irrumpieron en nuestro medio hacia 1900, merced a traducciones del *Mercure de France* —vocero de la revolución literaria modernista— ejerciendo decisiva influencia en los cenáculos porteños. Enrique Dickmann relata que en el cuarto de Ingenieros, entonces practicante de la Cruz Roja, se improvisaban reuniones para leer y comentar al autor de *El origen de la tragedia* y que a ellas solía concurrir Leopoldo Lugones [1]. Pero esta vigorosa presencia nietzscheana que subraya el testimonio, no constituía sólo una pulcra admiración de la cultura griega; iba aún mucho más lejos, pues Lugones en parte considerable de su obra disparará acerbas críticas contra los principios morales del cristianismo, a su juicio antagónicos y nocivos al espíritu helénico.

Los trabajos de Nietzsche sirvieron, sin duda, a Lugones para reforzar su creencia en la necesidad de restaurar la cultura grecorromana, creencia a la que accedió —como hemos visto— a través de otras fuentes. Parece atinado, en consecuencia, afirmar que a partir de las lecturas de Nietzsche, Lugones incorporó decididamente la idea de considerar al cristianismo el morbo destructor de los principios paganos. En este último aspecto, Lugones al igual que Nietzsche presenta a la cultura como pro-

---

[1] Dickmann, Enrique, "Vida y muerte de Leopoldo Lugones", *La Vanguardia*, marzo 20 de 1938.

blema, es decir como a la verdadera historia del hombre. El tema central que maneja en su extrema actitud ante la fe cristiana consiste en que ésta no es sólo una religión sino un componente de la cultura occidental. Por eso sus dardos no se dirigen tanto a la faz religiosa, como hacia la filosófica y, a semejanza con Nietzsche, cultura religiosa y cristianismo filosófico representarán una misma cosa. Cabe acotar que en este esforzado intento, correlativo a su propaganda helenística, Lugones jamás hizo gala de escepticismo religioso. A la inversa —como lo demuestra el acercamiento a la teosofía y su entusiasmo por Platón— siempre existieron en él profundas convicciones deístas. Lugones no era ateo. Ocurre, simplemente, que no era cristiano o, si se prefiere, sólo fue un antisectario. Ello explica que en plena crítica al cristianismo reconozca a la Iglesia la preservación de ciertos valores culturales y filosóficos.

Pero ¿cuáles son, entonces, los motivos por los que Lugones discrepa con los postulados cristianos? En primer término, debe anotarse su reluctancia ante la imposición dogmática de los preceptos, que se establecen prescindiendo de todo consentimiento racional por parte de sus destinatarios[2]. Así, el mandato coercitivo que yace bajo un dilema de hierro (asentimiento o condena) sustituye a la razón en el camino de la moral. Esto proviene de que la Iglesia predica una verdad revelada, en vez de una verdad demostrada[3]. De ahí, también, que sus principios éticos no sean aceptados racionalmente como acontecía con los griegos, sino que deben acatarse porque lo ordena Dios. Es una moral teonómica, en lugar de una moral autónoma. Ser "fiel —sostiene Lugones— es aceptar incondicionalmente un conjunto de proposiciones absurdas"[4]. En otras palabras, como consecuencia racionalista que era, le exasperaba un obrar que no fuese razonado.

Con tales normas éticas, la razón y la libertad parecíanle violentadas, a la par que suprimían al individuo como ser creador e independiente. Dichos conceptos simbolizan para su pensamiento los valores en cuya defensa y exaltación se halla em-

---

[2] LUGONES, *Prometeo*, pp. 395-396; "El padre Jacinto", *La Nación*, marzo 19 de 1912.

[3] LUGONES, *Didáctica*, p. 112.

[4] LUGONES, *Prometeo*, pp. 395-396; "El padre Jacinto", *La Nación*, marzo 19 de 1912.

peñado y la posibilidad de su desconocimiento resume el porqué de su actitud anticristiana. Por eso, también, ha de llamar a Cristo el "Dios de la obediencia", y a su credo el portador (o divinizador) del asiático dogma de obediencia, derecho divino o principio de autoridad[5]. Para Lugones, el cristianismo y su exteriorización (el dogma de obediencia) son asiáticos y no latinos y encarnan, en última instancia, la revancha de Asia sobre la Europa pagana[6].

Principal enemigo de Lugones en esa época es, ante todo, el materialista dogma de obediencia que niega el imperio de la razón en la conducta humana y enaltece, en cambio, la efectividad de la fuerza, provenga de Dios (cristianismo) o del rey (gobierno)[7] y se apoya en una materialidad despótica que un acabado espiritualista no puede aceptar. En este aspecto adviértese la persistencia de las ideas de Nietzsche, quien llegó a afirmar que "la moral cristiana es una orden y su origen trascendente está más allá de toda crítica". Por ello, concluye, el cristianismo presupone que el hombre no sabe ni es capaz de saber lo que para él es bueno o malo; el único capaz de saberlo es Dios. Sin dificultad se vislumbra la filiación nietzscheana en los comentarios de Lugones sobre el cristianismo, al expresar que su ética no se funda en sí misma —en tanto facultad de la razón— sino que se transforma en una orden venida desde afuera.

Sin embargo, no es Lugones un mimético seguidor del filósofo alemán. Sonaría excesivo lanzarle el epíteto de "mono de Nietzsche", que Thomas Mann reservó a Oswald Spengler[8]. Varias de sus disquisiciones las recibe de Nietzsche, es cierto, pero existen diferencias sustanciales entre las concepciones éticas de ambos escritores, diferencias que el propio Lugones se encargó de puntualizar. No participaba, por ejemplo, de "su sarcasmo sobre toda actual moralización" pues su inmoralismo

[5] LUGONES, Mi beligerancia, Otero y Cía., Buenos Aires, 1917, pp. 10-11; "Concepto sobre la política", La Nación, julio 3 de 1914; "Ante el dogma de obediencia", La Nación, marzo 18 de 1914.

[6] LUGONES, "Civilización en crisis", Sarmiento, octubre 15 de 1912; "Panorama histórico de la guerra", La Nación, diciembre 9 de 1912.

[7] LUGONES, "Por fuerza de la razón", La Nación, octubre 29 de 1912.

[8] MANN, Thomas, y BERTRAM, Ernest, Briefe aus den Jahren 1889-1936, Pfullingen, 1960, p. 202.

le repugnaba, considerándolo una "doctrina de perdición"[9]. Es más, en cierta oportunidad retrató particularmente este nihilismo ético: "Su cuervo le sacó los ojos del alma"[10]. También rechazaba por irracionales la satisfacción egoísta del instinto, el orgullo satánico y la pretendida moral del superhombre[11]. Tampoco las críticas al cristianismo, la devoción helénica y la exaltación dionisíaca de la vida que impregnan las páginas de Nietzsche —y que Lugones adoptará más adelante— le parecían originales del autor de *Ecce Homo*. "Algún día —escribió— demostraré cómo es falsa la originalidad que sus sectarios suponen a este filósofo, en lo relativo a la invención intelectual; y cómo todo lo bueno y lo malo que hay en él son cosas viejas, sencillamente disfrazadas con un vistoso ropaje verbal"[12]. Profundo conocedor de la filosofía griega y estoica había advertido las ingentes deudas del alemán a los presocráticos y a los seguidores de la Stoa.

En su campaña anticristiana Lugones la emprende contra una peculiar posición de la Iglesia, predominante y públicamente conocida, pero ni exclusiva ni permanente. Por otra parte, acaso tampoco llegó a percibir que el cristianismo no debe la supervivencia a lo que en él hay de racional, sino porque es una respuesta —una de tantas— que encaja de maravilla con la sensibilidad y mentalidad humanas. Siempre obseso con los problemas éticos, admira a la moral pagana —concretamente a la que deriva de Platón y los estoicos— por fundarse en la razón, despreciando a la moral cristiana por carecer de tal virtud y usar la fuerza para imponerse. Pensaba que para los dogmáticos existía el deber de creer, pero no de creer en cualquier cosa, sino en lo que ellos ordenan creer. "Esto es —enfatizaba— consecuencia de la verdad absoluta, cuya posesión se atribuyen."[13] Simétricamente, el deber de creer negaría el derecho a dejar de hacerlo, pues para un dogmático toda creencia sería un mero acto de sumisión. Lugones tensiona al máximo el argumento: la razón no puede rebelarse contra los dogmas y, si esto ocurre, debe lucharse hasta conformarla a las verdades pre-

[9] Lugones, *Mi beligerancia*, p. 179.
[10] *Ibid*.
[11] Lugones, "El teatro malsano", *La Nación*, agosto 18 de 1911.
[12] Lugones, "Objeto de nuestra filosofía", *Philadelphia*, año II, Nº XII.
[13] Lugones, "El padre Jacinto", *La Nación*, marzo 19 de 1912.

vias y absolutas. Por eso, arguye a modo de escolio: "El Decálogo preceptúa por mandato divino. La Iglesia afirma que toda autoridad viene de Dios. Pero los motivos que Dios tuvo para ordenarlo así escapan, naturalmente, a nuestro mezquino juicio y sería absurdo emprender su investigación. La sumisión es, entonces, más que un deber; es una necesidad ineludible" [14].

Lugones habíase percatado de las insalvables diferencias entre paganismo y cristianismo. El primero se caracterizaba, a su juicio, como empresa de bienestar terreno, es decir cosa de este mundo y ejecutable por la mano del hombre. La segunda, en cambio, por la esperanza en la mano de Dios y en recompensas ulteriores, a las que se arriba gracias a la resignación y el sufrimiento. Así, ambas concepciones eran no sólo antagónicas sino irreconciliables: "Tratábase, pues, de dos mundos distintos cuya rivalidad no ha cesado nunca y que, desde tiempo inmemorial, intentan dominarse moral y materialmente. Limítrofes como son, este choque era y es inevitable, pero la oposición radical de sus civilizaciones convierte la penetración de uno y otro en una enfermedad, puesto que les impide combinar sus elementos. El caso es que hasta hoy sólo pudieron obstruirse" [15]. El carácter excluyente de las dos civilizaciones, su imposibilidad de síntesis, conformaría el apoyo axial de un nuevo tipo de argumentación, esta vez desarrollado en el plano histórico.

De acuerdo con esta teoría, el triunfo de la cristiandad habría interrumpido la evolución del paganismo hacia la felicidad del género humano, sofocando sus tendencias fundamentales: el humanismo laico, la justicia positiva, el bienestar igualitario, la moral racionalista, la tolerancia, la concordia sin fronteras y la libertad plenaria, que es, de suyo, la libertad individual [16]. El curso de la civilización grecolatina truncaríase con la victoria del cristianismo, sufriendo un síncope tan profundo y prolongado como la muerte misma, del que sólo iríase recobrando lentamente. Por eso, redondea Lugones su tesis, "la historia de la

[14] *Ibid.*
[15] LUGONES, "El dogma de obediencia. Constitución del dogma", *Boletín de la Facultad de Derecho y Ciencias Sociales*, Universidad Nacional de Córdoba, año I, Nº 32, 1921, p. 7.
[16] *Ibid.*, p. 3.

cristiandad es la lucha que ese recobro ha exigido"[17], constituyendo un fracaso la nueva civilización, excepto en aquello que no represente una prolongación del paganismo[18]. En la vasta noche cristiana, Lugones creyó percibir recobros parciales y alentadores que prenunciaban el inexorable retorno pagano: la renovación del siglo XIII, el Renacimiento, la revolución francesa, la americana y las de las colonias españolas, la civilización provenzal incluso, la rebelión libertaria cátara y la Doctrina Secreta. De allí su célebre e inquietante apotegma: "Los dioses no han muerto y van a volver".

Ya hemos dicho que la libertad —característica primordial del paganismo, según Lugones— fue desconocida por el cristianismo, la que siempre siguiendo sus opiniones, habíale resultado permanentemente adversa[19]. Partidaria de la imposición dogmática y por lo tanto de la fuerza, consideraba a la Iglesia activo agente del dogma de obediencia que, en mérito a ese desconocimiento de la libertad, se precipitaría en su vicio más destacado: la intolerancia. Agregaba, por último, que luego de extensa dominación de los espíritus —"paciencia de veinte siglos", precisa—[20] el mundo cristiano seguía teniendo a la fuerza como ley y a la guerra como preocupación dominante[21], no habiendo conseguido implantar todavía un régimen perdurable de paz, ya que con inicuo tesón recurría una y otra vez a tal expediente. Durante y después de la Primera Guerra Mundial ampliará esta idea, sugiriendo como prueba del fracaso al "conflicto más sangriento de la historia". Ese fue, sin embargo, su instante de mayor esperanza, pues suponía que el episodio bélico era ne-

---

[17] LUGONES, "El dogma de obediencia. Constitución del dogma", pp. 11-12; *Mi beligerancia*, pp. 10-11; *El payador*, pp. 141-142; "El dogma de obediencia. Historia del dogma", *Boletín de la Facultad de Derecho y Ciencias Sociales*, Universidad Nacional de Córdoba, año I, N° 1, junio de 1921, p. 89; "El panorama histórico de la guerra", *La Nación*, diciembre 9 de 1912.

[18] LUGONES, *Prometeo*, pp. 393-395; "Leopoldo Lugones a Arturo Capdevila", agosto de 1916, en CAPDEVILA, Arturo, *La dulce Patria*, Sociedad Cooperativa Nosotros, Buenos Aires, 1917, pp. 182-183.

[19] LUGONES, "Panorama histórico de la guerra", *La Nación*, diciembre 9 de 1912.

[20] LUGONES, "Sursum", *La Vanguardia*, mayo 1° de 1900; "El amor al prójimo", *Atlántida*, junio 29 de 1922.

[21] LUGONES, *Prometeo*, pp. 385-386; "Civilización en crisis", *Sarmiento*, octubre 15 de 1912.

cesariamente el remate de la "civilización de la fuerza", que haría renacer a su amada "civilización de la libertad" o posibilitaría el advenimiento de "la República Social", como también gustábale pregonar.

CAPÍTULO XII

CRISIS SECTARIA

Con su alejamiento del socialismo, Lugones desafió a la izquierda, la hija dilecta del siglo. "Las sectas no perdonan jamás a los que las dejan", admitiría años más tarde [1]. Gustábale recordar "el honor de ser oficialmente injuriado por el socialista" [2] y no sólo supo responder galanamente las críticas implacables, sino transformarse, según propia confesión, "en su adversario declarado" [3]. Este doble pecado mucho tiene que ver con el nimbo polémico que rodea a su persona y obra. Distanciado en 1900, luego del estéril intento de escindir el Partido, su prédica inmediata no dejó de ser respetuosa con los antiguos ideales. Sólo en su interludio europeo y quizá por el ascenso del socialismo al parlamento —gracias a las nuevas leyes electorales— iniciaría una violenta campaña de crítica y desprestigio. Sin embargo, fue la prensa socialista la que desde el comienzo no le ahorró improperios, como también lo hizo con Ingenieros, otro disidente captado por el roquismo [4]. Curioso paralelo entre estos dos intelectuales. Mientras Lugones prefirió el arduo camino de la renovación ideológica y del desaire permanente, siendo por ello un perpetuo condenado, Ingenieros retornó bajo la influencia de la revolución rusa a las creencias juveniles. Los nuevos escritos y especialmente sus críticas al imperialismo nor-

1 LUGONES, "Discurso en honor del Dr. Alfredo Leoncio Palacios", *La Nación*, julio 22 de 1915.
2 LUGONES, "El castigo", *La Nación*, diciembre 28 de 1919.
3 LUGONES, "Un fasto", *La Nación*, noviembre 11 de 1921.
4 Véase "José Ingenieros, socialista snob", *La Vanguardia*, julio 15 de 1905, p. 1, col. 4; Ataque a los artículos de Ingenieros aparecidos en *La Nación*. Para sus representaciones oficiales en el exterior, *Registro Nacional*, 1905, t. 2, pp. 1.068-9.

teamericano, le aseguraron el olvido a su escepticismo burgués y, por añadidura, un sitial en el Panteón de la Izquierda.

El fracaso de la Federación Socialista no fue el motivo de su retirada. Múltiples razones influyeron, sin duda, en esa decisión con tantos efectos para su pensamiento. Lo que sí parece indiscutible es que la tendencia impresa al socialismo no coincidía para nada con sus ideas. Es más, el evolucionismo reformista contrariaba la estructura básica del temperamento de Lugones. Su arraigado idealismo, tarde o temprano, debía entrar en pugna con el marxismo[5]. De ahí los desesperados intentos en el período partidario para dotar de mayores alcances a la ideología, como también la insólita pretensión de identificarla con los altos valores del Bien, la Belleza y la Justicia, valores que siempre pertenecieron a Lugones. Del socialismo le mortificaba su desenfadado materialismo colectivista. El esotérico seguidor de Platón, el cincelador de exquisitas fórmulas verbales, el eticista convencido, mal podía soportar la falta de espiritualidad de un socialismo a la manera de Bernstein, atemperado por un Justo munícipe y cooperativista.

La lucha contra las iniquidades capitalistas y el odio al burgués no podían ser todo. Le fastidiaba que con tan legítimas pasiones se encubriera la baja satisfacción de los instintos convertidos en únicos móviles de la existencia[6]. Por lo tanto denunciará a ese materialismo que todo lo reduce a la complacencia de necesidades y goces físicos[7], pues veía tanto en el realismo histórico como en el político, repugnantes intentos "de arrastrar, así, toda dignidad humana en su concepto venal"[8]. A su juicio, el socialismo pretendía transformarse, por medio del ejercicio de la ley, en una suerte de providencia dispensadora de mínimas felicidades. El timorato programa no era tentador y Lugones graficó, irónicamente, tales limitaciones: "La legislación que reclama tiende a transformar al estado en una colosal compañía de seguros, combinada con una enorme sociedad de beneficencia, todo ello costeado por los no socialistas"[9].

[5] Díaz Bialet, Agustín, Leopoldo Lugones. Génesis y proceso de sus ideas, Imprenta de la Universidad de Córdoba, Córdoba, 1940, pp. 6-14.
[6] Lugones, Mi beligerancia, pp. 227-228.
[7] Lugones, "En honor de Alfredo Leoncio Palacios", La Nación, julio 22 de 1911.
[8] Lugones, "La filosofía del desempate", La Nación, junio 17 de 1914.
[9] Ibid.

Con preferencia obsesiva los socialistas ocupábanse de los problemas económicos, he ahí la queja. Para Lugones, muy por el contrario, sólo las cosas del espíritu eran relevantes ya que, en definitiva, sólo ellas permitirían alcanzar la libertad total —su alfa y su omega— y "no ese miserable materialismo legalitario que cristaliza su ideal en una vasta comensalía de Estado. Así es como se rebaja el concepto de la emancipación humana a la adquisición de unas cuantas satisfacciones suministradas por la ley, bajo la especie de unos tristes centavos que tampoco remedian nada, aun cuando eso sí, fomentan, con las esperanzas falaces, la resignación del servil" [10]. Tan grosera sensualidad —advirtió Lugones— debía obtener formidable éxito en la masa, porque en vez de contrariarla, cultivaba su atávica degradación. La envidia, explotada de manera sistemática y con miras a lograr el poder, le repugnaba. ¿Dónde estaban el Bien y la Belleza en ese operativo impropio? Profundo eticista, no podía dejar de planteárselo: "El socialismo no es una doctrina ética, sino un sistema económico y un partido político. Su propósito es transformar la propiedad privada en colectiva, no porque esto sea moral, sino porque conviene al proletario, que constituyendo la mayoría, tiene, en este hecho, la posibilidad de realizarlo" [11]. Algo más, también los descalificaba: sobre la razón y la justicia, anteponían su interés sectorial [12]. Por ello no podía evitar algunos estiletazos, definitorios de la módica postura de sus dirigentes: "Saben equilibrar, por lo común, en compensación discreta, la bravura de la palabra con la prudencia de la actitud" [13]. La emprende, asimismo, con otra de sus aspiraciones: constituir un partido. Tal ejercicio "los vuelve políticos, es decir acomodaticios en una palabra, y esto, por predestinación lógica a la mediocridad, lo cual acentúa todavía su carácter inofensivo" [14]. La crítica antojábasele apropiada, pues el socialismo en sus románticos comienzos pretendía apoderarse de la política para eliminarla. Sin embargo, Lugones los veía cautivos del mismo arte que intentaban abolir, "engañando al pue-

10 *Ibid.*
11 LUGONES, "De la fuerza", *La Nación*, julio 11 de 1921.
12 LUGONES, "Neutralidad imposible", en *Mi beligerancia*, pp. 167-168.
13 LUGONES, "La nueva edad italiana", *La Nación*, abril 14 de 1914.
14 *Ibid.*

blo, no con la mentira —sea dicho en honor suyo— sino con la ilusión, lo cual es peor" [15].

Luego de su paso por el socialismo quedará profundamente decepcionado de la vida partidaria. Es esta una de las características invariables de su personalidad. Refiriéndose a esa época, subraya el desprecio por tal práctica: "Cuando hice política, a título de experiencia personal en ese ramo de la actividad humana, lo que vi estuvo bien distante de estimularme a proseguir. Comprendí que la política constituye un asunto profesional, como el comercio, una de cuyas ramas es, quizá" [16]. Pero la incompatibilidad no finca sólo en esto. Verá anticipadamente peligros en la dictadura de clase, no reconociendo, por sus efectos igualmente nocivos, diferencias entre ella y la tiranía nobiliaria. Pensaba que los partidos clasistas habían resultado funestos para la democracia y la libertad. Por otra parte las aristocracias ya habían revelado con sus abusos lo que eran los gobiernos de clase. En esta condición intrínseca y no en su composición de nobles o proletarios, residía para Lugones el defecto: "Gobierno de clase, quiere decir gobierno de una parte de los ciudadanos contra el resto de los mismos. Tanto peor si la clase gobernante es la mayoría. Su abuso resultará más irritante" [17]. Esta denuncia prefigura su firme actitud ante el impredecible populismo que le tocará enfrentar.

Individualista como era, mal podía conformarse a la disciplina partidaria. Alguna vez habló del colectivismo despótico cuyo rigor suprime la disensión personal [18]. Prematuramente había advertido en el novel movimiento una fe exclusiva en la fuerza bruta de las masas. Tal concepto resume el terror al anonimato, propio de todo intelectual de principios de siglo, sentimiento que lo empujará también hacia la ancha avenida de las fórmulas reaccionarias de entreguerra. Si bien Lugones había jugado al progresivo ascenso de las masas, pronto comprendió que éste importaba la reducción de todos los valores a un común denominador. Por ello, le resultaba intransitable la sociedad que proponían Justo y sus seguidores, una suerte de "polípero

[15] *Ibid.*
[16] Lugones, "Los retiros obreros", *La Nación*, junio 29 de 1911.
[17] Lugones, "El impuesto a la renta", *La Nación*, abril 10 de 1914.
[18] Lugones, *Mi beligerancia*, pp. 227-228.

industrializado en cooperativa. En suma, la consabida Ciudad Futura del socialismo, neutra como un hongo, fastidiosa como el paraíso cristiano, donde la bienaventuranza consiste en vivir cantando letanías, infinitamente legalizada, cronometizada, geometrizada y obediente" [19]. Su individualismo tornábase vallado insalvable a la uniformidad exigida por el Partido, pues sería una de esas "hormiguitas laboriosas", como pretendía Justo, según el conocido dicterio de Lisandro de la Torre. En pocas ocasiones rescató tanto para sí las cualidades de su individualidad, como en ocasión del homenaje a Palacios luego de ser expulsado del socialismo. Aquel discurso constituye, quizá, la mejor definición de su venerado credo. *La Vanguardia* misma no pudo sino recalcar, en su consabido ataque, el verdadero carácter de la asamblea: "Las convicciones socialistas de Palacios fueron duramente sacudidas por el anticolectivismo rabioso de Lugones, verdadero Max Stirner de la reunión" [20].

José León Pagano ha estudiado desde un ángulo estético las causas de la ruptura de Lugones. Su argumentación giró alrededor de los previsibles desencuentros del poeta con el materialismo marxista. Existe una página de *La Montaña*, en la cual partiendo "del concepto idealista" —son sus palabras— se animó a definir al mundo circundante como "una objetivación exteriorizada del yo", por lo que "poseía el derecho absoluto de transformarlo a su manera" [21]. Lo trascripto adelanta las razones de Pagano, quien subraya el realismo como impedimento para una sincera adscripción al pensamiento de Marx y de Engels. Inicialmente Lugones no debió hallar en el socialismo graves discordancias entre su refinada estética y la no tan rígida red de aquella incipiente materialidad, pues eran épocas de un confuso romanticismo, fiel y nostálgicamente reflejadas en "Nuestro Socialismo". El conflicto sobrevino durante el proceso de refirmación ideológica dirigido por Justo. Y sólo entonces Lugones encontró dificultades insalvables, empeñado como estaba en conseguir un sentido distinto e inédito a la agobiante realidad.

Nuevamente, el problema de la libertad desataría fatales

19 LUGONES, "El culto de la vida", *La Nación*, noviembre 21 de 1915.
20 *La Vanguardia*, julio 22 de 1915, p. 1, col. 3.
21 LUGONES, "La moral en el arte", *La Montaña*, junio 1º de 1897, p. 4, col. 3.

discordancias. Lugones participaba de una idea plenaria de la misma y pretendía por su intermedio el florecimiento progresivo y práctico de la razón individual. Habló —es cierto— después de su ruptura de "la emancipación moral" [22], de "la emancipación humana" [23], que el socialismo reducía a una mera libertad legalitaria. Lugones, en cambio, repudiaba la legoterapia como eficaz instrumento substituto para colmar las aspiraciones de una libertad total. Más aun, cuando su ejercicio se reducía a la liberalización de necesidades y goces físicos, dejando sin remedio subordinaciones acaso más humillantes. Y aquí reside el motivo íntimo de su desencuentro con el socialismo. Además aquella veneración por la ley constituía un pueril remedo de la opresión. Es que los socialistas, en su afán de llegar al poder, eran también elementos gubernativos y bajo ese concepto pertenecían a la casta superior de legisladores y ministros [24], deslizándose inexorablemente hacia la violación de la conciencia ajena. De este concepto partirá una futura línea de argumentaciones contra el socialismo, acusándolo de haberse transformado en otra potencia opresora, similar a la religión y el militarismo.

Como se ha visto, Lugones se opuso siempre a la posibilidad de alianzas tácticas con otros sectores. Acaudilló, en ocasión de la asamblea constitutiva del Partido, la oposición a una política de acuerdos preconizada por Justo y concordante, también en este punto, con el programa reformista de Bernstein. Titularse "marxista intransigente" cuando propiciaba, con otros, la sediciosa Federación no fue precisamente por casualidad. Uno de los grandes impedimentos con la conducción partidaria fue ese debatido método. Con persistencia destacó este aspecto, hablando del "impudor sectario para contraer alianzas con Dios y Satanás" [25] y, sobre todo, desde su correspondencia europea para La Nación, no omitirá destacar las alianzas extremas y educativas del socialismo francés y alemán con los monárquicos, clericales y militaristas, o con la burguesía liberal [26]. Hay un párrafo suyo que describe, prolijamente, esa adecuación oportu-

[22] LUGONES, *Mi beligerancia*, p. 227.
[23] LUGONES, "Filosofía de las elecciones", *La Nación*, junio 1º de 1914.
[24] LUGONES, "Un fracaso instructivo", *La Nación*, marzo 21 de 1912.
[25] LUGONES, *Mi beligerancia*, pp. 167-168.
[26] LUGONES, "La nueva edad italiana", *La Nación*, abril 14 de 1914.

nista que repugnaba a su temperamento excesivo. Refiriéndose a la política de componendas expresó cáusticamente: "He aquí los comentarios que el socialismo no sabe oir sin irritarse. Pero ya aprenderá también la virtud de la paciencia. Ha aprendido cosas más difíciles como el militarismo y las alianzas reaccionarias. Entonces, cuando esté bien educado y sepa transigir con menos brusquedad; cuando se haya depurado de paradojas doctrinarias y de sectarios incómodos, alcanzará justamente la meta de la profesión política. Dejará de ser subalterno, para ser amo a su vez, como sucede con todas las profesiones. Y para mayor gloria del orden, gobernará sabiamente. Con oficialismo, con autoridad, con policía, con ejército" [27].

Los estudios y prácticas teosóficas confirmáronle insospechadas perspectivas para su invariable idealismo. También el ingreso a la masonería y el fuerte programa espiritualizante de aquella congregación le ostentaron, por contraste, el tedioso materialismo socialista. La ojeriza, la desconfianza y, por qué no, el temor hacia toda individualidad debieron hacerlo aparecer sospechoso ante las sumisas y uniformes huestes. Necesitaba, sobre todo, independencia para desarrollar su personalidad, exonerado de apremios partidarios. ¿Veleidades? ¿Oportunismo? Las respuestas son múltiples aunque puede adelantarse una: la honesta certidumbre de haber agotado ciertos medios —sólo instrumentales— sin renunciar a los altos fines, permanentes e inalcanzables. Es que Lugones devoró con pasos de gigante un enorme camino, en lapso idéntico al que otros emplean para recorrer apenas metros. Por otra parte es dudoso que hubiera logrado tan vasta producción literaria y política de haber permanecido, obedientemente, en las filas del Partido Socialista.

Reparó además en las menguadas oportunidades de cambio que garantizaba el movimiento, más propenso por devoción evolucionista a proyectos imperceptibles, que a mudanzas profundas. De continuar, sólo restábale pertenecer a "una oposición sin esperanza", suerte de perverso estado místico al que se había autoconfinado "el partido de la nostalgia", como alguna vez él mismo lo llamó.

[27] *Ibid*.

CAPÍTULO XIII

LIBERTAD

"Un día han de morir los dioses y los amos" [1].

"¡La libertad! Lo que yo más amo en el mundo. Es el postulado de toda actividad creadora" [2]. Así se expresaba Lugones allá por el año 1921, acerca de aquel apriorístico problema, eje central de su pensamiento. Puede afirmarse que la idea de una libertad plenaria para los hombres (y para él mismo también) constituyó el secreto profundo de un incesante combate, que no vaciló en identificar con "la milicia de los teólogos o la lucha de los filósofos" [3]. Si Lugones fue un feroz individualista —disposición que conservó toda la vida—, desplegar las potencias de su yo debía erigirse en reclamo irreprimible. Aquel conmovedor anhelo de verdad, traducido en constantes experiencias intelectuales, no era viable sin una libertad cuyo ángulo de posibilidades fuera tensionado al máximo. Y así, en cierta oportunidad, aclaró la equivalencia forzada entre ambos componentes: no había individualismo sin libertad [4], y a ésta resultaba quimérico practicarla, salvo por cuenta propia [5]. Fueron, justamente, las pretensiones de reprimir esa facultad integérrima, las que contribuyeron a su cuestionado alejamiento del socialismo.

Filosóficamente, Lugones consideraba a la libertad como un estado del espíritu [6]. Con visible ascendiente platónico y de

[1] LUGONES, *Ameghino*, p. 145.
[2] JIMÉNEZ RUEDA, Julio, "Leopoldo Lugones, el último renacentista", *La Nota*, mayo 6 de 1921.
[3] LUGONES, *El payador*, p. 19; "El problema feminista", *La Nación*, enero 27 de 1912.
[4] LUGONES, "La escuela de los héroes", *La Nación*, agosto 6 de 1922.
[5] "Leopoldo Lugones a Deodoro Roca", agosto 20 de 1918, en ROCA, Deodoro, *El difícil tiempo nuevo*, Lautaro, Buenos Aires, 1956, p. 325.
[6] LUGONES, "Filosofía del desempate", *La Nación*, junio 17 de 1914.

Epicteto pensaba que aquélla no le venía al hombre desde afuera, sino al revés, de adentro, y que por eso las leyes libertan pero no hacen libres [7]. Ajena a la ley, fuerza espiritualista en grado total, inherente a la condición humana, "la verdadera libertad es el cultivo interno y una obra privada" [8]. Sin embargo, a esa manifestación finalmente espiritual se le anteponían en la diaria lucha de los pueblos, como predestinados rivales, las imposiciones coactivas procedentes de la materialista brutalidad de amaestrar por la fuerza [9].

La libertad era el más claro oponente de la coerción, como de su símbolo, el gobierno, pues de reinar no existirían amos ni súbditos. Constituía, en principio un estado negativo, si se quiere, como el de no estar enfermo, pero en el cual "se vive la vida en las mejores condiciones posibles" [10]. Necesariamente, libertad y obediencia resultaban términos incompatibles, radicalmente antagónicos y que entre sí se repelían. Por eso el primer esfuerzo era el de aventar todos los mandatos y exigencias, provinieran de amos despóticos, del resultado de las urnas, de creencias religiosas o de la impúdica jactancia de las bayonetas. Todas estas fórmulas tendían a limitar la libertad a través de su aliado natural: el gobierno, que entre aquélla y la obediencia, siempre ha de optar por esta última, pues está en su naturaleza y no puede hacer otra cosa" [11]. Gobernar, para Lugones, quería decir imponer reglas de conducta, no pudiéndose, en consecuencia, luchar por la libertad desde el gobierno ni con el gobierno, sino contra el gobierno, su enemigo específico [12]. De allí que la ilusión de un gobierno liberal no le sonara más que a paradoja desvanecida.

Sin embargo, la idea de la libertad no ha de reducirse a una concepción negativa, suerte de vacío en el que no existan

[7] LUGONES, "Discurso Congreso Científico Latinoamericano", sesión de marzo 3 de 1901, en *La reforma educacional*, p. 107.

[8] LUGONES, "Crisis constitucionales", *La Nación*, setiembre 26 de 1911; "Las dos inmigraciones", *La Nación*, octubre 9 de 1911; "Crisis de la democracia", *La Nación*, julio 22 de 1914; "Política estoica", *La Nación*, diciembre 28 de 1913.

[9] LUGONES, *La torre de Casandra*, pp. 8-11.

[10] LUGONES, "El culto de la vida", *La Nación*, noviembre 21 de 1915.

[11] LUGONES, "El desastre radical", *Sarmiento*, julio 2 de 1912; "Elecciones significativas", *La Nación*, julio 6 de 1912.

[12] LUGONES, "Una ilustre defunción", *La Nación*, mayo 30 de 1912.

estorbos. Debe perfeccionársela un paso más, que ha de ser el de la autodirección, facultad que permite hacer lo que se quiera consigo mismo, ya que la garantía reside en que siendo el hombre un ser racional no se apartará de aquello que se le demuestre necesario o conveniente. Esta es la doctrina positiva de la libertad lograda gracias a la razón. Lugones pensaba que la libertad —considerada como un resultado— debía ser "la dirección filosófica de cada individuo, el progreso de la conciencia personal constituido en obra privada de autodirección o autogobierno"[13]. Eminentemente racionalista —y en un grado del que luego abominará— atribuye a la razón la facultad y el imperativo de dirigir la conducta de los hombres[14]. En este sistema era necesario convencer, vale decir tener siempre más razón y así modificar las conductas, ya que sólo el raciocinio es capaz de dirigirse, a diferencia del momento político actual en el que reinan la fuerza y el egoísmo del déspota o de la mayoría[15]. Buen estoico, la conclusión se le antojaba correcta, puesto que el universo, regido por un orden, rechazaba asimismo coacciones e imposiciones.

La radicalizada postura de Lugones respecto de la libertad no era original. Tampoco lo pretendía, por otra parte. Esta campaña le valió, gracias a la erudición aldeana de sus críticos, el mote de anarquista, equívoco que se encargó de aventar con auténtico fastidio y sólidos argumentos. No lo era, ni por asomo. En verdad, en tal punto se limitó a seguir los postulados de la moral racionalista de Kant. Para aquel maestro, el hombre como sujeto ético no estaba gobernado por la compulsión impersonal que rige al mundo físico, pues no era una cosa más entre las cosas. Su actividad intelectual y teorética —indudable indicio de "una cosa en sí"— lo apartaba resueltamente de aquella mecánica dependencia. Así entonces, por razonar era libre, con lo que se arrimaba al concepto de la autonomía de la razón humana, desligada de toda dependencia, salvo la de estar de acuerdo con la de los demás, que en definitiva significaba coincidir con las leyes asimismo racionales de la naturaleza. Toda la ela-

13 LUGONES, "El desastre radical", *Sarmiento*, julio 2 de 1912.
14 LUGONES, "El gobierno de los hombres", *La Nación*, mayo 25 de 1914.
15 LUGONES, "El palacio de la paz", *La Nación*, octubre 10 de 1913.

borada construcción lugoniana sobre la libertad no fue mera mansedumbre ante el filósofo de Koenisberg. Lugones había arribado también a estas conclusiones por decidida vocación pagana y helenística, pues es sabido que el concepto de la libertad kantiana y de su ética es un estoicismo resucitado, novedosa presentación de viejos principios de la Stoa.

Pero no pretenda verse en toda la cuestión de la libertad una nota optimista. Lugones pensaba que no era posible ejercerla, salvo a título personal, en el dominio privado de la conciencia [16]. "La libertad colectiva —como gustábale denominarla— tal vez no ha existido nunca" [17], y esa elevada práctica sólo la alcanzarían "algunos espíritus superiores". Pero, cual moderada resignación, todos estas aspiraciones, frustraciones e imposibilidades servían para aceptar filosóficamente la vida. Es que la idea de la libertad en Lugones estuvo motivada por la autonegación ascética de los estoicos, que propiciaba la retirada a uno mismo para preservar el yo nuoménico, libérrimo en su ciudadela inalcanzable. Sólo "el sabio" o "el filósofo" podían alcanzar el beneficio de no ser esclavos de la vida, la muerte, los placeres, la miseria, la riqueza. Nunca como en el período de su corresponsalía europea rescatará Lugones para sí el papel de pensador impasible que vive de acuerdo con la razón, es decir de acuerdo con la naturaleza; exento de pasión y orgullo; sincero y piadoso, titular, en suma, de la verdadera y única libertad.

Con su fervor por la libertad y su clara apología de la autodirección se nos presenta no sólo como un epígono del estoicismo, sino también de los filósofos racionalistas de los siglos XVII y XVIII —es decir del enciclopedismo— de la revolución americana, la francesa y sus ideales jacobinos y, por último, la de los países americanos del sur. En esta etapa, parece respirar los últimos encantamientos de la Edad de la Razón, componiendo un personaje más racionalista que racional, que ostenta la consabida simplicidad, lucidez, carencia de dudas y preguntas a sí mismo, características de aquella decisiva corriente del pensamiento político.

Si bien ya fue señalado, a poco de andar, Lugones descu-

---

[16] LUGONES, "Los amos del soberano", *La Nación*, diciembre 25 de 1913.

[17] LUGONES, "Política estoica", *La Nación*, diciembre 28 de 1913.

brió una contradicción imposible de corregir entre libertad y gobierno. Ante la disyuntiva, juzgó que el verdadero desenlace había que buscarlo en un orden sumiso a la idea de la libertad, pero a condición de que ésta fuere resultado de la conciencia pública [18]. He ahí el verdadero anhelo del "sabio" al modo estoico, si bien la cotidianeidad ofrecía el espectáculo opuesto: el de una libertad en el orden, regimentada por este último. Lugones no podía desconocer que todo gobierno buscaba primordialmente mantener y conservar un orden, pues tal consigna le era irrenunciable, relegando, en cambio, la libertad a segundo plano. Del pasado socialista retenía que el objeto del gobierno, cualquiera fuese su origen —monárquico, democrático o militar— era el de "conservar y defender los privilegios que hacen felices a unos cuantos con detrimento de la mayoría" [19]. Respecto de la siempre ardua relación entre libertad y orden, la postura ideológica de Lugones soportará alteraciones motivadas por el cambiante predominio de esos dos conceptos. En el primer momento, que es el que se analiza, la libertad impera. Años más tarde, aquella ventaja habrá de agotarse hasta desaparecer, y el otrora denostado orden transformaráse en privilegiado.

No cuesta trabajo descubrir que esta imagen de la libertad, entendida en términos tan absolutos, constituía la expresión política que mejor encajaba con su acrisolado individualismo. Luego de los tanteos iniciales, concordantes con una obra literaria diversa y elaborada, la fórmula de la autodeterminación se correspondía perfectamente con el extremo valor moral que le asignaba al individuo. Si algo parece constante en Lugones, es su insobornable creencia en la personalidad humana, en su dignidad, y en que toda facultad creadora proviene del individuo, pues ambicionaba un universo donde el hombre poseyera más y más posibilidades creativas, a despecho de los dioses todopoderosos.

Estaba convencido de que sólo el diario ejercicio de la libertad permitiría al hombre huir de la tentadora quietud de los dogmas, "de su calabozo mental" [20]. Sospechaba que con su rechazo podía arribarse al resultado positivo de una existencia

---

18 Lugones, "El desastre radical", *Sarmiento*, julio 2 de 1912.
19 *Ibid.*
20 Lugones, "Represión y justicia", *Sarmiento*, julio 17 de 1912.

mejor. Desde Europa no se cansó de estimular una epopeya para "las jóvenes patrias del porvenir", en las que la libertad suprimiese dogmas y amos, "así como la puerta abierta al sol hace innecesarias las lámparas de la noche" [21]. Aseguraba que la mejor manera de hacer argentinos era hacerlos libres, "porque un ciudadano libre es aquel que posee la conciencia clara y recta, que sabe dilucidar ante dos caminos, que es capaz de determinar y resolver" [22]. Quería el establecimiento de una república individualista, garantía de libertad y justicia, fundamento de la felicidad y principio en el que descansaba el secreto de la civilización futura [23].

Su exaltada idea de la libertad plenaria halló correlato con la de patria, adquiriendo, este fundamental concepto, importancia definitoria para su pensamiento político, a la vez que caracterizó el particular momento que atravesaba. Es que como signo distintivo, las ideas de Lugones guardan siempre obligada coherencia entre ellas y se advierte, en su manejo, el infrecuente celo de cohonestarlas unas con otras. Tal acoplamiento no es por cierto casual; obedece al sistemático anhelo de lograr una firme relación recíproca merced a la persistente lógica interna.

Producto de su arrebatado espiritualismo, Lugones definía así el concepto de patria: los hombres sólo la constituyen para asegurarse los beneficios de la libertad y la justicia [24]. Ambos componentes son elementos esenciales de su constitución [25]. Si la patria es un hecho, como el caso de su territorio y raza, es también y ante todo una idea [26]. Por eso quienes la integran se mantienen unidos en organización tan amable y superior, ya que pretenden disfrutar con ella las garantías y seguridades de una felicidad relativa. Patria es entonces una necesidad a la vez que un estado de civilización y, de tal modo razonada y concebida, generaliza sobre la conciencia de cada hombre el imperio y la necesidad de aquellos elementos imprescindibles: li-

[21] LUGONES, "Civilización en crisis", *La Nación*, octubre 15 de 1912.
[22] LUGONES, "Sesión de clausura. Primer Congreso de Estudiantes Normales", *La Nación*, noviembre 5 de 1919.
[23] LUGONES, "La educación del odio", *La Nación*, octubre 31 de 1912.
[24] LUGONES, *Didáctica*, pp. 378-380 y 384.
[25] *Ibíd.*, pp. 381-383.
[26] LUGONES, "La educación del odio", *La Nación*, octubre 31 de 1912; *Didáctica*, pp. 378-380.

bertad y justicia. Tanto es así que, de negárselos, sus hijos tienen el derecho de oponerse por todos los medios lícitos, puesto que ambos valores están por encima de la patria misma, la que no puede existir sin ellos [27].

En cambio, el concepto territorial merece párrafo aparte. ¡Cómo abomina Lugones de él! He aquí su denuncia: "Limitarla a la conservación territorial es empequeñecerla. Son muchos los que en un país no poseen tierra alguna, lo que no obsta para que amen y sientan poderosamente su posesión. Tampoco el amor aumenta o disminuye con su territorio. Si en vez de seis millones de kilómetros, la República Argentina tuviera diez o uno, amaríamosla lo mismo. El territorio es un hecho fundamental, pero no es el único en la constitución de la patria". Condena la exaltación territorialista, sobre todo por su feroz materialismo. Y en este orden de ideas, afirmará rotundamente: "el patriotismo queda así relegado a instinto predatorio, en su más baja acepción". Por eso, ser un patriota le parecía, justamente, ser distinto: "es el que busca para su país el máximum de libertad y justicia. Nacionalista, en cambio, es el que quiere el predominio de su país, aun a costa de la justicia y la libertad", para luego concluir con otro proverbial arranque asertivo, pero no por ello menos agudo: "Esto no es más que militarismo con otro nombre". Tiempo después ha de exclamar: "Soy un buen patriota, y por eso mismo no soy nacionalista. El nacionalismo rebaja el patriotismo, pues lo convierte en partido" [28].

Con su concepción de la patria-idea, Lugones renuncia a toda particularidad. Por el contrario, propicia un idealismo ecuménico, en el que no caben patrias egoístas, pues ha tomado de sus amados estoicos, haciéndolo suyo, el concepto del *genus homo* [29]. Participa, entonces, de una bellísima quimera, y con ella contempla a la humanidad como entidad política regida por la ley del progreso, ley que la llevará hacia la perfección y la bienaventuranza. Lugones, que no sólo ama al hombre, sino que abraza a toda la humanidad, reconoce en todo ser racional a un semejante y, en arranque optimista, admite una sociedad ca-

---

[27] LUGONES, *Didáctica*, pp. X y 378; *Prometeo*, pp. 403-404.

[28] Declaraciones de L. Lugones, en GARCÍA CALDERÓN, Ventura, *Leopoldo Lugones*, Ginebra, p. 58.

[29] LUGONES, "La nueva civilización", en *La torre de Casandra*, p. 12.

paz de superar los límites que imponen los Estados. De acuerdo a estos principios, le gustaba hablar de la justicia internacional, de la hospitalidad sin condiciones, de la igualdad ante la ley, como grandes objetivos argentinos [30]. Pregonaba que la victoria no da derechos, que América era para la humanidad; exaltaba a la doctrina Drago y la propaganda del arbitraje obligatorio, integrantes a su juicio "de la patria futura, justiciera y libre, desinteresada, amada por todos los hombres". Se advierten aquí fácilmente, tanto la posición política idealista, típica de la época, como las profundas huellas de Kant y sus glosadores. Sin embargo, será sobre este telón en el que habrán de proyectarse, con sombras trágicas, las intensas mutaciones provocadas a partir de la Gran Guerra. Sólo de ese modo, en un gran fresco, es posible seguir (y entender) los cambios doctrinarios e ideológicos de Lugones.

[30] Lugones, *Didáctica*, pp. 387-388.

CAPÍTULO XIV

INDIVIDUALISMO

"Yo me hago mi ley..." [1].

Anticristiano, exegeta del paganismo y aristócrata refractario al espíritu burgués, todo en Lugones parece confluir hacia un completo desdén por el orden establecido. Pero, sin duda, tan categórica posición no era ajena a una indispensable búsqueda de autenticidad y al rechazo frontal de la hipocresía, esto último como fácil instrumento diferenciador. Por otra parte, la lucha contra un medio cultural y moral que juzgaba sofocante sólo podía emprenderla a través de la exaltación de la propia individualidad. Además, el individualismo fue quizás el rasgo esencial de Lugones que tiñó, de modo inconfundible, sus días y sus trabajos, constituyendo la imponderable entidad a la que permaneció obstinadamente fiel, erigiéndola en verdadera clave de bóveda de su pensamiento.

El contexto filosófico que le tocó a Leopoldo Lugones caracterizábase por la afirmación revolucionaria del individuo, afirmación que ensanchaba el concepto de la libertad personal. Coincidentemente en el Buenos Aires de aquellos años leíanse con fervor —y con los riesgos que dicho fervor supone— las obras de Nietzsche y Max Stirner, este último en menor grado. La "Atenas del Plata" se permitía su propio *jusque au boutisme*, aunque un tanto retórico y con Zaratustras más vociferantes que amenazantes. Es que el individualismo, en su incontenible afán de absoluta libertad personal, entraña el peligro de traducirse en actitudes frívolas y hasta necias si no lo guía una férrea línea de conducta. Por eso el derecho a la independencia sólo se conquista concentrándose en una austera entrega, gozosamente vivida. Lugones fue un acérrimo individualista ca-

---

[1] LUGONES, *Mi beligerancia*, p. 10.

paz de atrevidas actitudes, sufriendo por ello la agresión de los espíritus aldeanos, ensañados aún hoy con tales osadías. Justo es reconocer, pues, que si actuó como lo hizo, fue a costa de un pleno ascetismo y de no pocos padecimientos.

Su profunda convicción en la "fuerza individualista" [2] lo llevó más de una vez a autodefinirse como "filósofo libre". Asimismo, pensaba que las más altas civilizaciones fueron individualistas (Grecia clásica, Italia del Renacimiento, Francia, Inglaterra, Angloamérica) [3] deseando como destino para nuestro país "vivir el individualismo americano" [4]. La esencia de su postura radicaba en la indisoluble potencia del individuo: "las energías eficaces del mundo —subrayó alguna vez— son unidades y no sumas, y de esta suerte puede valer más que el monte gigantesco el grano de arena cristalizado en diamantes".

Cierta entrevista le permitió también definir su credo: "Soy de carácter independiente, nunca he querido pertenecer al rebaño gregario de los abyectos. No he vestido jamás la librea de los lacayos. Por eso tengo enemigos y no tengo discípulos. Habrá usted oído a los primeros hablar mal de mí. Me odian porque nunca he estado con ellos, porque he mantenido siempre mi criterio acerca de los hombres, los hechos y las cosas, porque no he estado nunca con la verdad oficial, y eso aquí es casi un crimen" [5]. Palabras algo nostálgicas, descubren el pensamiento de Lugones y lo proyectan como el tañido solitario pero orgulloso del último representante de una raza que, a pesar de todo, sigue librando su batalla aparentemente perdida contra la marea mediocre y su cultura masificada. O, en términos más exactos, irguiendo su individualidad, que es también su libertad, contra el alud igualitario del mundo moderno.

Esta etapa inicial del pensamiento lugoniano, si por algo se caracteriza es por la sobrevaloración del concepto de libertad. Pero mal puede asumirse la causa del individualismo sin el ejercicio efectivo de aquélla. No se equivocaba, pues, Lugones cuando sostenía que el individualismo era nada más que

[2] LUGONES, "En honor del Dr. Alfredo L. Palacios", *La Nación*, julio 22 de 1915.

[3] LUGONES, "Ante las hordas", *La Nación*, julio 4 de 1919.

[4] LUGONES, "El culto de la vida", *La Nación*, noviembre 21 de 1915.

[5] JIMÉNEZ RUEDA, Julio, "Leopoldo Lugones, el último renacentista americano", *La Nota*, mayo 6 de 1921.

la posesión de la libertad [6]. Sin embargo, ejercitar esa "libertad personalísima" demandábale considerables esfuerzos, ya que ello poseía la virtud de enardecer a los sectarios. A la postre tales audacias siempre resultan enojosas en la Argentina, país en el que la voluntad de un hombre libre constituye falta grave. "Se me acusa —asegura con razón— desde el cartel frenético hasta el pasquín, y desde la banca parlamentaria hasta el púlpito" [7]. Aquel continuo acosamiento se exacerbará multiplicándose ante cualquier giro ideológico, doctrinario o intelectual, actitudes que nuestro medio acostumbra registrar como de méritos imperdonables. Curiosamente, existe entre nosotros una auténtica tradición que tras rechazar al organismo vivo (y por ende mutable) gusta del fósil yerto, pero fiel a sus principios. Lugones, en cambio, identificaba libertad y contradicción [8], representando esta última el principio de la sabiduría y lo contrario (verdad absoluta) una adición de ignorancia y tiranía, porque vivir es renovarse y renovarse es variar [9]. Más aun, reclamaba para sí "el derecho de cambiar". Tantas y tan estentóreas afirmaciones públicas de individualismo muestran un no disimulado regusto de provocación: "Yo soy el único autor y el único sujeto de mi ley, y de este modo vivo en mí como se me antoja, que es decir como un hombre: bajo un criterio de perfección humana, no de dogmático vigor" [10]. Años después, insistirá con similar retórica: "Yo soy el autor de mi deber, de mi beligerancia y de mi estrategia [...] Yo me hago mi ley, me la doy y me la quito. Si tengo alguna autoridad moral, de eso me viene. Y mi trabajo me cuesta" [11]. En ocasiones, el placer de inquietar roza ya la insolencia: "Vivir cuerdo es vivir como los demás; vivir loco es vivir como uno mismo" [12].

Todo individualista rechaza por definición el dogma de la igualdad. Cree, también, que la finalidad de una civiliza-

[6] LUGONES, "La escuela de los héroes", *La Nación*, agosto 6 de 1922.

[7] LUGONES, "Dos palabras", *La Nación*, mayo 4 de 1919.

[8] LUGONES, "En honor de Alfredo L. Palacios", *La Nación*, julio 22 de 1915.

[9] LUGONES, *Ameghino*, pp. 74-75; *Conferencia*, pp. 7-8.

[10] LUGONS, "El culto de la vida", *La Nación*, noviembre 21 de 1915.

[11] LUGONES, *Mi beligerancia*, p. 10.

[12] LUGONES, "El triunfo de Don Quijote. A Baltasar Brun", en *La torre de Casandra*, Atlántida, Buenos Aires, 1919, pp. 19 y 68.

ción superior no consiste en proveer el perfeccionamiento de todos los hombres, sino en facilitárselo a los mejores. Para Lugones, rotundo partidario de esas ideas, vivir era diferenciarse, ser distinto y desigual [13]. Pensaba que cuanto más vale un hombre más difiere del resto de sus congéneres, resultando diferenciadora la propia noción de valor, ya que el igualitarismo transfórmase en "sinónimo de vileza y exterminio". Por ello, el deber primero consistiría en resistirle a la masa indiferenciada el beneficio de la igualdad. Alentado por la revolución fascista —incentivo que Lugones compartirá junto a una legión de intelectuales— estos ataques habrán de recrudecer hacia la década del veinte. En pleno acometimiento, proclama que: "La igualdad resulta negativa de toda organización y todo equilibrio. Es una expresión anticientífica y metafísica" [14], para luego concluir, en cúspide casi orgiástica: "Negamos a los incapaces de la vida y de la suerte el derecho de ponernos a su nivel" [15].

Partiendo como supuesto de la igualdad, "esa quimera de la envidia" [16], la democracia se transforma en la perniciosa adversaria del individualismo. En la hija dilecta del siglo veía Lugones un culto a la fuerza bruta de los que eran más, con el inevitable aniquilamiento del individuo. Tan notoria fue la aversión, que toda su vida representa un cerrado combate a los principios democráticos y si el reclamo dogmático del cristianismo lo exasperaba, algo similar ocurría con la tiranía numérica. Por esa época, ambos corporizaban —junto al militarismo— su denostado Dogma de Obediencia. "La voluntad popular —anotó— está siempre dispuesta a dar contra todo lo que destaca y brilla con luz propia, y de ahí su inclinación a los mediocres, su predilección por la diatriba y su envidioso regodeo ante todo fracaso" [17]. Aquella fuerza bruta, ente ciego e informe, volvíase fatalmente hostil a la razón individual [18].

[13] LUGONES, "Discurso en homenaje a Rubén Darío", en *Antología de la prosa*, pp. 326-327.

[14] LUGONES, "Dogma de obediencia. Discurso preliminar", *Revista de la Facultad de Derecho y Ciencias Sociales*, Buenos Aires, t. VI, Nº 20, julio-setiembre de 1927, pp. 622-623.

[15] LUGONES, *Prometeo*, p. 624.

[16] LUGONES, "El lenguaje pobre", *La Nación*, junio 23 de 1929.

[17] LUGONES, "El culto de la vida", *La Nación*, noviembre 21 de 1919.

[18] LUGONES, "Discurso en el teatro Politeama", *Mi beligerancia*, p. 214.

Cualquier hombre —presentía Lugones— se verá aislado en el seno de la multitud, en igual medida que totalice y defina la excelencia de su ser. Y a mayor excelencia corresponderá mayor aislamiento. Él mismo sabíase resistido y lo confesaba públicamente: "Reconózcome sin esfuerzo —y con justicia— impopular, no sólo por la naturaleza de mis estudios inexorablemente aristocráticos: lenguas clásicas, etimología, estética, matemáticas, sino por mi persistente actitud ante la democracia, desde cuando, veinticinco años ha, era todavía cosa soportable" [19]. Aunque mitigada por el desborde de su vitalidad interior, es fácil percibir la soledad de Lugones, pues para proyectarla no encontró mejor solución que el lenificante culto del héroe o del genio, únicos arquetipos superiores y apreciables, según él. Pero no estaba enteramente solo en sus afinidades: Goethe, Byron, Humboldt, Carlyle, Emerson, Kierkegaard y Nietzsche —entre otros— habíanlo precedido en idéntica e ilustre búsqueda.

Marca ese hito singular la aparición del *Elogio de Ameghino*. Cuanto incubó hasta entonces (Dogma de Obediencia, guerra a la democracia, apología de la libertad personal) culmina allí en una apasionada alabanza del individuo y una actitud recelosa ante el cada vez más áspero embate de las masas. El libro no es importante por sus contribuciones a la paleontología —pedantescamente censuradas por Márquez Miranda— ya que la obra de aquel investigador argentino fue apenas un pretexto. En realidad, Lugones sólo pretendía demostrar que el intelectual, el genio —él mismo quizá— eran los únicos agentes de toda actividad y progreso, artífices en suma de la civilización. Esta última no podía ser sino el producto del individuo, nunca de las masas, incapaces e inferiores [20]. Hasta la estructura biológica del hombre con sus aptitudes subordinadas al desarrollo cerebral, es un canto a la superioridad de la inteligencia. Así, el progreso humano estriba en un conjunto de verdades debidas al individuo. ¿Pero, quiénes son los encargados de esa tarea? La respuesta suena terminante: "ese sabio, aquel filósofo, que han vivido sacrificándose en lucha desigual". Ellos "también emancipan, como los libertadores de los tiempos

[19] LUGONES, "Poesía obliga. De Leopoldo Lugones a D. Joaquín Castellanos", *La Nación*, agosto 18 de 1923.
[20] LUGONES, *Ameghino*, pp. 110-111.

heroicos [...] también crean patria"[21]. Los héroes, que son los hombres superiores, la constituyen como entidad espiritual y al hacerlo la inmortalizan, de modo que aun cuando la patria llegase a desaparecer continuaría existiendo por sus obras[22].

En la honda enemistad que Lugones profesaba a la masa, irritábale —en particular— su encono ante el cambio de creencias por parte del hombre superior, a quien aquélla —lejos de tolerarle un legítimo derecho a la contradicción, por el que Lugones siempre bregó con entrañable ardor— exigía mantener la noción de verdad absoluta a pesar de evidencias en contrario. Análogos motivos explicarían que la individualidad racional fuese objeto de odio, tanto de los pueblos soberanos como de los mismos dioses o —lo que es equivalente— de la democracia y de la religión. Sobre todo, y quizás en ello reside la clave de su postura ideológica, Lugones no soportaba la nivelación hacia abajo que le proponía el mundo moderno salvado por la democracia, cuya perversa propuesta —denunció— consiste en "cierta tendencia a nivelar enterrando, como la duna engulle, por natural gravitación, el árbol que despunta"[23].

Ameghino fue un artilugio retórico para exhibir los prototipos lugonianos: sabios, libertadores, reveladores de verdades. El genio, he ahí al héroe, pero un héroe solitario: "los hombres superiores tampoco suelen disfrutar las predilecciones de la masa. Ésta los desconoce habitualmente, y si los descubre es para dar contra ellos"[24]. Ése es, sin lugar a dudas, el propio Lugones, en el que no existen síntomas de desesperanza, pues todavía campea alguna ilusión: "Lo que puede hoy el genio constituye una anticipación de lo que podrán mañana todos los hombres. Tal pasa con la verdad que difunden, como con la conducta que practican"[25]. Creía en la docencia de los hombres superiores, en la prodigiosa misión del héroe. De allí que siempre quisiera señalarle a los argentinos quiénes habían sido los mejores. Lo confirma la serie de sus *Elogios* que, comenzando con Sarmiento, prosigue con Ameghino, Leonardo, Maquiavelo, San Francisco de Asís y Goethe, a los que erigió como

[21] LUGONES, *Revue Sud-Americaine*, t. 7, p. 49.
[22] LUGONES, *Ameghino*, p. 111.
[23] *Ibid.*, p. 127.
[24] *Ibid.*, p. 74.
[25] *Ibid.*, p. 145.

ejemplos de lo decoroso y de lo justo. Anhelaba un patriotismo individualista, hecho de la suma de las perfecciones individuales [26] y como lógica consecuencia pretendía "un país de vencedores de la vida, más que una blanduzca colmena de comensales a media ración" [27].

El anarquismo de Lugones es casi un lugar común en su bibliografía y asimismo indispensable auxilio para la consabida censura a sus ulteriores mudanzas en materia política. La verdad es que Lugones era un individualista empecinado que, en reclamo de la libertad personal, enunció algunas tibias críticas respecto del Estado [28], las cuales no bastan para rotularlo de ácrata, cosa que él mismo se preocupó de subrayar. Como a cualquier buen individualista —aun adicionándole la académica denominación de anárquico— le horrorizaban las construcciones sociales y económicas de Bakunin o Malatesta. En una ocasión aludió, irónicamente, a "la leyenda de mi anarquismo", definiendo en raro fragmento autobiográfico —no era adicto a las confesiones intimistas— su postura frente al movimiento: "El otro día, me piden en *La Protesta*, colaboración en un suplemento literario, a lo cual respondí en estos términos: 'Siendo dicho periódico anarquista, y yo no, me es imposible acceder a ese pedido sin identificarme con un sistema que, al igual de cualquier otro, no acepto ni me conviene'" [29]. Puede agregarse que sus críticas a las leyes de defensa social, a la conscripción obligatoria y su particular concepto de la libertad, en especial su idea del autogobierno, pudieron asemejarlo a los exaltados individualistas libertarios. Sin embargo, a diferencia de éstos —Nietzsche y Stirner no reconocen límite a las potencias de su personalismo— Lugones coloca una valla a la libertad: los principios de la ética estoica, *la vita secundum natura*, atemperada por el racionalismo moderno de Kant. Esta solución, originalísi-

[26] NEGRI, "Lugones, su idea de patria", *La Nación*, octubre 30 de 1966.

[27] LUGONES, "La América Latina", *La Nación*, agosto 2 de 1925.

[28] LUGONES, "La política y los pueblos", *La Nación*, enero 25 de 1912; "Ante el dogma de obediencia", *La Nación*, marzo 18 de 1914; "El gobierno de los hombres", *La Nación*, marzo 25 de 1914.

[29] LUGONES, "En honor del Dr. Alfredo L. Palacios", *La Nación*, julio 22 de 1915; "Los amos del soberano", *La Nación*, diciembre 25 de 1913.

ma y propia [30] ofrece una imagen más auténtica del escritor permitiéndonos ubicarlo como un claro y perenne eticista. Por si quedase alguna sospecha acerca de sus presuntas simpatías, parece oportuno recordar cierto episodio, ejemplo del desacuerdo existente entre Lugones y el nihilismo. Una de las tácticas anarquistas de entonces —el "ilegalismo", antecesor del actual terrorismo, fracción política que habíase solidarizado con las depredaciones de la banda que capitaneaban Bonnot y Garnier [31]— permitió a Lugones declarar su repugnancia ante la aplicación de los mismos medios violentos de que se valían los defensores de un orden considerado injusto y cuyo cambio propiciaban. Aun reconociendo determinadas coincidencias en la apreciación y prédica de la libertad, pensaba que "ningún verdadero filósofo podía ser anarquista" [32].

[30] Con las divergencias del caso, véase KROPOTKIN, *La moral dans l'anarchisme*, París, 1899, pp. 5-7, 108 y 21-24.

[31] LUGONES, Leopoldo, "Crisis policial" y "Represión y justicia", *Sarmiento*, junio 6 y julio 17 de 1912, respectivamente.

[32] LUGONES, "Bancarrota de la anarquía", *La Nación*, 21 de octubre de 1913.

CAPÍTULO XV

IDEAS PREVALENTES

En las biografías de Lugones existe un lugar común, transitado con igual y rara asiduidad por detractores y amigos: luego de la ruptura con el partido socialista —imputada a irrefrenables aspiraciones burocráticas— su actividad política se adormila y parecería hibernarse hasta el sonado discurso de las espadas de Ayacucho. Tal se les antoja el precio por la canongía obtenida. Regocijados ante el hallazgo, estiran el período hasta la revolución de 1930, y así conectan la casi finisecular querella con Juan B. Justo y sus admiradores con la entrada del fascismo en la Argentina. Sin embargo, Lugones jamás calló políticamente. Es posible que en los años postreros —y por razones especialísimas— amortiguara su preocupación pública, pero no antes. Aquel extenso período, supuestamente sigiloso, resultó en cambio pródigo en elucubraciones doctrinarias vertidas en *La Nación* con amplitud. Como una vez radicado en Europa aquella tarea fue tremenda, parece atinado sistematizar su credo político en esa etapa.

Desde el nuevo destino envía tres o cuatro colaboraciones mensuales, preconizando un orden racional moralmente derivado de principios con validez universal. Conviene retener que esta profesión de fe, en exceso idealista y racionalista presupone una bondad intrínseca en el hombre. Para Lugones, la causa por la que se apartaba la organización política de los módulos predeterminados por él mismo (y los grandes maestros) obedecía a la ignorancia del pueblo y a instituciones obsoletas, impuestas y no adoptadas por la razón. Confiaba, por ello, en la educación científica, en las prácticas que tendiesen a disminuir progresivamente las doctrinas autoritarias, para así arribar al deseado autogobierno, en el que todo ciudadano habría de guiarse por su razonamiento.

Conviene insistir en el idealismo lugoniano. Lo era y fervoroso, hasta el punto de que su obra literaria y periodística trasluce aquella posición metafísica de manera coherente y casi prolija. Para Lugones la vida era espíritu y el espíritu vida, sin diferencia alguna ya que éste era el único que vivía realmente [1]. Admiraba el dominio de la materia por la idea y también que "la ciencia, la industria, el arte, todas las actividades benéficas del hombre, no fueran sino ideas transformadas en actos" [2]. Tan excelsa síntesis debía chocar contra todo lo que pudiese consagrarse por la fuerza, es decir, sin acogida previa de la razón. A esto llamábalo "materialismo político" o "brutal moderno positivismo" [3]. En verdad lo que aborrecía era al realismo, por lo que no ahorró sarcasmos para "la pedantesca gente que sonríe complacida ante el idealismo y no cree sino en los hechos consumados" [4].

Se resistía, con su deificación de la libertad, a que alguna conciencia individual pudiera verse sometida al arbitrio de otra voluntad. Resaltaba así —inclinándose por una de las partes de dicha antinomia— uno de los típicos conflictos de Occidente: disputa entre autoridad y libertad, individuo y Estado, obediencia y ley, sentimiento y sometimiento. Lugones ha de espejar, en toda su obra, este peculiar combate de nuestra civilización que irrumpe periódicamente a lo largo de la historia. La dramática y misteriosa opción también habrá de reflejarse con nitidez en el zigzagueo de su ideología.

Ignorar la razón humana, violentarla, desconocer "la soberanía del espíritu" por medio de la fuerza, era lo que le repugnaba. Como buen racionalista —casi un iluminista— ubicaba a la razón, suprema creadora de valores, por encima de la historia que era sólo su producto, carro inmóvil al que arrastrará con sus luces y que en definitiva ha de resultar aquello que el hombre racional querría que fuese. Es ella la que dirige a la

---

[1] LUGONES, "El ambiente estético", *La Nación*, febrero 7 de 1912.
[2] LUGONES, "Filosofía del desempate", *La Nación*, junio 17 de 1914.
[3] LUGONES, "Los agentes de la paz germánica", en *Mi beligerancia*, pp. 228-230.
[4] LUGONES, "La nueva civilización", *en La torre de Casandra*, pp. 8-11.

conducta humana conforme lo crea mejor[5]. Sin embargo, su racionalismo —que exhibe decisivos rasgos kantianos— no era una actitud propiamente contemplativa, sino por el contrario imperativa. En modo nada encubierto propicia la concreción de su subjetiva estructura racional sobre un mundo que imagina injusto y por ello irregular y desproporcionado. En su planteo político no se forma ideas sobre las cosas, sino que como buen idealista —radicalizado además— construye cánones a los que la realidad deberá ajustarse, es decir modelos definidos previamente por la razón, que determinan cómo deben ser las cosas. El Lugones ideólogo no es un ser contemplativo ni tampoco un consejero; su idealismo pretende mandar, ya que la organización que tan melifluamente ofrece como la mejor es aquella que el mecanismo de sus juicios ya ha ordenado. Éste, el secreto voluntarista del racionalismo, fenómeno transfilosófico si se quiere, no podía menos que caracterizar a su pensamiento durante tan importante período de su vida. Interesa subrayarlo, pues luego de la Gran Guerra de 1914 esta tendencia idealizante de la política entraría en crisis y con ella Lugones.

Aquello que deseaba destruir, su enemigo, era "la civilización de la fuerza", inspirada en el precoz materialismo de imponerse coactivamente, denigrando el imperio de la razón[6]. El carácter distintivo, para Lugones, residía en que subordinábanse las conductas humanas por medio de reglas determinadas en nombre de mayorías electorales, monarcas, ejércitos o hasta del mismo dios cristiano. En esto consiste el dogma de obediencia: la razón humillada por la realidad física. Con este dogma —fundamento de todos los gobiernos— el derecho confúndese con la fuerza, el disidente pasa a ser un subordinado y los motivos que tuviere para disentir poco importan[7].

Lugones no sólo se ha preocupado en desentrañar el origen de las relaciones entre amos y súbditos, pregonando ad nauseam su inquebrantable anhelo de transformar comportamientos im-

[5] LUGONES, "Crisis de la democracia", La Nación, julio 21 de 1914; "Elecciones significativas", La Nación, julio 6 de 1912; "El Congreso de los Trade-Unions", La Nación, mayo 12 de 1912; "El revés de la chapona", La Nación, junio 29 de 1912.
[6] LUGONES, "Por fuerza de la razón", La Nación, octubre 29 de 1912.
[7] LUGONES, "Concepto sobre la política", La Nación, junio 26 de 1914.

puestos arbitrariamente, en conductas conciliadas en la libertad y las francas potencias del individuo. También se adentró en el análisis cultural del fenómeno y, según su enfoque, tanto la razón como la libertad serían patrimonio del mundo pagano, de las tradiciones griegas y romanas. Por ello, el morbo destructor había resultado el cristianismo, producto del oriente y desconocedor de aquellos valores a raíz de su dependencia de preceptos revelados e implantados bajo el dilema de someterse o condenarse [8]. No vacilaba en calificar su triunfo como "reacción del Asia sobre Europa", clara alusión al origen del credo vencedor.

Asimilará, entonces, a la civilización con la fuerza, ya que ese principio ha de ser el que informe a todas sus pautas culturales, las políticas inclusive. Perfeccionado así aquel estado, tiene por filosofía al materialismo, ya que a todo valor humano se lo determina por la eficiencia de su poder coactivo [9]. No se olvide que para Lugones primaba el espíritu y civilización significaba subordinar los impulsos brutales al ejercicio de la libertad y la justicia [10]. Contra aquella organización alzábase en laboriosa contienda, y estas palabras quizá definan de manera óptima su claro designio: "Suprimir los amos, todos los amos, desde el autócrata del derecho divino hasta los fariseos del sufragio universal; he ahí el castigo de paz, de salud, de libertad que infligiremos a la civilización todavía inicua, consumiéndola en la luz, como a la negra mecha que de estar apagada, tizna y hiede" [11]. Sin duda, el párrafo perfecto adelanta todo un plan de acción: Lugones era antidemocrático, rabiosamente republicano, antimilitarista y anticristiano. Al culto de la fuerza contraponía "la civilización de la libertad" [12], obra exclusiva del hombre que busca por su propio esfuerzo el bienestar en la tierra.

---

[8] LUGONES, *Prometeo*, pp. 395-396; *Didáctica*, p. 112; "La moral y la barbarie", *La Nación*, enero 10 de 1923.

[9] LUGONES, "Discurso del Politeama Argentino", julio 4 de 1917, en *Mi beligerancia*, p. 214.

[10] LUGONES, "La locura despótica. Del tigre a la hiena", en *La torre de Casandra*, p. 78.

[11] "Las Euménides", *La Nación*, febrero 11 de 1914.

[12] LUGONES, *Mi beligerancia*, pp. 10-11, 29 y 33.

Esta inquebrantable fe en la llegada de "la civilización de la libertad" o de "la República Social", era también resultado de un fiel acatamiento a la idea del progreso. Pensaba Lugones que finalmente adveniría el imperio de la razón y con su triunfo la facultad reconocida a cada individuo de autogobernarse, apartado, al fin, de toda servidumbre. Creía en el ascenso lineal del hombre hacia formas cada vez más perfectas, impulsado por un sistema de pensamiento que, por racional, concordaba con el mecanismo propio de la naturaleza. Ingrediente distintivo de las ideas de Lugones, sobre todo en este período, el progresismo, que sólo exige un acto de fe para acompañarlo, considera al hombre marchando lenta pero inexorablemente hacia un estado de felicidad plena. Partidario entusiasta, Lugones tiene con esa propuesta optimista una visión panorámica, tanto del pasado como del futuro; y en lo que hace a ese porvenir, su firme adhesión al progreso humano lo empuja, a veces con ligereza e ingenuidad, a la tentadora aventura de la profecía.

Si algo exhibe con plenitud su idealismo es el método que propone para arribar al objetivo. Es tal que incluso llega a desechar las tácticas de los que buscan también la destrucción del gobierno, como era el caso de los ácratas. Refiriéndose a la violencia terrorista —a la que considera falaz como medio político— sostiene, no sin ironía, que "así como las elecciones no hacen otra cosa que funcionarios, los atentados sólo producen víctimas" [13], con lo que robustece, en vez de destruirlo, al dogma de obediencia, el verdadero enemigo, "que mantiene en el pueblo la ilusión de corregir la libertad con los mismos medios materiales empleados por el despotismo: la ilegalidad y la fuerza bruta".

Por el contrario, la tarea libertadora será de esclarecimiento, obra de intelectuales y fomento de un ámbito propicio, pues toda revolución se opera previamente en el campo intelectual y moral. En su ayuda lanza esta proclama inquietante y plena de sugerencias: "La historia enseña, sin una sola excepción, esta verdad: no hay sino un medio de abolir las instituciones divinas y humanas y es la deserción consciente. Los mismos dioses mueren en el templo del desierto. No hay quien resista a la

13 LUGONES, "La bancarrota de la anarquía", *La Nación*, octubre 20 de 1913.

desobediencia general. La actuación en las instituciones las vigorizan" [14]. Ese abandono voluntario sólo se lograría por medio de la educación en la escuela racionalista, ya que la libertad no sale de los comicios, pero sí de la escuela. Justamente esta escuela, dominada por el método científico —el mismo que impulsara desde sus cargos públicos— y que pone en sistemática duda todos los principios [15], debía formar a los ciudadanos, libres por ella de toda claudicación, usufructuada siempre por autócratas, militares y sacerdotes.

Lugones ansiaba la liberalización total del individuo. Sabía que una de las formas más detestables de obediencia era la provocada por el capitalismo con sórdido aprovechamiento. Esto lo aprendió durante su interludio socialista y, por cierto, no lo había olvidado ni abominaba de ello [16]. Si bien descontaba que no era la única esclavitud, otros yugos se le antojaban más pesados que el del *homo economicus* y su espiritualismo lo empujaba a codiciar nuevas fórmulas redentoras, tan indispensables como aquella divulgada por sus antiguos camaradas para la cierta pero limitada dependencia.

¿Quién sería el agente libertador? El intelectual, al que Lugones en ese período llama "filósofo", "hombre sabio", "independiente" y también "hombre de espíritu superior". Parece inevitable destacar la respuesta al interrogante, ya que está definiéndose a sí mismo. Tampoco parece excesivo percibir lejanos precedentes estoicos en el perfil de un pensador impasible a los instintos y apetencias humanas, y sólo preocupado en el descubrimiento de verdades indispensables para el progreso. La paradigmática figura de Sócrates en los "Diálogos" platónicos se adivina en la empresa que habíase asignado, tanto a través del ejercicio periodístico como en la impecable factura de sus libros. Los hombres del Renacimiento, los amables pensadores del Iluminismo, servíanle de inspiración y hasta las figuras de Kant y la del mismo Fichte —siempre frecuentadas y nunca citadas por Lugones— le facilitaron, entre otros temas, el ideal del sabio que encarna a la razón del mundo.

[14] LUGONES, "El pronunciamiento inglés", *La Nación*, mayo 3 de 1914.
[15] LUGONES, "La defensa de la escuela laica", *La Nación*, junio 31 de 1912.
[16] LUGONES, "Una magnífica paradoja", *La Nación*, julio 4 de 1911; "Episodio instructivo", *La Nación*, enero 5 de 1913.

Enfrenta así Lugones el cuestionado y eterno debate del intelectual metido a político, que en esta primera época habrá de resolver de modo negativo. Imaginaba que la mayor influencia podía hallarla por la sola difusión de su pensamiento, con ventaja inconmensurable sobre eventuales militancias: "El hombre de pensamiento superior, sabio, filósofo o artista, no tiene, pues, nada útil que hacer en el contacto directo con la masa. Por el contrario, aislado de ella es como prestará servicios más positivos. Lo bueno que puede descubrir para los hombres ha de sembrarlo indirectamente y sin que ellos lo adviertan, si es posible; porque de lo contrario, han de estorbarle el camino con detrimento de todos. Es que el hombre superior vive para los demás, según el eterno móvil de noble vida" [17]. Convencido de que existía una incompatibilidad manifiesta, le parecía repugnante unir la vida intelectual con la cívica, pues la política era, como cualquier profesión, una tarea dominante e insensible y, por lo tanto, nada tenía que ver "con el estímulo al raciocinio superior, a los nobles predisponentes del bien, que era la misión social del poeta" [18]. Para Lugones la facultad de pensar y de mandar dejaban de ser sinónimas, ya que poseían lógicas internas antagónicas.

A diferencia de los políticos, interesados en mantener el estado de vasallaje en el que se encontraba la mayoría, la acción altruista de los intelectuales, alejados de la multitud "como el astrónomo de las estrellas, por eso mismo buen astrónomo" [19], era la única que podía conducirla al goce de la libertad. Como intelectual no renunciaba, pues, a la influencia del bien o al mejoramiento de las masas, ya que sólo los que nada esperaban de ella eran, precisamente, quienes mejor podían servirla, o, dicho con palabras que renueven su fe idealista: "Servirla es lo importante, que es el dominio espiritual, causa y razón de toda prosperidad tangible, no como el porquero que endilga la piara hacia el sendal de bellotas" [20]. Desechaba la praxis y no pensaba en ese momento como Lamartine en su famoso prólogo a los *Recueillements Poétiques*, que debía arrojar el grano de

[17] LUGONES, "La política y las musas", *La Nación*, octubre 28 de 1913.
[18] LUGONES, "La escuela de los héroes", *La Nación*, agosto 6 de 1912.
[19] LUGONES, "El impuesto a la renta", *La Nación*, abril 10 de 1914.
[20] LUGONES, "La política y las musas", *La Nación*, octubre 28 de 1913.

arena de su acción en uno de los platillos de la balanza que pesa los destinos de la humanidad, y con tan minúsculo aporte desnivelarla en favor [21]. Ciertamente, su prédica podía lograr decisivo influjo sobre la sociedad por otros medios: "Así, escribiendo libros, formando de tal modo el ambiente mental y moral, también se gobierna, aunque no se mande. Pero, mandar: ¡qué satisfacción tan primitiva y grosera! Dominar: ¡qué voluptuosidad salvaje! El alma superior vive de dulce soledad y de modestia delicada" [22].

Pero descontaba la indiferencia cuando no el odio del mismo pueblo para el que trabajaba, presintiendo su propio destino, "pues no hay cosa más antidemocrática que desigualarse, ni misión más antipática, más cruel, si se quiere, que la de suprimir ilusiones en el espíritu popular" [23]. Era necesario cumplir, sin embargo, tan triste cruzada, pues aquel que abrigase una esperanza en la capacidad de los hombres debía consagrarse a hacerles ver que era posible vivir sin amos. Tal su caso. El pensamiento que sigue ilustra el áspero camino que habíase trazado y que recuerda, por otra parte, el *caritate vulgi* de sus maestros estoicos: "El amor por el pueblo no consiste en hacerse elegir diputado por él, sino en decirle la verdad, sin esperanza de recompensa" [24].

[21] LAMARTINE, Alfonso de, *Recueillements Poétiques*, Librairie Garnier Frères, París, 1925, pp. XIX-XX.

[22] LUGONES, "Universidad social", *La Nación*, abril 21 de 1916.

[23] LUGONES, "Los amos del soberano", *La Nación*, diciembre 25 de 1913.

[24] LUGONES, "Un pronunciamiento inglés", *La Nación*, mayo 3 de 1914.

SEGUNDA PARTE
Capítulo I

1914-1917

Apenas llegado se aloja en un hotel de la Avenida Callao, donde recibe la visita de sus amigos [1], para poco tiempo después, por fin, instalarse en uno de los pisos del moderno edificio de Santa fe 2698. Colabora, como siempre, en *La Nación*, que además le publica las notas europeas que enviara antes de embarcarse. Algunas son realmente notables, como las que reseñan la irrupción de la guerra en París y en Londres [2], o describen la revista naval de Spithead [3], en las que su prosa alcanza momentos felicísimos. Ya en Buenos Aires debió enfrentar, entre risueño y suspicaz, los comentarios que provocó la curiosa situación urdida por algunos amigos y admiradores, ingenuamente alentados por la flamante ley electoral. De acuerdo con esta norma, al no sufragarse por lista de partidos sino por una incompleta, podía votarse y elegirse a cualquier ciudadano [4]. Así fue que en las elecciones del 5 de abril, Lugones obtuvo 32 sufragios, resultado a la vez simbólico y previsible para uno de los más tenaces críticos del sistema democrático [5].

El 19 de octubre de 1914 muere repentinamente Roca, "el más ilustre de mis amigos" [6], como en alguna ocasión gustó ostentar, no sin inmoderado orgullo. Componente de su brigada

[1] Gálvez, *Maestros y amigos*, p. 226.
[2] Lugones, "Las vísperas trágicas", *La Nación*, setiembre 13, 17 y 23 de 1914.
[3] Lugones, "La revista de Spithead", *La Nación*, agosto 24 de 1914.
[4] "Movimiento político. Lista libre", *La Nación*, marzo 21 de 1914.
[5] Actas del 6 de abril de 1914. Junta Escrutadora de la Capital Federal, fojas 101-103, año 1913-1922, Juzgado Federal, Secretaría Electoral de la Capital Federal.
[6] Lugones, *La personalidad del general Roca*, p. 35.

reorganizadora, la desaparición del poderoso líder signará su suerte y, falto de entorno político propicio, caerá, como desde un acantilado, según justa expresión de Martínez Estrada, tardando veinte años en destrozarse [7]. Es que la identidad de Lugones con Roca fue perfecta, como el respeto y la consideración que ambos se guardaban. Aquella concordia, el pulcro trato, provenía de una clave —sin duda esotérica— que enlazaba a espíritus tan exigentes: era una particular consideración del fenómeno de la vida, de indudable prosapia estoica. Lugones se encargó en varias oportunidades de aclararla, y es posible que en su obra inconclusa sobre Roca hubiera abundado aun con mayor precisión. En efecto, ambos coincidían en tomar como válida esta profunda enseñanza vinculada al dramático concepto de la libertad: los sucesos deben ser aceptados tal cual se nos presentan, no valiendo rebelión alguna a su inflexible designio. "Yo he gobernado con los acontecimientos y creo que en esto consiste la habilidad del político"; así, según Lugones, resumía Roca el concepto, al recordar la agitación motivada por el proyecto de unificar la deuda pública, que Pellegrini creyó intencional y lo llevó a enemistarse con Roca y a romper el Partido Autonomista. "Política de los hechos", llamaba Lugones a esta particularísima conducción, agregando, para caracterizarla nítidamente, que resultaba "un sistema ilógico y contradictorio como la vida misma en la que se inspira, pero más humano que el jacobinismo de los principios, con su frialdad abstracta, tan semejante a la crueldad" [8].

Aquellas creencias, que Lugones compartía con ardor, eran también las de Roca. Por ejemplo, la necesidad de la suerte para confirmar la calidad de todo grande hombre. Pensaban que cualquier entidad poderosa lo es de nacimiento, ya que "en la insondable determinación causal de toda existencia, cada uno nace para lo que ha de ser [...]" [9]. Lugones agregaba "como casi todos los espíritus superiores", a modo de clara confirmación, nada excluyente por cierto. También "creía en el destino, que es el verdadero Dios". Y por esto la mitad de su

[7] MARTÍNEZ ESTRADA, Retrato sin retocar, p. 121.

[8] LUGONES, "La République Argentine et l'influence française", Mercure de France, setiembre 15 de 1906, p. 192.

[9] LUGONES, La personalidad del general Roca, p. 28.

destreza consistía en saber esperar la ineluctable evolución de los hechos" [10]. Ambos sospechaban que lo único permitido era calcular los acontecimientos y acomodarse a ellos, lo que era, además, prueba de talento. Por eso, hablando de Roca, en artículo publicado un año después de su muerte, refiriéndose a ese método, Lugones sostendrá en rico párrafo didascálico que: "dejar venir los acontecimientos; y a última hora, en aquel preciso y angustioso instante donde coinciden como en un ángulo geométrico lo demasiado pronto y lo demasiado tarde, discernir entre la complejidad, a veces absurda, con frecuencia hostil, siempre confusa, porque nunca es estable, la cosa eficaz y única, esa sola cosa que es necesario hacer, y que no hecha reacciona en fracaso; y así pasarse veinte, treinta, cuarenta años, acertando hasta casi ser infalible en algo tan tortuoso como la política de los hombres" [11].

Roca ha muerto y es tiempo de honras. A Lugones se lo eligió entre otros para que hablara, sin duda, en su doble carácter de intelectual y amigo del prócer. De una sola tirada, por la noche, redacta una de las más admirables páginas de nuestro género funerario, que concluye de pulir, luego de leérsela a Mariano de Vedia. La imagen clásica con que cierra la pieza rebosa en hallazgos, a la vez que resume la grandiosidad de aquellas viejas verdades que lo unían con el glorioso muerto. Hela aquí transcripta: "Y el General Roca se ha ido como quería, sin dar lástima ni malestar, y también como debía: es decir, sin decaer ni rendirse. El destino le ha sido propicio, según el concepto de aquellos antiguos paganos, para quienes la buena muerte venía así, recordando el descuajamiento del bloque marmóreo que ya parecía un comienzo de escultura. No lo ha acechado a traición, ni le ha saltado como un perro al estribo; sino que mientras iba prolongando su tarde, de cara al sol, siempre a buen paso en el seguro corcel de su triunfo, le dio desde el fondo de la historia la voz de mando del descanso marcial: ¡Alto, pie a tierra!" [12].

A los pocos meses de retornar a la patria, el 10 de marzo de 1915, el Consejo Nacional de Educación, acaso a instancia

[10] *Ibid.*
[11] LUGONES, "Roca. Un rasgo autobiográfico", *Fray Mocho*, octubre 22 de 1915.
[12] *La Nación*, octubre 22 de 1914.

de su amigo y presidente Pedro N. Arata, lo designó jefe de la Biblioteca Nacional de Maestros, cargo que se encontraba vacante [13]. Retornaba a la función pública, pero esta vez a un empleo que, si bien reforzaba su exiguo presupuesto, le facilitaba el cómodo aprovechamiento de nutridos anaqueles. De esa manera, la dignidad algo subalterna reunía, no obstante, condiciones mínimas para un intelectual. Alguna vez, Juan Ramón Jiménez, luego de reconocer su admiración por el poeta, "se extrañó que el gobierno argentino no le pasara una pensión que le permitiera vivir sin preocupaciones económicas, entregado por completo a su obra" [14].

Sus tareas no fueron una canonjía, si bien algo había de subsidio disimulado. De cualquier forma, cumplió sus obligaciones puntualmente, comenzando por el horario, "atento al sonido de la chicharra con que lo llamaba algún alto funcionario para darle las órdenes de rutina" [15]. Ganóse honradamente el pan, y siempre se complacía en ostentar "su orgullo de súbdito, de proletario" [16]. A poco de asumir, inauguró la Sección Infantil, sala independiente de los adultos. Sus características fueron novedosas, pues los pequeños gozaban de la más amplia libertad para escoger y retirar los libros de los estantes; sólo sujetos a una mínima e indispensable disciplina [17]. El éxito fue inmediato. La concurrencia de los párvulos ascendió de 3.500 a 40.000 sin ningún llamamiento ni propaganda. En cierta oportunidad, alardeó que los niños asistentes "eran hijos de obreros en su gran mayoría", y que "tenía lectores que todavía no sabían leer, pero que van a ver libros, interesándose de esa forma en la lectura" [18]. Mario Bravo lo ha recordado en la esquina de Rivadavia y Rincón, retornando de la casa de uno de sus clientes, que había robado un libro de la Biblioteca. Lugones esa noche fue a su casa para conversar con los padres sobre la picardía y dejarle al chicuelo el libro con honorable título de propiedad [19].

[13] El Monitor de Educación Común, año XXXIII, t. 53, 1945, pp. 30-31.
[14] Repertorio Americano, octubre de 1919, vol. 1, Nº 4, pp. 50-51.
[15] MARTÍNEZ ESTRADA, Retrato sin retocar, p. 146.
[16] Ibid.
[17] LUGONES, "Bibliotecas vivas", La Nación, agosto 4 de 1929.
[18] GARCÍA CALDERÓN, Leopoldo Lugones, p. 60.
[19] "Leopoldo Lugones en el movimiento socialista", Nosotros, año II, Nº 26-28, mayo-julio de 1938, p. 27.

Con los adultos siguió idéntico método: no existía en la casa una sola prohibición y todas las medidas las tomaba deliberadamente de acuerdo con el personal, sin excluir a los ordenanzas [20]. Y así se produjo el milagro: el total de lectores creció de 22.000 a 100.000 [21], cifra realmente prodigiosa. Otro aspecto desarrollado por "el poeta presupuestífero" fue la inmediata compra de innumerables primeras ediciones de obras argentinas, americanas y españolas relacionadas con nuestro pasado histórico. La correspondencia intercambiada con ese otro fino espíritu que fue Alfonso Reyes prueba el claro desvelo de Lugones por enriquecer la Biblioteca, y su versación de experto bouquinista en ejemplares raros y preciosos [22]. Regresemos, entre tanto, a su despacho: "Era una habitación amplia sin otros adornos que una estantería llena de libros, buenos y raros, obra de los clásicos griegos, latinos, españoles; la capilla de la biblioteca, en una palabra. Allí escribe el maestro muchos de sus mejores artículos de combate y algunas de sus poesías íntimas. Junto a un cómodo sillón hay un buen atril, depositario de un venerable infolio. En la mesa están limpiamente ordenados útiles y papeles. Todo revela el espíritu de Lugones, trabajador y curioso" [23].

Invitado en el otoño de 1915 por el presidente de la Universidad de La Plata, su viejo protector Joaquín V. González, Lugones se propuso dictar un curso de Estética en la Facultad de Ciencias de la Educación [24]. En realidad, siempre estuvo vinculado a esa casa, donde solía asistir a la inauguración de sus cursos y actos públicos. Luego del periplo europeo, las visitas a La Plata se hicieron frecuentes y gustaba compartir con alumnos y profesores la mesa del internado, suscitando allí, conversador amenísimo, la atención de todos. El porqué de aquellos traslados era claro: Polito, su hijo bienamado, luego de un fugaz paso por el Colegio Militar, cursaba el bachillerato

20 GARCÍA CALDERÓN, *Leopoldo Lugones*, p. 60.

21 LUGONES, "Bibliotecas vivas", *La Nación*, agosto 4 de 1929.

22 "Alfonso Reyes a Leopoldo Lugones", Río de Janeiro, mayo 21 de 1930 y mayo 23 de 1930, en "Homenaje a Leopoldo Lugones", *Boletín de la Academia Argentina de Letras*, Buenos Aires, 1975, pp. 109-113.

23 OSORIO, Raúl P., "Leopoldo Lugones", *Caras y Caretas*, mayo 21 de 1921.

24 *Archivo de las Ciencias de la Educación*, época II, año 1915, t. I, varios, p. 410.

como interno del famoso U.L.P.I., dirigido por su amigo Donato González Litardo [25].

Trabajaba entonces en *El libro de los paisajes* y sus clases mostraron la más íntima vinculación con dicha labor poética, como lo prueba el programa que Rafael Arrieta —uno de los afortunados oyentes— transcribió en emocionado artículo [26]. Se trataba de analizar las emociones producidas por la naturaleza y sus componentes, la mañana, la noche estrellada, la luz, el cielo, las nubes, el agua y el paisaje con buen y mal tiempo. Había un capítulo para las formas orgánicas e inanimadas, el arte del hombre en la naturaleza: la huerta y el jardín, el paseo público, los deportes y la danza, el encanto del hogar y de la patria. Según el cronista, las disertaciones del nuevo profesor se desarrollaron en el Aula Magna del Colegio Nacional, a las que asistía un público heterogéneo. Lugones llegaba al caer la tarde, con séquito de amigos y admiradores que lo acompañaban desde Buenos Aires o lo esperaban en la estación ferroviaria. No bien arribaba al recinto, subía al amplio estrado y de pie, ante la gran mesa cubierta por carpeta de felpa roja, abría la clase con su característico estilo oratorio.

A casi todas sus disertaciones dividíalas en tres partes: literaria, musical y poética; y, cuando el tema a explicar lo exigía, transportaba la cátedra al terreno de la misma realidad. Así expuso las sensaciones estéticas frente al mismo paisaje natural, en una clara mañana de sol en el bosque de La Plata o en un crepúsculo otoñal desde cierta vieja casona. Las graderías del museo y su sala de minerales servíanle con idéntico propósito. Muchas de las conferencias fueron ilustradas con ejecuciones musicales, a cargo —generalmente— de Adela Quijano de Calcagno. Lugones siempre recitaba los versos en el idioma original de Hugo, Páscoli, Leopardi, Guerra Junqueiro, Samain, para luego dar una traducción, también versificada, compuesta por él [27]. Tampoco dejaba de exponer, con carácter previo, sus conceptos personales en torno a problemas liminares

---

[25] IRAZUSTA, Julio, *Leopoldo Lugones*, Eudeba, Buenos Aires, 1965, p. 73.

[26] ARRIETA, Rafael A., "Leopoldo Lugones, profesor y helenista", *Davar*, N° 51, marzo-abril de 1954, p. 21.

[27] TRIGO VIERA, Manuel, "Leopoldo Lugones en la cátedra de estética", *La Nación*, marzo 7 de 1943.

de la teoría estética, de la expresión artística, de la historia y crítica del arte. Se detenía, luego, en el amor intenso que despiertan las grandes maravillas de la naturaleza y sus misteriosos encantos. Dato curioso: jamás interrogó a los alumnos.

El *Elogio de Ameghino* —que apareció como folletín en *La Nación* a principios de 1915— no es importante por los aciertos científicos, sino por una apasionada alabanza de los individuos superiores. Con su publicación reanuda la serie de "elogios", en los que ensalza vida y trabajos de aquellos que, según su particular óptica, sintetizan excelencia vital y desinterés. Por entonces Lugones desconfiaba de la praxis y creía, porfiadamente, que su misión de intelectual consistía en divulgar a los mejores, pues estaba convencido que esa docencia era la única tarea posible. Enfocado de esa manera, el *Elogio de Ameghino* adquiere una sugestiva dimensión, lejos de la aventura seudocientífica que algunos detractores se han empeñado en resaltar, como fácil diatriba a su autor. Lamentablemente, las divagaciones paleontológicas han sido las que perduraron, desdibujando la tesis central del trabajo.

Ameghino y su obra —como antes Sarmiento— constituyen un mero recurso para exhibir el arquetipo lugoniano: el hombre superior, el revelador de verdades[28]. El genio, he ahí el héroe. En la *Historia de Sarmiento* había ya adelantado una explicación espiritual, con cierto dejo voluntarista, sobre el origen de "ese fenómeno disímil que es el genio"[29], al que consideraba "un enviado", ya que detrás de tales seres existiría "una causa inteligente, que sólo ellos eran capaces de percibir en su misión terrena"[30]. Semejante conjetura lo llevaba a considerarlos como "postigos abiertos a medias sobre el misterio causal"[31]. Ahora, con el *Elogio de Ameghino* dará un paso más en su sorprendente parecer: el genio es quien "entiende antes de la demostración; formula antes del análisis, y manifiesta la identidad entre las leyes de la lógica humana y las direcciones del universo fenomenal"[32]. Pero extraía también una

[28] LUGONES, *Ameghino*, p. 111.
[29] *Ibid.*, p. 21.
[30] LUGONES, "Significación de Goethe", *La Vida Literaria*, marzo de 1932.
[31] *Ibid.*
[32] LUGONES, *Ameghino*, p. 42.

consecuencia acerca de la aparición del genio. Significaba una preferencia trascendente del ser superior, o bien tendencia de la comunidad a organizarse bajo formas óptimas, por lo que su nacimiento "certifica en una raza condiciones superiores de vitalidad y altos destinos" [33]. Ese argumento ha de ser ampliado en sus lecturas del Odeón sobre el *Martín Fierro*, para demostrar, asimismo por su excelencia épica, la superioridad de la sociedad que lo produjo.

Son los hombres sobresalientes quienes constituyen la patria como entidad espiritual, inmortalizándola, de modo que cuando ella desaparezca de la faz del planeta, seguirá viviendo en sus obras. Son verdaderos titanes que han vivido sacrificándose en lucha desigual, pues "también emancipan como los libertadores de los tiempos heroicos [...] ellos también crean patria" [34]. Esta idea capital, repetida con pertinacia, se vincula a su singular concepto de patria, concepto inspirado en la primacía de fuerzas espirituales. Consecuencia del propio destino, aquel enorme trabajo condénalos a la soledad. En efecto, "cuanto más se define el grande hombre, cuando más se totalice y difiera en la excelencia de su ser, mayor resultará su aislamiento en el seno de la masa" [35]. Los hombres superiores —y esta es otra verdad para Lugones— no suelen disfrutar las predilecciones de las mayorías, que los desconocen, y si los descubren es para darse en contra de ellos [36].

Todo lo que ha incubado desde el alejamiento del socialismo, favorecido con la visión europea de sus días de París (Dogma de Obediencia, crisis de la civilización, exaltación de la libertad) culmina con este arrebato individualista, aunque en actitud recelosa ante la marejada de las masas. El retrato del paleontólogo le permite adelantar su tesis de que el intelectual, en definitiva el individuo, es el agente del progreso y de la misma civilización. Es él quien logra ambos estados superiores: "Moralmente hablando —sostendrá— la civilización es conquista de la libertad individual y de la verdad, obra individual también" [37] y con el progreso humano ocurre lo mismo, ya "que

---

[33] *Ibid.*
[34] *Revue Sud-Americaine*, t. 7, 1914, p. 49.
[35] LUGONES, *Ameghino*, p. 129.
[36] *Ibid.*
[37] *Ibid.*, p. 117.

consiste en un conjunto de verdades e invenciones debidas al individuo"[38].

Pero, a pesar de ello, la masa los detesta, pues "no soporta las contradicciones del genio, la contradicción que es el principio de la sabiduría"[39] y, en cambio, "exige de sus favoritos la noción de la verdad absoluta"[40]. Por eso toda entidad racionalista es objeto de odio, tanto por los pueblos soberanos como de sus dioses[41], que equivale a decir democracia y religión, pilares ambos del dogma de obediencia. Además, y aquí surge la clave de su animadversión hacia la masa, Lugones, por su sofisticada construcción intelectual y su perspectiva idealizante, no podía tolerar ningún intento de nivelar hacia abajo; intento del que responsabilizaba a la democracia por su fatal tendencia a "enterrar como la duna, que engulle, por natural gravitación, al árbol que despunta"[42]. ¡Qué desprecio por la mayoría!, pues con todo su poder apenas llega a elegir amos y es incapaz de descubrir la verdad pese a tan ostentosa soberanía. Por el contrario, pensaba que soberano era sólo el individuo que conquista su libertad, de adentro para afuera, mediante el ejercicio de la razón, porque ése, lejos de igualarse, se diferencia a medida que adelanta. Pero su himno de esperanza encierra esta otra aspiración, resumen de un ideario político —algo utópico— y de su propia valoración como intelectual: "El gobierno representativo de los hombres está en sus hombres superiores, no en los amos más o menos disimulados que los pueblos eligen. Y aquellos hombres que nunca quieren ser amos son los únicos capaces de dar al pueblo libertad, dignidad, orden: es decir, lo que tienen, y por lo tanto, pueden darlo. Libertad, con los medios de pensar y proceder por cuenta propia; dignidad, con hacer de este modo innecesario el amo, peor cuando es electivo; orden, con descubrir aquellas leyes del universo y de la vida que constituyen el verdadero gobierno, puesto que dan direcciones a la conciencia"[43]. No existen aun signos de desesperanza. Campea un cierto optimismo, que desliza intencionada-

---

[38] LUGONES, *Ameghino*, p. 143.
[39] *Ibid.*, p. 75.
[40] *Ibid.*
[41] *Ibid.*, p. 116.
[42] *Ibid.*, p. 127.
[43] *Ibid.*, p. 128.

mente en frases como ésta: "Lo que puede hoy el genio constituye una anticipación de lo que podrán mañana todos los hombres. Tal pasa con la verdad que difunden, como con la conducta que practican. Al mismo tiempo, todo aquello que la razón prevé y demuestra debe efectuarse un día" [44].

Solía Lugones buscarse algunas satisfacciones, como en el caso de su desquite público con el socialismo. Proporcionó la oportunidad la expulsión del Alfredo L. Palacios del partido, a raíz de una firme defensa del duelo, que los afiliados consideraban un prejuicio burgués. Ante el hecho, personalidades independientes se apresuraron a ofrecer su homenaje al fogoso tribuno, homenaje que tuvo, desde luego, mucho de desagravio. Los oradores fueron Ricardo Rojas, Alberto Gerchunoff, David Peña y, fundamentalmente, Lugones, que luego de ácidas desavenencias con Justo, prometía constituirse en la gran atracción. Y por cierto lo fue. Su discurso, extensísimo, se inició celebrando "el recobro del hombre libre", "víctima de la arbitrariedad sectaria". La tesis central consistió en exaltar al individualismo y condenar a todo espíritu excluyente y discriminatorio, patentizado tanto por el socialismo como por la Iglesia. Desde el comienzo dejó aclarado aquello que consideraba su paradigma: "Lo que honramos es la noble actitud personal, en cuanto revela una fuerza cada vez más escasa, y con ello más necesaria: la fuerza individualista, pues las energías eficaces del mundo son unidades y no sumas, y de esta suerte puede valer más que el monte gigantesco el grano de arena cristalizado en diamante. He aquí lo que nunca entendieron las sectas, ni lo entenderán jamás; he aquí lo que constituye el objeto central de sus odios; he aquí la causa profunda de su expulsión, que no es sino el resultado de su progresiva diferencia" [45]. Lugones sostuvo —y no le faltaba razón— que el verdadero motivo del alejamiento de Palacios residía en su terca actitud desigualitaria, postura que tornaba intolerable su permanencia en las niveladas huestes socialistas. De allí su fervor en festejar la fuga del partido: "Con cuánta impaciencia lo hemos esperado —exclamaba exul-

[44] LUGONES, *Ameghino*, p. 145.
[45] LUGONES, "En honor del Dr. Palacios. El homenaje de anoche", *La Nación*, julio 22 de 1915.

tante—. Hace Ud. falta en esta parte, y otros muchos, porque llegan duros tiempos."

Luego le llegó el turno al socialismo, que calificó de "invento alemán", acusándolo de participar "de un materialismo que todo lo reduce a la satisfacción de necesidades y goces físicos, como de una fe exclusiva en la fuerza bruta de las masas con la consiguiente supresión de la individualidad". Quizás este párrafo explique la profunda incompatibilidad hacia la agrupación política de su juventud. Sin duda existían obstáculos insalvables, originados en oscuras zonas de su personalidad, que le impedían continuar adscripto a aquel movimiento.

El apoyo doctrinario que invocaba era claro y terminante, tanto en el orden universal como cuanto a los antecedentes autóctonos: así el individualismo que se reducía al autogobierno —idéntica fórmula que para la libertad— era cosa de filósofos y estadistas: los padres de la constitución norteamericana, Jefferson, Adams, Madison y Hamilton, los redactores de *El Federalista*, las ideas de Rousseau y el espíritu de la Revolución Francesa. También Echeverría, Alberdi y José Manuel de Estrada lo habían propiciado. Pero no sólo se ocupó de ilustrar al auditorio. En larga exposición respondió prolijamente los agravios de sus antiguos camaradas, si bien en forma indirecta e insinuante: "Yo quiero anticiparle, amigo Palacios, como en mi caso, lo que dirán de Ud. Ante todo le dirán anarquista [...] es el odio contra la voluntad del hombre libre, cuyo vigor le viene de esforzarse hacia arriba. [...] ¡La persona! Es esto, sépalo el tribuno, lo que tiene de peligro mortal. Aunque como yo se cuide de no tocar a ningún socialista, así habrán de morderlo". Con tono distante, cuya elegancia apenas encubría una profunda amargura, advirtió al amigo de "esos rencores encarnizados, como dogos ilusos tras el paso de una sombra". Lugones se refería sin duda al interés que despertaba su persona a la prensa y oratoria socialistas.

La publicación de *El culto de la vida*, de Augusto Bunge, en el que se lo citaba como mentor de una sociedad nueva, producto de su anarquismo romántico, le permitió, a fines de 1915, volver a la carga contra los preceptos socialistas, en especial la glorificación democrática y el desdén a toda individualidad. Ambos elementos le parecían antagónicos y excluyentes. Y en esa disparidad puede visualizarse, casi, la profunda aversión para, con la democracia que Lugones mantendrá toda su vida. Aquel sistema político resultábale, y así lo declaraba, "la legitimación del peor despotismo: vale decir el de la fuerza bruta colectiva sobre el individuo, fatalmente predestinado a resultar su víctima [...] Al erigir en supremo derecho la voluntad de la mayoría, la democracia reconoce la identidad entre razón y fuerza" [46].

El problema de la libertad personal lo alejaba del socialismo y de su culto por los sistemas de agremiación, según Lugones estados enfermizos y denigratorios. Además estaba convencido que practicar la democracia no era lo mismo que vivir en libertad, toda vez que las tendencias de aquélla hacia el colectivismo resultaban evidentes a la par que peligrosas. Por ello, su intención consistía en "fomentar el individualismo", único camino hacia la libertad, cuyo ejercicio era, sobre todo, un estado de conciencia. Es por eso que con tono altanero le dirá a Bunge en párrafo algo más que definitorio: "Yo soy el único autor y el único sujeto de mi ley, y de este modo vivo en mí como se me antoja, que es decir como un hombre: bajo el criterio de imperfección humana, no de dogmático rigor. Así me reservo el derecho de cambiar, no sólo ante el móvil superior de una convicción ratificada, sino ante el impulso mezquino de una necesidad en que preponderen mis instintos, como ser el hambre, la defensa de la mujer, la seguridad del hijo, las mil debilidades de mi humana condición" [47].

Pero, retornemos un poco a la vida cotidiana para ver sus días y sus afanes. Por aquella época se ha mudado a una casita, cercana al Jardín Botánico, ubicada en Juncal 3699, y según declaraciones manuscritas que la difundida revista *Caras y Caretas* reproduce en facsímil: "Me levanto —dice— entre seis y media y siete de la mañana. Tomo media docena de mates, mientras leo el diario, y luego me pongo a trabajar hasta las doce y media. Mi trabajo, que es de pluma y de estudio, no ofrece particularidad alguna. Generalmente hago todo por cuenta propia, salvo la traducción de algún idioma que no conozco, y a la cual debo, entre paréntesis, algunos lapsus: lo cual me ha llevado a prescindir casi enteramente de ese recurso. Al-

[46] LUGONES, "El culto de la vida", *La Nación*, noviembre 21 de 1915.
[47] *Ibid.*

muerzo como todo el mundo, y la tarde es para la oficina o para la cátedra de estética que desempeño en La Plata. Como a las siete y media, y destino la noche al descanso en el hogar y a los amigos. Esto es todo" [48].

El 6 de enero de 1916 moría Rubén Darío en la ciudad de León, Nicaragua. Tres meses después, en el teatro de la Opera, los intelectuales argentinos le rindieron póstumo homenaje, en una suerte de funeral cívico. Lugones, por supuesto no faltó a la cita, y aunque concurrieron distinguidas personalidades —Ricargo Jaimes Freyre, por ejemplo— el discurso del "amigo en el misterio de la lira" fue esperado con razonable interés. La cordial camaradería que ambos habíanse dispensado así como el relevante papel que desempeñaron a la vanguardia del modernismo otorgaban a sus palabras la calidad de un testimonio. Para empezar, destacó clara y terminantemente la misión y valor del movimiento lírico que había guiado junto a Darío. A éste, en estupenda definición, lo llamó "el último libertador", ya que después de su obra (y la de Lugones también) "América dejó de hablar como España" [49]. Gracias al esfuerzo había existido, por fin, emancipación para el idioma, el más noble ejercicio humano, concluyéndose para siempre "con el falso purismo de la Academia, la belleza formulada en recetas de curandero, la parálisis de la rima, el verso blanco y la licencia poética, abundancia declamatoria...." [50]. Ahora bien, toda esta obra no hubiera sido provechosa si la palabra no constituyera el decisivo componente de toda cultura, pues "poseer un idioma bien organizado es, para los pueblos, la cosa más importante que existe; y tener poetas que lo vivifiquen y organicen progresivamente constituye un fenómeno de la más alta civilización" [51].

No obstante, cuando se refirió a la persona de Darío, sus palabras asumieron el tono de un reproche generalizado: "Padeció destierro perpetuo en el seno de la canalla" [52]. Lo había conocido muy bien, no sólo en las memorables veladas del

[48] SIERRA, Bernardo, "Con Leopoldo Lugones. Cómo trabaja", *Caras y Caretas*, setiembre 30 de 1916.
[49] LUGONES, "Discurso en homenaje a Rubén Darío", en *Antología de la prosa*, p. 328.
[50] *Ibid.*, p. 326.
[51] *Ibid.*, p. 327.
[52] *Ibid.*, p. 333.

Ateneo, y en el Correo donde trabajaban en una misma oficina, sino durante la estada en París, junto con su familia.

En la correspondencia doméstica intercambiada entonces se advierte un fraternal desvelo por las hondas depresiones en las que solía caer Darío. En su discurso arroja esta conmovedora revelación: "Una fatalidad ciertamente invisible, porque constituía la orientación de su existencia desviada, sometíalo al poder de la chusma. Chusma de las letras, de la sociedad, del amor, a cuyo contacto padecía tormentos espantosos" [53]. Y aun esta otra, con relación a la servidumbre alcohólica del poeta: "El vicio no constituyó su mancha, sino su martirio. Yo lo he visto combatirlo como un desesperado, aprovechando para ello la primera coyuntura que la amistad le brindaba" [54]. Sin duda, se refería al perseverante afecto que le ofreció, junto con el de Vanna y Polo, allá en los felices días de la *rue* Jacques Offenbach y del *square* Raynouard.

Pero la muerte de Darío le permite regresar a un tema que lo obsede: la relación entre genio y masa, y si ya lo había tratado en su *Sarmiento* y en el *Elogio de Ameghino*, vuelve, en esta oportunidad, a destacar la incomprensión de la turba ante todo regalo de belleza cuyo objeto sea conservar un poco de dignidad humana. La multitud, que "llega incluso a reprochar con vileza los cuatro granos que comen sin pagar" [55], retribuye en cambio con incomprensión la obra de libertad que los espíritus superiores le ofrendan. Así, los ignora mientras viven, para sólo descubrirlos cuando sobre ellos desciende "la gracia del sueño". Por eso amargamente acota Lugones, quizá presintiendo su propio destino: "los pueblos no son generosos sino con sus amos, con sus libertadores nunca" [56].

Hay en su elogio a Darío un canto a Francia. La memoria del ilustre muerto se lo permite, ya que tuvo por maestro a Verlaine en la cruzada por la estética libre y el arte espiritualizado. La francofilia lo lleva a afirmar que toda renovación literaria siempre nos ha venido de aquel país, por lo que a su juicio "no hay nada más falso y más cursi que el horror académico al

---

[53] LUGONES, "Discurso en homenaje a Rubén Darío", p. 333.
[54] *Ibid.*
[55] *Ibid.*, p. 324.
[56] *Ibid.*, p. 334.

galicismo". Y si junto a Darío pensaba que amar a Francia era obra de belleza, gloriarse de ello en plena guerra constituía un gesto de decoro. Acto seguido proclamó su condena a las potencias bárbaras, que ponen en peligro no sólo a la "cara Lutecia", sino a toda la cultura occidental, aseveración que representa un decidido pero solitario arranque en un mundo oficial argentino complacido hasta ese instante con su aislamiento. He aquí sus palabras: "Y nosotros no podemos desentendernos de ello, sin renegar de nuestra propia civilización. La miserable neutralidad de los pueblos que se llaman libres, aun cuando con ella se exhiban esclavos del miedo, es una aceptación anticipada de la felonía, el terrorismo y la infamia" [57].

A mediados de 1916, otra vez a instancia del empresario Faustino da Rosa, Lugones ofreció cinco conferencias en el teatro Odeón. Da Rosa, luego del resonante triunfo de las lecturas sobre el *Martín Fierro*, creyó, contra el parecer del mismo orador, que cualquiera de sus disertaciones, y no más que por serlo, interesaría a los inteligentes [58]. Sin embargo, los propósitos de aquel hombre de buena voluntad naufragaron, pues la concurrencia fue escasísima. La explicación de tal fracaso —que años más tarde dio el disertante— fue la absoluta falta de propaganda que él mismo había impuesto, ya que "alguna diferencia debía existir entre el comentador de Homero y un actor de las tablas" [59].

Sin embargo, todo esto obedecía a un deliberado designio. Propagandista del "neo-helenismo" [60], admiraba, de la vieja cosa griega y romana, el valor reconocido al individuo, la noción de libertad, que consideraba patrimonio de aquellas dos culturas, y su imperioso ideal de belleza, que atribuía a características raciales. Además, como complemento de este maravilloso asombro, con los años había perfilado una teoría histórica, expuesta de modo incidental en artículos y libros, que pensaba ofrecer sistemáticamente en un futuro volumen: *El dogma de obediencia*. La teoría histórica era ésta: la evolución del paganismo greco-romano hacia la libertad plenaria había sido interrumpida por el triunfo del cristianismo, dogma de obediencia o derecho

[57] LUGONES, "Discurso en homenaje a Rubén Darío", p. 331.
[58] LUGONES, *Estudios helénicos. La funesta Helena*, pp. 9-10.
[59] *Ibid.*
[60] LUGONES, "La escuela de los héroes", *La Nación*, agosto 6 de 1922.

divino o principio de autoridad [61]. La civilización occidental consistiría, entonces, en una perpetua lucha entre la libertad pagana y el asiático dogma de obediencia. Sin embargo, del afanoso combate surgían sucesivos recobros del antiguo ideal, tales como la revolución francesa y americana, consagratorias de "los derechos del hombre", rebautizados en nuestra época como "derechos humanos" [62]. Esto no era la hermética delectación de un estudioso; por el contrario, con sus reiteraciones, por cierto indicativas, perseguía influir en sus conciudadanos, y no necesariamente para inculcarles que "los griegos fueron un pueblo de estatuas" [63].

Las charlas consistieron en una comunicación estética de los cantos homéricos. El disertante veía una lección moral en la actitud de los héroes argivos y troyanos y, según Negri, Lugones supo que de ahí arrancaba la progenie greco-latina que, pasando por el caballero medieval y el de la Cortesía, habría de llegar hasta la Pampa, última tierra de expansión de aquella raza, en donde Aquiles resultaba el antepasado de Martín Fierro [64]. Esta ideal transmigración le ayudaba a imaginar la ética del aqueo igual a la que justificó las actitudes del gaucho —recuérdese el episodio con Cruz—. ¿Sabía griego Lugones? Su hijo, en siempre citada biografía, así lo afirma, si bien el mismo interesado lo niega en Prometeo [65]. En realidad, comenzó el duro aprendizaje en 1909, a los 35 años [66]. Con lo que sabía, trabajando la versión de Leconte de Lisle y la de Luis Sagalá y Estacella, con innegable oficio acometió las traducciones de Homero, que sirvieron de base a sus conferencias helénicas del Odeón. Como anécdota suplementaria de las polvaredas que levantaba cualquier gesto de Lugones, basta recordar que un

[61] Para una interpretación nueva y diferente, véase Ricci, Clemente, "Lugones homerista", La Nación, julio 16 de 1916 y "Cristianismo y helenismo", La Reforma, octubre y noviembre de 1916.
[62] Lugones, Mi beligerancia, pp. 10-11; "Apuntes de helenismo médico", en Nuevos estudios helénicos, pp. 182-183.
[63] Lugones, "Las carreras de la Ilíada", conferencia dada el 28 de agosto de 1922, en Buenos Aires, Jockey Club, 1922, p. 64.
[64] Negri, Tomás Alva, "Leopoldo Lugones", Américas, vol. 25, Nos. 6-7, junio-julio de 1973, p. 28.
[65] "L. Lugones a Francisco D'Andrea", en Prometeo, p. X.
[66] Nota de L. Lugones, en García Calderón, V., Leopoldo Lugones, Ginebra, 1947, p. 14.

canónigo, Viñas, de Santa Fe, intentó demostrar que desconocía el griego, en artículos aparecidos en un periódico local de nombre *El Imparcial* [67]. Por su parte, Rafael Arrieta cuenta que, durante esa época, Lugones era incapaz de salir a la calle sin un libro en latín o en griego, y que los jóvenes iconoclastas murmuraban (y escribían) que su secreta fuente era el francés. Sin embargo, el fervoroso helenista "iba dando hermosos estudios, galerías laterales surgidas de exploraciones recientes, en alejandrinos trabajosos, taraceados y escasamente musicales" [68], porque, quizá, continuaba oyendo en cada palabra el texto original, ilusión frecuente y casi inevitable en todo traductor [69].

El 12 de octubre de 1916, luego de comicios libres, asume la presidencia Hipólito Yrigoyen, jefe del partido populista, iniciándose así el proceso de democratización en la Argentina. En verdad, las primeras experiencias electorales habían comenzado cuatro años antes con votaciones en algunos distritos, como en la ciudad de Buenos Aires donde triunfaron radicales y socialistas. Estos acontecimientos, a no dudar importantes, junto a las consecuencias de la guerra, tuvieron influencia inmediata en el pensamiento político de Lugones. Si el tema de la libertad seguía obsesionándolo, su individualismo —auténtica constante ideológica— se acentuó aun más con la irrupción masiva gracias a las flamantes leyes electorales. Ante aquella marejada, no tardó en experimentar la típica reacción de los intelectuales de la época, pues consideró el nuevo fenómeno como seria amenaza al orden social. Al mismo tiempo su exaltación individual lo deslizaba hacia un particularismo cada vez más definido. Ya en el discurso de homenaje a Palacios había identificado el culto al individuo con la singularidad de las patrias y, curiosamente, ante inéditos peligros, ha de ser a este último concepto al que recurrirá en el futuro como nueva y rígida defensa.

Por esa misma época, una de sus preocupaciones fue destacar el antagonismo entre el intelectual y las masas: "La plebe

[67] CASTELLANI, Leonardo, *Lugones*, Theoria, Buenos Aires, 1964, pp. 52-53.

[68] ARRIETA, Rafael A., "Leopoldo Lugones, profesor y helenista", *Davar*, t. 51, p. 21.

[69] BORGES, *Lugones*, p. 62.

ultramarina, que a semejanza de los mendigos ingratos, nos armaba escándalo en el zaguán, desató contra mí, al instante, sus cómplices mulatos y sus sectarios mestizos [...]. La ralea mayoritaria paladeó un instante el quimérico pregusto de manchar un escritor" [70]. Las conferencias helénicas del teatro Odeón, coincidentes con el triunfo radical, le permitieron referirse nuevamente a los comicios en forma despectiva: "la Atenas del Plata, loca de libertad, acaba de elegir sus representantes en la ralea bastarda o servil de ilotas y metecos" [71]. También, con igual intención, había aprovechado la polémica que sostuvo con Manuel Gálvez acerca de *La maestra normal,* para criticar indicios de desnaturalización en el proletariado urbano, a diferencia de los que todavía integraban la sociedad clásica y que Lugones ubicaba en provincias. En realidad, no hacía sino recrear el tema del individuo alejado de sus estructuras tradicionales e inmerso en el abstracto e impersonal mundo de "la ciudad", ya anunciado por George Simmel, Emile Durkheim, Max Weber y otros. En la crítica al libro de Gálvez hay párrafos elocuentes. En uno de ellos recalca los nuevos peligros que se ciernen sobre la comunidad por la despersonalización: "Salta a la vista del menos avisado que el país atraviesa una crisis disolvente cuya reacción ha de iniciarse allá donde más intacta y vigorosa permanezca la nacionalidad. Urge que Buenos Aires, la cabeza hipertrófica, tenga por sostén un cuerpo sano [...]. Esta ciudad, vagamente extranjera y fuertemente mestiza, corre el peligro de salir un día desdeñando su nacionalidad" [72]. Para acentuar, casi a continuación, las diferencias culturales entre el desarraigado habitante de la gran urbe —"la Salónica descaracterizada"— con el morador del interior: "Un compadrito del suburbio sabrá subir al tranvía, manejar una llave eléctrica y leer un cartel electoral; pero es, generalmente, más inculto que un paisano de La Rioja o Salta, porque fuera de su viveza exterior, resulta menos inteligente y menos digno [...] Una cosa es el progreso y otra la cultura. Así son incomparables la cortesía y la sencillez viril, aunque tímida, de un gaucho del interior, con la desfachatez tanguera de un compadrito de Buenos Aires.

[70] LUGONES, *El payador,* p. 7.
[71] LUGONES, *La funesta Helena,* p. 71.
[72] LUGONES, "Por la verdad y la justicia", *La Nación,* junio 13 de 1915.

Mientras dure semejante crisis, esta ciudad, lejos de gobernar, necesitaría que la gobiernen con energía"[73].

Y acá se produce un episodio interesante. A consecuencia de la polémica, recibe carta de una joven y desconocida escritora. Caso común éste, el de la adolescente que pretende hacer conocer sus versos a quien ya se ha ganado un lugar bajo el sol de la crítica y la opinión. Alfonsina Storni —también docente— le hace llegar su solidaridad en la disputa con el clerical Gálvez. El pretexto le sirve además para solicitar una entrevista, en la "que tendría el placer de leerle algunas de las poesías mías, que no huelen ciertamente a la moralidad común"[74]. La anécdota es ilustrativa, pues Lugones, con su enorme prestigio, no podía ser ajeno a este seductor tipo de acercamientos.

En 1916 aparece *El payador*, homenaje al centenario de la independencia y en el que Lugones recoge sus discutidas lecturas sobre el libro de José Hernández. La decidida admiración por la cosa helénica lo había llevado, como desenlace previsible, al conocimiento acabado de su literatura, empezando por los grandes monumentos épicos, a los que conocía muy bien. Pronto advirtió la utilidad que habían prestado a toda una civilización, con sus modelos de comportamiento bellamente heroicos, esas legendarias narraciones. Por eso, luego de sus estudios clásicos, echó una mirada sobre la literatura nacional en busca de alguna muestra que reuniera condiciones para configurar una obra de aquel tipo. Lugones, que frecuentaba desde joven los versos de Homero, había también transitado los de Hernández y, a causa de su vida cotidiana en la campaña, tuvo ocasión de observar la vigencia del *Martín Fierro* entre el elemento popular. Él mismo nos la ha relatado: Serapio Suárez —el arpista de *Los poemas solariegos*— que en el departamento de Sumampa entonaba las estrofas ante un auditorio de gauchos rotosos y desgreñados[75] y también aquel otro paisano, que solo con su mujer en las sierras cordobesas, sin saber leer, lo tenía guardado en su petaca, para que se lo recitara algún viajero instruido[76]. La idea de consagrar un libro vindicatorio le surgió a

[73] *Ibid.*
[74] "Alfonsina Storni a Leopoldo Lugones", junio 18 de 1915, en Benarós, León, "Una mujer siglo XX", *Clarín Revista*, diciembre 7 de 1975.
[75] Lugones, *El payador.*
[76] *Ibid.*, p. 179.

Lugones cuando improvisado teniente de compañía de Guardias Nacionales, durante la represión gubernamental a las rebeliones radicales de 1890 y 1893, leía en alta voz el poema ante el fogón. Allí el fuego convivial iluminaba los rostros de los fieros reclutas, a quienes las partes tristes del relato suscitaban pensativas comparaciones, y júbilo las de bravura y coraje. Según propio testimonio, fue ante esta conmovedora adhesión que, adolescente aún, "propúsose como un deber de justicia el elogio del poema, cuando algún día llegase a considerar digna de él su mezquina prosa" [77].

Aquel conocimiento y vivencia del *Martín Fierro*, nada común en un intelectual de su tiempo, lo impulsaron a conjeturar que aquél bien podía ser el poema épico de los argentinos, idea que en realidad era sólo el revés nativo de su propaganda helenística. Cuando se embarca para Europa, en 1911, lleva ya los borradores del "más nacional de sus libros". Un año después, en Londres, a punto de embarcarse para la patria, refiriéndose a su particular enfoque sobre el tema, confesó "que de nuestra aptitud épica deduzco razones muy importantes para la vida nacional, entre otras, nuestra capacidad para la existencia superior entre los pueblos de la tierra" [78]. Lugones advirtió con sagacidad que el *Martín Fierro* era el único poema auténtico que había producido el país, así como la fuente lírica de un idioma argentino en formación. Y como esos viejos *aoidoi* decidió tomar para sí la tarea de recitarlo, pero creativamente, ya que con tan peculiar enfoque logró, al fin, aventar el olvido y el menosprecio que lo cubría.

Lugones aspiraba a que la Argentina tuviera su poema épico. Sabía que la primera y esencial función del género era docente, pues los héroes que ofrece —infatigables vencedores de la cotidianeidad— sirven de arquetipos para una vida superior. Además, todo linaje eminente siempre lo posee. Cautivo de aquella nostalgia por la épica, Lugones desplegaba importantes razones. Veámoslas: si producir un poema heroico era certificado de aptitud vital, cualquier creación de ese tipo expresaba siempre la vida riesgosa de una raza. Esa vida comportaba, de suyo, la suprema excelencia humana, refirmando su

---

[77] LUGONES, *El payador*, p. 178.
[78] LUGONES, "Martín Fierro", *Sarmiento*, febrero 2 de 1912.

entidad entre las mejores de la tierra [79]. En la búsqueda, Lugones había observado que cuando un poema épico nace en un pueblo que empieza a vivir, su importancia resulta todavía mayor, pues así se anuncia una suerte de epifanía vital. Pero, aparte el feliz presagio que toda epopeya trae consigo, una narración legendaria era, sin duda, la mejor descripción de cómo sentía y practicaba la vida heroica un pueblo determinado, "o, dicho en términos complementarios, la manera cómo una raza combate por la justicia y la libertad". Y ya sabemos lo que estos dos ideales significaban para Lugones. No todas las sociedades entendían de igual modo, ni luchaban parecidamente para lograrlos; por ello, toda epopeya refleja con prolijidad sus peculiaridades para arribar a tan venturosa gracia [80]. Según Lugones, la real gravitación del *Martín Fierro* para los argentinos radica en "su lucha por la libertad, contra la adversidad y la injusticia" [81]. El viejo Fierro es "un campeón del derecho que le habían arrebatado", un paladín, al que no le falta ni siquiera el bello episodio de la mujer afligida, por cuya salvación continúa peleando contra el indio bravo [82].

Todo este esfuerzo partía de una exaltación del gaucho, empresa que, por cierto, supera en algo a reivindicar, por ejemplo, al compadrito urbano. En ese punto Lugones sobresale. No cae en la envilecida tentación de nuestros nacionalistas ocasionales, "con su circo gauchi-genovés de donde salió aquel afligente Juan Moreira" [83]. El gaucho es "el héroe y civilizador de la Pampa", la "subraza progenitora" [84] y que al definirse como tipo nacional acentuó nuestra separación étnica y social de España, por lo que, gracias a esa tarea diferenciadora, el argentino —si bien con igual físico e idioma— era distinto al español. Él es el modelo, y todo cuanto es de origen propiamente nacional nos viene de él. Lugones así lo explica: "Nuestras mejores prendas familiares, como ser el extremado amor al hijo; el fondo contradictorio y romántico de nuestro carácter; la sensibilidad musical; la fidelidad de nuestras mujeres; la

[79] LUGONES, *El payador*, p. 11.
[80] *Ibid.*, p. 25.
[81] *Ibid.*, p. 159.
[82] *Ibid.*
[83] LUGONES, "El pintor nacional", *La Nación*, mayo 7 de 1920.
[84] LUGONES, *El payador*, p. 36.

importancia que damos al valor; la jactancia, la inconstancia, la falta de escrúpulos para adquirir, la prodigalidad, constituyen rasgos peculiares del tipo gaucho" [85]. En una de sus más bellas páginas, por verdadera y justa, afirma: "La guerra de la independencia que nos emancipó, la guerra civil que nos constituyó, la guerra contra los indios que suprimió la barbarie en la totalidad del territorio; las prendas y defectos de nuestro carácter, las instituciones más peculiares como el caudillaje, fundamento de la federación, y la estancia que ha civilizado al desierto" [86]. Para coronar este elogio, expresa estas palabras históricamente exactas: "Durante el momento más solemne de nuestra historia, la salvación de la libertad fue obra gaucha". Como se advierte, la valorización del hijo de la pampa siempre lo preocupó; prueba de ello es *La guerra gaucha* que, vista como antecedente, adquiere insospechada dimensión. En la *Historia de Sarmiento* había aludido a Hernández, quien, junto al héroe, habían sido "los únicos autores que emplearon elementos exclusivamente argentinos, y de ahí su indestructible originalidad" [87]. "El país —seguimos paso a paso a Lugones— empezó a ser espiritualmente con esos hombres. Ellos representaban el proceso fundamental de las civilizaciones" [88]. En otra ilustre ocasión hubo de referirse al gaucho "como la cepa genuina de nuestra raza, característica de nuestro predominante individualismo". Fue al recibir alborozado la aparición de otro libro significativo: *Don Segundo Sombra*, de Ricardo Güiraldes. Allí, en larga tirada, sostendrá que "constituye la entidad indivisible, que coopera en la formación de la patria, hasta el sacrificio, si es menester" [89].

Admirables son los capítulos que describen a la pampa y a su vida en ella. Todos los críticos coinciden en destacar algunos pasajes antológicos: el incendio de los campos, las tareas rurales, el paisanaje, el patrón de estancia, el indio o aquel referido a la música criolla —algo pedante—, con sus pentagramas impresos y la inmodesta declaración de haber hecho bailar en su presencia las danzas para estudiarlas mejor. En cambio, hay otros hondamente conmovedores; son los que tratan de la

[85] Lugones, *El payador*, p. 55.
[86] *Ibid.*, p. 71.
[87] Lugones, *Historia de Sarmiento*, p. 151.
[88] *Ibid.*
[89] Lugones, "Don Segundo Sombra", *La Nación*, setiembre 12 de 1926.

Casa natal:
Villa de María de
Río Seco (1874)

Rue Jacques
Offenbach, 1,
París 1912.

Square Raynouard 4
París 1912-1914

Interludio wilsonia
Lugones pronur
un discurso a
neutral
(Pque. Retiro, 19

Av. Santa Fe 2698
(c. 1915); típico
departamento del
gusto de los Lugones.

Con Juanita en
Mar del Plata
(febrero 1918)

*Con el presidente
Marcelo T. de Alvear
y Tomás de Estrada
(1923).*

*Oración por los
caídos, Recoleta,
septiembre de 1930.*

GUARDIA ARGENTINA

CONCENTRACION DE FUERZAS

NACIONALISTAS

|||

"Serás lo que debes ser
y si no, no serás nada".

Gral. José de San Martín

EXPRESIÓN DE
PROPOSITOS

•

BUENOS AIRES
1934

La anotación escrita en este folleto nacionalista asevera que el mismo fue redactado por Lugones.

*Interludio
nacionalista:
manifiesto de la
Guardia Argentina,
redactado por
Lugones (1934).*

*Cámara mortuoria,
Recreo
"El Tropezón"
(1938).*

*Santa Fe 1597,
su último domicilio.*

desaparición del gaucho, "el hijo de la tierra que tuvo todos los deberes, pero ni un solo derecho", ya que "pospuesto al inmigrante, fue un paria, porque los dominadores no quisieron reconocerle, jamás, el derecho a ella" [90]. La mejor retórica acompaña el final de aquel humus fecundo, proveedor de la estirpe: "Qué sabía él de atesorar, ni de precaverse, poeta y paladín, inclinado sin maldad a la piltrafa del bien ajeno caído al paso en sus manos. El gaucho aceptó su derrota con el reservado pesimismo de su altivez. Ya no necesitaba de él la patria injusta, y entonces se fue el generoso. Herida el alma, ahogó varonilmente el gemido en canciones. Y sobre su sepultura, que es todo el suelo argentino [...] podemos comentar su destino a manera de epitafio [...] Ha muerto bien. Era un hombre" [91].

Pero la intención de Lugones apuntaba más lejos. Pretendía demostrar la raigambre griega del poema, nuestra vinculación con las razas de belleza de aquel origen, a las que también pertenecíamos, constituyendo *Martín Fierro* un argumento irrefutable de ello. Desarrolla, por primera vez, su teoría de una civilización helénica contrapuesta a la gótica. La primera busca su satisfacción espiritual por la belleza; la segunda, por el camino de la verdad. Respecto de esta última, y de sus especialísimas características, ya las había analizado en "Cacolitia", integrante de *Piedras liminares*. La raza helénica creía en la práctica y en el descubrimiento de la belleza, que al ser un estado superior de la vida inducía por simpatía a la verdad y al bien, también prototipos de ese mismo estado. La raza gótica, metafísica y disciplinada, prefería la verdad, por lo que aceptaba como certeza necesaria a su espíritu, al dogma, que se la ofrece de modo definitivo. Sin embargo, ambas se complementaban: aquélla, revelando la vida superior latente, es decir proponiendo modelos armoniosos y acondicionados para subsistir; ésta, esclareciendo la ley del fenómeno vital, cuya lógica trascendente abre el secreto del porvenir [92].

En apoyo de sus conclusiones, Lugones advertía signos helénicos en la vida de nuestros gauchos. Llamaban su atención la práctica de la payada, el tema del amor, los secretos

[90] Lugones, *El payador*, p. 72.
[91] *Ibid*., p. 73.
[92] *Ibid*., pp. 261-262.

de la naturaleza, las interpretaciones del destino. Implacable en su razonamiento, descollará en el afán vinculatorio al declarar al *Martín Fierro* perteneciente a la raza hercúlea de los paladines, el último de los cuales —según su criterio— fue [93]. Es que para la construcción lugoniana, el gaucho es un "tipo de hombre libre, en quien se exalta, naturalmente, el romanticismo, la emoción de la eterna aventura" [94]. Descendía de aquella civilización de trovadores y paladines, que luego de arrasada la región que les diera cobijo —la Provenza, último refugio pagano— siguieron subsistiendo en España, donde fueron necesarios mientras duró la guerra contra el moro [95]. De suerte que al concluir ésta, de acuerdo con la tesis, "tuvieron en el sincrónico descubrimiento de América la inmediata y postrera razón de su actividad. Así vinieron trayendo [...] los conceptos y las tendencias de la civilización que les fue particular, rediviva en el gaucho, que mantuvo vivaz el linaje hercúleo" [96].

Pero, ¿qué perseguía con toda esta indagación apasionada? Inculcar a los argentinos ideales de belleza y libertad, únicos móviles de la vida heroica, ya que sólo en ella se da el estado permanente de una humanidad superior [97]. Y en este deber altamente didáctico, nada lo exhibe mejor que *El payador*. En la glorificación del *Martín Fierro* se concibe a sí mismo como el artífice de nuevas órdenes de realidad para su pueblo, obediente a los dictados y categorías complejas de la inteligencia. Pretende así crear los símbolos de una civilización distinta para sus hermanos, a la vez que proclama el advenimiento de nuevos valores.

Lugones era muy amigo de Luis Murature, a quien conoció y trató en la redacción de *La Nación*. Figuró también entre los que despidieron al poeta cuando iba a radicarse en París y, desde su cargo de ministro de relaciones exteriores, premió con suscripciones a la *Revue Sud-Americaine*. En 1916, el navío de bandera argentina *Presidente Mitre* fue apresado por un crucero británico. Los ingleses alegaban que, en los hechos, sus propietarios eran alemanes y que el cambio de pabellón había sido

---

[93] LUGONES, *Estudios helénicos. La funesta Helena*, pp. 18-19.
[94] LUGONES, *El payador*, p. 46.
[95] *Ibid.*, p. 263.
[96] *Ibid.*
[97] *Ibid.*, p. 264.

fraudulento. El asunto, no muy claro, motivó un inmediato réclamo de la cancillería. Estanislao Zeballos —diputado, a la sazón—, viejo conocido de Lugones, aprovechó el episodio citando a Murature al Congreso y acusando su gestión "de débil y claudicante". En realidad, Zeballos era germanófilo y pretendía publicitar la necesidad de una ruptura de relaciones con Gran Bretaña. Por otra parte la oportunidad resultaba más que propicia a Lugones para aclarar la conducta del amigo. Por un lado Murature y, por el otro, el ex ministro y mentor de Figueroa Alcorta. Sin embargo, esta vez el ataque no fue violento. Sólo se limitó a redactar un extenso artículo en el que, luego de analizar la gestión oficial, concluyó por considerarla un "triunfo diplomático del ministro", sin dejar por ello de criticar "el exceso de celo que se intentó sacar del asunto". En el final se mostró alborozado con el restablecimiento de la tradicional amistad con Gran Bretaña y "como nobleza obliga —dijo— creo llenar un deber de argentino, ofreciendo a la gran nación el tributo de verdad que le corresponde" [98].

El ambiente político argentino pronto iba a convulsionarse por el ingreso de los Estados Unidos en la guerra y por la cruzada idealista que había emprendido su presidente. Conocida en Buenos Aires la decisión del gobierno de Wáshington, un grupo de distinguidas personalidades propúsose rendirle público homenaje. Con tal motivo se reunieron en el domicilio de Antonio Piñero, entre otros, Luis María Drago, Enrique Larreta, Manuel Láinez, Norberto Piñero, Francisco Barroetaveña, Francisco Sicardi, Juan Carlos Rébora, Joaquín de Vedia, Augusto Montes de Oca y, por supuesto, Leopoldo Lugones. Allí manifestaron, por medio de un telegrama dirigido a Wilson, "su fervorosa adhesión" a los principios que había proclamado, "los que serán enseña de la democracia y la libertad en la lucha contra la tiranía y el absolutismo" [99].

Mientras tanto, la oposición al radicalismo —recientemente instalado en el poder— se reagrupó bajo banderas rupturistas. Una serie de hechos le darían, en forma espectacular, sobre todo a lo largo de 1917, motivos para presionar al gobierno, incluso hasta por medio de la agitación popular. Lugones, por

[98] "La devolución del Presidente Mitre", en *Mi beligerancia*, p. 142.
[99] LUGONES, "Mensaje de adhesión", *La Nación*, abril 10 de 1917.

cierto, no fue ajeno a esta efervescencia, si bien por causas distintas a las de los políticos interesados. Como ya se explicó, su pasión por una beligerancia argentina no lo era para una eventual pugna con Alemania, sino para sumar la Argentina a la Liga de las Naciones, propuesta por Wilson [100].

Fue aquel un momento de intensa actividad. Acababa de publicar *El libro de los paisajes*, cuyas poesías se asemejan, en cierto modo, a las virutas de *Odas seculares*, aquel vasto madero. Por ejemplo, cualquiera de sus composiciones —algunas brevísimas— bien podrían agregarse o interpolarse a las estrofas de la "Oda a los ganados y las mieses". Son una nueva visión de la naturaleza, otra reedición instantánea y fugaz de esas *Geórgicas* que, a su juicio, faltaban en nuestra literatura, vacío que pretendió colmar con su obra poética [101]. Se ha hablado, gracias a la gala erudita de un Roberto Giusti, de la influencia de Páscoli en *El libro de los paisajes*. También de su tendencia miniaturista. Si bien esto último puede ser válido, lo primero no es sino una de esas terribles simplificaciones. Tanto Giusti como los consabidos repetidores no han advertido que en Páscoli como en Lugones existe idéntica intencionalidad poética: celebrar jubilosamente a la naturaleza. Tanto fue así que Virgilio ejerció enorme atracción sobre Páscoli, y Gabriele D'Annunzio lo consideraba el más fino poeta latino desde la era de Augusto (¿Lugones no pensaría lo mismo de sí?). Este es el punto común entre ambos: la devoción virgiliana y el amor pagano por la naturaleza.

Además de las correcciones últimas de la nueva entrega, lo absorbía su campaña en favor del ingreso argentino a la "Liga de Honor" fundada por Wilson, imitando al ejemplo americano de combatir contra los Imperios Centrales, pero por la libertad, la justicia y una paz sin vencidos. Escribía incansablemente, casi tres o cuatro artículos mensuales, en especial a lo largo del agitado año de 1917. Integró el grupo fundador de la "Comisión Nacional de la Juventud", encargada de representar y encauzar a la corriente rupturista y allí conoció a Ricardo Güiraldes —mucho más joven— con quien intimó al coincidir en distintos actos y manifestaciones. En nombre de aquella agrupación

[100] LUGONES, "La última coyuntura", *La Nación*, octubre 14 de 1917.
[101] LUGONES, *Historia de Sarmiento*, pp. 146-147.

llegó a hablar a la muchedumbre, cosa que no hacía desde sus juveniles andanzas partidarias. Ello ocurrió en oportunidad del escándalo provocado por la publicidad de los cables de von Luxburg. Su discurso fue "fogoso, de tono sarmientino" [102], y lo acompañaron en la tribuna Ricardo Rojas y Alvaro Melián Lafinur [103]. Por cierto que esa febril propaganda de Lugones favorecía las cáusticas réplicas de germanófilos y neutralistas. Se le criticaba su alejamiento de Europa, después de estallada la guerra. No dejó, por eso, de referirse a "la gente que con anónima benevolencia y piadoso cuidado de mi pundonor, me aconseja partir a Francia como voluntario, o me reprocha que no me quedara en Londres a combatir por Bélgica..." [104]. No sabían de sus esfuerzos por quedarse en París y de sus forzosas imposibilidades.

Tampoco dejaba de advertir la particular connotación que imprimíale Yrigoyen al proceso. Es sabido que el presidente temía, sobre todo, aparecer arrastrado a la zaga de los Estados Unidos y del Brasil. Así se lo hizo saber —entre otros— al embajador yanqui Francisco J. Lansing [105]. Lugones recogió el argumento para contradecirlo públicamente. Fue en ocasión de la visita de la flota norteamericana del Atlántico sur, recibida con una verdadera explosión de entusiasmo aliadófilo. Hizo uso de la palabra en el acto realizado en el Politeama, en honor de oficiales y marinos, y en el que imperó nuevamente más el estilo que los argumentos: "¿Quién anda entonces por ahí diciendo que no debemos adoptar sin ambages la política de los Estados Unidos, no sea que ello nos ponga a remolque de la nación más fuerte? ¿Quién? El que crea chica a su Argentina, entonces, el menguado, el infeliz que, con aminorarse entre sus pares, se desiguala. Tal, por ejemplo, ese palurdo que en la reunión de gente fina elige un evasivo rincón, hallando, así, a pesar suyo, el sitio que le cuadraba" [106]. Similar reparo le merecían los sutiles artificios del oficialismo para transformar

[102] Testimonio del Dr. Alberto G. Padilla al autor.
[103] *La Nación*, setiembre 23 de 1917.
[104] Lugones, *Mi beligerancia*, p. 10.
[105] *My United States*, Charles Scribner's and Sons, Nueva York, 1931, pp. 368 y ss.
[106] Lugones, "Discurso del Politeama Argentino", julio 4 de 1917, en *Mi beligerancia*, p. 217.

el problema de la naturalidad en mera cuestión de política interna y a los que se apresuró en bautizar como "proverbial maniobra de perdiz". Criticaba la especie lanzada por los radicales según la cual disentir con el presidente era atacarlo ya que, de acuerdo con esa doctrina, "estando en sus manos la suerte del país, no pueden hacer los ciudadanos cosa mejor que despreocuparse de ella". Con inmejorable espíritu cívico, rescató la indelegable preocupación de todos sus hijos, y daba en el blanco, sin duda, cuando rechazaba por "servil" el funesto precedente de delegar en un hombre (o en una institución civil o armada) la interpretación exclusiva del interés nacional y arrogarse las decisiones políticas de la República [107].

El divorcio entre sus ideales y lo que alentaba y decidía el pueblo, ahondábase día a día. La renovación de la Cámara de Diputados significó un nuevo triunfo para el gobierno, y así la gran polémica respecto de los alcances de la ruptura votada por el Congreso llegó a su fin. Aquel pronunciamiento electoral significó la ratificación de una política de aislamiento. Esa misma populosa fiesta del 12 de octubre, instituida como día de "la raza", capitalizada por el gobierno como acto de solidaridad a su política, debió refirmarle la sensación de un desencuentro casi fatal con las masas. Además, le indignó aquello de "Madre Patria", pues se le antojaba un "delirio de la caducidad y farsa de la monarquía española", ya que "en 1810 dejamos irrevocablemente de ser España" [108]. En otra ocasión, aclaró aun más su parecer respecto de aquella generosa expresión, siempre mal interpretada por los nostálgicos imperialistas españoles: "Amar a España está bien, y perduran muchos motivos para ello; pero hacer con ello política española en América es una bajeza que reniega de la obra de los libertadores y puede llegar a constituir traición" [109].

Aún no se ha insistido bastante sobre la facilidad de Lugones por el panfleto. He aquí una prueba más de la contenida energía de su personalidad y que a veces aflora a pesar de su estilo. Juan Rómulo Fernández escribió en *La Nota*, del inolvida-

[107] LUGONES, "Mortal aislamiento", *La Nación.*
[108] LUGONES, "La ansiada respuesta de Lugones a la indagación del *Repertorio Americano*", tomo V, N⁰ 9, noviembre 27 de 1922.
[109] LUGONES, "La doctrina de Sarmiento", *Repertorio Americano*, noviembre de 1929, p. 261.

ble Emir Emín Arslan, un comentario sobre Rufino Blanco Fombona, quien, como todo el mundo sabe, guardaba hacia Lugones particular ojeriza, distinguiéndolo, cada tanto, con invectivas, insultos y tropicales ironías [110]. En el artículo, Fernández revive algunas terribles opiniones del venezolano, como al pasar, pero con evidente mala intención: "ciego mulato y desfalcador Bernardino Rivadavia", "personaje de chocolate", "adocenado", "ideólogo presuntuoso". El Emir, por supuesto, dio inmediato traslado a Lugones, quien le contestó en francés, "siguiendo su viejo hábito de corresponderle en dicho idioma", la siguiente esquela que traducimos libremente: "Buenos Aires, set. 30, 1917. Querido amigo. Se agita usted por poco. No conozco a ese señor Rodríguez que firma el artículo que lo preocupa y no tengo interés alguno en modificar sus opiniones sobre mi persona. Hay tantos Rodríguez cuya existencia se conturba por rencores que suelo despertar sin proponérmelo. ¿Qué quiere que haga...? Solamente el silencio es lo recomendable en estos casos. Dejemos a los buenos espíritus desahogarse. Cordialmente. Lugones"[111]. Un buen ejemplo para el arte del agravio. Exactamente lo mismo, pero para aquellos que saben leer, el acero es más filoso y, por lo tanto, el dolor intenso.

[110] *La Nota*, 1917, p. 2.252.
[111] *Ibid.*, p. 2.279.

Capítulo II

1917-1922

"La revolución rusa que todos los hombres libres celebraron" [1].

A comienzos de 1917, dejaron los pisos de Callao 86, "propiedad de la Compañía de Seguros La Franco Argentina", como ostenta aún su frente y que habían ocupado luego de mudarse de los de Sarmiento 1775, que hacen esquina con aquella avenida. No sería la primera vez sin embargo, en esa suerte de anábasis hacia la postrera isla, que Lugones retornara a una casa habitada ya con anterioridad. Este fue otro ejemplo, pues la familia se instaló nuevamente en el amplio y luminoso departamento de la calle Sarmiento. Mucho le gustaba sin duda a Juanita, pues reincidió en su alquiler y, cosa verdaderamente insólita, permanecieron en él hasta mediados de 1920.

Fue allí que lo sorprendieron las portentosas noticias de Rusia. Presionado por huelgas y motines de la soldadesca, el zar Nicolás II abdicó en Pskov. Caía, finalmente, el régimen autócrata, vergüenza del mundo libre y al que Lugones por todos esos motivos detestaba. En prueba de su comprensible rencor dejémosle describir la vida en aquel desdichado imperio: "Bajo el zarismo, el bienestar no lo disfrutaba el pueblo ruso. La aristocracia y los ricos vivían en la opulencia; la burguesía bastante bien; los obreros, bastante mal; el proletariado campesino en la miseria. Lo peor, sin embargo, era el despotismo reinante: la policía feroz, delación insufrible, censura rigorísima de la prensa y el libro, penalidad terrorista, clericalismo y militarismo. Los hombres libres y compasivos del mundo odiaban en el zarismo aquel espantoso cautiverio del pueblo ruso" [2]. ¡Qué alegría con las buenas nuevas! Lugones estaba realmente exul-

---

[1] Lugones, *La torre de Casandra*, pp. 152-153.
[2] Lugones, "La redención marxista", *La Nación*, junio 10 de 1931.

tante y, con su característico apasionamiento, daba por cierto que la redención del mundo ruso valía la guerra misma [3]. Wilson, —otra prueba de comunes ideales— saludó también como "acontecimiento maravilloso" la caída del abominable despotismo, pues imaginaba a la nueva República como la mejor asociada a su "Liga de Honor". En verdad todos los justos celebraron ese advenimiento tan lleno de trágica santidad. Aún luego de las jornadas de octubre, con el arribo de los extremistas al poder, el entusiasmo de Lugones no decreció. Habíase percatado de inmediato que, a pesar del "rencoroso extravío de los vencedores, lo que valía efectivamente en Rusia no era el maximalismo, sino la revolución" [4].

Capdevila, fiel biógrafo, relata que por ese tiempo Lugones "vibraba de inquieta esperanza". Tenía razón; ¡de qué modo había relampagueado en Rusia! Siempre según el testimonio del entrañable amigo, "púsose a esperar por momentos el universal contagio" [5]. El flamante régimen bolchevique había conmovido al mundo con una serie de decretos de insospechado ímpetu revolucionario: la tierra para el que la trabaja; abolición de la propiedad y la herencia; abolición de títulos y privilegios; nacionalización de la banca y la industria; equiparación de la mujer; disolución del ejército, policía y justicia zarista. Estos decretos tendrían, más tarde, un efecto tremendo sobre Lugones. Todo lo que había en él de revolucionario, de genio demoledor, de aquel "odio torvo" blasonado en sus épocas de juvenil descontento, se reavivó ante la magnífica proeza. Aparecían, pues, señales en el cielo que anunciaban el fin del sistema inicuo y el esperado arribo de la justicia y la libertad.

En su Córdoba, coincidentemente suscitóse otro hecho premonitor. Alumnos y jóvenes profesores se amotinaron contra la clerigalla representada por el rector Antonio Nores. La Reforma Universitaria se inició en el turbulento 1918, al grito de ¡frailes no! Nuevo sacudón para el impaciente Lugones. Aquel revolverse contra el viejo enemigo era caro a su espíritu, moldeado con iguales arrestos en los tiempos de muchacho. Como su

[3] LUGONES, "Neutralidad imposible", en *Mi beligerancia*, p. 171
[4] LUGONES, "La hora de la justicia", en *La torre de Casandra*, pp. 152-153.
[5] CAPDEVILA, *Lugones*, p. 286.

prédica libertadora era conocida por los jóvenes, se apresuraron a pedirle consejos, y Lugones se los dio de inmediato: el movimiento debía tomar posesión de la Universidad en nombre de los estudiantes, "sus dueños naturales y legítimos". De tal suerte, la eliminación del rector sería "resultado directo del esfuerzo estudiantil, así como las reformas pertinentes aceptadas por el Congreso estudiantil convocado con esa finalidad"[6]. Se trataba, pues, de un ejemplo de acción directa, prescindente de los políticos y del propio gobierno. Y tal fue, justamente, lo que no hicieron los tibios revolucionarios: entregaron la solución del asunto al Poder Ejecutivo, encabezado entonces por Hipólito Yrigoyen. Esta propuesta provocó el inmediato alejamiento de Lugones, pues al considerar que dicha flaqueza "comportaba el fracaso moral del movimiento", decidió no ocuparse más del reformismo[7]. A tan firme actitud se debió que inasistiera a las manifestaciones organizadas por los universitarios, para las que se había pedido su concurso. Lugones pensaba, en su extremoso revolucionarismo, que entregar la solución del conflicto al Poder Ejecutivo era someter no sólo a la Universidad, sino el mismo movimiento a una autoridad extraña, "de lo cual nada bueno podía salir para la libertad de la ciencia y la conciencia". Así expuesta, la actitud de los jóvenes planteaba una paradoja de empeñoso desenlace: un levantamiento liberal cuyo resultado dependía de las autoridades[8]. En verdad, demasiado parecido a un movimiento gubernista, el esfuerzo estudiantil arruinó todo "lo grande y bello de la causa". El resultado fue previsible. Según sus propias palabras, "todo habrá de reducirse a un nuevo rector, que en vez de ser beato —¡y todavía!— resultará un pelmazo"[9].

Su maravilla por la revolución rusa tuvo, sin embargo, el primer desengaño. El gobierno bolchevique, jaqueado, decidió concluir abruptamente la guerra con Alemania, aspiración po-

---

[6] "Leopoldo Lugones a Deodoro Roca", agosto 20 de 1918, en *Prohibido prohibir*, La Bastilla, Buenos Aires, 1972, pp. 49-50.

[7] *Ibid.*

[8] Sobre el apartamiento de Lugones, ver BERGMANN, Gregorio, "Meditación sobre Leopoldo Lugones" *Revista Nacional de Cultura*, mayo-junio, 1959, pp. 122-123.

[9] "Leopoldo Lugones a Deodoro Roca", agosto 20 de 1918, en *Prohibido prohibir*, pp. 49-50.

pularísima por otra parte. Fue así que en la ciudad polaca de Brest-Litovsk, acordó con el gobierno imperial una paz por separado de sus antiguos aliados. Esto permitía que el esfuerzo enemigo se volcase ahora en un solo frente. La cólera de Lugones fue enorme: habló de "la ignominia para obtener la paz" [10]. En otra oportunidad no vaciló en condenar la maniobra duramente: "Cuando el socialismo ruso se entregó al militarismo, jactándose de la traición con la que creía asegurado el triunfo, hizo suya la causa que representaba el éxito marxista, aun cuando Francia se hundiera en el más horrendo desastre" [11]. Años después, recordará la entrega al militarismo alemán como "la traición más vil de la historia", causa de desencanto, a pesar de sus simpatías por la revolución misma [12].

Aquellas inquietudes por el desahogo alemán no se concretaron. Invocando los famosos catorce puntos del presidente Wilson, el estado mayor prusiano solicitó las condiciones para firmar un armisticio. El holocausto llegaba a su término. Ante el grandioso espectáculo de las multitudes celebrando la paz, publicó entusiasmado un artículo: "La hora de la victoria". Allí, en grave recriminación, desnudó su desconsuelo por el trágico aislamiento al que habíase confinado, consciente y regodeándose de ello, el pueblo argentino. No se equivocaba: sin duda aquel abandono de la voluntad, sumado al apartamiento geográfico, iba a lograr venenosas consecuencias en el futuro. La tirada con que enjuició tan menguada conducta, si bien retórica —pero de una excelente retórica— es toda una doctrina política, enseñanza lastimosamente desaprovechada más de una vez: "Hemos quedado solos ante lo irreparable. Tan solos, que hasta de cómplices carecemos. Lo bueno fue ponerse de su lado en la hora del riesgo, padecer su dolor, llorar con sus lágrimas, creer en la justicia, indignarse con los débiles, gritar uno, desgarrado en sollozos, su amor por los que padecían; sacudir la antorcha del ideal en peligro cuando devorada por el adverso huracán quemaba la mano; escupir su desprecio sobre el oro maldito que comunicó a tantas almas su dureza y su frío; desmentir contra

[10] LUGONES, "El deber americano", *La Nación*, julio 14 de 1918, p. 4.
[11] LUGONES, "El castigo", *La Nación*, diciembre 28 de 1919.
[12] LUGONES, "El paraíso marxista", *La Nación*, junio 15 de 1922.

la evidencia el predominio del mal; soportar a los necios, ser leal a los vencidos, honrar la libertad —eso fue lo bueno—" [13].

Pasaba por uno de los momentos decisivos de su vida. Sentíase el mensajero de tiempos nuevos, representante de fuerzas morales y espirituales que poseían arrolladora fuerza justiciera. Su prolijo biógrafo, quizás una de las más importantes fuentes sobre la vida y obra de Lugones, lo afirma en sobrecogedor párrafo: "De este modo sintió la debida fascinación ante la inmensa aurora de los cielos de Rusia: divino pórtico para la Revolución Social tan soñada, y aun en su caso —no lo olvidemos— para la triunfal entrada de los retornados dioses" [14]. Imaginaba que la guerra recién concluida, era la clausura condenatoria de una época a la que no se había fatigado en denunciar como perversa. De algo estaba convencido: que la nueva organización de la paz iba a reestructurar al mundo hasta los cimientos. Jamás pretendió la mera liquidación de un incidente bélico; su ansia era por algo inédito, transformador y saludable. Por entonces, era posible advertir en Lugones el más intenso amor hacia la gente, acaso punto extremo de una solidaridad desinteresada sostenida desde antiguo.

Todos los afanes de cambio, sufrimientos y frustraciones, parecieron despertar con la ilusión que habíase levantado en Rusia. Luego del intento reformista de Córdoba, rápidamente domesticado por el gobierno, aquellas aspiraciones tanto tiempo comprimidas tuvieron violenta resonancia en Buenos Aires. Fue la huelga general revolucionaria que estalló en enero de 1919, allá por los talleres de Vasena, para más tarde extenderse a todo el país. Nueva conmoción para Lugones; todo lo pregonado hasta entonces y sus anhelos parecían confirmarse. Los oprimidos de todos los tiempos, por fin, se rebelaban. Sin embargo, la maquinaria del dogma de obediencia —políticos y ejército— con mínimo esfuerzo consiguió dominarlos. Otra desilusión: los jóvenes camaradas del Comité Nacional de la Juventud, con quienes se había enorgullecido en la brega por la beligerancia argentina contra las potencias arrogantes, ahora asaltaban barrios pobres para aporrear y asustar a unos cuantos judíos. Por supuesto, Lugones no calló ante tal deshonra. En

[13] "La hora de la victoria", en *La torre de Casandra*, pp. 137-138.
[14] CAPDEVILA, *Lugones*, p. 287.

carta a León Kibrick, destacado dirigente de la colectividad, expresó su desprecio: "La persecución definía también el odio al ruso, que no es sino la forma vengativa del medio a la Revolución", para agregar luego estas palabras, válidas también como respuesta a todo intento represor. "Esa gigantesca transformación que, como todos los alumbramientos, efectúa en el dolor el parto de la humanidad futura; ese avance victorioso de la nueva civilización, que sólo dejará intactos a los salvajes más remotos, vamos a contenerlo aquí con el asalto a veinte inquilinatos judíos y la reproducción de nuestras cuatro mentirejas jactanciosas y patrióticas" [15]. Es que algo lo conmovía fuertemente en el intento soviético. Reconocía demasiadas cosas en aquel ensayo, él que como poeta sintiera y exaltara con rudeza las miserias y los gérmenes de la humanidad. Aquel amor ecuménico —su viejo conocido— era lo que lo turbaba: "el maximalismo no reconoce ningún culto, es ateo como la Revolución Francesa y proclama la igualdad de todas las razas y naciones bajo el mismo concepto estoico y cristiano del género humano" [16].

Estas afinidades inquietaron a los por definición siempre temerosos. La Policía Federal llegó incluso a seguir sus pasos. Cierto informante hizo saber por escrito, en marzo de 1919, que "Lugones e Ingenieros van a emprender una nueva campaña de maximalismo científico" [17]. Algunos periódicos revolucionarios, que por la época prosperaban, solían ostentar muchas veces artículos subversivos firmados por Lugones. No eran sino viejas páginas del período socialista, agresivas hasta el delirio, que súbitamente adquirieron vigencia insospechada, si bien reproducidas sin su consentimiento. Además, la Liga Patriótica, que mucho tuvo que ver en la represión de la Semana Trágica, repartía en las calles una lista de argentinos cuya expulsión del territorio era aconsejable por sus afanes revolucionarios. Desde luego, en aquella nómina heterogénea figuraba Lugones [18]. Vióse, por lo tanto, obligado a desmentir, primero, la colaboración

---

[15] "Leopoldo Lugones a León Kibrick", enero 25 de 1919, en "Encuesta de *Vida Nuestra*, sobre la situación de los judíos en la Argentina", *Vida Nuestra*, año II, Nº 7, enero de 1919, p. 146.

[16] *Vida Nuestra*, año II, Nº 7, enero de 1919, p. 147.

[17] *Policía Federal*, "Maximalismo", tomo 5, folio 78.

[18] PORRA, Simón, "El señor Lugones en el Coliseo", *Crítica*, julio 22 de 1923.

anónima o clandestina en ciertos diarios y, después, su apego "a tal cual secta o partido". Las razones de la excusa fueron impecables: "He considerado siempre inmoral escribir a la vez en dos periódicos de tendencias opuestas. En cuanto a lo otro, tengo la desgracia —o la suerte— de que mi libertad personalísima moleste a todos los sectarios, conforme suelen manifestarlo con elocuente variedad desde el cartel benéfico hasta el pasquín, y desde la banca parlamentaria hasta el púlpito" [19].

Impertérrito, continuaba sembrando sus ideas. En un país de latifundistas, abogaba por la distribución de la tierra. Las razones que aportaba eran demoledoras: el fundamento mismo de la justicia consistía en la posesión de la tierra por el hombre, y agregaba esta otra: "Sólo resultará perfecta aquella patria de la cual sean efectivamente dueños todos los ciudadanos. Si la patria es una realidad territorial, deben poseerla todos sus hijos. Y esto no es un ideal comunista, sino una declaración formulada hace dos mil años por Tiberio Graco, caballero de Roma" [20]. Ese mismo artículo había aparecido siete días antes en *La Nación*, con el título "Ante las hordas". Respondiendo a una encuesta del periódico izquierdista *Insurrexit*, convocaba a los jóvenes a estudiar "con el más profundo interés la realidad social, puesto que ellos serán los directores de la sociedad del mañana, debiéndolo encarar siempre con la mayor simpatía hacia los débiles y los necesitados" [21].

El deslumbramiento que provocó en Lugones el espectáculo de la revolución rusa no se limitaba al mero plano de la utopía. Para comprenderlo cabalmente en este período —como también en otros— es preciso tener presente la sincera tentación de todo intelectual de ser absorbido por el mundo real de la praxis. No parece excesivo afirmar que la mitad del éxito del marxismo —como más tarde ocurriría con el fascismo— debe buscarse en la posibilidad de aplicar un universo racionalmente concebido a través de un ejército voluntarista. Un nuevo ejemplo de Lugones confirma esta tesis. Ya nos hemos referido a sus aportes en el episodio de la Reforma Universitaria. Aquel modelo habíase extendido a los estudiantes secundarios y normalistas, quie-

[19] LUGONES, "Dos palabras", *La Nación*, mayo 4 de 1919.
[20] LUGONES, "La perfección de la patria", *La Nación*, julio 13 de 1919.
[21] *Insurrexit*, setiembre 8 de 1919.

nes aprovecharon, con fines de agitación, el congreso que para ese mismo año de 1919 se había programado. Las sesiones las abrió con un magnífico discurso Ángel Gallardo, entonces presidente del Consejo Nacional de Educación, quien a poco se alarmó del espíritu liberal, un tanto revolucionario, de las deliberaciones, por lo que se excusó de intervenir en lo sucesivo. Fue en ese momento cuando a los organizadores se les ocurrió invitar a Lugones para que cerrara con un discurso las sesiones. El acto se realizó en el gran patio cubierto de la Escuela Normal Nº 4, ante un vasto público juvenil, caldeado de entusiasmo. Como a veces gustábale hacer, no leyó sino que improvisó y, entre aplausos, mencionó a Sarmiento, Alberdi, Echeverría y Gutiérrez, como grandes precursores de la insurgencia juvenil [22]. El discurso fue un canto a la patria, a su suelo y tradiciones liberales y democráticas. Fermín Estrella Gutiérrez —testigo del episodio— relata que "habló como un iluminado, andando de un extremo a otro del escenario, brillantes a ratos los anteojos, el brazo derecho subrayando con energía las palabras" [23]. Finalizó la arenga insistiendo en un viejo tema: la manera de perfeccionar al argentino era "haciéndolo libre, porque un ciudadano libre es aquel que posee la conciencia clara y recta, que sabe dilucidar ante dos caminos y que es capaz de determinar y resolver con la conciencia" [24].

Coexisten en el asombro de Lugones ante la revolución rusa una simpatía intelectual, el gusto por el riesgo, algo así como la primacía del movimiento. Ese activismo larvado, que de tanto en tanto le aflora con singular fiereza, explica la secreta admiración por regímenes o sistemas políticos en donde resulte posible la acción revolucionaria, la vida heroica y, también, el santo desprecio por valores que un común denominador englobaría bajo el término de burgueses. Fatalmente, quienes practiquen esta pasión han de sentir correlativo rechazo por la democracia parlamentaria. Tal el ejemplo de Lugones que de modo invariable se dejará arrastrar, gracias a su espíritu de aventura, tanto por la revolución marxista como por la que se incuba

[22] ESPINOSA, Enrique, "El centenario de Lugones", *La Nación*, junio 9 de 1974.

[23] *Recuerdos de la vida literaria*, Losada, Buenos Aires, 1966, pp. 44-45.

[24] "Primer Congreso de Estudiantes Normalistas. Sesión de Clausura", *La Nación*, noviembre 5 de 1919.

en esos momentos, la fascista. Si una explicación puede intentarse, entre múltiples, para entender el trasvasamiento ideológico lugoniano durante la década de los veinte, habría que buscarla allí. Todo marxista escéptico es capaz de transformarse en un activista de derecha, cuando, desvanecida la ideología, arriba el momento en que la praxis queda sola. Al no persistir sino el gusto por el puro hacer, el militante de izquierda puede tornarse un rabioso reaccionario, o viceversa [25].

Fue tanto el estupor que le produjeron los famosos decretos revolucionarios de los bolcheviques y su encandilamiento por el universal contagio que había provocado la cosa rusa, que Lugones mismo planeó, a fines de 1919, su propio plan político, de un extremismo insólito, que llevaba por título el de *Democracia Argentina Revolucionaria* y del que salió, por siglas, la simbólica palabra D.A.R. Según Capdevila, de eso se trataba: un vasto movimiento altruista al que se invitaba a los mejores hombres, para "dar y pagar con ello, la vieja deuda social de la organización burguesa" [26]. El plan fue transmitido a varios organismos; lo conoció la Federación Universitaria de Córdoba, por conducto de Enrique Barros y la Sociedad Georgista, por Capdevila. Bernardo Ordóñez, fundador de esta última, hizo la crítica por medio de extenso memorándum que Lugones leyó con "ese respeto con que estaba siempre listo a recibir las objeciones" [27].

"Ordóñez tiene razón —manifestó— pero la tiene como constructor. Yo, en cambio, la tengo como destructor, que es lo que ahora falta" [28]. En su radicalizado proyecto pretendía dar al pueblo nada menos que tierra, pan y libertad. Para ello comenzaba por disolver el ejército, la armada y la policía, arrestando a todos los oficiales. Por cierto que se destituía a todas las autoridades, administrándose el país por comisarios del pueblo hasta tanto se reuniera una convención nacional. Instituíanse jurados especiales encargados de revisar todas las "cosas juzgadas". Se arrestaría también a todos los funcionarios judiciales, concediéndose inmediata libertad a todo reo, cumplidos dos tercios de su condena. Más grave era el capítulo reservado a los

[25] COTTIER, George, *Ambigüedades de la praxis. Del marxismo al fascismo*, Cedial, Bogotá, pp. 5-8.
[26] CAPDEVILA, *Lugones*, p. 286.
[27] *Ibid.*, pp. 286-287.
[28] *Ibid.*

miembros del Poder Ejecutivo y del Congreso: arresto y procesamiento por jurados populares, aparte de responsabilizárselos pecuniariamente por deudas estatales contraídas sin autorización y por el déficit del presupuesto. El capítulo económico era extenso. Se suprimían las aduanas exteriores y el papel moneda y fiduciario mientras se determinase su valor con relación al trabajo.

Había un derecho al salario mínimo y máximo y se pensionaba a los ancianos. La jornada laboral era de seis horas durante una semana de seis días, creándose una conscripción nacional del trabajo sobre la base de que todo adulto, en estado de trabajar, adeudaba a la comunidad un "quantum" semanal de su tiempo sobrante, consistente en dos horas diarias a la semana. Se municipalizaban los servicios públicos en adelante dirigidos por obreros. Se decretaba la confiscación de mercados, fábricas, comercios, inquilinatos, cuarteles, conventos y templos, y una moratoria de alquileres por tres años, desalojándose las viviendas insalubres. Por otra parte los cuarteles, conventos, clubes y mansiones de ricos albergarían a los así desalojados. La tierra pública y toda propiedad rural que no estuviera explotada por su dueño y fuese mayor de 200 hectáreas, comunizábanse. Lo mismo ferrocarriles, marina mercante, tranvías, telégrafos y teléfonos. A la vez eran intervenidos bancos, sociedades hipotecarias y compañías de seguros. Por supuesto que suprimíase a la Iglesia y se expulsaban las comunidades religiosas. Se consagraba la libertad del amor, con inscripción facultativa de las uniones en el Registro Civil. En cuanto a los hijos, matrimoniales o extramatrimoniales, gozaban de iguales derechos. Claro remedo wilsoniano, abolía la diplomacia secreta y ordenaba la publicidad de todos los documentos reservados. Por último, convocaba a un congreso internacional de trabajadores de los países limítrofes para suprimir el capitalismo y el militarismo.

El documento en que constaba el plan fue entregado por su autor a Enrique Barros, en presencia de Capdevila, quien así lo certifica en su obra. Barros lo publicó íntegro en *La Vanguardia* del 21 de julio de 1931, bajo el título "Para un Itinerario de Ida y Vuelta. Programa de acción de una Democracia Argentina Revolucionaria". Constituía este plan la parte final de su libro *El dogma de obediencia* que, sin embargo, jamás publicó. Tres partes del ensayo aparecieron en los *Boletines* de la Facultad de Derecho de Córdoba y de Buenos Aires, sólo años después. Las tres partes estaban destinadas a demostrar, durante la evolución de las ideas del paganismo romano, la marcha hacia la plena libertad del hombre en la justicia y la igualdad. Existió una primera —no conocida aún— que según Capdevila era "demoledora" y constaba de un proceso implacable a las fallas del régimen burgués. Recuerda el cronista que las palabras preliminares, plenas de generosa elevación, declaraban que el autor tomaba a su cargo hablar en nombre de los que no podían hacerlo.

Aquel programa revolucionario arroja esclarecedoras luces sobre la supuesta domesticación de Lugones, gracias a prebendas presupuestarias recibidas de una pérfida pero asaz inteligente burguesía. Su tentativa lo muestra, por el contrario, como uno de nuestros intelectuales más radicalizados, máxime si se tiene en cuenta la predominante ubicación que ostentaba en la república de las letras. Sin duda, en su intento era mucho lo que arriesgaba, tanto que ya había conversado con Joaquín V. González para que le sirviera de abogado defensor, en la eventualidad procesal que no descartaba. Lugones pretendía con su plan "que las masas obreras argentinas no demorasen su adhesión al ensayo maximalista de Rusia", tal el aserto de quien fuera confidente de sus intenciones revolucionarias [29]. Puede que el programa suene a imposible, pero la ausente viabilidad no invalida el propósito sedicioso, ni el aporte doctrinario que significó para quienes estaban encargados de la lucha contra el sistema. Buscaba la destrucción del orden cultural y político, al que consideraba apoyado en un cristianismo autoritario, protector de los poderosos y del capitalismo. Es que en ese momento, luego de años de ímproba labor intelectual, había logrado madurar una doctrina histórica, más que nada crítica, "de extrema izquierda" [30] y de la que resultaba, como consecuencia natural, "el definitivo hecho comunista" que por entonces defendía Lenin.

Precisamente, una de las grandes sorpresas de Lugones fue Lenin. Deslumbrado por su accionar, por su genialidad operati-

---

[29] CAPDEVILA, *Lugones*, p. 285.
[30] *Ibid.*

275

va, por su ímpetu revolucionario y transformador, será capaz de censurar, a lo largo de muchos escritos, la política de los soviets sin ofrecer jamás el espectáculo de un beato terror. Cuando critique a Lenin lo hará siempre con ciertas limitaciones que traslucirán una contenida admiración. Porque Lenin, y también Wilson con su nuevo internacionalismo, eran quienes mejor personificaban y expresaban, luego del armisticio de 1918, el advenimiento de un mundo en el que primaría, por fin, la dignidad del hombre. Uno y otro, desde el Kremlin o la Casa Blanca, anunciaban con palabras y obras el posible retorno a la amable vida en justicia. Parecíale que a través de aquel doble mandato renacía la antigua civilización, alguna vez obliterada por el cristianismo. Ambos líderes eran la mejor prueba de cómo "la fracasada religión del crucifijo" marchaba, inexorable, hacia el exterminio. Corolario feliz, ya que corrobora su visión crítica de la historia y el reiterado anuncio de un sangriento conflicto que borraría la ignominia de la fuerza y la injusticia erigidas en sistema. Alguna vez llegará a afirmar que "esta guerra ha iniciado una nueva civilización, ha abierto una nueva historia"[31]. Aquel monstruoso sacrificio tuvo para Lugones enorme importancia. Al respecto, bástenos recurrir otra vez a Capdevila, profundo conocedor de tan decisivo momento en la vida del amigo: había jugado lo que nadie y como nadie a la guerra, apostando, en ella, al retorno de los viejos dioses y la justicia social universal[32].

La desilusión de Lugones por el marxismo dependió, en gran medida, de las alternativas del nuevo régimen, al que muy pronto Lenin y sus seguidores, presionados por una cruenta guerra civil que se alentaba desde el extranjero, lo transformaron en opresor y tiránico. El extrañamiento de los conservadores y socialistas moderados y la disolución de la Asamblea Constituyente allanaron el camino a una peculiar concepción, "la dictadura del proletariado", eje diamantino de la nueva ideología, traducido, prontamente, en sistema de partido único. Este inesperado giro replegó a Lugones hacia una actitud crítica de la nueva experiencia. Fiel a su liberalismo, le molestó aquello de

[31] LUGONES, "LOS campos de la muerte", *La Nación*, setiembre 18 de 1921.
[32] CAPDEVILA, *Lugones*, p. 290.

la "dictadura", ya que, "sea militar o proletaria, en verdad resultaba el mismo régimen de absolutismo y de fuerza bruta"[33]. La consideraba simple substitución de la nobiliaria, también clasista y con no distante eco nietzscheano, veíala cual "un ideal de esclavos"[34]. Con sencilla perspicacia, sospechaba que el marxismo, a través del nuevo hallazgo, en realidad no suprimía el despotismo, sino que pasábalo a manos de los despotizados, para que éstos despotizaran a su vez. "Mediante este traspaso de opresión —decía— preténdese que alcanzaremos la libertad; o sea que aumentando el mal nos acercaremos al bien"[35]. Aparte del simple cambio de postura, y no de naturaleza, señaló con idéntico rigor otros desvíos en la marcha del proceso: se pretendía abolir los privilegios de clase, pero se los practicaba con una dictadura feroz, aunque como sostén de los de otra clase; proponíase abolir toda religión, pero castigaba con la muerte la libertad del pensamiento; era internacionalista y tendía, en cambio, a un nacionalismo de frontera cerrada, de rigurosa propaganda patriótica[36].

La creación de la Tercera Internacional y la belicosa articulación de los partidos comunistas en todo el mundo dio pie a otras encendidas críticas lugonianas. Es sabido que aquel flamante organismo —su nombre técnico era el de Comintern— resultó oportuna maquinaria para sacar a la experiencia socialista del aislamiento en que se hallaba. En realidad, tan simple artificio proporcionó a los bolcheviques un arma de insospechado poder. Refiriéndose al intento de propagación del comunismo ruso declaró con énfasis: "Como ensayo de gobierno puede pasar, pero, como amenaza inminente de la civilización, no. ¿Qué quedaría del caudal de sabiduría del mundo después de los soviets?". Trasladándose al ejemplo argentino, repetíase la misma pregunta: "¿Qué podría ser de nosotros si un buen día el proletariado ignorante y cosmopolita de Buenos Aires se apodera del gobierno?"[37].

[33] LUGONES, *La torre de Casandra*, p. 152-153.
[34] LUGONES, "El castigo", *La Nación*, diciembre 28 de 1919.
[35] LUGONES, "El paraíso marxista", *La Nación*, junio 18 de 1922.
[36] LUGONES, "Progresismo y realidad", *La Nación*, diciembre 21 de 1923.
[37] JIMÉNEZ RUEDA, "Leopoldo Lugones, el último renancentista americano", *La Nota*, mayo 6 de 1921.

Es que el materialismo marxista —"gastronómico", lo llamaba despectivamente— [38] era obstáculo insalvable para Lugones, y además la ausencia de libertad lo hacía intolerable. Por otra parte, la dictadura obrerista tornaba al régimen injusto y pernicioso. Su parcialidad social llevaba a que: "Todo aquello que es la Nación resultará sacrificado a la minoría de obreros manuales urbanos". En este punto, el jornalero de la pluma interviene en el delicado debate aportando razones poderosas: una sociedad de puros obreros manuales sería tan absurda como otra de puros trabajadores intelectuales [39]. Para agregar, por último, en magnífica tirada, estos conceptos que resumen una política: "La justicia social no consiste en el predominio de la plebe, sino en su abolición por medio de la cultura y el bienestar. Este es el imperativo capital del patriotismo y de la democracia. Lo otro, una estéril venganza desdoblada en grosero sensualismo: el pillaje, en suma, o sea el ideal de los esclavos que se rebelan. Mientras exista plebe, no hay democracia digna ni patria justa. Y a la plebe no se la suprime con entregarle el gobierno, como no se cura al enfermo con darle la dirección del hospital" [40]. Y ante la disyuntiva planteada por el marxismo, respondía Lugones con amplia generosidad: "No es cierto que el trabajo manual valga más que el intelectual. Como esfuerzo humano, valen lo mismo. Como calidad, no. Porque si el primero es exclusivo, embrutece y predispone al servilismo y a la maldad. La dignidad humana la adquiere el hombre cuando llega a ser una mente servida por la materia. Esto es lo que deseamos los intelectuales. Para que no haya plebe" [41].

Pese a sus esfuerzos, el marxismo no había cosechado sino fracasos en los países de Occidente. Todas las tentativas revolucionarias concluyeron en verdaderos fiascos, como el caso de Alemania de 1918. Entre paréntesis, este acontecimiento no dejó de impresionar vivamente a la opinión argentina, como tampoco de observárselo con atención por el recurso de utilizar al ejército como arma defensiva. Pese a los fracasos, Lenin redobló sus esfuerzos en África y Asia, donde obtuvo resonantes éxitos. Los

[38] LUGONES, "La Francia heroica", *La Nación*, octubre 9 de 1921.
[39] LUGONES, "Un desengaño siniestro", *La Nación*, setiembre 17 de 1922.
[40] *Ibid.*
[41] *Ibid.*

líderes del partido pronto encabezaron los movimientos anticolonialistas, propiciadores de la independencia. Así los revolucionarios contaron, al fin, con un contrapeso frente al mundo capitalista, no sólo en los proletarios occidentales, sino en las poblaciones de color. Fue en ese momento, el de Rusia potencia asiática, cuando Lugones rescató el tema de la barbarie ya esgrimido durante la guerra, si bien ahora remozado con nuevos paralelismos. Rusia y sus aliados de Oriente y Asia y la resentida Alemania constituían las hordas enemigas de la civilización europea. La idea de unos nuevos bárbaros enfrentados al Imperio claudicante por sus ideas generosas y débiles, habría de transformarse en uno de los argumentos predilectos, especialmente luego del fin de la guerra civil y la derrota del ejército de Wrangel [42].

Resulta frecuente en sus artículos de aquella época, hallar parecidos entre marxismo y cristianismo primitivo, el de las catacumbas, "la santa plebe de Dios"; en realidad, reincidía en antiguas iteraciones argumentales ya utilizadas al equiparar postulados del socialismo con los de la religión católica. Aquella semejanza le permitió vislumbrar un principio que lo impresionaba: "la paradoja de intentar el bien engendrado por el mal y lo mejor realizado por los peores"[43], idéntico en su error que el delirio de pretender generalizar el mal, pensando que ha de transformarse en bien [44]. Pero en todo este contexto de errores, luchas despiadadas y vituperios, Lenin había pronunciado una frase que lo afectó vivamente: los grandes problemas de la humanidad no se resolvieron de otro modo que por la fuerza. Ante el argumento, y casi como un acto reflejo, Lugones adelantó una censura: "Se han quitado las caretas —dijo—, el dilema para la revolución era de fuerza y no de razón"[45]. Sin embargo, a pesar de la impecable crítica, comenzaba a temer que podía estar equivocado.

[42] Lugones, "Frente a los bárbaros", La Nación, diciembre 20 de 1922; "La amenaza bárbara", La Nación, octubre 8 de 1922; "Ante las hordas", en La torre de Casandra, pp. 161 y ss.

[43] Lugones, "La iniquidad dionisíaca", La Nación, marzo 19 de 1924.

[44] Lugones, "El alma de la tragedia", La Nación, julio 23 de 1922.

[45] Lugones, "Progresismo y realidad", La Nación, diciembre 21 de 1923.

En verdad, algo nuevo se estaba inventando. Primero llegaron noticias en algunas revistas europeas, hasta que por fin se enteró de los postulados de la Teoría General de la Relatividad. Pero el gran acontecimiento fue cuando tres años después, en 1919, los sabios destacados en las Prince Islands del Golfo de Guinea y en la costa del Brasil completaron los datos y comprobaron que la luz se curvaba en el espacio. Einstein tenía razón y una amplia y novedosa avenida abríase para el conocimiento humano. Meses más tarde, a instancias de su amigo Jorge Duclout, Lugones pronunció, el 13 de agosto de 1920, una extensa conferencia en el Centro de Estudiantes de Ingeniería. Explicó al nutrido e interesadísimo auditorio los meandros de la nueva teoría y aventuró la posibilidad de medir el tamaño del espacio, aseveración inédita para entonces y luego confirmada por el propio Einstein. Al final del discurso pidió un aplauso para "el moderno Newton, el nuevo organizador del universo, a quien el nacionalismo, tan torpe en Berlín como en París o en Buenos Aires, obstruye la cátedra con innoble alboroto por judío" [46].

Bello gesto el de Lugones. Aparecía ante la opinión pública por doble motivo: buscaba propalar una de las grandes conquistas de la razón especulativa y, además, defender la condición humana, menoscabada con irracional rencor ante los revolucionarios cambios que anunciaba "la física judía". Él mismo no dejó de sufrir crueles ataques. La ignorancia provinciana que nos caracteriza revolvíase de inmediato ante tamaña osadía. ¡Qué podía entender Lugones de la relatividad! No era más que otra prueba de su soberbia, la "volatinería intelectual" de un pertinaz advenedizo de la ciencia. Si algo exhibe con rara perfección el fastidio provocado por sus inquietudes, es sin duda el terminante comentario del órgano clerical: "El señor Lugones disparata en una conferencia sobre el lugar del espacio, acerca de verdades teológicas que conoce y admira el más modesto estudiante de filosofía" [47]. Por cierto que Lugones fue capaz de entender la teoría y, además, antes que otros. Es sa-

---

[46] LUGONES, *El tamaño del espacio*, Librería de Pedro García, Buenos Aires, 1921, p. 52.

[47] "Viaje del señor Leopoldo Lugones a Francia", *El Pueblo*, abril 2 de 1921.

bido que tal comprensión aún hoy es ardua, y mucho más debió serlo cuando se la expuso, ya que por entonces sólo podían descifrarla algunos iniciados. Así lo reconoció el propio Einstein en carta dirigida a su propagandista, agradeciéndole el envío de *El tamaño del espacio* en la que expresaba su asombro porque en 1921, "en un país tan lejano, alguien tratara de acercar sus ideas al gran público" [48]. Lo cierto es que lo de Lugones fue un alarde y además desinteresado, lo cual, como se sabe, no es fácilmente perdonable en la Argentina.

Pero el episodio no concluye allí. Los efectos de los postulados de Einstein fueron tremendos; prácticamente todo el saber humano debió ser reubicado y corregido. Es que, en el pensamiento de Lugones, vacilante por la realidad de la guerra y las desilusiones de la paz, aquellas audacias tuvieron consecuencias inmediatas. A partir de 1922 comienza a publicar una serie de artículos —"estudios" los llama— [49] en los que desnuda sus vacilaciones y confiesa su desapego por la vieja ideología, que califica de trasnochada, ya que es universal, absoluta y por ello anticientífica. Por lo tanto, no parece excesivo afirmar que el fundamento filosófico de las conferencias del Coliseo y del discurso de las espadas de Ayacucho, deba buscarse en la honda transformación producida por los vertiginosos descubrimientos físicos de la década de los veinte.

Einstein debió abandonar su cátedra de la universidad de Berlín, amenazado de muerte por los reaccionarios. No le perdonaban su declarado pacifismo y el hecho de que fuera judío, a pesar de su falta de creencia en una religión formal. Lugones, como lo hará en el caso de Unamuno, alcanzado a su vez por un torvo gesto del dictador Primo de Rivera, propició en las páginas de *La Nación*, organizar un curso libre para el sabio. y al cual debían suscribirse sus admiradores "con una cuota mínima de diez pesos mensuales, que le permitiría ganarse honradamente la vida", además de cotizarse para el viaje y obtener la oficialización de la cátedra. "Creo que agregaríamos con ello —dijo— una noble página a la tradición argentina; a nues-

[48] LERMON, Miguel, *Contribución a la bibliografía de Leopoldo Lugones*, Marú, Buenos Aires, 1969, p. 94.
[49] LUGONES, *La organización de la paz*, La Editora Argentina, Buenos Aires, 1925. p. 6.

tra cultura uno de los espíritus más elevados del mundo, y a nuestra conciencia nacional una bella acción por la libertad y la ciencia"[50].

Aquella disertación organizada por el Centro de Estudiantes no fue la única tribuna en la que Lugones se explayó sobre la relatividad. No ignoraba el hondo significado que poseía para sus ideas y para la ciencia universal. Invitado, viajó a Mendoza a principios de 1923, donde dictó una serie de charlas, y en una de ellas se refirió al tema. Proclamó la destrucción de las teorías de Newton que afirmaban la existencia de un espacio y un tiempo infinitos. Aseguró a su asombrado auditorio que "todo es relativo, como relativas son las circunstancias, y que, si el ser humano nace y muere, no puede fijarles a las cosas el concepto de lo indeterminable". Concluyó su discurso alabando al hombre libre de toda opresión absolutista, abstracta o concreta, ya que se debe fijar a todas las cosas la relatividad que le haga comprender su honrada conciencia[51].

No concluiría ahí su deuda con Einstein. En 1925, el sabio, flamante premio Nobel, visita la Argentina, y dicta varias conferencias, a las que asiste lo más granado de la intelectualidad local. En cierta ocasión expone el valor de la filosofía para la física teórica, su concepto del espacio y la función que en la teoría de la relatividad se asigna al tiempo. Los asientos de preferencia fueron ocupados por los ingenieros Enrique Butty, Claro Cornelio Dassen, Ramón Godofredo Loyarte y los doctores Alejandro Korn, Emilio Ravignani, Eliseo Outes, Natalio Nirestein y, por supuesto, Leopoldo Lugones[52]. La revista *Atlántida* lo muestra caminando con el sabio por la calle Florida, en franca camaradería. Prueba de esa afectuosa y comprensible relación fue la comida que los Lugones le ofrecieran en su nuevo domicilio de la calle Paraná 666, el 1º de abril de 1925[53]. El anfitrión ha dejado curioso testimonio de aquel ágape. Esa misma noche Lugones estaba invitado a una recepción en honor

---

[50] LUGONES, "Por la ciencia y la libertad: El caso del profesor Einstein", *La Nación*, agosto 9 de 1922.

[51] "Anoche dio su segunda conferencia pública el señor Leopoldo Lugones", *Los Andes*, marzo 13 de 1923.

[52] "Inauguración de cursos en la Facultad de Filosofía y Letras", *Revista de la Universidad de Buenos Aires*, sec. II, t. II, 1925, p. 94.

[53] *La Nación*, abril 2 de 1925.

de su entrañable amigo Luis Murature, que se ausentaba rumbo a Europa. Ante el dilema, optó por Einstein, pero, para compensar su ausencia, envió una poesía, que era una "excusa relativista" y a la vez pretensión de ubicuidad en el doble suceso:

> "Einstein, come en mi casa esta noche;
> y en verdad, nuestras magras talegas
> sólo pueden costear un derroche
> de raíces... cuadradas o griegas.
> (Lo que exime de todo reproche
> concerniente a despensa y bodegas)" [54].

A mediados de abril de 1921, un telegrama firmado por Albert Gabriel Hanotaux, presidente del Comité France-Amérique, resumía una cortés invitación a visitar Francia ese año, "y a darse cuenta de su real situación". No sin galanura, la noticia agregaba que "sería particularmente grato que Madame Lugones hiciera el gran honor de acompañarlo" [55]. Retribución a la intensa brega de Lugones durante la guerra, era también propicia oportunidad para exhibir a uno de los más serios intelectuales del hemisferio los daños sufridos a raíz del conflicto, daños que fundamentaban la política de reparaciones francesas.

Lugones estaba exultante con motivo del viaje, pues su vida no había sido, por cierto, pródiga en recompensas. No dejaba tampoco de transparentar su pasión por la praxis en declaraciones al periodismo: "Aprovecharé la oportunidad para estrechar el vínculo ya tan grande que une a la Argentina y Francia. Sobre ese simpático motivo se desarrollarán mis conferencias. Pienso lograr que la Argentina sea más conocida y estimada en todos los órdenes de la cultura, tanto antigua como moderna. La misión, pues, resulta honrosísima para mí y útil para la patria". Para agregar luego, como obedeciendo a la necesidad de equilibrar algún exceso: "Además el Consejo me encargó la compra de libros, destinando a esta adquisición cinco mil pesos. Procuraré en lo posible cumplir el doble cometido" [56]. Dato

---

[54] URQUIZA, Juan José, *Testimonios de la vida teatral*, Ministerio de Cultura, Buenos Aires, 1973, p. 24, y también *La Nación*, abril 2 de 1925.

[55] "El viaje de Leopoldo Lugones. Carta del Comité France-Amerique", *La Nación*, abril 22 de 1921.

[56] OSORIO, "Leopoldo Lugones", *Caras y Caretas*, mayo 21 de 1921.

casi premonitorio: Lugones emprendió el viaje sin saludos oficiales, ante la completa indiferencia del gobierno yrigoyenista [57].

Y así, el 17 de mayo, a bordo del paquebote *Massilia*, junto a Juanita, iniciaba lo que dio en llamar con afectada sencillez un "paseo por Francia" [58]. Luego de corta navegación arribó a Burdeos y de esa ciudad, en tren, por fin a París. Se alojaron en el Claridge Hotel, donde el Comité France-Amérique les había reservado alojamiento [59]. Allí, grata sorpresa para Juanita: un magnífico ramo de rosas y englantinas, que parecía prolongarles "la inolvidable visión de aquella Francia sonreída de flores" [60]. Su primer acto oficial consistió en depositar sobre la tumba del soldado desconocido una rama de laurel que enviaba el Comité France-Amérique de Buenos Aires. Al acto asistió el ministro argentino en París, Marcelo T. de Alvear, candidato y luego futuro presidente. Lugones, que habló en un cuidado francés, destacó que la rama que iba a depositar estaba fundida en el metal de un cañón tomado por San Martín al enemigo durante la guerra de la Independencia [61]. Se refirió después al héroe venerado en el solemne emplazamiento con estas bellas palabras: "C'est ainsi que nous apprécions le sens donné a l'apothéose de ce grand anonyme —qui est le peuple, en somme— par votre démocratie, plus que jamais vivante et victorieuse, quand elle a voulu consacrer, sur cette cime de la gloire humaine, l'auguste démocratie de la mort" [62]. Los agasajos, que compartía con Enrique Larreta, invitado también por la France-Amérique, continuaron. Primero fue un banquete, seguido de baile, en el Claridge. En la ocasión Lugones pronunció un discurso de deslumbrante francofilia. Días más tarde, un almuerzo ofrecido por Fernando Ortiz Echagüe, viejo amigo y corresponsal de *La Nación* en París. Hablaron René Viviani y Paul Fort, este último en vísperas de embarcarse a Buenos Aires. Al momento del brindis, Lugones auguró al poeta —apropiándose de los versos de una de sus baladas— "la llegada a

[57] LENZI, Carlos César, "Lugones", *La Nota*, julio 8 de 1921.
[58] *Ibid.*
[59] *La Nación*, junio 6 de 1921.
[60] LUGONES, "La Francia florida. Visión de un publicista argentino", *La Nación*, julio 17 de 1921.
[61] *La Nación*, junio 16 de 1921.
[62] "El señor Leopoldo Lugones en París", *La Nación*, junio 15 de 1921.

puerto, bajo las velas púrpuras de las galeras triunfales" [63]. Los días de París transcurrían placenteramente y, según se lo había propuesto, trató de difundir la realidad cultural argentina. Para ello habló ante distinguidos auditorios: la Agrupación de Universidades e Institutos Superiores, la Société des Gens de Lettres y el Office National des Universités et des Écoles Françaises [64].

Aquel viaje mostró a Lugones una Europa distinta, víctima del profundo síncope de la posguerra. Francia misma, vencedora, era un enorme laboratorio en el que se cuestionaba todo. Pudo observar las consecuencias de la tragedia y los artículos que envió —de una prosa notable— reflejan la honda impresión que causaron en su ánimo las ruinas, la miseria, la muerte, sobre todo la muerte inútil. El mito del progreso, tantas veces exaltado en su obra, no resistía la confrontación de los hechos. Capdevila, con quien se había encontrado en París, arroja esclarecedoras luces sobre las expectativas crecientes del amigo: "Allá se estaba con el ojo avizor, con el oído atento, puesto en la realidad del contorno, todo su formidable poder de intuición" [65]. Es probable que el idealista pleno de ilusiones las sometiera al despotismo de la realidad y, si nos atenemos a sus propias declaraciones, la visión directa de aquel "experimento formidable" tuvo consecuencias deletéreas en la noble quimera de la que participaba ardorosamente [66].

Ese tropel de impresiones deprimentes y a la vez perturbadoras acentuáronsele aun más en la recorrida que debió emprender, como parte del programa, con la trágica visión de "los campos de la muerte": Verdún, Notre Dame de Lorette, Cambray, Lens, La Bassé. Aunque tal vez en aquellos momentos adivinase la posibilidad de otra verdad, aún no había abandonado las ilusiones de un mundo mejor, el de las patrias de con-

---

[63] "La permanencia del señor Leopoldo Lugones en París", *La Nación*, junio 18 de 1921.

[64] "Leopoldo Lugones en Francia" *La Nación*, junio 21 de 1921.

[65] CAPDEVILA, *Lugones*, pp. 288-289.

[66] "L. Lugones a L. Ayarragaray. Epistolario político. Julio-agosto de 1925", en AYARRAGARAY, Lucas, *Cuestiones y problemas argentinos contemporáneos*, Lajouane y Cía., Buenos Aires, 1926, pp. 209-210; *La Patria fuerte. El principio de potencia*, Talleres Gráficos Luis N. Bernard, Buenos Aires, 1930, p. 52; "Leopoldo Lugones a Joaquín García Monge", diciembre 13 de 1926, *Repertorio Americano*, enero, 1927, vol. 14, p. 27; "El fracaso ideológico", *La Nación*, octubre 8 de 1923.

cordia basadas en la libertad. En su correspondencia hay frases significativas al respecto [67]. Para colmo, al itinerario debió cumplirlo "cargado de quehaceres y discursos, como la gira electoral de un candidato yanqui" [68]. Tampoco pudo eludir la oratoria, que para mayor pesadez era en idioma extranjero. Pero dejemos al propio disertante narrar el episodio: "El otro día hállome, único argentino, en un banquete de trescientas personas que presidía el general Castelnau, quien había tenido la gentileza de invitarme especialmente; y como dicho militar, lo propio que el obispo de la sede, me saludaron en sus discursos con palabras de calurosa simpatía para nuestro país y desmedido elogio para mi persona, debí contestarla, bajo una expectativa inquietante por lo aguda, arañando el fondo de mi saco oratorio, que una docena de peroratas y conferencias anteriores habían vaciado ya —y todo de improviso y en francés..." [69]. Y para resaltar aun más ese ajetreo mental le sumaba el físico, indispensable para la recorrida de la línea de batalla, "en automóvil, bajo un solazo veraniego y una polvareda digna del Chaco" [70].

Hubo, sin embargo, algún desencanto. Advirtió que la Francia de la victoria lo ignoraba. Ventura García Calderón, a pedido de los organizadores, había redactado un estudio sobre su persona y su obra para la revista de la France-Amérique [71]. Casi en forma unánime durante el periplo de amistad, los discursos le brindaban fragmentos, a veces penosamente disimulados, de aquel trabajo. No era mucho en realidad, y Lugones, generoso en exceso para concebir por ello amargura, le demostró al panegirista "su sorpresa, con una sonrisa un poco triste" [72]. Fatigados por el implacable programa de actos y agasajos, el escritor y su esposa regresaron a París, trasladándose lue-

[67] LUGONES, "Los campos de la muerte", La Nación, setiembre 18 de 1921.

[68] LUGONES, "La Francia trágica", La Nación, agosto 14 de 1921.

[69] Ibid.

[70] Ibid.

[71] "Leopoldo Lugones", La France-Amerique, t. XVI, año 1921, pp. 201-202.

[72] GARCÍA CALDERÓN, Leopoldo Lugones, Ginebra, 1947, pp. 9-10.

go a Bélgica y Londres. Allí, el 13 de setiembre, se embarcaron hacia Buenos Aires, arribando dos semanas después[73].

Después del retorno, fueron los trabajos y los días. Encontró el ambiente político revuelto, pues el mandato de Yrigoyen expiraba, y el candidato todopoderoso aún no se había expedido acerca del sucesor. Por fin se pronunció y lo hizo por Alvear. Dentro de los males que Lugones atribuía a la democracia, la elección no le pareció desafortunada. En su reciente viaje acababa de conocer en París al candidato, a la sazón nuestro representante diplomático. Lo impresionaron su natural señorío, el conocimiento de la política europea —todavía centro de decisiones— y una innegable aptitud para el mando. Por eso recibió con afable condescendencia el resultado comicial de abril de 1922 y pese a su "perra costumbre de andar mal con el gobierno"[74], concurrió a la dársena del Puerto Nuevo a recibir al ilustre viajero que venía a hacerse cargo de la presidencia de la República[75]. Claro está que estas contradanzas no estorbaron su prédica contra "el fantoche descabalado" de la demagogia electoralista que, a pesar de todo, seguía en auge.

Todo comenzó con la amistad entre Lugones y Julián Aguirre, el gran músico. Se conocían de antaño y, si el poeta habíale dedicado algún soneto, el otro retribuyó poniéndole música a "El nido ausente", con el que obtuvo el premio Breyer. Fue al partir los Lugones a Europa que la familia Aguirre prometió invitar a comer frecuentemente a Polo, alojado durante la ausencia paterna en el Cecyl Hotel. Olvidaron sin embargo el compromiso, pero enterados del inminente regreso de los viajeros por noticias periodísticas, decidieron cumplir con su palabra. De ello se encargó a la menor de las Aguirre, María Carmen, que apenas contaba quince años y a la que el requerido huésped, gracias al inesperado pretexto, comenzó a festejar. El romance fue brevísimo y a pesar de la corta edad de la novia —Polo, en cambio, tenía 24 años— decidieron casarse. No es difícil imaginar en ambas familias un cierto regusto al enlazar a hijos de dos grandes artistas. El 2 de setiembre de 1922 firmaban el acta ante el oficial público: los testigos del novio

[73] *La Nación*, setiembre 28 de 1921.
[74] LUGONES, "Las carreras de la Ilíada", p. 80.
[75] *La Prensa*, setiembre 15 de 1922.

fueron el coronel Arturo María Lugones, primo de Leopoldo, y el doctor Juan Bautista González, hermano de Juanita. Por la novia, Antonio Tiscornia y Horacio González del Solar. Aunque Polo no estaba bautizado, hubo ceremonia religiosa en la iglesia de la Merced. Carmen Aguirre llevaba un vestido de novia blanco, ribeteado con martas cibelinas y guantes hasta el codo; Juanita, la madrina, luciendo traje largo de coral tachonado, verdadera audacia para la época. Luego de breve luna de miel, los recién casados compartieron el piso que alquilaba Lugones en Quintana 441, donde vivieron con sus suegros hasta el momento en que se divorciaron.

Lugones, si bien conocía por comentarios y noticias de diarios locales los progresos del partido fascista, durante la última estada en Europa y con los hechos ante sí, pudo comprender mejor y meditar aun más el antisocialismo de su jefe, las críticas a la democracia y a la burguesía. El estilo de Mussolini lo atraía. La riqueza verbal de discursos y declaraciones, las metáforas que utilizaba, fortísimas y exactas, debieron conmoverlo como hombre de letras. No debe olvidarse que en las presentaciones públicas del período socialista o bien durante la campaña probélica, Lugones había empleado tonos semejantes, lógica consecuencia de un temperamento extremoso y las más de las veces contenido.

Su antidemocratismo recibió imprevisible aporte con las invocaciones mussolinianas a la dictadura. Lo tentaba la similitud con el mando militar, cuyas bondades comprobó en Francia, durante su visita luego de la guerra, y también sus connotaciones paganas que la hacían aun más simpática. Es que, sobre todo, Lugones pasaba por un período de fatiga ideológica. Es más, se repetía. Luego del fracaso de Wilson, toda su violencia, sus ansias de cambio, se habían extenuado. Los artículos periodísticos del año 1922, por ejemplo, lo muestran reiterativo, falto de empuje, con anochecidas denuncias acerca de una peligrosa barbarie representada por el maximalismo y los turcos de Kemal, victoriosos sobre la amada Grecia. Este argumento no era sino mera recreación del sostenido antes de la guerra, ampliado ahora con nuevos protagonistas. El fenómeno italiano poseía otra cualidad que lo tornaba interesante. Vigorizaba con hechos la idea de la latinidad, idea a la que mostrábase particularmente inclinado después de su visita a Francia el año anterior.

Antes de la marcha sobre Roma, Lugones ya hablaba del "jefe que el país ha buscado siempre y que buscará, porque su índole latina es refractaria a la democracia colectivista y deliberante. La actual decadencia parlamentaria y el masoquismo servil de la plebe, son los preludios de la dictadura democrática que va a venir". En el invierno de 1922, se lo ve seguir con atención los sucesos italianos, lo que prueba su perspicacia, pues, en realidad, los desplantes del futuro dictador no preocupaban demasiado a los observadores de la política europea. Por ejemplo, la reacción fascista se le antojaba modelo apropiado del futuro partido nacional argentino, "igualmente apartado de la demagogia interior y de cualquier dogmatismo extranjero"[76]. En esta aspiración puede buscarse el porqué de las futuras conferencias del Coliseo y la convocatoria a sus idealizados "chisperos".

Fue un mes después del ascenso al poder de Mussolini que en forma pública saludó el advenimiento de esa dictadura democrática —antagónica a la populista o "mayoritaria"— y que presentía tanto para el mundo como para su país. "La hora se aproxima —dijo— y le corresponde a la grande y bienamada Italia, predilecta de la libertad latina, el primer paso de jefe, en la persona del arrogante caudillo que acaba de resucitar los más bellos días de Roma"[77]. No sería el único por cierto, pero había caído bajo la fascinación de la orgullosa y maciza mandíbula y los ojos muy negros y abiertos del "admirable Mussolini"[78]. Aquel que conmovía y atraía, cuando impasible contemplaba a la multitud desde el balcón del Palazzo Venezia, sus manos en jarra, las piernas separadas, acechando el instante justo para subyugarla con frases tremendas y profundas y emotiva voz.

[76] LUGONES, "Un desengaño siniestro", *La Nación*, setiembre 27 de 1922.

[77] LUGONES, "Un voto en blanco", *La Nación*, diciembre 3 de 1922.

[78] LUGONES, "El dolor de Grecia", *La Nación*, noviembre 26 de 1922.

Capítulo III

1923-1928

"La hora de la espada ha sonado, pues, y no porque yo sea el campanero."

La Nación, octubre 3 de 1925

Hacía un año que gobernaba Alvear y las relaciones con su protector complicábanse decididamente. Primero a raíz del infructuoso intento de adosarle un gobierno paralelo, situación que luego se agravó con la severa actitud asumida por Fernando Saguier en el Senado. A esto seguiría —nuevo motivo de alejamiento— la consagración del réprobo Eliseo Cantoni como gobernador electo de San Juan. Tales decisiones provocaron la santa furia de los incondicionales personalistas. La "patada histórica" habíase consumado y, de ahí en más, los vínculos entre el presidente y el viejo caudillo se deterioran por completo. En realidad, ya en 1922, la Unión Cívica Radical era un partido en crisis, pronto a dividirse en fracciones antagónicas.

Esta rebelión tuvo consecuencias imprevisibles. Privado del sostén partidario, hostilizado desde un Congreso en el que reinaban omnímodos los "hipolitistas", el presidente y sus amigos buscaron apoyo en otras instituciones. Una de ellas fue el ejército, que bajo la jefatura de Agustín P. Justo iniciaría, gracias a tan inesperada convocatoria, decidido ascenso como fuerza gravitante cuando no ineluctable en la política nacional. Estas querellas domésticas del oficialismo no alteraban a Lugones, absorbido como estaba con su fobia antidemocrática, pues los alvearistas en el poder le parecían idéntico perro, sólo que con distinto collar. A Lugones —típico exponente de la agresión intelectual contra la democracia— lo único que le interesaba era concluir con el predominio mayoritario. Creyó advertir, por la fatiga que siempre provoca una incesante lucha, que la solución electoral por imposible y antidoctrinaria carecía de virtualidad, y ante ese desalentador espectáculo, el ejército se le presentó como solución. Todo era propicio entonces para la maniobra, ya que las fuerzas armadas, resentidas por la desdeñosa política de Yrigoyen durante su presidencia, no descartaban la posibilidad de constituirse en freno de la ordalía radical.

¿Pero de dónde le surgió a Lugones la idea de llamar al ejército? En verdad, esa convocatoria era otra consecuencia de la Gran Guerra. Para los europeos, luego de la horrible carnicería, el rechazo del pasado se transformó en lugar común; a los sobrevivientes les resultaban imposible creer, como antes, en aquel progreso rectilíneo, indefinido de la sociedad occidental. Fue por ello que, en el campo ideológico, los extremismos, tanto de derecha como de izquierda, ganaron espacio a expensas de los partidos moderados, cuyos líderes actuaban como si los viejos dogmas aún prevalecieran.

A partir de la guerra total, los valores liberales sufrieron enorme desprestigio. Invariablemente en pro del facto militar, tornóse casi cotidiano el espectáculo de libertades y derechos suprimidos, como el aniquilamiento de correctas y sosegadas prácticas parlamentarias. Durante el conflicto, la imperiosa necesidad de sobrevivir había advertido la posibilidad de extirpar todo lo que por superfluo se tornaba nocivo. Luego, con la paz, de esta típica visión finalista y castrense, acaso también primaria y materialista, surgieron economías planificadas, fuerzas del trabajo ordenadas y una obsesiva idea por la seguridad nacional. Es que el bélico experimento había proporcionado de un día para el otro, la ocasión de gobernar autocrática y voluntariamente a expensas de las racionales pero muy convencionales estructuras del gobierno liberal.

Lugones conoció el particular proceso en su último viaje por los campos de batalla franceses. Además, no parece improbable que también hubiera sabido de los trabajos de Maurras y Barrés sobre el tema. Los maestros reaccionarios habíanse explayado respecto de la intervención militar, incluso antes de la redacción de *Si le coup d'état est posible*. La maniobra consistía en que "la grande muette" no sólo hablara, sino irrumpiera como síndico de los descontentos. Toda la derecha francesa —que descreía de la República y del liberalismo— estaba fascinada con el ejército. A los nuevos contestatarios les encantaba su estructura autoritaria, basada en la disciplina y en la sumisión. Barrés, por ejemplo, con su finura de hombre de letras, gustábale alabar a los militares con melifluas palabras: "J'aime les gens a uniforme; ils portent la livrée des hautes preoccupations".

También, de manera especial, a los intelectuales descreídos de la posguerra les atraía la violencia. Los líderes de *L'Action Française* pretendieron ver en aquélla un acto de verdadera purificación, que elevaba al hombre de pedestres intereses. Para ellos —Sorel y Ernest Jünger vendrían más tarde— tanto el soldado como el ardiente revolucionario eran superiores al complaciente, pacifista, maniobrero y siempre atemorizado burgués. Es probable que esta vertiente antiburguesa y esencialmente aristocratizante, cercana en demasía a su concepción del héroe, fuera lo que concluyó por subyugar a Lugones, quien, además, no erraba en ponderar este nuevo hecho, a la postre característico de la entreguerra.

También estaba fresca la intentona —si bien fracasada— de Wolfgang von Kapp en Alemania y, aunque algo más antigua, no se había olvidado la represión militar contra los espartaquistas revolucionarios de 1918. El fascismo, con su flamante ejemplo, era otro gran perturbador de imaginaciones, sobre todo la de Lugones, sensible a cualquier gesto temerario. Estando, pues, vigente la utilización de la fuerza para destruir el corrompido e ineficaz régimen de la plebe, había asimismo otro antecedente que por muchos motivos agitaba el espíritu de Lugones. Era el exacerbado esteticismo que años atrás impulsara a Gabriele D'Annunzio su marcha sobre Fiume y allí, apoyado por los "arditi", proclamar su incorporación a Italia. Verdadero proemio al fascismo, gobernó con el título de Comandante y como tal promulgó la Carta de Carnara, prólogo de la del Lavoro que tanto favoreció al cooperativismo. Fiume fue, entonces, una ciudad regida por un poeta. Y así, D'Annunzio, pertinaz cultor de héroes, transformóse en uno de ellos y su ejemplo, pleno de retórico vitalismo, impresionó fuertemente a Lugones.

Le pareció que había arribado el momento de exteriorizar su novedoso enfoque político. Era tal su arrebato que ya se le antojaban insuficientes libros como artículos periodísticos. Pretendía sin duda, sacudir a la opinión pública, a la vez que propiciar una enmienda intelectual al mediocre y electoralmente tiranizado ambiente. Recordando el éxito de las conferencias sobre el poema de Hernández, pensó en recurrir otra vez a la exposición directa. La publicidad del texto y el previsible enojo de sus adversarios harían el resto. Su intención harto clara era rodear al episodio con el empaque de un verdadero pronunciamiento, del que no estaría ajeno, incluso, cierto tufillo insolente.

Vistas en perspectiva, las conferencias del Coliseo se nos presentan como una manifestación opositora al democratismo radical, que a muchos parecía problema grave y sin remedio. Pero era también la pública oferta de un nuevo cuerpo de doctrina —inédito para el calmo ambiente de la época— que buscaba minar las bases mismas del sistema. Si la alianza que culminó en 1930 aparece prefigurada con los asistentes al acto, Lugones, al futuro sostén intelectual de la revolución septembrina, lo perfila con total precisión. Es que el ensayo populista del radicalismo, que por entonces reinaba omnímodo, encuentra en las razones del poeta una crítica coherente que, de ahora en más, servirá para alentar reprimidas urgencias de todo marginado del poder.

Lugar escogido fue el elegante teatro Coliseo, ubicado en el solar que hoy ocupa la moderna sala de idéntico nombre. La preferencia por la fecha (días antes del 9 de julio) tampoco fue fortuita. En más de una oportunidad el escritor apelará durante su decurso oratorio al patriótico recuerdo, con indisimulado intento de sensibilizar al auditorio. La noticia apareció en los diarios, anunciando una serie de conferencias que Lugones iba a pronunciar "como colaboración a la defensa nacional". La Liga Patriótica (la misma que alguna vez lo calificó de indeseable) y el Círculo Tradición Argentina las propiciaban, y sus presidentes, Manuel Carlés y Rómulo S. Naón serían los encargados de presentarlo. Se avisaba, también, que tendrían acceso sin el requisito de las entradas los socios del Jockey Club, Club del Progreso, Círculo de Armas, Club de Pelota, Centro Naval, Círculo Militar, Club Belgrano, Club Atlético San Isidro, Club Mar del Plata, Club Universitario y que tampoco se le exigiría tarjeta alguna a los miembros del Congreso y del Poder Judicial. Los militares con uniforme tendrían libre acceso a la sala.

Fue la tarde del 6 de julio de 1923 cuando tuvo lugar la primera de las conferencias, "en medio de un interés sólo comparable al entusiasmo con que el público se asoció y compenetró con el orador y sus manifestaciones"[1]. Un auditorio numeroso se había congregado. El primer palco de la izquierda lo ocupaba el almirante Martín Domecq García, ministro de marina, en tanto que el de la derecha mostraba al coronel Agustín P. Justo, ambos acompañados por altos funcionarios de sus respectivos ministerios[2]. Entre los militares destacábase, junto al ministro de guerra, el coronel Arturo N. Lugones, primo del orador y quien le había servido de activo nexo con Justo y su ambicioso ejército. Estaba también Jorge Mitre, director de *La Nación*, amigo entrañable del conferencista y que mucho tuvo que ver con la realización del acto.

Instalada en el hall de entrada, una banda del regimiento de infantería, a la vez que amenizaba a la concurrencia con aires marciales[3], subrayaba el tono de la nueva alianza. Al levantarse el telón se vio a Lugones, acompañado por miembros de las entidades organizadoras. El prefacio estuvo a cargo de Carlés, quien no omitió aludir al "modo de vida argentino y a la necesidad de su defensa ante el ataque de la acción demoledora de las ideas exóticas"[4], idea ésta —como puede verse— prevalente desde aquellos años para un sector de la opinión nacional. Luego de la arenga, Lugones comenzó su charla. Las palabras liminares, retóricas en exceso, rescataban para sí la valentía de una actitud que nadie osaba asumir. Entró de lleno en el justificativo de su convocatoria y la tesis que expuso era simple: el país hallábase en peligro y la amenaza era doble. Provenía del exterior: la paz armada propuesta por dos de los vecinos, Brasil y Chile, riesgo que se agravaba por la actitud concertada. Sin embargo, el problema no concluía allí. Lo más grave, lo más importante de su denuncia, era el peligro interior, representado "por una masa de extranjeros inadecuados y enemigos que se proponían realizar en la Argentina el programa de la Rusia maximalista por medio de la guerra civil"[5]. Estos portadores de "la gran discordia"[6] se preparaban para la

---

[1] *La Nación*, julio 7 de 1923.
[2] *La Razón*, julio 6 de 1923.
[3] *La Prensa*, 6, 12, 15 y 18 de julio de 1923.
[4] *La Prensa*, junio 7 de 1923.
[5] LUGONES, *Acción. Las cuatro conferencias del Coliseo*, Círculo Tradición Argentina, Buenos Aires, 1923, p. 25.
[6] LUGONES, *Acción*, p. 13.

toma del poder por medio de las huelgas revolucionarias, que no eran otra cosa que gimnasia preparatoria[7]. Tratábase en realidad de una guerra nacional, no civil[8], y para combatirla era necesario, antes que nada, "colaborar con las instituciones militares, estableciendo entre ellas y nosotros una vigorosa solidaridad"[9]. Así se preservaba la disciplina nacional, o sea la convergencia de todas las fuerzas útiles, para que el país alcanzara el mayor bienestar y seguridad posibles.

Machaconamente habló Lugones de las enseñanzas dejadas por la guerra. La disciplina nacional, gran objetivo de los ejércitos durante el episodio bélico, fue la preferida. Habiendo incursionado, sin duda, en la literatura militar, fenómeno por otra parte reciente, quedó deslumbrado con el hallazgo de un vasto arsenal de ideas aptas para su campaña antidemocrática que, además de indiscutiblemente contemporáneas, resultaban inéditas en la Argentina. El poder civil, con su política principista, fatal consecuencia de las prácticas democráticas, se transformó en 1914 en gran obstáculo para la victoria, de modo que la única solución resultó subordinarlo a los señores de la guerra. Y eso fue exactamente lo que ocurrió tanto en las liberales Inglaterra y Francia, como en las autocráticas Alemania y Austria. Según esta escuela, la democracia no tuvo más remedio que inclinarse ante la severidad de los hechos y delegar en los poderes militares la conducción del país. Lugones rescataba el concepto de disciplina como eficaz fórmula de reemplazo frente al populismo nativo, marco propicio —según él— para aventuras significativas y revolucionarias.

También advirtió que la guerra, con su duro trajín favorecía la preeminencia del mando. En efecto, la autoridad —ante tamaña excepción— se acentuó; es más, fue requerida. Es que el esfuerzo bélico, al convocar todas las energías de la nación, forjó a veces como fin no deseado instrumentos idóneos para el manejo de actividades hasta entonces reservadas al libre juego de los acontecimientos. En el manipuleo de la economía, de las finanzas, del comercio y hasta de lo social, se produjeron innovaciones, al punto que el dirigismo económico hallaría en

---

[7] Lugones, *Acción*, p. 14.
[8] *Ibid.*
[9] *Ibid.*, p. 25.

aquel conflicto, suficientemente extendido y prolongado, el laboratorio indispensable para ensayar artilugios destinados al definitivo control de la sociedad. No se olvide que desde la guerra de Crimea —salvo los localizados sucesos de la unificación alemana e italiana— el mundo no había conocido conflagración parecida a la de 1914.

Dignidad para la fuerza y restablecimiento de la autoridad complementábanse a la perfección con la idea de la disciplina social. Por eso —según el conferencista—, cuando ésta faltaba "las fuerzas útiles se dislocan en una multitud de cuerpos hostiles, al no perseguir cada uno si no su provecho egoísta, convirtiendo la interdependencia equitativa en recíproca explotación. Tal es el resultado funesto de la lucha de clases en que consisten la política del colectivismo, y tal la razón de que éste sea naturalmente antipatriota" [10]. Existía un argumento irrefutable, aprobatorio del carácter nocivo de esta última circunstancia para Lugones; tanto el fascismo como el maximalismo la habían suprimido, lo que a su juicio comportaba "la demostración de una irrefragable necesidad" [11]. Pero no sólo la lucha de clases lesionaba la disciplina nacional. Con sus forcejeos contrapuestos, con una preocupación subalternizada por el comicio, la democracia era también un agente nocivo. Y acá aparece la clave de bóveda de la disertación del Coliseo, la razón profunda de tanto esfuerzo dialéctico. Él mismo se encarga de hacérnoslo conocer en largo párrafo, con la eficacia que le es propia: "La República hállase postrada por una plaga espantosa que ha llegado a comprometer la existencia de naciones mucho más fuertes: el electoralismo o demagogia legal [...] El electoralismo es, prácticamente, un régimen de soborno que trata de poner la masa votante a sueldo más o menos permanente o disimulado, invirtiendo con dicho objeto los recursos del país. Por eso hemos visto que todos nuestros partidos sin excepción entregáronse bajo su estímulo a una verdadera puja, no para ganarse la voluntad del pueblo según reza la paparrucha democrática, con obra de utilización general, sino para crear una monstruosa democracia: la más abundante y cara del mundo, en relación con nuestra magnitud demográfica y económi-

10 LUGONES, *Acción*, p. 45.
11 *Ibid.*, p. 46.

ca, mientras los servicios públicos, transportes, comunicaciones, salubridad, policía, subsistencias, derrumbábanse en el desastre" [12].

La dilapidación, el desorden y el abandono, todo provenía del soborno electoral al que —según el implacable crítico— debían entregarse los representantes del pueblo para mantener su clientela. Ello es, en todas partes, consecuencia fatal del régimen mayoritario —decía— para agregar este significativo juicio que transparenta la verdadera intención de la conferencia: "de suerte que resulta inútil buscarle remedio en el propio régimen" [13].

Pretendió Lugones en sus conferencias propalar una clara y terminante disparidad: por un lado el sometimiento a las prácticas electorales —populismo diríamos hoy— y por el otro, "la disciplina nacional", es decir, un coactivo ordenamiento de la sociedad, nueva versión del voluntarismo político. Por supuesto que sus preferencias se inclinaban por la segunda posibilidad, identificada con el bien de la patria, y que "requería un conjunto de aplicaciones empíricas, ajenas al principismo" [14]. Esa dualidad exhibe el impacto que sufriera Lugones a consecuencia, tanto de la revolución científica, como de la revolución política operada por la guerra. Honesto intelectual, se encargó de revelar en plena conferencia el origen de sus tribulaciones: "Han pasado en el país y en el mundo muchas cosas ajenas a mi voluntad, pero a las cuales tengo que conformarme..." [15], para acto seguido aludir "a los prodigiosos descubrimientos que todo lo han modificado, desde la mecánica hasta los conceptos fundamentales del universo", y a la guerra, que luego de derrumbar medio mundo, "impuso rectificaciones formidables". Principismo, amor a lo general y abstracto —sus típicos rasgos— desaparecen para dar lugar a un pensamiento empírico, recortado por cierta prudente y, sobre todo, moderna relatividad.

Propicia con franqueza la ruina del electoralismo, que debilita y desordena a la república, comprometiendo su seguridad con ello. Cuando lo concreta, su invocación prenuncia casi li-

---

12 LUGONES, *Acción*, p. 47.
13 *Ibid.*, p. 51.
14 *Ibid.*, p. 52.
15 *Ibid.*, p. 27.

teralmente la frase famosa del discurso de Ayacucho: "Ha llegado con exceso la hora de proponer medidas para enfrentar a esa demagogia por soberana y mayoritaria que sea..." [16].

En 1923 Lugones pensó que estaba en condiciones de encabezar o al menos encauzar "un programa de acción" [17] semejante a los producidos en Europa; es este un momento de ilusión que permite imaginar las deletéreas consecuencias del fracaso en su ánimo. La destinataria del llamado es la juventud, "almas frescas como banderas argentinas tendidas con todo el trapo a la brisa generosa de una mañana de combate" [18]. Pretende formar una Guardia y que las instituciones que auspician el acto sean las encargadas de abrir el registro en el que se inscribirían los ciudadanos que deseen formarla. Había en el intento, por cierto, algo de la ingenuidad propia del artista. Nuestra sociedad, apartada — por lo menos en ese momento— de los fenómenos de la guerra y de la posguerra, mal podía suministrar los jóvenes activistas que Lugones aspiraba a comandar. Otros eran sin duda, los ejemplares que integraban las "ligas" o las "guardias" combativas del viejo mundo.

La invitación a la juventud —aparte de sus resonancias estéticas y ser tema caro a Lugones— no deja de evocar a los "camelots du roi" de L'Action Française o a los "arditi" mussolinianos. La preferencia por el nombre con que bautizó a sus integrantes, los "chisperos", obedecía a idéntico paralelismo: habían sido las fuerzas de choque de nuestra Revolución de Mayo, jóvenes iconoclastas que la emprendieron contra el crepuscular régimen español.

El guante que arrojó Lugones desde el escenario del Coliseo halló pronta respuesta. En realidad no era otra cosa lo que el poeta pretendía. Justo es reconocer que lo suyo fue un acontecimiento. Estaba en el acmé de su fama, intelectualmente maduro y era la gran figura de nuestra república de las letras. Además, el tema elegido, su denuncia del populismo en plena euforia radical, la presencia del ejército en el acto, debieron parecerle a muchos un rayo en soleado día de verano.

---

16 LUGONES, *Acción*, p. 62.
17 *Ibid.*
18 *Ibid.*, p. 63.

Sus imprecaciones contra los extranjeros que buscaban la revolución precipitaron la réplica. El encargado fue Natalio Botana, director del vespertino *Crítica*. Él mismo se sintió aludido, pues era uruguayo. Utilizando el seudónimo de *El Charrúa de la Torre*, luego de aclarar que no estaba ofendido "porque soy más criollo que Ud. en mi ascendencia", pasó a referirse, no sin desprecio, a quien "gustaba proclamarse anarquista, pero a puertas cerradas, en su despacho de canonjía opípara". Para, por último, después de enrostrarle sus mudanzas ideológicas, espetarle esta frase: "En los últimos tiempos, patina Ud. con pasos orquestados hacia los salones de la burguesía" [19]. Se advierten ya en estos agravios los clásicos reproches que habrán de lanzarse contra el autor de *La guerra gaucha*.

La respuesta fue inmediata. Comisionó a Carlés y Naón para que lo representaran en caballeresco pedido de explicaciones. Estos le hicieron saber —sin que mediara entrevista alguna con el libelista— que los términos del artículo no lastimaban su honor de caballero, confirmando en cambio, "la necesidad de la campaña iniciada en pro de la reacción nacionalista, la defensa de las instituciones y los intereses morales del país" [20].

También la Federación Universitaria creyó necesario pronunciarse contra el "denigrante concepto de argentinidad del que hace profesión de fe el Sr. Lugones y de su exaltación del militarismo" [21]. El Ateneo del Centro de Estudiantes de Derecho organizó un acto en el que hicieron uso de la palabra Alejandro Lastra y Alfredo L. Palacios. Menudearon los ataques para la Guardia y para la "reacción", a la que calificaron de pasajera, reivindicando en cambio, los valores de la democracia al amparo de nuestras libertades, adelantada tres siglos a las ideas de los creadores de la "agrupación" [22]. A su vez, mediante una cuestión de privilegio el diputado radical Romeo D. Saccone subrayó lo peligroso y dañino de la prédica lugoniana. Prefiere, para atacar a Lugones, recordarle su cargo en el presupuesto, pidiendo por ello explicaciones al Poder Ejecutivo acerca de las audacias del burócrata. Éste, aludido, devuelve con ru-

---

[19] "Carta abierta a Leopoldo Lugones", *Crítica*, julio 12 de 1923.
[20] "Campo neutral", *La Nación*, julio 14 de 1923.
[21] *La Nación*, julio 22 de 1923.
[22] *La Nación*, agosto 2 de 1923.

deza la tonta incriminación; y refiriéndose al partido del diputado, deja caer esta filosa frase: "Quienes hacen política con la miseria, son tan ruines como los que la explotan"[23].

Se ha hablado de la xenofobia de Lugones, y es cierto que agitó el problema extranjero, pero balanceándolo con extremo cuidado. En las conferencias se declara francófilo y admirador de Inglaterra; latino, luce su afecto por Italia; respecto de España, no deja de recalcar sus excelentes vinculaciones con algunos de sus hijos. Y luego, al tocar el urticante tema de los israelitas, rescata a su favor una constante prédica favorable. Siempre retórico, ha de pormenorizar, además, una de las bellas estrofas de *Odas seculares*, la del ruso Elías —"aquel antiguo perseguido"— que con orgullo le exhibiera, "en una de las bellas tardes de mi existencia", a su nieto argentino, que reía inocente "al cariño del sol"[24].

En realidad, Lugones reserva su embestida para la actividad de ciertos extranjeros rebeldes que actúan de acuerdo "al programa de un gobierno extraño"[25]; no se trata "del extranjero honrado que concurre con nosotros a labrar la grandeza de la patria"[26]. Pero a pesar de estas excusas, el tema fue aprovechado por los adversarios. Era un flanco demasiado expuesto y sobre su arremetida llovieron plurales denuestos. Cerrado el ciclo de las charlas, el propio orador debió explicar la razón de sus dichos, aclarando no ser enemigo de los extranjeros: "con decirles —agregó— que quien lo es lo conceptúo exactamente igual a un imbécil"[27]. Dejó bien claro que sólo podían ser objeto de sus dardos aquellos perturbadores que, "por solidaridad vergonzante, por comunidad de ideales, eran respetados"[28]. Hoy parece ecuánime reconocer que si bien Lugones adopta con sus diatribas una de las constantes del pensamiento reaccionario —"la conspiración permanente"— no cae en los excesos, por ejemplo de Maurras con sus "metèques" o del antisemitismo de Karl Lueger.

---

[23] "Pido la palabra", *La Nación*, julio 20 de 1923.
[24] Lugones, *Acción*, p. 13.
[25] *Ibid.*, p. 15.
[26] *Ibid.*, p. 12.
[27] "Declaraciones de Leopoldo Lugones", *La Razón*, julio 24 de 1923.
[28] *Ibid.*

La Vanguardia [29] por su parte adelanta una interpretación plausible. Las entidades organizadoras del acto del Coliseo pensaban impulsar la creación de un partido; los ejemplos europeos y sus éxitos debieron alentarlos. Según la misma fuente, se trataba de acercarse al presidente ante la orfandad en que lo había dejado la ruptura con Yrigoyen. En realidad, el fenómeno no era novedoso. En países como la Argentina, con débiles tradiciones liberales, el extremismo de derecha se torna indispensable para los sectores conservadores, atemorizados por una izquierda que le hace perder a sus seguidores; entonces apelan a ciertos tipos de tajantes movimientos políticos o sociales que puedan reagrupar a las clases bajas.

Ignoramos si estas especulaciones realmente existieron, lo cierto es que el intento no tuvo mayor éxito. Careció de captación y faltó el reclutamiento. Luego de languidecer, la idea acabó extinguiéndose. Sin embargo, Lugones, nuevamente atraído por la praxis, no habría de desanimarse. Esta vez, su mirada se dirigió a la institución que detentaba la violencia organizada: las espadas argentinas. Allí esperaba hallar "el decoro y la esperanza".

Aquella afanosa búsqueda tendría pronto y sorprendente ratificación. El general Miguel Primo de Rivera, marqués de Estella, comandante militar de Cataluña, lanza en la noche del 12 al 13 de setiembre de 1923 un manifiesto revolucionario para toda España. Mientras los partidos se debaten en la incertidumbre, el rey se apresura a confiarle la suma del poder. Apoyado por el ejército, establece una dictadura que intenta implantar nuevas políticas y, sobre todo, orden y una eficiente administración.

De ordinario los sucesos españoles poseen influencia desusada en la Argentina. Quizá por ello haya que rastrear en aquel ejemplo la inspiración de la tendencia hegemónica pretendida por Justo, entonces ministro de guerra, para el ejército argentino. El experimento de Primo de Rivera habría de seguirse con enorme interés desde los comandos argentinos y Lugones —principal portavoz del nuevo credo— hará otro tanto, si bien no citará al dictador español en ninguno de sus artículos. Desde *La Nación* continúa divulgando sus ideas, a pesar de la

[29] Julio 19 de 1923.

resonancia de las conferencias del Coliseo. En una serie de entregas pretende demostrar la perentoria necesidad del mando y la jerarquía en desmedro de la decaíble democracia mayoritaria, "fracasada —según él— en todo el mundo" [30], luego de disecar los argumentos favorables a aquel régimen de gobierno, sale a su paso e intenta destruirlo: "La democracia no es un deber patriótico, pero sí lo son la honradez, la buena administración del país, el desinterés para servirlo, la franqueza para hablarle, la energía para mantenerlo próspero y fuerte".

En contra del trasplante de instituciones extranjeras, como en el caso de la adopción constitucional, resuelve a su favor la aporía, si bien algo pérfidamente; sostiene que "debióse al éxito anglosajón" [31]. A veces la crítica raya a gran altura, tan elaborados son sus fundamentos, como cuando afirma que los pueblos latinos "carecen de espíritu parlamentario, del concepto deliberativo del gobierno. Para ellos la dirección política es comando, no convenio" [32]. Hacía ya tiempo que pugna por descubrir rasgos disímiles entre el mundo anglosajón y el latino. Aquélla era una de éstos, en realidad corolario de simplificaciones mayores: los primeros buscaban la verdad, los segundos la belleza. Y en tal orden de ideas anota pautas agudas y sugerentes como éstas: "La libertad que al latino interesa no es la de deliberar para convencer, sino la de disentir para satisfacer su espíritu crítico. Lo que busca es la admiración para su argumento por el argumento mismo: vale decir una satisfacción de artista" [33].

Había también, en primera persona, largas tiradas dando razones de su cambio ideológico, que hacen alentar vehementes sospechas de que quienes lo criticaron (o lo critican aún hoy) hayan leído su obra. Veamos ésta: "Antes de la guerra imperaba en los espíritus el ideal humanitario o formalismo histórico de la lógica progresista; las patrias solidarias en el derecho y los hombres iguales ante la libertad. Y por muy doloroso que sea, dicho ideal ha fracasado. Bajo su concepto, creíamos que el objeto de las patrias eran asegurar la libertad. Ahora

[30] LUGONES, "Estado de fuerza", *La Nación*, noviembre 19 de 1923.
[31] LUGONES, "La ilusión constitucional", *La Nación*, octubre 17 de 1923.
[32] *Ibid.*
[33] *Ibid.*

sabemos que es otro más duro y más ingrato: bastarse" [34]. O esta otra, metodológicamente impecable a la luz de quien se orienta sólo en pos de la verdad: "Todo sistema científico o político es un ensayo de conformidad con los hechos conocidos. Cuando el sistema deja de estar conforme a los hechos de una época posterior, otro lo reemplaza. El concepto de perpetuidad es dogmático, no científico" [35].

La dictadura militar de Primo de Rivera pronto habría de enfrentarse con los intelectuales españoles. En el caso de Miguel de Unamuno la reacción fue por demás descomedida: lo apartó de sus cátedras y confinó a las Islas Canarias. El mundo intelectual hispanoparlante secudióse ante el atropello. En Buenos Aires, el Círculo de la Prensa organizó un comité de ayuda. Lo presidía Alberto Gerchunoff y actuaba como secretario Arturo Orzábal Quintana, quienes propiciaron una asamblea en homenaje y desagravio a la vez. A los directivos se dirigió Lugones, en cuidado texto que exhibe su generosa intención de auxiliar al desprotegido Unamuno, pero sin pronunciarse contra el régimen militar. Propuso invitarlo a dictar conferencias en Buenos Aires sobre temas que escogiera, a las cuales suscribiríase el público con cuotas mínimas. La oferta se haría en forma incondicional, gestionándose su libertad, con dicho objeto, ante las autoridades españolas. En cuanto al manifiesto aprobado en la Asamblea, expresó que no era su intención firmarlo, pues "estima que esto sería intervenir en la política española, que no le interesa" [36].

Y de pronto, Ginebra.

Acababa de inaugurar con grandioso discurso [37] las clases de estética de la Escuela Superior de Bellas Artes de la Universidad de La Plata, cuando se le hizo saber su nombramiento en la Comisión de Cooperación Intelectual de la Liga de las Naciones. Por supuesto, aceptó de inmediato.

Considerable dignidad, sin duda, pues desde tiempo atrás las naciones americanas de idioma castellano —casi el tercio de la Liga— pugnaban por un portavoz en el seno de la Co-

[34] LUGONES, "Estado de fuerza", *La Nación*, noviembre 19 de 1923.
[35] LUGONES, "La ilusión constitucional", *La Nación*, octubre 17 de 1923.
[36] *La Nación*, febrero 22 de 1924.
[37] *La Nación*, julio 13 de 1924.

misión que hasta el momento sólo integraban países europeos, incluyendo a España, Estados Unidos y, en un bloque, América Latina representada en la persona de un delegado brasileño. La feliz y justa iniciativa partió de Venezuela, que así lo propuso (setiembre, 1923), y, si bien no prosperó enseguida, el uruguayo Alberto Guani obtuvo, al fin, la ansiada representación. El mismo Guani, secundado por el burócrata internacional León Bourgeois, sugirió el nombre de Lugones[38].

De esa manera se modificaba el concepto puramente individual de las designaciones, transformándolas en grupos culturales y reconociendo en las repúblicas de habla hispana a uno de ellos. Prosperaba, también, la doctrina de la autonomía espiritual respecto de España, con lo que la figura de Lugones adquirió sugerente significado por haber sido uno de quienes, con parecido ánimo, encabezaron la revuelta modernista.

La candidatura se produce en momento especialísimo de su trayectoria ideológica; en pleno fervor por "la causa reaccionaria", emprende viaje al principal areópago del mundo, sonora tribuna abierta a la opinión pública mundial. Cinco días antes de partir, un artículo[39] exterioriza su afecto al fascismo italiano, a Mussolini y, desde luego, a "La gran Patria Latina". No oculta la molestia que le produce el ataque generalizado al nuevo régimen a raíz del asesinato de Matteoti. Importa destacar el compromiso que adquiere con aquella publicación, antes de integrar el cenáculo de intelectuales de mayor prestigio e importancia de la época. Y si en realidad fue un gesto indócil hacia el mundo oficial, también constituyó abierto desafío a sus viejos enemigos, los socialistas, a cuyas filas pertenecía el pobre muerto.

Abandonan los Lugones el piso de Callao 262. Nuevamente (es casi un rito) depositan sus muebles, deshaciéndose de lo inútil, cosa que a veces, por la vehemencia de Juanita, se convierte en desprendimiento total del menaje. El 20 de junio de 1924 abandonan Buenos Aires para iniciar la que será última travesía a Europa. Como en anteriores viajes, Lugones es co-

---

38 LUGONES, "La comisión intelectual", *La Nación*, setiembre 6 de 1924.
39 "Por Italia. Una carta de Leopoldo Lugones", *La Nación*, junio 25 de 1924.

rresponsal de *La Nación* destacado ante la Asamblea de la Liga, la más importante realizada hasta entonces [40].

Visitaron, por cierto, París, donde encontró —entre varios amigos— a Capdevila, quien lo retrató "con el ojo avizor, con el oído atento, puesto en la realidad del contorno todo su formidable poder de intuición" [41]. Su biógrafo se refiere al interés que le provocaba *La Action Française* —quizás en el apogeo de su influencia política— exacerbada por el triunfo del "Cartel des Gauches" y la elección presidencial de Gastón Doumerge. Allí acababa de aparecer, también, la *Histoire de France*, de Jacques Bainville, con tesis simples, lineales, más brillantes que eruditas, verdadera lección para todo propagandista de ideas.

París encantaba al matrimonio, pero al fin debieron partir. El viaje en tren a Ginebra fue delicioso —Bellegarde, el desfiladero del Ecluse, Pougny-Chancy, Vernier-Meyrin— hasta arribar a la Gare de Cornavin. Se hospedaron en el Hotel de la Paix, ubicado en la costanera, frente a las azules aguas del Leman. Desde las habitaciones veíanse los estupendos Alpes. Lugones concurrió de inmediato al Hotel National, también en la ribera norte, pues allí funcionaban provisoriamente las dependencias de la Sociedad de las Naciones. Los títulos con que se registró no dejan de ser reveladores: "ex Inspector General de Enseñanza, Director de la Biblioteca de Maestros, profesor de estética en la Universidad de La Plata, miembro de la Academia de Ciencias de Córdoba, publicista, redactor de *La Nación* de Buenos Aires" [42]. Es que en realidad la lista de sus compañeros de labor era impresionante: Eva Curie Sklodowska, Albert Einstein, Henri Bergson, H. A. Lorentz y Gonzague de Reynolds.

Abierta la sesión inicial, su presidente, Bergson, luego de protocolares bienvenidas, saludó a Lugones y tras reseñar los títulos del escritor argentino, dijo: "[...] no existe tema que no haya abordado. Lugones ha sido todo eso y, sin embargo, es algo más. Es un poeta, uno de los grandes poetas de América Latina". Saliendo al cruce de quienes reprochaban la ausencia de literatos frente a la plétora de científicos, agregó: "A los pri-

---

[40] LUGONES, "La patria fuerte", *La Nación*, octubre 3 de 1925.

[41] CAPDEVILA, *Lugones*, p. 289.

[42] *Société des Nations. Comission de Coopération Intelectuelle. Troisième et quatrième sessions*, Ginebra, 1924, p. 4.

meros les diremos que la Comisión tiene a Lugones, un verdadero poeta y a los que prefieren a los segundos, les responderemos que tomando ejemplo del mismo Lugones, pueden aliarse y hasta confundirse las aptitudes literarias y científicas" [43].

En nombre de la Argentina y de los países latinoamericanos, Lugones, en perfecto francés, respondió a los elogiosos conceptos de Bergson y, para agradecer las contribuciones francesas en su elección, apresuróse a recordar que "durante las trágicas horas de la guerra, pudo comprobarse que un buen argentino podía al mismo tiempo ser un buen francés". En cuanto a su enciclopedismo, no sobrepasaba la innegable curiosidad de un periodista. "Es lo que permite —remató con gentil argucia— ser discípulo de Bergson, de Curie, de Einstein, de Lorentz" [44].

La siempre enojosa cuestión de admitir o no a los periodistas motivó —irónicamente— la primera andanada de Lugones, quien junto a Gilbert Murray declaróse partidario de su permanencia. Pero de Reynolds y la Curie, opositores, consiguieron finalmente atraerse a la mayoría. En la jornada inmediata, cuando el gobierno francés propone crear en París un Instituto Permanente de Cooperación Intelectual, el episodio muestra a Lugones sensible y benévolo a toda iniciativa de aquel origen: con prisa solicita se la apruebe. A pesar de ello, el debate continúa y diluye las posibilidades hasta que se decide —la intervención de Einstein fue definitoria— enviar un mero telegrama de agradecimiento [45].

El 29 de julio —último día de trabajo— el representante argentino introduce una ponencia para la reforma educacional de los países miembros. Comienza señalando que a su juicio existe en la Comisión una marcada tendencia a considerar sólo problemas europeos. No pretende —aclaró— adoptar una actitud contraria, auspiciando proposiciones americanistas, lo que no haría más que sumar los inconvenientes. De allí que su proyecto fuera amplio, general y conforme al espíritu de concor-

[43] Société des Nations. Comission de Coopération Intelectuelle. Procès verbal de la quatrième session, p. 9.
[44] Société des Nations. Comission de Coopération Intelectuelle. Troisième et quatrième sessions, p. 10.
[45] Société des Nations. Comission de Coopération Intelectuelle. Procès verbal de la quatrième session, p. 21.

dia de las repúblicas latinoamericanas. La finalidad de la Comisión Intelectual, llamada a colaborar con la Sociedad de las Naciones, no puede ser otra que la de evitar la guerra y, teniéndola en cuenta, no era aventurado afirmar que una de las consecuencias inquietantes de la última hecatombe fue que la opinión pública había consentido el estado bélico. Peor aun: existió unanimidad en los pueblos ante el conflicto; de allí el peligro de que tal circunstancia pudiera repetirse.

Acorde con tales principios propuso, bajo la forma "eminentemente latina, que es la organización racional", un plan de reformas educacionales: 1) transformar la historia narrativa de cada país y de los continentes en historia de la civilización, resaltando los diferentes fenómenos históricos como idéntico esfuerzo en pos del bienestar general; 2) mutación de la geografía particular en general, considerándola complemento de la historia e instrumento apto para el conocimiento de las perspectivas útiles de cada nación; 3) la historia del comercio sería el vínculo entre ambas ciencias; 4) insistir en la enseñanza de las matemáticas para fundar el razonamiento y la conciencia sobre la aceptación leal de toda demostración, que constituye el concepto racional del honor; 5) desenvolvimiento de la enseñanza de las letras clásicas, buscando ampliar los sentimientos de generosidad y benevolencia que inspira la belleza desinteresada; 6) difusión de la economía política basada sobre el desarrollo de la industria, verdadero patrimonio humano, pues a su formación concurren todos los pueblos[46]. La docencia así preconizada habría de encaminarse a la formación de una conciencia humana, pero dentro de la conciencia pública: "el género humano tal como lo concebían los romanos del Imperio"[47].

Sin duda algo restaba de aquel Lugones internacionalista, al modo estoico, de los años previos a la guerra. Había sufrido, es cierto, el impacto de la relatividad, pues puso en crisis sus generosas creencias universales, pero aún no había abjurado totalmente de aquellos principios. Con su proyecto buscaba conciliar la idea de la humanidad con la de patria, pero aceptando que "la primera sin ésta no pasaba de una paradoja metafísica"[48].

[46] Société des Nations. Comission de Coopération Intelectuelle, Troisième et quatrième sessions, pp. 36-37.
[47] Ibid.
[48] Ibid.

Si se observan sus movimientos en la Comisión Intelectual, y, sobre todo, su última ponencia, se advierte mayor cautela ideológica a la que habrá de exhibir años después. Hasta ahí su reaccionarismo se equilibra con el viejo ideario, que no parece definitivamente enterrado.

La Asamblea General de la Liga de las Naciones tuvo lugar en septiembre de 1924 y fue la más trascendente de las celebradas desde su establecimiento. Nacida como gran esperanza, la creación de Wilson, que habíase afirmado año tras año, pretendía ya en aquellas sesiones alcanzar su objetivo primordial: abolir la guerra. Se iniciaban, así, tiempos de ilusiones por la paz y, gracias a su prestigio, el organismo iba a transformar a Ginebra en verdadera capital del mundo.

Hacia los bordes del Leman convergían, pues, los jefes de Estado, derramando nobles y generosos ideales. El 2 de octubre, Herriot y Mac Donald firmaron un protocolo en el que sistematizaban un nuevo derecho internacional, consagratorio del arbitraje como único medio para solucionar los conflictos entre países. Los estados miembros al aceptar la fórmula de "arbitraje, seguridad y desarme", aceptaban también las obligaciones de la tríada: defenderse recíprocamente de cualquier ataque. Todo ello no hacía más que iniciar lo que en aquella época dióse en llamar con indisimulado orgullo "el espíritu de Ginebra", ensoñación que sólo esfumaría la guerra de 1939.

Muy por el contrario, Lugones —testigo del acto fundacional que fue la Asamblea de 1924— estaba convencido, como durante su primera residencia europea, que el viejo continente se aprestaba de modo inexorable para la guerra, la cual iba a ser "extenuante y larga" [49]. Este concepto longitudinal del futuro conflicto llevábalo a predicar, como un gran hallazgo para su patria, la necesidad de "bastarse a sí misma". En realidad no repetía otra cosa que los ideales autárquicos surgidos de las experiencias de 1914-1918 y que los Estados mayores y economistas europeos elevaron, por entonces, al rango de dogma político. Puede resultar aprovechable subrayar que estas novedades se expandieron también al ejército argentino y que su cuadro de oficiales las adoptó con fervor, como complemento ne-

---

[49] LUGONES, "Ambiente de guerra", *La Nación*, setiembre 8 de 1924; "Hacer patria", *La Nación*, setiembre 10 de 1924.

cesario de la seguridad nacional ante los peligros limítrofes y, sobre todo, respecto a la inédita ofensiva ideológica del maximalismo.

El credo pacifista de la Liga exasperaba al actualizado Lugones, que luego del experimento de la Gran Guerra descreía de tales intentos pasatistas. Para él, todo "el espíritu de Ginebra" era falso por este sencillo argumento: "La Liga ha insistido hoy en un contrasentido increíble: la restauración de la ideología democrática anterior a la guerra, como si este acontecimiento enorme, origen de la misma sociedad, no hubiera existido" [50]. Había transitado un largo camino desde aquellos días de la guerra, pleno de ilusiones por la creación wilsoniana, alentados con férvida tenacidad en su propaganda aliadófila. Sin duda, era ya otro Lugones.

Frente al despliegue de buenos deseos, con sombrío realismo, transmitió a *La Nación* desde Ginebra, el ineluctable fracaso del protocolo sobre seguridad y sanciones colectivas. Aquella "magnífica pieza académica, tan perfecta que su aplicación resultaría imposible" [51], estaba condenada de antemano. Acertaba el crítico: ni Francia ni Gran Bretaña lo suscribirían, con lo que sucumbió el intento. Acerca del proyecto sobre desarme, la desconfianza era aun mayor; pensaba que su fracaso iba a arrastrar el de la propia organización. Durante mucho tiempo supo lucrar con orgullo este vaticinio, al que, coquetamente, sumaba su otra gran predicción: el estallido de la Gran Guerra.

Invitado por la Federación Universitaria Internacional pro Liga de las Naciones —gracias al internacionalista Nicolás Politis—, Lugones pudo disertar sobre el arbitraje en América Latina. En verdad, la inveterada práctica nacional de resolver por terceros imparciales los diferendos, sirvió de pretexto para revisar el postulado rector de la Liga: "La paz a cualquier precio no es más que cobardía, la que no sabrá orientar los espíritus sino hacia una suerte de budismo ideológico" [52]. Para concluir con esta frase que prenuncia su novedosa posición ética: "La

[50] Lugones, *La organización de la paz*, p. 75.
[51] *La Nación*, noviembre 26 de 1924.
[52] Lugones, "L'Arbitrage dans l'Amerique latine", *Revue de Gèneve*, noviembre de 1924, p. 519.

vida es un acto de fuerza que resulta de una doble acción, de resistencia y conquista." [53].

Las bellas jornadas de Europa se desgranan con deliciosa morosidad y, al llegar el día de la partida, los Lugones deciden retornar a su patria en el *Massilia*, al que abordan en el puerto de El Havre el 13 de octubre de 1924.

No bien arriba de su periplo, a instancias del íntimo Carlos Obligado, los más distinguidos intelectuales argentinos se presentan ante el Ministro de Justicia e Instrucción Pública solicitando se le otorgue el Premio Nacional de Literatura. Las firmas son realmente un dechado: Roberto J. Payró, Ricardo Rojas, Enrique Larreta, Horacio Quiroga, Arturo Capdevila, José Ingenieros, Alfonsina Storni, B. Fernández Moreno, Enrique Banchs, Jorge Luis Borges, Rafael Arrieta, Jorge A. Mitre, Pedro Figari, Emilia Bertolé, Alberto Gerchunoff, Emilio Pettoruti, Ricardo Güiraldes, Ezequiel Martínez Estrada, Luis Franco, Alberto Girondo, Horacio Rega Molina, Benito Quinquela Martín, Conrado Nalé Roxlo, C. Córdova Iturburu, Enrique M. Amorín, Francisco López Merino, Pedro Juan Vignale [54]. El galardón le fue finalmente concedido en mérito a las obras publicadas ese año: *Filosofícula, Romancero, Cuentos fatales* y *Estudios helénicos* [55].

A la honra acompañaba una fuerte suma, que cayó como bendición en las habitualmente magras talegas del escritor. José León Pagano, al respecto, refiere una anécdota que arroja esclarecedoras luces sobre el consentimiento de Lugones, siempre reacio a tales honores. Cuenta Pagano que una tarde luego de salir de *La Nación*, mientras cruzaban la Plaza San Martín, Lugones, en tono confidencial, le dijo: "Si no me hubieran dado el Premio Nacional, hubiese tenido que pegarme un tiro" [56]. Estupefacto ante la confidencia, Pagano atinó a recordarle que eran sólo dos —Juanita y él— ya que Polo "campea por sus cabales". No cesaron ahí las disquisiciones del sorprendido interlocutor, quien acto seguido hizo hincapié en que sus ingresos

[53] *Ibid.*
[54] *La Nación*, octubre 28 de 1924.
[55] Un jurado designado por la Universidad se lo otorgó el 18 de abril de 1926, *La Prensa*, abril 18 de 1926.
[56] *Boletín de la Academia Argentina de Letras*, 1958, p. 646.

no eran, ni mucho menos, despreciables: el sueldo como Director de la Biblioteca de Maestros y la mesada del diario de los Mitre, que pagaba aparte las colaboraciones dominicales. "Tras oírme —continúa Pagano— Lugones se detuvo en seco, me sujetó del brazo con mano fuerte —tenía Lugones fuerte musculatura— y me replicó, improvisando esta cuarteta con rapidez fulmínea:

"¿A qué viene hacer vibrar
la cuerda que se desgarra,
si la hormiga de mi hogar
es una alegre cigarra?" [57].

Clara alusión a los devaneos de Juanita, pues si bien fueron invitados, los gastos adicionales de los últimos viajes debieron incidir negativamente en su ya vacilante presupuesto. A pesar de las conjeturas de Pagano, Polo y Carmencita Aguirre vivían con los Lugones, habiéndoseles sumado, además, la primera nieta. En verdad, Polo casi no trabajaba y todo recaía en el "tata" [58]. Es muy probable, entonces, que en esa época Lugones tuviese deudas y hubiera sufrido más de una tensión insoportable.

La *Organización de la paz*, salvo ligeros agregados, contiene ocho artículos, resumen de sus experiencias en Ginebra, que aparecieron en *La Nación*, entre el 16 de noviembre y el 6 de junio del otro año. No se trata de banales o presuntuosas impresiones del cronista destacado en la trascendental Asamblea. Trátase, esta vez, de una original definición de inédita ideología, pues están allí explicadas —y justificadas— muchas de las causas del viraje político de Lugones.

El credo pacifista que había adquirido inusitado vigor gracias al sesgo adoptado por el organismo internacional, le parece restauración de ideales perimidos, por la conmoción de la Gran Guerra. Aquel nuevo orden mundial, superado según él por la imperiosa modernidad de los hechos, le permite volver sobre supuestos filosóficos que considera caducos.

Así emerge en aquellas páginas, desacreditado irremisiblemente, el dogma del progreso indefinido. Para comprender los desencantos de Lugones no debe olvidarse que hasta 1918 fue

---

[57] *Boletín de la Academia Argentina de Letras*, 1958, p. 647.
[58] Conversación de Carmen Aguirre con el autor.

devoto creyente del sostenido mejoramiento de la humanidad. Por ello, aún a riesgo de caer en simplificaciones, puede afirmarse que la principal razón del abandono de los antiguos ideales reside en el desengaño que en su ánimo provocó el aterrador retroceso inferido por el bélico episodio. Aquello fue un caer de las nubes y nadie logrará entender la angustia que aquejó al mundo intelectual de posguerra —y a Lugones también— si se abstiene de considerar la bancarrota de ideales impuesta por la estéril conflagración, con su secuela de muertos, crisis y malestar.

Sin duda esto debió de impresionarlo vivamente y, por cierto, no dejó de sospechar que su terco y optimista idealismo podía rozar lo ridículo o, lo que era ya intolerable, el error. Y si la guerra se le antojara —desde antiguo— el gran catalizador de una revolución anunciada sin cesar, con prontitud reparó que aquel gran cambio habíase operado finalmente, pero que el resultado era otro. Idas y venidas, dudas y afirmaciones, caracterizan este atribulado período de su vida que se extiende entre 1922 y 1924 y culmina con *La organización de la paz*. Aquellas páginas resumen, por otra parte, el desengaño de un idealista[59], aunque todavía no se advierte en ellas la sobreactuación propia del converso. Es más bien catálogo de críticas a las imposibilidades de una paz elevada a sistema mundial. Como el anhelo le sonaba imposible, los intentos ecuménicos de la Liga eran, a su juicio, no sólo equivocados, sino además inútiles[60].

Prueba de la descomposición del pensamiento liberal, Lugones desnuda, fundamentalmente, la crisis del racionalismo ordenancista[61]. Durante mucho tiempo ha de reprochar el vano intento del hombre de someterlo todo, ya que puede razonarlo todo[62]. No andaba solo Lugones en su modernísimo reparo: Ortega y Gasset, pertinaz importador de novedades filosóficas alemanas, la había emprendido también desde su *Revista de Occidente*, y antes desde *El Sol*, contra la organización volunta-

[59] Lugones, "Ambiente de guerra", *La Nación*, setiembre 8 de 1924.
[60] Lugones, *La organización de la paz*, pp. 17, 54 y 75-76.
[61] *Ibid.*, p. 54.
[62] Lugones, "El fracaso colectivista", *La Nación*, diciembre 12 de 1926; "El elogio de Maquiavelo", *La Nación*, junio 6 de 1927; "El tesoro del Dragón", en *La patria fuerte*, Círculo Militar, Buenos Aires, 1930, p. 22.

rista y despótica del mundo exterior propuesta por el racionalismo kantiano [63]. Anotaba el comentarista español que de esa poderosa corriente se originó la tendencia a adecuar la vida a sistemas imaginarios, el culto por la ideología que hoy llamaríamos utopismo. Si algo resulta inconfundible durante la entreguerra es el soberano desprecio a la imaginación organizadora. Lugones —por ejemplo— está atiborrado de ese tipo de censura: distingue, por un lado, la política realista o arte de dominar (el fascismo y el marxismo) y, por el otro, el derrengado liberalismo metafísico e igualitario [64]. Lugones, que había podido escapar de la prisión kantiana gracias a sus prevenciones para el racionalismo, no quiso ser más uno de esos "políticos idealistas, curiosa pervivencia de una edad consunta" —ridiculizados igualmente por Ortega, otro converso—, "verdadera rémora para el progreso de la vida, únicos reaccionarios que realmente estorban" [65].

Había iguales reparos para la posibilidad del desarme, "tan boyante en esos días de ilusión" [66]. Lo acusaba —él, que se había "aggiornado"— [67] de "constituir una aspiración del pasado" [68]. La desconfianza no era equivocada, pues la voluntad belicosa y el militarismo de los propios campeones existían, y los ideales de paz lo eran sólo por cuenta ajena [69].

Su acercamiento al ejército, la creciente amistad con los cuadros directivos, lo llevaba a predicar acerca de los peligros que acecharían a la Argentina en caso de amparar tales prácticas. Es sabido que el primer paso para instaurar la influencia castrense en el país consistió en presionar sobre el poder civil, convenciéndolo acerca de la preeminencia de la seguridad a expensas de cualquier otro fin estatal, todo ello, por supuesto, completado necesariamente con el rearme. Tal, por aquel entonces, el designio de Justo y sus generales. Aprovechando la obsolescencia del equipo militar —agudizado por el avance tecnoló-

[63] "Reflexiones del Centenario", *Revista de Occidente*, abril-mayo de 1924.
[64] LUGONES, "El fracaso ideológico" *La Nación*, diciembre 12 de 1926.
[65] "Reflexiones del Centenario", *Revista de Occidente*, abril-mayo de 1924.
[66] LUGONES, "Ambiente de guerra", *La Nación*, setiembre 8 de 1924.
[67] LUGONES, *La organización de la paz*, p. 12.
[68] *Ibid.*, p. 29.
[69] *Ibid.*, p. 16.

gico de la guerra y de los desplantes de Yrigoyen a los militares— a partir de 1922 los estados mayores desarrollaron intensa campaña buscando la renovación armamentística. La maniobra se vio coronada por resonante éxito: el Congreso Nacional votó la ley 11.266; el camino hacia un predominio castrense quedaba abierto.

Lugones fue un providencial benefactor para que este objetivo fuera alcanzado. La verdad es que en ese lento y seguro avance del ejército hacia el dominio total de la sociedad, fue él quien resultó a la postre utilizado y no a la inversa. Las líneas de progresión de ambos protagonistas lo ejemplarizan: mientras la cosa castrense creció en prestigio y poder político, el intelectual antidemocrático, portavoz de nuevas concepciones doctrinarias, languidecerá en oscura medianía, olvidado, sin mínimos honores que ayuden a sostener tanto espíritu, clásico destino para todo aquel que pretenda servir —aún desinteresadamente— a las instituciones sectarias sin pertenecer a ellas.

Gustábale repetir, en esos días, una frase que sintetizaba su nuevo ideario: hablaba de "la dignidad de la fuerza" [70]. Años más tarde, Jorge Luis Borges recreará la bella fórmula y se referirá a "la dignidad del peligro", si bien limitándola al culto del compadrito y reconociendo como progenitor ilustre al doctor Samuel Johnson [71]. Aquella devoción por la dignidad de la fuerza trajo consigo inevitables cambios en el hemisferio ideológico de Lugones. La patria no será como en *Odas seculares* el lugar en que se convidan la libertad y la justicia, sino una "imposición y un peligro permanentes, que requieren la preeminencia de la fuerza armada" [72]. La política, antaño denostada como ocupación bastarda, resurgirá empírica, realista y, devota de la fuerza, ha de ser indispensable contenido de todo gobierno [73]. Profundo eticista —desde siempre— supo realizar el necesario esfuerzo en pos de la síntesis de una norma de conducta ideal: "Negar la fuerza es un desvarío místico que arrastra a la degradación y a la imbecilidad, porque es negar la vida en una

[70] LUGONES, "La fórmula de la paz para toda nación, es más que nunca: oro y armas", *La Nación*, octubre 3 de 1925.

[71] BORGES, Jorge Luis, *Discusión*, Manuel Gleizer, Buenos Aires, 1932, nota 2, p. 62.

[72] LUGONES, "El fin del ensueño", *La Nación*, febrero 21 de 1926.

[73] LUGONES, *La organización de la paz*, p. 58.

de sus más elevadas manifestaciones: aquella que sintetiza para la acción las dos facultades más nobles o sean la inteligencia y la voluntad" [74].

La organización de la paz convocó más reparos que elogios, si bien en realidad unos y otros no fueron muchos. Tal la invariable indigencia política de la Argentina. Ni siquiera en el ejército se conocen casos de lectores voraces. Hay, sin embargo, un denuesto que merece destacarse. Es el de Julio Fingerit, escritor cristiano-hebreo, promocionado por Manuel Gálvez, quien con su viejo encono hacia Lugones habrá de solazarse años después pensando que su autor fue uno de los "que le cayera más fuerte" [75]. El libro [76] pretende, por supuesto, aniquilar a Lugones, refutar su flamante espíritu belicoso, de modo que se extiende en resobados argumentos de corte pacifista, invoca el arreglo mundial como seguro freno para la guerra y alienta la confederación como otro método eficaz. Empero, en sus páginas es posible hallar ciertas agudezas. Por ejemplo, cuando acusa a aquel gran dinámico que fuera el autor de *La organización de la paz* de haber pasado a fiel seguidor del parménico "lo que fue, es y será siempre", o aquello de que "la vida es así". Fingerit apunta —con razón evidente— al principio de inmutabilidad, característico de toda beligerancia reaccionaria. No obstante, afea su discurso con aderezos de singular jaez: "Esto creo que le viene principalmente de su condición de mestizo" [77]. El libelo, cautivo de una tendencia al énfasis que no destaca, precisamente, la finura de Fingerit como prosista, concluye: "Y le digo que en adelante todas las generaciones argentinas que le hagan justicia repetirán este juicio que le hago: que él es un charlatán y un retórico vil" [78].

Invitado por el gobierno peruano, junto con otros distinguidos intelectuales a los festejos por la batalla de Ayacucho, Lugones emprende nueva peregrinación, esta vez hacia Lima. El 23 de noviembre viaja por la Combinación Internacional —vía Santiago de Chile— hasta Valparaíso. En aquel puerto, luego

---

[74] Lugones, *La organización de la paz*, pp. 11-12.
[75] Gálvez, *Amigos y maestros de la juventud*, p. 201.
[76] Fingerit, Julio, *Un enemigo de la civilización: Leopoldo Lugones*, Tor, Buenos Aires, 1927.
[77] *Ibid.*, p. 16.
[78] *Ibid.*, p. 77.

de formular declaraciones en favor de los militares chilenos, que consideraba —"allá como acá"— mejores que los políticos [79], embarcó rumbo a El Callao a bordo del *Santa Lucía* para arribar a la capital del Perú el 4 de diciembre.

La estancia fue reconfortante. Roberto Levillier —ministro argentino ante las autoridades limeñas— estaba encantado con los huéspedes. Sin cesar homenajeados, Lugones y Juanita recibieron vivísimas simpatías de los escritores locales, dirigidos en aquella magna gratificación por José Santos Chocano, quien, según confidencia del agasajado a Nalé Roxlo: "hacía el Dios, y lo hacía muy bien" [80].

Con sagacidad, Lugones no dejó de advertir que la Asamblea de Ayacucho podía resultar tan importante como la de Ginebra para divulgar, ante los intelectuales americanos, los interrogantes políticos planteados por la posguerra. Estaba convencido de que todo aquello resultaba harto más trascendente "que una reunión diplomática" [81]. Veía representado en aquel ilustre grupo de concurrentes al crítico desarrollo de la posguerra en América: la democracia, que a partir de 1917 deslizábase hacia el comunismo y, por el otro lado, cierta reacción, con tendencia hacia los gobiernos fuertes y simplificadores. Según Lugones, como justa y real dicotomía, asistieron al festejo "personalidades de avanzadísima filiación ultrademocrática, desde Rabindranath Tagore hasta el licenciado Caso; pero también conservadores y reaccionarios como Guillermo Valencia y yo, que me cito a pesar mío". Los primeros, por supuesto, recogían las mayores adhesiones. El poeta hindú, "con su gloriosa metafísica, divagaba en el encanto de su pedagogía sentimental", y el ardiente proselitismo del filósofo mejicano, "quien predicaba la libertad, con sus discursos pacifistas, humanitarios y hasta un poco antimilitaristas y anticomunistas" [82].

Ya que de los intelectuales americanos reunidos en Lima podía inferirse la opinión de sus respectivos países, Lugones, transformado en atento crítico, sostenía que las democracias latinoamericanas se encaminaban hacia un comunismo caracterizado por la entusiasta imitación rusa, sustitución del panamericanis-

[79] *La Nación*, enero 14 de 1924.
[80] *Borrador de memorias*, p. 193.
[81] LUGONES, "Información del Pacífico", *La Nación*, febrero 19 de 1925.
[82] *Ibid.*

mo por el paniberismo y el apartamento hostil de los Estados Unidos [83]. Aquel cónclave, espontáneo y extravagante, donde casi a los gritos se profesaban las nuevas corrientes del pensamiento liberal, tentó u obligó a Lugones a decir lo suyo. Es probable que su vigoroso temperamento, proclive al despliegue dialéctico, sintiérase estimulado y provocado por el reto de tanta "paradoja libertaria y de fracasada, bien que audaz ideología".

La oportunidad se la brindó el mismísimo Chocano. Como le tocaba clausurar la fiesta conmemorativa con su "Canto a la Victoria de Ayacucho", quiso que el argentino lo precediera en el uso de la palabra. El texto del discurso, leído en presencia de Justo que asistía a las celebraciones, no pasó de una de sus acostumbradas piezas oratorias, algo retóricas y con cierto énfasis retenido pero perceptible. Mero catálogo épico, no faltó la anécdota de las conversaciones y abrazos entre oficiales de ambos ejércitos antes de dar batalla, "costumbre de la guerra caballeresca", según acotó Lugones a título de explicación. Y de pronto, en medio de aquella prosa barroca, la frase medida y elaborada, rotunda como un trompetazo, que de ahí en más habrá de devorarse su vida y su obra: "Ha sonado otra vez, para el bien del mundo, la hora de la espada".

Arribado de un solo golpe al asombro, en seis breves párrafos definirá el nuevo ideario, hijo de su crisis ideológica: la vida es un estado de fuerza, tal la enseñanza de 1914. La espada —que era su bella representación— hizo la independencia e implantará la jerarquía indispensable que la democracia ha malogrado con fatales desviaciones hacia el socialismo y la demagogia. Por eso, ante la vacante, habrá de surgir el jefe predestinado, aquel que mande por su derecho de mejor, con o sin ley, testimonio —este último— que dicho ante el general Justo puede tomarse hoy como una real instigación.

Por último queda el éxtasis castrense. Si en las conferencias del Coliseo su militarismo hallábase ya prefigurado, acá, en Lima, aparece nítido y categórico; y, lo que es más, embellecido como una forma elevada de vida: "El ejército es la última aristocracia, vale decir la última posibilidad de organización jerárquica que nos resta entre la disolución demagógica. Sólo la

[83] *Ibid.*

virtud militar realiza en este momento histórico la vida superior que es belleza, esperanza y fuerza"[84].

Devorado por su característico fervor en deslumbrar al lector o al escucha —en definitiva otra manera de cortejarlo— había logrado, al fin, aquello que buscó con tanto afán: hacer público el nuevo credo político. Valiéndose únicamente de escasos renglones no hacía sino expresar con inéditos y audaces conceptos su adhesión permanente a la vida concebida desde un punto de vista aristocrático. Si con el predominio de las creencias burguesas pudo imaginarla ignorada, o al menos desdeñada, a partir de la Gran Guerra y de su desilusión por la revolución rusa, estaba convencido del inminente aniquilamiento de esos valores. Y al igual que la vasta falange de intelectuales de entreguerras, horrorizados ante la irrupción de las masas y de la consiguiente imposibilidad de preservar una visión poética de la vida y del mundo, no dudó en adherirse a la ideología autoritaria que brindaba resquicios en los cuales continuar sus ensoñaciones. Se dejaría arrastrar —como aquella pléyade también— por vagas esperanzas de salvación, gracias a la obra de un gran hombre que, como el genio, sería otro producto del destino. En Lugones se advierte, a lo largo de su vida y de su obra, cierta ansiedad escatológica, sentimiento por otra parte bastante común en personalidades artísticas. En realidad, pocos artistas han sido capaces de resistirse a considerar que la civilización ha alcanzado un punto crítico y que su mundo está próximo a concluir. Todo ello, con múltiples variantes, constituye una vieja obsesión de los intelectuales: los problemas a los cuales deben enfrentarse les parecen únicos y desconocidos.

Coincidentemente, el período antiburgués de Lugones se distinguió, también, por esa suerte de apocalipcismo, de milenarismo laico, según el cual el mundo perverso, cruel y sobre todo materialista, perecería en holocausto desvastador, antesala para la redención de los justos. Sus conferencias del Coliseo y su discurso limeño lo exhiben con idéntico desvelo. En verdad, repetida prueba de lo que era capaz su imaginación, había escogido —algo caprichosamente— aquel año de 1925 como final de una era, a la que seguiría un período pleno de heroicidad

[84] Lugones, *La patria fuerte*, p. 18.

y belleza y cuyo advenimiento, cual nuevo apóstol, anunciaba con vital alegría.

Lo incidental y contingente del discurso de Ayacucho no puede engañarnos como a toda esa generación que se deleitó en reprocharle un giro ideológico, torpe, casi delictuoso. Sin embargo, el asunto no parece tan trágico. Lugones es nada más que el típico intelectual de posguerra, con su bagaje de desengaños, descreimiento en la razón, escéptico ante el progreso y, en especial, prevenido casi en grado patológico por el desborde igualitario de las masas y el maquinismo.

No pudo despojarse de su condición de hombre del siglo XIX que debió afrontar el nacimiento de una nueva época y en esa dificultad debe buscarse la causa de sus mudanzas, de sus cambios. Quienes han asistido al mundo posterior de la Segunda Guerra Mundial —que es el nuestro— pleno de ilusiones, certidumbre y bienestar sin precedentes, no podrán entender el profundo desasosiego que se había adueñado de los espíritus durante el entreacto de ambas contiendas. Aquel temor fue, en definitiva, el que alimentó la fascinación por el autoritarismo, de la que tan pocos —quizá sólo algunos marxistas europeos— consiguieron evadirse.

El pronunciamiento de Ayacucho trajo querellas. Era figura demasiado relevante para que su nuevo credo pasara inadvertido. En Buenos Aires, el diputado Saccone, nuestro desconocido, expuso en el Congreso repetidas quejas y diatribas mientras las organizaciones estudiantiles hacían otro tanto. Realmente, fue lo mismo que cuando las conferencias del Coliseo.

Sin embargo, esta vez la novedad vino de Costa Rica. Primero, el profesor chileno Enrique Molina, desde las páginas del *Repertorio Americano* de Joaquín García Monge, aquel seminario de cultura americana que Lugones sabía utilizar, desde antiguo, como foro para difundir sus ideas. El ataque se concentró contra el militarismo lugoniano, preponderancia que consideraba nociva. Es más, para el chileno, "el ejercicio de las armas significa y debe significar una función subalterna dentro de la organización civil" [85]. Lugones, de inmediato, supo aventar la denuncia sugerida por Molina de haber incurrido en melindres con el dictador Leguía e incitado el aplauso palaciego:

[85] *El Hogar*, abril 10 de 1925.

"Empezaré, pues, por comunicar al señor Molina que el público asistente a mi discurso no aplaudió, precisamente, la apología de la espada ni el juicio a la democracia legalista, lo cual mostraba su desacuerdo conmigo" [86].

Insistió con su descreimiento en la razón o en la existencia de leyes naturales o divinas, es decir, "ninguna adecuación irrefragablemente necesaria de los fenómenos a un dominio ilimitado de frecuencias" [87]. La guerra y la ciencia, con su relativismo de conceptos, eran prueba de esa ilusión desvanecida que resultaba la ideología democrática del siglo xix. He ahí las razones poderosas de haberla abandonado y volcarse "al realismo maquiavélico, anticristiano y antiliberal a la vez" [88].

Aquel mundo viejo en quiebra daba lugar a otro nuevo, donde el goce de vivir era objeto de la vida. Y así, concatenando reflexiones, llegaba a expresar con arrebato dionisíaco: "El dilema plantéase, pues, entre la democracia, que es el triunfo cuantitativo de los menguados, y la constitución de una aristocracia por la victoria cualitativa de los mejores, que puede ser gloriosa tiranía en el individuo considerablemente superior" [89].

Luego fue Baltasar Dromundo, de México, también desde las páginas del *Repertorio Americano* [90]. Fanático de la revolución azteca —socialista y liberal—, agraviado contra los Estados Unidos proponía que la Argentina aceptase como propias, "a título de solidaridad americana", las soluciones populares de su país. En la respuesta, Lugones volvió a desnudar la imposibilidad americana de adoptar fórmulas democráticas: "fantasía política, según lo compruebo con su fracaso secular, la anfictonía bolivariana". Obstinarse en semejante régimen parecíale incapacitarse a sabiendas, cuando la índole latina enseñaba el camino de llegar: "Los gobiernos de mando, u organizaciones jerárquicas fundadas en la jefatura personal, son los que más nos convienen, porque son los que entendemos mejor" [91].

86 *Ibid.*
87 *Ibid.*
88 *Ibid.*
89 *Ibid.*
90 T. XII, Nº 9.
91 "Lugones rectifica al señor Dromundo", *Repertorio Americano*, t. XII, Nº 22, junio de 1926.

321

Alberto Brenés Mesén, intelectual costarricense, también la emprendió contra el flamante reaccionarismo de Lugones con tono agraviante. Se apresuró a responderle, no sin antes quejarse de la intolerancia americana, con la cual, cualquier discrepancia termina por enemistar personalmente. Tanto, que propuso al director del periódico receptor de ofensas y respuestas no atacar sin ser atacado: "Todo ataque personal por diferencias de opinión es, además, un atentado; ya lo consumen en la ocasión el petardo verbal o el químico. Las ideas sociales o políticas no son cosa personal; de suerte que, en controvertirlas, no hay ofensa para nadie. El que se da, entonces, por ofendido es un fanático"[92]. En verdad, su tono no era el de un fascista.

Lo de Luis Araquistain sí fue grave. A poco del discurso de Lima, arremetió contra Lugones[93]. Araquistain era uno de esos típicos intelectuales españoles, peregrino por oposición al régimen de Primo de Rivera, nostálgico de hegemonías para la cultura ibérica. El artículo que publicó, siempre en aquel órgano, era discreto; glosaba la oración de Ayacucho y trasuntaba el resentimiento que le causaba la admiración de Lugones por los Estados Unidos. Había registrado con celtíbera prevención la diatriba lugoniana reservada a una de las proposiciones favoritas alentada en sus artículos: "la organización del pensamiento hispanoamericano era una frase perfectamente vacía". Finalmente, Araquistain (no sin razón) le enrostraba "espleméticos pasatiempos intelectuales en compañía de Nietzsche, Barrés, D'Annunzio, Marinetti"[94].

No quedó ahí la cosa. Aprovechando la entrevista que le hiciera *La Democracia* de Puerto Rico, Araquistain, esta vez, se despachó a gusto contra Lugones. Por supuesto salió a relucir "su admiración por las instituciones yanquis" que —según el entrevistado— el argentino "pretendía fueran aceptadas servilmente por los demás pueblos americanos". Luego, sin mayores introducciones, apeló a la injuria. Dijo textualmente: "Leopoldo Lugones es un excelente poeta y un mediocre político. Un poco femenino, como algunos poetas, siente el culto de la fuerza sin

---

[92] "Una carta de Lugones. Moralmente hablando, civilización se define por tolerancia", *Repertorio Americano*, t. XII, N° 11, marzo de 1926.
[93] *Repertorio Americano*, N° 16, mayo 10 de 1925.
[94] *Ibid.*

derecho. Pero no hay que tomarle demasiado en serio. Es uno de esos hombres que no hay necesidad de rebatir, con el tiempo, indefectiblemente se rectifican ellos mismos. Esperamos que la veleta de su pensamiento vuelva a señalar el norte. La veleidad puede ser una buena musa lírica, pero nunca un principio de sólido pensamiento político" [95].

Al responderle, Lugones, que conocía el marcial arte del agravio, comenzó explicando que jamás había causado daño alguno al señor Araquistain, ni tenido motivo de enemistad personal, para agregar, rápidamente: "nunca me ocupé de sus obras literarias y políticas, que por obvia rectitud debo considerar buenas mientras las ignore, como sucede" [96].

"El señor Araquistain me ofende personalmente —continuaba diciendo— a una distancia y en condiciones que me permiten dudar de su capacidad para sostenerlo" [97]. No andaba con chiquitas el ofendido en su réplica. Contestando lo de su actuación política, deslizaba estas atenciones para Araquistain: "Me interesa poco lo de político, pues no lo soy; pero si fuese, y demócrata español por añadidura, me quedaría en España a luchar de frente contra la dictadura militar que allí domina, en vez de andarme por el extranjero, injuriando gratuitamente a particulares que no tienen velas en aquel entierro liberal" [98].

Araquistain al fin contestó, pero su respuesta fue mero catálogo de murmullos y disimuladas disculpas [99].

Estaba condenado a polemizar. Con Eleuterio Tiscornia habría de protagonizar otra muestra. El filólogo acababa de publicar la trascendental obra sobre el vocabulario del *Martín Fierro*, en la cual sólo había una línea mencionando sus trabajos sobre el tema, recogidos en *El payador*, verdadero descubrimiento del poema. "Aquel desdén bibliográfico del Sr. Tiscornia —argumentaba Lugones— se lo excusaría sin esfuerzo en gracia a su tácito apego editorial y filológico, si el libro fuera bueno." Con oficio efectuaba luego la clásica pausa que destaca aun más la estocada: "Pero es malo. Peor aun —continuaba— es insignificante. Y por ello, conforme al dicho infalible

[95] *Repertorio Americano*, Nº 6, noviembre 6 de 1926.
[96] *Repertorio Americano*, Nº 3, enero 22 de 1927.
[97] *Ibid*.
[98] *Ibid*.
[99] *Repertorio Americano*, Nº 17, mayo de 1927.

de Talleyrand, se exagera un mamotreto. No obstante su aspecto de artillería pesada, es literatura de infantería ligera" [100].

La omisión era realmente injusta, como lo había sido también la reticencia en nombrarlo durante el homenaje a Einstein. Aquella displicencia provocábale una santa ira. Bellamente enjoyada y por ello cruel, la disparaba contra el trabajo del erudito: "A su libro selecto, retraído de la publicidad común, advertíale ya Horacio (Epist., 1º, XX) que cuando cayera en manos vulgares, sería roído por las polillas taciturnas. Artistas del silencio ellas también, como los autores de mi defunción bibliográfica" [101].

No todo era acritud en aquel momento de la vida de Lugones. Había tiempo, también, para la generosidad consagratoria, como los casos de Güiraldes y su *Don Segundo Sombra*, o de José Pedroni, con su *Gracia Plena*. En realidad fueron pretexto con que responder a los cultores de la nueva estética, que tanto lo atacaban, como los martinfierristas. Su poder era demasiado grande para dejarlo inerme. Por eso sabía buscar blancos apropiados, refutar críticas, responder ataques, a la vez que resaltar nuevos talentos. La lista de sus medallones laudatorios es impresionante; Lugones no se equivocaba en sus elecciones: Fernández Moreno, Banchs, Rega Molina, Capdevila, Martínez Estrada.

Con *Don Segundo Sombra* comenzaba reconociéndole linaje del *Facundo* y del *Martín Fierro* [102], si bien aclarando, de inmediato: "No como ellas, sino que es de entre ellas, por la índole generosa y la gallarda valentía" [103].

Aquel extenso artículo publicado en las páginas dominicales de *La Nación* exaltó las virtudes de aquel "libro generoso y fuerte". Sin duda había advertido la influencia de *El payador* en el trabajo de Güiraldes; de allí la prosapia gauchesca que le atribuye. No olvida insistir en la importancia del tipo gaucho, formador de la raza y del carácter nacional, para luego relatar el breve argumento del libro —en realidad "una serie de cua-

[100] "Crónica literaria", *La Nación*, diciembre 22 de 1925.
[101] *Ibid.*
[102] LUGONES, "Don Segundo Sombra", *La Nación*, setiembre 12 de 1926.
[103] *Ibid.*

dros sin continuidad aparente"—. En ese mar de elogios no dejaba de anotar la limitación y defectos del idioma utilizado.

Pero la maestría evocadora y pictórica del autor le permite reincidir con una docencia que era su objetivo primordial: "Qué generosidad de tierra la que engendra esa vida", exclama, resaltando los grandes aciertos de *Don Segundo Sombra*, para luego agregar: "Esto sí que es cosa nuestra y de nadie más, en la absorción absoluta de los grandes amores. Patria pura" [104].

Inevitable, vendrá luego la andanada contra los cultores de la inédita sensibilidad, "personificada en la nueva Salónica, que sueña inaugurar el paraíso de la canalla, trastienda clandestina de las misturas de ultramar, donde el fraude de la poesía sin verso, la estética sin belleza y las vanguardias sin ejército, adereza el contrabando de la esterilidad, la fealdad y la vanagloria" [105].

Si la exaltación de Güiraldes provocó natural reacción entre las filas de los jóvenes iconoclastas, la de José Pedroni por su *Gracia Plena*, demasiado bizarra con sus recomendaciones estéticas, debió exacerbarlos. El artículo se inicia con larguísima definición estética: qué es poesía y qué es prosa. Analiza luego el valor del verso en la primera, la imperiosa necesidad de su presencia para que realmente exista, pues de no ser así: "se expresará, entonces, con éste, ideas o imágenes poéticas; pero la composición no será poesía sino prosa. Las cláusulas o renglones de esta última no se transformarán tampoco en versos, mediante la disposición vertical de su escritura; porque el verso no es una construcción gráfica, sino una composición musical. De lo contrario resultaría que los catálogos del almacén se hallan versificados a despecho de sus autores" [106].

La alusión era demasiado directa para el flamante movimiento poético nacional, agrupado en *Prisma, Proa, Martín Fierro*, que propiciaba la reducción de la lírica a la metáfora —una de las vertientes del *Lunario sentimental*—, la eliminación de frases intermedias, los adornos, el odio al ripio por la forzada manda de rimar [107]. Esta vez, el ataque lugoniano era franco

104 *Ibid.*
105 *Ibid.*
106 Lugones, "El hermano luminoso", *La Nación*, junio 13 de 1926.
107 Borges, Jorge Luis, *El tamaño de mi esperanza*, Proa, Buenos Aires, 1926, pp. 102-103.

y abierto: "Penoso exhibicionismo de escritores menos que mediocres y transparente escamoteo de su fracaso. Retórica de poetastros, en suma. La misma vieja cosa de los otros que tales de la Academia: la libertad de no hacer lo que no se puede. El nihilismo, que es una expresión de impotencia desesperada, como los celos póstumos que proscriben la castidad de la viuda" [108]. El ahorro del esfuerzo le parecía inmoral y lo equiparaba al "socialismo" y otras importaciones "análogas", con su facilismo estentóreo bajo el lema de que "todos tienen derecho a todo". En verdad, ese populismo artístico, practicado con aires de canibalismo y a grandes voces, le aterrorizaba y por allí deben buscarse causas y razones de su novísima posición reaccionaria.

En plena refriega con las nuevas corrientes literarias, aparece *Romancero*, editado por las fieles prensas de Samuel Glusberg; en él, Lugones incursiona nuevamente en las formas de la ternura erótica. El título recuerda el trabajo de Enrique Heine, tan pleno de altísima condición lírica.

No podrá ser entendido este decisivo aspecto de su obra si no se lo vincula, obviamente, con su elaborada idea del amor. En los cantos, Lugones no se da a la aversión mística ni a la desesperación romántica. No hay drama en el *Romancero*, no hay señal alguna de dolor. Por eso, Martínez Estrada —su mejor crítico— ha podido afirmar que en esta entrega el autor niega subconscientemente impulsos secretos y dominantes de su alma. Lo que impresiona es cierta frialdad clásica, la continencia en las formas, esa masculina belleza que se advierte en el tratamiento, que en definitiva es sólo serenidad, clave del interludio amatorio.

Otra característica del *Romancero* y de *Las horas doradas* es la presencia de un amante desdichado, que no reprocha el infortunio de su amor a la amada indiferente. En todo caso, se lo atribuye a su propio destino, con la actitud de un fatalista griego. Este es el módulo estético, igualmente alejado de la devota resignación del cristiano ante la adversidad y de la llamada desolación del romántico.

Lugones pretende idealizar la realidad. El amante del *Romancero* se espiritualiza amando. La pasión, de esa manera —son sus palabras—, tórnase virtud mediante el sacrificio del de-

---

[108] *Ibid.*

seo, en que consiste la pureza platónica, redimiendo al instinto, purificándolo, imponiéndole así la norma de belleza [109].

El tipo femenino del poema, como el de casi toda su literatura erótica, es delicado, virginal, casi infantil, esbelto hasta resultar grácil, angelical por decirlo todo. Por cierto, se advierte en la elección decisivas influencias del Dante.

Quizá cuando descubrió que el amor había muerto —*El libro fiel* lo refleja nostálgicamente— le fue necesario volcarse hacia formas más comprensivas y de mayor eficacia espiritual. Por eso, sus libros eróticos deben ilustrárselos previamente con la peculiar y ardua visión estética del Buen Amor, del Perfecto Amor.

> "Playa azul que debe ser
> Tan misteriosa y tan bella,
> Que de cuantos fueron a ella
> Nadie ha querido volver" [110].

Romancero fue recibido con los consabidos melindres de la prensa seria. En cambio, la nueva generación literaria la emprendió contra "el desapacible rimar" de las cuartetas. Jorge Luis Borges, por ejemplo, se ensañó con Lugones a quien acusó de "muy frangollón y muy ripioso". En realidad, al cacique generacional se le presentaba con la aparición del volumen ocasión para insistir con uno de los grandes temas vanguardistas: la condenación de la rima.

Borges la emprende contra las consonancias y asonancias del *Romancero* —Roman-cero, lo llamaban en *Martín Fierro*— como contra la clásica, y casi única, correspondencia entre azul y tul, visible, es cierto, a veces con exceso, en la poética de Lugones. El joven crítico pensaba que además: "El pecado de este libro está en el no ser; en el ser casi libro en blanco, molestamente espolvoreado de lirios, moños, sedas, rosas y fuentes y otras consecuencias de la jardinería y la sastrería. De los talleres de corte y confección, mejor dicho" [111]. Lugones recogerá el guante, devolviendo las atenciones mezcladas con arrogantes

---

[109] LUGONES, "Kalolitrosis. La redención por la belleza", *La Nación*, octubre 16 de 1927.
[110] LUGONES, Leopoldo, *Romancero*, Babel, Buenos Aires, 1924, p. 182.
[111] BORGES, *El tamaño de mi esperanza*, pp. 102-106.

enseñanzas: cobardía moral llamará —entre otros dicterios— a la particular licencia de escribir con todas las facilidades de la prosa.

A veces el tratamiento del amor se torna patético, como en algunas poesías: "Chicas de octubre", "Tennis", reiteraciones de una constante cara a la poesía lugoniana, la adolescente que todavía no es mujer, las "nymphettes" que gustaba cantar también Ronsard. Las siluetas de jovencitas reaparecen en el *Romancero*, como antes lo habían hecho en el *Lunario sentimental*, *Las horas doradas*, hasta *Los crepúsculos del jardín* y *El libro fiel*; igual que el ritornelo de las piernas demasiado flacas y demasiado largas, espiadas al desgaire. Sin duda, los conmovedores versos del "Cancionero de Aglaura" [112]. "Para la nena" [113], y "Luminosa vía" [114] de la hora crepuscular, están allí prenunciados.

Pretextando la resistencia drusa a las ansias colonialistas francesas, en 1925, aparecen en *La Nación*, con su firma, dos artículos, extraños, sugestivos: "La orden de los asesinos" y "Los caballeros del puñal" (set. 27, 1925 y nov. 29, 1925). Aparte la infección orientalista luego del hallazgo de la tumba de Tutankamón, tratábase del natural rebrote esotérico provocado en el ánimo de Lugones por la relatividad einstiana, ya prenunciado en sus *Cuentos fatales*. También la amistad con el emir Emín Arslan —peculiar y cultísimo personaje, director de *La Pluma*— mucho tuvo que ver en el rencuentro con su vieja pasión por la Doctrina Secreta.

El episodio se vio facilitado pues ambos eran iniciados: uno, en los misterios eleusinos, previa ingestión del "kikeon", y el otro, en los orientales, luego de absorber el "haschisch", palabra de cuya descomposición fonética francesa provenía el nombre de la Orden. Y así, aquel templario —el castillo inexpugnable de los estoicos— pudo adunarse con el "fedaví", hermano de la Santa Fidelidad. Por distintos caminos —verdades muy antiguas— ambos habían sacrificado la vida a mandatos eternos: "de la sensualidad, al amor; del egoísmo, a la caridad;

---

[112] Cárdenas de Monner Sans, María Inés, "El Cancionero de Aglaura", *La Prensa*, noviembre 8 de 1981.

[113] "Homenaje a Leopoldo Lugones (1874-1974)", *Boletín de la Academia Nacional de Letras*, Buenos Aires, 1976, pp 61-63.

[114] Lugones, "Luminosa vía", *Clarín*, diciembre 21 de 1978.

de la conveniencia, a la verdad; del orgullo, a la tolerancia; del placer, al trabajo; de la seguridad, al honor; del apetito, a la templanza; del poderío, a la justicia" [115]. El largo párrafo describe con sorprendente exactitud este peculiar y místico momento de su vida.

Los "assessins" le permitían reeditar, como en años juveniles, enseñanzas teosóficas aprendidas de María Blavasky: toda religión tiene un fundamento común, que es, precisamente, la Doctrina Secreta, politeísta y por ello tolerante. Concebían una divinidad o espíritu animador del Universo, que se comunica a través de manifestaciones secundarias, como los jefes de razas, mesías, imanes, budas, shamanes, todos reyes, a la vez que hijos de Dios [116].

Junto a otros movimientos similares, los "assessins" —como los gnósticos, los albigenses, el espíritu caballeresco, los trovadores, la misma teosofía— representaban, en marco cultural cristiano y adverso, "el retorno a los gérmenes paganos, vivaces aun bajo la tormenta bárbara"[117]. Esta era una de las tesis predilectas de Lugones. Además, todos participaban de la creencia palingenésica, que ayudaba a desentrañar el arcano de la muerte, el conocimiento de los "misterios de la unidad". Aquel dominio de *thanatos*, que posibilitaba la dicha de no reencarnar, de no caer en materia, permitía aproximarse al correlativo problema del amor.

Y acá Lugones, en los dos artículos, como no lo hiciera hasta entonces, descubre diáfanamente otro de sus grandes temas, también de origen iniciático o teosófico: el culto humano a la mujer, consistente en la "Cortesía" o "Arte del Perfecto Amor" [118]. Definíalo como "el sacrificio de la sensualidad, más no bajo el concepto monástico de la virginidad o de la abstinencia perpetua, sino en estado platónico" [119]. Para la caballería, para los trovadores, los albigenses, los drusos descendientes de

[115] LUGONES, "Los caballeros del puñal", *La Nación*, noviembre 29 de 1925.
[116] LUGONES, "La orden de los asesinos", *La Nación*, setiembre 27 de 1925.
[117] LUGONES, "Los caballeros del puñal", *La Nación*, noviembre 29 de 1925.
[118] *Ibid.*
[119] *Ibid.*

los "assessins", la Doctrina Secreta, para Lugones en fin, la mujer era sagrada. A partir de ahora, este tema, si bien permanentemente desarrollado en su obra poética, aparecerá racionalizado de modo didáctico, en nuevos y continuos trabajos.

En pocas oportunidades desnuda la intimidad de su pensamiento como en estos dos artículos. Pareciera como si tuviera necesidad de hacerlo. Ha de mostrar en las entregas el secreto que la doctrina develaba a los iniciados: la clave del destino, resumido en tres grandes móviles —*motto* de la vida y obra lugoniana— conocimiento, sacrificio, amor, que no eran sino los familiares platónicos, verdad, bondad y belleza [120].

Un año después, publicaría otro artículo más de la serie [121]. El ilustre astrónomo y poeta Omar Jayam —integrante de la Santa Fidelidad y por ello devoto de la Doctrina Secreta— serviría de tema esta vez. No ha de ser el poeta etílico, tantas veces divulgado, sino el filósofo, el notable eticista del que habrá de ocuparse. Con este nuevo elogio, descubre profundos conocimientos sobre el poeta persa y la natural influencia que ejerció sobre su obra, claramente palpable en el tono sosegado, triste, algo desencantado de *Las horas doradas*.

Aquel fatalismo, o, en otros términos, la ética aceptación del destino, era prueba de un pesimismo filosófico que encantaba a Lugones.

¡El destino! Cuántas veces aparece como una sombra en la obra de Lugones. Escuchémoslo definirlo de nuevo: "Es el universo mismo considerado como causa de cada una de sus partes y por esto inagotable, inmutable, inaveriguable o irreversible. Para comprenderlo o modificarlo fuera menester que la parte pueda contener al todo: un absurdo, pues. Nada sabemos ni podremos saber jamás de los móviles que determinan cada fenómeno y cada conducta. Todo lo que ocurre estaba preparándose desde la eternidad y es resultado de la evolución del Cosmos. Juzgar es, pues, una ilusión orgullosa. Y por ello es que sólo podemos compadecernos en el mal y en el infortunio. ¿No es mejor aceptarlo así, que acatarlo como mandamiento arbitrario de Dios?"[122].

---

[120] *Ibid.*
[121] LUGONES, "El collar de zafiros", *La Nación*, marzo 28 de 1926.
[122] *Ibid.*

Este "secreto posible" —como gustaba llamarlo— le servía de inédito argumento contra el racionalismo organizador, gran propagandista del culto ideológico, sistemático, exclusivista de la fe y la razón. Es que para fortalecer la flamante creencia reaccionaria, aprovechaba virutas que dejaban viejos maderos otras tantas veces trabajados. Pero su antirracionalismo, su exaltación vital, más tenían de paganismo que de acercamiento al pensamiento cristiano.

Luego del obligado traslado anual —esta vez de los pisos de Paraná 666— Lugones alcanzaría uno de esos remansos que, de tanto en tanto, toleraban las urgencias de Juanita y daban respiro a "su arte de la mudanza", como con benevolente dispensa conyugal gustábale describir aquel desesperante ejercicio. En 1926 se instalaron en un espacioso departamento de la calle Arenales 973, donde permanecería más de cuatro años, verdadera hazaña para la ambulante pareja.

Fue por esa época que lo designaron presidente del Instituto de la Universidad de Jerusalén, en Buenos Aires, cargo que retuvo hasta 1930. Es que Lugones era un declarado judófilo. Desde los viejos tiempos, como periodista de *El Diario* había emprendido decidida campaña contra la clausura de las escuelas israelitas fundadas en colonias de Entre Ríos y Santa Fe [123].

Durante la semana trágica de enero de 1919, indignóse por las depredaciones burguesas en inquilinatos judíos de Buenos Aires. Tuvo palabras durísimas para los antiguos compañeros del Comité Nacional de la Juventud que las habían perpetrado [124]. Siempre se enorgulleció de haber sido activo defensor de los judíos en las dos o tres tentativas —son sus palabras— "de crear antisemitismo, que ha habido por allá, por parte de los reaccionarios nacionalistas y de los frailes, sus aliados" [125].

Enrique Dickman ha relatado la decidida participación de Lugones en un encuentro de intelectuales israelitas que proponían organizar un movimiento contra ciertos brotes antisemitas

[123] LUGONES, "Los falsos problemas", *Vida Nuestra*, año II, N° 2, agosto 1° de 1918.
[124] "L. Lugones a León Kibrick", enero 25 de 1919, en "Encuesta de *Vida Nuestra* sobre la situación de los judíos en la Argentina", *Vida Nuestra*, año II. N° 7, enero de 1919.
[125] "Léopoldo Lugones", en GARCÍA CALDERÓN, Ventura, *Leopoldo Lugones*, p. 58.

en la Argentina [126]. Para definir todos los gestos asumidos ante la afligente cuestión, nada mejor que sus palabras, escritas durante la corresponsalía en Europa: "Este fenómeno de simpatía, es ya un triunfo humano. Por él vinculamos, efectivamente, nuestra noción de justicia al dolor de la raza perseguida" [127].

Mal podía dejar de simpatizar con un posible hogar judío en Palestina. La feliz iniciativa de lord Arthur Balfour encontró en Lugones al estrepitoso propagandista del "país de Israel, que tras de veinte formidables siglos se inicia en aquella misma tierra de las catástrofes, donde sólo quedaba de la patria un trozo de muro ante el cual los judíos del mundo entero compraban, míseros, el derecho de llorar" [128].

Prueba de judofilia y clarividencia ante el problema del afianzamiento de Israel, no vaciló, con natural perspicacia en condenar los ataques desencadenados para su exterminio: "El antisemitismo católico, en coincidencia tácita pero eficaz con el mahometano, persigue el fracaso del sionismo en Palestina: o sea de un solo golpe, la anulación del único elemento de progreso efectivo de dicha comarca" [129].

Tan noble actitud conservaríala hasta su muerte. En 1936, Abraham Jascalevich pide su opinión sobre el reciente trabajo de Benjamín W. Segel que trata de los protocolos de los sabios de Sión, y la da, sin titubear, públicamente: "la persecución del judío puramente por serlo no sólo constituye delito de lesa humanidad, sino incitación a la guerra civil cuando se trata de compatriotas" [130].

Importa destacar tan noble vertiente para esclarecer su reaccionarismo y las postreras reluctancias con la libertad, de las que tanto partido han pretendido extraer algunos representantes del pensamiento confesional.

En 1928 aparecen, plenos de exaltación geográfica y espiritual, editados por el amigo Glusberg, los *Poemas solariegos*, penúltimo capítulo de ese gran fresco —las *Geórgicas Argenti-*

[126] DICKMANN, "Vida y muerte de Leopoldo Lugones", *La Vanguardia*, marzo 10 de 1938.

[127] LUGONES, "La buena pintura", *La Nación*, agosto 12 de 1914.

[128] LUGONES, "Los frutos de la victoria", *La Nación*, junio 25 de 1922.

[129] LUGONES, "La contracruzada", *La Nación*, enero 12 de 1923.

[130] Prólogo de Leopoldo Lugones a *La mentira más grande de la historia. Los protocolos de los sabios de Sión*, DAIA, Buenos Aires, 1936, p. 4.

nas— que componen junto a *Odas seculares, El libro de los paisajes* y *El payador.* Faltan aun los póstumos *Romances de Río Seco,* definitivamente prefigurados en esta última entrega. Obra anunciada veinte años atrás —el *Lunario sentimental* nos habla de ella— muchas de sus composiciones aparecieron como encantadores adelantos en las páginas de *La Nación.*

Aquellos trabajos recrean con insuperable técnica, no exenta de conmovedora emoción, nuestros grandes temas. Y si el objeto es vernáculo, su tratamiento elude fáciles concesiones que arrastren a ese nacionalismo gauchigenovés, a lo Pablo Podestá, que tanto gustaba ironizar, y en el cual habría de sucumbir la legítima literatura de los campos gracias a continuadores de tercer orden. Lugones, en su intento, no trata de traducir metafóricamente cuadritos rurales. Ninguno de los versos incurrirá en el desliz folklórico y quizás ello constituya su mayor valor preceptivo, desgraciadamente no siempre aprovechado. Es cierto, tan lastimosa tentación jamás lo inquietó, pues, según recuerda Lisardo Zía, pensaba que "el folklore era el pájaro muerto y embalsamado de la poesía" [131].

Mediante esta salvedad, los *Poemas solariegos* buscan, como sus antecedentes, verter en cauces poéticos aquello más difícil de perfilar: el espíritu nacional, las puras esencias de la tradición y la raza. Definitivamente son ejemplo de casticismo y argentinismo, tanto que Martínez Estrada gustaba exhibirlo como peculiaridad flagelada por el arte más exigente y viril [132].

Esa vuelta a las fuentes debía de significar para Lugones también retorno a los días de la infancia cerril, allá en la agreste Córdoba, artificio virgiliano advertido en *Odas seculares.* Sin embargo, tal regresión no puede ser entendida como intento de vivir en una época anterior, suerte de regusto pasatista, proclividad común en esta variedad, sino el ineludible tratamiento de elementos culturales y vitales permanentes de un pueblo. Se advierte en Lugones la clara intención de fundar un género —espectáculo grandioso de nuestras letras— y elaborar mediante ardua síntesis un particularismo elevado al plano universal por elementos decantados y un método clásico.

---

131 SOLER CAÑÁS, Luis, "Lugones, punto de partida", *El Mundo,* enero 4 de 1953.
132 MARTÍNEZ ESTRADA, *Retrato sin retocar,* p. 115.

El humorismo lugoniano, inconfundible, retorna en los *Poemas solariegos*. Los juegos metafóricos de unir conceptos distantes por afinidades desconocidas, no advertidas, que constituyen una de sus habilidades, hallan insospechada variante en el sano humor del libro. En realidad, es idéntico mecanismo. Así, Salomón, cuando en su *Cantar* asimila el cuello de la amada a una torre de marfil, en realidad, repite idéntico ejercicio al del caricaturista que, en lugar de una nariz, dibuja un pepino. Y llevando las cosas un poco más lejos en esto del humor, podíamos afirmar que es semejante, a su vez, al descubrimiento científico que, por definición, consiste en hallar analogías allí donde nadie las ha vislumbrado. Por eso, Ciencia, Arte, Humor, son planos del mismo proceso en que sobresalía Lugones, invariablemente reflejados en su obra.

Perceptible en *Lunario sentimental*, en ciertos pasajes de *Odas seculares* y sobre todo en *Poemas solariegos* y los *Romances de Río Seco*, el humor lugoniano intenta una deliberada originalidad literaria. El ingrediente del énfasis —a veces merced a exageraciones o simplificaciones— aparece manifiesto. Lugones sabe manejar la economía expresiva, la oblicua alusión en lugar del ataque frontal, con buen gusto, como los penúltimos versos de "El almuerzo", la sorna social para el gerente de "Estampas porteñas", o el increíble remate de "El hombre orquesta y el Turco".

Por aquellas tiempos de cambio y búsqueda, Lugones publica otro de sus "elogios". Esta vez será para Maquiavelo [133]. En realidad mero pretexto para exponer el nuevo credo, si bien, tres días más tarde a la publicación se cumplían cuatrocientos años de la muerte del politicólogo florentino. El artículo comienza con frases apenas disimuladamente autobiográficas, tentadora incitación, como se sabe, para cualquiera: "La característica social del genio es una terrible paradoja, en cuya virtud lo desconocen sus contemporáneos, porque pertenece a una generación venidera con la cual no ha de vivir. Inexorablemente aislado por la inmortalidad con que, en su tiempo, es ya póstumo, y que en el tiempo futuro tampoco disfrutará, por estar ya muerto, la luz del sol con que la altura se le anticipa, pónelo en evidencia insultante para los búhos que hallándose

---

[133] LUGONES, "Elogio de Maquiavelo", *La Nación*, junio 19 de 1927.

aún en tinieblas, gritan enfurecidos ante ese escándalo de claridad" [134].

Maquiavelo le sirve para criticar a los ideologismos y demostrar flamante adhesión al realismo político. Su nueva adhesión— el "neo-empirismo"— habíala ya prenunciado en *La organización de la paz* [135]. Sin embargo, el "Elogio a Maquiavelo" constituye una manifestación coherente y no meramente incidental del tema. Es, sin duda, artículo importante en la evolución de sus ideas, ya que significa su ruptura pública con las ensoñaciones doctrinarias del pasado. En todo eso hay mucho de retorno al materialismo; es más, a los postulados comtianos, que es decir a los mismísimos apoyos de la nueva concepción política que luego de la guerra infectaron el pensamiento europeo, sobre todo en Italia y Francia, a través del fascismo y del proselitismo de l'*Action Française*.

Hay cierta coherencia en el novel realismo lugoniano. Abrogada la idea de un progreso indefinido, Lugones se siente atraído por los postulados al uso del momento. Es sabido que aquella creencia —la del progreso— constituye una de las más divulgadas secularizaciones del mesianismo milenarista cristiano, en cuanto imagina el arribo de la humanidad, mediante su evolución, a un estado de paz y concordia. Por su anterior ideología, Lugones, devoto seguidor de Platón, y también de Kant (recuérdese su férvida adhesión al ensayo de la Liga de las Naciones y a la posibilidad de una paz verdadera y perpetua) aceptaba un gradual ascenso hacia el definitivo bienestar de la humanidad. Por eso, a lo largo del "Elogio", pondrá especial esmero en distinguirse del intelectual decimonónico, progresista, liberal, devoto principista.

El nuevo realismo lo lleva a proclamar la ventaja de "la política realista" respecto de "la metafísica" y "la ideológica". Es que la primera "se funda sobre una condición general de la Naturaleza, invariable e inlevantable a la vez" [136]. Rehúye lo absoluto, y renuncia, en consecuencia, al vano afán de la perfección y, sobre todo, "prescinde de los principios, como la

134 *Ibid.*
135 LUGONES, *La organización de la paz*, pp. 66-67; "Del Parlamento", *La Nación*, marzo 14 de 1926.
136 *Ibid.*

vida, que tampoco los tiene, pero no por ello es inmoral: porque carecer de principios no es carecer de moral, sino de egoísmo dogmático e ideológico" [137]. He ahí resumido el esfuerzo dialéctico para justificar la crítica realista, que tanto denostara en épocas de ideales progresistas. Quería ser —y lo conseguía— un intelectual actualizado, para quien la verdad resultaba el único placer.

Al año siguiente, aquel verdadero pronunciamiento se completó con otro artículo: "Patria ideal y patria ideológica" [138], en realidad, variaciones sobre el tema. Buscaba establecer tajantes desemejanzas entre ideal e ideología: "políticamente hablando, idealista es el que formula o adopta propósito ya formulado, para convertirlo de idea en hecho. Ideólogo es el que formula o adopta una teoría ya formulada a la cual pretende que han de ajustarse los hechos. Ideal político es, pues, aspiración a realizar una idea. Ideología es adecuación teórica de la realidad a un sistema arbitrario" [139].

Según Lugones, todo ideal se reduce a un realismo programado, diferente al mesianismo ideológico, que es pura voluntad ordenadora. Entre los primeros incluye, como ejemplo, al Imperio Romano, al Catolicismo, San Francisco de Asís, los Estados Unidos y Maquiavelo. Entre los segundos, a Rousseau, la Reforma, Calvino, el internacionalismo ruso. Mediante simplificaciones a las que era tan afecto —en realidad meras recidivas de artista— construye grandes síntesis, como este fresco: "De un lado, el Imperio Romano, la monarquía cristiana, Catolicismo, capitalismo, reacción jerárquica. Del otro, feudalismo, herejías, Reforma, Revolución Francesa, comunismo. La primera de las filiaciones es latina, aun cuando después de la gran guerra incluya al Imperio Británico y a los Estados Unidos. La segunda es germánica, y comprende al bloque asioeslavo de la política rusa" [140].

La cita parece oportuna pues en el bando de los favoritos figura el Catolicismo, si bien por motivaciones políticas, en las que campea la devoción realista, la eficacia ordenadora y je-

---

[137] *Ibid.*
[138] *La Nación*, junio 10 de 1928.
[139] *Ibid.*
[140] *Ibid.*

rárquica de una Iglesia institución secular. Nuevamente, a través de Maurras, la influencia de Comte hace sentir su opción. Luego de profunda crisis, munido de ideas renovadoras, actualizado, le tocaba enfrentar la resurrección populista, encarnada en las aspiraciones presidenciales de Yrigoyen. Concluido el sosegado interregno de Alvear, era hora de candidaturas. En un artículo publicado a fines de 1926, próximo a debatirse el problema de los posibles postulantes, entre receloso y crítico, expone estentóreo su público descreimiento de otra candidatura radical que no fuera la del viejo caudillo. Ese era el tema, puesto que en realidad no existía otro partido que el oficialista.

Como línea argumental, Lugones se aprovecha de un razonamiento repetido incansablemente por todo autoritario y voluntarista argentino: si hay elecciones ganará el partido mayoritario. Eso era lo que no querían ver —agregaba— "nuestros retóricos de la Constitución, empecinados en la quimera de que una elección argentina no designe un Yrigoyen, sino un Lincoln o un Coolidge" [141]. Lograda esta previa apoyatura, lanzaba su consabida crítica a la democracia: "O sea, cuando el sufragio da el fruto que debe dar, se ponen a protestar contra el fruto, en vez de hacerlo contra el árbol. Parecería que lo cuerdo es dejar de cultivar el árbol".

Agregaba, respecto del candente problema planteado por el personalismo yrigoyenista, reflexiones agudísimas sobre la psicología de las masas, que no hacían otra cosa que manifestar una reprobación, en verdad, no demasiado beligerante: "Por esto son —decía la parte final del artículo— enteramente inútiles los ataques más fundados contra el predilecto. Cuando más eficaces resulten ante la razón, más lo exaltarán ante la pasión" [142].

Tales previsiones no ofrecen interés si no se tienen en cuenta los tejes y manejes que el antiyrigoyenismo realizaba en busca de un amplio frente para encarar a la fórmula de los personalistas. Los partidos conservadores habían logrado —al modo francés— una "Confederación de las Derechas", comprometida en apoyar al desprendimiento radical, propiciado además desde el gobierno de Alvear. Los antipersonalistas —los adver-

[141] LUGONES, "El Presidente", *La Nación*, diciembre 1º de 1926.
[142] *Ibid.*

sarios de Yrigoyen— tenían pues la palabra. En su Convención, luego de forcejeos, surgió la fórmula Leopoldo Melo-Vicente Gallo, que meses más tarde recibiría el favor de la "Confederación de las Derechas". Un millar de caracterizadas personalidades de la banca, el comercio y la industria publicó un manifiesto apoyándola; los hacendados, encabezados por Joaquín de Anchorena, hicieron lo mismo. Aquel conglomerado recibiría el nombre de Frente Único.

El radicalismo respondió con una multitudinaria y jubilosa convención en la que quedó consagrada, sin mayores discusiones, la fórmula temida y esperada: Yrigoyen-Francisco Beiró. Como dato ilustrativo de las posiciones polarizadas por el acontecer político, colaboradores de la revista literaria *Martín Fierro* —críticos implacables de Lugones en el plano estético— entre los cuales se encontraban Macedonio Fernández, Jorge Luis Borges, Leopoldo Marechal, Francisco Luis Fernández, Nicolás Olivari, Carlos Mastronardi, Ulises Petit de Murat, habían solicitado a la dirección embanderarla dentro del yrigoyenismo, actitud que les trajo, por lógico disenso, definitiva separación [143].

Luego de la pulcra elección del 1º de abril de 1928, triunfó Yrigoyen con cifras abrumadoras, lo que valió a sus seguidores el mote de "plebiscitados", palabreja que causaba las iras lingüísticas y semánticas de Lugones. Este, impertérrito, publica diez días después un extenso artículo sobre la necesidad de una revisión constitucional [144], donde insiste con su conocida propaganda: "El liberalismo se ha vuelto perjudicial para la Nación. Lo que ésta requiere ahora es una concentración autoritaria capaz de imponer una severa disciplina" [145]. Verdaderamente se disponía a librar final batalla contra la democracia, batalla que soñaba una nueva Kaeronea.

[143] LUNA, Félix, *Yrigoyen*, Editorial Desarrollo, Buenos Aires, 1974, p. 322.

[144] LUGONES, "Lenguaje cursi", *La Nación*, noviembre 27 de 1929 y "Revisión constitucional", *La Nación*, abril 10 de 1928.

[145] *Ibid.*

CAPÍTULO IV

LA GUERRA Y WILSON

"Quien por vileza renuncia a la acción, se condena como si hubiera pecado" [1].

El estallido de la guerra mundial fue para Lugones la simple comprobación de un vaticinio, el desenlace fatal de la crisis —como gustábale decir—. En realidad, durante su estada europea, ante el espectáculo de la contienda balcánica, resaltó métodos y prácticas que habrían de provocar el holocausto en plazo inmediato. Pudo así exclamar con tono profético: "El sistema toca a su fin. La Europa oficial va inexorablemente a la guerra, que será la liquidación en la miseria y en la sangre" [2]. Pero, ¿cuál era el sistema inicuo? En verdad, lo había denunciado sin pausa a lo largo de todas sus corresponsalías para *La Nación* y *Sarmiento*, entre los años 1911 y 1914. Para Lugones Europa no tenía más ley que la fuerza, ni otro ideal patriótico que el predominio venal impuesto por aquélla, "y este fracaso moral de su civilización, era la amenaza más grave que haya pesado sobre el mundo" [3]. Desde aquel observatorio privilegiado, pudo detectar que la política exterior de las grandes potencias estaba subordinada a "un brutal positivismo, que sólo apreciaba los resultados materiales" [4]. Ese culto por lo concreto, repugnante para su espiritualidad, hacía que los estadistas y jefes de estados mayores reincidieran en un positivismo pedantesco, en cuya virtud "el derecho formulaba tan sólo la realidad de la fuerza" [5]. Esto se advertía en la tensión peligrosa de las alianzas, que puerilmente imaginaban como el mejor

---

[1] LUGONES, *Mi beligerancia*, p. 180.
[2] *Ibid.*, pp. 3-4.
[3] LUGONES, "La moral del amo", *Sarmiento*, enero 7 de 1913.
[4] LUGONES, "La ley del destino", *La Nación*, marzo 11 de 1914.
[5] LUGONES, *Mi beligerancia*, pp. 66-67, y en *La Nación*, marzo 11 de 1914.

obstáculo para cualquier agresión, en la paz armada, cultivada con idéntico pero desaprensivo desvelo, y finalmente, en el militarismo y las guerras de conquistas. Todo ello conformaba un sistema de fines y objetivos de por sí inestables, a los que solía definir con un epíteto: "Civilización de la fuerza" [6].

Lugones, con su escepticismo, se acercaba a los designios de un Nietzsche y también a los de un Burckhardt, desafiando al cándido pensamiento de aquella época. Justo es reconocer que fuera de esos portentos —podía incluirse también a Joseph de Maistre o a Schopenhauer— Lugones fue uno de los pocos que vislumbró el profundo colapso cultural y político que se avecinaba. Mérito suyo, sin duda, el de extrañarse a la eufórica sensación de estabilidad que sofocaba todo el ambiente intelectual. Cosa distinta fue con posterioridad a 1918, cuando la idea de crisis se transformó en lugar común de cualquier pensador o político, geniales y mediocres, si bien este pretexto redújose a patrimonio casi exclusivo de los últimos.

El rechazo de Lugones era para la prevaleciente filosofía materialista, con su viejo conocido el dogma de obediencia, que buscaba la dominación del individuo por medio de los principios religiosos, o por la fuerza del número —tal el caso de la democracia— o por la presión ineluctable del conjunto que preconizaba el marxismo. En toda esta ominosa y compleja alianza, Lugones descubría un denominador común: su dependencia con la índole autoritaria del cristianismo. Contra ella, belicosa y destructiva, alzábase la nueva civilización inspirada en la libertad y la justicia y estaba convencido, con algún resabio milenarista, que a resultas de aquel choque formidable, "el mundo iba a cambiar, desquiciado en un conflicto gigantesco" [7]. Fue por eso que luego de Sarajevo, cuando sonó la razón dirimente de las armas, postrero argumento de ese mundo antiguo, observó impasible la consecuencia fatídica de un régimen perverso. En esa creencia del arribo a un mundo feliz, luego del cataclismo, subyacía, sin duda, la desacralización de ideas religiosas: pecado, castigo y redención. Curiosamente, el anuncio del reino de Dios luego del aniquilamiento aparece también en

---

[6] LUGONES, "Civilización en crisis", *Sarmiento*, octubre 15 de 1912.
[7] LUGONES, "Panorama histórico de la guerra", *La Nación*, diciembre 9 de 1912.

la cruzada idealista de Wilson. Lugones —como se verá— creyó apasionadamente en ella. Pauta interesante para medir los efectos que sobre su espíritu iba a tener un epílogo tan opuesto al esperado.

Siempre según su clara analogía, era la civilización cristiana la que ahora se suicidaba por medio de idéntica barbarie que veinte siglos antes había cometido la gran traición contra Atenas y Roma [8]. Porque dentro de aquella gran hoguera, Lugones distinguía, si bien ya adentrado el conflicto, entre la barbarie que procura el dominio absoluto por medio de la fuerza, y quienes todo lo subordinan al principio de equidad. En efecto, existía una profunda diferencia, pues no era lo mismo respetar a los débiles, que aprovecharse o abusar de ellos. Veía a pueblos agrupados tras los principios de libertad y justicia, y a otros, despotizados, que "sólo buscaban el derecho divino de conquistar". En verdad, estallada la guerra, que tantas veces pronosticó, Lugones hizo suya la idea de una barbarie distintiva para Alemania y sus aliados. Era la misma que Henry Messimy habíale vociferado a Eduard Herriot: "C'est, desormais, la lutte de la civilization contre la barbarie" [9], o la que Darío profetizara tiempo atrás: "Los bárbaros, Francia. Cara Lutetia, los bárbaros". El despectivo mote provenía de la sensación de superioridad que ingleses y franceses, sobre todo estos últimos, hacían gala ante el menor desarrollo político de Alemania y de su escasa participación en la gran epopeya de la libertad. Ejemplo de esa suficiencia fue la equiparación de la causa de Francia con la de la humanidad, que a Henri Bergson gustábale tanto repetir. Lo cierto es que los alemanes aceptaron el reto, y, a la vez, comenzaron a pregonar "su odio contra la civilización".

Dentro, pues, del retórico marco de "barbarie contra civilización", concepto un tanto maniqueo sin duda, Lugones describía así a los contendientes: "Una evolución irresistible agrupa, de un lado a las democracias, y del otro a las potencias de opresión. Todo lo que es casta y secta, militarismo, clericalismo, colectivismo, manifiesta su verdadero y a veces recóndito fundamento conceptual, aun a pesar suyo, determinándolo por

---

[8] LUGONES, El ejército de la Ilíada, p. 10.
[9] HERRIOT, Edouard, Jadis, París, 1952, p. 6.

sus preferencias; mientras del otro lado está el hombre libre, mente y conciencia de la civilización". Y concluía argumentando con altivez las razones de su preferencia: "No me tendría por un hijo espiritual de Francia, por un miembro de la latinidad, que es decir, un ciudadano de Roma; no respondería al grito fraternal del mundo ruso cuya redención vale ya la guerra; no me creería digno de aquella hospitalaria y noble Inglaterra, donde un día fui inglés porque la habitara; ni de la América libre, ni de la Argentina, siempre delantera de las empresas de emancipación, si igualándome a la barbarie que combato, proclamara el odio como instrumento de justicia"[10].

O dicho con otras palabras: de un lado colocaba a "todos los materialistas", que son "los sectarios del dogma de obediencia", los creyentes del mando por la fuerza bruta. Es decir, el poder físico que lo autoriza todo, incluso la negación de la justicia, peyorativamente considerada como "un sentimentalismo cursi". Y así, según Lugones, fue que se hicieron germanófilos "el papa y su grey", "los pedantes de la escuela materialista, cuyo secreto genial consiste en saber, como la copla, que 'Dios protege más a los malos cuando son más que los buenos', y los sectarios del marxismo, quienes reduciendo la tragedia colosal a un conflicto capitalista [...] prefirieron la autocracia prusiana al impulso de una recóndita identidad"[11].

En cambio, "del lado de Francia se pusieron los hombres libres". Pugnaban, entonces, un nacionalismo germánico, que perseguía el dominio del mundo y "el humanitarismo latino que declaraba los derechos del hombre, sin distinciones de fronteras"[12]. Francia, que había estado "ganándose el afecto de todos los hombres", enfrentaba a la Alemania del derecho divino, preparada a "salir a conquistar tierras". Ahí estaba la raíz de la barbarie y también el profundo significado del conflicto. La guerra de 1914 tuvo en la Argentina diversas alternativas. Su comienzo coincidió con los finales del régimen conservador y con el ascenso al poder del partido radical en 1916. Hasta ese momento, el gobierno había mantenido circunspecta neutralidad. Fue luego del cambio de elenco, que arreciaron las ten-

10 LUGONES, "Neutralidad imposible", en *Mi beligerancia*, p. 171.
11 LUGONES, "El castigo", *La Nación*, noviembre 28 de 1920.
12 *Ibíd.*

tativas beligerantes de los hasta ayer oficialistas y ahora flamantes opositores. El nuevo partido arribó con intenciones diferentes, de modo que sintió la obligación de ser distinto. Sin embargo, en materia internacional reincidió en la gastada fórmula de la vieja administración. Su afán se limitó a dejar de hacer aquello que pretendían sus adversarios, quienes, paradójicamente, ahora que no estaban en el poder, jugaban a la carta belicista. Pero, la posición internacional resultó la flamante oportunidad que se les presentaba a los adversarios del presidente para infringirle una derrota inicial, al imponerle su particular criterio. Esta maniobra política se vio alentada luego de la declaración de guerra de los Estados Unidos y un importante sector de la opinión pasó, de una actitud sólo complaciente para con los Aliados, a propiciar una beligerancia decidida.

Desde su comienzo, la posición de Lugones ante el conflicto fue clara y terminante. Jamás ocultó sus simpatías, ni especuló con ellas. Es más, mientras el mundo oficial e intelectual guardaba un silencio cómplice con su abstinencia castrense, abogó públicamente por lo contrario. En ocasión del funeral cívico de Rubén Darío, recordando el fermento de sangre y barbarie que en ese momento se abatía sobre Europa, exclamó con su conocido énfasis: "Nosotros no podemos desentendernos de ello, sin renegar nuestra civilización. La miserable neutralidad de los pueblos que se llaman libres, aun cuando con ella se exhiben esclavos del miedo, es una aceptación anticipada de la felonía, el terrorismo y la infamia" [13]. La causa de Bélgica, invadida por el coloso alemán —pese a la garantía de un tratado— era también la suya. El pequeño país constituía un símbolo y resumía en su drama la doctrina histórica alentada y divulgada por Lugones desde años atrás: "Todo lo que en Europa es opresión material y moral, está de un lado; todo lo que es libertad, está del otro, gracias a Bélgica" [14]. No dejó de advertir, tampoco, las coincidencias de los dos partidos políticos argentinos que se turnaron en el poder durante el conflicto: el conservador y el radical, ambos manteniendo a porfía

[13] LUGONES, "Discurso en homenaje a Rubén Darío", en *Antología de la prosa*, p. 331.
[14] LUGONES, *Mi beligerancia*, p. 133.

una neutralidad que en artículo memorable calificó de "estado inferior". La explicación la hallaba en que las dos tendencias, por igual, serían germanófilas, "seguros como estaban los políticos del inevitable triunfo alemán" [15].

Lo que exasperó su espiritualismo fue la declaración de guerra de los Estados Unidos. Es cierto que coincidía con la ofensiva opositora en búsqueda de la sumisión del gobierno. Sin embargo, la campaña de Lugones a favor del ingreso de su país en la contienda fue de tal intensidad que sólo puede asemejársela a la prédica helenística, por cierto más espaciada e indirecta. Nada comparable al entusiasmo con que la emprendió. Es que ello obedecía a profundas razones ideológicas vinculadas a una elaborada concepción política. Sin dejar de lado vagos y evanescentes resentimientos de viejo roquista, todo aquel fervor por la libertad y la justicia, aquel encono contra el utilitarismo y el culto de la fuerza, ese pregonar el fin de una cultura con un apocalipsismo que no eludía tampoco el feliz arribo de las patrias de equidad y concordia, halló imprevista reafirmación en la cruzada de Wilson. Esa identidad de criterios y aspiraciones, que debió sorprender al mismo Lugones, los unía estrechamente y la progresiva difusión del pensamiento de quien lideraba al gran país, debió afirmarlo aun más en todo lo pensado y escrito hasta el momento.

Ambos entendían que la moral de los hombres era extensiva a los pueblos. Wilson creía en "la humanidad", en "el género humano", en "la voz de la humanidad", temas estoicos sin duda, que Lugones no sólo aceptaba sino repetía incansablemente en artículos y libros. En el político norteamericano se advierte la límpida influencia de Kant a través de su *Proyecto de paz perpetua*, ya que muchos de los principios del filósofo, como la unidad de lo ético y la urgencia de una organización internacional, fueron sostenidos y reiterados, durante su gestión en la Casa Blanca. Por otra parte, su idealismo —también de neta raigambre kantiana— del que Lugones participaba, caracterizábase por la subordinación de los intereses materiales a los principios morales superiores, proclamados, en todos los tonos, en *Prometeo* y en su difusión pagana. Volviendo a este libro,

---

[15] LUGONES, "Advertencia preliminar", en *La torre de Casandra*, pp. I-IIL

siempre menospreciado por la crítica, el último capítulo, que dedica a la conducta exterior de la Argentina, es una anticipación del programa wilsoniano, preocupado más por los derechos del hombre que en el derecho de la propiedad. Wilson, con su *World safe for democracy*, exalta el *self-government*, por el cual cada pueblo es capaz de dirigirse a sí mismo, sin injerencias extrañas ni imposiciones [16]. ¿Y esto, acaso, no es el remanido "autogobierno", de vertiente kantiana, elevado como paradigma por Lugones al plano individual? Wilson ansiaba que su país realizara en el mundo el ideal de libertad, brindando un modelo a la par de mostrarse acérrimo defensor de los principios morales; Lugones reclamaba lo mismo para la Argentina cuando le exigía "llevar un poco de blanco y azul a las naciones". Retórica aparte, el concepto era idéntico, ya que vivificaba las expediciones libertadoras y nuestras gestas internacionales, que iban desde "la victoria no da derechos", hasta la doctrina de Drago.

Mucho podría insistirse con estas coincidencias, que surgen, por otra parte, claramente de sus artículos recopilados en *Mi beligerancia* y *La torre de Casandra*. Como Lugones reconociera expresamente, pedía el ingreso de la Argentina en la guerra no por un conflicto eventual con Alemania, sino para sumarse a la cruzada propuesta por Wilson [17], tanto en su famoso mensaje del 22 de enero de 1917, como en los motivos que adujo en apoyo de la decisión bélica. Preveía también el advenimiento de un nuevo estado del mundo, una nueva civilización, que se asemejaba demasiado a la que tantas veces pregonara en su correspondencia parisina [18]. Además, para Lugones la política era fundamentalmente una fuerza moral, y el destino de toda patria no era defender el interés nacional siempre egoísta, y sí en cambio trabajar por la felicidad de la humanidad. Éste es el más puro Wilson. Por otra parte, si algo lo conmovió e identificó con el líder demócrata, fue el caracterizar a la

[16] Sobre Woodrow Wilson, véase: NOTTER, Harley, *The origins of the Foreign Policy of Woodrow Wilson*, Baltimore, 1937, pp. 42 y ss.; LINK, Arthur, *Wilson, the new Freedom*, Princeton University Press, 1956, pp. 11 y ss.

[17] LUGONES, "La última coyuntura", *La Nación*, octubre 14 de 1917.

[18] LUGONES, "La nueva civilización", *La Nación*, octubre 22 de 1917; "Sendero de perdición", *La Nación*, octubre 8 de 1917.

guerra que emprendió "como una cruzada por la libertad". Aquel fervor idealista, ese interés por la noble causa de los débiles, lo acercaban al tipo superior lugoniano: el paladín. Así entendida, asemejaba la lucha de los Estados Unidos con las que la Argentina había emprendido gracias al "verbo de Mayo", en favor de sus hermanas. Todo esto explica su adhesión a los ideales del fundador de la Liga de las Naciones, su público y ardoroso acercamiento a los Estados Unidos, así como el intenso bregar para que su país combatiera por tan elevados principios. En verdad, las coincidencias entre el Lugones de ese momento y el evangelio wilsoniano eran más que notables.

Hipólito Yrigoyen mantuvo con decisión la neutralidad a lo largo de la guerra. Poco importó el hundimiento de dos navíos argentinos —*Monte Protegido* y *Toro*— por sumergibles alemanes, o la escandalosa revelación de la correspondencia del embajador en Buenos Aires, von Luxburg, difundida mundialmente por Washington, injuriosa en grado sumo para con el presidente y algunos de sus ministros. El Congreso llegó incluso —luego de una iniciativa de Joaquín V. González— a recomendar la ruptura de relaciones. Por otra parte, la presión callejera y de la prensa se hizo insoportable; sin embargo, todo esto de nada sirvió, ya que la abstención se mantuvo. Contra esa política se lanzó Lugones por todos los medios imaginables. La neutralidad lo irritaba hasta el paroxismo. Para colmo, una de las razones de aquel aislamiento era el interés económico ya que a la postre resultaba un brillante negocio. En efecto, en un comienzo, las restricciones de bodegas hicieron caer las ventas, aunque al poco tiempo la eficiencia aliada las llevó a niveles anteriores al conflicto y hasta las aumentó. También la drástica caída de las importaciones provocó su inmediata sustitución, con el nacimiento de una industria sobreprotegida y pletórica [19]. Todo hacía renacer en Lugones la santa indignación de los viejos tiempos contra el sórdido filisteo. No silenció, pues, sus ácidas críticas contra la actitud egoísta de vender provechosamente a los nuevos cruzados las carnes y el trigo, a la que calificó de "mal negocio", ya que era la explotación del dolor hu-

[19] CONIL PAZ, Alberto A., "La neutralidad argentina en la Primerra Guerra Mundial", *Revista de la Escuela Superior de Guerra*, Nº 426, 1976, pp. 85-86.

mano, con lo cual además "violábase una terrible ley, en cuya virtud el precio de la sangre pasa como arena entre los dedos avaros, sin dejar más que un residuo de ignominia"[20]. Colocar el orgullo nacional en una bolsa de trigo o en un cuarto de carne congelada, bien vendida, a quienes combatían por la libertad, hacíalo sufrir terriblemente. "Me causa compasión el error de mi pobre pueblo", confesará amargado. Ante el jolgorio mercantil, patrocinado por la miseria de la guerra, Lugones nuevamente gustaba tener razón adjetivando: "Los mercaderes yanquis, cuyo materialismo ha dado tanto asunto a la latinidad verbal, emprenden, ahora, una guerra idealista. Veremos quiénes son los que se quedan consultando el cajón de su mostrador. Quiénes los que negocian tristemente su miedo"[21]. ¡Cómo odiaba Lugones el espíritu burgués!

Su espiritualidad se revelaba ante el sucio pragmatismo que no apreciaba sino "el terror inmediato y la pitanza del día presente"[22]. Como si lo necesitara, repitió, hasta el cansancio en la campaña que habíase impuesto, su fe en la supremacía de las ideas, ya que "para el hombre, ser espiritual ante todo —sostuvo— la realidad tangible no era sino la manifestación de un estado intelectual y moral que en ella se exterioriza"[23]. Y en ese idealismo, en la integridad de nuestro pasado y en la solidaridad americana, coincidentes por ello con los intereses nacionales, radicaba la fatalidad de nuestra beligerancia Hay en la producción de esa época un artículo suyo notable: "La herencia de Mayo"[24]. Con temperamento y vuelo literario expuso la teoría histórica por la cual la Argentina, de acuerdo con sus antecedentes internacionales —únicos y monitores— estaba obligada a intervenir junto a los Estados Unidos en defensa de la civilización, la justicia y la libertad. En tales momentos, la palabra de su pueblo y de sus armas le sonaba ineludible. Y como el mensaje de la guerra así lo exigía, supo también entroncarlo con su obsesión helenística y pagana: "Es el mismo tono de la proclama de Alejandro al invadir Asia; el mismo

[20] LUGONES, "El deber americano", en *La torre de Casandra*, pp. 102-103.
[21] LUGONES, "Neutralidad imposible", *La Nación*, abril 7 de 1917.
[22] LUGONES, "Nuestro deber", *La Nación*, junio 5 de 1917.
[23] *Ibid.*
[24] "La herencia de Mayo", en *La torre de Casandra*, pp. 58-63.

con que anunciaba a los pueblos libertad y fraternidad la Revolución Francesa. Es nuestra cosa, griega y latina, que adoptada por el mundo anglo-sajón, realiza al fin su ideal de humanidad libre"[25].

La guerra marca el punto más radicalizado de la posición universalista de Lugones. En aquel instante, sin temor a exagerar, su apego era total a la idea de una humanidad concebida como un conjunto indivisible. Su concepto de patria, abierto y desprovisto de tonalidades nacionales o egoístas, marca asimismo su coincidencia fanática, con el sueño de Wilson. Retenga el lector tales conclusiones, porque la futura lealtad a esta doctrina —y la confianza también— ha de estar vinculada a su fortuna en la próxima década.

[25] LUGONES, "Neutralidad imposible", en *Mi beligerancia*, p. 165.

Capítulo V

EL IMPACTO DE LA RELATIVIDAD

"Ha concluido la era de Newton" [1].

Siempre se han tomado a la ligera las inclinaciones científicas de Lugones. Más de una vez provocaron el comentario risueño. Desde otro ángulo crítico, Leonardo Castellani llegó, incluso, a acusarlo de carecer "del espíritu y del método científico, quizá por falta de formación universitaria" [2]. Sin embargo, sus estudios fueron serios y profundos, y si no pasaron de empeños propios de un autodidacta, resultaban harto suficientes para merecer, con decoro, el reconocimiento oficial del diploma. Hay un hito en su vida, que él mismo se encargó de subrayar en larga y emotiva página, y que conviene transcribir por su fresca belleza y vigor autobiográfico: "En un pueblito apartado de la República Argentina, casi treinta años ha, había una pequeña biblioteca popular, tanto más preciosa pues, además de encontrarse desordenada, no tenía bibliotecario. Era fácil, entonces, llevarse los volúmenes e incluso quedárselos. Los libros no poseían valor venal en la región, por lo que cuando uno los retiraba era para leerlos y, como el mejor destino de un libro es ser leído, el pillaje de la biblioteca era una tentación. [...] El volumen que sustraje tuvo para mí el encanto de la lectura libre, en el fondo de una caballeriza oliendo a heno, mientras en el techo las abejas trabajaban su panal, o en pleno campo, tendido sobre el pecho, en medio del pajonal hojeado por el viento como las páginas de un libro. [...] Aquel libro me enseñó a observar la naturaleza, hábito que no he perdido y que determinó en gran parte mis preferencias intelectuales. Quiero destacar, así, la importancia de las influencias

---

[1] Lugones, *El tamaño del espacio*, El Ateneo, Buenos Aires, 1921, p. 18.
[2] Castellani, *Lugones*, p. 56.

349

primeras que imprimen en el espíritu los libros útiles. Aquel azar feliz, que puso entre mis manos la obra de un sabio, resultó determinante para mi filosofía, mi moral y mi estética, lo que quiere decir mi aprendizaje, laborioso como la abeja que un día contemplara. De ese modo he hallado los principios del bien, verdad y belleza, como un aventurero encuentra sus diamantes en la caligrafía del arroyo y en el alfabeto del hormiguero" [3].

Aquella inquietud pronto encontraría un nuevo impulso. Fue el director del misérrimo Museo Politécnico de Córdoba, el clérigo Lavagna, quien en sus tareas de investigación y recolección azuzaría al pequeño y ocasional ayudante, iniciándolo de manera metódica en el amor por la ciencia [4]. El temprano rechazo a las tentaciones positivistas no lo alejaría, sin embargo, de aquel súbito pero persistente afecto. Las posteriores inclinaciones teosóficas sólo añadieron mayores posibilidades a su incesante búsqueda de conocimientos; así revalorizará a la filosofía —sobre todo a la metafísica— como herramienta esencial para arribar a la ansiada verdad. Aquella prelación le pareció harto clara: "La ciencia antigua tenía a la vanguardia a la filosofía que, por definición, debe estar antes de la ciencia misma, puesto que es el amor de la ciencia. La filosofía afirmaba, entregando a los métodos la discusión de sus afirmaciones; entre tanto se trabajaba, y nadie dirá que este procedimiento quitara en nada su interés a la experiencia y análisis. Por el contrario, lo vigorizaba puesto que le definía un rumbo" [5]. En realidad era un ataque a la ciencia absolutamente intelectual, a la serie de averiguaciones que alguna vez llamó "anárquicas", por el barroco amontonamiento de conocimientos sobre partículas de la naturaleza, con prescindencia de leyes únicas [6].

Su devoción por el método científico —el mismo del que tantas veces se dijo carecía— lo llevó a implantarlo como base de la enseñanza normal y secundaria, de acuerdo con las tendencias más revolucionarias de la época. Bajo el influjo de Laisant

[3] LUGONES, "Trois faits d'histoire naturelle", *Revue Sud-Americaine*, Nº 6, 1914, p. 370.

[4] LUGONES, "El museo de Córdoba", *La Nación*, julio 15 de 1913.

[5] LUGONES, "Acción de teosofía", *Philadelphia*, año I, t. VI, diciembre 7 de 1898, pp. 170-173.

[6] LUGONES, "Nuestro método científico", *Philadelphia*, año III, t. II, agosto 7 de 1900, p. 49.

y el apoyo de Joaquín V. González, ministro del ramo, pretendió liberar a los educandos, y a su país, de todo tipo de supersticiones atávicas, consiguiendo imponer tal criterio en la Conferencia Pedagógica de Profesores y, más tarde, como definitiva medida de gobierno. Según se observa, siempre gustó de la ciencia. Esa coquetería, para algunos, pedantería insoportable para otros, fue constante de su espíritu. Porque sólo así entendía ser libre y poder acceder a la belleza, simple emanación de la naturaleza. Imaginaba que el conocimiento (y mucho más el dominio) de las ciencias daban, con la superioridad directa de la materia, el criterio racional y científico, sin el que no es posible la libertad [7]. Conjeturaba, como Goethe, Leonardo o el amado Hugo, que tanto los estudios físicos, como las doctrinas experimentales, le posibilitaban acrecentar las potencias de su talento.

Era tal su fastidio ante cualquier imposición dogmática y el amor por la certidumbre experimental, que el artículo "Quelques propos de géométrie eléméntaire" [8] fue un ataque —muy serio por otra parte— a la abstracción didáctica de aquella disciplina y a los peligros que importa su enseñanza cuando se aleja del conocimiento directo: "Para poder abstraerse de las cosas es necesario conocerlas", dirá. "Si no, en vez de abstracción, hay simplemente ignorancia." Propiciaba, en el caso de la geometría, que era necesario quitarle a sus nociones elementales —tales como espacio, punto, línea— "todo carácter dogmático, pues allí reside la dificultad principal, pero también el éxito cuando uno consigue vencerlo". Pensaba, como su maestro Laisant, que las abstracciones, necesarias para la enseñanza de cualquier disciplina científica, deben ser presentadas como conceptos resultantes de la consideración de los objetos mismos, que el mundo exterior ofrece a los sentidos [9]. Todo el artículo es un claro método para la exposición didáctica sobre elementos reales de principios de la geometría. La prolijidad de Lugones llegaba hasta marcar la conducta del profesor en el aula. Era el comienzo de un futuro tratado, del que el artículo resultó la primera entrega.

[7] Lugones, "El museo de Córdoba", *La Nación*, julio 15 de 1913.
[8] *Revue Sud-Americaine*, Nº 4, 1914.
[9] Laisant, Albert Angel, *La educación fundada en la ciencia*, Ramón de S. N, Araluce, Barcelona-México, p. 135.

Lo de la ciencia fue algo perfectamente serio. Algunos ejemplos lo demuestran. Preocupado, durante su desempeño como inspector general de enseñanza normal y secundaria, por la ausencia de una cartografía local, impulsó los estudios para la construcción de un buen mapa de la república. Años después, siempre con la misma idea, hizo escribir en la *Revue Sud-Americaine* un trabajo atinente a ese problema, encargándoselo a Henri Perrotin [10]. Estas técnicas fueron las que expuso en la conferencia leída en octubre de 1915, en la Facultad de Ciencias Exactas, Físicas y Naturales de Córdoba, que le valiera el otorgamiento del primero de sus títulos [11]. Por esa época, la Academia Nacional de Ciencias le discernió, "sin la más mínima noticia de su parte", el diploma de académico, en premio a los aportes geológicos y palentológicos del *Elogio de Ameghino* y de un estudio sobre ingeniería hidráulica del dique San Roque. Para recibirse, leyó dos memorias, una sobre el reconocimiento geodésico del país, como contribución a un mapa provisional, y otra sobre el origen de las llamadas cifras arábigas [12]. Además, solicitó y obtuvo que la Universidad de La Plata iniciara la mensura de un arco de meridiano, sobre el grado 66 oeste de Greenwich, entre los paralelos 32° y 45°, o sea de Villa Mercedes (San Luis) hasta la punta norte del golfo San Jorge, en base a un informe preliminar que él mismo redactó y que obtuvo elogioso informe del astrónomo norteamericano Alberto Houssay, director del Observatorio [13]. La seriedad del trabajo provocó también que fuera aceptado por el Primer Congreso de Ingeniería, que tuvo lugar en 1916 [14].

Producto de su "ávida ignorancia", le había propuesto al presidente Roque Sáenz Peña el funcionamiento de una gran comisión americana para que concretara un interesante proyecto del que se encargó de trazar sus grandes líneas, proyecto tendiente a elaborar un inventario racional de la flora ameri-

[10] LUGONES, "El mapa provisional de la República", *La Nación*, octubre 5 de 1915.

[11] *Ibid.*

[12] "Leopoldo Lugones", en GARCÍA CALDERÓN, *Leopoldo Lugones*, pp. 67-57.

[13] *Ibid.*

[14] *Centro Nacional de Ingenieros. Primer Congreso de Ingeniería. Relación general del funcionamiento del Congreso*, Buenos Aires, 1917, p. 400.

cana [15]. En 1915, el gobernador de Tucumán, Ernesto E. Padilla, que se encuentra en Buenos Aires, conversa con Lugones y en carta al rector de la Universidad local, doctor Juan B. Terán, le comunica que éste le ha hablado con entusiasmo de la creación del jardín botánico, y que lo ha tomado con tanto interés que ya ha redactado un estudio. Padilla le agrega con tono de asombro: "Como verás, dentro del plan de Lugones está mucho más de lo que tenemos pensado y responde a dar base firme a la enseñanza y a la vida universitaria. Es tal el entusiasmo de Lugones, que hasta habla de ser un obrero activo de la realización del propósito" [16].

Queda por analizar su gusto por las matemáticas. Siempre alardeó de conocerlas. En alguna oportunidad hasta sostuvo que el fundamento de su cultura era matemático, para agregar que "nada tan griego como las matemáticas, o sea la más perfecta organización lógica por la cual se nos revela el dios que habita en cada hombre" [17]. Alguna otra vez alegará, con rebuscada simplicidad, tener bastante en una "vida tan pesadamente laboriosa" con "sus hexámetros y sus matemáticas" [18]. A la ya citada memoria sobre los números arábigos y de sus incursiones en la geometría, debe agregarse un trabajo sobre una nueva propiedad de los números divisibles por tres [19]. Es que en la pasión matemática había mucho de ejercicio estético. Por eso, alguna vez dijo con claridad total: "Quien no sabe gozar de las matemáticas, desconoce la profunda fuente de belleza que encierra su propio espíritu. Es un pozo sin cubo. Un sediento que apoya su sed en un solo labio" [20]. Conocía, sin duda, aquella disciplina. Esto le permitió entender, y luego intentar la difusión de uno de los acontecimientos más portentosos de la historia del pensamiento humano.

Desde las iniciales tinieblas, la humanidad había vivido en el universo de Einstein, aunque lo supo sólo a comienzos de

15 LUGONES, "Notre clasification botanique", *Revue Sud-Americaine*, N° 3, 1914, p. 368.
16 REBAUDI BASAVILBASO, Oscar, *Leopoldo Lugones. Ensayo sobre su obra literaria*, Casa Pardo, Buenos Aires, 1974, p. 3.
17 LUGONES, "La escuela de los héroes", *La Nación*, agosto 6 de 1922.
18 LUGONES, "Acción, ante la doble amenaza", en *Antología de la prosa*, p. 365.
19 "L. Lugones", en GARCÍA CALDERÓN, *Leopoldo Lugones*, pp. 56-57.
20 LUGONES, *Didáctica*, p. 265.

este siglo, cuando un desconocido provisto de una libreta de apuntes y un encerado negro comprobó matemáticamente la real estructura del cosmos. Si bien Einstein había enunciado en 1905 el descubrimiento de aquella verdad eternamente oculta, fue sólo once años después, durante la guerra misma, que lo perfeccionó. En 1916, en los *Annalen den Phisik* publicó los "Fundamentos de la Teoría General de la Relatividad", en los que sostuvo, haciendo pedazos los principios hasta entonces inconmovibles de Newton, que la gravitación no era una fuerza sino un cuerpo curvo en el espacio-tiempo continuo, creado por la presencia de la masa.

No había, pues, ni espacio ni tiempo absolutos. La única constante del universo —su punto epistemológico vulnerable— era la luz, tan materia como la misma electricidad. Además, materia y energía no eran sino diferentes estados de una misma cosa; el tiempo, una cuarta dimensión, que debía computarse como las otras ya clásicas y conocidas desde Euclides. Sin embargo, el gran estruendo se produjo en 1919, cuando la Real Sociedad Física de Londres anunció que su expedición científica a las Prince Islands, encabezada por el conocido astrónomo Arthur S. Eddington, había fotografiado el eclipse solar del 29 de mayo de aquel año, completando cálculos que verificaban la predicción de la Teoría General de la Relatividad. 1920 fue un año tumultuoso para el mundo científico, por la difusión y repercusión que tuvo la noticia. Todo el saber humano debía ser rectificado. Sin embargo, la teoría era difícil y sólo se atrevió a descifrarla matemáticamente parte escasa de la clerecía intelectual de la época. Valga esta anécdota para demostrar lo inextricable de su explicación. Cuando se le preguntó a Eddington si era cierto que sólo tres personas la entendían, contestó burlonamente: "Estoy tratando de saber cuál es la tercera".

Lugones siguió de cerca todos estos fabulosos acontecimientos, los que le impresionaron vivamente. Meses después de la comprobación —agosto de 1920—, invitado por el Centro de Estudiantes de Ingeniería, pronunció una conferencia en la que adelantó al expectante auditorio los principios de la nueva teoría. Einstein había contribuido de manera significativa al renacimiento de la cosmología: estudio del origen, historia y formación del universo, disciplina que, como se ha visto, siempre habíale preocupado a Lugones, tal cual lo demuestran los juveniles estudios sobre idénticos temas, elaborados en su etapa teosófica. En aquella disertación, Lugones entrevió la posibilidad de una medida para el universo, avanzando algo más en las enseñanzas del maestro. Es sabido que a Einstein sus ecuaciones le mostraban un universo en expansión, pero, pese a ello, había optado por uno estable y no cambiante, recurriendo a una suerte de prestidigitación matemática, que denominó constante cosmológica y de la que habría de rectificarse años después, a consecuencia de las mediciones del astrónomo Edwin Hubbe. En oportunidad de la charla, Lugones habló de "un cuerpo ilimitado para nuestra experiencia sensible, pero calculable por nuestras medidas inteligibles" [21]. Acto seguido, imaginó un cálculo: "si la luz tarda más de 30 millones de años en volver a su punto de partida, tiempo que multiplicado por la velocidad de aquélla, o sea la velocidad máxima e invariable, según la doble comprobación de Michelson y Morley, y de Einstein, daría a las cifras un círculo máximo: vale decir el tamaño del espacio. Siendo la velocidad de la luz trescientos mil kilómetros por segundo, el proyecto indicado expresará una magnitud tan inconcebible y tan inaccesible como el fondo del espacio intuitivo" [22]. Así fue que con evidente jactancia, en el "epílogo" del libro que un año más tarde recogía su conferencia, transcribirá la flamante noticia de que el propio Einstein había sorprendido al mundo científico con la afirmación de un universo finito y medible [23].

Pero donde más se hicieron sentir los efectos de la novísima concepción fue en el campo de la filosofía. Entraron en crisis aseveraciones hasta entonces inconmovibles; eran aquellas que de acuerdo con Newton se presentaban como absolutas. Al no existir espacio ni tiempo que abarcaran al cosmos uniformemente, había sólo "tiempos locales", propios de cada sistema de referencia. Aquella ruina de lo absoluto tendría repercusión inmediata en Lugones. Primero en 1920, con su *El tamaño del espacio*, y de manera especial, a partir de 1922, cuando escribe artículo tras artículo en *La Nación* —"estudios", los designa— [24]

[21] LUGONES, "El tamaño del espacio", *La Nación*, agosto 15 de 1920.
[22] *Ibid.*
[23] *La Nación*, enero 1º de 1921, p. 3, c. 1.
[24] LUGONES, *La organización de la paz*, p. 6.

en los que exhibe el tremendo impacto sufrido en sus concepciones filosóficas (mejor epistemológicas) a consecuencia de las teorías de Einstein y de la mecánica quántica con su principio de indeterminación.

Dejemos al propio Lugones explicar las incontenibles derivaciones del nuevo saber. En realidad, aquellas conquistas del conocimiento conjetural le proporcionaban a sus afirmaciones insospechado vigor, por otra parte casi siempre rotundas. Es más, puede afirmarse que en el célebre giro copernicano de su ideología política, tan ferozmente criticado, tuvieron decisivo ascendiente las variaciones sufridas en el campo de la física, y de la filosofía. A partir de aquel dramático momento, sostendrá monotemáticamente que las ideologías basadas en concepciones generales y absolutas —"cuya aplicación procuramos con energía y buena fe" [25]— y que solía englobar bajo el común rótulo de "progresismo", estaban equivocadas. Entre las conclusiones de este errado progresismo, "figuraban la paz, consolidada mediante el reconocimiento de la igualdad de todas las naciones ante el Derecho; el desarme consiguiente; concordia de los hombres en la libertad; la desaparición de todo privilegio; la neutralidad religiosa del Estado; el humanitarismo preponderante sobre el patriotismo; el gobierno antepuesto al mando, y la razón mayoritaria substituyendo a la voluntad" [26]. Todas estas creencias estaban gobernadas, a su vez, por un principio omnímodo, el finalismo, por el cual, tanto la vida misma como el hombre y el universo, poseían una dirección y un sentido. Esto emparentábase con el progresismo, pues gracias a ese plan y causa final ya determinadas, el hombre no sólo coronaría la escala zoológica, sino que inexorablemente marchaba hacia estados de superioridad espiritual y material.

Lugones, que siempre se había declarado finalista [27] y por lo tanto progresista, abjuró de aquellas máximas, ya que reinaba en el campo científico igual concepto de relatividad negativo de todo finalismo progresista. "Tiempo y espacio —sostuvo— son estados mentales que yo engendro dentro de mí, en mi afán

[25] LUGONES, "Progresismo y realidad", *La Nación*, diciembre 21 de 1923.

[26] *Ibid.*

[27] LUGONES, "Disquisiciones científicas", *Archivo de Ciencias de la Educación*, Universidad Nacional de La Plata, 1915, época II, t. I, p. 318.

de apreciar la duración y la extensión relativa a mi existencia y a mi posición en un momento dado; para lo cual invento y aplico cartabones, llamando espacio y tiempo a los resultados de la mensura. Yo fabrico, pues, el espacio con mi regla, el tiempo con mi reloj, el peso con mi balanza y la cantidad con mi número. Mas en el universo no hay espacio, tiempo, peso ni cantidad. El universo es una magnitud incondicional, y esta misma noción no la tengo sino respecto de mí mismo. Según sean las condiciones en que me halle para medir, habrá para mí espacios, tiempos, pesos y cantidades variables. La propia noción de masa ha desaparecido con el análisis"[28]. Para agregar, a modo de colofón, este resultado que habrá de repetir incansablemente: "Ignoramos si el movimiento del universo es una traslación y menos con dirección determinada. Su objeto y plan, si los tiene, son enteramente desconocidos"[29]. El progreso sin límites era, pues, tan irracional a sus ojos, como la infinitud lineal que lo describía, ya que "toda línea infinitamente prolongada —sostenía con clara invocación relativista— vuelve al punto de partida, cerrándose sobre sí misma"[30].

¡Qué terribles fueron las consecuencias! Los grandes pilares de su pensamiento, aquellas bellísimas columnas del espíritu, cinceladas durante años con obstinado empeño, se desplomaban ante la superioridad de los hallazgos revolucionarios. Así Lugones sostuvo, antes del discurso de Ayacucho, por supuesto, que "pacifismo, libertad, igualdad son palabras huecas o, como decía Lenin, prejuicios burgueses"[31]. Y lo sostenía además públicamente, exhibiendo tanto las variaciones de sus creencias, como las razones mismas del cambio: "Un hecho más entre los que van abonando mi rectificación reaccionaria, pues ella está determinada por el cambio de dirección de los hechos"[32].

Repentinamente aquella indeterminación observada por la física quántica se transformó en uno de los presupuestos esenciales. En adelante, para Lugones, el universo se manejará sólo

[28] Lugones, "La quimera finalista", *La Nación*, marzo 12 de 1924.
[29] *Ibid.*
[30] Lugones, "La paz bolchevique", en *La patria fuerte*, p. 90; *La Nación*, enero 8 de 1928.
[31] Lugones, "La quimera finalista", *La Nación*, marzo 12 de 1924.
[32] Lugones, "La iniquidad dionisíaca", *La Nación*, marzo 1º de 1924.

por el azar. La causalidad había sido derogada. En realidad, según su nuevo parecer, parafraseando al Einstein de la última época, Dios, de existir, jugaba a los dados. Así fueron para siempre aventadas la predicción y la futurización, a las que era tan afecto. Recuérdense sus premoniciones acerca del estallido de la gran guerra y las consecuencias libertadoras que fatalmente acarrearía. Ya no iba pues a vaticinar, siempre a consecuencia de las terribles secuelas del relativismo. "Predecir —dirá— es un caso de arbitrariedad", y siguiendo al pie de la letra los últimos descubrimientos quánticos, afirmaba, con el orgullo de persona "aggiornada": "Nuestra lógica se organiza sobre la estadística o recopilación de los hechos pasados, que nos permite inferir la suma probabilidad de su repetición, si sus condiciones se repiten. Pero, no la certidumbre completa. El porvenir es, pues, el azar, como el pasado la fatalidad misteriosa. Lo más que puedo es situar en uno y en otro campo un sistema de probabilidades, pero ninguna certidumbre"[33].

Al desaparecer la básica armonía de la naturaleza y su simplicidad deslumbrante, en aquel holocausto ideológico cayeron también los estoicos. Muy poco hablará de ellos de ahora en adelante. Su ética variará, inclinándose cada vez más hacia una exaltación dionisíaca, con fuertes influencias nietzscheanas. La salud, el vigor, el talento y la hermosura constituirán otras tantas predisposiciones nativas a la vida dichosa. Dejaba de imperar el pesimismo de los débiles, para quienes aquello era inicuo en relación con su mengua fatal y triunfaba, entonces, la vida, "la vida que es salud, fecundidad, alegría en la dionisíaca iniquidad de la hermosura y la fuerza"[34]. Es conocida la áspera polémica que sostuvo Einstein en sus años postreros con los físicos quánticos y sus esfuerzos por hallar una solución al problema de la incertidumbre causal con la teoría del campo unificado. A las objeciones que le formulaban por su incansable búsqueda de una ley general y comprensiva, solía responder con una frase ya célebre: "Dios es sutil, pero no puede ser malicioso". Paradójicamente Lugones en ese gran debate acerca de la posibilidad o imposibilidad de leyes unívocas, que de algún modo rozaban la idea de un "logos" o razón cósmica, tan cara

[33] *Ibid.*
[34] Lugones, "La quimera finalista", *La Nación*, marzo 12 de 1924.

al pensamiento estoico, se inclinó por el principio de la indeterminación como alfa y omega de su discurrir. Por cierto que lo hizo de forma abierta, y parece evidente que conocía los trabajos de Werner Karl Heisenberg [35].

El triunfo del relativismo —que por eso era también absoluto— tuvo otra consecuencia importante en Lugones. Llevó a su convencimiento que las creencias generalizantes y ecuménicas carecían de asidero, y por lo tanto se inclinó hacia los particularismos. Desde ese momento no pensará, sobre todo en política, en términos universales. El valor de la humanidad residía entonces en su infinita diversidad, pues de existir una relatividad del universo moral, no era posible ni tampoco deseable que todos los hombres pensaran y sintieran de la misma manera. Su concepto de patria adquirió, por obra de Einstein, un redimensionamiento total, ya que si se había operado un recorte cosmológico y el universo mismo era finito, coherentemente las patrias individuales y particulares debían adquirir insospechada vigencia. Su obra política, y especialmente la poética, reflejará este nuevo ensimismamiento territorial y cultural.

La revolución de la física fue sin duda fundamento filosófico del cambio ideológico de Lugones, pero no su causa. Sabía que toda época debe guardar armonía con las variaciones del pensamiento científico. Pero sabía también que esto no era definitivo ni excluyente. Él mismo lo experimentó en su rebelión contra la dictadura positivista, alentado por su férvido idealismo teosófico. Es que pujaban otras causas y razones. Pero la ocasión era demasiado bella para desaprovecharla y, *nolens volens*, dejar de aportar agua para su molino. Quizá nada defina mejor esa tendencia que sus propias palabras: "Así es ahora más científico ser reaccionario que liberal..." [36].

---

[35] LUGONES, "La hora de la espada", *El Hogar*, abril 10 de 1925; "La paradoja estética", *La Nación*, diciembre 16 de 1928; "Los hombres de Maquiavelo", *La Fronda*, abril 16 de 1933.

[36] LUGONES, *La organización de la paz*, pp. 65-66.

Capítulo VI

EL GRAN DESENGAÑO

"El Universo y la vida no son lógicos ni ilógicos, armoniosos ni discordes..." [1].

El cambio ideológico de Lugones estuvo precedido por la inevitable crisis intelectual. Ciertamente no fue el suyo un rayo en un límpido cielo. A poco del triunfo aliado, comenzó a cuestionar ciertos tópicos fundamentales en su hasta ahí rígido y coherente universo, con el agravante de que a las críticas pronto habría de sumársele la demoledora dialéctica de los hechos; él mismo ha situado el penoso ejercicio alrededor de 1921 [2]. Primero fue el caso de Wilson. Como ya se ha dicho, Lugones mantuvo inalterable admiración por el presidente americano, quien, a su juicio, representaba los ideales de "una nueva civilización" [3], inspirada en la libertad y la justicia, y que según vaticinio inveteradamente declamado, habría de surgir victoriosa, luego de la guerra. Es que, sin disimulo alguno, amó sus pretensiones de instaurar un nuevo orden entre las naciones, orden del que estaría desterrada, para siempre, la diplomacia militarista y prepotente, que llevaba la "última ratio" en la punta del simbólico espadín.

Veníale de lejos la fascinación por Wilson. A poco de que asumiera la presidencia, había aplaudido su buena fe, que dio a los Estados Unidos resultados mucho más valiosos que el salteo "protector" de Nicaragua, o la "cínica piratería de Panamá" [4]. Antes había alentado similar proceso de simpatía hacia el partido radical francés, particularmente por Georges Clemenceau,

---

1 Lugones, "El fracaso ideológico", *La Nación*, octubre 8 de 1923.
2 Lugones, "La política económica", *La Nación*, mayo 19 de 1921.
3 Lugones, *La torre de Casandra*, p. 8.
4 Lugones, "La viga en el ojo", *La Nación*, agosto 10 de 1914.

su líder, a quien trató personalmente [5]. Pero nada comparable al deslumbramiento que le provocará el fundador de la Liga de Honor. Fue compañero inseparable y fiel de su acendrado idealismo durante todo el conflicto [6] y, como nadie, apostaría —pública y reiteradamente— al feliz resultado de su política. Por eso la opinión adversa que siempre siguió a Lugones —como pez voraz al náufrago—, escudada en su germanofilia primero, y luego en inédita "reincidencia virreinal", acechaba impacientemente para enrostrarle la inutilidad de sus ilusiones.

Muy pronto los acontecimientos irían desacomodando a Wilson y, por cierto, también a Lugones. El Senado de los Estados Unidos, el 19 de noviembre de 1918, adoptó una serie de reservas —las *Lodge Reservations*— al Tratado de Versailles por el cual se fundó la Liga de las Naciones. En los hechos constituía un simple rechazo, y quien la creó no titubeó en calificarlo de traición, tanto a la palabra empeñada como a los miles de soldados muertos en Europa. La maniobra no pasó inadvertida para Lugones, quien la calificó con dureza: los Estados Unidos, que habían cultivado el desinterés, lo sacrificaban sórdidamente, deshonrando la justísima influencia adquirida en el momento de su natural fructificación. Días después de aquel acontecimiento, publicó un artículo en *La Nación*, titulado "Camino de soledad", en el que se hizo cargo del revés de Wilson al no conseguir que su propio país lo apoyase. Y allí ya se percibe que el fracaso del desventurado idealista va a ser el suyo. En aquella entrega aparece esta confesión, insólita en escritos siempre despersonalizados: "Necesito explicar en dos palabras mi actitud, aunque me repugne hacerlo. Durante los treinta años que llevo de escribir, mi admiración y mi afecto por los Estados Unidos conserváronse invariables. [...] La intervención en la guerra, dando por fundamento al nuevo derecho internacional los principios wilsonianos y por instrumento de su ejecución la Liga de las Naciones, colmó nuestras esperanzas. [...] Los Estados Unidos triunfaron democratizando al mundo, que es decir, haciéndolo como ellos, conformándolo a

---

[5] Lugones, "El impuesto a la renta", *La Nación*, abril 10 de 1914; "Filosofía de las elecciones", *La Nación*, junio 1º de 1914; "Filosofía del desempate", *La Nación*, junio 17 de 1914.

[6] Lugones, "El fracaso ideológico", *La Nación*, octubre 8 de 1923.

su norma de justicia y libertad. Y fuera difícil concebir mejor victoria" [7].

Era tal el arrebato, su impulso para que continuaran prevaleciendo los viejos ideales, que llegó a sostener que a pesar de los políticos obstruccionistas, el mundo irresistiblemente habría de constituirse de acuerdo con los cuestionados principios. "con toda la deficiencia que se quiera, pero lo hará sin los Estados Unidos" [8]. La tesis central del artículo era un consejo vehemente pero absurdo, para el accionar exterior de la Argentina, verdadero esfuerzo de paladín por variar una realidad que comenzaba a tornársele insoportable: 'Volvernos decididamente wilsonianos, como lo dije más de una vez, llevar allá nuestra opinión. Podemos ser más: podemos ser partidarios de Wilson. Debemos serlo. Así verán los políticos la grandeza americana que intentan disminuir en él. ¿Que no quieren que haya otro Washington en los Estados Unidos? Pues sepan que es vana su intención. Ya lo tienen" [9]. Ante los actores del drama, Lugones seguía creyendo en quien propiciaba para su país una misión civilizadora. Henry Cabot Lodge, en cambio, el gran triunfador, se le aparecía como el espectro de las viejas patrias egoístas, de la política de la fuerza, tan detestadas y anatematizadas. No habrá exageración si se sostiene que todo su elaborado edificio intelectual, exaltando la libertad plenaria, su auténtica confianza por el nuevo sistema mundial y hasta la expectativa por el posible retorno de los dioses, alcanza su máxima tensión en este artículo. De ahora en más, la vehemencia irá decreciendo.

Pero, a pesar de todo, restaba una última expectativa: Wilson había propuesto a la nación americana que el próximo comicio presidencial fuera el "solemne referéndum" que decidiera tan enojoso debate. Por ello, hay otro artículo que transparenta su estado de ánimo. Es el que publica en ocasión de la fiesta patria de aquel país, titulado "El día de América". Se adivina en él casi un adiós melancólico a desvanecidos ideales. Después de reiterar la importancia de los Estados Unidos como campeón de la libertad, del monroísmo como doctrina universal

[7] *La Nación*, diciembre 7 de 1919.
[8] *Ibid.*
[9] *Ibid.*

para impedir las guerras y respetar el principio de autodeterminación, ofrece, en moroso final, este postrero homenaje al viejo camarada: "La política wilsoniana resulta para nosotros algo más que una proposición interesante. Es la misma que nuestros padres llamaban el credo de Mayo. Así, este 4 de julio es como nunca el día de América, y teniendo yo, por el modo mejor y más alto de honrar al país, la glorificación de sus grandes hombres, rindo una vez más, en la persona de Wilson, mi invariable homenaje al triunfo de la república que aseguraron los Estados Unidos. El ilustre presidente es ya, y por siempre en la historia, el elegido del género humano, puesto que su partido lo forman todos los hombres de buena voluntad" [10]. Tiempo después, el candidato demócrata era derrotado por abrumadora mayoría y el idealista vencido se retiraba de toda actividad.

Hoy parece claro que el fracaso de Wilson, que fue el de toda una corriente del pensamiento político, representativo del mundo de preguerra, tuvo en Lugones un efecto terrible. Doblemente afligente, si se piensa que el ensayo americano constituía el modelo terreno de su evangelio libertario. Ante la rebelión de una inexorable realidad, aquel voluntarista, ahíto de bellas utopías, entrevió que la verdad podía estar en otros campos.

Más tarde fue el turno de los ideales del progreso, interrumpidos por el irracional impacto de la guerra. Curiosamente, en toda la literatura de Lugones no existe una sola reflexión sobre el retroceso que significó aquella estúpida carnicería. Es más, campea en toda su producción un cierto optimismo, y cuando describe la tragedia de la guerra y sus horrores, es mero trasfondo para resaltar el heroísmo del bando predilecto o bien teñir de infamia a los bárbaros cultores de la fuerza. No hay duda que Lugones estaba poseído por la idea del progreso ascendente, del bienestar y comodidad que caracterizaron a los años previos al estallido bélico. No se piense que esta reflexión es un tardío ensoñamiento, sino, por el contrario, hechos concretos, recogidos en los parámetros estadísticos. Ello implica que embriagado aún por fantasías de redención y de una retórica casi religiosa, cayera bruscamente de su paraíso más soñado que vivido, hasta el barro de crueldad y miseria que pro-

[10] *La Nación*, julio 4 de 1920.

vocó la guerra. Aquel desencuentro tenía que favorecer necesariamente una crisis de la que sólo pudo emerger apelando a sentimientos y concepciones escépticas en vez del firme optimismo de intelectual progresista que hasta entonces había sustentado. Pero no fue el suyo un proceso peculiar y único. Piénsese en la actitud de otros intelectuales contemporáneos: Spengler, Berdaieff, Sorokin. El paradójico espectáculo de una civilización puesta en peligro por fuerzas de las que se enorgullecía, la retrogradación de usos e instituciones, alentaban más que dudas acerca del indestructible credo. Se presentó, así, ante sus ojos, la incomprensible sucesión de "estados parciales de civilización, alternados con otros de barbarie" [11].

Lugones entendió el fenómeno de inmediato, expresándolo con total claridad: "El progreso, como ley de la historia, fue derogado por la guerra. No íbamos, como creíamos, hacia la justicia, la paz y la igualdad. El antagonismo de los intereses humanos decidióse, una vez más, por la fuerza. El mismo progreso material, conseguido en la lucha contra el dolor y en la promesa del bienestar humano, volvióse instrumento del mal y contribuyó a la mayor eficacia destructora" [12]. Aquel finalismo progresista del siglo XIX, del que fue fervoroso partidario, "había sido rectificado —son sus palabras— por el grande hecho de la guerra y sus consecuencias" [13]. Sin duda, imbuido de opiniones extremadamente críticas, reparó que, según aquella "hipotética ley" [14], el bien tenía que salir del mal, puesto que todo mejoraba con sólo ir viviendo de acuerdo con los principios de la evolución y la selección naturales [15]. Hasta recurrirá a insólita primera persona para dar testimonio sobre su desengaño: "Al sobrevenir la guerra vimos desvanecerse muchas conclusiones teóricas; pero la ideología progresista era demasiado hermosa y había costado demasiado sacrificio para que nos decidiéramos a rectificarla. Preferimos, como casi siempre ocurre, guarecernos en una paradoja circunstancial y nos creamos la ilusión de la fuerza abolida por el exceso de la fuerza, la de-

11 LUGONES, "El fracaso ideológico", *La Nación*, octubre 8 de 1923.
12 LUGONES, "La quimera finalista", *La Nación*, marzo 14 de 1924.
13 LUGONES, "Estado de fuerza", *La Nación*, noviembre 19 de 1926.
14 LUGONES, "Las alianzas", *La Nación*, mayo 5 de 1930.
15 LUGONES, "De la fuerza", *La Nación*, julio 11 de 1926.

mocracia robustecida, el derecho victorioso"[16]. Para luego agregar estas palabras que muestran la hondura de sus dudas, de la crisis que vivía: "El progresismo humanitario y pacifista puede, así, continuar siendo una ideología de apego sentimental, pero no una regla de conducta"[17].

Como buen esteta que era, a Lugones lo deslumbró el espectáculo de la guerra. Estaba convencido de que aquella hecatombe marcaría un hito definitivo en la historia y que sus consecuencias iban a ser decisivas en la marcha de la humanidad. Por eso no vaciló en considerarla, a ella y a sus resultados, "el más vasto y completo experimento histórico efectuado hasta ahora por el hombre"[18]. Sin duda había mucho de milenarismo en esa concepción. Y si durante el episodio bélico llegó a pensar que con la paz arribaría el imperio de sus fórmulas ideales, ante los primeros signos adversos creyó descubrir que el sentido era otro, sin preocuparse mucho que resultara, justamente, el contrario al sostenido hasta entonces. Temía, sobre todo, quedarse a la zaga del enorme acontecimiento[19], y también que el apego a las viejas creencias —"las del siglo XIX", como gustábale decir— era estéril, puesto que significaba restaurar la ideología anterior a la guerra, como si ésta no hubiera existido[20].

Por último fue el racionalismo.

Lugones, devoto seguidor de Platón y los estoicos, y también de Kant, consideraba al raciocinio como la llave maestra del conocimiento. Todo su saber se fudamentó en la seguridad de que el mundo se encontraba ordenado y sus componentes unidos con precisión lógica, por lo que la tarea de comprenderlo era inteligiblemente posible. En el plano ético también lo consideraba así. La razón antes que los sentimientos, la costumbre o la autoridad, era encargada de juzgar lo bueno y lo malo, lo correcto y lo nocivo. Al respecto, recuérdese la cuidada elaboración de *El dogma de obediencia*. Sin embargo,

---

[16] LUGONES, "Progresismo y realidad", *La Nación*, diciembre 21 de 1923; "La paradoja estética", *La Nación*, diciembre 16 de 1928.
[17] *Ibid.*
[18] "L. Lugones a García Monge", diciembre 12 de 1926, *Repertorio Americano*, vol. 14, N° 3, enero de 1927, p. 37.
[19] LUGONES, *La organización de la paz*, p. 13.
[20] *Ibid.*, p. 75.

aquel pacífico horizonte intelectual conturbóse inesperadamente. La crítica —en realidad implacable— vino del lado de los nuevos descubrimientos físicos. De acuerdo al principio de indeterminación, resultaba imposible predecir con exactitud la posición o velocidad de un electrón en movimiento. Esto significó que prever el comportamiento de aquellas partículas sólo pudiera hacerse por leyes basadas en estadísticas. De esa manera, el principio de causalidad y la consiguiente perspectiva de un conocimiento racional, entraron en crisis al descartárselos en el mundo subatómico.

Al tanto de todas estas novedades, a partir de 1924, sostuvo —influido indudablemente por los hallazgos de la física quántica— que "nuestra lógica se organiza sobre estadísticas o recopilación de hechos pasados, que nos permiten inferir la suma probabilidad de su repetición, si sus condiciones se repiten. Pero, no la certidumbre completa"[21]. Aceptado este supuesto, el proceso de autodestrucción racionalista que había iniciado continuó con mayores bríos, al punto que le tocaba el turno a la razón misma. A su juicio, sólo erróneamente podíasela considerar la facultad creadora por excelencia de las organizaciones sociales, como lo pretendieron sus otrora amados Enciclopedistas y los teóricos jacobinos de la Revolución Francesa. Al caer también ellos, inmolados con su nuevo enfoque, le parecía necio que se pretendiera por aquel procedimiento "conformar la vida como el líquido en el vaso"[22].

También había advertido el carácter voluntarista del racionalismo. La emprendió contra la intentona compulsiva de sujetar la realidad a conceptos metafísicos: "El hombre, en su inagotable orgullo —decía en uno de sus artículos semanales—, piensa que ha de adecuársela al estado de satisfacción racional que llamamos 'lógica' "[23]. Por cierto que tal crítica no era original, pero la repetía de modo notable. Con perspicacia intuyó que todo conocimiento racional no era pasivo, ya que tendía, por propia dinámica, a construir más que a pensar o contemplar. Dejaba de ser reflexivo para intentar la reforma lisa y llana del

21 LUGONES, "La iniquidad dionisíaca", La Nación, marzo 10 de 1924 y, también, "El finalismo progresista", La Nación, enero 6 de 1924; "La hora de la espada", El Hogar, abril 10 de 1925.
22 LUGONES, "La paradoja estética", La Nación, diciembre 16 de 1928.
23 LUGONES, "Del Parlamento", La Nación, marzo 14 de 1926.

mundo exterior, no un simple acomodamiento del agente cognoscitivo. Esto lo impulsaba a expedirse acerca del pensamiento utópico y de las deformadoras ideologías, características de todo progresista. En el párrafo siguiente subraya Lugones esa particular tendencia, propia de políticos idealistas decimonónicos, a cuyos cuadros, sin duda, había pertenecido: "Así llegan algunos hombres a creer que la facultad de razonar los fenómenos comporta gobernarlos mediante el raciocinio. Entonces inventan sistemas lógicos, a los cuales debe conformarse necesariamente la sociedad humana, porque así es la verdad" [24].

Acertaba Lugones en otra de las notas que ayudaban a la descalificación del racionalismo. Era su progenie teológica, doble motivo de reparo. Tal juicio, que no le era tampoco original, pasaba por ser uno de los alardes intelectuales de la época. Se insistía mucho en el proceso de desacralización, oportunamente iniciado por los racionalistas en el gran cuerpo de la doctrina cristiana, y por el que concluyeron otorgando a su sistema, pese a la aparente novedad, una estructura idéntica. En efecto, Lugones descubrió en el planteo racionalista semejanzas con el catolicismo, en cuanto ambos eran finalistas y alentaban la idea de la perfectibilidad humana, ya se lograra por el progreso o la salvación [25]. La cristiandad toda habíase puesto a organizar el mundo, no sólo con arreglo al plan revelado por la divinidad, sino de acuerdo con la lógica moderna [26]. Entonces no vaciló en llamar al racionalismo, "hijo renegado de la teología", por su estentórea pretensión de conformar la realidad biológica a la metafísica humana [27].

El menoscabo del racionalismo como método idóneo para el conocimiento no lo impulsaría a incursionar de modo absoluto en experiencias místicas, intuitivas o ejercicios de revelación, si bien lo racional quedará marcado con sello relativista. Aquella mengua produjo un natural recrudecimiento de tendencias esotéricas. Los *Cuentos fatales* y *El ángel de la sombra*

[24] LUGONES, "La patria inmortal", *La Nación*, agosto 21 de 1929.
[25] LUGONES, "Elogio de Maquiavelo", *La Nación*, junio 19 de 1927.
[26] LUGONES, "El dogma de obediencia. Discurso preliminar", *Revista de la Facultad de Derecho y Ciencias Sociales de Buenos Aires*, t. VI, Nº 20, julio-setiembre de 1927, pp. 618-619.
[27] LUGONES, "La acción de potencia", *La Nación*, julio 31 de 1927.

son muestras de un renacimiento teosófico. Pero, lo que Lugones abandonó como fórmula rectora fue, más que las posibilidades cognoscitivas de la razón, su prepotencia ordenadora y voluntarista, la proclividad a la utopía y el venturoso final evolutivo.

CAPÍTULO VII

GIRO COPERNICANO

*¡Qué hermoso es el fuego que se levanta al quemar
las propias naves!*

DYLAN THOMAS

Los argentinos sólo parecen saber de Lugones que un buen día cambió de ideas, y a ese día lo conocen mejor que a su obra. Ocurre con los hombres que a veces perdura de sus vidas aquello que más se parece a la literatura o se aproxima a ciertos estereotipos respetados o denostados. En su caso se acabó por delinear, con rara perfección, un personaje de súbito embanderado en moderna ideología, sin preocuparse en aclarar si ello fue por interés (insinuado pérfidamente con piadoso silencio) o, lo que es peor, omitiendo aclarar la tan reprochada voltereta. Y así, de algún modo, Lugones resulta un traidor por haber transgredido la severa ley de no mutar creencias, de no instalarse a perpetuidad en cualquiera de los sistemas políticos reconocidos. Tal infracción ofrecía blanco apropiado para fáciles diatribas —no muy ingeniosas por otra parte— pero, sobre todo, lo tornaba molesto, nocivo, al intranquilizar a plácidos espíritus principistas con rigidez próxima a la crueldad. Por eso, detenerse en este aspecto de su vida y pretender conocerlo (o entenderlo) es también forma de saber quién fue.

Como tarea inicial, caben preguntarse las razones del insólito cambio. Sin entrar en psicologismos, no cabe duda que tanto la famosa confesión pública del Coliseo como el posterior discurso de Ayacucho obedecieron a causas profundas y no a mezquinas elucubraciones. Baste señalar que el partido radical en el poder, el flamante presidente e incluso la oposición no participaban de sus devaneos. Él mismo nos aclara la sinceridad de tan brusca mudanza: "Se efectuó —dijo— en pleno éxito demagógico, es decir contrariando a los dueños del poder, que no desdeñaron recoger mis palabras en el propio Congreso de la Nación"[1]. Aventada la posibilidad de un acomodamiento por interés, que lo hubiera tornado repulsivo, como fue el caso de la diputación de Azorín, parece prudente bucear los determinantes que llevaron a tal audacia. Cabe, también, esta advertencia: los riesgos que le provocaría la nueva afiliación debieron estar previamente calculados. Todo no pudo reducirse a un irreflexivo impulso. Y en este punto, como siempre, el propio Lugones ha de servirnos como el más veraz de los testigos: "Ese cambio no se hizo por la rebusca de aplausos, sólo nos trajo impopularidad y mal querencia"[2].

Su adscripción a la idea de progreso, a la ideología liberal, en cuanto esta última significa adecuar a la realidad a un sistema racional, la calificó paladinamente de "error"[3] y, por lo tanto, sujeta a posibles rectificaciones. Eso fue lo que hizo. Con valentía y honradez, pero con acopio de fundamentos impresionantes, inició su giro copernicano. Por ejemplo, los artículos que publica luego de las conferencias del Coliseo y preceden al discurso de "las espadas", aparecidos durante el segundo semestre de 1923, hacen gala de una erudición e información asombrosas. No podía actuar de otra manera quien durante su vida fue un "gran perseguidor de la verdad". El apelativo corresponde a uno de sus enconados críticos, lo cual prueba la honradez del aserto[4]. Este problema de variar sólo por la verdad, sacrificando el acervo anterior, lo conocía desde antiguo. Ya en 1905 había prefigurado el acto que tendría lugar dieciocho años después: "Reconociéndome ignorante, quise aprender; y cuando aprendí, rectifiqué con el conocimiento adquirido mis criterios anteriores; y seguí aprendiendo, probablemente para rectificar mañana... No aprendáis nada, absolutamente nada, si aspiráis a la estabilidad; pues aprender es cambiar constantemente de posición respecto de las ideas, respecto de vosotros mismos, respecto de la vida"[5]. Descartado cualquier cálculo oportunista, la nueva actitud aparece transparente, guiada sólo

[1] "L. Lugones a J. García Monge", *Repertorio Americano*, vol. 14, N° 3, enero de 1927, p. 37.
[2] LUGONES, "La hora de la espada", *El Hogar*, abril 10 de 1925.
[3] LUGONES, "La defensa del Estado", *La Nación*, octubre 31 de 1930.
[4] ROCA, *El difícil tiempo nuevo*, p. 322.
[5] LUGONES, *Conferencia*, pp. 7-8.

por una férrea búsqueda de la verdad. Aquel viejo ideal platónico, estrella polar de juveniles escritos teosóficos, continuaba por lo visto vigente.

Existían otras razones, no obstante. Puede afirmarse rotundamente que Lugones fue un convencido individualista y, como tal, incansable luchador por un espacio político que le permitiera explayarse sin limitación alguna. Conviene recordar que antes de la Gran Guerra pugnaba por un idealismo radicalizado y el principal objetivo era entonces la libertad plenaria. Es que su bestezuela apocalíptica fue siempre la democracia, si bien en los días anteriores al conflicto apareciera limitada a inocuos ensayos parlamentarios. Sin embargo, ese acontecimiento trascendental que fue el gran sacrificio europeo determinó el acceso de las masas al poder. Por añadidura, el marco interno —nada despreciable y de influencia decisiva en Lugones— ofrecía el espectáculo de una democracia inmadura, agravada con agudos síntomas de populismo. Entonces no parece aventurado imaginar que aquel "honesto vigía", según feliz expresión de Capdevila, sintiera, al iniciarse la década del veinte, que sobre un hermético individualismo cerníanse peligros definidos y concretos. Corría el riesgo —lo sabía muy bien— de carecer de un papel que interpretar en una sociedad acechada por el progresivo ascenso de las masas, la mecanización y la industria. Es perfectamente explicable, pues, que Lugones experimentara verdadero horror ante el anonimato que ofrecía la siniestra igualdad de los tiempos modernos. Debía hallar, sin duda, urgente solución a tan agresivo problema.

Como intelectual había caído en la fácil trampa de considerar a la acción política imprescindible herramienta de positivo influjo sobre la sociedad. En consecuencia, el carácter de su prédica tornóse cada vez más politizado. Ya no era una divulgación filosófica, histórica o esencialmente docente: incursionaba con decisión en la praxis. Lo había hecho en sus años mozos y durante la égida de Roca actuó con singular firmeza en el ámbito educacional. No obstante, luego de la caída del onmipotente líder se enfrascó en soberbio aislamiento y con impensado resabio krausista redujo su tarea a la de corregir el ambiente mental y moral de los ciudadanos, a mejorar al hombre mismo. "¡Mandar —dijo coherentemente por aquella época—, qué satisfacción tan primitiva! Dominar: ¡qué voluptuosidad salvaje!"[6]

Pasado algún tiempo, la guerra vuelve a excitarlo y mucho más la cruzada que emprendió el presidente Wilson. Gracias a ella, retorna a una actividad febril, tomando de nuevo, con su apasionada oratoria, contacto con la multitud.

No resulta difícil percibir en Lugones un fuerte temperamento, aunque se nos presenta las más de las veces contenido. Por lo menos, una vertiente de su personalidad lo llevaba a ciertos ensoñamientos vinculados a las hazañas heroicas. Su propaganda helenística parece demostrarlo: pretendía —nada menos— que los homéridas fueron modelo para los argentinos. Su particular concepto del héroe, y sobre todo del paladín, encajaba a la perfección en ese sigiloso aunque perceptible respeto por la praxis. A esto sumábasele un sostenido desprecio por los valores burgueses. Además —otra constante de Lugones— nunca claudicó ante la prepotencia democrática y las subalternas prácticas electorales, tan alejadas de su estetizante y aristocrática concepción de la política. Resumiendo: un cierto y errático amor por la acción, sentido heroico, desprecio por los valores burgueses, la democracia y los partidos, parecen insinuar una línea estable de su pensamiento. Por otra parte, alterna en Lugones una vehemencia cíclica. La exhibe durante el período socialista, en el interludio roquista o durante la campaña wilsoniana, si bien subyacente bajo distintos credos e ideologías y siempre sostenida con idéntico vigor. Lo que confunde es la pose distante y ecuánime que a veces gusta lucir Lugones quien, sabedor de tendencias irreprimibles, las disimula cuando no las niega en absoluto.

Se adivina que no soportaba la política argentina. Con el radicalismo triunfó el populismo, si bien Alvear había logrado introducir prácticas correctoras, las que, sin embargo, por reacción acentuaban aún más dicha tendencia. La siguiente frase exhibe su estado de ánimo: "Sin dejar de ser una calamidad, nuestra democracia es una desvergüenza"[7], pudiéndose agregar esta otra reflexión, que sintetiza su actitud refractaria ante el régimen imperante: "Llevamos efectivamente, diez años de elec-

---

[6] LUGONES, "Universidad social", *La Nación*, abril 21 de 1916.
[7] LUGONES, "El fracaso ideológico", *La Nación*, octubre 8 de 1923.

toralismo en progresivo empeoramiento. No puede sostenerse que esto se deba a la falta de experiencia popular en el manejo de la máquina. Lo cierto es que con la libertad electoral ha aumentado la corrupción política"[8]. Siempre en la misma época —la de su viraje ideológico— en carta a Lucas Ayarragaray desnuda su pensamiento, advirtiéndose con claridad la mezcla de frustración y posibilidades que se le antojaba la realidad nacional: "La política argentina se ha vuelto demasiado chica para el país. Está fracasada en su propia insignificancia, cualquiera que sea la orgía electoral que el porvenir nos depare. El país es ya muy superior a sus políticos"[9]. Pero ese desconsuelo ocultaba, como siempre ocurre, recónditas esperanzas. Además, advertíanse signos y señales en los cielos. Primero fue la revolución rusa y la personalidad desbordantemente autoritaria de Lenin. Luego Mussolini, con su reaccionarismo dictatorial y altanero. Todo en plazo brevísimo, apenas cinco años. Sin duda eran épocas de prodigios. Y junto con todo ello, una desazón intelectual y científica empujó finalmente a Lugones, que no quería ser más un político pasatista y sospechado de candidez.

Había sucumbido a la seducción de Mussolini. Hoy resulta fácil, con la perspectiva de nuestra época, condenar tal tipo de tentaciones, enrostrando, incluso, alguna perversidad en la elección. Un análisis desapasionado aconseja, sin embargo, colocarse en ese particular momento. Fue un período casi único por la extraordinaria reacción que se operó contra cualquier tipo de idealismos y creencias progresistas. Surgieron sentimientos nacionales y, sobre todo, irrumpió el temible odio de las masas. Se exteriorizó en todo el mundo un terror casi patológico al comunismo, un creciente cercenamiento de las libertades, el auge del nativismo primitivo, las prácticas antisemitas, el triunfo del racismo y de las legislaciones restrictivas en materia de inmigración. La década de 1920 conformó una era en la que fueron cuestionados, cuando no olvidados, los grandes ideales y las grandes tradiciones liberales. Fue en ese momento, justamente, que muchos intelectuales vieron a la revolución fascista

[8] LUGONES, "La crisis mayoritaria", *La Nación*, febrero 11 de 1924.
[9] "L. Lugones a Lucas Ayarragaray", en AYARRAGARAY, Lucas, *Cuestiones y problemas políticos*, Lajouane y Cía., Buenos Aires, 1926, p. 200.

como una interesante alternativa que atacaba por igual al capitalismo burgués y al creciente despotismo de las masas, impulsado por el marxismo revolucionario. Wyndham Lewis, Ezra Pound, Yeats, Eliot, Céline, Drieu La Rochelle, Brasillach, Giraudoux, D'Annunzio, Pirandello, Marinetti, Malaparte, Ungaretti, Gentile, Croce, Papini, Knut Hamsum, Heidegger, Jünger, Spengler entre otros, formaron aquella desesperada falange. Piénsese que hasta el mismo Churchill aseguró que de haber sido más joven e italiano sin duda hubiera vestido la camisa negra de los "fasci di combatimento". En nuestras tierras, Lugones no fue el único ejemplo. Victoria Ocampo, que había visitado al Duce, deslizaba sus simpatías por Mussolini. Otro tanto hacía Eduardo Mallea. María Rosa Oliver dirigía, según Gálvez —otro caso de filofascismo que viene de la izquierda—, un periódico archirreaccionario [10]. Resulta justo aclarar que la mayoría de esos hombres apoyaron al fascismo, más porque estaba en contra de determinadas fórmulas políticas que en razón de su propia y estricta ideología [11]. Quizá sea también justo añadir que en muchos casos lo hicieron convencidos de que era seguro modo de defender a la misma civilización puesta a prueba. Y, por último, que si lo aceptaron fue para no compartirlo estrictamente. Tal parece haber sido el caso del mismo Lugones.

¿Cuáles fueron las consecuencias de su conversión al nuevo credo? Su vieja creencia en el progresismo o evolución indefinida hacia lo mejor quedó descartada. Su enfoque historiográfico se tornó "casuista", cuando no circular, en vez de finalista. El principismo y la devoción por los sistemas lógicos del siglo XIX fueron abandonados. De ahí en más la política sería empirismo puro, un acuerdo y desacuerdo incondicional con la lógica. Pudo así decir con la vehemencia propia de un iconoclasta: "Las expresiones, política científica, política de principios, formulaban otras tantas ilusiones sectarias. La política no es, pues, una ciencia ni una filosofía. Es un arte. Vale decir una actividad en la cual predomina el acierto instintivo, o, si se quiere, la inspiración" [12]. Así adquiere coherencia su *Elogio*

[10] GÁLVEZ, Manuel, *Entre la novela y la historia*, Hachette, Buenos Aires, 1962, p. 153.
[11] HAMILTON, Alistair, *The appeal of fascism. A study of intellectuals and fascism*, Mac Millan, Nueva York, 1967, p. xi.
[12] LUGONES, "Del Parlamento", *La Nación*, marzo 14 de 1926.

de Maquiavelo, que sintetizará la nueva filosofía. Los ideales universalistas, aquel "género humano" de los estoicos, tan devotamente admirado en Wilson, caerá hecho pedazos por los dictados relativistas, transformándose en mera "especie zoológica" [13]. Continuará en cambio con su idealismo, pero de lo que abominará ha de ser de las "ideologías", es decir, de esa deleznable variación de la utopía. Había advertido la vertiente voluntarista e ilusoria de la razón raciocinante. No renunciará a convertir las ideas en hechos, por supuesto. Lo que desechará ha de ser la pretensión de adecuar la realidad ajustándola a una teoría preconcebida [14]. Su propia visión ética sufrirá profundas transformaciones. De ahora en más la caracterizará un hálito dionisíaco, un tanto nietzscheano, intencionado únicamente en exaltar la vida. La libertad, alfa y omega de su pensamiento, sobrevive, es cierto, aunque circunscripta al orden. Ya no será más el orden dentro de la libertad; ahora su fórmula ha de consistir en una proposición inversa; la libertad dentro del orden. Sin embargo, en este verdadero naufragio, algo persiste: su enorme e indisimulado fastidio por la democracia. Es que entre el antidemocratismo reaccionario y el anárquico, la diferencia es a veces nula.

Hay en este proceso un aspecto curioso. Tan escandalosa virazón, proviniendo del primer intelectual argentino de la época, no fue sino muestra de su rabioso individualismo. Este aspecto de Lugones es harto conocido. Empero, interesa acentuar un matiz adicional, en realidad simple consecuencia de aquel principio rector de su vida. Es el energumenismo. Prevalece en él cierta tendencia a ocupar posiciones extremas, que buscan sorprender, espantar al público. Quizá por lo ingenua, constituya una nota conmovedora de su espíritu. Chesterton ha hecho notar, con razón, que todo autor que busca deliberadamente molestar a los lectores, en realidad, está pendiente de ellos y gasta, por eso, igual esfuerzo como otro en agradarlos. En realidad, se trata de una suerte de conformismo, pero al revés. Sin embargo en este aspecto cabe una reflexión más; con todo ese

---

[13] LUGONES, "El dogma de obediencia. Discurso preliminar", *Revista de la Facultad de Derecho y Ciencias Sociales de Buenos Aires*, t. VI, julio-setiembre de 1927, p. 622.
[14] LUGONES, "Patria ideal y patria ideológica", *La Nación*, junio 10 de 1929.

tremendismo, Lugones lo que intenta es sacudir la pereza, estimular a sus compatriotas a una vida activa que supere la inercia provinciana del puerto. Hay algo de importador de ideas, de repartir revulsivos que sacudan la modorra y fuercen a ejercitar el ingenio. Con acierto, Martínez Estrada habla —refiriéndose a las boutades lugonianas— de "un desafío"[15]. Por esto, utilizando palabras actuales, sería posible decir que con su cambio estrepitoso no hizo más que desafiar al "establishment" intelectual, político y económico de la época. Pero también era una forma de mantener intacto el espíritu revolucionario.

Seguramente está todavía en el ánimo del lector una diatriba para Lugones por haber mutado de ideas. Conviene volver sobre el tema. ¿Quién es el que permanece inalterable, aun dentro de una misma creencia o corriente doctrinaria? El hombre que lo afirme exagera y su inmovilismo lo torna sospechoso. En cuanto se medite, adviértese que la evolución de las ideas políticas en todos los intelectuales constituye mero riesgo profesional, ya que su oficio, justamente, es el de pensar. Un estudio sobre los cambios de opinión podría resultar interesante, a la par de algo extenso. No estaría mal abordarlo con los ejemplos de Pablo de Tarso y San Agustín. Está también el caso de Víctor Hugo, que comenzó monárquico y concluyó izquierdista, inverso al de Fedor Dostoiewski, que de nihilista y revolucionario pasó a zarista, ortodoxo, clerical y nacionalista. El inefable Jean Jaurès resulta por igual ilustrativo. Se inició como moderado y luego de recorrer todo el hemiciclo parlamentario, fue ungido santón socialista. O Lloyd George, o Chamberlain, o Arístides Briand, o el mismísimo Mussolini, que guarda insospechadas analogías con nuestro Lugones[16].

La sinceridad de su estrepitoso bandazo quedó demostrada por el hecho de haber desafiado, tanto al predominante tono izquierdista de la inteligencia argentina, como al oficialismo político y económico y hasta a la propia oposición. Sus réditos, en cambio, fueron más que módicos. Las filas de los autoritarios tampoco lo recibieron con estrepitosa acogida: no se hizo visible en ellos un gran fervor por las nuevas actitudes del héroe

---

[15] MARTÍNEZ ESTRADA, *Leopoldo Lugones. Retrato sin retocar*, pp. 41-42.
[16] ARSLAN, Emir Emin, "Leopoldo Lugones. La evolución de sus ideas", *La Nación*, julio 3 de 1927, p. 11.

intelectual [17]. Quizás el error de Lugones residió en la dirección escogida para su tránsito en el espectro político. Es probable que de haber sido al revés, su vida y su obra hubiéraselas juzgado con mayor condescendencia.

[17] SANÍN CANO, Baldomero, "Lugones ha muerto", *Nosotros,* año III, t. VII, 1938, pp. 341-342.

LA ILUSIÓN DE LA ESPADA

"El gobierno militar es, desde la grande época romana, el correctivo más eficaz de la demagogia" [1].

Como buen intelectual Lugones necesitaba ilusionarse. Primero fue el ansia por redimir injusticias sociales, con violencia verbal y de la otra. Luego el remansado idealismo ecuménico, el bello estoicismo y su convicción optimista por la segura marcha de la civilización. Por eso, si el mundo había cambiado hacia la década de los veinte —como se extenuó en predecirlo— debíale estar permitido levantar una vez más el alegre pendón de nuevas esperanzas. Esta vez se trataba, nada menos, que del ejército argentino, ese cuerpo inmune a defectos y bajezas, inspirado siempre en el honor, como los extremosos paladines que tanto admiraba.

Lo conocía bien y desde antaño. Claro que observándolo y denunciándolo desde la óptima del civil, liberal y progresista. Nada de él le era desconocido, y como pocos supo iluminar oscuros recovecos de la institución militar, lo que pregonó sin reserva alguna. Su juvenil ideario pronto le advirtió el peligroso positivismo de la fuerza y de quienes la ejercían en defensa del odiado dogma de obediencia. En aquel período de exaltación espiritual, su fervor respecto de la sociedad tenía que resultar fatalmente incompatible con la disciplina y el liderazgo de la idiosincrasia castrense. Años más tarde, alejado del ritual antimilitar, propio del socialismo decimonónico —caso del tantas veces citado "Su excelencia el Mono"— habrá de revelar, con mejores razones y sin tan bellas cadencias, reales causas de su aversión, como cuando expresó que "el fundamento crudamente materialista del militarismo comporta el desdén de toda

---

[1] LUGONES, *La organización de la paz*, p. 65.

fuerza espiritual"[2], para agregar, de inmediato, esta frase rotunda, verdadera definición de su creencia: "Vale más el progreso de las ideas que el de la metalurgia guerrera"[3].

"Residuo de épocas bárbaras", lo llamó[4]. En otra oportunidad, adelanta la fórmula idónea para garantizar la libertad, que es la de evitar por todos los medios el renacimiento militar[5]. El acabado conocimiento del tema lo exhibe cuando sostiene que "conscripción y militarismo progresivo son sinónimos"[6], completando el agudo juicio con aserto categórico: "Ésta nos ha dado, entretanto, un ejército excesivo, que crea desproporcionados intereses de casta, en los cuales consiste el militarismo. La exageración de los armamentos provino también de ahí, no sólo porque el aumento constante de hombres llamados al servicio militar así lo autorizaba, sino porque en ello había de contar el interés de una oficialidad cada vez más temerosa, es decir, cada vez más influyente"[7].

¡Cómo conocía Lugones al militarismo! Escuchemos definirlo con la proverbial intuición del artista, que le permite penetrar en la esencia de los problemas mucho más que los propios expertos: "El militarismo consiste en una absorción predominante de las fuerzas vivas del país por el ejército: presupuesto superior al de cualquier otra rama de la administración; empleo obligatorio de los hombres aptos; privilegios que colocan en situación inferior al resto de los ciudadanos; subordinación de todos los intereses a la eventualidad, siquiera remota, de la defensa. El fanatismo contrario a la tolerancia, que es de suyo equidad ante las creencias distintas, pretende para una sola todo el derecho y toda la razón"[8].

De acuerdo con tan tremendas prevenciones, su "Programa de una Democracia Argentina Revolucionaria", redactado con entusiasmo ante la caída del inicuo régimen zarista, hubo de propiciar la disolución del ejército y la armada, con el inme-

---

[2] LUGONES, "El reparto de Francia", *La Nación*, setiembre 28 de 1911.
[3] *Ibid.*
[4] LUGONES, "Civilización en crisis", *Sarmiento*, octubre 15 de 1912.
[5] LUGONES, "Democracia en crisis", *La Nación*, julio 22 de 1914.
[6] *Ibid.*
[7] *Ibid.*
[8] LUGONES, "La locura despótica. I: Del tigre y de la hiena", en *La torre de Casandra*, pp. 76-77.

diato arresto de los oficiales en campamentos y presidios [9]. En aquella época de delirio libertario, sus reservas parecían coherentes, ya que militarismo y propiedad privada eran para él fenómenos correlativos [10]. Paradoja de tanto exceso, nada más fervoroso que su conversión. De modo que tal como había comprendido y retratado peligrosas desviaciones, así también escogió las opuestas para convencer a sus compatriotas de las bondades militares. Es que en Lugones parece una necesidad partir de la bivalencia axiológica para adoptar en forma alternada sus extremos, ambos perfectamente conocidos desde un comienzo... y luego también.

Su adhesión al ejército, las razones que tuvo para hacerlo, no son otras que la marejada mundial de las masas, fenómenos del que no puede desecharse el apogeo del radicalismo vernáculo. La correlativa preocupación de su papel como artista en la futura colmena —prosaica, igualitaria y mecanizada— lo arrastró a la búsqueda de formas políticas aristocráticas y sobre todo estetizantes. Pero hay también otro aspecto decisivo. A los destructores de la civilización, sumábanse los profesantes de nuevas formas artísticas que se ensañaban injuriando al viejo maestro. Lugones, en su repulsa o en su temor, identificaba a los iconoclastas literarios con los bárbaros igualitaristas.

Como se explicó al tratar las primeras manifestaciones de simpatía por la institución militar, que fueron las conferencias del Coliseo, aquella adhesión le vino doctrinariamente del nacionalismo francés. Maurras, Barrès y sus seguidores, luego del *affaire* Dreyfus, habían quedado fascinados por las posibilidades políticas de disciplina y sumisión de los cuadros castrenses. Lo que querían para la sociedad civil prefigurábase en la militar. Además, restaba, por añadidura, el elitismo del cuerpo de oficiales, herencia de los siglos XVIII y XIX, que gusta adoptar, no sólo en las formas, poses de verdadera aristocracia. De allí, aquello de "la última aristocracia" proclamado en el discurso de Ayacucho.

Rondaba su cabeza, por aquellos años, algo que lo atormentaba: poner límites a una libertad integérrima, practicada —y

[9] *La Vanguardia*, julio 21 de 1931.
[10] "El dogma de obediencia. Primer fragmento", *Boletín de la Facultad de Derecho de la Universidad de Córdoba*, año 1, Nº 1, 1921, p. 27.

vociferada— por revolucionarios y novísimos estetas. Era la idea del honor como autolimitación. Sólo en el sacrificio, sometiendo instintos y bajezas, podía el hombre libertar al Ángel que en él yacía. Poseso otra vez de oscuro platonismo, fue Dante, con su "Doctrina del Amor Perfecto", quien le proporcionó inéditos argumentos con que fundamentar la nueva enseñanza, que de ahí en más habrá de repetir bajo distintas formas. En los militares creyó descubrir también las virtudes de aquella disciplina impuesta voluntariamente como guía de los actos, fruto de elevada espiritualidad, hija del heroísmo y del sacrificio. Por eso hablará, sin fatiga, del honor de las espadas argentinas.

Apasionado con esta nueva versión, Lugones se adhirió vivamente a la ideología de la seguridad nacional. Bajo la influencia de tendencias surgidas después de la guerra, los fines prevalecientes del Estado no fueron ya la libertad, la justicia o el bienestar de los ciudadanos, tal como él mismo encomiara durante el Centenario, desde las páginas de *Odas Seculares* o del inefable *Prometeo*. Frente a los desbordes de su vieja enemiga, la igualitaria democracia, reforzada por la concreta posibilidad del reciente maximalismo, Lugones rescatará —y divulgará con esfuerzo periodístico sin precedentes— algunos postulados producidos luego de la Gran Guerra.

De acuerdo con la flamante idea, lo que interesa es poner al individuo al servicio de una supuesta guerra total que abarca posibles represiones culturales, sociales, políticas y económicas. De tal forma el esquema resulta —y de qué manera— aplicable a las amenazas ideológicas del comunismo, llevando de la mano hacia prácticas militaristas y dictatoriales. Sin embargo, justo es destacarlo, Lugones no será de los que llegaron a propiciar la restricción de las libertades individuales o a confundir la voluntad del Estado con la de la Nación. En su caso, la seguridad nacional no constituirá un absoluto sobre las personas, ni siquiera un intento de institucionalizar, en su nombre, la inseguridad de los individuos. Parece importante destacar que, aunque aminorada, subordinada, la idea de libertad no ha desaparecido. Claudicaciones de este tipo parecen difíciles en un artista o en un fiero intelectual perseguidor de verdades, aun a costa de incendiar las inexpugnables naves de viejas creencias.

Existe una anécdota que así lo confirma. Él mismo la relata en el artículo que dedicó al hecho revolucionario de setiembre.

Describe, en la parte final, los consabidos plácemes al jefe militar que acaba de destituir al gobierno populista. En la ocasión, Uriburu se dirige a Lugones rogándole informe a su diario que la libertad de prensa ha quedado restablecida [11]. Años más tarde, en recogido obituario por la muerte de Uriburu remarcará el episodio [12].

No se conoce una sola línea en sus polémicos libros de los años veinte y treinta, o en la infatigable divulgación periodística, que propicie limitación o supresión de los derechos individuales; ni la "doble amenaza" externa o interna, ni los excesos del populismo radical lo indujeron a culpar a toda la comunidad, encomiando el abuso incontrastable del poder estatal o la violación de cualquier derecho.

El reconocimiento de las instituciones militares como "las únicas sanas y limpias" [13], trajo necesariamente, la variación de los conceptos fundamentales en el pensamiento lugoniano. En efecto, si antaño la patria era el lugar que los hombres formaban para dispensarse libertad y justicia, ahora anteponía la seguridad territorial. El otro era el de la libertad. Sin embargo, un fugaz repaso a su idea acerca de la libertad en esta nueva época refirmará las ausentes aspiraciones despóticas de Lugones, en lo que se refiere a la acción ciudadana o el respeto a las personas.

Campeón, una vez, de la sociedad civil sobre la militar: "Las bayonetas estuvieron entre nosotros dominadas siempre por la potestad civil" [14], luego de tan estrepitosa mudanza, no dejó de armonizar los términos opuestos de la relación. La tesis fue sincrética y riesgosa: el antagonismo, de hecho abolido, debía superarse y desaparecer. Además, en la Argentina "no había militarismo ni podía haberlo. La preocupación a su respecto era postiza como el anticlericalismo, el antisemitismo y otras importancias librescas" [15]. La fórmula, por intermedia, produjo críticas y desconfianzas de ambos sectores: los liberales execraron al réprobo, en tanto las huestes totalitarias —inclu-

[11] LUGONES, "La revolución", *La Nación*, setiembre 22 de 1930.
[12] "Corona fúnebre", *Homenaje del Círculo Militar al Tte. Gral. José Félix Uriburu*, Cersósimo, Buenos Aires, p. 43.
[13] LUGONES, "Poesía obliga. De Leopoldo Lugones a Joaquín Castellanos", *La Nación*, agosto 18 de 1923.
[14] LUGONES, *Piedras liminares*, p. 205.
[15] LUGONES, "La revolución", *La Nación*, setiembre 20 de 1930.

yendo a los propios militares— desconfiaron del espontáneo y reciente acólito.

En realidad, Lugones con esta nueva alianza fue más lo que perdió que lo que obtuvo, y entre los ataques que el redescubrimiento castrense le produjo se destaca la empeñosa campaña que en su contra encabezó el diario de Natalio Botana. No resulta exagerado, pues, afirmar que en esa lucha dispar entre el poeta y *Crítica*, el triunfo correspondió a esta última. La prevención con que fue recibida la obra y hasta la propia existencia de Lugones luego de su muerte, se halla delineada por la imagen negativa que, laboriosamente y no sin talento, supieron perfilar los intelectuales agrupados en el combativo periódico. Tal fue el cúmulo de los agravios, que llegaron incluso a herirlo en el amor filial, sirviéndoles de pretexto su hijo Polo. De sus páginas salió la caricatura que lo asimilaba al "Petiso Orejudo" y las verdades —o mentiras— acerca de su actuación en la Penitenciaría Nacional. Baluarte de la civilidad, *Crítica* no se equivocaba. Eligió al intelectual —al mayor y al mejor— que con argumentos y razones nutría el avance del poder militar a expensas de políticos y sufragantes.

De la lectura de su obra —en especial de los artículos periodísticos— surge claramente que el rescate político del ejército lo fue como único correctivo de la demagogia radical. Para demostrarlo apeló con rara erudición a las enseñanzas de la "dyarquía" del Senado Romano y sus soldados. Sin fatiga ni pausa, trató de convencer a los militares que eran los encargados de gobernar, pues lo habían demostrado durante y después de la guerra, gracias a su mayor capacidad técnica, aptitud para el mando y moral generalmente más elevada [16]. Incluso, valiéndose de la conscripción obligatoria, llegó a elaborar la teoría de una mejor representatividad castrense respecto de los partidos políticos, por la que arribaría a la "nueva democracia", más popular, genuina y completa que cualquier otra [17].

Una razón personalísima pudo haber sido decisiva en sus

[16] LUGONES, "Democracia y tiranía" *La Nación*, febrero 21 de 1927; "El deber de potencia", *La Nación*, agosto 10 de 1927; "El poder de la Nación", *La Nación*, agosto 13 de 1927; *Política revolucionaria*, Anaconda, Buenos Aires, 1930, p. 7; "La formación del gobierno", *La Nación*, noviembre 11 de 1930; "Hombres de Maquiavelo", *La Fronda*, enero 16 de 1933.
[17] LUGONES, "La nueva democracia", *La Nación*, octubre 30 de 1927; "La acción de potencia", *La Nación*, julio 21 de 1927.

preferencias. Lugones fue siempre roquista confeso, y la escasa actuación política que desplegó aconteció durante su régimen. Sin duda estaba compenetrado del estilo y formas del roquismo, sus aciertos y méritos, pero también de sus limitaciones, como la dificultad de lograr una convocatoria popular y la impotencia para resolver el problema político. El acercamiento al ejército fue sobre todo intentona institucional, solución a la hegemonía electoral del radicalismo, pero en ella subyace la búsqueda de un nuevo Roca, el nuevo "hombre del destino". Lugones mismo lo puso de relieve: "El que nos dé la patria limpia y hermosa del orden y de la fuerza. El extirpador de demagogos. Y conforme a la exigencia de esta hora histórica, el nuevo jefe, el otro general"[18].

Agustín P. Justo parece haber sido —para Lugones— el sucesor de Roca. Había, sin duda, muchos puntos en común. Hasta la superstición cultural que ambos presidentes gustaron ostentar, el amable trato con intelectuales y civiles, acentuaba la semejanza. A Justo lo frecuentó asiduamente y en oportunidad del discurso de Ayacucho (en la obra de un artista no hay nada accidental) interpoló amables lisonjas para el jefe de la representación militar argentina. Las diferentes actitudes que ambos personajes adoptaron luego del 6 de setiembre, y la amistad con Uriburu, los distanció. Pero todo hace suponer que el jefe de sus preferencias fue Justo[19].

Cuando la ruptura con el socialismo había sufrido la soberbia de las sectas. Ahora iba a conocer la de las instituciones militares. Prácticamente hizo lo indecible por demostrarles simpatía. En ocasiones llegó incluso a ostentar su grado de capitán de Guardias Nacionales, obtenido en la Córdoba natal. Nadie como él levantó el concepto del honor y eficiencias castrenses ante auditorios civiles. Sin embargo, no inspiraba confianza, pues no era uno de ellos, desventaja que en alguna oportunidad se lo recordaron, como en el caso de la proclama revolucionaria de 1930. Porque existe una verdad incontrastable y es el triste destino del que, no siéndolo, pretende igualarse a los monagos de una comunidad. Además, las instituciones —el ejército, la iglesia— requieren personalidades sin aristas definidas. Cultivan la perfección de la medianía, que es forma de

18 Lugones, *La personalidad del general Roca*, p. 36.
19 Cfr. *El último candidato*, Buenos Aires, 1931.

garantizar perdurabilidad. Qué duda puede caber, entonces, que en ese menguado cuadro, un personaje excesivo, como Lugones, inspirase aprensión y recelo.

Al final advirtió su engaño. Los militares pensaban sólo en su corporación, a la que querían omnipresente en la vida de la República, con prescindencia de los intereses generales de la civilidad. También aprendió que cualquier acto de una secta está encaminado siempre a fortalecerla, a salvaguardarla, a perpetuarla. Martínez Estrada, que era su amigo y lo conocía bien, estampó esta frase que resume algo de los desengaños postreros: "Alcanzó a ver el comienzo del fracaso de toda doctrina sofisticada. De la castidad de las fuerzas armadas, de la probidad de los militares y de la terapéutica de la espada" [20]. Para luego agregar estas terribles palabras que quizás encierren la clave del afligente ocaso: "Murió porque le era angustioso vivir de ahí en adelante".

Es cierto. No tenía fuerzas para remontar en búsqueda de nuevas quimeras.

20 MARTÍNEZ ESTRADA, *Leopoldo Lugones. Retrato sin retocar*, pp. 98-99.

CAPÍTULO IX

FASCISMO ROJO

¿Fue realmente fascista Lugones? Para responder, parece necesario, con carácter previo, diferenciar, perseguir los matices críticos de aquel estruendoso y atractivo movimiento. Si no lo examinamos con cuidado y se mantienen, en cambio, conocidas simplificaciones, puede correrse el riesgo de alentarse uno de los más repelentes vicios nacionales: la moralina histórico-política.

Hoy día, el fascismo representa dictadura, destrucción de la libertad, intolerancia racial. De manera inevitable recuerda los horrores nazis durante la guerra. En pocas palabras, algo como estar contra el género humano. Sin embargo, tan peculiar fenómeno no puede entendérselo, al menos con módica imparcialidad, si reparamos en esos aspectos negativos. Unicamente despojándonos de tales prevenciones llegaremos a comprender por qué muchos intelectuales, filósofos y delicados poetas, pudieron ser fascistas. Y así también, comprenderemos la última faceta política de Lugones.

No está de más subrayar que luego de la sombría quiebra de 1918, el fascismo ofreció una decidida respuesta para una sociedad caótica por desconocida. El nuevo ideario se acoplaba irreprochablemente a las críticas que, antes de su origen, habían lanzado contra la civilización filistea las izquierdas de preguerra. Gracias a su aporte, aquel viejo rencor para la burguesía y la democracia parlamentaria se renovaba con inéditas actitudes subversivas, más el agregado de un individualismo tenuemente conservador frente a muchas urgencias proletarias.

Se ha vivido demasiado tiempo en la confortable convicción de que el fascismo ha sido algo propio de la derecha y que no participaba de ninguno de los componentes izquierdistas tra-

389

dicionales, sobre todo los revolucionarios. Sin embargo, una novísima corriente historiográfica [1] ha comenzado a revisar este lugar común, llegando incluso a considerarlo una de sus variantes [2]. La afirmación suena recatadamente plausible cuando se advierte que el fascismo no dejó de propiciar interesantes variantes al pensamiento o a la praxis revolucionaria, produciendo instancias que, si bien heterodoxas, buscaban asimismo transformar el sistema imperante. Esta visión se robustece cuando reparamos en el creciente abandono, incluso por estudiosos marxistas, sus propiciadores, de la tradicional tesis de considerarlo una de las formas asumidas por el capitalismo contemporáneo en su lucha contra el movimiento revolucionario de los trabajadores.

Es que el fascismo luce, como sesgo realmente significativo, métodos de combate y doctrinarios ajenos a la tradición burguesa. Cualquier fascista, aún los de distinta época, no omite una peculiar proximidad respecto a sus ocasionales contrarios [3]. Curiosamente, ambos contendientes detestan al capitalismo y al demoliberalismo. No en balde muchos habían sido socialistas revolucionarios: Mussolini gustaba ostentar el título de padre del comunismo italiano. Lo mismo ocurrió con Michele Bianchi, Sergio Panunzio... y con Lugones también, sea dicho de paso.

Una de las dificultades para interpretar con prescindencia la epidemia fascista, de manera especial durante la década de los veinte, reside en los intelectuales, que al cortejarlo, lo hicieron más por oposición a otras ideologías imperantes — el parlamentarismo o el economicismo— que por bondades de la flamante ideología. Por otra parte, estas relativamente desinteresadas decisiones estaban encaminadas a la construcción de un mundo mejor que el logrado entre el final de una guerra y el comienzo de otra.

[1] DE FELICE, Renzo, *El fascismo, sus interpretaciones*, Paidós, Buenos Aires, 1976; *Fascism. An introduction to his theory and practices*, New Brunswick, N.J., 1976; SETTEMBRINI, Doménico, "Mussolini and the legacy of Revolutionary Socialism", *Journal of Contemporary History*, II, 1976, pp. 239-268.

[2] JAMES, Gregor A., *The Young Mussolini*, University of California Press, 1979.

[3] NOLTE, Ernst, *La crisis del sistema liberal y los movimientos fascistas*, Editorial Península, Madrid, 1971, pp. 81-82.

Arribados a este punto, parece atendible sostener que en Lugones —característico intelectual de esa entreguerra— la contingente proximidad al fascismo fue posible gracias a su pasado revolucionario, por recidivas marxistas de la juventud y las posibilidades radicalizadas que el propio fascismo admitía. Dicho en otras palabras: Lugones persistió, pese a sus concesiones con las ideologías al uso, siendo porfiadamente anticonformista y revolucionario.

Prueba de tal perseverancia, restaría analizar puntos de contacto entre ambas posturas, cierta raíz común. Ya se ha dicho que los personajes más admirados por Lugones luego del inefable Wilson, fueron Lenin y Mussolini. En ningún momento dejó de reconocer al pronunciamiento de 1917 —como al del fascismo— jerarquía de hechos trascendentales para el siglo [4]. Como se sabe, tanto Mussolini y Lenin, y quizá toda el ala revolucionaria, eran profundamente elitistas y desconfiaban del poder transformador de las masas. Consecuencia de una constante mantenida a lo largo de sus períodos ideológicos, podemos también colocar a Lugones en igual esquema. Aquellos dos grandes líderes pretendían también una sociedad sin clases, pero respetuosa de una jerarquía fundada en los trabajos que se prestasen. Nada mejor, todo esto, para las apetencias del poeta, quien, en su caso, sabía cumplidos con exceso requisitos de eficiencia y vocación de servicio para la comunidad.

Quizá parezca obvio detallar y documentar el antiparlamentarismo y antidemocraticismo de aquellos dos portentosos dirigentes y, asimismo, los del propio Lugones. La furiosa crítica a la idea burguesa de un mundo quietamente racionalizado era, para los tres reformadores, resultado de dominante creencia en individuos creadores y voluntaristas. El caso del argentino —si bien esa actitud contestataria fue clara y permanente a lo largo de los períodos socialistas y liberal— desnuda mayor expresividad durante la postrera etapa, merced a una exaltación de vitalidad irracional. Por ejemplo, la democracia, la igualdad, la libertad, no eran para él nada más que ideologías provenientes del racionalismo cristiano [5].

---

4 LUGONES, "Progresismo y realidad", *La Nación*, diciembre 2 de 1923; "Informaciones del Pacífico (IV)", *La Nación*, abril 10 de 1925.

5 "L. Lugones a L. Ayarragaray", en *Cuestiones y problemas argentinos*, p. 197.

A los tres —como a casi toda la generación de entreguerra— les gustaba sentirse integrantes de una sociedad espontánea, nada artificial por lo medido, lo domesticado. Para Lugones, por ejemplo, la vida se le aparece en formas elementales, despojada de toda construcción racionalista, fenómeno que se advierte en sus mutaciones éticas, sagazmente observadas por Negri: del estoicismo, racional y determinista pasa al éxtasis dionisíaco[6]. En algún momento llegará incluso a exclamar: "Vivir es conquistar vitalidad ajena para incorporársela"[7].

La exaltación del fuerte y la iniquidad de la vida poseían fortísima raigambre darwiniana. La influencia del gran biólogo, aunque demasiado simplificada, habíase hecho sentir entre los intelectuales radicalizados de Europa. Merced a su aporte, se desarrolló una soberbia mística de lucha y predominio del mejor, del poderoso. Muy pronto, a consecuencia de esta suerte de darwinismo social, el liberalismo humanitarista y el internacionalismo fueron considerados subversivos para las primordiales necesidades de la nación. Lenin solía reírse del pacifismo, al que llamaba prejuicio burgués. Lugones no se cansaba de recordar la cita, como aquella otra: "Los grandes conflictos históricos se resuelven por la fuerza"[8]. Su campaña armamentista y su idealización del ejército argentino pueden hallar inédita causa en estas decisivas influencias. Es verdad que estos temas, repetidos incansablemente por Lugones en la última etapa, coincidían con los de la influyente *Action Française* —también ella darwiniana— de cuyo arsenal extrajo, sin pausas, argumentos y razones. Fundamentalmente, que las instituciones republicanas y democráticas, como las teorías y doctrinas clasistas, alientan la debilidad de la nación —lesionan el poder nacional, diría un militar— y la llevan de manera inexorable a sucumbir en una "struggle for survival".

Otro gran corolario darwiniano fue el desarrollismo industrial. Con remedos nietzscheanos se hablaba del "poder de potencia". Al *laissez faire* debía abandonárselo en cuanto la supervivencia entrara en juego y surgen así: la planificación, la

[6] NEGRI, "La ética lugoniana", *Américas*, vol. 25, Nº 6 y 7, julio de 1973, p. 25.
[7] "L. Lugones a L. Ayarragaray" en *Cuestiones y problemas argentinos*, p. 197.
[8] LUGONES, "La ilusión constitucional" *La Nación*, octubre 17 de 1923.

movilización, la disciplina social. Los impulsos industrialistas y voluntaristas de Lenin y Mussolini exhiben idéntica línea programática. Igual parecido en Lugones. *La patria fuerte, La grande Argentina, El Estado equitativo,* antología de artículos publicados en *La Nación,* o bien refritos de editoriales escritos para aquel diario, prueban la didascálica tarea reservada para tan novedoso aporte.

Si aquella convocatoria era posible por la presencia de una elite, la presencia del jefe, del dictador carismático, parecía imprescindible. Resultaba "una necesidad vital" [9], lo único capaz de la "concentración autoritaria y severa disciplina" [10]. Para Lugones, el mando, como para sus ilustres paradigmas, "era necesario" [11]. Sólo él podía despertar el activismo en las masas junto a elites que comprendían y secundaban. Y si Mussolini rescataba a su favor el carácter de hombre con sentido del destino, Lugones se apresuraría a llamarlos —sin muy disimulado eco palingenésico— "agentes del destino, predestinados por la vida, que los constituye así" [12]. Por igual fecha, Ernest Jünger —que junto con Yeats guarda asombrosa semejanza con más de un devaneo ideológico lugoniano— expresaba en un artículo para *Estandarte* análogas ideas: "El gran político no se deja llamar, hace su aparición cuando ha llegado su hora. Su aparición es como un hecho de la naturaleza" [13]. Esos "hombres del destino y del porvenir" [14] no eran en Lugones sino reverberaciones de su viejo concepto del genio —"los colosos primordiales"— ya desarrollado en *Historia de Sarmiento* y sobre todo en *Elogio de Ameghino.*

Innegable fue la simpatía de Lugones por Mussolini, como la influencia que recibió del orador del Palazzo Venezia. Desde los comienzos, incluso antes de la marcha sobre Roma, había reparado en el enérgico tribuno. Cuando periodistas y políticos

9 "L. Lugones a L. Ayarragaray", en *Cuestiones y problemas argentinos,* p. 197.

10 LUGONES, "La ilusión constitucional", *La Nación,* abril 10 de 1928.

11 LUGONES, "Progresismo y realidad", *La Nación,* diciembre 21 de 1923.

12 LUGONES, "La iniquidad dionisíaca", *La Nación,* marzo 19 de 1924; "Ambiente de guerra", *La Nación,* setiembre 8 de 1924.

13 SCHWARTZ, H. P., *Der Konservative Anarchist, Politik und Zeitkritik: Ernst Junger,* Friburgo, i/B, 1932, p. 47.

14 LUGONES, "El fin de un ensueño", *La Nación,* febrero 21 de 1926.

regocijábanse de las histriónicas apariciones, calificándolo dictador de opereta, fue el primero que con sus elogios escandalizó al pacato ambiente argentino [15]. Años después, se vanagloriaría "de haber creído, desde los comienzos, en aquel hombre extraordinario" [16], o bien, mucho más categórico, declamaría enfática admiración [17].

Es que al errático proceso de Lugones —como el de cualquier intelectual de entreguerra— no podrá entendérselo si no se tiene en cuenta que los fulgurantes triunfos de Lenin, de Mussolini, la estabilización de sus regímenes, se lograron a pesar, o quizás a causa, del desprecio por las instituciones liberales democráticas, sobre todo parlamentarias. Este éxito provocó en Europa (¿hacia dónde miraba Lugones?) verdadera epidemia de difuso antiliberalismo, de abierta y ciega violencia. Paradójicamente, esa irrupción de nuevos idearios —"la reacción universal", como gustaba aludir— [18] coincidía en la Argentina con el afianzamiento de los partidos políticos y el auge de un bullanguero populismo.

Le encantaba a Lugones el novísimo repudio antidemocrático y antiparlamentario. Era vino nuevo en odres viejos. Así lo expresaba en tono admonitorio: "La reacción actual es producto directo de la democracia, cuya aplicación conduce fatalmente al socialismo, la demagogia, la dilapidación y el pillaje desvergonzado, siendo inútil que me refiera, sobre todo, al espectáculo comprobatorio que presencio. La República corrompida y saqueada constituye un caso perentorio de salvación" [19]. Para Lugones, definitivamente, la soberanía popular, la ideología democrática del siglo XIX, en la mayor parte de las naciones, inclusive en la Argentina, se había revelado como una desvanecida ilusión [20].

Sigue en pie la pregunta inicial: ¿Fue fascista Lugones? De su afición para el jefe del movimiento, de ciertas coincidencias ideológicas, como las insinuaciones corporativistas de 1930

[15] ARSLAN, "Lugones. La evolución de sus ideas políticas", La Nación, julio 3 de 1927; "El fracaso ideológico", La Nación, octubre 8 de 1923.
[16] LUGONES, "La unidad romana", La Nación, marzo 13 de 1929.
[17] LUGONES, "Las alianzas", La Nación, mayo 5 de 1930.
[18] LUGONES, "La ilusión constitucional", La Nación, octubre 17 de 1923.
[19] LUGONES, "Progresismo y realidad", La Nación, diciembre 21 de 1923.
[20] LUGONES, "Del Parlamento", La Nación, marzo 14 de 1926.

y 1931 [21], no cabe duda alguna. Sin embargo, no está de más insistir que en esa identificación doctrinaria se produce el clásico acercamiento a cierta ideología extremista, pero por repulsa a un imprevisto estado de cosas al que debían enfrentarse. Algo así como una creciente radicalización por contraste, por antagonismo. Existen frases del propio Lugones que facilitan la claridad de este interrogante, siempre traído y llevado por sus críticos, o lo que es peor, olvidado en más de una oportunidad con displicente misericordia: "No porque aspiremos a implantar acá el 'fascismo', cometiendo el mismo error del liberalismo implantado, sino a orientarnos en esta encrucijada de la civilización. Para realizar lo nuestro y de lo nuestro, que no es ideología anglosajona, germánica ni rusa, sino realidad latina: aquella cosa romana, celebrada en el canto secular..." [22].

Sin duda Lugones perteneció al movimiento radicalizado de entreguerra. Puede un análisis cuidadoso asimilar esa falange al espectro de derecha, a pesar de las proverbiales dificultades que entraña toda sistematización entre izquierda y derecha. Sin embargo también debe quedar claro que Lugones no integró los cuadros del conservadorismo tradicional. Él mismo, vocinglero, una vez más, se encargó de definirse con pulcritud en carta dirigida a Julio Noé, en la cual rebate razones de la nueva estética: "No me confunda con un conservador, interpretando mal mi actitud reaccionaria y jerarquista. Conservadores son los que se empeñan en sostener la ideología demoliberal del siglo XIX, fracasada por la guerra, y los que pretenden imponer en absoluto el verso blanco de la impotencia académica" [23]. Para Lugones, ser conservador implicaba sostener la organización existente del Estado; en cambio, revolucionario era quien intentaba modificarla, cualquiera fuera su concepto fundamental [24]. Se ubicaba entre los segundos, ya que los liberales tradicionales argentinos adoptaban una actitud pasatista ante la reacción autoritaria.

Quizás estos conceptos sirvan para algo. Como estos otros:

21 LUGONES, "Crítica al sufragio", en *Política revolucionaria*, Anaconda, Buenos Aires, 1931, pp. 97-98.
22 LUGONES, "La unidad romana", *La Nación*, marzo 23 de 1929.
23 LUGONES, "Estética nihilista. Carta abierta a Julio Noé", *La Nación*, marzo 8 de 1928.
24 LUGONES, "Defensa del Estado", *La Nación*, octubre 31 de 1930; *La Nueva República*, diciembre 1º de 1928.

Lugones, durante toda su vida, jamás optó por el *statu quo*, y si subrayó la jerarquía, no fue la jerarquía tradicional que implica el mantenimiento de privilegios.

Buscaba inquietar, alterar el monopolio de la clase dirigente de la que no fue, precisamente, hijo dilecto. Pero también es cierto que su actitud subversiva frente a la burguesía, de modo especial en la última época, se atempera con oscilantes actitudes refractarias para con el "obrerismo", término con el cual se designaba, por aquellos tiempos, al populismo vernáculo.

Era, en realidad, la esencia del nuevo fenómeno. Mussolini ya había observado, sorprendido, esa suerte de contradicción paradójica: "Se puede ser y al mismo tiempo no ser. Se puede ser al mismo tiempo revolucionario y conservador"[25].

---

[25] MUSSOLINI, Benito, *Opera omnia*, Florencia, 1951, t. XVIII, p. 258.

Capítulo X

LA CONSTANTE ANTIDEMOCRÁTICA

"Los hombres competentes no interesan, por lo común, a la democracia votante" [1].

Pasada la crisis ideológica, el pensamiento de Lugones suena contradictorio. Mientras las grandes obras económicas —*La patria fuerte, La grande Argentina, El Estado equitativo*— buscan transformar las estructuras del país, en lo socio-político trata de retrasar inevitables consecuencias de esa misma modernización. Se nos muestra, en este aspecto, decididamente regresivo y su fóbica reluctancia para la democracia, es prueba de ello. Parece un modernizador que rehúye los efectos de su programa, resultando así imprevisto precursor del conocido modelo político que permite a la Argentina ser, al mismo tiempo, moderna y no moderna.

Lo de la democracia le venía desde antiguo. Es más, fue la gran constante a la que permaneciera inalterablemente unido. Quizás ese antidemocratismo sea su mayor responsabilidad, pues del arsenal dialéctico que con tanta generosidad fabricó, siempre cubierto de cautivador lenguaje, se nutrió —y se nutre aún, sin citarlo— la fuerte corriente autoritaria enseñoreada desde décadas en la vida nacional. Dicho en otras palabras, el fracaso de la democracia en la Argentina ha sido el más resonante éxito de Lugones.

Dato curioso, sólo comienza a escribir contra la democracia en el interludio europeo; durante su adolescente adscripción al socialismo no se observan vestigios de ataques o desconfianza. Mientras perdura aquel entusiasta anhelo, el sistema electivo le parece, "por el momento, el desiderátum social de la civilización" [2], ya que había sustituido la autocracia por el grupo gobernante y el derecho divino por la profesión del polí-

---

[1] Lugones, "Crisis de la democracia", *La Nación*, julio 21 de 1914.
[2] Lugones, *Didáctica*, p. 390.

tico [3]. Sin embargo, pronto, escrúpulos y prevenciones le hicieron abandonar lo que fuera sólo deslumbramiento inicial.

Son varias las razones de lo que en adelante habría de ser inalterable campaña antidemocrática: su exaltación individualista, bastante a lo Spencer, metafísicamente sostenedora del principio de la variedad, por el cual toda sociedad diferenciada es preferible a otra monótona y estática. Los desencuentros con un socialismo entendido a la manera de Justo son prueba de ello, y la polémica con Bunge [4] arroja luces esclarecedoras sobre sus móviles. Curiosamente, tan empeñosa prédica tiene lugar cuando se abre en la Argentina, durante la presidencia de Roque Sáenz Peña, el gran debate electoral. Como roquista derrotado que era, como "evolucionista", a Lugones, el experimento lo fastidiaba doblemente: ve cerradas las posibilidades del retorno, a la par del afianzamiento de sus antiguos cofrades, los socialistas. De ahí en más, el desprecio por las mayorías continuará alimentándose ante cualquier elección. Y qué decir de su ira cuando aviene, popular e ineluctable, el radicalismo.

La crítica a la democracia servíale también para levantar pendones revolucionarios contra el dogma de obediencia. Aquélla junto al cristianismo y el militarismo constituían odiosa y elemental tríada. Los representantes electos no eran mejores que los autócratas, pues, a su juicio, parecían "los mismos egoístas mandatarios del dogma de obediencia, en provecho propio y de apetitos insaciables, porque, periódicos y colectivos, han tornado más odiosa la institución del gobierno" [5].

Verdaderamente, más que repugnancia por la democracia, lo que sentía, en aquella primera etapa, era agobiante desencanto. A su individualismo no le satisfacían las tendencias socializantes y opresivas que prenunciaban los movimientos políticos en Europa, antes de la Gran Guerra. Fino espectador de aquel fenómeno, como último liberal, gustábale hablar, en plena *belle époque*, de "la crisis de la democracia, o sea su propia desaparición como forma de gobierno" [6].

Influenciado sin duda por Kropotkine, pensaba que la de-

[3] LUGONES, "Elecciones significativas", *La Nación*, julio 6 de 1912.
[4] LUGONES, "El culto de la vida", *La Nación*, noviembre 21 de 1915.
[5] LUGONES, "Palabras de autócrata", *La Nación*, julio 22 de 1922; "La política y las musas", *La Nación*, octubre 28 de 1913.
[6] LUGONES, "La crisis del Estado", *La Nación*, junio 6 de 1911.

mocracia no había resultado, a la postre, verdadero y real triunfo en la marcha hacia la libertad plenaria, y que su servicio había sido por lo demás módico al substituir sólo a los autócratas y al derecho divino [7]. Tan escasa transitoriedad no lo conformaba; es más, le parecía "indecente paradoja", pues traicionando altas finalidades había concluido, mediante el atropello del número, siendo ella también despótica.

La veía capitulando ante el dogma de obediencia, que era su propia negación. Para mayor fastidio no pasaba de mero artilugio para que todo quedara igual, fórmula nueva del viejo despotismo, además de guerra y conquistadora, a semejanza de las monarquías. Es que la democracia evolucionaba dentro del dogma de obediencia conforme a la aviesa fórmula de la libertad dentro del orden, es decir, se limitaba a ser gobierno en vez de dirección social, reivindicando para sí el derecho a imponer reglas de conducta por medio de la fuerza, y de esta manera "estar dentro de la antigua civilización, ser un agente más de barbarie y tiranía" [8].

De aquella tentativa de conciliar libertad y obediencia, propia del proceso político del siglo XIX, Lugones había observado, entre otros, ineluctable preferencia para la última de las alternativas. Descubrió que la democracia no encontraba obstáculos en transformarse en el más insostenible de los sistemas [9], y que existía "una crisis universal de la democracia", "un proceso de descomposición democrática que avanzaba por todas partes" [10].

Sin embargo, a pesar de todo, por aquel entonces, se resignaba con el estado de cosas. Son sus palabras: "No se me ocurre dar por suprimida la democracia, a consecuencia de que me resulte absurda" [11]. Y ya que la democracia, aún a pesar suyo, encaminábase hacia la libertad, "bajo ese concepto era demócrata, dispuesto a sufrir su tiranía sin amargura, ayudar con amable escepticismo a empujar su carro, con tal que ni el lodo del camino salpique nuestra verdad, ni la gárrula rotación desordene nuestra modestia" [12].

---

[7] LUGONES, "Conceptos sobre la política", *La Vanguardia*, junio 26 de 1914.

[8] LUGONES, "Civilización en crisis", *Sarmiento*, octubre 15 de 1912.

[9] LUGONES, "Crisis de la democracia", *La Nación*, julio 22 de 1914.

[10] LUGONES, "Filosofía de las elecciones", *La Nación*, junio 1º de 1914.

[11] LUGONES, "Crisis de la democracia", *La Nación*, julio 22 de 1914.

[12] *Ibid.*

El párrafo es importante: nos muestra a un Lugones seguidor de la ley del progreso indefinido. Si bien no le complacía el escalón que le tocaba vivir, lo imaginaba no decisivo, sólo transitorio, y que en un futuro se arribaría al deseado reino de la plenitud. Liberal y progresista, desconfiaba de la democracia. Su gran problema habría de sucederle cuando, luego de la guerra, la idea del progreso sufriera durísimas críticas que llevaron al descrédito de tan arraigado postulado.

Pero en esa naciente prevención, anidaba otro ingrediente. Era la repugnancia del artista frente a la siniestra igualdad que ofrecía la democracia y, sobre todo, a la pestilencia demagógica. Ya, en aquellos años, anoticiaba a sus lectores que una cosa era "gobernar con la mayoría y otra para la mayoría. Lo primero era democracia, lo segundo demagogia. El pueblo no tiene más derecho a abusar de su fuerza que el tirano. Y no basta ganar una elección para creerse dueño del país. Del país no es dueño nadie, sino él mismo"[13]. Iguales conceptos habría de sostener durante la hegemonía radical y, por cierto, enfervorizado, luego de la setembrina revolución.

Sin duda, lo del antidemocratismo lugoniano no fue un rayo en el límpido cielo de un día soleado.

Están también las razones de su antidemocratismo reaccionario. Primero, la renovación radical de 1922, que a pesar de inaugurales complacencias con Alvear, concluyó por desdeñar. Luego —y decisivamente— el impacto de la guerra, a raíz del cual: "el peligro impuso a todos los países democráticos la dirección autoritaria de unos cuantos individuos capaces, o sea la dictadura"[14]. Estaba también el estrepitoso fracaso del finalismo racionalista[15], libado en nuestro medio por la *Revista de Occidente*, pleno de críticas filosóficas de origen germano.

Además, con típica soberbia de intelectual, Lugones creía enfrentarse a problemas inéditos como el efectivo ascenso de las masas, el espectáculo "de las turbas que se han lanzado al pillaje de la civilización"[16]. Esta imagen —la revolución rusa de 1917— ocurrida en pleno período libertario, lo entusiasmó (otra

---

[13] LUGONES, "El impuesto a la renta", *La Nación*, abril 10 de 1914.
[14] LUGONES, "La crisis mayoritaria", *La Nación*, febrero 14 de 1924.
[15] LUGONES, *La organización de la paz*, pp. 6-7.
[16] LUGONES, "La escuela de los héroes", *La Nación*, agosto 6 de 1922.

vez, el milenarismo laico de Lugones), pero al tiempo, concluyó por preocuparlo con iteraciones obsesivas. La democracia, de ahí en más, pasó a ser blanco predilecto. Gustaba invocarla de distintas maneras, extasiándose en matices que su enfermiza perspicacia de artista descubría. Así era "democracia mayoritaria", "democracia moderna" o "democracia plebiscitaria" [17]; "mayoritismo bárbaro" [18]; "gobierno de la fatalidad" [19]; "ilusión desvanecida" [20]; "culto de la incompetencia" [21]; "paradoja política" [22]; "gárrula rotación" [23]; "admirable monstruo" [24].

Cuando la definía, realmente lo hacía con suntuosidad: "Es una adecuación de la fatalidad pesimista, en cuya virtud la fuerza bruta constituye el fundamento del derecho" [25], o bien, "principio bárbaro de que ser mayoría significa tener razón" [26]. Subrayaba el igualitarismo democrático, desdeñoso de la justicia y la libertad [27], que por supuesto lo llenaba de temores, pues "igualar es someter a la condición del más inferior los elementos de un conjunto cualquiera: reducir a cero, en una palabra" [28].

Otras veces calaba bien hondo la perversa naturaleza del populismo: "Es el derecho —apostrofaba— de todos a todo, por la ley de la necesidad" [29], o "el gobierno de todos y para todos; riqueza de todos y para todos" [30].

Lo grave fue que las nuevas corrientes literarias, con su desprecio por el rigor y el oficio, su escritura automática, libre y mural, daban pie a ataques contra lo que él creía verdadera conspiración para un forzoso igualitarismo. La polémica actitud de Lugones frente a la democracia —y ante la libertad mis-

[17] LUGONES, "El finalismo progresista", *La Nación*, enero 6 de 1924.
[18] LUGONES, "Del Parlamento", *La Nación*, marzo 14 de 1926.
[19] LUGONES, "El alma de la tragedia", *La Nación*, julio 23 de 1922.
[20] LUGONES, "La escuela de los héroes", *La Nación*, agosto 6 de 1922.
[21] LUGONES, "La anarquía estética", *La Nación*, setiembre 8 de 1929.
[22] *La nueva República*, diciembre de 1928.
[23] LUGONES, "Crisis de la democracia", *La Nación*, julio 22 de 1914.
[24] LUGONES, "La política y las musas", *La Nación*, setiembre 28 de 1913.
[25] LUGONES, "El finalismo progresista", *La Nación*, enero 6 de 1924.
[26] LUGONES, "La escuela de los héroes", *La Nación*, agosto 6 de 1922.
[27] LUGONES, "Roma o Moscú", *La patria fuerte*, p. 82.
[28] "Elogio de Maquiavelo", *La Nación*, junio 19 de 1927.
[29] LUGONES, "De la antiestética", *La Nación*, diciembre 26 de 1926.
[30] LUGONES, "Advertencia preliminar", en *Política revolucionaria*, p. 9.

ina— no podrá ser entendida si no se la sitúa en el particular momento estético de posguerra y se desdeñan las agresiones que sufrió por parte de los jóvenes iconoclastas.

Sentía inocultable desdén por el populacho. Su hijo relata que los domingos se encerraba en casa y leía, como prueba de solitaria queda [31], ya que "su abominable populachería lo hace ingozable" [32]. Reprochábale al pueblo no sólo proclividad a lo grosero y plebeyo, sino, sobre todo, falla en los comandos electivos cuando era convocado a elegirlos. Es verdad que hacía gala de repulsión para lo soez y barato, y como anota Martínez Estrada, era un aristócrata que amaba al hombre de la calle, siempre que no polemizara sobre Dios, filosofía y arte [33], pues para Lugones "la gloria del pueblo estaba en el héroe, que era la dignificación del pedestal por la estatua" [34].

Si repudiaba la ignorancia del filisteo y victoriano burgués —con quien fatalmente debía alternar— como a la pobre y desvalida clientela radical, pronto el seudo marxismo, ebrio de pedante y agresivo materialismo lo condujo, con la atracción de las cosas no buscadas, a exasperantes estertores antipopulares. Lugones, que detalla siempre sus agravios, confirma lo dicho cuando se refiere a "los corifeos de la dictadura proletaria, con franco menosprecio de los intelectuales, peculiar a toda demagogia obrerista" [35]. De cualquier ángulo surgía el ataque —o lo que él imaginaba ataques— a su condición de intelectual, apartado del banquete del éxito y la admiración.

En todo esto hay mucho de Platón, gran maestro de reaccionarios. Desde ese punto de vista —amablemente recogido por Lugones— el ejercicio de la política estaba reservado sólo a aquellos que hubiesen transitado con esfuerzo el camino del estudio y la sabiduría. En realidad, tarea para una escasa minoría, "el culto de la minoría perfecta", de la cual decíase integrante [36].

[31] LUGONES (h.), *Mi padre,* p. 185.
[32] "L. Lugones a Rubén Darío", agosto 7 de 1906, *Archivo de Rubén Darío*, Ministerio de Educación Nacional, España.
[33] MARTÍNEZ ESTRADA, *Leopoldo Lugones. Retrato sin retocar,* pp. 73-74.
[34] LUGONES, "La nueva retórica", *La Nación,* agosto 26 de 1928.
[35] LUGONES, "El alma de la tragedia", *La Nación,* junio 23 de 1922.
[36] LUGONES, "La hora de la espada", *El Hogar,* abril 10 de 1925.

Martínez Estrada habla de un malentendido. Quizás hubiera sólo despecho. A pesar de sus melindres de artista refinado ante lo populachero, muchos aspectos de la obra lugoniana demuestran cariño para con la gente. Todo hace suponer que siempre estuvo junto al débil: lo contrario hubiera sonado antiestético y por ello malo e infame para su sentir de inveterado cultor de lo bueno, bello y justo. En realidad, tan exasperante búsqueda de originalidades durante los años primeros, ese desorientar y deslumbrar al lector, la obsesiva tendencia a sorprenderlo, no fuera más que dependencia y solicitud. Para ser exactos, búsqueda.

La manera de pensar era autoritaria. Del modo de expresarse hay plurales testimonios: todos coinciden en el ademán viril y dominador. Ricardo Molinari, que alguna vez compartió breve trayecto automovilístico, cuenta que se mantuvo en silencio, como "si estuviera en presencia de un puma"[37]. Era el intelectual proclive a la acción, capaz de gran poder de convocatoria. Pero sin perjuicio del intento, los esfuerzos emprendidos fracasaron. Primero, el breve y romántico paso por el socialismo, luego la cruzada rupturista, las conferencias, el nacionalismo beligerante. En todos esos casos, el público le dio la espalda a pesar del amoroso cortejo y, desleal, dilapidó afectos y encantos con cualquiera.

A lo mejor, el antidemocratismo de Lugones fue reverso de tremenda soledad y la aristocracia intelectual, que tanto ostentaba, repliegue ante fortaleza que no podía (o no sabía) conquistar. Así, a veces, frente al desapego o la indiferencia popular, solía exhibir, cual niño, enojos demasiado evidentes: "Inútil añadir que no me propongo moralizar al soberano. Nuestras respectivas aficciones en materia verbal definen una insalvable predisposición a no entenderse"[38], o cuando exclamaba: "Comprendo, pues, lo merecido de mi impopularidad, y no pido a la mayoría soberana consideración ni clientela. Esto no comporta menosprecio, sino reserva de la dignidad ante omnipotencia tan cortejada"[39].

---

37 "Los zorzales aprenden a solfear", *La Prensa*, enero 15 de 1978.
38 LUGONES, "El lenguaje cursi", *La Nación*, noviembre 25 de 1929.
39 LUGONES, "La luz eleusina", *La Nación*, julio 30 de 1932.

TERCERA PARTE
Capítulo I

1928-1932

De nuevo se muda, ahora a la avenida Santa Fe 1443, otro paso en un complicado dédalo por el Barrio Norte. Lugones, por esta época, es robusto, musculoso, pero en los abundantes cabellos negros comienzan a predominar las canas. En el rostro moreno se destaca un poblado mostacho de luengas guías. Al hablar —dice Julio Jiménez Rueda— levanta ambos brazos con las manos extendidas, como los devotos de Alá al clamor del muezín. Con gestos automáticos acomoda los puños de la camisa o percute nerviosamente con el pie, irritado por la incomprensión de algún escucha [1]. También de modo mecánico, suele introducir un dedo en el zapato, lo que provoca el santo horror de Manuel Mujica Lainez, para quien era "un spectacle de la nature, por todas esas cosas terribles que hacía" [2]. A veces, cuando lanza una frase terminante, suele reposar con fuerza una mano sobre las medias, siempre blancas [3].

Tenso, se arranca la piel del borde de las uñas, habiéndosele formado un reborde calloso que maltrata hasta sangrar [4]. El bigote también sufre de sus angustias, pues una mano incontenible lo atusa de modo despiadado [5]. Antaño había sido gran fumador; ya no. Bebe poco, prefiriendo por "buen regular

[1] Jiménez Rueda, "Leopoldo Lugones, el último renacentista americano", *La Nota*, mayo 6 de 1921.
[2] Mujica Lainez, Manuel, "Amor por Buenos Aires", *La Nación*, abril 30 de 1977.
[3] Testimonio de Jorge Max Rohde al autor; Estrella Gutiérrez, Fermín, *Recuerdos de la vida literaria*, Losada, Buenos Aires, 1966, p. 160.
[4] Martínez Estrada, *Leopoldo Lugones*, p. 32.
[5] Estrella Gutiérrez, *Recuerdos*, p. 160.

del siglo", los licores fuertes y secos propios del varón: whisky, cognac, oporto [6].

Continúa siendo un trabajador incansable. Se levanta a las seis de la mañana presto a escribir de pie ante el pupitre alto, como Víctor Hugo y los tenedores de libros. Jamás habla de lecturas e investigaciones; su tarea intelectual constituyó siempre un misterio para los íntimos [7]. Todos cuanto lo trataron coinciden en destacar el invariable autoritarismo de sus juicios. Borges, por ejemplo, confiesa que le tenía un poco de miedo, y que en su presencia sentíase incómodo [8]. De acuerdo con el autor de *El Aleph*, "es que simplemente dictaminaba, emitía fallos, sin apelación, hablaba *ex cathedra*. No condescendía a la discusión o al diálogo. Íntimamente era un terrorista. Empezaba cualquier opinión, luego inventaba razones y las razones no eran razones, sino epigramas" [9]. En reuniones con otros intelectuales era, casi siempre, el único que hablaba, enérgico y tajante [10]. Solía discurrir en la intimidad con igual prosopopeya de artista. Según Martínez Estrada, jamás conoció la frase indecisa, "la pudorosa frase que tiembla hacia el final y se malogra devorada por la duda y la timidez". Y si alguna vez prometióse a sí mismo suprimir la elocuencia [11], sus inhibiciones no fueron suficientes, ya que cultivó coloquialmente un lenguaje perfectamente fundido.

Su vida cotidiana luce simple y lineal, construida sobre hábitos regulares. Además del trabajo practicaba esgrima en el Círculo Militar y también lo hacía en la Academia Luchetti, frente a Harrods. En la comida posaba de sobrio: un trozo de carne asada, algunas legumbres. Si había vino, bebíalo, prefiriendo agua las más de las veces. Los íntimos eran Carlos Obligado y su esposa Lucy Nazar Anchorena; Jorge Max Rohde y Arturo Capdevila lo frecuentaban muchísimo. Junto a Vanna

---

[6] *Ibid.*

[7] Testimonio de Jorge Max Rohde al autor.

[8] BORGES, Jorge Luis, "Por el amor a Buenos Aires", *La Nación*, abril 30 de 1977.

[9] *Diners*, año 100, julio de 1978, p. 53.

[10] ESTRELLA GUTIÉRREZ, *Recuerdos*, p. 160.

[11] LUGONES, "El ideal de justicia en la legislación soloniana", *La Nación*, octubre 12 de 1915.

recibían una vez por semana [12], siempre luego de comer y, cuando invitaban, era generalmente con empanadas, uno de sus platos predilectos. Ostentaba gustos de gran señor y porque no tenía caudal alguno —salvo el de su talento— se resignaba a disfrutar de lo poco con hidalguía y sobriedad [13]. Ocasionalmente visitaba al amigo del interludio europeo, el doctor Arturo Ameghino hasta en el propio Hospicio de las Mercedes, en búsqueda de alivio a crónicas depresiones, cada vez más agudas [14].

Con sus nietas —Pirí y Babú— era cariñosísimo. Cuando los padres se separaron, abandonando Carmencita Aguirre la casa paterna con las niñas, Lugones sufrió muchísimo. Alguna vez, la madre pudo sorprenderlo pensativo, acariciándolas y lamentando el destino inicialmente adverso de las criaturas [15].

La reelección de Yrigoyen avivó las ansias revolucionarias pues el camino de las urnas sólo parecía conducir al fatídico dominio radical. Pero harto sociable, Lugones se apresuró a enviar su felicitación al nuevo presidente, la que años más tarde, en plena ofensiva contra el poeta, fue publicada como muestra de obsecuencia [16].

¿Desde cuándo trabajaba en un levantamiento militar? Resulta difícil precisarlo. Lo cierto es que su prédica, incesante y metódica, preparó, al menos dialécticamente, el camino de la asonada. No parece excesivo afirmar entonces que todos los argumentos tendientes a reemplazar el juego político por actos de fuerza los divulgó este nuevo Alberdi. Intelectual de entreguerra, con sus virtudes y defectos, llevado por prejuicios antidemocráticos de indudable raigambre roquista, fue el gran teorizador del arbitraje castrense, resultando, a la postre, ingenuo e involuntario servidor de fuerzas políticas y económicas que malquería, y que comenzaron por ignorarlo y acabaron aniquilándolo.

[12] ARSLAN, "Lugones. La evolución de las ideas", *La Nación*, julio 3 de 1927.

[13] MARTÍNEZ ESTRADA, *Leopoldo Lugones*, p. 34.

[14] LOUDET, Osvaldo, "Los médicos de Balzac", *La Nación*, octubre 10 de 1976.

[15] Carmen Aguirre al autor, diciembre 22 de 1976.

[16] "Historia de una carta", *La Fronda*, segundo semestre de 1933.

Poco después del triunfo, sintetizó la nueva estrategia pergeñada tiempo atrás: "Los políticos nunca lograrán extirpar aquella calamidad con sus recursos, porque el Sr. Yrigoyen los supera en la materia, según compruébanlo 14 años de derrotas; por consiguiente, imponíase expulsarlo por la fuerza"[17]. Jamás había sido tan cínicamente expresada la incapacidad de convocatoria, crónico mal de las fuerzas conservadoras argentinas, que como extraño morbo desde la consolidación roquista, con nuevos rostros pero con similares razones y métodos, perturba invariablemente nuestra vida política.

Aparte el pronunciamiento del Coliseo y el discurso de Ayacucho, la conferencia sobre Roca, marca el punto más alto de la persistente incitación de Lugones al ejército. Tanto, que al pronunciarla resucitó el viejo título de capitán de Guardias Nacionales, obtenido allá en su Córdoba natal, enfrentando —justamente— los intentos radicales de 1890 y 1893.

La conferencia constituye un esbozo del que habrá de ser el último de sus libros. A instancias de la comisión de homenaje al estadista, la misma que más tarde le encomendó su biografía, tuvo lugar en el Prince George's Hall, el 31 de mayo de 1926 y contiene dos razonamientos capitales para la conjura que pensaba en marcha: férrea crítica a la democracia (o al radicalismo) y exaltación de la cosa castrense. "Lo esencial no es la democracia —dirá ante un auditorio embelesado— sino la nación; pues el pueblo, como persona política, es una de las entidades de la nación, pero no está sobre ella, sino dentro de ella"[18]. Se permitía finos juegos de ingenio para exteriorizar su credo antirradical: "El gobierno se define, pues, no por su origen, sino por su objeto. Y de esta suerte, el mejor gobierno es el que mejor sirve al país, no el que mejor fue electo. Las elecciones correctas producen gobiernos perjudiciales o inútiles —y todos los presentes saben que esto no es una mera suposición—"[19].

Enseguida le tocó el turno al ejército. Las mejores presidencias —según el orador— fueron las de los generales, Roca inclusive, único en completar sus dos períodos presidenciales. En la charla estampa una de las más perfectas síntesis del creciente

[17] "Por última vez", en *Política revolucionaria*, p. 38.
[18] LUGONES, *La personalidad del general Roca*, p. 28.
[19] *Ibid.*, p. 29.

408

predominio de las fuerzas armadas en la vida nacional: la reforma que iniciaron Roca y Ricchieri, sobre todo la conscripción obligatoria, "afortunada consecuencia del peligro corrido", tuvo lógico y terminante epílogo, pues "el ejército dejó de ser un instrumento bélico, para ir transformándose en un poder orgánico de la Nación, tal cual resulta de su íntima vinculación con el pueblo y del patriotismo creciente de su oficialidad"[20]. Trágico enfoque de lo que convertiríase más tarde en ineluctable prevalecencia sobre una sociedad.

La parte final resume un programa revolucionario: "del linaje del cañón y la espada vendrá el retoño siempre vivaz y a él pertenecerá el que esperamos: el que nos dé la patria limpia y hermosa del orden y de la fuerza. El extirpador de demagogos. Y conforme a la exigencia de esta hora histórica, el nuevo jefe, *el otro general*"[21]. Si se tiene en cuenta su gran amistad con Justo, no resulta difícil suponer que tan encomiástica frase le estaba dirigida. Sin duda, Lugones debió de ser uno de los más decididos en impulsar al ministro de guerra de Alvear para que encabezara un golpe, provocación que Justo se encargó de aventar públicamente en carta dirigida a Clodomiro Zavalía[22].

Pero estos pasajeros fracasos no arredran para nada su ímpetu revolucionario. Sin prisa y sin pausa continúan los trabajos y los días del conspirador; sus artículos antidemocráticos los publica en *La Nación* y los diálogos con oficiales tienen lugar en el Círculo Militar, donde concurre a practicar esgrima casi todas las tardes, "la hora de la espada", como gusta ironizar[23].

Habla con todos. Incluso con los aprendices iconoclastas que la emprenden a la vez contra la rima y contra el viejo caudillo radical. En 1928, establece contacto con los jóvenes agrupados en *La Nueva República*. El introductor es Ernesto Palacio, quien suele frecuentarlo en la Biblioteca de Maestros. Al grupo —Rodolfo y Julio Irazusta, Alfonso de Laferrére, Juan B. Carulla— lo une comunes lecturas: *L'Action Française* y las doctrinas de la derecha francesa, redactadas transparentemente por Maurras y sus seguidores. Existen sin embargo, disidencias.

[20] *Ibid.*, p. 33.
[21] *Ibid.*, p. 36.
[22] *La Nación*, febrero 21 de 1928.
[23] MARTÍNEZ ESTRADA, *Leopoldo Lugones*, p. 34.

A los precursores del nacionalismo no les cautiva la metafísica de la fuerza publicitada por Lugones. A éste, en cambio, se le antoja el gárrulo adoctrinamiento, "precipitada imitación de una mala cosa europea"[24]. Todo no pasó a mayores, ya que los neófitos, en definitiva, respetaron al maestro pues ansiaban que estuviera de su lado. Llegaron incluso a acusarlo de fascista, a diferencia de ellos que trataban de entroncarse en la tradición del país y mantenerse en el terreno institucional[25]. Lugones les redactó un artículo: "La paradoja política", al que precedía una amable noticia aclarando que la colaboración no significaba coincidencia con la doctrina de *La Nueva República*, salvo en la crítica a la democracia[26]. El gesto fue ampliamente reconocido por la capilla, que de ahí en más rescatará al poeta para su hagiografía.

Siempre gustó alardear su desprecio por la actividad política y desde tiempo remoto repetíalo como muletilla. Sin embargo, al final de los veinte, deslumbrado por vísperas revolucionarias que finalmente pensaba posibles, cayó seducido por los encantos de la Circe política. Hasta entonces se había limitado a perseverar con su influencia de intelectual, ejercida con naturalidad y que gozaba, de por sí, predominio notorio. Pero a partir de ese momento, pasó a la acción, considerándola de seguro influjo sobre la sociedad argentina. La praxis comienza a tentarlo y a causa de ésta, su prédica perderá eficiencia y plenitud[27]. Por cierto, muy pronto resignó aquella libertad que habíale otorgado la no militancia en partidos o sectas políticas, lograda dolorosamente después de su ruptura con el socialismo. Inicia, así, lento descenso hacia los últimos círculos, descenso que otros fracasos habrán de apresurar con mayores padecimientos.

Prueba de ello fue el abandono de las formas poéticas —al menos editorialmente—, su progresivo desvelo por la cosa pública y la producción no literaria, la misma que uno de sus analistas recomienda poner entre paréntesis, repleta de contenido polémico, desafiante, vívida reverberación de un estado anímico.

[24] Irazusta, *Genio y figura de Leopoldo Lugones*, pp. 113-114.
[25] *Ibid.*
[26] *La nueva República*, diciembre 1º de 1928.
[27] Martínez Estrada, *Leopoldo Lugones*, p. 42.

Ambas vertientes —acción y pensamiento— concurren con intensa vitalidad en el postrero momento. Por cierto no fue ésta la primera vez que cedía a las tentaciones de la praxis. La inicial beligerancia socialista, el experimento burocrático junto a Joaquín V. González, la encendida cruzada rupturista, prueban una errática y apenas oculta inclinación. Ahora sí, entra de lleno en un activismo que terminará por devorárselo todo, incluso las últimas fuerzas y las últimas esperanzas.

Hay una anécdota que ilustra su estado de ánimo, por demás combativo. En ocasión de visitarlo Alfonso Reyes en su despacho de la Biblioteca de Maestros, reparó que el libro del teléfono y una revista, encimados sobre el escritorio, formaban un bulto, una giba extraña. "Mis manos ociosas —confiesa Reyes— se fueron para allá, para arreglar los libros. Levanto aquello y me encuentro que el bulto era un revólver". Ante el descubrimiento, Lugones responde con prontitud: "Sí, es un revólver, un revólver cargado. A esto llamo yo el Poder Ejecutivo"[28]. Martínez Estrada, compañero de redacción, atestigua también lo del revólver, que cargaba en el bolsillo del pantalón[29] y Francisco Luis Bernárdez ha relatado divertidísimas circunstancias acerca del niquelado instrumento[30].

Los pacientes trabajos de José Félix Uriburu —recién retirado del ejército— hallaron, por fin, acogida entre muchos de sus pares. A fines de diciembre de 1929, la conjura se concretó. Las elecciones de marzo de 1930 aportaron mayores bríos al naciente complot. El radicalismo fue derrotado en la Capital Federal por el socialismo independiente; en Córdoba triunfaron los demócratas y en Entre Ríos se afianzaron los radicales antipersonalistas. Hasta los conservadores recuperaron posiciones en la Provincia de Buenos Aires.

Aunque la prédica periodística nada revela de su aflicción, Lugones sigue de cerca los altibajos revolucionarios. En maniobra concertada, asiste al banquete anual del Ejército y la Marina y con oficiales amigos ocupa uno de los palcos del teatro Coliseo. Previamente se habían distribuido entre los socios del

28 *Diario*, p. 272, citado en *Homenaje a L. Lugones*, Academia Argentina de Letras, p. 111.
29 MARTÍNEZ ESTRADA, *Leopoldo Lugones*, p. 34.
30 "El centenario de Lugones", *La Nación*, junio 9 de 1974.

411

Círculo Militar, ejemplares de *La patria fuerte* [31]. A los postres, clausurados los marciales discursos con el consabido brindis por la patria, algunos comenzaron a requerir su palabra, ante lo cual Lugones no tarda en ponerse de pie y a pleno pulmón improvisa calurosa arenga de tono subversivo: "El desorden y el relajamiento estorban la marcha de la Nación. Ha de interponerse el ejército para tomar la dirección abandonada, porque la custodia de la bandera no es un mero símbolo de aparato, sino efectiva obligación en la tarea de hacer patria"[32].

La crónica relata los aplausos de una oficialidad joven y confabulada, y que la de alta graduación se retiró de prisa por los costados del teatro. La respuesta del gobierno no fue atroz: alguien reclama su expulsión del Círculo Militar y en el Congreso suenan voces insinuando consabidos desquites burocráticos por su cargo de la Biblioteca del Maestro. Como en similares circunstancias, la propuesta fue desatendida.

Al avanzar la conspiración tomó contacto con la cabeza visible del movimiento, el general Uriburu. Aquel acercamiento en nada impedía continuar la vieja amistad con Justo, al fin de cuentas feliz destinatario del cambio que se avecinaba. A mediados de junio, por intermedio de comunes relaciones se presentó a Uriburu, en uno de los salones del viejo Jockey Club, ofreciéndose incondicionalmente[33]. El general aceptó el gesto, pues cuando se trata de enfrentar a gobiernos de fuerte apoyatura popular, el Ejército no vacila en concertar alianzas con civiles. Había, pues, llegado el momento de solicitar su cooperación[34].

Sin embargo, el acercamiento provocaría reparos en algunos oficiales. José María Sarobe —declarado justista— hizo saber a Uriburu su desacuerdo con la presencia de Lugones en el gabinete, "ya que su inclusión podía causar mala impresión"[35]. Esto confirma la hipótesis de que inicialmente se intentó in-

---

[31] IRAZUSTA, *Genio y figura de Leopoldo Lugones*, p. 115.
[32] LUGONES (h.), *Mi padre*, p. 344; LUGONES, "Lo grande y lo chico", *La Nación*, setiembre 29 de 1930.
[33] PERÓN, Juan Domingo, "Lo que vi en la preparación y realización de la revolución del 6 de setiembre de 1930", en SAROBE, J. M., *Memorias*, Gure, Buenos Aires, 1956, p.288.
[34] *Diez periodistas porteños. Al margen de la conspiración*, Biblos, Buenos Aires, 1931, Nº 31.
[35] SAROBE, *Memorias*, p. 274.

cluirlo como ministro de Instrucción Pública. Es, entonces, probable que ante las objeciones recibidas, Uriburu notificara a sus interlocutores que "pensaba emplearlo como tribuno, pero que no formaría parte del gobierno" [36].

Días antes de la revolución, hallábase Lugones en el Círculo Militar, según costumbre de todas las tardes, cuando se le apersonó David Uriburu, requiriendo su presencia ya que su primo quería verlo. El jefe revolucionario se ocultaba en una casa de la calle Larrea y Juncal y hasta allí se dirigieron los dos, acompañados por un amigo del poeta, Rafael Girondo. Llegado Lugones, Uriburu le encomendó redactara una proclama para arrojar sobre Buenos Aires desde aeroplanos del Ejército. Previamente dialogaron sobre el contenido, oportunidad en que el escritor hizo sentir la fuerte influencia de sus decididos pareceres políticos. De regreso a su domicilio, la redactó y la hizo llegar a su destinatario, siendo finalmente impresa en los talleres que poseía José María Rosa, ubicados en la calle Rivadavia 655 [37]. El documento sufrió alguna modificación por parte de un militar, presumiblemente Sarobe, allegado a la tendencia del general Justo [38].

El caso de la proclama original y sus posteriores mutaciones sintetizan las corrientes que pugnaban en el movimiento y que concluyeron por enfrentarse, prevaleciendo una sobre la otra. Lugones, con excelente retórica, plasmó en el documento la renovación institucional que pretendía Uriburu, idéntica a la divulgada a lo largo de su campaña periodística. Así, uno de los párrafos suprimidos por Sarobe (léase Justo) subraya la preocupación del futuro gobierno provisorio de "encarar las necesarias reformas de orden institucional que serán sometidas al país en su momento, para que, al elegir a sus legítimas autoridades, pueda descansar en la confianza de que su organización política y constitucional garantizará plenamente para el futuro el regular funcionamiento de dichas instituciones" [39].

La facción contraria pretendía otro desenlace; en lugar de aquel párrafo, proclamó "su respeto a la Constitución y a las

[36] *Ibid.*
[37] Lugones (h.), "La proclama del 6 de setiembre", *Bandera Argentina*, junio 30 de 1933.
[38] *Ibid.*
[39] Sarobe, *Memorias*, pp. 252-253.

leyes vigentes y su anhelo de volver cuanto antes a la normalidad" [40]. Ambos textos —como otras enmiendas y reemplazos— precisan claras diferencias: los justistas (entre los cuales no se encontraba Lugones, a pesar de su excelente relación con el caudillo militar) pretendían un simple cambio de hombres, conservando las instituciones democráticas y republicanas. Creían a los políticos aún importantes y no pensaban prescindir de ellos. En aquel delicado —por inicial— instante, los responsables de la dirección del ejército eran todavía cautos, conservadores. Intentaban asegurar la victoria obtenida a expensas de la civilidad. Habían conseguido desalojar a un gobierno omnímodo por su poder de convocatoria y Justo no ignoraba que todo vencedor, por ley fatal, debe preservar lo conquistado.

Quienes como Lugones —al son de las nuevas ideas de entreguerra— pretendían transformar las instituciones e inaugurar una época, se agruparon tras la figura de Uriburu. Desdeñaban, por supuesto, a los políticos tradicionales; la dictadura militar y un difuso corporativismo parecíanle encantadores, sin aludir, además, la posibilidad de consabidas enmiendas restrictivas a la ley electoral.

La madrugada del 6 de setiembre, cansado de los eternos cabildeos castrenses ante las grandes decisiones, Uriburu decidió alzarse junto a los cadetes del Colegio Militar. La fuerza revolucionaria era sólo un millar de soldados bisoños acompañados por civiles mal armados. Entre ellos, enfervorizado y decidido, marchaba Polo. La columna avanzó sobre la ciudad confundida, en busca del poder, rodeada del regocijo novelesco y pérfido de la gente, que siempre gusta contemplar la caída del que hasta ayer fuera todopoderoso. Luego del tiroteo en el Congreso, Uriburu, tras arribar con fiero gesto a la Casa Rosada, desalojó al vicepresidente Enrique Martínez. El viejo Arsenal, donde se acantonan generales afines al gobierno, al caer la noche, capitula, y al día siguiente, afiebrado y senil, Yrigoyen rubrica su renuncia en La Plata. Concluye así una vieja disputa, la del populismo radical y Lugones, quien cree vivir su hora más gloriosa.

Aquellas dos tendencias —sístole y diástole de nuestra vida política— afloraron a poco de asumir el nuevo gobierno. Du-

[40] *Ibid.*

414

rante la multitudinaria asamblea en Plaza de Mayo del 8 de setiembre, se escucharon gritos de: "votos, sí; balas, no", claro repudio a la posible dictadura militar. Muy pronto, las fuerzas antirradicales comenzaron a presionar en búsqueda de una salida electoral; alegaban para ello no sólo el mérito de una resistencia enconada, sino activa participación en el proceso revolucionario. Rodolfo Moreno publicó un pormenorizado relato de las actividades conspirativas de los dirigentes conservadores y socialistas independientes [41], subrayando así el carácter decididamente cívico del movimiento. Federico Pinedo hizo lo mismo [42], y al poco tiempo la mayor parte de las parcialidades se unieron bajo el rótulo de Federación Nacional Democrática: su único desvelo era apoderarse en breve plazo del Estado por medio de elecciones.

Consolidado el movimiento revolucionario, Lugones surge como figura sobresaliente del entorno uriburista; prueba de tal confianza fue escogerlo con motivo de los discursos en homenaje de los cadetes Carlos Larguía y Jorge Güemes Torino, abatidos en confuso tiroteo frente al Congreso [43]. Días después publica un artículo, "La Revolución", en el que postula oblicua y por ello elegantemente, el éxito de su prédica a favor del intervencionismo militar; "campanero de la hora de la espada", se llama a sí mismo con narcisista regusto. Aventa la posibilidad de un militarismo a la manera clásica y con sutilezas pretende superar el dilema de la autoría revolucionaria, pues ejército y pueblo parecen una misma cosa. Aprovecha, sin embargo, frases duras para los políticos, "que acabaron por perder el decoro y la esperanza" y, entre denuestos, a los viejos enemigos les dice: "la obra libertadora se realizó con armas y no con votos, como querían los políticos; y el verdadero hombre de Estado fue en la ocasión un militar" [44].

Puntuales, los ataques al predilecto no se demoraron. Provenían de sectores ansiosos de un desenlace democrático. La campaña autoritaria de Lugones no los había incomodado, ya que estuvo destinada a su imbatible enemigo, el yrigoyenismo. Pero ahora, la cosa se tornaba distinta; los militares, árbitros de la

---

[41] *Diez periodistas porteños*, pp. 388-389.
[42] *Crítica*, octubre 15 de 1930.
[43] *La Nación*, setiembre 10 de 1930.
[44] *La Nación*, setiembre 22 de 1930; *Política revolucionaria*, p. 24.

situación, podían inclinarse hacia cualquiera de las nuevas herejías con que se los intentaba seducir. A cargo de la faena estuvieron sus principales órganos: *Crítica* y *La Vanguardia*. El diario de Botana tomó como blanco un artículo suyo que precedió a la asonada[45] e insinuaba con perfidia alguna docilidad hacia Yrigoyen[46]. La hoja socialista fue aun más incisiva. Ironizando acerca de su revolucionarismo, llamábalo "filósofo de la Biblioteca de Maestros, con vistas a la Nacional" y alertaba a las autoridades —en especial al presidente— puesto que Lugones era de la peor clase de revolucionario: "la de los presupuestíveros"[47]. Ello motivó la inmediata réplica de éste, que en escueta advertencia perdida en el fárrago de noticias, dejó en claro que no aceptaría dirigir la Biblioteca Nacional[48], cargo que meses atrás escritores de todas las tendencias solicitaron a Yrigoyen para él, poco después de la muerte de Paul Groussac[49]. Pretendía, así, aventar sospechas de una militancia interesada. Luego y siempre desde *La Nación*, respondió los agravios lanzados por sus adversarios, incluso —valga el ingenio sutil— la de ser "un poeta presupuestívero"[50]. Pero donde puso mayor delectación fue en ridiculizar los esfuerzos de los políticos en el movimiento, ya que éstos alardeaban públicamente su traslado a Campo de Mayo, horas antes del estallido. Otra vez, Lugones resalta en el tono mordaz. Comienza por recordar la advertencia que se le impartió de concurrir sin armas, lo que "no sería para exponerlos a mansalva, sino para evitar cualquier percance sangriento". Además, refiriéndose al aporte —a su juicio tardío— en el alzamiento, agregaba este párrafo: "Dicha invitación fue, sin duda, muy honrosa para ellos, y nadie les va tampoco a desconocer la molestia que se tomaron; pero es evidente que obra tan considerable como la de sublevar un ejército y una escuadra, no puede improvisarse en algunas horas, ni siquiera en algunos días, mucho más cuando durante los anteriores, esos mismos políticos habían andado por los escenarios y calles abominando de la revolución y de la espada, conforme

---

[45] Lugones, "El conflicto", *La Nación*, setiembre 1º de 1930.
[46] "Leopoldo Lugones antes y después de la revolución", *Crítica*, setiembre 9 de 1930, p. 5.
[47] "Lugones revolucionario", *La Vanguardia*, setiembre 23 de 1930.
[48] *La Nación*, setiembre 28 de 1930.
[49] *Crítica*, enero 8 de 1930.
[50] "Por última vez", *La Nación*, octubre 10 de 1930.

su notoria filiación izquierdista. Por lo demás, los amigos del ejército estábamos de parabienes, al comprobar que la victoria, como siempre aconteció, no solamente da derechos, sino también simpatías inesperadas"[51].

La puja entre los dos sectores continuaba. A instancias del propio Uriburu se "invitó a los únicos civiles que estuvieron en contacto con la Junta Revolucionaria durante la preparación del movimiento del 6 de setiembre"[52]. La cita era harto directa, más por los ausentes que por los invitados. A los postres, Lugones, que ocupaba una de las cabeceras, hizo uso de la palabra. Se refirió a las preferencias del "jefe y amigo" que había decidido escoger unos pocos civiles, los cuales por no pertenecer a la dirección ni al cuerpo activo de los partidos políticos pudieron apreciar, sin las inherentes cortapisas, el concepto esencial de la campaña, que no fue política sino patriótica, sólo patriótica y por ello embanderada con el pabellón de guerra y ejecutada por las armas de la Nación[53]. En ese momento se sentía muy respaldado a raíz de las declaraciones de Uriburu que recogían sus críticas al sistema comicial[54]. Indudablemente la claque uriburista trabajaba con rapidez. Carlos Ibarguren, desde Córdoba, lanza la idea de profundas reformas institucionales que apuntan al régimen electoral y a la representación corporativa. El ministro del Interior, Matías Sánchez Sorondo, somete al juicio del público por medio de consultas, posibles enmiendas constitucionales vinculadas, también, a idénticos temas[55]. La prensa justista —sobre todo *Crítica*— respondió al punto con virulencia: los intelectuales de la facción —Ibarguren y Lugones— fueron duramente atacados.

Hacia fin de año, Uriburu pronunció un enérgico discurso en la Escuela Superior de Guerra, dirigiéndose en términos desdorosos respecto de los políticos agrupados en la Federación Nacional Demócrata, a quienes amenazó con volver a colocar a Yrigoyen en el estado presidencial y decirles: "voltéenlo ustedes, como lo hemos hecho nosotros"[56]. La arenga precipitó una rup-

[51] *Ibid.*
[52] *La Nación*, octubre 3 de 1930.
[53] *Ibid.*
[54] *La Prensa*, octubre 1º de 1930.
[55] *Diario de Sesiones, Cámara de Senadores*, 1935, II, p. 332.
[56] Pinedo, Federico, *En tiempos de la República*, Mundo Forense, Buenos Aires, 1946, pp. 97-98.

tura que pronto se hizo pública, cuando la Federación no concurrió a la audiencia presidencial programada desde tiempo atrás [57].

Lugones continúa su ardua prédica didáctica: primero, es "La Reconstrucción" [58], en el que insiste en la necesidad de reformar al sistema, ya que "muchos argentinos deseamos constituirnos y legislarnos sobre lo propio". Ahí radicaba la clave del problema, que no podía reducirse al fatal resultado de los comicios. Era necesario, pues, atacar las leyes electorales mismas e implantar un sistema representativo más moderno, con lo cual daríase preferencia a la política económica sobre la electoral.

Días más tarde publicó "La formación del gobierno" [59]. Artículo interesante, insiste en el papel rector de la Universidad para el adiestramiento de los futuros dirigentes, adelantando, en ese orden de ideas, conceptos ejemplares: "Es necesario que la Universidad ande bien, pues mucho más que en el comercio, la industria y la producción, va en ello la suerte de la República" [60]. Hace luego impresionante requisitoria del estado de la enseñanza, para concluir exclamando que el dilema irremediable es: o la Universidad proporciona el gobierno, o la demagogia se adueña de todo. La entrega periodística es de valía pues demuestra que en su hora más gloriosa, el culto de la espada no instiga el servilismo de olvidar la principal fuente de reclutamiento y perfección del poder civil.

Como aporte al esfuerzo que realizan los cuadros uriburistas, publica *Política revolucionaria*, mero compendio de artículos aparecidos luego de la revuelta. En realidad, lo que más importa es la "Advertencia patriótica", con que abre el volumen a manera de prólogo. Destaca allí su júbilo por el entrometimiento de las armas en la vida política, proclamada en solidaria demanda desde sus conferencias del Coliseo. Fija con claridad su actitud: "No tocar nada —critica—, no demorar en la restauración del sistema: es decir, volver a empezar cuanto antes. He aquí cómo responden los políticos a la obra militar

[57] *Ibid.*
[58] *La Nación*, octubre 18 de 1930.
[59] *La Nación*, noviembre 14 de 1930.
[60] *Ibid.*

del 6 de setiembre". Es que Lugones, totalmente exacerbado, la emprendía contra el justismo y contra el ala conciliadora de los propios uriburistas. Al final del proemio desliza esta advertencia que sintetiza antiguos proyectos en materia política: la revolución debe engendrar como órgano indispensable, "un partido conservador fundado en las realidades económicas y sociales del país, que es decir, nacional de suyo"[61].

Pero el gobierno alentaba un plan político consistente en la lenta normalización constitucional de aquellos distritos propicios a resultados antiyrigoyenistas, permitiéndolo sólo en la medida que los sectores favorecidos apoyasen el plan de reformas institucionales que fomentaba Uriburu. El partido Conservador de la Provincia de Buenos Aires, seguro del éxito, se había comprometido —a diferencia de otros partidos no radicales— a apoyar los objetivos reformistas del gobierno. Así se convocó a elecciones el 5 de abril de 1931. La consulta favoreció al binomio Pueyrredón-Guido, de modo que los resultados conmovieron hasta los cimientos al gobierno de Uriburu, quien debió efectuar inmediatas concesiones al justismo con la esperanza de salvar algo del programa original, aprovechando para ello la usura del tiempo y alguna circunstancia favorable. Fue tan profunda la crisis que el propio ejército debió respaldar la incierta suerte del elenco setembrino. Se organizó una manifestación de pública solidaridad: prácticamente todos los oficiales destinados en Buenos Aires visitaron en masa al presidente para asegurarle su apoyo[62].

En verdad, el presidente provisional y su grupo áulico —entre los que se hallaba Lugones— habíanse obstinado en lograr reformas institucionales. Advertían, con claridad, que por su endeblez era ése el único papel que se les dejaba representar: un núcleo renovador, modernizante que colocara al país al nivel de los tiempos. Sin embargo, intentaron escapar del cerco que reducía sus posibilidades al terreno exclusivo de las ideas. Junto a jefes adictos a Uriburu crearon una fuerza paramilitar. Un decreto presidencial secreto[63] la legalizó como reserva de las Fuerzas Armadas, autorizándose a sus miembros a

61 LUGONES, *Política revolucionaria*, p. 12.
62 *La Prensa*, abril 27 de 1931.
63 *Boletín Militar* del 21 de mayo de 1931.

recibir instrucción los sábados y domingos y de la que se encargaba un grupo de oficiales en actividad. Se llegó, incluso, a convocar a legionarios infantiles, quienes recibieron enseñanza castrense. Había también, por supuesto, una rama femenina [64].

Tratábase de la Legión Cívica, que muy pronto iba a levantar fuertes resistencias en filas del liberalismo argentino por su parecido con la milicia fascista. De inmediato, el 26 de abril de 1931, los legionarios encolumnados se mostraron por la Avenida Alvear, frente al mismo Uriburu. Lugones asistió y marchó al son de airosas marchas, encabezando una sección [65]. Al mes siguiente, el cuerpo obtuvo otro privilegio importantísimo: desfiló precediendo la parada anual del 25 de mayo, convocándose algo más de treinta mil hombres. Lugones tampoco faltó en esa oportunidad, y una fotografía lo recoge con marcial paso ante Uriburu y sus acólitos [66].

Su ayuda a la contraofensiva uriburista de 1931 fue abierta y decidida. No sólo participó como legionario en los desfiles sino que también concurrió, representándola, al banquete ofrecido en Campo de Mayo, ocasión en que le tomaron con varias cámaras una infrecuente fotografía, extensa y apaisada, en compañía de un centenar de oficiales [67]. Hasta redactó un informe para Uriburu, arrebatado y con visibles apelaciones a la violencia: "Toda revolución que se paraliza en el legalismo y en la burocracia, dejándose agredir en vez de atacar, está perdida". No ahorra, según su costumbre, frases duras hacia los políticos, a quienes "hay que expulsar de la Casa Rosada"; para La Vanguardia, que "insulta a nuestras mujeres con motivo de las damas legionarias"; para "los rusos Dickman" y para Botana, implacable enemigo, pues "no es justo ni gallardo que sólo se manifieste contra el comunismo de alpargata" [68].

Este clima de agresiva expansión llegó a su acmé con el manifiesto de Uriburu [69]. Ponía allí nuevamente énfasis en la necesidad de reformas estructurales, para concluir afirmando lo que ya constituía verdadero estado de beligerancia: los políticos

[64] La Razón, noviembre 4 de 1931.
[65] "El poeta de la espada", La Vanguardia, abril 27 de 1931, p. 3.
[66] La Razón, mayo 26 de 1931, p. 9.
[67] Crisis, No 14, junio de 1974.
[68] Ibid.
[69] La Prensa, junio 19 de 1931.

no habían intervenido en la gestación revolucionaria, cuya paternidad era exclusivamente militar. Pero todo era demasiado agónico; típico estruendo de quien se sabe perdido.

Muy pronto disiparía aquellos presagios el significativo discurso del jefe de la guarnición Buenos Aires, coronel Manuel A. Rodríguez, con motivo de la comida de las Fuerzas Armadas. Fue terminante: refiriéndose al futuro papel militar sostuvo con transparente claridad: "Si se ha recordado que el ejército no es un instrumento de opresión, ni quiere para sí otra función que la propia, conviene también recordar que no es ni será instrumento de caudillos o partidos y que el solo hecho de buscar su apoyo conspira contra su disciplina y constituye un hecho ilícito e intolerable" [70]. Los estruendosos aplausos que subrayaron cada uno de los párrafos de su discurso cargados de intención, confrontados con los meramente protocolares que premiaron el final de la arenga presidencial, indicaban el sentir del arma. La suerte de Uriburu, como la de sus seguidores, estaba echada.

El destinatario de las palabras de Rodríguez no era otro que el augurante de la hora de la espada. Todo aquel trabajoso edificio intelectual erigido con esmero durante años, sufrió súbita e incruenta ruina. La explicación del momentáneo fracaso reside en que ciertas instituciones —es el caso del ejército— sólo persigue fines que le sean beneficiosos, con prescindencia de los de la comunidad que integran, invocados, sin embargo, como propios y excluyentes. Imaginarlo de otro modo fue, quizás, uno de sus errores más graves. Al ejército no podía interesarle la cruzada redentora que propiciaba, ni reforma institucional alguna. Bastaba con asegurarse las enormes ventajas obtenidas, convalidando la preeminencia lograda sobre una hasta ayer altiva civilidad. Además, se daba en los hechos otra desalentadora constante. Todo el que pretenda renovar, *aggiornar*, de algún modo el viejo tronco de la derecha, será fatalmente reprobado, expulsado. Los riesgosos ensueños ideológicos propuestos contrastaban con la enorme dignidad y beneficio que auguraba la nueva alianza de los hombres de armas con la oligarquía local.

Indudablemente preparada tiempo atrás, Lugones junto a Rodolfo y Julio Irazusta, Mario Lassaga, Ernesto Palacio, Arturo

[70] *El hombre del deber*, La Facultad, Buenos Aires, 1936, p. 33.

Ameghino, su hermano Carlos y el pariente Castelfort, dieron a conocer un manifiesto que titularon *Acción Republicana*. Apunta en el trabajo sobre todo el paciente nacionalismo económico ya enunciado en *La gran Argentina* y los deseos de reformar un Estado enfrentado a una devastadora crisis mundial [71].

Por aquella época tuvo otro de los grandes disgustos que transformaron la desdicha en un hábito ejercido con decoro. La campaña que luego de las vísperas setembrinas emprendió desde *La Nación* contra los partidos políticos, tanto el radical como los otros, ayudó a malquistarlo con gran número de lectores de la hoja. Una cosa era criticar, cada tanto desde planos elevados, los desbordes populistas de Yrigoyen, y otra emprenderla contra radicales antipersonalistas, conservadores y los propios socialistas. Además, su figuración en filas del nacionalismo no era cripta. Así, en junio de 1931 publicó uno de sus escasos escritos autobiográficos, intentando, por medio de un relato descarnado, explicar el famoso asunto de sus variaciones ideológicas. Abruptamente, la prometida segunda parte no apareció jamás [72]. Es probable que sobre la dirección del periódico recayeran presiones, entre las que no deben descartarse las ejercidas por personajes incómodos con la crítica actitud del redactor, o que acaso el alejamiento de Jorge Mitre, reciente fundador de *Noticias Gráficas*, lo privara de un gran apoyo. Lo cierto es que así concluyeron cuarenta años de perseverante trabajo en un diario, que a su vejez lo trató como a un simple amanuense [73].

Carente de sostén militar, Uriburu debió convocar a elecciones presidenciales, que se programaron para fines de 1931. Las fuerzas moderadas lanzaron la candidatura de Justo; las izquierdas buscaron alianza con la democracia progresista, lo más avanzado del liberalismo, y concretaron el binomio De la Torre-Nicolás Repetto. Al nacionalismo la opción no le era tampoco fácil y para algunos verdadero ir de Herodes a Pilatos. Sin embargo, un mejor análisis los convenció que entre los dos males, el menor era el de Justo.

Igual dilema se le planteó a Lugones, con el agravante de

---

[71] LUGONES (h.), *Mi padre*, pp. 353-360.
[72] LUGONES, "Itinerario de ida y vuelta", *La Nación*, junio 28 de 1931.
[73] MARTÍNEZ ESTRADA, *Leopoldo Lugones*, p. 61.

que conocía muy bien al pretendiente. Es más, había cultivado su amistad desde antiguo y su prédica militarista coincidió con la gestión ministerial del candidato, quien fue gran propulsor de la naciente hegemonía castrense. Distanciados por los avatares de setiembre y el curioso —pero inteligente— giro de Justo, el folleto que Lugones publicó, resultó motivo de acercamiento entre ambos amigos. Sin embargo, es probable que alguna sugerencia en tal sentido haya partido del general, quien necesitaba la autorizada palabra del poeta a su favor. Era, además, excelente guía para los camaradas setembrinos. Algo de esto afirma su hijo al hablar de "El único candidato", redactado —según él— por pedido expreso, casi "al son de la ordenanza del propio Justo"[74]. El folleto es difuso y en su escritura se advierte el oficio más que la sinceridad. De todos modos, el silogismo central resulta clarísimo: hay que apoyar a Justo por ser uno de los jefes de la revolución. Por otra parte, los partidos adversos al gobierno no ocultaban —según Lugones— intenciones vindicativas. Por ello, la fórmula: "Justo o ninguno", era supremo mandato de patriotismo y la siguiente advertencia sintetiza el pensamiento de ese instante: no se trata de votar como se quiere, sino como se puede. La sinceridad del intento parece clara; en carta a su amigo de la niñez, Amado Roldán, le anoticia que "no habrá otro candidato viable que el general Justo: apreciación en la que no influyen mi grande afecto ni mi profunda consideración, sino lo que considero apreciación exacta de las cosas"[75].

[74] LUGONES (h.), *Mi padre*, p. 361.
[75] "L. Lugones a A. Roldán", agosto 11 de 1931, exhibida al autor por el doctor Amado Roldán.

Capítulo II

1932-1934

Desplazado de *La Nación* se refugia en *La Fronda*, donde escribe, aunque sin la asiduidad de su anterior trabajo. Mantiene activos contactos con el mocerío nacionalista; trata diariamente a Roberto de Laferrére y a sus amigos de la Liga Republicana. Cosa rara, también trasnocha junto a los redactores de *La Nueva República*, mucho más jóvenes, salvo el caso de Angelino Zorraquín que pertenece a la otra generación [1].

Por entonces acontece el advenimiento presidencial de Justo, que al restablecer las libertades suspendidas por el estado de sitio que implantara Uriburu, genera otra de las grandes contrariedades de Lugones: los exiliados retornan y entre ellos Botana, a quien le habían clausurado *Crítica*, encarcelando a su esposa. La reaparición del combativo periódico fue tremenda pues, según los grandes titulares del número inicial, venía a hacer "el proceso de la dictadura". Eligió como primer blanco a Polo Lugones, contra quien instrumentó una de esas terribles campañas que sólo su talento periodístico era capaz de concebir. Le imputaba haber ordenado y supervisado torturas contra radicales y comunistas. En casi página entera publica la fotografía de Polo, con un estudio frenopático, insertando al pie, para colmo, la reproducción del tristemente célebre Petiso Orejudo [2]. En la entrega siguiente, reitera los ataques, con la denuncia de que había matado a culatazos a un detenido [3]. Así, todas las tardes, durante meses, *Crítica* dedicó más páginas al hijo de Lugones y a sus torturas.

[1] Irazusta, *Genio y figura*, p. 116.
[2] *Crítica*, febrero 20 de 1932.
[3] "Lugones mató a Antonio Sturla de un culatazo", *Crítica*, febrero 23 de 1932.

En realidad, Polo profesaba alguna afición policíaca. En 1926 había obtenido el cargo de director del Reformatorio Olivera, dependiente del Patronato de Menores. Aquella labor sufrió indudable revés cuando desde un periódico se lo acusó de infligir graves castigos a los menores. Lo cierto es que acusado, querelló por calumnias al director y pidió su propio enjuiciamiento como funcionario, resultando sobreseído definitivamente, con declaración de que la causa no afectaba su buen nombre y honor. Luego de setiembre de 1930 fue designado comisario inspector [4], a instancias de David Uriburu —amigo de los Lugones— el que a su vez era subprefecto general.

Los agravios de Botana provienen de su esposa. Sabedor de las malas relaciones entre los cónyuges Polo la hizo detener, creyendo poder utilizarla como informante. Salvadora Onrubia habría concluido abruptamente un interrogatorio, imputando a su ocasional instructor equívocos deslices juveniles en la estancia de Emilio Berisso [5]. Siempre según la misma fuente, Polo imaginaba olvidado el episodio y Salvadora Onrubia sufrió cárcel severísima por recordarlo. Indudablemente existía enorme rencor, ya que hasta ciertos íntimos y parientes de Botana también fueron detenidos por orden de Polo Lugones [6]. Crítica, incluso, lo acusó de haber sido uno de los artífices de su clausura y de retirar documentación del diario [7]. Todo lo cual explica la ira de los Botana.

Polo, que se hallaba en Bélgica desempeñando un cargo consular, debió emprender el retorno ante los despiadados ataques. Llegado a Buenos Aires, lo recibieron su padre y un grupo de fieles amigos. Ambos aparecen en fotografías de Crítica, retirándose del puerto [8]. Ese mismo día, el agresivo periódico publica un artículo de Eduardo Guibourg, en el que se esboza un extenso —y maligno— análisis de la personalidad del padre y del hijo, aderezado con la infaltable referencia frenopática [9].

En plena crisis y para mayor desgracia, las relaciones entre Polo y Carmencita empeoraron. Ya había existido una separación y las consiguientes paces, de las que nació Bubú, la más

[4] Boletín Oficial, octubre 10 de 1930.
[5] BOTANA, Helvio, Memorias, Peña Lillo, Buenos Aires, 1977, pp. 64-65.
[6] Ibid.
[7] Crítica, mayo 5 de 1932.
[8] Junio 20 de 1933.
[9] "Overo había'e ser", Crítica, abril 20 de 1932.

pequeña de las nietas. Luego de entrevistas borrascosas, se decidió el definitivo alejamiento. Padres e hijos trataron —y consiguieron— que todo quedara oculto para los tenaces enemigos, hasta el juicio de divorcio que se radicó en Montevideo. De más está decir que el nuevo fracaso, añadido a la tensión de la campaña periodística, llevaron al desconsolado padre a otro de sus frecuentes abatimientos.

Con el sistema de entrega, aparecieron en *La Fronda* capítulos de *El Estado equitativo*, última de sus obras [10]. Repite allí conocidos argumentos en favor del orden y la jerarquía, temas tratados con dilecta atención durante el último decenio. El incipiente nacionalismo económico prenunciado en defensa apasionada de la autarquía, encuentra en esas páginas razones tendientes a justificar la potenciación del país, su defensa y presencia en el exterior. Se perciben, como en otras entregas, ecos nietzscheanos y darwinianos de voluntad de poder, la supervivencia de los fuertes.

Pero muy pronto advirtió que había sido utilizado como estruendoso ariete para facilitar la caída del yrigoyenismo y, lo más grave, para consolidar también el mantenimiento de un estado de cosas que en realidad detestaba. Ismael Viñas, que estudió fugazmente este peculiar período del movimiento antiliberal argentino, postula que los nacionalistas —y Lugones por cierto— repararon con indignación que luego de ser empleados se los desechaba como núcleo intelectual de la nueva política de elites [11].

Con algo de resentimiento, y por ello animoso, cronológicamente ubicado en 1932, a los 56 años, acomete la última de sus empresas. Ésta consistió en acercarse a los jóvenes nacionalistas y junto a ellos, todos perseverantes e irritados, iniciar "la segunda revolución" que, al fin, significara "la muerte definitiva del liberalismo argentino, reforma fundamental del sistema político" [12]. Si bien algo moroso, se observa un desplazamiento en las preferencias lugonianas: de los hombres de armas pasa al nacionalismo novicio. Ha sonado en su campanario la hora de la ga-

[10] *La Fronda*, entre el 6 y el 27 de marzo de 1933.
[11] VIÑAS, Ismael, *Orden y progreso (La era del frondicismo)*, Editorial Palestra, Buenos Aires, 1960, pp. 134-136.
[12] IBARGUREN, Federico, *Orígenes del nacionalismo argentino (1927-1937)*, Celcius, Buenos Aires, 1969, p. 114.

llarda mocedad. No parece difícil imaginar el deslumbramiento que le produjeron los auditorios juveniles, que se le brindaban enfervorizados. Eran los "chisperos" de 1923, que ante ojos aun llenos de ilusión, se le aparecían reales, tangibles, amantes del orden, de la vida dura y bella, ajena a cualquier facilismo.

Lanzado al campo de la praxis, diseña estrategias a los camaradas para el movimiento autoritario: reunificación en un solo haz de todas las agrupaciones nacionalistas. Para la operación, imaginó como centro ideal a la Liga Republicana, pues era "la carta que todavía no ha sido jugada. Y eso es fundamental para iniciar una campaña en el pueblo de la índole de la que vamos a intentar nosotros de aquí en adelante" [13]. En realidad, tales escrúpulos referíanse a turbias relaciones de sectas y capillas nacionalistas con el corruptor poder político, cuando no policial. Aludía, concretamente, a un ofrecimiento de instituirlo "jefe de comando de la Legión Cívica Argentina", cosa que no aceptó, pues aquella entidad estaba harto empeñada en la defensa de instituciones cuya destrucción era, a su juicio, objetivo principal del futuro movimiento [14].

No reclamaba para sí el rol de intrépido iconoclasta: pretendía —según confiesa a los nuevos favoritos— reformar las instituciones del Estado, pero en modo alguno a la sociedad argentina como estructura temporal, "que es, ni más ni menos, el soporte histórico que anima la vida del Estado de Derecho" [15]. Si ataca a la democracia, lo hace como forma de gobierno, jamás como principio de organización social, con que se halla totalmente de acuerdo, "pues reformarla en tal sentido, resultaría utopía de ideólogos" [16]. Conviene resaltarlo una vez más: cuando habla con sentido despectivo de la plebe, la ataca como entidad política del pueblo soberano y no como entidad humana, "a la cual pertenezco", según sus propias palabras [17].

Las banderas del nuevo movimiento eran la revolución de setiembre y Uriburu. Todo favorecía el culto de ese curioso

---

[13] IBARGUREN (h), Carlos, *Roberto de Laferrère*, Eudeba, Buenos Aires, 1970, p. 65.

[14] *Ibid.*

[15] *Ibid.*

[16] *Ibid.*

[17] HERRERO ALMADA, Benigno, "Anverso y reverso de un reportaje", *El Hogar*, enero 21 de 1949.

santoral: por esa época, moría en París el jefe revolucionario, y Lugones se encargó de redactar para *La Fronda* una de sus habituales ofrendas fúnebres. Ilumina, en la personalidad del muerto, aspecto que sólo una experiencia enriquecida en la pesadumbre podía facilitar. Por ejemplo, relata con precisión aquella persistencia en sus ideales durante la euforia yrigoyenista: "cuando todos dudaban, retrayendo la conciencia como un gusano en la sonrisa del pesimismo"; la frase recuerda demasiado su inclaudicable y solitaria campaña antipopulista. Hay también dichos que provienen de flamantes enfrentamientos con enemigos implacables: "así como tiene sus chacales el león, toda grandeza tiene su canalla" [18]. Según el recogido obituario, refirmaba al momento de iniciar la nueva cruzada, el compromiso de marchar con "el general", de modo irrenunciable y vigente, si bien tiempo y protagonistas pronto desvanecerían tan generosas promesas.

Pese a sus prudentes consejos de mantener "discretos contactos con oficiales revolucionarios del ejército", los líderes nacionalistas —Laferrere, especialmente— dedicábanse a conspirar con el almirante Abel Renard, el entonces coronel Juan Bautista Molina y el general Benjamín Menéndez. Allí aparece, incontenible, otro de los dramas de aquel movimiento y del propio Lugones: su empleo, el aprovechamiento a veces desdoroso por parte del ejército. Cualquier crítico podrá advertir la reincidente explotación del poeta como brazo civil de las Fuerzas Armadas en la resuelta marcha hacia el omnímodo papel rector que habíanse propuesto. Es que la idea de setiembre vuelve a reiterarse en crepusculares aspiraciones de los militares uriburistas, pertinaces conspiradores durante la presidencia de Justo. De acuerdo con el nuevo mandato, el país debía ser "preparado" por el nacionalismo, y esa función era la reservada por los estrategas a la juvenil falange y al candoroso poeta.

En medio de tanto ajetreo político, estalló un jocoso escándalo. El premio municipal de Literatura correspondiente a 1929, y del que Lugones —junto a Jorge Max Rohde y Carlos Obligado— fue jurado, además de aportar picantes glosas para aquel interludio, exhibió, otra vez, la obsesiva polémica que mantenía

---

[18] Círculo Militar, *Corona fúnebre. A la memoria del ilustre Tte. Gral. José Félix Uriburu*, Cersósimo, Buenos Aires, pp. 42-45.

con los cultores de la nueva estética. Los jueces, sin duda por su influencia, otorgaron el primer galardón a Ezequiel Martínez Estrada y el segundo a Manuel Gálvez, elección que provocaría uno de los episodios más bochornosos de nuestra historia literaria. Gálvez que se consideraba con sobrados méritos para conquistar el laudo, explotó ahíto de incontenible furia mediante cartas nauseabundas enviadas a Rohde y Obligado.

A Rohde lo llamó "periquito entre ellas de la literatura", "tonto cobarde", "nadie cree en sus aptitudes literarias, ni sus amigos", "lo desprecio profundamente", "Si Ud. no hubiera mentido, habría hecho ver a otros miembros del jurado" [19] A Obligado, le reserva este catálogo: "mediocre", "cobarde", "desagradecido", "falso", "indigno hijo de su padre". Ambas misivas las cerraba con esta joyita confesional: "no se moleste en mandarme padrinos. Soy católico y no puedo aceptarlos" [20].

Lugones, ducho en aceptar desafíos, actuó con refinada astucia. Luego de consultar posibles ulterioridades penales con Juan P. Ramos, se las ingenió para que ambos destinatarios publicasen las agraviantes misivas que, por supuesto, referíanse también a su persona llamándolo "mulato perverso" [21]. Con la oportuna edición quedaron al desnudo manejos y diligencias de Gálvez para obtener el premio, su incontenible rencor ante el fracaso, la catarata de improperios contra el ganador, del todo ajeno a tan apasionada galerna.

Al pedido de impresión de Obligado y Rohde, Lugones agrega una carta en la que vuelve a descollar en el arte de la injuria. Su título era un hallazgo: "Un ataque de tontícolis". Luego venía la adjetivación perfecta: "agredido torpemente" en carta a terceras personas que tienen estado público, veíase obligado a considerar también en público, "este indecente episodio", desde que "su intrépido autor se declara irresponsable a fuer de católico" [22]. Una breve anécdota ridiculiza su pose de manso cristiano, para enseguida agregar estas palabras hirientes: "Espero, pues, con la tranquilidad a que los escrúpulos religio-

---

[19] *La Fronda*, noviembre 25 de 1932; MARTÍNEZ ESTRADA, Ezequiel, *Motivos del cielo. Títeres de pies ligeros. Humoresca*, Babel, Buenos Aires, 1933.

[20] *Ibid*.

[21] Testimonio de J. M. Rohde.

[22] *La Fronda*, noviembre 25 de 1932.

sos del Dr. Gálvez dan derecho, el panfleto que nos anuncia. Lapidario, en el sentido fúnebre que autoriza este suicidio moral, estoy cierto de que ha de ser tan aburrido como sus letras" [23].

Excluida la superioridad innegable, artística e intelectual de Martínez Estrada sobre Gálvez —"nuestro Tolstoi", según Lugones— enaltecida, además, por el transcurso del tiempo, la elección encerraba otros designios. El autor de *Radiografía de la pampa* era fiel seguidor de la estética lugoniana. Ciertos libros de poemas —*Argentina*, por ejemplo— recuerdan a *Odas seculares*. En *Títeres de pies ligeros*, consonancias y asonancias caprichosas y hábiles traen a la memoria los mejores excesos del *Lunario sentimental*. Era de aquellos artistas —para Borges, ha escrito alguna de las mejores poesías de la lengua castellana—[24] que respetaban rima y metro. Aparte indiscutibles virtudes, en tales miramientos deben buscarse también las causas de la elección.

Lugones mismo se encargó de aclararlo, con versos bien rimados, en el banquete que se ofreciera al flamante premio municipal:

"Padece Ud. del mismo vicio.
Promotor de tanta querella.
Porque es Ud. señor artista.
. . . .
Un incurable pasatista,
Un poeta que sabe amar
Reír, sufrir, vencer, Rimar!
. . . .
Prosiga Ud. haciendo gala
del gay saber en que es doctor.
. . . .
Pues no hay más arte, al fin, que el nuestro,
Con patria, ley, gracia y honor" [25].

Volviendo a la política, entre varios de los problemas que

[23] *Ibid.*
[24] SORRENTINO, Fernando, *Siete conversaciones con Jorge L. Borges*, Casa Pardo, Buenos Aires, 1973, p. 56.
[25] MARTÍNEZ ESTRADA, *Títeres de pies ligeros*, p. 6.

se plantearon a mediados de 1933, el más acuciante consistió en la necesidad de una jefatura para el movimiento nacionalista, la Confederación de Agrupaciones Nacionalistas, como se la denominaba en aquella época. Surgieron dos, la del penalista Juan R. Ramos y la suya [26]. Curiosamente —o lógicamente, si bien se mira— la predilección entre uno y otro quedó reservada a los oficiales uriburistas. Recién en julio de aquel año decidióse la cuestión, resultando electo Lugones, quien de esa forma tomó a su cargo el mando estratégico y doctrinario del nacionalismo beligerante [27]. En realidad parece que fue el coronel Héctor Pelesson, jefe del regimiento de Granaderos, a la vez que activísimo conspirador, quien lo impuso al frente de las agrupaciones [28]. De todos modos, aunque figuradamente como más adelante se verá, era Lugones quien "daba y recibía sugestiones revolucionarias en contacto con el grupo de militares uriburistas descontentos" [29].

Para las huestes, su figura respetada por indiscutible relumbre no satisfacía. Según Federico Ibarguren, inestimable relator de este poco conocido episodio, aquella designación mantendríase "hasta que apareciera el verdadero jefe político" (con mayúsculas) [30]. El 12 de agosto de 1933 quedó sellada por escrito la unidad de todas las agrupaciones, sobre la base de su comandante civil. Los integrantes de la confederación —que oficialmente se denominó Guardia Argentina— eran los siguientes: Liga Republicana, Brandsen, Comisión Popular contra el Comunismo, Granaderos y Huinca, Milicia Cívica Nacionalista, Legión Cívica Nacionalista y Legión de Mayo.

Redactó con tal motivo un documento programático, "Propósitos". Vuelve allí a reincidir en postulados de nacionalismo económico apuntados en anteriores obras. Es más, introduce otro de los grandes temas políticos de nuestra época: la sujeción económica al extranjero y la idea de una Argentina colonial. Reaparece, inclusive, el afán industrialista, ya que el país necesita producir todo aquello que le sea indispensable y, como

[26] IBARGUREN, *Orígenes*, p. 185.
[27] *Ibid.*, p. 183.
[28] *Ibid.*, p. 184.
[29] *Ibid.*, p. 185.
[30] *Ibid.*

432

los Estados Unidos, debe desarrollarse, recordando el consejo pauliano a vivir de lo propio en lo propio.

Plantea el candente problema de la libertad, a la que expresa en segunda versión, es decir, dependiendo del orden, conciliada y no opuesta al deber. Abjura de la incondicional e irresponsable, limitándola a la tolerancia del deber —o del honor— dependencia que llama "responsabilidad de la libertad". En definitiva, reitera conceptos ya descargados en innumerables escritos contra los defensores de la nueva estética. En materia internacional auspicia una idea rectora que desde antiguo llamó "política del Plata", reducida versión de la vertiente americanista, que de tanto en tanto reaparece en nuestros publicistas. La asociación de las cinco naciones ribereñas formarían un consorcio poderoso y feliz, pues situación territorial y posibilidades la señalan con destino manifiesto. Repárase la presencia de la gesta estadounidense en todo planteo, igual en cualquiera de sus formulaciones económicas.

Como ya lo hiciera en artículos de 1930, recogidos en *Política revolucionaria*, abjura del régimen representativo y pretende suplantarlo con el corporativo, es decir, condicionando el derecho a formar gobierno al deber social del trabajo. Rechaza, o pretende rechazar, intereses y pasiones de la política eleccionaria. Propicia el repudio sistemático de todo parecido extranjero y particularmente socialista. La reconstrucción nacional que augura, debía serlo con lo nuestro y de lo nuestro, "desde el elemento material, hasta la palabra propia". Quizá pocos párrafos definan mejor su relativismo en ese momento, nacionalista y evanescentemente fascista, contrapuesto a la visión universal y racionalista de antaño, de la que se retractó en forma abrupta allá por los años veinte. La parte final del documento consagra el irreductible propósito antipartidista de la agrupación: impedir, por todos los medios, que puedan llegar a recobrar el poder la demagogia depuesta el 6 de setiembre, o que lo conquisten el socialismo o el comunismo.

Conmemorando el festejo revolucionario, la Legión Cívica expuso a sus acólitos uniformados en marcial desfile por el centro de Buenos Aires. El exhibir la fuerza, el nacionalismo, un tanto ingenuamente, creía anunciar la épica marcha hacia la conquista del poder. Mientras tanto, se toleraba el liderazgo de Lugones. Ante la tumba de Uriburu habló en nombre de la Legión de Mayo y de las otras siete entidades adheridas, insistiendo en la necesidad de definiciones claras y viriles, concisas y terminantes [31]. Llegaron, incluso, a homenajearlo. La Liga Republicana le ofreció una bulliciosa comida en nombre de las asociaciones nacionalistas confederadas bajo su jefatura. La demostración se llevó a cabo en los sótanos del restaurante Italia, ubicado en Paraná 32. Luego de los preliminares, esta vez a cargo de Laferrere, Lugones agradeció las ofrendas. Retornó a los ideales del deber y sacrificio: el primero como norma indispensable de conducta, y el segundo, sometimiento voluntario a una obediencia rigurosa para alcanzarlo. Sus palabras, en realidad, estaban impregnadas de un ascetismo que pareció extraer de la propia conducta para trasegárselo a los jóvenes. Esa disciplina —dijo— era la única que podía salvar a la Argentina, "tal como lo pretendía el gran Platón, en el ocaso de los tiempos heroicos" [32].

Poco duraron las felices coincidencias. En breve advirtió con tristeza que "la lealtad incondicional de sus milicias de combate" no era tanta. La juventud nacionalista no aprobaba los desencuentros con los jefes militares, cabezas más o menos notorias de la conspiración, como el almirante Renard y el general Luis Villanueva. Fue el propio Renard, refiriéndose a Lugones, quien hizo saber a los legionarios "que era hombre extraordinariamente inteligente, tan agradable en su conversación que uno se deja llevar por ella, sin reparar en lo concreto de las informaciones que brillan por su ausencia. Es sin duda, un eficacísimo colaborador, pero tiene a mi juicio un gran defecto —el defecto de todos los civiles—: habla demasiado bien. De tal manera que uno acaba por embriagarse con la música de las palabras. Nosotros los militares —agregaba el crítico almirante en deliciosa diferenciación— estamos acostumbrados a las órdenes desnudas y a la recta claridad del cuartel" [33].

Vetado por los militares, la muerte de su jefatura estaba echada. Primero fue la Legión Cívica, que se desafilió del flamante pacto. Inútiles resultaron los esfuerzos de Lugones ante las autoridades de aquel organismo. A pesar de "la suma

[31] *La Fronda*, setiembre 4 de 1933.
[32] IBARGUREN, *Orígenes*, p. 196.
[33] *Ibid.*, p. 202.

434

habilidad y tacto político" con que se desempeñó, y aun el hecho de haberse allanado a todas las pretensiones y ofrecido, incluso, variar el programa por él redactado y presentar su renuncia, fue imposible lograr acuerdo [34]. Además, se lo acusaba de excesivo "individualismo" al frente de la Guardia Argentina. si bien la realidad era que el trato con los militares —Renard y Villanueva— "continuaba siendo malo" [35].

El desagradable episodio concluyó cuando sin apoyo de los juveniles guardias, desdeñado por el nacionalismo, debió renunciar a la jefatura de la Confederación el 24 de mayo de 1934. En silencio, torpemente, cerrábase otro largo y dramático ciclo que había iniciado a principios de 1920, cuando bajo los efectos de la guerra y los descubrimientos científicos y filosóficos, impulsó tensa campaña jerárquica y ordenadora. Como en ocasiones anteriores era capaz de mirar la esfera por el otro lado y así comenzar a entender otra vez, pero ya no tenía fuerzas para intentar algo nuevo. Con las ilusiones muertas, sentíase vencido sin haber luchado sus hazañas.

Su paso por la política —otrora menospreciada por considerarla una desvergüenza— no había sido ciertamente auspicioso. No le reportó ganga alguna y sí, en cambio, fastidiosos saldos. Abandonado por el ejército y el nacionalismo, sus postreras esperanzas, quedaba enfrentándolo formidable coalición: partidos políticos, hombres de Iglesia, cultores de la nueva estética. una izquierda suficientemente intelectualizada, y por ello, tenaz enemiga. En tan dramática circunstancia todo favorecía el ataque diario y de ninguna alcantarilla se escatimó la infame porción de ludibrio. Tocábale desandar el camino de porfiado introductor de polémicas, de rudo y franco provocador de ideas, enemigo del bien pensante, artista inmerso en política.

Una fina luz otoñal esfumaba sus actos y su rostro. Impertérrita, Juanita perpetraba nuevas mudanzas, hasta que cierta vez arribó, por fin, al último domicilio desde su llegada a Buenos Aires. Allí, en Santa Fe 1596 acechaba el insondable espejo que reflejaría la postrera tragedia. A esos recién estrenados pisos mudóse a mediados de 1934, luego de brevísimo intermedio —el ineludible lapso contractual— por los altos de Callao 676. Allí

---

[34] IBARGUREN, *Orígenes*, p. 205.
[35] *Ibid.*, pp. 224-225.

permaneció casi cuatro años, hasta el sábado de febrero en que los abandonó rumbo a una vaga y fangosa isla.

Por aquella época, los Lugones continuaban frecuentando metódicamente a Carlos Obligado y Lucy Nazar, su esposa. Amigos de siempre eran Rohde, Enrique Prins, Juan P. Ramos, Arturo Ameghino, el íntimo galeno. A veces, recorren los riachos del Tigre a bordo del *Napenay*, el yate de Benito Nazar Anchorena, cuñado de Lucy. Entonces, Lugones, abismado en sarmientino panorama, enseña botánica al frívolo pasaje, "con vocablos a lo Linneo", y al surcar el Paraná, "mudado en poeta, proclama las dádivas del creador" [36].

Como un ritual, asiste los martes por la noche a comer a casa de los Obligado. Otras veces, es Juanita quien invita a los amigos a gustar un cordero rociado con vino cordobés. Los domingos suelen almorzar con otros matrimonios, en el Yacht Club, frente al río. Gusta discurrir de prisa, salpicando los períodos con brillantes imágenes. No es nada pedante, se ocupa de los acontecimientos ordinarios y a veces, sólo a veces, deslízase por campos literarios; si alguien elogia su obra, invariablemente desoye las alabanzas, signo de insondable pudor —o timidez— ante el desnudo que toda lisonja provoca. En cierta ocasión le confiesa a Rohde que el sol le produce melancolía y que se siente a sus anchas bajo cielos lluviosos, argumento de alguna manera prenunciando en estas bellas cuartetas de *El libro de los paisajes*, lo cual habla de las enfermizas desazones que solía aquejarlo:

"Llueve. La lluvia lánguida trasciende
su olor de flor helada y desabrida
El día es largo y triste. Uno comprende
Que la muerte es así... que así es la vida.
Sigue lloviendo. El día es triste y largo.
En el remoto gris se abisma el ser.
Llueve... y uno quisiera, sin embargo,
Que no acabara nunca de llover" [37].

[36] ROHDE, Jorge Max, *Lugones en el recuerdo*, Academia Argentina de Letras. Buenos Aires. 1975. p. 19.
[37] "Olas grises", *El libro de los paisajes*, Otero y Cía., Buenos Aires, 1917, p. 37.

Producto —a lo mejor, incentivo— de las mudanzas, su mobiliario es limitado. Ningún "recuerdo" —retratos, estampas o fruslerías— atestigua el correr de su existencia, salvo el ocasional álbum familiar donde se acopian fotografías que incluso lo muestran en traje de baño, junto a Juanita, ambos salpicados por las olas. Algunas obligadas memorabilias, las más pequeñas, suele llevarlas consigo, como medallas en recuerdo de ciertos homenajes. En su despacho hay una mesa, generalmente cubierta con infolios, dos sillones, cuatro sillas y dos pequeños cofres que almacenan el archivo del poeta. La biblioteca es pobre, casi inexistente, lo cual disipa posibles torturas por "el arte de la mudanza" que le infrigiera su cónyuge. En realidad, poseía una de las mejores, la muy rica del Consejo de Educación, que usufructuaba intensamente, comodidad estupenda si se piensa que era el encargado de señalar los títulos para ulteriores compras.

Recluido en su despacho transcurre gran parte de la jornada. Suele allí trabajar, preferentemente en artículos periodísticos. La investigación y la tarea intelectual —de la que nunca habla— está reservada para la mañana, siempre en su casa. El recinto burocrático en cambio, servíale para recibir amigos y admiradores, pues sólo los íntimos acceden al privado. Trabajando en el Consejo, Martínez Estrada lo sorprendió, una vez, "en los malos tiempos de siempre, frotándose las manos ante la módica estufa, con la cabeza totalmente encanecida, su traje pulcramente aseado y raído de las tareas sedentarias"[38]. Fotográficamente captada la escena describe la tríada final de Lugones: vejez, pobreza, frío.

Seguía dependiendo de su sueldo, pues no contaba con los ingresos adicionales de *La Nación*, que sólo recuperaría luego de su posterior reingreso. Como lo invitan a escribir un canto u oda del cuarto centenario de la ciudad, gentileza que significa definitivo reencuentro con el gobierno de Justo, de alguna manera ya logrado al retornar al diario de los Mitre, se refirió —cosa rara en él— a las magras talegas con que la Argentina supo recompensarlo: "La persecución y la maldad de los hombres me han obligado a comprometer de tal modo mi tiempo para poder vivir —inclusive ahora último con mi tarea en *La Nación*—

38 Martínez Estrada, *Leopoldo Lugones*, p. 80.

que aún levantándome a las cinco de la mañana, apenas me alcanza el día"[39]. En la negativa hay algo de arrogante respuesta al esbozo de perdón oficial, pero lo cierto es que para Lugones no había arribado, pese a los años y sus trabajos, el momento de la remansada gloria y la gratitud merecida. Pocos años después, cuando rechaza una cátedra en la Escuela Nacional de Bellas Artes, refiérese también públicamente y de manera elíptica a la falta de aprecio oficial. Con clara alusión a los intelectuales españoles acogidos generosamente en nuestro medio, deja escapar una queja al recordar los mezquinos estipendios logrados en un cargo "desempeñado hacía más de veinte años, sin ascender, ni mejorar de sueldo"[40].

[39] LUGONES (h.), *Leopoldo Lugones. Documentación inédita*, Centurión, Buenos Aires, 1963, p. 20.
[40] *La Nación*, octubre 23 de 1937.

CAPÍTULO III

1934-1938

No es fácil penetrar la intimidad de Lugones, ya que él mismo se ha encargado de esfumarla rodeándola de espeso misterio, al punto que, en obra tan extensa, son ocasionales los deslices autobiográficos. Alguna vez proclamó su hostilidad hacia todo exhibicionismo y, para continuar protegiéndose tras púdica niebla, recurrió obstinadamente a la efusiva frase de Pascal: "el yo es odioso". Por otra parte, estaba convencido de que la suprema elegancia consistía en pasar inadvertido. Ello explica que a despecho de su condición de literato, en plena bohemia juvenil, jamás usara melena ni sombrero aludo. Apuntalando la bondad de esta pose, declaraba: "cuando voy al sastre y me pregunta cómo quiero los trajes, tengo por costumbre contestarle: 'como se usa'. Y con un '¡si es tan lindo no desentonar!'" concluía la exigua pero reveladora confidencia [1]. Es cierto: obsesiva predisposición lo empuja a que su vida privada sea lo más ignota posible. Paradójica fórmula, ésta, de sofocar el eco de los pasos domésticos, mientras se adoptan estentóreas actitudes públicas.

Juana González, la bienamada esposa, es otro claro ejemplo. Temprano amor de juventud, pronto culmina en matrimonio celebrado con puntualidad ante el Registro Civil —como pequeños burgueses— pero con el desafiante gesto de rechazar, en la cazurra y parroquial Córdoba, el casamiento religioso. El episodio es incidentalmente recordado en *Odas seculares*:

[1] HERRERO ALMADA, "Anverso y reverso de un reportaje", *El Hogar*, enero 21 de 1949.

"Al amor de la cría —en fiel coloquio—
vas una tarde con tu novia,
que está delgadita de quererte
Y expresa una fatiga de corola.
....
Y en su puerilidad de alma dichosa,
la niña te sonríe con los ojos
Al ocupar sus labios con la copa" [2].

Cabe acotar que la novia tenía su misma edad. El fragmento es ilustrativo, ya que el apenas esbozado retrato tiende más a insistir en rasgos juveniles o infantiles de la amada —tema caro a la estética lugoniana— que a ensayar ditirambos o insinuantes alardes sobre su hermosura.

¿Quién era Juanita? Puntana, nacida en Piedras Blancas, caserío que se yergue en el extremo nordeste de la provincia, sobre el faldeo occidental de los Comechingones. Su padre, maestro rural, "hombre de duros lances con la montonera, solía llevar en el bolsillo del pellón un diccionario de la rima" [3] y, con el tiempo, logró acumular una regular hacienda. Llegó, incluso, a regentear un molino hidráulico destinado a la molienda del trigo que se cosechaba en los aledaños, pero a fin de que los hijos asistieran a colegios de Córdoba, trasladó su familia hasta la capital provincial, yendo a parar, por el nuevo alojamiento, en las cercanías de la casa de los Lugones. Pronto los muchachos de ambas familias intimaron, especialmente Leopoldo y Nicolás González Luján, único de los hijos que adicionó el apellido materno. Juan Bautista, el otro hermano, distinguidísimo médico partero, hubo de seguir en Buenos Aires ininterrumpida relación con Juanita y Leopoldo, mereciendo alguna vez dedicatorias conceptuosas como en el caso de "Apuntes de helenismo médico" [4].

Las fotografías de aquellos años muestran una Juanita esbelta, con rasgos angulosos y mandíbula firme, casi prognática, que resalta la boca fuerte, bien dentada. Algo más baja que Lugones, quien apenas superaba la estatura normal, era moro-

[2] LUGONES, "Odas a los ganados y las mieses", *Odas seculares*, p. 87.
[3] LUGONES, *El payador*, p. 61.
[4] LUGONES, *Nuevos estudios helénicos*, Babel, Buenos Aires, 1928, p. 181.

cha, de piel mate y poseía la gracia del pelo abundante, el que gustaba lucir en relucientes bandeaux de acuerdo con la moda. A sus ojos grandes sombreábalos con exóticas tonalidades. Provista del lujo de la juventud aún durante la madurez, se la ve siempre bien proporcionada y grácil. Adolescente y un tanto pueril, sus ensueños debieron estar formados por madrigales, periódicos de moda, congregaciones y tarjetas postales. Sin duda pueblerina y a la vez victoriana, debió tener:

> "...ideas muy virginales
> sobre las noches de bodas" [5]

De acuerdo con la rígida pero insípida educación de la época es probable que viviera su universo femenino, además de sonrisas plenas de sobreentendidos e intencionados atisbos, ahíta de versos y piano, el que estudió —o posó de que lo hacía— igual que el violín, en los conservatorios cordobeses, junto a Mercedes Bengtown, la misma que rodeara de feérica atmósfera el hogar de los González con imperfectas transcripciones de la *Patética* o el *Claro de Luna* beethovenianos. Allí estaba el enamoradizo Leopoldo quien, embelesado, escuchó por vez primera aquella música más tarde trasladada estéticamente, según propia confesión, a "Paseo Matinal" y a los últimos sonetos de *El libro fiel*.

Luego del matrimonio, en Buenos Aires, todo cambió. Los primeros pasos fueron duros, pero el talento se abría paso. El dinero no abundaba, y ese mundo intelectual y oficial al que el esposo lenta pero seguramente accedía (deseado, magnificado e inaccesible para la joven provinciana) íbase acercándose cada vez más, hasta convertirse en algo cotidiano. También estaba el nacimiento del hijo, que tanto se le parecía y que, para Lugones, significó el principio de un equilibrio, prestamente trasuntado en su vida pública y en su obra. Madre e hijo idolatrábanse, indestructible unión que durante aquel período fue también para el padre: "la clara, la yema y la cáscara", como en los años felices definió. Sin embargo, el pequeño, tan bellamente cantado, serviría de doloroso rehén en manos de la consorte:

---

5 "A tus imperfecciones", *Los crepúsculos del jardín*, Moen, Buenos Aires, 1905, p. 118.

en cierto polemizado viaje del progenitor a la inauguración de la estatua de Trejo, en la Universidad de Córdoba, Juanita exigió, telegrama por medio, su inmediato regreso por la supuesta enfermedad de Polito. Puede agregarse que Lugones hasta lavaba los pañales de su hijo[6].

Más tarde vino la residencia en Europa, propiciada por *La Nación*, y los bellos días de París y Londres, residencia no querida, sin embargo, por el poeta, pero que Juanita obtuvo luego de largas y eficaces presiones. Pese a todo, la pareja trasuntaba dicha y venturas: "nunca vi a mis padres tan felices", reconoce Polo en su biografía paterna[7]. Era Passy, los veranos en Trouville-sur-Mer, las casas de modas, las sombrererías, o en Londres, la frívola búsqueda de restaurantes chinos y sus nidos de golondrinas, que relata Baldomero Sanín Cano[8].

Por aquella época Juanita seguía con absoluta fidelidad los pareceres de su esposo. Así lo reconoce generosamente Lugones insertando este testimonio en el primer despacho parisino a *La Nación*: "Mi compañera bien amada, tan fervorosa como yo mismo en punto a democracia y a ideas nuevas"[9]. Sin embargo, no es tarea fácil convivir al lado de un hombre superior. A veces los caminos se bifurcan con tal rapidez, que una triste compasión concluye por cubrirlo todo. Favorecida por la condescendencia de Lugones, por esa inhumana tarea que éste se había impuesto de gravar al propio dolor con el deber de la belleza, Juanita optó el arduo sendero de ser una mujer importante, o por lo menos original.

Estudiaba latín, japonés y bailes españoles simultáneamente; así la conoció Rohde[10]. Desesperaba por hallar la debida ubicación, pretendiendo asumir un rol intelectual o, lo que es más peligroso, tener opiniones. Trató, en consecuencia, de proveerse una índole distinta de la que le era propia. Una difusa mezcla de vanidad, fantasía y ambición la empujaba a estructurar situaciones fuera de sus posibilidades. Esta indisimulable

[6] Testimonio de Carmen Aguirre al autor.
[7] LUGONES (h.), *Mi padre*, p. 214.
[8] *Escritos*, Instituto Colombiano de Cultura, Bogotá, 1977, p. 475.
[9] "Dogos y gerifaltes", *La Nación*, abril 20 de 1911.
[10] "Leopoldo Lugones en el recuerdo", en *Homenaje a L. Lugones (1874-1974)*, pp. 19-20.

paranoia es el "bovarismo" del que nos habla Rohde [11]. Los ejemplos abundan: leía puntualmente los editoriales del *Courrier de La Plata* y de *La Patria degl'Italiani*: en cada reunión se las ingeniaba para que la charla recayera en el tema indicado y así poder declamar sus últimas lecturas, las que, por cierto, contenían pareceres singularísimos [12]. Llevaba un "diario" en el que iba anotando opiniones y juicios, destruido a su muerte por caridad filial. Una anécdota de Nalé Roxlo exhibe de modo categórico la franca exasperación por ocupar, también ella, un sitio bajo el sol. El novel poeta encuentra a los Lugones en Jujuy, quienes bajan del Perú, luego del resonante discurso de Ayacucho. Juanita reprocha a Nalé no haberle enviado su último libro, quien atribulado y complaciente responde que sí, que lo ha hecho y con emocionada dedicatoria dirigida al gran escritor, además. "No es lo mismo —remata Juanita—, Leopoldo tiene sus libros y yo los míos" [13].

Con las mujeres lucía gestos de franca excentricidad. Una vez, durante el noviazgo de Polo con Carmen Aguirre, en casa del ilustre músico, pretextando un gran calor, pidió unas tijeras y seccionó las largas mangas de su vestido. "Paul Fort", la llamaban las Aguirre, aludiendo a los grandes sombreros que usaban Juanita y el francés. En otra ocasión, compró varios metros de gasa y recortó uno de los extremos del rectángulo para colocárselo por la cabeza. Empero, su ropa europea, adquirida en los frecuentes viajes, era óptima. Tenía, también, el capricho del aseo adaptado a extraños ritos, como cuando ordenaba limpiar la mesa con trapos que luego sacudían en el baño. Otra de sus rarezas era la de cambiar de domicilio con periodicidad irritante, transformando —según fugaz comentario del esposo— la residencia familiar en "negación del hogar, paradero de inquilinos en perpetua mudanza" [14]. Desde su arribo a Buenos Aires, los Lugones variaron de casa en más de treinta oportunidades, cubriendo un loco itinerario en el cual llegaron incluso a reincidir en anteriores domicilios. "He aprendido el arte de la mudanza", confesaba un Lugones resignado a Sanín Cano, airoso eufemismo que intentaba encubrir lo que sin duda era in-

[11] *Ibid.*
[12] Testimonio de Carmen Aguirre al autor.
[13] *Borrador de Memorias*, p. 193.
[14] Lugones, "El escritor ante el deber", *La Nación*, abril 11 de 1937.

443

soportable penuria. Es más, la perpetua mutación que lidera Juanita, llega con deletéreos efectos hasta el núcleo del hogar: troca el comedor en sala o la sala en comedor. A veces el traslado afecta sólo a ciertos sectores, o se limita al emplazamiento de algunos muebles, pero —implacable— es también capaz de hacerlo todo al mismo tiempo [15].

Sin embargo, Lugones supo elevar el amor conyugal al nivel del tema literario. Al menos lo intentó, ya que luego lo desplazaría —aparte el entreacto de Aglaura— por la muy elaborada y refinada idea del Perfecto Amor. Aquella pasión matrimonial, que supera en beatitud los alardes eróticos de la primera época —las irreales mujeres de *Las montañas del oro* y *Los crepúsculos del jardín*— se trasluce en las estrofas de *El libro fiel*, en algunos poemas de *El libro de los paisajes* y en el *Romancero*. Martínez Estrada ha querido ver en ese instante de la producción lugoniana una crisis de su ser sentimental que se encamina hacia una zona remansada y plácida, casi de renuncia filosófica a la felicidad. Expresa: "Lo diré con franqueza, como lo siento: este es el momento en que Lugones descubre que el amor ha muerto en él, y que a cuanto ha querido en verdad se opone un ansia de amor más comprensivo y más eficaz espiritualmente" [16].

El libro fiel es el de la famosa dedicatoria "Tibi unicae sponsae torturae meae. Unicissimae", completada luego con la de *El libro de los paisajes*: "coniungi delectisimae Juana González, intime". Sin embargo, para Martínez Estrada, agudo crítico y amigo fiel, ese es el momento en que por un contradictorio mecanismo niega con más intensidad en su obra, quizá de manera subconsciente, los impulsos oscuros y dominantes. "Se rehuye —afirma—, aléjase de sí mismo, se encubre y, en la polémica, adopta las posiciones acaso más desafines con su creencia secreta". Y así *El libro fiel*, tierna endecha matrimonial, no es sino un desesperado asimiento a lo que se va del alma; elegía con la que se dice adiós a un fervor ya perdido [17].

Hay algo cierto en ello, y es que jamás vemos a Lugones expresarse con absoluta sinceridad. Sin reclamar excesos rous-

---

[15] Testimonios de J. M. Rohde y Carmen Aguirre al autor.
[16] MARTÍNEZ ESTRADA, *Leopoldo Lugones*, pp. 109-110.
[17] *Ibid.*

sonianos, llama la atención su falta de aportes autobiográficos. A veces surgen indicios de algo que parece pertenecerle, pero que disimuladamente ha puesto en cabeza de terceros. Son reflexiones, pero para otros. Así en la *Historia de Sarmiento* hay una frase acerca del matrimonio que muy bien puede aplicársele y que por ello debe ser aquí traída: 'El matrimonio —nos dice— es, en efecto, una situación normal para el término medio de los hombres; mas en el individuo de genio representa lo contrario, y de aquí que los geniales sean por lo común desgraciados en su existencia conyugal" [18]. Del matrimonio del sanjuanino atribuye el fracaso a la "incompatibilidad mental" con su esposa, si bien "la señora era culta e inteligente"[19]. Y no olvidemos que si con alguien se identificó fue con Sarmiento.

Parece evidente que Lugones sufrió una grave crisis al declinar el juvenil afecto hacia Juanita. Pero, faz llamativa de su personalidad, no intenta una ruptura; prefiere, por el contrario, continuar junto a ella, aceptando el destino imperfecto de un galeote. Es probable que un suave sentimiento de conmiseración se adueñara dolorosamente de su espíritu frente a la vacuidad de su compañera, agravada por la fatal declinación física. Esos confusos sentimientos eran los que inspiraban sin duda aquellos "ojos de novio", con que —según su amigo Rohde— solía contemplar los temerarios despliegues dialécticos de Vanna; otro dato de esa protectora lástima: los silencios, el apartamiento de cuanta polémica llegara ésta a provocar [20].

En cierta epístola, deliberadamente confidencial, se autotitula "hombre de vida complicada y difícil" [21]. Admite incluso cosas terribles: "Más de una vez estuve ya dentro de la gran sombra, puesta la mano en el cerrojo para abrir las puertas de la Eternidad" [22]. Sin embargo, en otro raro pasaje, gusta subrayar su condición del "esposo más fiel de Buenos Aires" [23]. Aparte las dificultades de hallar el punto interpreta-

[18] LUGONES, *Sarmiento*, p. 70.
[19] *Ibid.*
[20] "Leopoldo Lugones en el recuerdo", en *Homenaje a L. Lugones (1874-1974)*, pp. 19-20.
[21] DOMÍNGUEZ, María Alicia, "Leopoldo Lugones. Aproximación humana", en *Homenaje a L. Lugones (1874-1974)*, Academia Argentina de Letras, Buenos Aires, 1975, p. 19.
[22] *Ibid.*
[23] GARCÍA CALDERÓN, *Leopoldo Lugones.*

tivo intermedio, lo cierto es que su vida familiar no era tan sosegada y feliz como habitualmente suele presentársela. Nada riesgoso parece conjeturar profundas turbaciones internas, si bien transfiguradas con deliberado propósito (o por incontrastable temor) en conformismo conyugal. Hay ciertos indicios que subrayan ese rehuir a toda solución tajante: el enérgico carácter de Juanita, la estrecha custodia que de ella hacía Polo y un continuo recelo al escándalo, agravado luego de la estentórea campaña de *Crítica*.

Misteriosa y recóndita, la figura de la jovencita siempre lo preocupó literariamente. *Las montañas del oro* están llenas de mujeres irreales y excitantes por su pasividad. Lo mismo se repite en el magnífico ejemplo de poesía erótica de "Los doce gozos", si bien la figura de la adolescente de "New Mown Hay", "Camelia", "Tuberosa", "A tus imperfecciones", de *Los crepúsculos del jardín*, y la mujer-niña de "Luna ciudadana" —ésta del *Lunario sentimental*— indican que el tema inquieta de modo creciente al autor. Aun *El libro fiel* se permite algunos desices, como son ciertos retratos: "Endecha", "Rue de Castiglione". El *Romancero* y *Las horas doradas*, ambas obras de la madurez, son ejemplo de esa suerte de fascinación que la adolescente provoca en su espíritu. Muchas de tales poesías son realmente antológicas, en las que imágenes intensas y sugerentes se contraponen a la utilización comparativa de la joven con la frescura y la pureza.

El tema de la joven puede constituir una valiosa clave para entender algo de la huidiza personalidad de Lugones. Reiterativo, contiene un claro significado, pues —como agudamente anota Pierina L. Moreau— toda vida que comienza insinúa a cualquier espectador promesas de amor y felicidad [24]. Además en un estetizante, de modo inconfundible, también anida el erótico. Y diríase que el erotismo del alma reflexiva es atraído siempre por lo natural y lo juvenil, como a la inversa, lo ingenuo siempre cae hechizado por lo grave. No resulta extraña esa búsqueda: cada ser persigue las fuerzas de las que carece. "Quien piensa lo más hondo ama lo más vivo"; la observación de Fiedrich Hölderlin no hace sino expresar poéticamente la necesidad del eventual contrapeso.

[24] L. *Lugones y el simbolismo*, La Reja, Buenos Aires, 1972, p. 189.

No cabe duda entonces: el más grande de los poetas, elaboradísimo intelectual, dotado de una virilidad que sus contemporáneos, amigos o detractores no omitieron destacar, debía resultar atractivo a la vez que sensible al halago de cualquier joven admiradora. La inquietud literaria constituía el pretexto para abordarlo, así la seducción resultaba mutua e inevitable. Alfonsina Storni brinda claro ejemplo de ese acercamiento al gran maestro [25]. La fina poetisa sólo sería una de las *nymphettes* intelectuales que lo rodearían en su adusto despacho de la Biblioteca del Maestro. Por algo, con ademán premonitor, luego de la iniciación teosófica, su amigo Sorondo le obsequió un delgado anillo que formaban Nereidas entrelazadas.

Una tarde cualquiera, a mediados de 1926, estos sutiles juegos hallarían fin con la presencia de cierta alumna del Instituto del Profesorado, urgida en revisar el inhallable *Lunario sentimental*. La Biblioteca del Maestro no lo poseía, razón por la cual se atrevió a requerírselo a su autor, quien prometió entregárselo días después. La admiradora se llamaba Emilia Federica Santiago Codelago [26]. Según la valiente albacea, que gracias a su manda aclara uno de los momentos fundamentales de Lugones, la segunda entrevista dio comienzo a una apasionada y críptica relación. Aquel instante, lógicamente previsible, fue inmortalizado en una poesía, "La hora del destino".

> "Lo que aquella tarde me cambió la vida,
> dejando a la otra para siempre atada,
> fue una joven suave de vestido verde,
> que con dulce asombro me miró callada" [27].

Parece que las entrevistas menudearon. Lugones le enviaba poesías y usaba —con harta frecuencia— anagramas para firmarlas. Reaparecen Osolón de Ploguel y Ugopolín del Sol —no utilizados desde el *Lunario sentimental*— como pretendidos autores. Quería con aquéllos ocultar sus arrebatos ante posibles chismorreos. Sin embargo, poco tiempo después, una de-

[25] *Clarín Revista*, diciembre 7 de 1975.
[26] CÁRDENAS DE MONNER SANS, María Inés, "El cancionero de Aglaura", *La Prensa*, noviembre 8 de 1981.
[27] LUGONES, "Gotas de oro", *Obras poéticas completas*, Aguilar, Madrid, 1952, p. 1.236.

dicatoria con nombre y apellido adorna un flamante ejemplar del *Romancero*:

"Novia mía consagrada
Por mis cinco adoraciones
Fe de Leopoldo Lugones
Aquí se queda empeñada"[28].

Los votos amatorios se repetían en la segunda edición del *Lunario sentimental*, volumen en el que reincide con un sonoro "tu novio que te adora"[29]. La mayor cultura de Aglaura —así la bautizó, recordando quizá alguna cita de Ovidio—, quien cursaba además la Facultad de Filosofía y Letras, permitíale conversar de sus lucubraciones sociopolíticas, históricas, poéticas, ejercicio que le estaba vedado, sin embargo, con la locuacísima Vanna. Ese romance intenso y aquel erotismo aherrojado no pudieron dejar de complicarse con la sexualidad. El íntimo lazo entre las fuerzas del alma y las del cuerpo debió emerger incontenible y conjugarse armoniosamene. Los versos que reflejan dicho estado, relacionan sutilmente la aproximación corporal con palomas, nardos, azucenas, cálices, cetros y lirios; no hay alusiones groseras, continúa informándonos la poseedora del fantástico reservorio[30].

Alrededor de 1932 ó 1933, Polo solicitó una entrevista con los padres de Aglaura, el ingeniero Domingo Santiago Codelago y a su esposa Emilia Moya. Gracias a contactos policiales que siempre utilizó y gustó ostentar, había interceptado el teléfono de la familia Santiago y grabado conversaciones de Emilia Federica con su novio, que le habla insistentemente de casamiento[31]. Según nuestra valerosa biógrafa, la visita se marchó dejando en oídos de los interlocutores una terrible amenaza acorde con las obsesiones legalistas tan peculiares de su carácter: "Si no se cor-

[28] CÁRDENAS DE MONNER SANS, María Inés, "El cancionero de Aglaura", *La Prensa*, noviembre 8 de 1981. Un erótico epistolario y numerosos poemas inéditos, véanse en: LUGONES, Leopoldo, *Cancionero de Aglaura*. Compilación: María Inés Cárdenas de Monner Sans, Ediciones Tres Tiempos, Buenos Aires, 1984.
[29] *Ibid.*
[30] *Ibid.*
[31] *Ibid.*

448

taba esa relación, comenzaría los trámites para lograr la declaración de insanía de su padre"[32].

Presionada por la familia, a la vez que temerosa de una sociedad puritana agonizante —y por ello más cruel—, Aglaura prefirió desaparecer de la vida de Lugones, quien no se resignó a tan feroz ruptura. Sus cartas son "dolorosamente eróticas"[33], hecho común entre los intelectuales: la correspondencia de James Joyce con Nora Barnacle exhibe, también, un fuerte y bello erotismo. No cabe duda de que la separación dejó huellas desgarradoras en aquel hombre que en el amor otoñal había hallado paz y dulzura, remozando sentimientos e intelecto. Ocioso es agregar que este tipo de epílogo, llegado el caso de la declinación, constituye angustioso drama. Quien lo padece pierde una droga tonificante de la que llegó a depender.

Consolidado, pues, el abrupto final, fue víctima de profunda zozobra y debió recurrir a los servicios del siempre próximo Arturo Ameghino, notable neurólogo. De acuerdo con la terminante prescripción hasta alquiló una pequeña casa en las cercanías de Río Ceballos, donde se recluyó por un tiempo, acaso más en busca de sosiego que de cura[34]. Cuando la crisis íbase diluyendo le pareció que era un ridículo mandadero, suerte de sentimentaloide bien intencionado, escritor de poemas para gente vulgar, y que había idealizado un tanto payasescamente, aunque en la mayor reserva, su propia sensualidad. También comprendió que la pertinaz y dolorosa tristeza que lo acosaba ya no lo abandonaría.

A la derrota partidaria, luego del repudio nacionalista, uníase —dilacerante— la desavenencia amatoria. Prueba de la honda sima que le produjo el forzado alejamiento de Aglaura —superpuesto a la Siracusa política y a los atroces embates de Botana— fue un total e inmediato retraimiento periodístico y literario. Diríase que Lugones desaparece intelectualmente, al operarse en él un nuevo cambio. Esta vez priva el sentimiento sobre la inalterable aspiración racional de ser el hombre que dice la verdad. Y tanto la ruidosa —a veces rabiosa— actividad pública, como el militarismo, de los que hiciera gala después de las

[32] *Ibid.*
[33] *Ibid.*
[34] Información proporcionada al autor por el Dr. Amado Roldán, cuyo padre fue íntimo de Lugones.

conferencias del Coliseo, esa especie de eclampsia característica, comienza a ceder. Es lícito afirmar que se adivina ya el desfallecimiento que habrá de iluminar el período que aún resta. Habíase equivocado y lo sabía: ánimo guerrero, imperialismo, dominio totalitario, culto a la Nación, no serán más valores importantes y desaparecerán de su obra. En adelante los escritos pierden el peculiar énfasis, dando la impresión de que desconfiara del efecto que como intelectual podía lograr con su prédica.

Clausurando, casi, el año 1934 y asfixiado por el fracaso con Aglaura, inicia, en pos de alivio, una serie de artículos sobre el tema del Perfecto Amor. Es cierto que de tan particular línea amatoria extrae su idea del honor, pero no cabe duda de que en esos momentos de imposibilidad, ese ejercicio literario debe haberle servido de balsámico consuelo. Hay quizás otra explicación. Recordemos que la Doctrina preconiza un amor silencioso y descarta cualquier contacto físico, considerado plebeyo por lo material. Que sus divagaciones sobre el Perfecto Amor, obsesivo tema en la parte final de su vida, fueran mensajes enigmáticos para la única intérprete posible de una pasión desesperada.

Falta, sin embargo, enfrentar la vida cotidiana. Polo habíase vuelto a casar, esta vez con Rosa Esteulet Etcheverry, acontecimiento que expande el universo de Juanita e ineluctablemente también el de Lugones. Continuaban, mientras, las veladas con los Rohde, los Obligado, los Girondo, pero sólo de vez en cuando veía a las nietas, pues faltábale estabilidad para ejercer su rol de abuelo. A pesar de ello, en cierta ocasión, acompañó a las niñas hasta la plaza cercana, para ver las "palolas", expresión que en la simpática jerga de la infortunada "Pirí" designaba a los animalitos, y hasta se empeñó en enseñarles las primeras letras.

Su vuelta a *La Nación* fue, asimismo, factor decisivo. El reanudado trato con viejos amigos, la rutina de las páginas literarias de cada domingo y el acto de preparar los editoriales, servían para el olvido. Martínez Estrada pintó con eficacia ese manso acostumbramiento, mostrándonos a un Lugones que tras las galeradas, en la tristeza de la tarde sabática, se encamina desde el edificio del diario, en San Martín y Corrientes, a tomar su copa con la pulcritud y dignidad de un jornalero.

Decididamente ya no lo inquieta la política. Prueba de ello

es su parsimonia ante el choque ideológico que significaron la guerra civil española y los pródromos de la segunda apocalipsis europea. En verdad nunca fue admirador de España; diríase, mejor, que fue un crítico al modo de Sarmiento. La búsqueda de la identidad argentina no podía corresponderse con el hispanismo al uso de algunos, mero escudo, tantas veces, de antiyanquismo vergonzante. Desde la guerra de Cuba había fijado bien clara su querencia por "la moneda sana y no por el maravedí tomado de cardenillo" [35]. Coherente, la revolución modernista le pareció necesaria para desembarazarse del origen peninsular, reforma idiomática que los literatos godos resistieron y trataron de desdibujar, aunque en forma tardía, pergeñando hiperbólicos faustos para la generación del '98. Indignábalo, en especial, por la incongruencia de los términos, el singular culto a la "madre patria", pero no dudaba —con notable reflejo defensivo— en denunciar el imperialismo yacente bajo devoción tan curiosa como estólida [36]. En el extremo opuesto, pensaba que lo argentino debía ser diferente de lo español o, por lo menos, al espíritu de lo español y que esa búsqueda motivó y operó la independencia. Aun durante su período reaccionario no hay palabras ni gestos de acercamiento hacia la España absolutista, la "España de los Haubsburgos", antaño denunciada en *El imperio jesuítico*, ni tampoco para Primo de Rivera, el marqués de Estella, versión maja del asaz itálico Benito Mussolini.

Cierta crítica atribuye a sus años postreros un categórico acercamiento al catolicismo. ¿Fue realmente así, o el episodio no excede el marco de interesados esfuerzos por engrosar las filas confesionales con otro monumental ejemplo? Como nota introductora del enigma propuesto, cabe adelantar una afirmación rotunda: por muchísimos motivos Lugones fue durante toda su vida un espíritu rebosante de religiosidad. Sin embargo, la simplificación popular, su ruidoso socialismo y ciertos giros desconsiderados que publicó en *La Vanguardia* no ayudan a sostener tan terminante aserción.

Durante su adolescencia es probable que practicara un alegre y desenfadado ateísmo. La clerigalla cordobesa estimu-

---

35 Lugones, "Rubén Darío", *Buenos Aires*, enero 15 de 1899.
36 Lugones, "España y nosotros", en *Diez Maestros*, Buenos Aires, 1935, pp. 118 y 130.

laba sin quererlo ese estallido. Alguien ha relatado su marcha por las calles de la ciudad natal, portando estandartes junto a otros jóvenes iconoclastas, al grito de "Muera Dios" [37]. Por su lado, Capdevila narra anécdota más o menos parecida [38].

Y así debió de haber sido. Pero, poco después, un tedio creciente hacia el positivismo, al uso en el Montserrat y en el mundo oficial cordobés, su trato frecuente con los poetas simbolistas, incitáronlo a respetar las expresiones trascendentales. Comprendió, al fin, el mensaje hamletiano de que "hay otras cosas en la tierra y el cielo de las que sabe la filosofía". Ello no significa que descuide el diario ejercicio de la ciencia, pues en avance cultural completo busca expresar también las cosas ubicadas tras el natural alcance de la razón. De ahí en más no cejará de ejercitar esas dos corrientes profundas del pensamiento occidental.

Por su amor al misterio, forma primitiva de la verdad —"sombra de Dios", la calificará en los últimos años— [39], fue un espíritu gnóstico, utilizando el término en sentido amplio, es decir, proclive al conocimiento de los divinos Misterios, reservados para una elite ya iniciada. A tan franca predisposición debía resultar ineludible el acercamiento al movimiento teosófico, primero en Córdoba y, de modo intensísimo, en sede porteña, luego del protocolar sorbo del kikeón. Coincidentemente descubre ——aficionándose y de qué manera— los ejercicios metafísicos, desdeñados hasta entonces, según propia confesión, "por vanagloria pueril e ignorancia contumaz" [40].

Todo apuntaba hacia idéntico fin: arribar a otra realidad ajena a la cotidiana, distinta de la ofrecida por la experiencia y, de esa manera, en la formación intelectual de Lugones, junto a estructuras racionales, positivas o científicas, confluye el pensamiento poético, esotérico y religioso. Dicho en otras palabras, a lo largo de intensa vida cultural, alentó permanente apego hacia el conocimiento total. Quizá, como el hombre primitivo, no reconoció diferencias entre lo natural y lo sobrenatural. De

---

[37] Castellani, *Lugones*, p. 72.

[38] Capdevila, *Lugones*, pp. 87-88.

[39] Lugones, "Conversación matemática", *La Nación*, agosto 11 de 1935.

[40] Lugones, "El escritor ante la democracia", *La Nación*, junio 27 de 1937.

tal suerte el fenómeno mítico no se le antoja imaginario, ya que a la otra realidad no la deduce, sino que la admite como una experiencia más: "Creía en los fantasmas", aseguró a T. A. Negri, entre risueño y sorprendido, Alfredo L. Palacios, otro iniciado teosófico. En verdad, sentía lo oculto. Estaba formado para la trascendencia y experimentaba irrefrenable atractivo por la cosa esotérica, que equivale a sentirlo por la religión. Todo es fácil de entender si se admiten distintas formas para que un espíritu religioso pueda expresarse.

La teosofía a la cual habíase adherido con inusitado fervor, fue, considerando la época, una visible reacción espiritualista. De acuerdo con las enseñanzas de la Blavatsky, aquel movimiento se caracterizó por el montaje de tradiciones cristianas con sofisticados credos de Asia. Lugones hasta leyó, subrayando varios pasajes de *The Secret Doctrine* y la abstrusa *Isis Unveiled*. En pleno frenesí publica, como compendio de tan clara posición, arrebatadas y gnósticas confesiones: "Los que habiendo sido materialistas hemos vuelto a Dios conocimos perfectamente este fenómeno: llega un momento en que es preciso creer sin que uno sepa explicarse la razón de ello. Todos los argumentos contrarios están en pie; persiste, inatacable, todo lo que convence. No importa: el que vence, es decir el corazón, se impone a la lógica y al raciocinio. Se ha sentido a Dios y la afirmación no tarda en definir el fenómeno: creo".

"La reacción espiritualista que se nota en estos últimos años obedece a igual causa. El mundo está sediento de afirmaciones. Lo real sofoca, sin duda, porque todo cuanto tenemos por real no es sino espejismo ilusorio de una realidad que no se ve. (...) ¡Queremos religión, queremos que se nos ofrezca el Absoluto!"[41].

Pensaba, por entonces, que la persistencia de cualquier religión relacionábase en forma directa con el consuelo que producía: fundarlas era realizar un acto de caridad[42]. Halló este consuelo en la teosofía, en la que además de una racional explicación del origen del mundo y de la vida (como lo prueba el "Ensayo de una cosmogonía en diez lecciones") impulsa la

[41] LUGONES, "Acción de teosofía", *Philadelphia*, Nº VI, 1898, pp. 168-169.
[42] LUGONES, *Piedras liminares*, pp. 195-196.

453

caudal entrega de *Las fuerzas extrañas*. Debe desecharse, por lo tanto, la idea de un Lugones ateo, por extraño a la realidad de un pensamiento inalterable. El mismo se consideraba "no un religioso, sino más bien un antisectario" [43]. Despreciaba el ateísmo, porque —según su firme posición— "los odios históricos y la ojeriza contra Dios son una insensatez que combate contra el infinito o contra nada" [44].

Lo que acaso confunde a muchos es su ulterior período anticristiano, feroz y despiadado, que se ubica entre los años 1910 y 1930. Es también época de exaltación del dogma de obediencia, cuando el influjo de Nietzsche se hace sentir de modo abrumador. Su pensamiento parte de la premisa de que la única civilización rescatable en nuestros días es simple supervivencia, lo que quedó (o se recobró) del paganismo, perturbado, cuando no destruido, por la triunfante cristiandad. *Prometeo*, *Los estudios helénicos*, *Los nuevos estudios helénicos* y *Las industrias de Atenas* pretenden probar tan categórica afirmación. Para el Lugones de ese peculiar momento, "la Iglesia era el pálido espectro que venía a turbar la fiesta de la vida". Todo cuanto no fuese pagano —sobre todo griego— era malo. Además, del cristianismo no soportaba su intolerancia, posición antinatural e injusta si se la parangona con la fraternidad, el amor al género humano, de origen estoico, que en alguna oportunidad —los últimos capítulos de *Prometeo* lo testimonian— quería vigentes e inspiradores para la patria.

Al cristianismo teníalo por grave enfermedad de una civilización que durante mil años, desde el siglo V al XVI, sufrió peligro de muerte bajo su funesto dominio, sin haberse logrado recobrar enteramente. Todavía —según su crítico— no alcanzábamos el nivel pagano en cuanto a bienestar y justicias sociales.

¡Para religioso, yo!, pensaba Lugones. Seguro, inconmovible en creencias y prácticas teosóficas, la agresividad y otras licencias que se permitió, parecen hoy mera y comprensible rebelión contra el exagerado acaparamiento espiritual que suele hacer toda religión y, en nuestro medio, de manera especial el catolicismo. También es cierto que con un poco de arrastre, al

---

[43] Lugones, "La sedición del Ulster", *La Nación*, junio 15 de 1914.
[44] Lugones, *El imperio jesuítico*, p. 7.

modo decimonónico, casi como un Pérez Galdós, con sus ataques buscaba desacralizar costumbres e ideas políticas.

Luego de la Gran Guerra inicia otro novedoso esfuerzo dialéctico intentando vincular el cristianismo con la marejada roja surgida de la revolución rusa. Recrea con entusiástica alegría las tesis de Nietzsche, insistiendo con la analogía de resentimientos entre primitivos cristianos y bolcheviques. Sus artículos periodísticos, a partir de 1921 y durante casi la década entera, resaltan insospechadas similitudes ideológicas y tácticas entre ambos fenómenos. Pero debe acotarse que a pesar de tan esforzados intentos, lanzados junto a una intensa propaganda helenística, jamás hizo gala de escepticismo religioso. Muy por el contrario —como lo demuestra la aceptación teosófica y el entusiasmo platónico— siempre coexistieron en él profundas convicciones deístas. No era ateo: ocurre simplemente que no era cristiano. Ello explica que en plena crítica al catolicismo reconozca a la Iglesia la preservación de ciertos valores culturales y filosóficos.

Todo comenzó con profundos estudios sobre el héroe homérico, más tarde trasladados a esa amorosa búsqueda que es *El payador*: los capítulos "La vida épica" y "La raza de Hércules" son probatura de ello. Esta primera etapa lo derivará muy pronto a los ejemplos de Aquiles, Diomedes, Ulises y Héctor, recogidos en los *Estudios helénicos*, estudios que a su vez lo llevarán, como de la mano, a los del paladín. Debe para ello adentrarse en penosas monografías medievales, como las que exhaustivamente emprendió Gastón Paris. Demuestra conocer muy bien los rastros que la epopeya griega dejó en la Edad Media, y así advierte su continuidad en la figura del paladín, "la imitación de Homero" [45], que incluso pretende redivivo en la mismísima figura del gaucho Fierro.

Descubierto al fin el hilo conductor, su meta se reduce a unir, en idéntico ideal, los esfuerzos del héroe griego con los de la gran síntesis cristiana. De esa manera puede afirmarse que el héroe antiguo ha vuelto en el paladín de Dios, aseveración que debe entenderse con la salvedad de que el laborioso

45 LUGONES, *Estudios helénicos. Héctor el domador*, Babel, Buenos Aires, 1923, pp. 317-318: "El héroe homérico", *La Nación*, diciembre 11 de 1927.

esfuerzo interpretativo lo inicia y concluye primordialmente por preocupaciones éticas [46].

Comienzan así las primeras salvedades para con el cristianismo. La primera fue el respeto por su acendrada espiritualidad. La otra consistió en admitir piadosos escolios a la tesis de Nietzsche: la civilización cristiana fue un fracaso, salvo en aquello que representase prolongación o supervivencia del paganismo [47]. Pero hay más: el poema caballeresco y la consiguiente popularidad del héroe consistieron, pues, empresa de civilización, ya que todo lo que tuvo de humanamente delicado y cordial el mundo bárbaro fue enseñanza helénica [48]. Y ya se sabe que para Lugones la dependencia de la materia al espíritu constituía el núcleo mismo de toda acción civilizadora, esfuerzo que eleva al máximo nivel axiológico.

Faltaba el último paso. ¿Cuál era la esencia del paladín? ¿Cuál su novedad? Aquí comienza su lento y seguro trabajo sobre el honor, al que considera elemento ético fundamental, y en el que concluirá por reconocer indudables aportes cristianos.

Por dicho camino, advierte muy pronto que este último había reorganizado la civilización desquiciada por la barbarie, incluso a través de la misma idea del honor. De ahí en más desplegará una actitud conciliadora. manejando, eso sí, desconcertantes e inéditos conceptos para lectores y enemigos: reorganización cristiana de la civilización; encuentro del mundo bárbaro con el paganismo, atemperado por el cristianismo; perdurabilidad de aquél merced a la Iglesia; nacimiento de la libertad a causa de la lucha entre esta última y el Papado.

Curiosamente, el descubrimiento del honor, desde una faz cronológica logrado junto con el del paladín, hibernará hasta su tardío empleo como argumento limitativo en contra de la integérrima libertad estética alentada por los vanguardistas literarios. Lentamente, en su producción periodística se afirmará esa tesis, hasta que por fin, con el reingreso a *La Nación*, exhibirá el inédito arsenal de apoyatura doctrinaria. Así aparecerán, so-

---

[46] Seguimos en este punto puntualmente los estudios de Tomás A. Negri. Véanse: "Lugones: su idea de patria", *La Nación*, octubre 30 de 1966, y "Leopoldo Lugones", *Américas*, vol. 25, 1973, pp. 25-29.

[47] Lugones, *Prometeo*, p. 7; *Estudios helénicos. Héctor el domador*, p. 288; *Un paladín de la Ilíada*, pp. 106-107.

[48] Lugones, *Estudios helénicos. Héctor el domador*, pp. 269-271.

bre todo en la serie de "las Beatrices", las nítidas influencias cristianas sobre el tema, en especial su invocación como "midons" o "señora" a la Virgen María y el culto mariano. Quizás esto explique aquella pudibunda confesión recogida por María Alicia Domínguez de haber vuelto al viejo Dios de su madre [49].

También es cierto que otras influencias determinaron nuevas consideraciones para el cristianismo. Por medio de Maurras advirtió las bondades que Comte reconocía al Sistema Católico Romano —expresión que antepone a la de cristianismo— y que era haber disciplinado la anarquía evangélica. Por su parte, Lugones prefiere reconocerle como mérito adicional la disciplina del mundo bárbaro durante las primeras centurias. Pudo pensar, como el devoto de Matilde de Vaux, que una receta aconsejable era continuar el camino señalado por Comte y reconstruir idéntico sistema sobre iguales principios. Asimismo, como Maurras, advirtió que la Iglesia era la única institución sobreviviente del mundo moderno que se basaba en la jerarquía y en el orden, lo cual podía utilizarse como modelo para la estructura política de los países latinos. En tal orden de ideas, su amado Platón, un jerárquico como la propia Iglesia, había dividido al Estado en tres niveles, colocando en la parte superior a los intelectuales y es conocida la dependencia lugoniana a los dictados del filósofo predilecto.

Históricamente existían buenas razones. Ante el derrumbe del Imperio, seguido por la ruina de la civilización pagana —su tema obsesivo luego de la Gran Guerra— admiró al ejército como a eficaz vallado frente a las presiones neobárbaras. Esa simetría histórica que durante tanto tiempo lo deslumbrara, sirvióle como contundente e inédito argumento persuasivo para una atronadora prédica reaccionaria. Sin embargo, a consecuencia de sus estudios medievales, comenzó a repensar en un análogo papel de la Iglesia, en particular durante los comienzos de la era feudal; le llamó la atención la actitud perseverante, conservadora, que aquélla cumplió en épocas de tan cruel anarquía. Además, existe algo que siempre convocó su interés: los límites del Occidente que creía suyo coincidían más con los de la Iglesia Católica que con los del Imperio Romano.

También estaba la ciencia. Ya se sabe que Lugones tiende

[49] "El Centenario de Lugones", *La Nación*, junio 9 de 1974.

siempre a acomodarse a los dictados de los grandes descubrimientos. Se ha señalado el indudable impacto que sufrió su universo intelectual a raíz de los hallazgos de Einstein y los que luego sobrevinieron, como la teoría de la indeterminación. Entonces, en el ambiente intelectual europeo se comenzó, primero con timidez y luego con decidido énfasis, a hablar de la posible existencia de un ser superior que hubiera arreglado previamente al universo. El mismo Einstein se resistía a admitir un mundo nacido de accidentes felices: negaba la posibilidad de que todo se hubiera resuelto por un afortunado golpe de dados, tal la feliz expresión que utilizaba. Reiterando iguales conceptos, oigámosle justificar merced a prevenciones que venían de la ciencia, en transparente prosa, una estupenda posibilidad de Dios: "La condición fundamental de existir para el Universo, el orden, repito, no resulta espontáneo. No es propiedad automática de la materia en sí. Hay algo semejante al libre albedrío que debe hallarse, piensa Eddington, el genial astrónomo inglés, en el comienzo del fenómeno físico: mientras Kepler, el segundo Pitágoras, no encontraba más explicación causal a la vigencia de aquellas leyes del Orbe, formuladas inmortalmente por él, que el gobierno de los arcángeles" [50].

Con absoluta certeza precisaba que "no había especulación científica posible sin trascendencia a lo absoluto" [51]. Sin duda, impresionado por el artículo que el divulgador Ortega y Gasset publicó en *La Revista de Occidente* y que gráficamente tituló "Dios a la vista", se apresuró a sostener que "para la ciencia se ha dicho con imperiosa exactitud que de no existir Dios fuera menester inventarlo" [52]. Como prueba de su profunda religiosidad gustaba afirmar que "con la ausencia de Dios no hay sabiduría posible" [53]. Retornaba a lo antiguo; era todo muy semejante a lo dicho durante el fervor teosófico. El camino había sido largo, pero el final del camino lo hallaba siendo el mismo mozalbete pletórico de divagaciones trascendentales.

¿Se convirtió, sin embargo, al cristianismo? Una fuerte (e

---

[50] LUGONES, "Síntesis aritmética", *La Nación*, marzo 29 de 1936.
[51] LUGONES, "Los transaxiomas", *La Nación*, noviembre 10 de 1935.
[52] LUGONES, "La moral sin dogmas", *La Nación*, mayo 17 de 1936; "Vida y materia", *La Nación*, julio 12 de 1936; "Los transaxiomas", *La Nación*, noviembre 10 de 1935.
[53] LUGONES, "Los transaxiomas", *La Nación*, noviembre 10 de 1935.

inteligente) falange confesional así lo pretende. Castellani —gran precursor —afirma que "en 1935 era intelectualmente católico"[54], Panegiristas modernos lo dejan entrever, tal el caso de Carlos A. Disandro[55] y de Alberto Caturelli[56]. Este último insinúa una "conversión íntima", basándose en textos del último período. Empero, episodios como los de Aglaura, el suicidio y la ausencia de datos objetivos, comunes y abundantes en tales casos, tornan difícil responder la pregunta inicial. Ante su vida, la frase de Goethe: "no busquéis tras los hechos; ellos son la ideología", adquiere insospechada vigencia. De todas maneras, suceso para algunos tan codiciado, carece de importancia si se tiene en cuenta la permanente religiosidad de Lugones y que sus condescendencias para el catolicismo lo fueron siempre como acontecer histórico, nunca francamente como religión[57].

Pocas personalidades exhiben tanto dinamismo, al punto que inagotable fuerza vital parece animarlo, obligando, una y otra vez, a cualquier suerte de ensayos. Deslumbra su versación sobre conocimientos amplios y variados, versación que puede inducir la sospecha de hallarse ante los devaneos de un frívolo, cosa que no fue en absoluto si consideramos la seriedad de sus estudios y el infrecuente esfuerzo y tiempo que les dedicó. Sin embargo, de todo esto algún perjuicio lo alcanzará, pues ya lo dijo el Libro, "aumenta la sabiduría y aumentará el dolor".

Tal paradigma sustentábase en una cotidiana y tensa puja, ya que pretendía probarse a sí mismo —y a los demás, desde luego— las excelencias de un impar talento. Siempre tuvo clarísima idea de sus posibilidades y destino, en el que pertinazmente creyó, entendiendo la vida como un largo combate. Igual que Sarmiento, bien pudo haber pensado que la corta carrera que le tocó andar, se la abrió a fuerza de constancia, de valor, de estudios y de sufrimientos. Pero estos sones algo épicos escamotean otra realidad: un análisis profundo permite entrever en la íntima estructura de su carácter una conmovedora búsqueda del reconocimiento ajeno, que es la del amor, eternamente perseguido y jamás logrado. De modo que, pese al derroche de

---

54 Castellani. *Lugones*, p. 62.
55 *Lugones, poeta americano*, Ediciones Hostería Volante, La Plata, 1977.
56 *El itinerario espiritual de L. Lugones*. Mikael. Buenos Aires, 1981.
57 Negri, "L. Lugones", *Américas*, vol. 25, 1973, p. 25.

fortaleza, era un espíritu sensible y todo naufragio afectivo lo acongojaba.

Aun en el mundo reducido que habíase creado, sufrió acuciantes tentaciones. Esteta, supo desarrollar preceptos éticos embellecidos con primor, pero rígidos, exigentes, de los que se permitía alguna aislada y penosa infracción. Ese estoicismo dábale preeminencia intelectual. Sin embargo la frase de Epicteto, recreada bajo formas y apariencias distintas a lo largo de su obra, convertíase en formidable negación vital. Los voluntarios retrocesos logrados por el fiel discípulo de la Stoa, en poco se diferencian de los de aquella vulpeja de la fábula, que sólo halló consuelo luego de alcanzar las uvas. Así impulsada por oscuros designios, como rica en oportunidades, la vida se le ofrendó bajo fórmulas de simple felicidad. Debe haberle resultado atroz descubrir que todo era posible y que ya era también demasiado tarde para comenzar inéditos (y complacientes) caminos.

Cabe detenerse en este punto. Autonegándose es posible acceder a una fuente de serenidad, de inacabable fortaleza espiritual. ¡Cuánto alardeó Lugones su lejanía de sentimiento y pasión! Retirarse de lo que puede resultar inconveniente, condenando puertas, entradas y salidas, debió aparejarle enorme libertad; es el caso de la ciudadela interna, el "Templo" estoico. Sin embargo, en su caso, es muy probable que una simple pregunta hiciera retemblar tan delicada construcción: ¿se es más libre de esa forma o, por el contrario, cuando se vence o se captura lo que parece hostil y dañoso? Algo así como la inquietante admonición de Joseph Conrad: "Sumergirse en la destrucción, he ahí el verdadero camino".

El voluntarismo concluye por arrinconar a quien lo practica en un ámbito exiguo y a la postre irrespirable. Existe una verdad: nadie es invulnerable, salvo a elevado costo, pues la sistemática destrucción de lo que es capaz de lastimar, culmina siempre en suicidio. Y esto Lugones lo había advertido desde tiempo atrás: "Dueño de su vida —supo escribir— el hombre lo es también de su muerte, porque en situaciones sin salida, ésta es, decían los antiguos, la última puerta de la libertad. El suicidio estoico era un supremo derecho" [58].

---

[58] LUGONES, Leopoldo, *Estudios helénicos. La dama de la Odisea*, Babel, Buenos Aires, 1924, p. 146.

Al fracaso político, al cruel destierro con que la Argentina premia a los mejores, a la implacable fatiga de alternar con incapaces de reconocimiento alguno salvo pretendidas igualdades, a la chatura burguesa, a la cobardía moral y la miseria intelectual, sumábase un hastío destructor, suerte de sarcástico y agresivo desdén. Ejercitaba extraña especie de resentimiento: la del artista y la del hombre público resignado, que sabe recogerse sobre sí mismo. Al comienzo, cierta embriaguez de su importancia servíale de eficaz alivio, lo mismo que cuando regustaba en su soledad la falta de comprensión y penuria de halagos a los que habíaselo condenado. Eran épocas para balsámicas fantasías acerca de su vida. Llega casi a la acerbia. Se aparta de la gente y proyecta irse junto a los serranos cordobeses, a los que tan bien conoce. Individualista y aristócrata del espíritu, puede bastarse sin necesidad de ayuda. Ya no lo agita esa desesperación por comunicar los imprevistos descubrimientos o cambios que solían operarse en su mundo intelectual y es más lo que guarda que lo que ofrece como frutos del espíritu. Pero a veces, abandona con arrojo su retiro y se encara, como decía Francisco Luis Bernárdez, con la Argentina que se oye, con la Argentina que se toca, con la Argentina antiargentina. Pero su voz es rápidamente ahogada, o lo que es peor, ignorada.

Luego del fracaso de Aglaura, crepusculares romances lo inquietan (o lo auxilian). Necesita de la juventud como estímulo, peligroso y último obstáculo que se había propuesto sortear. Ciertas composiciones poéticas, como las dedicadas a María Alicia Domínguez [59] exhiben, con indisimulable énfasis, la delectación del hombre maduro ante la frescura adolescente. Campea, es cierto, el tono intimista, pero teñido de peligrosa lejanía; no es el amante quien habla y sí, en cambio, un sorprendido espectador; se adivina la falta de confusión entre objeto y sujeto. Observados desde este peculiar ángulo, las composiciones son desgarradoras: el adiós, la felicidad trágicamente fugaz y furtiva, la ruptura inevitable, concluyen por devorar lo erótico.

La muerte —¡Thánatos!— inquietó a Lugones; hasta diríase que fue su fiel compañera. Supo referirse a ella de modo fa-

59 "El canario de la nena", *Siete Días*, año XI, Nº 559, 2 al 9 de marzo de 1979, p. 24; "Albricias para la nena", *Homenaje a Leopoldo Lugones*, Academia Argentina de Letras, Buenos Aires, 1976, pp. 61-63.

miliar; alguna vez, en su condición de filósofo (así gustaba denominarse durante el interludio europeo) conjeturó que no era difícil establecer la inevitable fatalidad de morir, verdad que una vez aceptada permite, a su vez, considerar a la muerte como bella. Indiferencia que, si bien se mira, constituye fiero gesto de fortaleza. De modo fijo le preocupaba el súbito mérito que siempre acompaña a su arribo y se entretenía en distinguir el infrecuente agradecimiento en vida, de aquel otro, tardío y por ello seguro y entusiasta. En verdad, eran juegos dialécticos que no pasaban de variaciones sobre el tema del héroe o el paladín, o si se prefiere, sobre la indispensable ingratitud que rodea los esfuerzos de aquel arquetipo. Por ejemplo, en el discurso en homenaje a Rubén Darío descubre su pensamiento acerca de la obra y función de todo artista: la muerte del poeta es asimilada con "la de los pájaros del aire", viéndose recién el día fatal "cuan poco estorbaba", por lo que concluye afirmando que "la justicia de los pueblos jamás llega, y así, lo que siempre glorifica al héroe y al Dios es morir crucificado" [60].

Con serenidad griega aspira a una buena muerte corporal, última dicha que puede disfrutarse en este mundo [61]. Tan quieta y bella lección veníale del paganismo y era verdaderamente abierto desafío al miedo del infierno, producto, como se sabe, de la cultura cristiana. Cita en apoyo a Leonardo, que a su juicio glosa en este punto a Marco Aurelio: "así como tras un buen día empleado es grato dormir, la vida bien usada lleva a morir contento" [62]. Aceptar la muerte complacido, acabar la jornada satisfecho de la vida, haberla empleado en todos los casos del mejor modo posible —pensaba— constituía el fundamento de la perfección. Así pareció entenderlo en cierta carta a Javier Monge al expresar con indispensable dejo melancólico, que "me iré al descanso cuando deba, para dormir como los demás trabajadores, a la sombra de los árboles que planté" [63].

A "la vida a toda costa", consecuencia de la "resignación a la vida indigna", oponía "la nobleza de morir", posible gracias a "la

[60] *Antología de la prosa*, pp. 324-325.
[61] *Nuevos estudios helénicos.*
[62] LUGONES, Leopoldo, "Elogio a Leonardo", *La Nación*, mayo 25 de 1919.
[63] "L. Lugones a J. García Monge", París, julio 12 de 1912, *Nosotros*, 1938, pp. 352-353.

cicuta salvadora que adormece en la eternidad" [64]. Por ese sendero, pleno de enseñanzas estoicas, sublime escuela de libertad tan cara a su espíritu, considera a la muerte un episodio más de la vida inmortal y nunca un fin determinante, juicio alentador de anhelos palingenésicos [65]. Así, la muerte voluntaria, "el desvanecimiento en lo azul", no pasa de mero accidente de la libertad.

Tan amorosa idea del suicidio veníale —como ya se ha dicho— del estoicismo [66]. En su lucha por la libertad, Lugones estaba convencido de que una muerte querida era el ancho sendero que conduce a la redención total. Por eso, de perder la autonomía, sin la cual no vale vivir, puede uno manumitirse con la muerte, "que es el precio supremo de la libertad" [67].

A lo largo de su obra, múltiples veces incursiona sobre el tema. Lo preocupa, tiene respuestas largamente meditadas. Así dignifica el propio exterminio, extraordinaria respuesta racional cuando la vida carece ya de valor o es obstáculo de la libertad y la virtud. Esta postura no debe confundirse con la *libido moriendi*, contra la cual clamaron Séneca, Epicteto y Marco Aurelio, y de la que tampoco existe línea alguna de Lugones propiciándola. Lo que sí pretende es que el suicidio constituye la postrera justificación de la libertad humana y quizás el único acto genuinamente libre. Suicidio y libertad surgen en su pensamiento como anverso y reverso de idéntica idea. Existe un largo párrafo en el que intenta, con excelente literatura, su sindéresis: "Desde el guerrero que cae sobre su escudo en las Termópilas, habiendo dejado toda esperanza a la entrada del desfiladero fatal, como el ramo de mirto en el dintel de la Muerte, hasta el estoico romano que se abre las venas en su baño final, inspira a esos antiguos la misma dignidad serena del desenlace voluntario. Nunca más dueño de sí el hombre que en esa opción de la suprema libertad o de la justicia definitiva".

[64] Lugones, "Los agentes de la paz germana", en *Mi beligerancia*, p. 239.
[65] Lugones, "El dogma de obediencia. Discurso preliminar", *Revista de la Facultad de Derecho de Buenos Aires*, t. IV, 1927, p. 624.
[66] Negri, Tomás A., "Estoicismo e idea lugoniana de la muerte", *La Nación*, diciembre 15 de 1974; "Eros y Thánatos", *La Nación*, marzo 6 de 1977.
[67] Lugones, "El dogma de obediencia. Historia del dogma. Primer fragmento", *Boletín de la Facultad de Derecho de Córdoba*, año I, Nº 1, 1921.

"Sólo ante su propia conciencia que lo aplasta, o ante la fatalidad que lo domina, o ante la fuerza ajena, más poderosa que su decisión, o ante el honor que va irremisiblemente a marcharse: átomo doloroso bajo esas potencias enormes que son la especie, la sociedad, la autoridad, la opinión, el deber, él es todavía el más fuerte; y en la decisión de la pálida mano con que entorna sin temblar la puerta del silencio y de sombra, impónese a la misma eternidad un decoro de señorío. Catón de Utica es del mismo linaje heroico que los paladines de la Ilíada". "Soy mi propio amo", dice al decretarse la muerte; y Séneca comenta, afirmando que "así se dio la libertad". "La muerte es el último precio de la libertad y del honor que, en efecto, valen más que la vida" [68].

Cierta anécdota relatada por Nalé Roxlo lo muestra insistiendo con vehemencia sobre el tema. Parece que el autor de *El Grillo* le comunicó su inminente suicidio, elíptica manera de superar el angustioso problema que vivía. Su interlocutor, luego de escuchar las consabidas dolamas, fue cortante: "Amigo Nalé —le dijo—, estudie con calma su situación, no se precipite, piénselo bien y con tiempo, y si después no encuentra más salida que lo que me ha dicho, hágalo" [69].

En esto del suicidio, coincide también una poderosa vertiente estética. La legítima preocupación por un bello morir, altivo y digno, como el que pretende Edda Gabbler, halla así apoyatura válida e inmediata. Típica muestra de tan elevado pensamiento, es una de sus laudatorias frases para los héroes homéricos, pues para Lugones muchas cosas están prenunciadas: "Lo más hermoso que tienen es su manera de caer" [70]. Sin duda, allí reside la gran seducción: la muerte que arriba por deliberada mano siempre es bellísima y decorosa.

Atribuir el suicidio de Lugones a una sola causa parece poco serio. Acto extremo, debe necesariamente obedecer a diversos motivos. Sin embargo, admitiendo la obvia pluralidad, el asunto se complica, ya que no existen —al menos conocidos— cartas o documentos del protagonista que clarifiquen, en algo, el oscuro y angustioso interrogante. Pero todos sabemos que aun de exis-

[68] LUGONES, *Estudios helénicos. Héctor el domador*, Babel, Buenos Aires, 1923, pp. 325-326.
[69] NALÉ ROXLO, *Borrador de memorias*, pp. 192-194.
[70] LUGONES, *Estudios helénicos. La dama de la Odisea*, p. 146.

tir tal legado, no constituiría, tampoco, prueba inequívoca. Lo único que puede afirmarse es que soportó a través de años una pertinaz crisis afectiva. Con categórica simpleza, sus íntimos (es el caso de Benito Nazar Anchorena) aseguraron a Castellani que antes de su muerte el escritor "se volvió loco"[71].

Como era de prever, se ha intentado explicar el hecho apelando a múltiples fórmulas, desde la un tanto retórica de Manuel Ugarte[72] hasta la sin duda excesiva de León Benarós: "Fue un orgulloso y un despechado. Creyó que su país no lo trataba como él se lo merecía y escupió al rostro del país su cadáver"[73]. También hay otra, sutil y con indudables ecos psicoanalíticos. Según ésta, "Lugones jamás logró satisfacción en los ejercicios a los que se aplicara tan diligentemente para hallar inéditas creencias con qué sustentarse. Cuando ya no pudo descubrir nuevos senderos en los cuales refirmar su propia seguridad, le resultó insoportable una vida sin sentido"[74].

Sea como fuere, lo cierto es que a sus contemporáneos consta que el desdichado encaminábase hacia cruento fin. Algunos, perversamente, llegaron a contar los pasos que lo separaban de la desesperación, aguardando la inminencia del trágico ademán. Nadie se movió, ninguno le acercó el dulce consuelo de la amistad. No hubo brazos extendidos. Unos más, otros menos, todos con pretextos, se alejaron y un medio hosco, cerril, concluyó por asfixiarlo. La Argentina lo miraba con indiferencia. Martínez Estrada, siempre lúcido, ha sabido captar el momento al expresar que todo gran hombre despierta, aun en quienes lo aman, irrefrenables deseos de exterminio, pues la muerte está implícita en la adoración. Había llegado, entonces, la solemne jornada de la ofrenda expiatoria, mera variante de esa alianza ritual que desatan contra sí los espíritus superiores.

Fue un viernes dieciocho de febrero del año 1938, uno de esos días característicos, calurosos y opresivos, del verano porteño. Por la mañana, según costumbre, concurrió al despacho de la Biblioteca donde atendió asuntos comunes. Sus auxiliares

[71] CASTELLANI, *Lugones*, pp. 71-72.
[72] "Cómo murió L. Lugones", *Repertorio Americano*, año XX, Nº 876, t. 26, p. 307.
[73] *El Nacional*, suplemento de setiembre 28 de 1958.
[74] MC MAHON, Dorothy, "L. Lugones, a man in search of roots", *Modern Philology*, Chicago, t. 51, Nº 3, p. 197.

nada advirtieron, en tanto María Alicia Domínguez testimonia una desvaída e inconexa conversación[75].

Es probable que, tras abandonar la oficina, ocupara el tiempo en algo que desconocemos. Luego debió tomar el tren en Retiro, rumbo a la terminal del Tigre. No bien arribó, cruzó el típico puente que la une al embarcadero donde amarran las lanchas colectivas. Vestía traje liviano color marrón, camisa a rayas y rancho de paja; en una mano llevaba un pequeño envoltorio y en la otra un portafolios. Aproximadamente a las tres de la tarde, después de adquirir el boleto, acendió al vaporcito *Egea* que lo trasladó hacia el punto más remoto de su recorrido: el recreo "El Tropezón", en la confluencia del Paraná de las Palmas y el canal Arias.

¿Por qué eligió ese hábito? Canal Feijóo ha tejido una serie de interpretaciones esotéricas. La letra *delta* es símbolo del "templo" y viernes —*dies veneris*— es el día de Venus. Además, la fecha coincide con la Duodécima Morada, última instancia zodiacal de la Doctrina Secreta[76]. Quizá todo esto sea verdad, pero suena inverosímil. En cambio, no resulta impropio suponer que la elección del lugar sólo fuese un claro mensaje para alguien.

Apolo lapidado, soportó el largo trayecto con entereza y, promediando las cinco, desembarcó en el pequeño muelle de madera. Allí fue recibido por el patrón del establecimiento, don Luis Giúdice, a quien anotició que pensaba hospedarse unos días, inquiriéndole —de paso— el costo de las comodidades, que aceptó enseguida. Le destinaron, con cierta displicencia, una habitación pintada de blanco que lleva el número seis[77].

Luego de una breve permanencia en el cuarto, salió al jardín, cuidado con una pulcritud que no desdeñaba el mal gusto. Sin detener la marcha, observó el paisaje: un lúgubre sauce inclinado, con las ramas inmersas en la corriente, llamó su atención. Dirigióse hacia el monte, detrás del caserío, llevando consigo el exiguo paquete que lo acompañaba desde Buenos Aires.

---

[75] LUGONES, "Aproximación humana", en *Homenaje a L. Lugones (1874-1974)*, Academia Argentina de Letras, Buenos Aires, 1975, pp. 59-60.

[76] *Lugones y el destino trágico —erotismo, teosofismo, telurismo*, Plus Ultra, Buenos Aires, 1976, p. 23.

[77] Suprema Corte de Justicia de Buenos Aires. Juzgado en lo Criminal y Correccional Nº 1 del Dr. Carlos A. Chaneton, Causa 31.021, año 1938, "L. Lugones s/suicidio", declaración del señor Giúdice, fs. 8/9.

En la umbría y elemental escena desenvolvió su misteriosa carga: un frasco con cianuro de potasio, al que golpeó contra los gruesos troncos hasta fracturar el cuello[78].

Resuelto el problema (algo impedía acceder al tóxico) volvió para encerrarse en su habitación, pero antes vio a Giúdice a quien pidió le enviaran un whisky y un botellón de agua, cosa que hicieron de inmediato. Ya solo, a pesar de que aún había luz, encendió la lámpara eléctrica que con cursi adorno pendía del cielo raso y se despojó del saco, que colocó cuidadosamente en una de las perchas. A continuación extrajo del portafolios una hoja de papel y, valiéndose del viejo lápiz de metal dorado, escribió con letra firme: "No puedo concluir la *Historia de Roca*. Basta. Pido que me sepulten en tierra, sin cajón y sin ningún signo ni nombre que me recuerde. Prohibo que se dé mi nombre a ningún sitio público. Nada reprocho a nadie, el único responsable soy yo de todos mis actos. L. Lugones"[79]. Idéntico esmero puso cuando introdujo la postrera esquela dentro del sobre y estampó las rituales palabras: "Al Juez que intervenga."

Anochecía. Quitóse sus lentes de armazón metálica; lo mismo hizo con el reloj, que le regalaron treinta y ocho años atrás sus compañeros del Correo. Prosiguió con la gruesa cadena de oro en cuyo extremo oscilaban cinco medallas, recuerdos de otros tantos homenajes: del Colegio Militar, de la Dante Alighieri, la de Inspector General del Ministerio de Justicia e Instrucción Pública, la del Laurak-Bat, la que lucía el rostro de Sarmiento en alto relieve y en una sola faz[80]. Sin prisa —acaso con alivio— se encaminó hacia el lecho y sentóse en él. Como participando en una ceremonia, se descalzó y colocó los zapatos uno junto al otro.

Bebió el whisky, llenando después el vaso con agua del botellón. Tomó el frasco de cianuro y volcó en la palma de su mano libre una generosa cantidad de la siniestra pócima. Allí la dejó reposar unos instantes, fascinado por el polvo que centelleaba. Luego fue el turno del vaso de agua. Sereno, la mente en blanco, entreabrió la boca y de un golpe arrojó el veneno

[78] *Ibid.*

[79] Suprema Corte de Justicia de Buenos Aires, "L. Lugones s/suicidio".

[80] Suprema Corte de Justicia de Buenos Aires, "L. Lugones s/suicidio", fs. 2.

sobre lengua y garganta, tragándolo con esfuerzo pese al enorme sorbo con que se ayudó. Lentamente, cerrando los ojos y apoyándose en ambos brazos, se recostó.

Comenzaron los dolores, a poco intolerables. Enseguida las convulsiones, tan violentas que cayó de cara al piso. El tabique nasal se destrozó con el impacto y un pequeño charco de sangre comenzó a formarse.

Así quedó: los pies en la cama y el resto del cuerpo descansando sobre el pavimento. Su ajada billetera de cuero y módicas cantoneras doradas contenía siete pesos. En los bolsillos del saco hallaron, también, algunas monedas [81].

[81] Suprema Corte de Justicia de Buenos Aires, "L. Lugones s/suicidio", fs. 2, 8 y 9.

Capítulo IV

RESPONSABILIDAD DEL INTELECTUAL

> *"La principal virtud del escritor es el espíritu de sacrificio"* [1].

¿Cómo entendía Lugones la condición intelectual? Aclararlo quizá precise la última finalidad de su obra, bomba aspirante —e impelente— de arbitrarias porciones de realidad argentina y cultura europea. No cabe duda de que sentíase integrante de este último ámbito, pues toda su temática reconoce aquella fuente. Se nutre del vago pero entendible período clásico, de muchos autores románticos, y si su preferencia por las postreras innovaciones del siglo fue visible, también es cierto que luego de la Gran Guerra sobreviene una lánguida indiferencia.

Negri la ha sugerido para los grandes maestros contemporáneos [2], frialdad que a lo mejor, como enseñaba el inefable Dr. Johnson, sólo fuera obligada prevención de no deber nada a los hombres de su época. Le interesaban, sin embargo, los trabajos eruditos del siglo xx, simples derivados de ideas pertenecientes al período anterior, como prueban ciertas referencias que lucen las monografías sobre Virgilio, la literatura homérica, Dante, Maquiavelo o la Doctrina Secreta. En cambio, no conoció —o al menos no citó— a Proust, Gide, Apollinaire, Ezra Pound, T. S. Elliot, o James Joyce.

Ocurre lo contrario con la plástica moderna. Supo de su estentórea aparición, pero jamás demostró entusiasmo alguno por ella. Al cubismo pudo descubrirlo durante su primer viaje a Europa, allá por 1906, cuando junto con Darío concurrieron al Salón de los Independientes, en Cours-la-Reine, para bur-

---

[1] Lugones, Leopoldo, "El escritor y su pueblo", *La Nación*, abril 12 de 1931.

[2] "Lugones y la revolución estética del siglo XX", *La Nación*, setiembre 30 y octubre 7 de 1977.

larse de la inédita muestra: "esa trapería desastrada, que aun para farsa de bohemios era excesiva"[3]. Un lustro más tarde, gracias a su estadía en París y Londres, mucho fue lo que vio y escribió acerca de las nuevas tendencias. Por ejemplo, en pleno furor, visita el Salón de Otoño, en el Grand Palais, donde se exhibe la ultramoderna escuela cubista. Impresionado por lo revolucionario de las obras, envía cuatro colaboraciones a *La Nación*, significativamente tituladas "El triunfo de la antiestética"[4], que contienen casi todas las críticas que muchos años después deslizará contra la nueva vanguardia artística argentina, esa vez con elegante fastidio ante el petulante rebrote aldeano.

Aquella correspondencia fue una verdadera catarata de improperios para lo que pensaba era facilismo en pintura, pues al prescindirse del dibujo, ocurría otro tanto con el rigor. O para la perversión mórbida de hacer feo, de buscar estímulos al deleite por medio de contrasensaciones dolorosas y desagradables, o para la abundancia de una literatura que "en vez de darnos —decía con sorna— la teoría de la pintura nos da la pintura de la teoría"[5]. No era simple reacción del pasatista conservador ante alardes de la nueva sensibilidad; tenía sus razones cuando desconfiaba de lo que llamaba "excesiva generalización estética del genio", hallazgo consistente, nada menos, en que "cada uno de los epígonos del arrogante movimiento creábase la suya propia"[6].

En pleno período analítico del cubismo la emprende contra Roger de Fresnaye, Juan Metzinger, Alexandre Archipenko, a este último por sus "ejemplares teratológicos, escapados de su frasco de formol, para enfermar el mármol con horrendos poliformismos de la inclusión fetal"[7]. A Henri Matisse lo reprueba también, pero dando la sensación de no entender sus simplificaciones técnicas. No todos son denuestos, sin embargo. Hay

[3] LUGONES, "El triunfo de la antiestética (I)", *La Nación*, noviembre 28 de 1911.
[4] Noviembre 28 y diciembre 5, 11 y 15 de 1911.
[5] LUGONES, "El triunfo de la antiestética (II)", *La Nación*, diciembre 5 de 1911.
[6] LUGONES, "El Salón de Otoño", *La Nación*, diciembre 22 de 1913.
[7] LUGONES, "El triunfo de la antiestética (II)", *La Nación*, diciembre 5 de 1911.

frases de encomio para algunos de los innovadores: Dunnoyer de Segonzac, Fernando Leger, Jacob Epstein, este último con su "Soñadora" lo impresiona vivamente [8].

No sería justo afirmar que todo era ignorancia o rechazo ante los grandes movimientos culturales de su época. Por ejemplo, hay una espontánea actualización respecto de la nueva física. Einstein no pasó inadvertido, como bien sabemos. El principio de indeterminación de Heisenberg (¿quién sabía de Heisenberg en la parroquial Buenos Aires de los veinte?) no le era desconocido. Hasta se atrevió a citarlo en varios artículos, pues pretendió legitimar con aquellos avances los cambios ideológicos tan criticados, tal la dependencia respecto del adelanto científico. A su ordenanza, con llamativa docilidad, supo variar la innata metafísica y enriquecer una permanente creencia en Dios, por eso, no parece exagerado sostener que, sobre todo en los años finales, Lugones intentó elevar los descubrimientos científicos a una suerte de teología.

¡Y qué decir del "aggiornamento" filosófico! Primero, la caída de la ley del progreso, fiel inspiradora de la intensa campaña contra el dogma de obediencia y cuyo repudio hubo de ser público, como el de esos antiguos penitentes que daban así prueba de perfecta retractación. Luego fue el turno del racionalismo ordenador y voluntarista, entendido a la kantiana, clave de políticos e intelectuales reformistas, vigencia que consideraba filosóficamente concluida y cuyo abandono provocará el sonado cambio por la fuerza y la espada. Hombre más que de su época lo fue del peculiar momento de entreguerra, al que llegó a considerar permanente, tentación que adivina superada en los años postreros.

Sabía muy bien que su función consistía en traducir el caos en ideas, para luego distribuirlas generosamente. Era responsable de poner en limpio verdades inmutables, aun a costa de plebeyos sarcasmos. Le incumbían las grandes líneas, las enormes simplificaciones, y sobre todo llamar a lo desconocido con nuevos y limpios nombres, tarea algo de shaman, por cierto, esa de bautizar confusión y desorden.

Pero la pregunta inicial queda aún sin respuesta si no conjeturamos la manera en que Lugones pretendía ejercer su in-

---

[8] LUGONES, "La buena pintura", *La Nación*, agosto 14 de 1914.

fluencia. Primero, imaginaba lograrla merced a la simple difusión de su pensamiento. Así lo manifestó, vaya el ejemplo, con intensísima campaña por una estética patria basada en ideales y héroes helénicos, o en dotarla de una canción épica, fundamento de la nacionalidad, señal poderosa para la raza capaz de producirla. Lo mismo puede afirmarse de la compartida jefatura en la lingüística manumisión del pringue castizo, acometida por la rebeldía modernista.

Otras veces incursionaba en lo político, pero siempre en terreno de las ideas. Y esto ocurre luego de la muerte de Roca, una de sus fracturas con la praxis. Acaba de dejar el gobierno para ingresar en desencantada asepsia, que rápidamente trasuntará en escritos y prédica. Advirtió que con su oficialismo (como con el beligerante socialismo) había arriesgado demasiado y por eso dirá adiós (sólo momentáneo) a todo lo que signifique ejercicio del mando, de la acción. No hay tal divorcio sino mero extrañamiento, como el de los paladines que para conservar puro y vivo su amor —son sus palabras— alejábanse del objeto amado [9].

Coincide la displicente postura con furiosos ataques a la democracia. Durante el intervalo europeo, su corresponsalía para *La Nación* plantea en el plano teórico la ubicación del intelectual —la suya propia— respecto de la política. Allí aparece, por vez primera, la incompatibilidad "de los grandes hombres con las masas a las que pretenden iluminar y para quienes trabajan más que sus explotadores, los políticos" [10]. Su labor desinteresada nada espera de los electores, pero es la única efectiva: ellos serán quienes los conduzcan al disfrute de la libertad [11]. La auténtica tarea del intelectual no consiste en hacerse elegir diputado —sostendrá alguna vez— y sí decir, en cambio, la verdad sin esperanza de recompensa [12], sereno concepto del

[9] LUGONES, "En honor del Dr. Alfredo L. Palacios", *La Nación*, julio 22 del 1915.

[10] LUGONES, "Los amos del soberano", *La Nación*, diciembre 25 de 1913.

[11] LUGONES, "Bancarrota de la anarquía", *La Nación*, octubre 21 de 1913; "La política y las musas", *La Nación*, octubre 28 de 1913.

[12] LUGONES, "Un pronunciamiento inglés", *La Nación*, mayo 3 de 1914.

472

bien que roza la ética y la estética lugoniana, como la doctrina del Perfecto Amor [13].

Aquellos eran momentos de menosprecio por la acción y punto depresivo en su errática conducta política. Hay una página que describe con prolijidad esa particularísima visión de Lugones, de más está decir efímera: "Así, escribiendo libros, formando de tal modo el ambiente mental y moral, también se gobierna, aunque no se mande. Pero, mandar: ¡Qué satisfacción tan primitiva y grosera! Dominar: ¡Qué voluptuosidad salvaje! El alma superior vive de dulce soledad y de modestia delicada" [14].

Por aquellos años, el intelectual, para Lugones, debía ser un independiente, es decir, ajeno al quehacer político, profesión que consideraba poco elevada [15], e incompatible con la vida cívica, consecuencia fatal si se piensa en la excluyente absorción que exigen ambas actividades [16]. Sin embargo, no era fácil sobreponerse a las tentaciones del poder, fortaleza en el menosprecio al que sólo accedían seres superiores. Ese extrañamiento significaba además la virtud de "desigualarse", cosa antidemocrática por definición y que concluye empujando a quienes la practican —como es el caso de sabios y pensadores— a la miseria, al abandono, al escarnio, incluso merced a la complicidad del mismo pueblo para el cual trabajan [17].

De allí nace ese regusto por su impopularidad, que ostentaba con peculiar desenfado, tal cual lo confirman estos párrrafos: "Todo demuestra mi infinita vanidad que reconozco sin vacilaciones ni arrepentimientos, antes añadiéndole la impertinencia de escribir, cuando el soberano no puede leerme. Porque es analfabeto el infeliz por desgracia de mis pecadoras letras" [18]. O cuando exclama: "Comprendo, pues, lo merecido de mi impopularidad, y no pido a la mayoría soberana considera-

---

[13] *Ibid.*

[14] Lugones, "Universidad social", *La Nación*, abril 21 de 1916.

[15] Lugones, Leopoldo, "La política de los pueblos", *La Nación*, enero 25 de 1912.

[16] Lugones, "La escuela de los héroes", *La Nación*, agosto 6 de 1922.

[17] Lugones, "Los amos del soberano", *La Nación*, diciembre 25 de 1913.

[18] Lugones, *La torre de Casandra*, p. IV.

ción y clientela. Esto no comporta menosprecio sino reserva de la dignidad ante omnipotencia tan cortejada" [19].

Nada refleja mejor el pensamiento de un Lugones opuesto a la acción, que su artículo: "La política y las musas" [20], donde glosa vida y tribulaciones de Alphonse de Lamartine, intelectual metido a hombre público. "El hombre de pensamiento superior, sabio o filósofo o artista —vuelve a repetir su tesis— no tiene, pues, nada útil que hacer en el contacto de la masa". Debe en cambio, agrega, "servirla en lo importante, que es el dominio espiritual, causa y razón de toda prosperidad tangible, no como el porquero que endilga la piara hacia el tendal de bellotas" [21]. El error de Lamartine —y que Lugones no deseaba reeditar— consistió en "creer posible la concepción y la práctica simultánea de las ideas, ingenuo y por eso fácil orgullo de imaginarse las facultades de pensar y gobernar sinónimas: un comisario de campaña será siempre mejor político que un profesor de la Universidad" [22].

Curioso momento de total prescindencia. El triste recuerdo de Lamartine, oscilando entre la derrota y la miseria, con pequeñas capitulaciones obligadas por la necesidad, decídenlo por la supremacía de su quehacer y el desprecio para la Circe política: "Cuánto más habría valido —exclama premonitoriamente— que en vez de leyes hiciera sonetos" [23]. Y luego, con aguda sentencia, perfila la idea de una sola y excluyente vocación, cosa amargamente repensada allá por los años treinta, luego de su frustrada experiencia nacionalista: "Quítese, en efecto, la poesía a la personalidad de Lamartine y nada queda. Hágase lo mismo con la política, y se verá que nada ha perdido" [24].

Por supuesto, la idea acerca del intelectual varió cuando varió la ideología, y a partir de 1923, luego del discurso de la espada, sus adormecidas inclinaciones por una militancia política y las bondades de la praxis resurgirán claras y manifiestas. Los ejemplos de las conferencias del Coliseo, significativamente

[19] LUGONES, "La luz eleusina", *La Nación*, julio 30 de 1922.
[20] LUGONES, "La política y las musas", *La Nación*, octubre 28 de 1913.
[21] *Ibid.*
[22] *Ibid.*
[23] *Ibid.*
[24] *Ibid.*

contenidas en un libro al que titula *Acción*, la idea de constituir (o liderar) un movimiento como el de los "chisperos", la demoledora campaña periodística en contra del sistema liberal, evidencian un giro también copernicano en cuanto a la misión que pensaba le correspondía desempeñar.

Aquella divergencia entre escritor y política no agitará más su espíritu. Había hallado —como en las juveniles épocas de la Córdoba natal o durante el interludio socialista— definitiva respuesta al interrogante que tanto lo desasosegaba: era hombre de entreguerras y debía ponerse al servicio de una de las facciones que durante la larga espera de 1939, pugnaban entre sí: la reacción autoritaria y la democracia. De alguna manera, Lugones reincide en postulados de una literatura comprometida, que es, en definitiva, sometimiento de la creación a la lucha política. La prueba hállase en las obras no literarias del período: *La patria fuerte, El Estado equitativo, La grande Argentina, Acción,* y la parcializada —y filosóficamente relativista— concepción de los *Poemas solariegos* y los *Romances de Río Seco.*

De modo incidental, en 1926, volverá a ocuparse del tema, refiriéndose a lo que creía nuevo deber del escritor como ciudadano y patriota, y que significaba "ser instrumento de orden, es decir de armonía social y no de anarquía. Un elemento jerárquico^a lo cual equivale a gubernativo"[25]. Y así vendrán los prolegómenos de 1930, su tarea de mentor intelectual del movimiento, las correrías en filas nacionalistas, irrefrenables ansias por arribar, también él, a una ciudad —su platónica Siracusa— que lo aclamase y pudiera ordenarla bella, justa y armónica.

Sólo después del gran desengaño, abandonado por militares y jóvenes reaccionarios, replanteará lo que entendía ineludible obligación del intelectual. Esta vez se limitará a ampliar hasta la hipérbole la vieja idea del sometimiento al deber: la ley del honor. Si en la vieja Cortesía del Dante era virtud amar sin lascivia, domando al instinto, disciplinándolo al yugo de la continencia, única forma de arribar a formas espiritualizadas de lo erótico, también podría accederse a estados superiores acatando reglas imposibles de eludir sin deshonrarse, dándose a

---

[25] LUGONES, "El ocaso del colectivismo", *La Nación*, diciembre 22 de 1926.

facilidades placenteras [26]. En otras palabras, esas reglas —el honor del artista— eran producto de un estético albedrío, constituyéndose en normas de conducta.

So pena de fealdad, nadie puede violarlas por cobardía ante el obstáculo, por ignorancia aceptada o por tentación de sensualidad [27]. Respondiendo a las dudas que levantaban la asertiva proposición, con característica agudeza preguntaba: "¿Qué le estorbó al Dante su riguroso terceto, qué la simetría aritmética de su casi sobrehumana creación? ¿Cuánto necesitó violar Homero la prosodia de su hexámetro, ni Hugo desconcertar su alejandrino?" [28].

El tema, en verdad, era variante de otro antiguo problema: la relación entre libertad y creación intelectual que ahora resolvía limitando a la primera mediante ese deber moral de artista. Pero, a fuer de sinceros, justo es reconocer que la flamante fórmula no fue sino ataque a la vociferante estética de los vanguardistas, quienes lo acosaban y pretendían fundar, sobre la defunción literaria del viejo maestro, un nuevo orden artístico. En varios de sus contrincantes veía falta de talento y en muchos tendencia a un facilismo que lo horrorizaba: "era la pretendida capacidad de que todo es de todos, o que todos tienen derecho a todo por el mero hecho de nacer" [29].

Casi con términos idénticos, había definido al populismo. Creyó vislumbrar en las nuevas corrientes literarias argentinas falencias semejantes a las del yrigoyenismo, imagen nativa —al menos, en ciertos aspectos— de esa vertiente política que despreciaba. Verdaderamente, algo tenían en común: cuando las significativas elecciones de 1928, los martinfierristas (entre ellos, el mismo Borges) de modo público comprometieron su voto en favor del caudillo a la postre victorioso.

Lugones pertenece al linaje de las grandes figuras multiformes del siglo XIX, y si con alguna existe posibilidad de identificarlo, precisamente Sarmiento resulta el paradigma obligado.

---

[26] LUGONES, "Musas a la moda", *La Nación*, junio 23 de 1935; "Poesía y prosa", *La Nación*, octubre 6 de 1935.

[27] LUGONES, "Máquinas de escribir", *La Nación*, noviembre 24 de 1925.

[28] LUGONES, "Musas a la moda", *La Nación*, junio 23 de 1935.

[29] LUGONES, "El escritor ante la democracia", *La Nación*, junio 27 de 1937.

Ha dejado en todo lo escrito, en todo lo dicho, la marca de su personalidad, muy al estilo —incomparable y personal— del sanjuanino. No cabe duda de que fue bajo el signo de Sarmiento que organizó su vida y como él quiso llevar también cual pesada carga todas las contradicciones argentinas. ¿De quién era el retrato que adornó para siempre su pared? ¿En quién pensaba cuando recababa —a veces con exagerada insistencia— que los más grandes argentinos habían sido autodidactos, o cuando exigía ciudadanos capaces de adaptarse sin problemas a cualquier situación?

Alguien, cierta vez, dijo que sus muchas frases dedicadas a Sarmiento le resultaban perfectamente aplicables como en este ejemplo: "Pásase la vida aprendiendo para enseñar y buscando cosas útiles para el país" [30]. Sin duda, habíase arrogado la responsabilidad de la Argentina, considerándose su perpetuo representante. Por eso, se encolerizaba con deficiencias y retardos, aplicando hasta hacer sangre la vara desnuda de la verdad.

Quizás en tan conmovedora docencia radiquen sus variaciones ideológicas y la misión que, como intelectual, había asumido.

[30] MAS Y PI, Juan, *Leopoldo Lugones y su obra*, Renacimiento, Buenos Aires, 1911, pp. 224-225.

CAPÍTULO V

FILÓSOFO DEL PORVENIR

"La filosofía de la historia consiste en descubrir las tendencias dominantes de una colectividad humana durante una época" [1].

La historia en Lugones fue un nuevo estímulo para acometer el arduo camino del cambio. Pasa también por concluyente prueba del modo como ordenaba —o reordenaba— su visión cultural dócil a los novísimos descubrimientos en el campo de la física, o si se prefiere, de la filosofía de la ciencia. En verdad, con tan presurosa ubicuidad no se diferencia mucho de aquellos intelectuales que hicieron otro tanto luego de las conclusiones de Galileo o Newton.

Rasgo distintivo, en ambas etapas, pre y posrelativista, fue declarado historicista. Participaba de esa antigua tentación por la cual es posible discernir en el curso de la historia esquemas generales o designios. Sin duda, le repugnaba aceptar una imagen histórica semejante a un arbitrario acontecer de hechos, suerte de barroca acumulación de incidentes y episodios. Temía que tanta imposibilidad envolviera una afrenta a la misma dignidad humana, pues Lugones, no se olvide, era un optimista. Inicial seguidor de Kant, más por el espíritu que rodeó a su iniciación intelectual que por devoto lector, se resistía a pensar una historia tejida sólo de locuras o vanidades. Aún después del escandaloso viraje, continuó fiel a su historicismo y rescató de aquel enorme alije la posibilidad de ritmos o modelos en el devenir de los hechos.

Hasta el gran corte de 1914, Lugones se ubica filosóficamente en la todopoderosa tendencia iluminista y kantiana. Por eso creía, no sólo en un curso determinado de la historia, sino

---

[1] LUGONES, "El dogma de obediencia. Historia del dogma", *Revista de la Facultad de Derecho de Córdoba*, 1921, año 1, t. 1, p. 6.

en la unidad de su propio desarrollo. Era finalista y progresista a la vez. Como es notorio, de acuerdo con tan arraigada convicción, la humanidad avanzaría hacia el mejoramiento y la felicidad, sin deserciones ni abandonos, dando por cierto su ascenso lineal hasta formas cada vez más perfectas, gracias a un sistema de pensamiento que, por racional, concordaba con el íntimo mecanismo de la naturaleza. El *Elogio de Ameghino, Sarmiento, Didáctica* y su críptico *Prometeo* dimanan esa insobornable credibilidad lugoniana en el progreso y en el género humano.

Su lucha contra el dogma de obediencia, contra la "civilización de la fuerza", resaltan certeza en tan venturoso avenir. La corresponsalía europea lo trasunta de manera impecable, y el estallido de la contienda europea reavivó esa campaña, convencido de que la vesánica matanza resultaba forzoso preámbulo para la plenaria vigencia de la justicia y la libertad. ¡Y qué decir de su acendrado wilsonismo! Pocas adhesiones tan sinceras y entusiastas debió de haber suscitado el visionario presidente como la de Lugones. Allí sí está patente —*Mi beligerancia* y *La torre de Casandra* lo prueban— su fe progresista, su principismo y su racionalismo. Verdaderamente, en aquellas dos entregas se nos muestra muy siglo XIX, suerte de político que luce con alguna pudibundez viejas ilusiones.

Tan firme creencia en la idea del progreso humano lo arrastra con ligereza y candor a la inevitable aventura de la profecía. Gusta augurar el fin de la "civilización de la fuerza" y el advenimiento de la "Edad Social", la "República Social" o, bajo arranques de inefable éxtasis, "la inmensa cosa que viene"[2]. Por eso, aquel relampaguear en los cielos de Rusia luego de las épicas luchas de octubre, habrá de recibirlo enfervorizado. Es que su primer —y auténtico— deslumbramiento por la Revolución de 1917[3], fue el remate de una filosofía de la historia. Poco tiempo después la abandonará y criticará —es cierto— pero más por razones intelectuales que por docilidad clasista.

Ese historicismo le facilitaba predecir acontecimientos políticos importantes, como el estallido de la guerra balcánica y la europea, el fracaso del rearme propiciado por la Liga de las Naciones en Ginebra, la fulgurante carrera de Mussolini y

---

[2] Lugones, "Las Euménides", *La Nación*, febrero 11 de 1914.
[3] Lugones, *Mi beligerancia*, p. 171.

también ciertos ritmos o leyes yacentes bajo la evolución de los pueblos.

Testimonio de su complicada personalidad, aquella firme creencia en el progreso conjugábala con una suerte de milenarismo laico, de "apocalicismo", gracias a los cuales recalaría, luego de cruento y estruendoso alumbramiento, en el ansiado reino de la leche y de la miel. Porque el *redentium progredientes* necesitaba también de cruentos dolores para gozar la perfección. Justo es que Lugones —a pesar de sus grandes cambios— creyó siempre en una historia dividida en comienzo y fin, lo cual podía venirle muy bien del admirado Platón. La idea de crisis, por ejemplo, permaneció inalterable a lo largo de toda su vida, y el "apocalicismo" que de tanto en tanto ensayaba (sin duda consecuencia de oscuras creencias en un necesario castigo) era también inalterable seguridad en el recurrente y fatal resurgir de una brusca mudanza.

Y si en su etapa prerrelativista, la civilización había sido socavada por bárbaros y cristianos —tesis muy a lo Gibbon o a lo Pope— luego del giro copernicano reincidirá en similar modelo: esta vez serán germanos, orientales y marxistas los inevitables enemigos. Curiosamente habrá siempre de identificar su idea de crisis con lo acontecido durante el Bajo Imperio.

Pero de pronto fueron la guerra y el fracaso de Wilson. Vinieron los cambios en el campo de la ciencia, estimulados por Einstein y Heisenberg, y cuando el universo cultural de su época púsose en cuestión, aquel principista, idealista trascendental y racional progresista, luego de asumir el impacto de las nuevas verdades, con alegría de converso, en conmovedor ademán didáctico, las hizo públicas para los demás. Sin embargo, pese a la renovación, continuó afecto al historicismo, esta vez bajo la fresca influencia de Oswald Spengler [4] y la de su copista Ortega y Gasset, compartiendo así una suerte de relativismo filosófico condenatorio de la unidad del desarrollo histórico. Hecha añicos la ley del progreso —uno de los pilares de la cultura occidental— otro tanto ocurrirá con el concepto de civilización, que de ahí en más, fue sustituido por el de civilizaciones locales. Ya no habrá una sola historia y una sola dirección. Se entenderá que aquélla se desenvuelve en varios

[4] Lugones, *La organización de la paz*, pp. 20 y 65-66.

481

y distintos tipos de civilizaciones herméticas, cerradas en sí mismas, aisladas una de las otras, pues cada civilización surge, se desarrolla y muere sin ser continuada en sus valores esenciales.

Desde entonces la historia transformóse para Lugones no "en espiral de regresiones aparentes, sino en una sucesión de ciclos lógicamente incomprensibles o sea estados parciales de civilización, alternados con otros de barbarie"[5]. Es más, "la manifestación lo es en períodos autónomos, totalmente excéntrica a la pretendida ley del progreso que descubría el proceso como un desplazamiento de nuestra especie hacia una meta preestablecida"[6].

Estaba encantado, por sus ecos paganos, con el renacido *corsi e ricorsi* viquiano. Con indisimulado regusto anotaba que "en historia se vuelve a la periodicidad del progreso y la decadencia, que restaura el concepto palingenésico de la vida, visible incluso en las investigaciones arqueológicas y documentales[7]. Y como todo esto sonaba a verdades antiguas, como las que buscó años atrás en el arca de la teosofía, no vaciló en subrayar el símil indispensable: "La historia es un fenómeno sujeto a la ley de periodicidad, como todos los otros, a empezar con la vida misma"[8]. En verdad, el nuevo asunto, utilizando sus palabras, era un *neopaganismo* merced al cual "el porvenir llegaba a confundirse con el azar"[9].

Adentrábase asimismo en el motor de la historia. Hallaba que era "la perpetua oposición entre el orden y la estabilidad orgánica de una sociedad cualquiera, y la disconformidad desquiciadora que se apoya en sus defectos, tachándola con eficacia en sus puntos débiles"[10]. Simple variación del concepto anterior, reducía el proceso de la historia a una interminable acción y reacción política, que afectan sin cesar los conceptos funda-

[5] LUGONES, "El fracaso ideológico", *La Nación*, octubre 8 de 1923.

[6] LUGONES, "El finalismo progresista", *La Nación*, enero 6 de 1924.

[7] LUGONES, "La ilusión constitucional", *La Nación*, octubre 17 de 1923.

[8] LUGONES, "Defensa del Estado", *La Nación*, octubre 10 de 1930.

[9] "Lugones a L. Ayarragaray. Epistolario político (julio-agosto)", en Ayarragaray, Lucas, *Cuestiones y problemas argentinos contemporáneos*, pp. 208-209.

[10] LUGONES, "Significación de Goethe", *La Vida Literaria*, marzo de 1932.

mentales de la organización del Estado, o sea, el consentimiento y la fuerza, cuya crisis proviene de su respectiva exageración, la anarquía o el despotismo" [11].

En ocasiones rendía culto a la moda de su época. O en otras palabras, la atracción por lo profético lo impulsaba a reiterar con exagerado respeto, sospechosos determinismos como el caso de la geopolítica. Mucho fue lo que escribió respecto al carácter relevante de la geografía, llegando a sostener —la verdad, un tanto machaconamente— que "era el continente de la historia" [12].

La organización de la paz, libro de la crisis lugoniana, exhibe resplandecientes influencias de Spengler, quien había sacudido a la opinión europea con su *Decadencia de Occidente*. Es sabido que el pensador alemán postulaba el relativismo como única posibilidad para el conocimiento: las verdades eternas eran imposibles. Toda filosofía era una expresión particular, y así se daban una ética y hasta una matemática para cada cultura. Su concepción del universo como naturaleza y la feroz crítica al desarrollo único de la historia obtuvieron el aplauso fulminante de su tiempo. Lugones no fue ajeno a ese hechizo. Lo prueban sus citas, enorme distinción, en quien, a diferencia de sus escritos juveniles, era avaro con ese tipo de reconocimientos. Además, a la posición antiprincipista y antirracionalista de Lugones, el historicismo spengleriano caíale acabadamente.

También Platón supo valerse de la tesis cíclica para interpretar la decadencia de las ciudades-estados griegas y del Imperio Persa. Lugones, que había transitado *La República* y *Las Leyes*, siempre sensible a la insinuante claridad del griego, debió acoger como suya la fascinante tesis. Años atrás, en pleno cambio, no disimuló su entusiasmo por Maquiavelo —quien en esto sigue a Polibio— y por el mismo Vicco [13]. Pero fue sólo con *La Decadencia de Occidente* y los trabajos de Ortega y Gasset, cuya fiel lectura parece hoy incuestionable, cuando completó el

11 LUGONES, "Defensa del Estado", *La Nación*, octubre 31 de 1930.
12 LUGONES, "La razón de Francia", *La Nación*, junio 4 de 1922; "Lausana y el Rhur", *La Nación*, febrero 13 de 1923; "Ambiente de guerra", *La Nación*, setiembre 8 de 1924; *La organización de la paz*, pp. 43-44; "La crisis mayoritaria", *La Nación*, enero 5 de 1928.
13 LUGONES, "El dogma de obediencia. Historia del dogma", *Boletín de la Facultad de Derecho de Córdoba*, año 1, t. 1, 1921, p. 87.

cuadro de su reaccionarismo, el mismo que beatamente suponía más científico que el pensamiento liberal [14]. Como argumento que sosiega, solía conjeturar que "el movimiento histórico señala visiblemente el final de su oscilación hacia la izquierda" [15].

Reaccionario o progresista, la historia le sirvió para descubrir tendencias dominantes en cualquier colectividad —incluso la suya— durante una época difícil y caótica [16]. Por algo había colocado como proemio de El dogma de obediencia un verso del amado Virgilio: "Feliz el que discierne la causa de las cosas". Esa era su "filosofía o teoría histórica", la misma que en pleno viraje ideológico consideró que "no iba desacertada" [17]. También había mucho de pragmático en todo esto, pues de Clío podían extraerse enseñanzas [18], lo cual combinábase a las mil maravillas con una política considerada ciencia natural, tal cual enseñaban los epígonos de L'Action Française [19].

Lo reiterativo del tema merece alguna glosa. Cabe por ello adelantar una interpretación del convencido historicismo de Lugones: ante el turbulento momento que le tocó encarar, no parece descartable que intentase compensar la pérdida de un mundo inmutable con la seguridad de que los cambios podían al menos ser previstos y anticipados.

[14] LUGONES, La organización de la paz, pp. 65-66.
[15] LUGONES, "La paradoja política", La Nueva República, diciembre 1º de 1928.
[16] LUGONES, "El dogma de obediencia. Historia del dogma", Boletín de la Facultad de Derecho de Córdoba, año 1, t. 1, 1921, p. 6.
[17] LUGONES, Leopoldo, "Un voto en blanco", La Nación, diciembre 3 de 1922.
[18] LUGONES, "La crisis mayoritaria", La Nación, enero 5 de 1928.
[19] LUGONES, Leopoldo, "El Estado capitalista", La Nación, agosto 22 de 1928.

CAPÍTULO VI

BREVIARIO ESTÉTICO

*"...enseñar con el ejemplo que las tareas del
espíritu son útiles a la patria"* [1].

Nada tan importante como las ideas estéticas de Lugones.
Pocos campos de su continua y laboriosa producción ofrecen
mayor interés. Habida cuenta de su indisimulado fervor, no
nos debe sorprender que materia tan predilecta, cuyos logros
sirvieron para inmortalizarlo, exhiba también influencias platónicas. De acuerdo con la tríada del amado maestro, Lugones
imaginaba a la Belleza idéntica a la Verdad y a la Justicia,
componentes, todas, del supremo concepto del Bien. Aquellos
valores —como se sabe— determinábanse entre sí y por eso, el
sabio, el héroe y el artista, sus representantes corporizados,
constituían vehículos civilizadores [2]. Dicho sea de paso, intentó
asumir los tres estados, pasando alternativamente de uno a
otros, cuando no reclamando para sí todos los papeles.

Sólo bajo el dominio de la síntesis platónica resulta posible
interpretar el remansado y viril ejercicio estético, ascendiente
que no fue simple escarceo de juventud, sino constante en toda
su vida, pues en escritos finales hállanse vigente idénticas afinidades [3]. La bellísima síntesis lo acompañó siempre, pese a
las resonantes fracturas ideológicas y sentimentales que lo aque-
jaron. De tan férvida dependencia deducía la misión del artista, que a su juicio era la del individuo superior, descubridor
de la belleza y la verdad, y hacia quien ascendía el público ávido

[1] LUGONES, "Musa forense", *La Nación*, enero 10 de 1914.
[2] LUGONES, "El imperio del mamarracho", *Sarmiento*, mayo 13 de
1912.
[3] LUGONES, "Significación de Goethe", *La Vida Literaria*, marzo de
1933.

de similares valores [4]. Porque todo su ideario estético hállase unido a un fuerte eticismo, parentesco característico en el pensamiento lugoniano.

Al modo platónico —y como Leonardo también— pensaba que el espíritu creaba al cuerpo [5]. No tenía dudas: el arte era cuestión de puro espíritu [6]. Con ese magnífico ingrediente había existido desde el comienzo, aunque veíalo contemporáneamente mercantilizado, olvidada la generosa función reveladora, preocupado en suma, sólo por clientes o satisfacciones egoístas del orgullo personal. No dejó de advertir, así, una de las peligrosas desviaciones de nuestro tiempo, la de un "arte envilecido hasta las entrañas por una explotación mercantil, por el afán de producir nuevo, para adquirir valor de moda, valor venal, establecido en el mostrador del mercader" [7].

Si el hombre representaba en este mundo la más elevada síntesis espiritual, la misión primera del artista debía ser pues humanizar la materia [8]. Y acá aparece otra de sus ideas prevalescientes, indispensable para aproximarse a su breviario estético: el arte era principal agente de civilización, pues "civilizar era subordinar progresivamente la materia al espíritu humano" [9]. Como se advierte, el lugar que reserva a su condición de artista aparecía más que destacado y razón no le faltaba.

En esa tarea civilizadora sentíase eslabón de ininterrumpida cadena que, desde la oscura noche de la barbarie, continuaba hasta sus días. Lugones —a diferencia del arte moderno, del arte "ex nihil"— confesaba adeudar los esfuerzos realizados por un incansable dédalo de muertos [10]. En todo esto, es cierto, hay mucho de teosofía, además de superabundante verdad. Creyente de la palingenesia, alguna vez citó a Pascal, comprometiéndose con la atractiva propuesta de considerar a la sucesión

[4] LUGONES, "El imperio del mamarracho", *Sarmiento*, mayo 13 de 1912.
[5] LUGONES, "Nuestras ideas estéticas", *Philadelphia*, año IV, t. V, pp. 156-157; "El robo de la Gioconda", *La Nación*, setiembre 29 de 1911.
[6] LUGONES, "Los salones del Grand-Palais", *La Nación*, mayo 31 de 1912.
[7] LUGONES, "El Salón de Otoño", *La Nación*, diciembre 22 de 1913.
[8] LUGONES, "La buena pintura", *La Nación*, julio 25 de 1914.
[9] LUGONES, "El Salón de Otoño", *La Nación*, diciembre 22 de 1913.
[10] *Ibid* y "La buena pintura", *La Nación*, julio 25 de 1914.

de vidas humanas en el transcurso de los siglos, como la de un solo hombre que no cesara de vivir ni de aprender [11].

Había una frase que gustaba repetir, adornándola con variantes y que señala su rumbo en la materia: "La Belleza es la manifestación de Dios en la armonía de lo creado". Pese a las ilaciones interesadas que se pretenden extraer de ella, es mera recidiva teosófica, y por supuesto declamada por él desde antiguo: "Sentir la belleza —había dicho en sus mocedades— es percibir la unidad del Universo en la armonía de las cosas" [12]. Pensaba que el arte era armonía y artista quien sentía con mayor amplitud la unidad del Universo. Todo no pasaba de un simple panteísmo, merced al cual llegó a sostener que la gran posibilidad del arte era "sentirse uno con el Gran Ser, en la inmensa armonía que manifiesta su unidad" [13].

Esto se parece a la conveniente proposición y correspondencia de los pitagóricos, que alentaban "un fenómeno intelectual y orgánico a la vez" [14]. Hay una sugestiva anécdota relatada por Capdevila en la que Lugones exhibe esos antiguos postulados con candorosa precisión; el autor de *Melpómene* la ubica en el tercer viaje a Europa. En cierto momento, luego de no muy amable plática sobre el valor de la literatura hispánica y lo español, desde la cubierta del navío y en alta mar, el poeta, a modo de consuelo, lanza a su coterráneo admirador esta significativa frase: "Gocemos pitagóricamente la belleza geométrica de sentirnos centro de una circunferencia perfecta" [15].

¿Cómo explicaba Lugones el fenómeno artístico? En otras palabras, qué razones hallaba para el misterio creativo. El recurso al que apeló era otra vez coherente con esotéricas creencias; lo constituía una curiosa conjunción de ideas platónicas y teosóficas. Rescataba el hermoso artificio de la némesis desarrollado por el inefable maestro en su *Phaedon*, recreando el tema de las ideas innatas o prototipos. Así sostuvo, desde los comienzos hasta el final de su vida, que: "La virtud esencial de la obra de arte es que despierta y sensibiliza en nuestro

11 LUGONES, "De la antiestética", *La Nación*, diciembre 26 de 1926.
12 LUGONES, "Nuestras ideas estéticas", *Philadelphia*, p. 151.
13 *Ibid.*, pp. 156-157.
14 LUGONES, "La armonía pitagórica", *La Nación*, abril 12 de 1936.
15 CAPDEVILA, *Lugones*, p. 256.

ser el prototipo de la cosa, emoción o idea por dicha cosa representada; pues como legado atávico llevamos en la continuidad de la raza, desde la más remota prehistoria, los prototipos de todas las cosas, emociones e ideas" [16].

Tan particularísimo pensamiento halla justificación en este otro pasaje, cuya transcripción parece obligada para el mejor entendimiento del importante tópico: "Toda verdadera expresión de arte causa la impresión de que ya estaba en uno, de que uno lo sabía ya. El artista, por medio de la obra de arte, desarrolla en nuestro espíritu los gérmenes prototipos que éste contiene, fecundándolo, por decirlo así. Si el principio de belleza no estuviera en nosotros, toda comunicación entre el artista con nuestro espíritu sería imposible. El espectador es un colaborador en la obra de arte" [17]. Creía materialmente imposible describir el crepúsculo en un soneto, si el espectáculo prototípico del crepúsculo no estaba ya en el lector. Esos prototipos estéticos resultaban de una repetición milenaria de emociones simpáticas, a través de una casi eterna cadena de generaciones, cadena que habría conservado por acumulación multisecular las emociones gratas, formando así el instinto de belleza.

Derivaba imprevistas consecuencias de estas premisas. Mejor dicho coordinábalas a su antojo para rebatir ocasionales adversarios. Por ejemplo, la némesis platoniana servíale para emprenderla contra la "absurdidad teológica de la creación 'ex nihilo', de la que alardeaba el arte moderno" [18], ya que todo, en definitiva, se reducía a nuevas orientaciones de elementos preexistentes. Otras veces, los prototipos innatos en todos, hasta en la gente más inculta, le permitía abogar por una idea estupenda por lo igualitaria: el pueblo gusta oír hablar en lenguaje elevado, idea que de paso ayudaba a descargar su santa

[16] Lugones, "El triunfo de la antiestética", *La Nación*, noviembre 25 de 1914; "Neo-clasicismo", *La Nación*, julio 9 de 1912; "La buena pintura", *La Nación*, julio 25 de 1914; "Poesía obliga. De L. Lugones a Joaquín Castellanos", *La Nación*, agosto 18 de 1923; "Escuela Superior de Bellas Artes. L. Lugones dio una conferencia inaugurando el curso de Estética", *La Nación*, mayo 5 de 1924; "El poeta y la poesía", *La Nación*, enero 30 de 1927; "Etica y estética", *La Nación*, agosto 26 de 1937.

[17] Lugones, "El imperio del mamarracho", *Sarmiento*, mayo 15 de 1912.

[18] Lugones, "La buena pintura", *La Nación*, julio 25 de 1914.

488

ira contra "el único auditorio irreductiblemente imbécil, compuesto por advenedizos pedantes, por plutócratas que necesitan dorar su madera ordinaria, malos, egoístas, duros, vale decir impenetrables" [19]. Curioso rasero estético para quien en política recelaba de la masa y sus imposibilidades.

El original pensamiento continúa: aquel instinto de belleza —mejor dicho, los prototipos dormidos— los poseemos, pero en estado pasivo, como el ser femenino las células generadoras. Y lo que el artista hace es nada más que fecundarlas, poniéndolas así en estado de creación. Gracias a su desinteresada labor y con las formas que sabe comunicar, el prototipo de belleza —la belleza misma— revive en nosotros. Se trata, pues, de un engendro, como los carnales [20], por lo que producir una obra de arte es engendrar un ser vivo, al cual no faltarán defectos, ni pasiones [21].

Conviene detenerse en este punto. Los aspectos sexuales que apreciaba en el fenómeno artístico, sufrieron con el tiempo particularísimas variaciones. No quedaría reducido a ese nivel físicamente excesivo; por el contrario, supo elevarlo hasta la idea del amor. Gracias a profundos estudios sobre la obra del Dante y los místicos poetas del *dolce stil novo*, como Guido Cavalcanti —aquel admirado por Ezra Pound—, Lugones comenzó a igualar más y más el fenómeno poético con el amor, sosteniendo, finalmente, una total identidad [22]. A partir de la primera estada europea ya se advierte, en algunos de sus artículos, cierta insistencia en equiparar la emoción de la belleza como forma de amor [23].

Idea del amor y estética se confunden curiosamente. De inmediato, aquella fecundación que en un principio había identificado con la fisiológica y que varió merced al tema del Perfecto Amor, habrá de traslucirse en su poesía erótica. Alre-

[19] LUGONES, Leopoldo, "La cultura de las masas", *La Nación*, junio 12 de 1912.

[20] "Poesía obliga. De L. Lugones a Joaquín Castellanos", *La Nación*, agosto 19 de 1923.

[21] LUGONES, *Piedras liminares*, p. 182; "El triunfo de la antiestética", *La Nación*, noviembre 28 de 1911.

[22] LUGONES, "De la antiestética", *La Nación*, diciembre 26 de 1926; "El hermano luminoso", *La Nación*, junio 3 de 1926.

[23] LUGONES, "Los salones del Grand-Palais", *La Nación*, mayo 31 de 1912.

dedor de 1926 escribe: "esta fecundación (*se refiere a la nueva postura*) que es diferente de la fisiológica en que no multiplica produciendo otro ser, sino que lo exalta en el alma fecundada, por absorción del gérmen incorporado a ella, no es, pues obra de generación sino de regeneración"[24].

Era el misterio de la Cortesía del que tanto escribió los últimos años. Nada más importante que intentar explicar este decisivo concepto del pensamiento lugoniano que, como queda dicho, mucho tiene que ver con sus ideas respecto del amor y la mujer. Primero debió incursionar en el modelo de los trovadores que habían adoptado la idea del amor platónico expuesto en el *Symposium*, o sea la continencia o eliminación del amor físico. En otras palabras, orientaron decididamente el acto amoroso hacia formas interiores del alma ajena. Aquel peculiar erotismo había adquirido, luego de la cruzada albigense (otra de las razones por lo que aparece en su obra el martirio valdense) una imprevista interpretación.

Los poetas italianos, peligrosamente cercanos a los Estados Pontificios, no sin antes evaluar el terrible acoso lanzado contra los trovadores, desarrollaron una aproximación a la temática provenzal enfatizando la belleza más allá de lo meramente carnal. De esa forma el amor pasó también a constituir una entidad intelectual y La Amada dejó de ser una deliciosa máquina de carne y hueso; a ella se referían como milagro del cielo, verdadera *donna angelicata*. Además predicaron, como aporte sin duda original, que por su intermedio, el amor, cuyo origen estaba en Dios, retornaba (el caso del Dante y los *Fedeli d'Amore* es clarísimo) nuevamente al poeta, porque la Señora era sólo un eslabón en el amor a Dios. El amor por su *donna* no provenía del cárneo exterior (resultaba harto vulgar, en absoluto refinado para aristócratas del espíritu) y era, más que nada, devoción orientada hacia la divinidad.

De la mezcla de esos elementos platónicos, y otros éticos procedentes del cristianismo, configuraría Dante su Doctrina del Perfecto Amor o Misterio de la Cortesía, contrapuesto al amor vulgar, propio de villanos. En aquella elaborada forma todo era absolutamente espiritual, pues la idea de la amada oscila

[24] "De la antiestética", *La Nación*, diciembre 26 de 1926.

en delicado equilibrio de planos sensuales y espirituales. Así, a la fiebre de la carne se la sustituía por la del espíritu, merced a una continencia autoimpuesta por el honor. Esta divinización del ser femenino, propia de la tradición ocultista y poética, fue insospechado camino por el cual Lugones retornó a su pasado esotérico, común a la poesía simbolista francesa y a los intelectuales finiseculares —en su gran mayoría iniciados también— deseosos de "ir más lejos", de hallar desconocidas relaciones con las fuerzas extrañas de la naturaleza[25].

Tan complejo y sofisticado concepto fue el que adoptó para la poesía erótica del *Romancero* y *Las horas doradas*, que difiere notablemente de su anterior producción. De allí extrajo fundamentos para una doctrina estética. Sin embargo, esa posición mística, "esa mística profana", como alguna vez la supo llamar, citando a Savi López[26], ha impulsado a cierta crítica a descubrir en varios de sus artículos —sobre todo cuando se refiere a la Inmaculada Concepción— pruebas relevantes de una conversión al catolicismo, sin advertir que la circunstancial analogía entre ambas devociones —la mariana y la de la Cortesía— nada alteraba un sentido religioso, exteriorizado hasta con su suicidio en insobornable deísmo.

El artista no engendra, porque su tarea es regenerativa. No es fisiológica como pensaba en un comienzo, sino puramente espiritual, ya que despierta con el prototipo de belleza aletargado en el interlocutor, el ángel dormido que yace en él. Como se advierte, otra vez los misterios antiguos; otra vez ecos de *Prometeo*. Ilustremos con la frase que sigue su pensamiento: "Esta fecundación difiere de la fisiológica en que no multiplica la vida produciendo otro ser, sino que la exalta en el alma fecunda, por absorción del germen incorporado a ella, no es, pues, obra de generación sino de regeneración"[27]. Para agregar a continuación una nueva clave correlativa y fundamental: "Esto constituía, a su vez, uno de los misterios de la Cortesía Caballeresca o Arte del Perfecto Amor"[28].

[25] MERCIER, Alain, *Les sources ésotériques et occultes de la poésie symboliste*, Nizet, París, 1969; ORTIZ, Alicia, "Esoterismo en la poesía simbolista francesa", *La Prensa*, mayo 9 de 1982.

[26] LUGONES, "La doctrina del perfecto amor", *La Nación*, setiembre 1º de 1935.

[27] LUGONES, "De la antiestética", *La Nación*, diciembre 26 de 1926.

[28] *Ibid* y "El hermano luminoso", *La Nación*, junio 13 de 1926.

Prototipo de belleza y ángel dormido parecen identificarse en toda esta difícil construcción. La gran obra del artista consiste en "la regeneración del ángel en el ser humano, como la alquimia lo tuvo en la transmutación aurígena"[29]. O citando estas otras palabras suyas, bellas y claras, relativas a la manera en que el "deus" interior trasparece: "Divinidad encarnada hay en el hombre, como hay sol en la substancia de la leña, y del propio modo que la chispa, al darle fuego, liberta en ella el resplandor del astro, el redentor prometeano reanima la deidad en nuestro ser"[30].

Idealismo, platonismo, teosofía son canteras donde el infatigable buscador extrae motivos para su breviario estético. Así, por ejemplo, la melancolía del artista, luego de la belleza lograda, se apoya en la idea de la transmigración de las almas. Veamos cómo lo explica Lugones: "Aspirando al infinito, como intérprete del alma humana, el artista, cuanto más cercano a la perfección, se queda triste de la belleza que no puede darnos. Esta impotencia proviene de la caída en la belleza"[31]. Igual estirpe reconoce cuando afirma que "sólo el arte consigue prolongar la expresión humana eternamente, acercándose así a la maravilla de la inmortalidad del alma"[32].

Se esforzaba en exaltar la función del artista, intérprete y revelador de la belleza latente en sus escuchas: era el héroe que animaba el alma dormida y la elevaba a estado de vigilia por medio del arte o del amor (que era lo mismo). Sólo así se vivía la vida verdadera: en otros términos, la existencia inmortal. "Fuera de aquel estado superior —afirmaba— la vida es sueño. Pasamos como sombras por aquella gran luz, sonámbulos que sólo despiertan a su esplendor en la iluminación de belleza"[33]. Explicación cautivante, sin duda, de la perpetuidad de toda obra de arte.

A Lugones el problema de la libertad artística (y la polí-

---

[29] LUGONES, "Kalolitrosis. La redención por la belleza", *La Nación*, octubre 16 de 1927.

[30] *Ibid.*

[31] *Ibid.*

[32] LUGONES, "Conversando sobre miniaturas y la obra de Aaron Bilis", *La Nación*, setiembre 13 de 1925.

[33] LUGONES, "Kalolitrosis. La redención por la belleza", *La Nación*, octubre 16 de 1927.

tica también) le preocupó hondamente. Concebíala ilimitada —plenaria, fue el bello calificativo con que la designó— pero de factores externos a la propia voluntad del hombre, es decir, no heterónoma. Sólo el propio individuo podía sujetarla por medio de la razón. Esta pauta recuerda en mucho al imperativo categórico clave de bóveda del pensamiento kantiano en lo que se refiere al accionar práctico.

Libertad reducida, sofrenada por la razón; esa fue la primera fórmula, característica de un período supuestamente anárquico y que impregna su prédica política, pero no halla idéntico correlato en la tarea poética, por ejemplo. Allí la idea de la libertad jamás fue integérrima; por el contrario, siempre supo rodearla de contenciones orientadas las más de las veces hacia un plácido clasicismo, como lo prueban *Odas seculares*, o hasta los mismos alardes de *Las montañas del oro* o *Los crepúsculos del jardín*, siempre limitados y con visibles confines. Ejemplo de ese autodominio son algunas leyes estéticas enunciadas por Lugones, como la "biología del ritmo" [34] o la "distribución simétrica de los miembros a los lados de un eje" [35].

Esa divergencia acerca del concepto de la libertad sólo desaparecerá luego del impacto de la marea revolucionaria roja y del arte sin limitaciones, proyectados al unísono por el marxismo y los movimientos artísticos surgidos a partir de 1918. Nunca Lugones se nos muestra más hombre de la entreguerra que cuando con sus prevenciones identifica ambas libertades, proceso a su vez sinfónico con el estrepitoso giro copernicano de 1923. Ante el inédito hecho que se le planteaba en lo artístico y en lo político, sobre todo en el primero, reexamina su posición filosófica, descubre (crea) enemigos y se acerca con la ingenuidad del converso a nuevos camaradas. No está suficientemente claro que fuera el fenómeno político lo que determinara el cambio de 1923. Por el contrario, puede afirmarse que la aparición de nuevas corrientes estéticas en la Argentina y sus fatales epígonos iconoclastas incitaron las conferencias del Coliseo o la catilinaria de Ayacucho. En otras palabras, su preocupación estética decidió la gran virazón ideológica. Y si en lo político denostó al liberalismo y se apresuró a propiciar

---

[34] LUGONES, *El payador*, pp. 97-98 y ss.
[35] LUGONES, *Estudios helénicos, Un paladín de la Ilíada*, p. 72.

una suerte de fascismo descaracterizado, transformándose en uno de los teóricos del partido reaccionario con sus críticas a la libertad, esa "Venus de la plebe", en la incruenta batalla por los ideales estéticos, impugnó también por medio de la doctrina del "honor artístico" las ilimitadas pretensiones de la nueva vanguardia.

En verdad, todo esto era el eco no muy lejano del valor que otorgaba a la hazaña de civilizar, ubicada en la cúspide del tinglado axiológico y por la cual se subordinaba, progresivamente, la materia al espíritu humano [36]. Pero constituía algo más: sujetar el instinto a normas internas de belleza y justicia [37].

¿Qué era, pues, eso del honor? Nadie, nadie —era su respuesta— puede triunfar por medio del subterfugio. Por el contrario, debe hacerlo venciendo limpiamente obstáculos y fuerzas coaligadas que se le presentan, resultando el primer gran trabajo "hacer lindo". Escribir, pintar mal es fácil; escribir y pintar bien es difícil, sostuvo desde siempre. Sorprendido por el cubismo, había escrito como corresponsal europeo algo atónito: "Quienes eligen el complaciente camino no lo hacen ni por ingenuidad —ya que eso es algo— ni porque lo sientan así, sino por mera incapacidad, porque carecen de habilidad para hacerlo mejor" [38].

La conciencia de cada hombre tiene límites, sostendrá en insinuante respuesta a la belicosa revista *Martín Fierro*, en ocasión de ensalzar a Pedroni. Ese confín no será la germánica cortapisa de la razón, sino el honor, latino por origen y práctica. "Esa virtud —dirá en su entrega periodística—, esa forma de disciplina que fue particularmente notable en el influjo que ejercieron las órdenes caballerescas sobre la Europa medieval [...] prohíbe triunfar por medio de subterfugios. No considera a estos goces de libertad, sino bajeza sensual y con ello negativa del señorío más difícil, que es el de caballero sobre sí mismo" [39]. La ausencia de esta virtud —de esta ética— significaba de plano

[36] LUGONES, "El Salón de Otoño", *La Nación*, diciembre 22 de 1913.
[37] LUGONES, "El robo de la Gioconda", *La Nación*, setiembre 29 de 1911.
[38] LUGONES, "El imperio del mamarracho", *Sarmiento*, mayo 15 de 1912.
[39] LUGONES, "El hermano luminoso", *La Nación*, junio 13 de 1926.

que "el arte no es un derecho sino una posibilidad con la cual nacen dotados algunos, a quienes, de consiguiente, no estorban las condiciones normales de la construcción artística" [40].

Y si Nietzsche llegó a proclamar que Dios había muerto, Lugones modestamente declara que "la libertad en el arte no existe más que para los artistas" [41]. Ese era el transnochado liberalismo al que constituyó su enemigo, allá en los campos de Ayacucho. El artista —siempre según Lugones— no emplea su libertad para destruir, "sino para crear dentro del orden vital, no en la anarquía metafísica" [42]. Era la respuesta al ultraísmo recién arribado a la parroquial Buenos Aires. Curioso ciclo el del artista que a su hora debe enfrentar idénticos denuestos a los perpetrados contra viejos maestros durante su mocerío revolucionario. Nada comparable a la tristeza y frustración del que recuerda —como ante postreros espejos— el manotazo biológico con que consiguió ocupar en otro tiempo un lugar bajo el sol.

No será más la razón la que limite a la libertad creadora. El turno ha de ser el honor del artista, único y necesario vallado. Para fundamentar esta inédita receta limitativa acudirá a elaboradísimos antecedentes. Por empezar, hablará de una "civilización de la fuerza", es decir, "una forma de dsciplina particularmente estable en el influjo que ejercieron las órdenes caballerescas sobre la Europa individual" [43]. Este es el momento en que se inicia la revisión del dogma de obediencia, revisión que llegará incluso hasta no publicar el ya acabado volumen dedicado al otrora obsesivo tema. Acá se inicia también el nuevo examen del catolicismo considerado hasta entonces bárbaro aporte regresivo. "Tanto la doctrina pública como secreta de la Caballería fueron —junto con la del Perfecto Amor— las que domesticaron la siniestra barbarie de la primitiva feudalidad" [44]. Todas eran elaboraciones que provenían del cristianismo, si bien con ilustres antecedentes paganos. Estos descubrimientos, como la posterior rehabilitación del catolicismo y de la Iglesia —según Lugones auténticos entes civilizadores y salvadores de la antigüedad clásica— fueron novedosísimo enfoque allá a mitad

[40] *Ibid.*
[41] LUGONES, "La paradoja estética", *La Nación*, diciembre 16 de 1928.
[42] *Ibid.*
[43] LUGONES, "El hermano luminoso", *La Nación*, junio 13 de 1926.
[44] LUGONES, "El collar de zafiros", *La Nación*, marzo 28 de 1926.

de los años treinta. Pero esta vindicación rondará siempre lo terrenal, será sólo un paso más en una elaborada filosofía de la cultura, ajena en absoluto a tentaciones trascendentes, como sin razón lo ha pretendido más de un captador de últimas voluntades.

Esa filosofía de la cultura estaba orientada con exclusividad a descubrir y rescatar intentos civilizadores, entendiendo como tales a los que significaran dominio de la materia por el espíritu. Había adoptado como paradigma el fenómeno cultural helénico, y en un primer momento, creyó ver en el cristianismo evidentes signos de retroceso al compararlo con aquel estado superior. Tiempo después, producida su gran crisis ideológica e impresionado por el poder del encuadramiento de la Iglesia Católica, no dudó en reconocerle históricamente atributos civilizadores ante la irrupción bárbara luego de la caída del imperio romano.

La idea del amor cristiano le servirá de apoyatura para frenos y limitaciones que necesitaba ante desbordes libertarios —políticos y éticos— que lo acosaban. Con el honor pasará otro tanto. No dudará sumergirse en la civilización provenzal, en las raíces mismas del espíritu caballeresco, para rescatar de esa mezcla griega y cristiana, un concepto autolimitativo. Con una nueva idea de la libertad, arribará no sólo a un reaccionarismo postrero, sino a una visión más completa del papel de la Iglesia y del Cristianismo en la formación del mundo moderno, pero siempre como auténticos fenómenos culturales, es decir terrenos. Nada hay en su obra que admita iluminaciones de tipo trascendente y menos aún de conversión.

Con característica perseverancia divulgó esas ideas hasta el cansancio. Para él, todo arte era reflejo de su época y del sistema o ideología imperante: "Cada época tiene la literatura que merece", solía exclamar indignado [45]. Estaba convencido de que "el culto de la incompetencia", el derecho de todos a todo, invadía el dominio de la estética. He ahí una de las claves para entender los enigmas lugonianos. La belleza no era fácil presa y por ello, partiendo de este concepto bastante retórico, podrá entenderse la derivación amatoria y sexual con que suele adornar muchos de sus artículos sobre el tema. Cualquier atentado a sus inexorables reglas —decía— "lleva ínsito el castigo de la

---

[45] Lugones, "El lenguaje pobre", *La Nación*, agosto 14 de 1929.

fealdad, que es fracaso supremo, pues la Belleza es también un culto, pero caballeresco" [46]. De nuevo el reiterativo concepto: el honor caballeresco, "ajeno a la plebe, o mejor dicho al bárbaro sensualismo de la igualdad, porque en su verdadera heroica significación, la nobleza es el estado de sacrificio" [47].

¡El Honor! "Ningún verdadero artista —gusta repetir— se siente incómodo con la fidelidad que a su arte debe, porque ella es su ley. ¿Qué le estorbó a Dante su riguroso terceto, qué la simetría aritmética de su casi sobrehumana creación? ¿Cuánto necesitó violar Homero la prosodia de su exámetro, ni Víctor Hugo desconcertar su alejandrino?", escribirá, exultante, un año antes de su muerte [48]. Había una moral del arte, una ética estética que "como toda ley de honor, constituye un deber voluntariamente aceptado, concepto que a su vez encierra la definición positiva de la libertad" [49]. No era simple cuestión de escribir. El artista que asume el difícil apostolado de comunicar ideas y emociones contrae consigo la obligación de que sean nobles y hermosas, de expresarlas, "no según se le antoje, sino como mejor pueda". Porque si no —agrega Lugones— "resultará un mal hombre y un falsario" [50].

Ceñido por tan rígidos cánones, puede interpretarse su laboriosa campaña contra el arte moderno, alentada por el tardío rebrote martinfierrista.

Su ojeriza por la novísima estética veníale de lejos. La había descubierto junto a Darío, en París, durante su primer viaje a Europa, al contemplar una muestra cubista en el Salón de los Independientes de Cours-la-Reine. Allí, ambos se burlaron de los nuevos avances, "esa trapería desastrada, que aun para farsa de bohemios era excesiva". Aquel desencuentro inicial se acentuó aun más cuando cinco años después visitó el Salón de Otoño, en el Grand Palais, donde la ultramoderna escuela regocijábase de sus hallazgos. Impresionado por lo revolucionario de las obras, no demoró en enviar a *La Nación* cuatro colaboraciones tituladas con toda intención "El triunfo de la

[46] LUGONES, "La anarquía estética", *La Nación*, setiembre 8 de 1929.
[47] *Ibid.*
[48] LUGONES, "Musas a la moda", *La Nación*, junio 23 de 1925.
[49] LUGONES, "La lengua que hablamos", *La Nación*, agosto 22 de 1935.
[50] *Ibid.*

antiestética" [51] y que contienen ya las severas críticas disparadas contra la vanguardia artística argentina en la década de los veinte.

Estaba convencido de que los jóvenes artistas, protegidos por la inmunidad del modernismo, "pintaban feo, sucio y repugnante por sistema, y sobre todo, por incapacidad de hacerlo mejor" [52]. Éste, uno de sus argumentos favoritos contra "el arte facilísimo", habrá de desarrollarlo hasta el hartazgo; era la cobardía moral de darse todas las facilidades en la producción artística: renunciar —sin honor— si de la literatura se trataba, a las trabas de rima y metro, o de la proposición y el equilibrio en las otras artes, y de esa manera "poner unos cuantos renglones de prosa en lista vertical y llamarlo versos, fabricar monigotes como los niños y los salvajes, o crear música, acumulando ruidos" [53].

Todo lo cual no era, precisamente, uno de sus cánones. Pensaba —estaba convencido— que el arte no era un derecho y sí una posibilidad, con la cual nacían dotados algunos, a quienes, por consiguiene, no estorbaban los requisitos normales de la construcción artística [54]. Ese "culto a la incompetencia" [55] —idéntico al que atribuía a la democracia— lo exasperaba con rara facilidad. De acuerdo con tales razones, menos urgido por el respeto que por lo que consideraba un sentimiento de deber, gustaba acometer como joven paladín contra el arte nuevo. Algo de razón poseía cuando afirmaba que "el mamarracho es lo fácil y la belleza lo difícil. Un monigote lo hace cualquiera; y aquí estriba el éxito de ese culto al monigote" [56].

Característica de la "nueva sensibilidad" —más tarde insolentemente recreada por los consabidos ejemplares folklóricos— fue especular con exceso sobre sus propios postulados. "Ahora la teoría es lo primero, y además lo esencial", escribía Lugones en *La Nación* con indisimulado desdén. "En vez de darnos la teoría de la pintura —continuaba el corresponsal— se nos ofrece la pintura de la teoría. En lugar de que la pintura sea el propio

[51] Noviembre 28, diciembre 5, 11 y 15 de 1911.
[52] Lugones, "Un salón futurista", *Sarmiento*, marzo 15 de 1912.
[53] Lugones, "Estética nihilista", *La Nación*, marzo 8 de 1928; "La miseria estética", *La Nación*, octubre 14 de 1928, y "La paradoja estética", *La Nación*, diciembre 16 de 1928.
[54] Lugones, "La paradoja estética", *La Nación*, diciembre 16 de 1928.
[55] Lugones, "La anarquía estética", *La Nación*, setiembre 8 de 1928.
[56] Lugones, "La nueva retórica", *La Nación*, agosto 26 de 1928.

manifiesto estético, y forme la escuela, el manifiesto es lo que empieza por constituir dicha escuela, y después viene la pintura subordinada al rótulo. La antiestética tiene también su lógica" [57]. Idéntica torpeza hallaría en el ultraísmo argentino, que también, por pura retórica, proclamó en algún manifiesto mural, abolida la emoción "por anecdótica, mejor dicho por personal" [58], cuando no la abrogación de puntos y comas.

Hay un artículo suyo en el que intenta describir el nuevo fenómeno artístico, esta vez reducido al ámbito pictórico. Es de 1913, escrito en París, y en él se advierte su asombro ante la jactancia modernista. Mediante alardes estilísticos trata de imitar el caótico efecto que produce en el espectador la "nueva pintura". He aquí el notable fragmento: "La combinación de los colores resulta especialmente repulsiva; y la torpeza de las líneas que el ojo puede seguir, a falta absoluta de armonía constructiva en los conjuntos, causan el aturdimiento colérico de una algazara de guacamayos. Pasada esa primera impresión, un fastidio desolador emana de toda aquella impotencia que suda colorinche y rechina disonancias, bajo la maldición de parir en la esterilidad de una mula histérica. Parece que se asiste a la desolladura penal de un suplicio chino. Y en vano hay pintura untada, frotada, apuñada, revocada con verdaderos pelmazos de trulla, vomitada a borbollones de linaza, chapoteada a brochazos de engrudador de carteles, manoteada a cachetes, enlodada a todo lo que da el brazo: en la tela así recogida no existe un relieve, una sombra, un detalle plástico, nada que se levante de la más chata dureza superficial, que revele la vida con su morbidez, con su movimiento, con su sensibilidad de materia orgánica, con su desprendimiento de cuerpo físico circundado de atmósfera" [59].

La poesía sin rima, uno de los grandes tópicos de la generación martinfierrista, moroso derivado de ensayos ultraístas europeos, provocábale particularísimo enojo. Para Lugones, rotundamente, no hay poesía sin verso, y su ausencia convierte en prosa a todo lenguaje. Podrán expresarse ideas o imágenes poéticas pero la composición no será poesía, sino prosa. To-

[57] LUGONES, "Un salón futurista", *Sarmiento*, marzo 15 de 1912.
[58] LUGONES, "La nueva retórica", *La Nación*, agosto 26 de 1928.
[59] LUGONFS, "Un salón futurista", *Sarmiento*, marzo 15 de 1912.

mando en cuenta ciertos artificios de los jóvenes poetas recordaba: "Las cláusulas o renglones no se transformarán tampoco en versos, mediante la disposición vertical de su escritura; porque el verso no es una construcción gráfica, sino una composición musical" [60]. Para agregar, acto seguido, una de sus crueles apostillas, clara muestra de un indisimulado encono: "De lo contrario resultará que los catálogos de almacén se hallan versificados a despecho de sus autores" [61].

Ciertamente no eran tímidas las críticas lanzadas durante su campaña en contra del verso sin rima. Parecía inagotable el ludibrio con que intentó cubrir a toda sucesión de palabras carentes de ritmo predominante: "Colecciones de metáforas o sinécdoques en prosistas de escuela elemental" [62]; "renglones desparejos" [63]; "listas de impresiones o imágenes, como los apuntes de una libreta memorial" [64]; "parrafitos entrecortados como por la tos" [65]; "la más elemental de las prosas, que es la lista" [66]; "gala insípida" [67]. Tal el florilegio de lindezas reservadas a los ocasionales rivales.

Eran retribuciones por cortesías recibidas de "algunos jóvenes literatos en trance de ser poetas, pues no lo son" [68]. Fue denostado por muchos escritores de aquella generación; en verdad, casi todos se le atrevieron. Para Jorge Luis Borges, uno de los detractores, sino el principal —lo había llamado "muy casi nadie, muy frangollón, muy ripioso" [69]—, la causa del fastidio era simple: "su irradiación era muy fuerte; sentían todos que escribir bien era escribir como Lugones" [70]. Según parece, obsesionados por el valor de la metáfora, Borges y sus secuaces dedicábanse a hacer poemas sobre la luna y los atardeceres. Una vez escritos los poemas, hurgaban, esperanzados de no hallar-

---

[60] LUGONES, "El hermano luminoso", *La Nación*, junio 13 de 1926.
[61] *Ibid.*
[62] LUGONES, "Estética nihilista", *La Nación*, marzo 8 de 1928.
[63] LUGONES, "Musas a la moda", *La Nación*, junio 23 de 1935.
[64] *Ibid.*
[65] LUGONES, "La nueva retórica", *La Nación*, agosto 26 de 1928.
[66] LUGONES, "Estética nihilista", *La Nación*, marzo 8 de 1928.
[67] LUGONES, "La rima y el verso", *La Nación*, diciembre 21 de 1937.
[68] LUGONES, "La nueva retórica", *La Nación*, agosto 26 de 1928.
[69] BORGES, *El tamaño de mi esperanza*, p. 102.
[70] BORGES, "A L. Lugones evocó el escritor Jorge L. Borges", *La Prensa*, setiembre 2 de 1976.

los en *Lunario sentimental*; pero allí estaba la metáfora, y por supuesto, mejor dicha[71]. Marechal, otro de los iconoclastas, supo agredirlo y mofarse de su celosa esclavitud del verso rimado[72]. Hasta inició una polémica de la cual Lugones jamás se dio por enterado, a pesar de la explicación un tanto paranoica que su solitario contricante ha pretendido urdir[73].

Sostener que vivió desvelado por los ataques de la nueva vanguardia —"sin ejércitos", como gustaba agregar sarcásticamente— es, sin duda, excesivo. En cambio, lo aterrorizaba que la nueva retórica poseyera poder de convocatoria. De allí, esa prédica más que nada preventiva acerca de los auténticos elementos del verso: rima y metro. En otras palabras, no quería que se escribiera así, con semejantes licencias. Hasta su muerte, no cejó de publicar reflexiones estéticas, o exhibir, molesto, decidida oposición al verso alineado sin rima. Hay otro artículo suyo, uno de los últimos, realmente antológico en el que remeda mediante varios "poemas" la libertad incondicional patrocinada en materia de formas por la nueva escuela[74]. No trepidó en vaticinar a sus cultores —"ojerosos narcisos"—[75] definitiva impopularidad, al perseverar en un arte exclusivo, fabricado sólo para fácil vanagloria, expresión de cultura egoísta, "simbolizada en la torre de marfil donde no suena la campana familiar ni anidan las libres golondrinas de la primavera"[76]. Acá residen las razones del desencuentro con los martinfierristas, incomprensión que Negri reprocha injustamente, sin advertir las profundas diferencias que la motivaron.

El apego por la rima fue una de sus constantes. Cuando prologa el *Lunario sentimental* se encarga de explicarlo. En ese libro, la pesquisa por nuevas consonancias y asonancias —definitivo aporte para el idioma— prueban hasta qué punto las consideraba esenciales para la estructura del verso castellano. Lo mismo cuando acomete la traducción de la obra homérica: respeta igual exigencia[77]. Por eso, no creyó jamás

[71] Sorrentino, *Siete conversaciones con Jorge L. Borges*, p. 19.
[72] Andrés, Alfredo, *Palabras con Leopoldo Marechal*, Editorial Carlos Pérez, Buenos Aires, 1968, p. 22.
[73] *Ibid.*, p. 21.
[74] Lugones, "Poesía libre", *La Nación*, noviembre 14 de 1937.
[75] Lugones, "Estética nihilista", *La Nación*, marzo 8 de 1928.
[76] Lugones, "La rima y el verso", *La Nación*, diciembre 21 de 1937.
[77] Lugones, *Estudios helénicos. La funesta Helena*, p. 11.

en "el irremisible descrédito de la rima" y las bondades que traería aparejada su abolición para la comunidad literaria.

Independizarse de la rima era recurso de impotencia o algo peor: echar mano al sagrado nombre de la libertad para encubrir "esa miseria vanidosa de hacer poesía con facilidad". Eso, que consideraba sucia trampa, fue el oculto argumento que lo impulsó a emprender estruendosa guerra contra la flamante heterodoxia. Nueva sensibilidad y democracia populista le sonaban iguales, y así, casi obligado, debió combatir en el campo político y en el estético, sin descanso ni tregua. Puede que con ello haya perdido más que lo que ganó, y que su vida como la de todo hombre termina siempre por confundirse con su destino. Sin embargo, pese a los estruendosos cambios jamás abandonó a la libertad; no podía ser de otro modo, y pensarlo en un artista es despreciable simplificación. Sólo propuso una variante y fue la de continuar creyendo en ella, pero atemperada por el honor, que "es hacer lo que se debe, del mejor modo que se puede, es decir, cueste lo que cueste" [78].

Para Lugones: ¿cuál era la utilidad del arte? Sin duda le reconocía valores no necesariamente hedonistas ya que posibilitaba la facultad de provocar estados superiores de vitalidad. Así lo pensó como temprano adepto teosófico, al equiparar esa absorción de vitalidad superior, "a sentirse uno con el gran ser, en la inmensa armonía que manifiesta su unidad" [79]. Años después hubo de volver sobre el tema: el asombro ante un espectáculo hermoso predisponía a las nobles pasiones, gozándose un momento de vida superior, es decir, abstraído de las bajezas y miserias que provoca la experiencia corriente. "El objeto del arte —concluía— es la representación de la vida superior por medio de la belleza" [80]. Su moral, o su utilidad si se quiere, reside en demostrar la posibilidad de esa vida, infundiéndonos, de tal modo, el deseo de alcanzarla. El mejoramiento inmediato que produce consiste en predisponer a las nobles pasiones por la participación en esa vida superior.

Esa idea del arte acercábase así a la del perfeccionamiento

---

[78] LUGONES, "Honor de artista", *La Nación*, julio 25 de 1937.
[79] LUGONES, "Nuestras ideas estéticas", *Philadelphia*, año IV, Nº V-VI, pp. 156-157.
[80] *Ibid.*

moral, impregnada de eticidad y alejada de cualquier hedonismo. Aquella insensibilidad suya tan reprochada respecto del arte moderno encuentra aquí explicación. Estaba convencido de que careciéndose de ideales decaía el arte, falto de objeto. He aquí sus propias palabras como la mejor didascalia: "Nuestro concepto puramente sensual de la vida nos arrastra forzosamente al mercantilismo que asegura con el dinero los goces materiales, único objeto de nuestra preocupación, y el artista mercantilizado a su vez, olvida su misión generosa de revelador, para no ver sino clientela, o la satisfacción egoísta de su orgullo personal" [81].

No hay obra de arte propiamente dicha si no despierta en el interlocutor emociones nobles: era su gran finalidad. Contrariamente, "la nueva estética" pretendía acostumbrar a lo feo y a lo falso, con lo cual dañábase al pueblo, si se tiene en cuenta la función social del arte, al que consideraba uno de los medios más idóneos de perfeccionamiento individual y colectivo.

El arte poseía, pues, un definido objeto social, básico ingrediente de un particularísimo —y completo— ideario estético. El artista estaba obligado a exaltar la vida en belleza, lo cual constituye a su vez expresión de vida triunfante. Sólo así era "socialmente útil", y en dicha índole reside el derecho a reclamar la estima ajena. Hay palabras suyas realmente definitorias sobre el tema. Hélas aquí: "El recreo superior que proporciona la obra de arte es un fruto de cultura, tan necesario como las realizaciones de la ciencia, la política y el trabajo al sano goce de la vida [...] La religión de la belleza es por definición un sistema social; y, en consecuencia, el artista resulta un funcionario público" [82].

Jamás podía ser críptica ni para iniciados la primordial tarea de hacer vivir estados superiores de belleza. Estentóreamente pregonaba las bondades de la alta estética para las masas. Hay una anécdota suya altamente ilustrativa. Durante la estancia parisina asistió en sede de los sindicatos anarquistas de la calle Grange-aux-Belles a una representación de *Electra*, de Sófocles, en griego clásico. Los intérpretes eran los hermanos de Isadora Duncan, Eugéne y Penélope. Relata que el auditorio

[81] LUGONES, "Los salones del Grand-Palais", *La Nación*, mayo 31 de 1912.
[82] LUGONES, "La paradoja estética", *La Nación*, diciembre 16 de 1928.

aguardaba obediente; siempre según el ávido testigo, los obreros escucharon y vieron todo con religioso silencio, entrecortado de aplausos oportunos y compactos y sin que en ningún momento esa enorme masa mostrara fatiga o impaciencia. "Quiere decir —arguye— que cuando se pide para el pueblo la mejor arquitectura de los edificios públicos, la mejor escultura decorativa o conmovedora en paseos, la mejor música en los teatros no se exagera ni se procura nada que el pueblo no merezca. Tengo experiencia —nos dice al concluir— de que al pueblo le gusta oír hablar en lenguaje elevado"[83]. Sin duda, generosas y bellas ideas por un arte democrático, por "una docencia superior"[84].

Era sobre todo un *homo aestheticus*. La superioridad que otorga a la belleza despréndese de su peculiar teoría acerca de la gente grecolatina. Según ella, ésta se conformaba sobre el criterio de belleza, prefiriéndola, incluso, a la verdad, propia del mundo bárbaro. "Un período elocuente —sostenía— nos interesa más que enunciar una verdad; y ese predominio de la sensibilidad sobre la razón nos forma escépticos, es decir, atenidos a la experiencia sensible más que al placer intelectual"[85].

De acuerdo con tan claro antecedente, de todos modos racial, sostenía que la "belleza de la Patria era más importante que su política"[86]. Ya no eran la libertad y la justicia del período libertario las que justificaban tan augusta agrupación, ni tampoco el sentido territorial, característico de su reaccionarismo militarizante; ahora "la patria se realiza en belleza"[87]. Es más —se apresura a informarnos— "las civilizaciones fundadas en la belleza son superiores, pues, de serlo así, resultan gobernadas por los mejores aristócratas"[88]. Se advierte a esta altura de su discurso cierto grado de indisimulada complacencia.

Quería la eterna construcción de la Patria, quería que fuéramos sus perseverantes jornaleros y que la adornáramos dia-

---

[83] Lugones, "Cultura de masas", *La Nación*, junio 12 de 1935.
[84] Lugones, "Cuatro noches con los dioses", *La Nación*, agosto 2 de 1911.
[85] Lugones, "Hablemos de estética", *Biblioteca de la Liga Patriótica Argentina. Quinto Congreso Nacional de Trabajadores, organizado por la Liga Patriótica Argentina (sesiones del 22, 23 y 24 de mayo)*. Talleres Gráficos A. Baiocco, Buenos Aires, 1924, pp. 353-354.
[86] Lugones, "Hablemos de estética", p. 356.
[87] *Ibid.*, p. 355.
[88] *Ibid.*, p. 359.

riamente, viviendo para ella en belleza continua. Escuchemos su mensaje final, como siempre algo retórico: "Sea, entonces, Atenas, la patrona de todo esfuerzo útil, embellecido por el arte, quien proteja con su gracia nuestras esperanzas y nuestro amor. Pongamos a su amparo en estado de hermosura nuestras almas, dichosas de vivir el instante fugitivo, como el soplo pasajero canta en la flauta de la diosa" [89].

[89] *Ibid.*, p. 362.

CAPÍTULO VII

EL PALADÍN

"Fue la realización del perfecto heroísmo en la permanente exaltación de una generosidad sin límites" [1].

Ya en el comienzo de su carrera Lugones quedó impresionado por el profundo sentido moral y estético que dimana la figura del paladín. Rara predilección no sólo en nuestro medio, sino también en el mundo de las letras que debió habitar, donde nadie (salvo, quizás, André Gide con su *Thesée*) supo extraer tantas inferencias del arquetipo. Es posible que a principios de siglo, luego de febriles estudios, empezara a inquietarlo el perenne atractivo del paradigmático personaje.

Convencido de que el triunfo sobre los peores apetitos del individuo constituía único y categórico síntoma de civilización, valoraba en grado excluyente tan prodigioso esfuerzo, opuesto a los impulsos primarios del género humano. De allí su singular fervor hacia quien personificase la lucha en pos de la verdad y la justicia, prescindiendo de recompensa, guerra titánica en la que nunca se alcanza la victoria, excepto con la propia muerte. La actitud de colocarse junto a los débiles para enfrentar a los poderosos debió conmoverlo en los años juveniles; en ellos, entonces, es preciso buscar las causas del romántico intento reformador que impregna el interludio socialista y que, *mutatis mutandi*, conservará toda su vida.

Los rituales iniciáticos de la teosofía, el cotidiano trato con Platón, así como otros hallazgos en la helenística, pronto le hicieron comprender el mensaje de quienes viven para imponer el bien, gozando al unísono de la quimera, para después morir en estado de nobleza. Pero existe otro aspecto, por igual seductor, que de continuo se deja ver en su obra, ya elaborado con rango

---

[1] LUGONES, "La doctrina del perfecto amor", *La Nación*, setiembre 1º de 1930.

de tema literario. Del mismo modo que el paladín o el héroe resultan incansables dispensadores de justicia, ésta les será negada. Siempre recuerda, como vigorosa imagen, "el desagradecimiento de los mendigos", he ahí el amargo desenlace de cualquier leyenda: lo que glorifica al héroe y al dios, al morir crucificado, es la ingratitud de aquellos a quienes benefició. El asunto aparece una y otra vez en sus escritos. Por ejemplo, ciertas páginas de la *Historia de Sarmiento,* el *Discurso en homenaje a Rubén Darío,* el elogio a Lamartine, exhiben el pertinaz escozor. En determinada oportunidad llega a sostener que una buena acción concluye cabalmente cuando la completa el desagradecimiento, pues sólo así alcanza las máximas tonalidades estéticas. Todo héroe genuino —agrega— sabe por instinto que no recogerá nada más que el desdén de la plebe [2].

Oigámosle definir al paladín y advertiremos la vertiente ética que surge de la altruista conducta, rasgo distintivo de la literatura occidental intacto —aún hoy— en el prestigio del *western* y hasta en pedestres y execrables series televisivas, cuyos modernos añadidos de sexo e iracundia no las alejan en demasía del viejo modelo: "Caballero andante por excelencia, el sacrificio estaba en su índole. El estado caballeresco, diré así, constituía la absoluta generosidad que en su exaltación lo tornaba místico. Morir por la justicia, por la verdad, por la inocencia; morir de amor: darse en suma sin compensación y sin cálculo de peligro —eso fue, en dos palabras, el ideal del paladín—. Grosero y brutal por la barbarie de los tiempos que corrían, así le floreció el alma en lirio de oblación bajo su cáscara de hierro" [3].

Pensaba el escritor que esa cepa mística de darse a los demás —núcleo de la doctrina caballeresca— floreció oculta, pero con pleno vigor, en el misterio de las antiguas ceremonias de iniciación, ya que éstas eran sus ancestros indudables. Habíase operado, así, una confluencia medieval de la cosa platónica, procedente de la Eleusis, con revelaciones orientales de los centros asiáticos y africanos. El concepto de la caridad tiene, pues, una veta pagana de rancio abolengo. De acuerdo con ello, Hércules, con sus trabajos, era el padre de todos los paladines.

[2] Lugones, "La nueva retórica", *La Nación,* agosto 26 de 1926.
[3] Lugones, "España y nosotros", en *Diez maestros,* p. 125.

Luego, en estrecho desfile, seguíanle el mito ubérrimo de Teseo, y Héctor y Diomedes, a quienes dedicó sendos volúmenes, cuando intoxicado de nobles ideales pretendió ilustrar a los filisteos del puerto con pautas griegas, proponiéndoles la vida como arte. Carecemos de los apuntes y del material bibliográfico que utilizó, aunque el catálogo de su biblioteca proporciona algunas evidencias. Lo cierto es que al agotar el prototipo del héroe en las literaturas griega y romana, pero siempre tras sus rastros, pasó a los infolios medievales, dándose de cara con esa "imitación de Homero" que fue —según él— la caballería cristiana[4].

El paladín cristiano —ferozmente satirizado en el Quijote— habríase conformado mansamente al cuño homérico, tanto en su modo de pensar, expresar y proceder, como en la manera de organizar los combates. Aquella copia comprendía detalles mínimos: no comían ni bebían y tampoco se aseaban hasta no vengar el agravio. Oratoria, imprecaciones, intervención de seres divinos, juegos de armas, todo se transfirió, puntualmente, a la poesía caballeresca.[5]. El paladín homérico fue, de acuerdo con esto, dechado del medieval, pero no sólo como guerrero, sino también en el traspaso de sus conceptos básicos: franqueza valerosa (también lugoniana, por cierto), individualismo, fidelidad en el amor, laicismo en la conducta, no obstante la religiosidad de sus creencias, culto de la belleza y la justicia[6].

Si bien sorprenden los agudos razonamientos, avanzados para su época, según señala T. A. Negri[7], no se limitó a un erudito juego académico. Por el contrario y característico de él, toda la divagación posee apoyo ético, de donde extraer diversas y acaso inéditas conclusiones históricas: la caballería y su literatura representan (con vastos beneficios culturales) la supervivencia del paganismo en épocas bárbaras. Al principio, el audaz enunciado servíale como un mero argumento de prédica anticristiana. Sin embargo, de aquella "civilización poética" del caballero y el trovador dedujo más tarde nuevas y significativas ideas, la del honor entre ellas, que tanta importancia tuvo para su estética.

4 LUGONES, *Estudios helénicos. Un paladín de la Ilíada*, p. 70.
5 LUGONES, *Ibid.*, pp. 317-318.
6 LUGONES, *Estudios helénicos. Héctor el domador*, pp. 288-289.
7 "La ética lugoniana", *Américas*, vol. 25, 1973, pp. 27-29.

Era —como *El Perfecto Amor*— superación con que se domina instinto y materia, en una palabra, condicionantes civilizadores. Aquel concepto angular funciona en la dialéctica lugoniana como última valla para la libertad del individuo, que en lo externo debe ser completa, vale decir restringida únicamente por los límites que dicta la propia conciencia, ya que en todo ser infúndese obvia cortapisa con el honor que veda el triunfo a través de engaños y subterfugios. Pero después de su período helenístico, Lugones adhirió al medioevo llamándolo "civilización del honor y la fe"[8]. En rigor aferrábase a él como panacea, con la típica nostalgia de un artista abrumado por la irrupción estentórea de la sociedad maquinista y masificada.

Aquella laboriosa investigación lo ayudó a recrear el carácter épico de *Martín Fierro*, "certificado de eminente aptitud vital para todo pueblo"[9], y a desarrollar el tema de la justicia triunfante, "supremo espectáculo de belleza"[10], que trasunta la vida heroica de la raza, personificada en el Hijo de la Pampa. No andaba desacertado Lugones con su definición. Episodios del poema parecen confirmarlo: el bellísimo y homérico desafío de Cruz, la lucha de Fierro contra el capitanejo que pretende degollar el hijo de la cautiva. Además, en nuestra literatura el gaucho era el modelo más perfecto del justiciero y libertador. Incluso aquella búsqueda halla otros antecedentes en la obra del poeta: la de *Prometeo*, un "paladín del sol", según el subtítulo que ilustra el inextricable volumen. Siempre dentro del mismo concepto, el altruista espíritu entregó, luego de robarlo, el fuego a los hombres. Y no sólo eso —advierte Esquilo— civilizó y preservó al género humano, enseñándole con desinterés las artes como método para sobrevivir y perpetuarse. En dicha obra la idea del paladín encuentra insospechadas analogías con la de los espíritus solares, a los cuales está dedicado el libro, paralelismos prodigiosos sin duda, iluminados por recientes ensayos de un premio Nobel[11].

[8] LUGONES, "Informaciones del Pacífico", *La Nación*, marzo 5 de 1925; "El collar de zafiros", *La Nación*, marzo 28 de 1926.

[9] LUGONES, *El payador*, p. 11.

[10] *Ibid.*, p. 182.

[11] CRICK, Francis, WATSON, James y WILKINS, Maurice, *Life itself, its origins and nature*, Nueva York, 1981, citado y glosado por Octavio Paz en "Inteligencias extraterrestres y demiurgos, bacterias y dinosaurios", *La Nación*, agosto 8 de 1982.

El paladín, eterno perseguidor de justicia y libertad, lo lleva a pergeñar muchos de sus "Elogios": además de la del gaucho, la veneración por Leonardo, Sarmiento, Ameghino. Hasta el mismísimo Maquiavelo, desnuda la conmovedora sorpresa. En 1926, publica otro de sus breves ensayos: "El seráfico", donde intenta apasionada sindéresis del espíritu franciscano, enfocado "fuera de toda preocupación religiosa", según se apresura a puntualizar [12]. Divaga sobre la caridad, "virtud flamígera que enciende el fuego del amor puro y cuece el pan del socorro y del consuelo", concordia generosa que —ya se ha visto— es versión católica del espíritu que animó otrora al héroe clásico. Así, adorar a los demás era una forma de adorar a Dios. Tal la enseñanza de aquel pagano que, en los desvelos de sus "Fioretti", se ignoraba como tal [13].

Todo ayuda a considerarlo inmerso en el espíritu caballeresco, alfa y omega lugoniana. "En su disipada juventud —nos cuenta— Francisco había sido apasionado lector de los libros de caballería", añadiendo el panegirista párrafos a su juicio esclarecedores: "El caballero andante, lanzando por el mundo a la empresa de la justicia dedicándosele por entero, pues la virtud predominante del paladín consistía en la generosidad sin límites de sus bienes y de su sangre, era, si bien se ve, de la misma cepa. Francisco había soñado, entonces, la grande aventura de irse por las tierras y conquistarse un principado a punta de lanza" [14]. En el santo le fascinaba además aquella exasperación estoica de hallar la libertad sólo en el desprendimiento de los bienes materiales y de que únicamente en la pobreza era posible lograrla, supremo hallazgo, a la postre, del *poverello*.

Inmutables referencias al ideal caballeresco existen en toda su obra. Es más, ésta, al reexaminarse bajo la particular visión, adquiere inusitada coherencia. Se diría que hasta su poesía se impregna, muchas veces, con el característico tono desinteresado. La presencia, cada vez más fuerte, adviértese alrededor de la década de los veinte, coetánea a un lógico desvanecimiento de la obsesión clásica. Esa interesante circunstancia preludia el lento acercamiento intelectual al catolicismo, que tanta materia

---

[12] Lugones, "El seráfico", *La Nación*, octubre 3 de 1926.
[13] Lugones, "El hermano luminoso", *La Nación*, junio 13 de 1926.
[14] *Ibid*.

ha dado a un afanoso sector religioso. Sin embargo, Lugones arriba a la doctrina caballeresca no sólo por concienzudos trabajos sobre la literatura de la Edad Media [15], sino, como ya se vio, también por antecedentes eleusinos, teosóficos y platónicos. Y si históricamente tal fenómeno de concordancia habíase producido en la plenitud de los tiempos bárbaros, de igual manera prodújose análoga conciliación en su espíritu. Elitista, pensaba que bajo el arrebato de tan augustos principios posibilitábase una aristocracia, pero fruto del conocimiento y del esfuerzo propios, en la que "cada elegido debía conservar mediante el uso de los tres dones caballerescos que comportan las tres tareas de iluminar, luchar u amar; la lámpara de la verdad, el alma de la justicia y el lirio de la belleza"[16].

Según se advierte, otra vez Platón. Es que, tratándose de Lugones, siempre surge el filósofo griego. En sus fórmulas éticas, en sus propuestas paradigmáticas, profunda o superficialmente, se distingue la rotunda presencia del contagioso idealista. Arquetipo moral y estético de Occidente, que exalta la vida progresiva con sus éxitos y su estoicismo, cábele al paladín la tríada platónica: triunfo del bien que no es sino el de la verdad, la justicia y la belleza. Coincidencia obligada, por otra parte, si se piensa que la fórmula fue *motto* del poeta, a la que guardaba absoluta fidelidad.

¿Por qué insistió Lugones con tema tan arduo que roza, ya, el más recóndito sentido de la vida? ¿Qué pretendía con esa campaña didáctica tan vigorosa? Anhelaba, sin duda, que los argentinos, después de él, a causa —incluso— de su solitaria muerte y gracias a inclaudicables enseñanzas, fueran felices, libres, mejores. Y como paladín, como un paladín legiferante, intentó cumplir acabadamente su obra.

[15] Lugones, "El helenismo en la caballería", *La Nación*, octubre 4 y 11 de 1936.

[16] Lugones, "Los caballeros del puñal", *La Nación*, noviembre 29 de 1925.

BIBLIOGRAFÍA

A

ALBERDI, Juan Bautista, *Bases y puntos de partida para la organización nacional*, El Ateneo, Madrid, 1913.

ALBERINI, Coriolano, "La idea del progreso en la filosofía argentina", en *Problemas de la historia de las ideas filosóficas en la Argentina*, La Plata, 1966.

—— "Inauguración de los cursos de la Facultad de Filosofía", en *Revista de la Facultad de Filosofía y Letras*, año II, t. II, 1925, pp. 94 y ss.

—— "La filosofía alemana en la Argentina", en *Problemas de la historia de las ideas filosóficas en la Argentina*, La Plata, 1966.

ANDRES, Alfredo, *Palabras con Leopoldo Marechal*, Ed. Carlos Pérez, Buenos Aires, 1968.

Archivo de las Ciencias de la Educación, época II, t. I, 1915.

ARSLAN, Emir Emin, "Leopoldo Lugones. La evolución de sus ideas", *La Nación*, julio 3 de 1927.

ARRIETA, Rafael, "Leopoldo Lugones, profesor y helenista", *Davar*, N⁰ 51, marzo-abril de 1954.

AYARRAGARAY, Lucas, *Cuestiones y problemas argentinos contemporáneos*, Lajouane y Cía., Buenos Aires, 1926.

B

BARRERA, Ernesto Mario, "El viejo Ateneo", *La Nación*, abril 24 de 1923.

BENARÓS, León, "Una mujer siglo xx", *Clarín Revista*, diciembre 7 de 1975.

BERENGUER CARISOMO, Arturo, *Las corrientes estéticas en la literatura argentina*, Huemul, Buenos Aires, 1978.

BERMANN, Gregorio, "Meditaciones sobre Leopoldo Lugones", *Revista Nacional de Cultura*, mayo-junio de 1959.

BISCHOFF, Efraín, "El buen humor en el antiguo periodismo cordobés", *Todo es Historia*, N⁰ 53, setiembre de 1971.

—— "Los años iniciales de Leopoldo Lugones (1874-1896)", *Boletín de la Academia Nacional de la Historia*, vol. XLIX.

Boletín de la Academia Argentina de Letras, Buenos Aires, 1958.

Boletín Militar, 1931.

Boletín Oficial, 1906.

Boletín Oficial, 1907.

BORGES, Jorge Luis, "Por amor a Buenos Aires", *La Nación*, abril 30 de 1977.
— "A Leopoldo Lugones evocó el escritor Jorge Luis Borges", *La Prensa*, setiembre 2 de 1976.
— "Conversaciones con Jorge Luis Borges", *Diners*, año 10, julio 1978.
— "El tamaño de mi esperanza", *Proa*, Buenos Aires, 1926.
— *Discusión*, M. Gleizer, Buenos Aires, 1932.
— *Leopoldo Lugones*, Troquel, Buenos Aires, 1955.
— *Otras inquisiciones*, Sur, Buenos Aires, 1952.
BOTANA, Helvio, *Memorias*, Peña Lillo, Buenos Aires, 1977.

C

CAPDEVILA, Arturo, *Lugones*, Aguilar, Buenos Aires, 1974.
— *La dulce patria*, Sociedad Cooperativa Nosotros, Buenos Aires, 1917.
CÁRCANO, Miguel Angel, *Sáenz Peña*, Buenos Aires, 1963.
CÁRDENAS DE MONNER SANS, María Inés, "El cancionero de Aglaura", *La Prensa*, noviembre 8 de 1981.
CARRIZO, César, "Un amigo de Leopoldo Lugones. Recuerdos de Ojo de Agua", *La Nación*, febrero 16 de 1941.
Cartas inéditas de Horacio Quiroga, Instituto Nacional de Investigaciones, Montevideo, 1959.
CASTELLANI, Leonardo, *Lugones*, Theoría, Buenos Aires, 1964.
CONIL PAZ, Alberto A., "La neutralidad argentina en la Primera Guerra Mundial", *Revista de la Escuela Superior de Guerra*, Nº 426, Buenos Aires, 1976.
Corona Fúnebre. Homenaje del Círculo Militar al Tte. Gral. José Félix Uriburu, Cersósimo, Buenos Aires.
CORREOS Y TELÉGRAFOS, *Expediente 1.701 - D.O. 1938, legajo 68.230*.
COTTIER, George, *Ambigüedades de la Praxis. Del Marxismo al Fascismo*, Cedial, Bogotá.
CRICK, Francis; WATSON, James y WILKINS, Maurice, *Life itself, its origins and nature*, Nueva York, 1981.
CÚNEO, Dardo, *Lugones*, Jorge Alvarez, Buenos Aires, 1968.

CH

CHARRÚA DE LA TORRE, "Carta abierta a Leopoldo Lugones", *Crítica*, julio 12 de 1913.

D

DARÍO, Rubén, *Autobiografía*, Eudeba, Buenos Aires, 1949.
— "Un poeta socialista", *El Tiempo*, mayo 12 de 1896.
DE FELICE, Renzo, *El fascismo. Sus interpretaciones*, Paidós, Buenos Aires, 1976.
— *Fascism. An introduction to his theory and practices*, New Brunswick, N. Y., 1976.

—— "Defendiendo al cantor de la luna, el inmortal Lugones", *El Pueblo*, noviembre de 1904.

DE VEDIA, Joaquín, *Como los vi yo*, M. Gleizer, Buenos Aires, 1954.

Diario de Sesiones del Congreso Nacional, Cámaras de Diputados y Senadores, 1904-1913.

Diario de Sesiones, Cámara de Senadores, 1935, II.

DICKMANN, Enrique, *Recuerdos de un militante socialista*, Editorial La Vanguardia, Buenos Aires, 1949.

—— "Vida y muerte de Leopoldo Lugones", *Columna*, Nº 11, y *La Vanguardia*, marzo 20 de 1938.

DÍAZ BIALET, Agustín, *Leopoldo Lugones. Génesis y proceso de sus ideas*, Imprenta de la Universidad de Córdoba, Córdoba, 1940.

DIEZ PERIODISTAS PORTEÑOS, *Al margen de la conspiración*, Biblos, Buenos Aires, 1931.

DOMÍNGUEZ, María Alicia, "El centenario de Lugones", *La Nación*, junio 9 de 1974.

—— "Leopoldo Lugones. Aproximación humana", en *Homenaje a Leopoldo Lugones (1874-1974)*, Academia Argentina de Letras, Buenos Aires, 1975.

E

ECHAGÜE, Juan Pablo, "Sobre 'La guerra gaucha'", *La Nación*, noviembre 27 de 1905.

"El centenario de Lugones", *La Nación*, junio 18 de 1974.

El Diario Español, marzo de 1951.

ELIADE, Mircea, "Orígenes y propósitos de la alquimia", *La Nación*, abril 22 de 1979.

El monitor de educación común, Consejo Nacional de Educación, Buenos Aires, 1915.

"El señor Leopoldo Lugones", *Tribuna*, setiembre 7 de 1956.

"Encuesta", *El Gladiador*, t. I, marzo de 1903.

ESPINOSA, Enrique (Sam Glusberg), "Confesión del amigo que vuelve", *Nosotros*, año III, t. VII, 1938.

ESTRELLA GUTIÉRREZ, Fermín, *Recuerdos de la vida literaria*, Losada, Buenos Aires, 1966.

F

FERREIRA DE BUSTAMANTE, Florinda, "Testimonio", *La Nación*, febrero 21 de 1944.

FINGERIT, Julio, *Un enemigo de la civilización: Leopoldo Lugones*, Tor, Buenos Aires, 1927.

G

GÁLVEZ, Manuel, *Amigos y maestros de mi juventud*, Guillermo Kraft, Buenos Aires, 1944.

—— *Entre la novela y la historia*, Hachette, Buenos Aires, 1962.

GARCÍA CALDERÓN, Ventura, *Leopoldo Lugones*, Ginebra, 1947.

Chiano, Juan Carlos, *Análisis de "La Guerra Gaucha"*, Centro Editor de América Latina, Buenos Aires, 1967.

Ghiraldo, Alberto, *El archivo de Rubén Darío*, Losada, Buenos Aires, 1943.

Giménez, Angel M., *Páginas de la historia del movimiento social en la República Argentina*, Imprenta de La Vanguardia, Buenos Aires, 1927.

González Arrili, Bernardo, "Leopoldo Lugones", *El Hogar*, marzo 19 de 1938.

Guibourg, Emilio, "Overo había 'e ser", *Crítica*, abril 20 de 1932.

H

Hamilton, Alistair, *The appeal of fascism. A study of intellectuals and fascism*, Mac Millan, Nueva York, 1967.

Herrero Almada, Benigno, "Anverso y reverso de un reportaje", *El Hogar*, enero 21 de 1949.

Herriot, Edward, *Jadis*, París, 1952.

I

Ibarguren (h), Carlos, *Roberto de Laferrère*, Eudeba, Buenos Aires, 1970.

Ibarguren, Federico, *Orígenes del nacionalismo argentino (1927-1937)*, Celcius, Buenos Aires, 1969.

Irazusta, Julio, *Genio y figura de Leopoldo Lugones*, Eudeba, Buenos Aires, 1967.

Ingegnieri, José, *La législation du travail dans la République Argentine*, Edouard Cornely et Cie, París, 1907.

"Inspeccionemos al Inspector General, o sea el cantor de la luna. En defensa o apología de los sublimes versos de Lugones", *El Pueblo*, noviembre de 1904.

J

James, Gregor, *The Young Mussolini*, University of California Press, 1979.

Javray, Henry, "Leopoldo Lugones et la France", *Nouvelles littéraires*, agosto 20 de 1938.

Jiménez Rueda, Julio, "Leopoldo Lugones", *La Nota*, mayo 6 de 1921.

Jordán, Juan Manuel, "Leopoldo Lugones, visitador e inspector general de enseñanza secundaria y normal", *Nosotros*, año III, t. VII, mayo-julio de 1938.

Jorge Newbery. El fundador (1875-1914), Instituto de Historia Aeronáutica, Buenos Aires, 1976.

"José Ingenieros, socialista snob", *La Vanguardia*, julio 15 de 1905.

Justo, Juan B., *La realización del socialismo*, Editorial La Vanguardia, Buenos Aires, 1947.

Juzgado Federal. Secretaría Electoral de la Capital Federal, "Actas del 6 de abril de 1914".

K

KIBRIK, León, "Encuesta de *Vida Nuestra* sobre la situación de los judíos en la Argentina", *Vida Nuestra*, año II, Nº 7, enero de 1919.

KROPOTKINE, Pyotr, *La moral dans l'anarchisme*, París, 1899.

L

"La cuestión de los pupitres. Detalles olvidados", *El País*, abril 24 de 1906.

LAFITTE, Enrique Guillermo, *A Leopoldo Lugones*, Portex Hns., Buenos Aires, 1938.

LAISANT, Albert Angel, *La educación fundada en la ciencia*, Ramón de S. N. Araluce, Barcelona-México.

"La luna y su cantor", *El Pueblo*, noviembre s/b, 1954.

LAMARQUE, Nidia, "Negación de Leopoldo Lugones", *Nosotros*, año III, t. VII, 1938.

LAMARTINE, Alfonso de, *Recueillements Poétiques*, Libraire Garnier, París.

LANSING, Francis, *My United States*, Charles Scribner's Sons, Nueva York, 1931.

LAZCANO COLODRERO, Godofredo, *Retablillo de Córdoba*, Biffignandi, Córdoba, 1974.

LENZI, Carlos César, "Lugones", *La Nota*, julio 8 de 1921.

LERMON, Miguel, *Contribución a la bibliografía de Leopoldo Lugones*, Academia Argentina de Letras, Buenos Aires, 1961.

LIMA, Félix, *Con los nueve (Algunas crónicas policiales)*, Rota y Cía., Buenos Aires, 1908.

LINK, Arthur, *Wilson, the new Freedom*, Princeton University Press, 1956.

"Literatura alcohólica. Lugones satisfecho", *La Vanguardia*, marzo 9 de 1914.

LONG, Anthony, *La filosofía helenística*, Biblioteca de Occidente, Madrid, 1975.

LÓPEZ MERINO, Francisco, "Leopoldo Lugones habla del ambiente literario argentino", *Nueva Era*, setiembre 29 de 1922.

LOPRETE, Carlos Alberto, *La literatura modernista en la Argentina*, Poseidón, Buenos Aires, 1965.

LOUDET, Osvaldo, "Los médicos de Balzac", *La Nación*, octubre 10 de 1976.

LUGONES, Leopoldo, *Cancionero de Aglaura (cartas y poemas inéditos)*. Compilación: María Inés Cárdenas de Monner Sans, Ediciones Tres Tiempos, Buenos Aires, 1984.

LUGONES (h.), Leopoldo, *Mi padre*, Centurión, Buenos Aires, 1974.

—— *Las primeras letras de Leopoldo Lugones*, Centurión, Buenos Aires, 1963.

—— "La proclama del 6 de setiembre", *Bandera Argentina*, Nº 30, 1933.

—— *Documentación inédita,* Centurión, Buenos Aires, 1963.

"Lugones, Leopoldo s/suicidio", Provincia de Buenos Aires. Corte Suprema de Justicia. Juzgado en lo criminal y correccional Nº 1 del Departamento Capital (Causa 31.021).

LUNA, Félix, *Yrigoyen*, Editorial Desarrollo, Buenos Aires, 1974.

M

Mac Mahon, Dorothy, "Leopoldo Lugones, a man in search of roots", *Modern Philology*, t. 51, N° 3, Chicago.

Magnasco, Osvaldo, *Congreso Nacional. Diario de Sesiones de Diputados*, 1900, t. 1.

Mann, Thomas y Bertram, Ernest, *Briefe aus der Jahren 1889-1936*, Pfullingen, 1960.

Martínez Estrada, Ezequiel, *Motivos del cielo. Títeres de pies ligeros. Humoresca*, Babel, Buenos Aires, 1933.

—— *Leopoldo Lugones. Retrato sin retocar*, Emecé, Buenos Aires, 1968.

—— *Sarmiento*, Sudamericana, Buenos Aires, 1969.

Mas y Pi, Juan, *Leopoldo Lugones y su obra*, Renacimiento, Buenos Aires, 1911.

Mercier, Alain, *Les sources ésoteriques et occultes de la poésie symboliste*, Nizet, París, 1969.

Memoria del Ministerio de Justicia e Instrucción Pública, Talleres Gráficos de la Penitenciaría Nacional, Buenos Aires, t. II, 1906.

Ministerio del Interior. Policía Federal. "Prontuario de Leopoldo Lugones", Archivo: A-33.

Ministerio de Educación Nacional de España. Seminario. Archivo "Rubén Darío".

Ministerio del Interior. Policía Federal. "Maximalismo", tomo 5°, folio 78.

Ministerio de Justicia e Instrucción Pública. *Informe del Archivo General*, N° 25.728 (expediente 1.701, D/P 1938, legajo 68.230).

Moreau, Pierina Lidia, *Leopoldo Lugones y el simbolismo*, La Reja, Buenos Aires, 1972.

Mujica Lainez, Manuel, "Amor por Buenos Aires", *La Nación*, abril 30 de 1977.

Mussolini, Benito, *Opera Omnia*, t. XVIII, Florencia, 1951.

N

Nalé Roxlo, Conrado, *Borrador de memorias*, Plus Ultra, Buenos Aires, 1974.

Navarro Gerassi, Marysa, *Los nacionalistas*, Jorge Alvarez, Buenos Aires, 1968.

Negri, Tomás Alba, *El linaje de los Lugones*, Casa Pardo, Buenos Aires, 1974.

—— "Lugones y la luna", *La Nación*, enero 13 de 1963.

—— "La ética lugoniana", *Américas*, vol. 25, N° 6-7, junio-julio 1973.

—— "Lugones, su idea de patria", *La Nación*, octubre 30 de 1966.

—— "Estoicismo e idea lugoniana de la muerte", *La Nación*, diciembre 15 de 1974.

—— "Eros y Thánatos", *La Nación*, marzo 6 de 1974.

Nolte, Ernst, *La crisis del sistema liberal y los movimientos fascistas*, Editorial Península, Madrid, 1971.

Notler, Harley, *The origins of Foreing Policy of Woodrow Wilson*, Baltimore, 1937.

O

ODDONE, Jacinto, *La historia del socialismo argentino*, Talleres Gráficos La Vanguardia, Buenos Aires, 1934.

OYHANARTE, Julio, *Poder político y cambio estructural en la Argentina*, Paidós, Buenos Aires, 1969.

ORTIZ, Alicia, "Esoterismo en la prensa simbolista francesa", *La Prensa*, mayo 9 de 1982.

OSORIO, Raúl D., "Leopoldo Lugones", *Caras y Caretas*, mayo 21 de 1921.

P

PAGANO, José Luis, "Leopoldo Lugones, poeta civil", *Anales de la Academia Argentina de Letras*, XXIII, 1958.

PAZ, Octavio, "Inteligencias extraterrestres y demiurgos, bacterias y dinosaurios", *La Nación*, agosto 8 de 1982.

PELLEGRINI, Carlos, *Obras Completas*, Coni, Buenos Aires, 1941.

PEREYRA RODRÍGUEZ, José, "El caso Lugones y Herrera Reissig", *Nosotros*, año XII, 1938.

PERÓN, Juan Domingo, "Lo que vi en la preparación y realización de la revolución del 6-9-1930", en Sarobe, J. M., *Memorias*, Gure, Buenos Aires, 1956.

PEYRE, Henry, *¿Qu'est-ce que le simbolisme?*, Presse Universitaire de France, París, 1971.

PICÓN SALAS, H., "Para una interpretación de Leopoldo Lugones. Modernismo y argentinismo", *La Nación*, setiembre 1º de 1946.

PINEDO, Federico, *En tiempos de la República*, Mundo Forense, Buenos Aires, 1946.

PORRA, Simón, "El señor Lugones en el Coliseo", *Crítica*, julio 22 de 1923.

Primer Congreso de Ingeniería. Relación General de Funcionamiento, Centro Nacional de Ingenieros, Buenos Aires, 1917.

R

REBAUDI BASAVILBASO, Oscar, *Leopoldo Lugones. Ensayo sobre su obra literaria*, Casa Pardo, Buenos Aires, 1974.

Registro Nacional, 1898 y 1900.

REYES, Alfonso, *Diario*, Academia Argentina de Letras, Buenos Aires, 1975.

ROHDE, Jorge Max, *Lugones en el recuerdo*, Academia Argentina de Letras, Buenos Aires, 1975.

RODRÍGUEZ, Manuel, *El hombre del deber*, La Facultad, Buenos Aires, 1936.

ROLDÁN, Amado J., "Guido Spano y Lugones", *Boletín de la Academia Argentina de Letras*, XXIX, 1964.

ROCA, Deodoro, *El difícil tiempo nuevo*, Lautaro, Buenos Aires, 1956.

—— *Prohibido prohibir*, La Bastilla, Buenos Aires, 1972.

S

SAROBE, J. M., *Memorias*, Gure, Buenos Aires, 1956.

SCHWARTZ, H. P., *Der Konservative Anarchist, Politik und Zeitkritik: Ernst Jünger*, Friburgo, i/B, 1962.

Sanín Cano, Baldomero, "Lugones ha muerto", *Nosotros*, año III, t. VII, 1938.
—— *Escritos*, Instituto Colombiano de Cultura, Bogotá, 1977.
Settembrini, Domenico, "Mussolini and the legacy of Revolutionary Socialism", *Journal of Contemporary History*, II, 1976.
Societé des Nations, Comission de coopération intellectuel, Sociedad de las Naciones, Ginebra, 1924.
Solari, Manuel Horacio, *Historia de la educación argentina*, Paidos, Buenos Aires, 1978.
Soler Cañás, Luis, "Lugones, punto de partida", *El Mundo*, enero 4 de 1953.
Sorrentino, Fernando, *Siete conversaciones con Jorge Luis Borges*, Casa Pardo, Buenos Aires, 1973.

T

Trigo Viera, Manuel, "Leopoldo Lugones en la cátedra de estética", *La Nación*, marzo 7 de 1943.

U

Ugarte, Gregorio, "La obra intelectual de Lugones", *Nosotros*, año XII, 1938.
Urquiza, J. J., "Evocación de una amistad: Leopoldo Lugones y García Velloso", *La Nación*, mayo 13 de 1962.

V

Vallas, Vicente, *Metodología de las actividades manuales*, Losada, Buenos Aires, 1959.
Viñas, Ismael, *Orden y progreso (La era del frondicismo)*, Editorial Palestra, Buenos Aires, 1960.

W

Weinstein, Donald F., *Juan B. Justo y su época*, Ediciones de la Fundación Juan B. Justo, Buenos Aires, 1978.

Y

Yunque, Alvaro, *La literatura social en la Argentina*, Claridad, Buenos Aires, 1941.

Z

Zeballos, Estanislao Severo, *Cuestiones de legislación del trabajo*, Schenone, Buenos Aires, 1959.